经济教材译丛

（原书第 4 版）

# 应用计量经济学
## 时间序列分析

Applied Econometric: Time Series (4th Edition)

[美] 沃尔特·恩德斯（Walter Enders） 著
亚拉巴马大学

杜江 袁景安 译

机械工业出版社
China Machine Press

图书在版编目（CIP）数据

应用计量经济学：时间序列分析（原书第4版）/（美）沃尔特·恩德斯（Walter Enders）著；杜江，袁景安译．—北京：机械工业出版社，2017.9（2023.7重印）

（经济教材译丛）

书名原文：Applied Econometric Time Series

ISBN 978-7-111-57847-5

I. 应… II. ①沃… ②杜… ③袁… III. 计量经济学-教材 IV. F224.0

中国版本图书馆CIP数据核字（2017）第213277号

北京市版权局著作权合同登记　图字：01-2017-2753号。

Applied Econometric Time Series (4th Edition) by Walter Enders.
ISBN 978-1-118-80856-6
Copyright © 2017 by PricewaterhouseCoopers Advisory Services, LLC.

This translation published under license. Authorized translation from the English language edition, Published by John Wiley & Sons. Simplified Chinese translation copyright © 2017 by China Machine Press.

No part of this book may be reproduced or transmitted in any form or by any means, electronic or mechanical, including photocopying, recording or any information storage and retrieval system,without permission, in writing, from the publisher. Copies of this book sold without a Wiley sticker on the cover are unauthorized and illegal.

All rights reserved.

本书中文简体字版由John Wiley & Sons公司授权机械工业出版社在全球独家出版发行。

未经出版者书面许可，不得以任何方式抄袭、复制或节录本书中的任何部分。

本书封底贴有John Wiley & Sons公司防伪标签，无标签者不得销售。

沃尔特·恩德斯所著的《应用计量经济学：时间序列分析》（原书第4版）是计量经济学领域的一部经典教材，全书自始至终贯穿由浅入深、由简单到复杂的学习过程，运用真实的数据举例，阐述关键概念，不但完整、精简，而且非常注重应用。本书通过案例阐释计量方法的实际应用，鲜有复杂的数学公式推导。全书的主题涵盖差分方程、平稳时间序列模型、波动性建模、包含趋势的模型、多方程时间序列模型、协整与误差修正模型以及非线性时间序列模型等内容。

本书适用于高等院校经济类专业的本科生和研究生学习，也可供经济、分析等部门的社会工作者参考。

出版发行：机械工业出版社（北京市西城区百万庄大街22号　邮政编码：100037）
责任编辑：程天祥　　　　　　　　　　　　责任校对：殷　虹
印　　刷：北京建宏印刷有限公司　　　　　版　　次：2023年7月第1版第6次印刷
开　　本：185mm×260mm　1/16　　　　　印　　张：23.75
书　　号：ISBN 978-7-111-57847-5　　　　定　　价：79.00元

客服电话：(010) 88361066　68326294

版权所有·侵权必究
封底无防伪标均为盗版

# 译 者 序

在日本广岛大学攻读硕士学位时，我就与本书第1版结缘，相伴走过了一个个寒暑。如今，我鬓已微霜，而这位"老伙计"却越发有活力。

初在日本留学时，从事计量经济学研究的人数还没有呈爆炸式的增长，因此，计量经济学相关的教材也是晦涩难懂。庆幸的是，我的指导教官选择本书第1版作为读本，我才避免了因噎废食之命运，由浅入深步入计量经济学的殿堂，有赖于它督我成长。1998年，我有幸进入秉持"海纳百川，有容乃大"校训的四川大学，在人文气息浓厚的经济学院执起了教鞭，用我所学之长播种耕耘。在之后的教学和科研中，我都参详了这位德高望重的"老伙计"，每次拜读，必有斩获。2004年10月，受国家留学基金委员会的资助，我以访问学者的身份重返广岛大学，在为期一年的访学中，又接触到了第2版，内容与时俱进，风格一如往昔。恩德斯教授讲究深入浅出，注重详细过程和步骤，强调方法的实际应用。书中的案例涉及宏观经济学、微观经济学、金融学等领域，以及作者擅长的对国际恐怖事件的研究。本着对计量经济学的热爱，虽不能开宗立派，至少也要为这门学科的传播添砖加瓦，我便萌生了将此书翻译成中文的念头。于是，在众志成城之下，第2版中文译本于2006年金秋问世。之后一年，我时常惶惑不安，唯恐驽钝之姿不堪重任，不仅没有使计量经济学中的时间序列分析在我国有所广益，反而成为计量经济学领域的害群之马。所幸读者不良反应甚少，反而偶有所得，茅塞始开。因此，在2009年第3版面世后，为加深对时间序列分析真谛的透彻理解，我想，初心不改，再次翻译并传播于众，何乐而不为呢？2011年夏天，恩德斯教授到访四川大学经济学院，展现了他在时间序列分析方面的最新成果。我也得见这位神交已久的老师兼前辈。他在原著内封上留下了后由第 3 版译者序所展现的让我倍感压力也倍受鼓励的寄语。本着"驽马十驾，功在不舍"的精神，2012 年的中译本出版了。对焕发青春的第 4 版，我的"老伙计"，我保证是秉承了你的活力，也是撸起袖子加油干的。可以说，在与"老伙计"的相伴中，我得以修正漫长而不辨方向的学术之路，辟出探窥计量经济学的门径。

时间序列分析是一种处理动态数据的方法，通过研究随机序列的规律，预测序列的走势，以解决实际问题。时间序列分析最初于自然科学大有裨益，科学工作者将所探寻事件发生的时间、频率、程度等信息记录下来，研究信息中所包含的规律，并通过探索出规律来预测未来事件的走势，解决了繁复的问题。时间序列分析作为计量经济学的一个分支，渐受学术界的重视。格兰杰（Granger）、恩格尔（Engle）和西蒙斯（Sims）等经济学家都得益于在经济时间序列方面的卓越贡献而获得诺贝尔经济学奖；顶级经济学术刊物刊登的经济、金融等诸多领域的学术论文大多采用时间序列分析方法。因此，在社会科学研究中，时间序列分析方法已经成为主流的研究方法之一。

对本书的学习虽不能帮助读者脱胎换骨，成为时间序列分析的集大成者，但能使读者将所学知识融会贯通。恩德斯先生惯用真实的案例和数据来辅助概念的学习，并且更强调实际的应用而非理论公式的推导。对于单变量序列是从 1 阶入手，层层递进。对于多变量时间序列也是由浅入深，循序渐进。本书所有案例都是根据理论模型设计的，且对于同一问题使用不同方法进行分析，方便读者从多角度思考。书中每种方法都有具体步骤以供读者参考，一目了然，便于自学。本书可以作为经济类、管理类以及其他学科的本科高年级及研究生学习和运用计量经济学的教材用书，同时也可作为科研工作者和实践者的参考工具。读者只要对初级计量经济学有所涉猎，就可以通过对本书的学习，逐步阅读专业期刊和从事严谨的应用研究。即使没有学过计量经济学的读者，只要稍加掌握多元回归分析的基本思想，也可直接学习本书。

迄今为止，这本书的中文译本紧跟原作的步伐，业已出至第 4 版了。第 4 版的内容在之前三个版本的基础上有所增益。新增内容涉及多变量和单变量预测的结合，多元 GARCH 模型的讨论，自回归分布滞后模型的定义和估计，戴维斯问题和冗余参数等。本书由 7 章组成。第 1 章介绍差分方程，它是所有时间序列分析方法的理论基础。第 2 章介绍平稳时间序列模型，以 ARMA 为代表的线性随机差分方程的内容是构成时间序列经济学理论的主要部分。第 3 章介绍异方差条件下的时间序列处理技术，主要讲述 ARCH 模型的构建方法。第 4 章主要介绍序列是否平稳的单位根检验方法和模型的选择准则。第 5 章介绍多元时间序列模型，主要讲述自回归（VAR）模型的原理以及基础的 VAR 模型的因果关系检验、脉冲响应分析和方差分解及其他与 VAR 模型相关的问题。第6章介绍协整与误差修正模型，包括协整的概念及在不同模型中的应用，考察协整变量的路径，讨论检验协整的各种方法，还涉及非平稳变量的向量误差修正模型。第7章介绍非线性时间序列模型，包括不同类型的非线性模型，讨论是否存在非线性调整的检验方法。为了巩固所学内容，每章后面都附有习题。

在本书的翻译过程中，得到了很多人士的帮助，有相识的，也有未谋面的，在此一并表示感谢。他们有：我的指导老师前川功一教授、赵昌文教授；我的学生韩旭、雷超、李丹丽、李恒、李倩、谢志超、杨文溥、易瑾、张宏波；还有我的师弟，国务院发展研究中心的朱鸿鸣副研究员。需要提及的是，机械工业出版社的编辑付出了大量心血，我的家人给予了很大支持，我也要在此表示感谢。本书的译者袁景安是恩德斯教授的弟子，对原作的理解深刻，也在此表示谢意。在我使用本书的教学过程中，蒲贞子、宋跃刚、吴耀国、杨文溥等都提出了宝贵意见，特表示感谢。

本书翻译的具体分工如下：前言，杜江、袁景安、唐雨虹；第1章，杜江、袁景安、唐雨虹、许倩；第2章，杜江、张伟科、马一心、曾明；第3章，杜江、袁景安、马一心、谢正娟；第4章，杜江、许倩、闫美如、刘诗园；第5章，杜江、闫美如、王胜斌；第6章，杜江、袁景安、董晓晗、张伟科；第7章，杜江、谢正娟、董晓晗。杜江、袁景安负责校对全书，杜江负责审定和最后的统稿。

翻译是译者用自己的语言对原作进行的再加工。尽管我们与作者恩德斯有许多沟通和交流，袁景安也是恩德斯的得意门生，由于译者的专业能力和语言水平所限，书中可能也会出现不尽如人意的地方。由此对读者造成的困扰，我们深感抱歉，欢迎读者加以斧正。我的联系方式为 dujiang@scu.edu.cn。

杜　江<br>
2017年夏于四川大学经济学院

# 作译者简介

## 作者简介

**沃尔特·恩德斯**（Walter Enders） 美国亚拉巴马大学经济与金融学院教授，1975年获得纽约哥伦比亚大学经济学博士学位。恩德斯教授在许多期刊上发表过大量的富有建树的研究论文，这些期刊包括：《经济与统计评论》（Review of Economics and Statistics），《经济学季刊》（Quarterly Journal of Economics），《国际经济学杂志》（Journal of International Economics），《美国经济评论》（American Economic Review），《美国商务与经济统计》（Journal of Business and Economics Statistics），《美国政治科学评论》（American Political Science Review）。

恩德斯教授与托德·桑德勒（Todd Sandler）曾因预防核战的行为研究而获得美国国家科学院的ESTES奖。在这个奖项的评语中提到，"……认知与行为科学任何领域的基础研究，运用规范分析或实证分析，或两者最佳的有机结合的方法，增强了我们对核战危机的认识"。美国国家科学院颁发这个奖项用以表彰他们"用博弈论和时间序列分析的方法所做的共同研究，刻画了国际恐怖主义分子的袭击对防御性反制措施的响应具有周期性和易变性的特征"。

# 译者简介

**杜江** 男，甘肃敦煌人，管理学博士，四川大学日本研究中心主任，四川大学经济学院教授、博士生导师，日本广岛大学访问学者。主要致力于时间序列分析、金融工程、金融统计、公司金融和世界经济等领域的教学与研究。译著有：《应用计量经济学：时间序列分析》（第 2 版），《应用计量经济学：时间序列分析》（第 3 版），《应用计量经济学》（第 6 版），《应用计量经济学》（第 7 版），《经济预测原理》（第 4 版），《非线性经济时间序列的建模》《价值理论——对经济均衡的公理分析》。出版教材：《计量经济学及其应用》《计量经济学及其应用》（第 2 版）。国内外期刊发表论文 40 余篇。主持和参与国家社科基金、国家自然科学基金多项。获得四川省级科技进步一等奖和社科二等奖等。

**袁景安** 经济学博士，西南财经大学经济与管理研究院副教授，博士生导师。主要致力于时间序列分析、国际金融领域的研究。

# 前　　言

在开始撰写本书第1版时，我的初衷是写一本有关宏观计量经济学时间序列分析的教材。幸运的是，不少同事劝我扩大视野，拓宽内容。应用微观经济学家已经掌握了时间序列分析方法，政治学科类期刊也更注重定量研究。在之前的版本中，案例都来自宏观经济学、农业经济学、国际金融领域，还有来自我和托德·桑德勒一同对国内及跨国恐怖主义的研究。读者会发现，书中的应用实例既有宏观经济学方面的，也有微观经济学方面的，并且二者的应用比例适当。

## 背景

本书适合于有一定多元回归分析知识背景的读者。我假定读者了解并会应用普通最小二乘法。我所有的学生都熟悉相关性和协方差的概念，他们都知道如何在回归中使用 $t$ 检验和 $F$ 检验。我会使用一些术语，但不解释它们的含义，如均方误差、显著性水平、无偏估计。本书用两章来讨论多元时间序列分析方法。为了理解和学好这些章节，读者需要知道如何用矩阵代数对方程组求解。第1章是差分方程，它是本书的基石。按照我的经验，在掌握回归分析知识的基础上，又通过对本书的学习，学生就足以阅读专业期刊，也会达到从事严谨的应用研究的水平。然而，仍有一位不幸的读者，给我来信写道："我的文章全都是按照您所讲的来写的，但投稿论文仍然没被采用，退稿了。"

书中叙述的一些方法需要程序处理。估计结构向量自回归模型VAR

需要有足够容量的软件包来运算矩阵。蒙特卡洛算法需要大量的运算处理。估计非线性模型需要用软件包，这个软件包要含有对非线性最小二乘法和最大似然估计的运行程序。完全由菜单驱动的软件包无法估计每一种时间序列模型。正如我对学生所讲的，当一个时间序列模型的处理程序出现在计量经济学软件包的名单中时，它已经不新鲜了。为了更好地从书中汲取知识，你应该运用如 EViews、RATS、MATLAB、R、STATA、SAS、GAUSS 等软件。

我在书名中使用"应用"二字是非常真诚的。之所以用它，是因为我相信归纳教学法。归纳教学方法是先举简单的例子，从简单的情形出发，然后以此逐步构建更一般、更复杂的模型或过程。本书提供了每个归纳过程的详细实例，按照由简单到复杂的基本思想，每个例子都有分步骤的总结。学习方法只有一种，那就是实践，"行而学"。每章的正文部分都有大量已经解决的问题。还有，每章最后的"习题"尤其重要。你学习的例子和练习越多越好。

## 第 4 版的创新

我深思熟虑，非常谨慎地权衡了本书的完整性与简练性。在决定书中新引入的内容时，我非常愿意倾听，重视教师和学生传来的电子邮件。为了避免原稿过于冗长，我在补充手册（Supplementary Maunal）中介绍了很多新论题。在第 2 章新增内容中，讨论了组合多种单变量预测的问题，其目的是降低总体预测误差的方差。第 3 章通过介绍波动性脉冲响应函数扩展了多元 GARCH 模型的讨论。据此，波动性扩散就要用类似于向量自回归（VAR）模型中的脉冲响应的方法计算。很多读者问及了关于自回归分布滞后模型（autoregressive distributed lag model，ADL）的问题。因此，我重写了第 5 章前面一部分，说明了定义和估计自回归分布滞后模型的合适方法。这些新的内容补充完善了第 6 章中关于在协整系统中使用自回归分布滞后模型的内容。第 7 章讨论了在原假设下的不明冗余参数的所谓的戴维斯问题（Davies problem）。在这一章，还用 Bai-Perron 方法讨论了多个内生突变（例如，潜在的突变发生于未知的时间）的问题。另外，由于突变可以很久才表现出来，在该章也论述了估计有逻辑突变的模型的过程。

有些内容放到了第 4 版的主页（网站）上，如参考文献、注释和统计表。要获取这些内容，请参考 Wiley.com/College/Enders 或访问 time-series.net。

## 新增内容

因为需要将一些论题放在本书之外，我准备了一本补充手册。这本手册包含了我认为比较重要（或有趣）的内容，但并不是对所有读者都是如此。书中会提示读者查看补充手册以寻求更多关于论题的信息。

为了帮助读者编程，我编著了一本 RATS 编程手册（Programming Manual）。当然，我没有办法取得每个平台的指南。多数程序设计者都应该能将 RATS 语言的程序转变为他们自己软件包的语言。

还有一本教师手册供给使用本书的教师。该手册包含了所有数学问题的答案。还包含了一些程序，能运行出书中所示结果和在习题中所列示的模型。手册中的版本适用于 EVIEWS、RATS、SAS 和 STATA。

我还为每一章准备了 PPT。幻灯片中的内容都来自我上课使用的素材。因此，PPT 中强调的内容是我比较重视的。另外，部分幻灯片有扩展内容。

Wiley 使所有采用本书的教师都能获得这些手册。补充手册和编程手册的不同版本都能从 Wiley 或我的私人网站：www.time-series.net 下载。编程手册还能在 ESTIMA 网下载，网址是：www.estima.com。

即使尽我所能，毫无疑问，书中也会出现错误。如果以前三个版本为鉴，那就是出现的错误很多。因此，我会在我的网站上持续更新错误和更正单，网址是：www.time-series.net。

很多人都提出了对原稿排版、风格、清晰度的改进意见。我收到了大量读者的电子邮件，指出了书中的错误，并提出了关于书中论述的建议。我很感谢指出错误让我不断挑战的学生。尤其是 Karl Boulware、Pin Chung、Selahattin Dibooglu、HyeJin Lee、Jing Li、Eric Olson、Ling Shao、Jingan Yuan。Pierre Siklos 和 Mark Wohar 基于第 2 版的修订章节提出了非常重要的意见。我从 Barry Falk 和 Junsoo Lee 处学到了很多关于时间序列的知识，因此，特别提及并感谢他们。也要感谢我的妻子 Linda 在我生病时支持我（特别是在我写作原稿时）。

就在写第 3 版的前言时，我得知 Clive Granger 永远地离开了我们。我在明尼苏达大学休假的前几个月，得到了一次赴加州大学圣迭戈分校参加研讨的机会。那时，我正在研究迭代模型，根本就没有想过要做一名应用计量经济学家。然而，当我初次遇见 Clive 时，他说："在冬天，这里会比明尼苏达暖和 100 度（华氏），为什么不在这里休假呢？"于是，我改变了计划，决定留在加州大学圣迭戈分校，与众多数理经济学研究者共事。幸运的是，我碰巧完整地听了他的一节课（和 Robert Engle 共同教学），从此，深深地爱上了计量经济学的时间序列分析。我知道，告诉大家他的课如何改变了我的职业生涯，这会使他高兴的，也寄托着对他深深的哀思。他和 Robert Engle 以一种很重要的方式，影响并且引领了书中所使用的方法。

# 目　　录

译者序
作译者简介
前言

## 第1章　差分方程 ································ 1
本章学习目标 ································ 1
导论 ············································ 1
1.1　时间序列模型 ························ 1
1.2　差分方程及求解方法 ············ 5
1.3　迭代法求解方程 ···················· 7
1.4　备选方法 ······························ 11
1.5　蛛网模型 ······························ 14
1.6　解齐次差分方程 ·················· 17
1.7　求确定性过程的特解 ·········· 25
1.8　待定系数法 ·························· 27
1.9　滞后算子 ······························ 31
1.10　总结 ···································· 33
习题 ··············································· 34

## 第2章　平稳时间序列模型 ············ 36
本章学习目标 ································ 36
2.1　随机差分方程模型 ·············· 36
2.2　自回归移动平均 ARMA 模型 ······ 38

2.3　平稳性 ·································· 39
2.4　ARMA($p$, $q$) 模型的平稳性限制 ·································· 42
2.5　自相关函数 ·························· 46
2.6　偏自相关函数 ······················ 50
2.7　平稳序列的样本自相关 ······ 52
2.8　Box-Jenkins 模型筛选方法 ·· 59
2.9　预测性质 ······························ 62
2.10　利率差模型 ························ 68
2.11　季节性模型 ························ 75
2.12　参数稳定性和结构变化 ···· 80
2.13　组合预测 ···························· 84
2.14　总结 ···································· 87
习题 ··············································· 88

## 第3章　波动性建模 ··························· 93
本章学习目标 ································ 93
3.1　定式化的经济时间序列 ······ 93
3.2　ARCH 和 GARCH 过程 ······ 97
3.3　通货膨胀的 ARCH 和 GARCH 估计 ································ 103
3.4　GARCH 模型的三个例子 ·· 105
3.5　风险的 GARCH 模型 ········ 111
3.6　ARCH-M 模型 ···················· 112

3.7 ARCH 过程的其他性质 …………… 114
3.8 GARCH 模型的最大似然
估计 ……………………………… 119
3.9 其他条件方差模型 ……………… 121
3.10 估计纽约证券交易所
100 指数 ………………………… 124
3.11 多元 GARCH 模型 ……………… 129
3.12 波动的脉冲响应 ………………… 133
3.13 总结 ……………………………… 135
习题 …………………………………… 136

## 第4章 包含趋势的模型 …………… 140
本章学习目标 ………………………… 140
4.1 确定性趋势和随机
趋势 ……………………………… 140
4.2 去除趋势 ………………………… 146
4.3 单位根与回归残差 ……………… 151
4.4 蒙特卡洛方法 …………………… 154
4.5 DF 检验 ………………………… 159
4.6 DF 检验实例 …………………… 161
4.7 扩展的 DF 检验 ………………… 165
4.8 结构性变化 ……………………… 174
4.9 有效性与确定性回归
变量 ……………………………… 180
4.10 有效性更好的检验 ……………… 182
4.11 Panel 单位根检验 ……………… 186
4.12 趋势和单变量分解 ……………… 189
4.13 总结 ……………………………… 195
习题 …………………………………… 196

## 第5章 多方程时间序列模型 ……… 199
本章学习目标 ………………………… 199
5.1 干扰分析 ………………………… 200
5.2 传递函数模型 …………………… 205

5.3 估计传递函数 …………………… 213
5.4 结构性多元估计的约束 ………… 216
5.5 向量自回归（VAR）介绍 ……… 219
5.6 估计和识别 ……………………… 223
5.7 脉冲响应函数 …………………… 227
5.8 假设检验 ………………………… 233
5.9 简单的 VAR 实例：美国与国际
恐怖事件 ………………………… 238
5.10 结构性 VAR …………………… 241
5.11 结构性分解实例 ………………… 244
5.12 过度识别系统 …………………… 248
5.13 Blanchard 和 Quah 分解 ……… 251
5.14 实例：分解实际汇率与名义
汇率变动 ………………………… 255
5.15 总结 ……………………………… 258
习题 …………………………………… 259

## 第6章 协整与误差修正模型 ……… 264
本章学习目标 ………………………… 264
6.1 单整变量的线性组合 …………… 264
6.2 协整与共同趋势 ………………… 270
6.3 协整与误差修正模型 …………… 271
6.4 协整检验：Engle-Granger
检验方法 ………………………… 277
6.5 协整检验：Engle-Granger
检验方法演示 …………………… 280
6.6 协整和购买力平价理论 ………… 283
6.7 特征根、秩与协整 ……………… 286
6.8 假设检验 ………………………… 291
6.9 Johansen 协整检验方法 ……… 298
6.10 误差修正和 ADL 检验 ………… 301
6.11 三种方法的比较 ………………… 303
6.12 总结 ……………………………… 306
习题 …………………………………… 306

# 第7章 非线性时间序列模型 ······ 311

本章学习目标 ······················· 311
7.1 线性与非线性调整 ············ 311
7.2 ARMA 模型的简单扩展 ······· 313
7.3 非线性检验 ····················· 316
7.4 门限自回归（TAR）模型 ····· 321
7.5 TAR 的扩展形式 ··············· 325
7.6 三个门限模型 ·················· 330
7.7 平滑转换模型 ·················· 335
7.8 其他状态转换模型 ············· 340
7.9 平滑转换自回归（STAR）模型的估计 ······························· 343
7.10 一般化的脉冲响应及其预测 ······························· 346
7.11 单位根与非线性 ·············· 352
7.12 更多内源性结构阶 ··········· 355
7.13 总结 ···························· 361
习题 ·································· 362

# 第1章

# 差 分 方 程

## 本章学习目标

1. 阐述随机差分方程如何用来预测，说明该方程如何产生于熟悉的经济模型。
2. 阐述解差分方程的含义。
3. 阐述如何用迭代求解随机差分方程。
4. 阐述如何求差分方程的齐次解。
5. 阐述求齐次解的过程。
6. 阐述如何求高阶差分方程的齐次解。
7. 阐述如何求确定的差分方程的特解。
8. 阐述如何用待定系数法求随机差分方程的特解。
9. 阐述如何用滞后因子求随机差分方程的特解。

## 导论

　　本书各章中讨论的所有时间序列分析方法都以差分方程理论为基础。可以说，时间序列计量经济学就是有关含随机成分的差分方程的估计。通常，将时间序列分析用于预测变量的时间路径。由于序列的可预测成分能够外推至未来的时期，因此，揭示序列的动态路径可以极大地提高预测效果。随着人们对动态经济学的兴趣日益增加，时间序列计量经济学已经重新受到重视。于是，从动态经济模型中很自然地产生了随机差分方程。经过合理估计的方程可以用于解释经济数据和进行假设检验。

## 1.1　时间序列模型

　　当代时间序列计量经济学家所面临的任务是建立相对简单的模型，使它能够用于对经济的预测、解释和假设检验。这一挑战与日俱增。时间序列分析最初主要是作为预测的辅助工具，因此，经济学家创造了一套方法，可将序列分解成趋势性、季节性、周期性和无规则性成分。趋势性成分表现为序列的长时间内的动态，周期性成分则代表了序列有规则的周期性变动。无规则成分是随机的，而计量经济学家所要做的就是估算和预测这个随机的无规则成分。

假设我们已经观察到了如图 1-1a 所示的 50 个样本数值，并有兴趣预测后面的取值。应用后面几章讨论的时间序列分析方法，可以把这个序列分解成图 1-1b 所示的趋势性成分、季节性成分和无规则成分。正如我们所看到的，趋势成分改变了序列的均值，而季节性成分则呈现出规则的周期模式，每过 12 个时间单位就出现一次峰值。实际上，趋势性成分和季节性成分并非图中所示的经过简化的确定性函数。现代观点认为，序列的趋势性成分、季节性成分和无规则成分中都包含了随机因素。眼下，明智的做法是抛开这些复杂的情况，这样，对第 51 期及以后的趋势性成分和季节性成分的预测会变得简单易行。

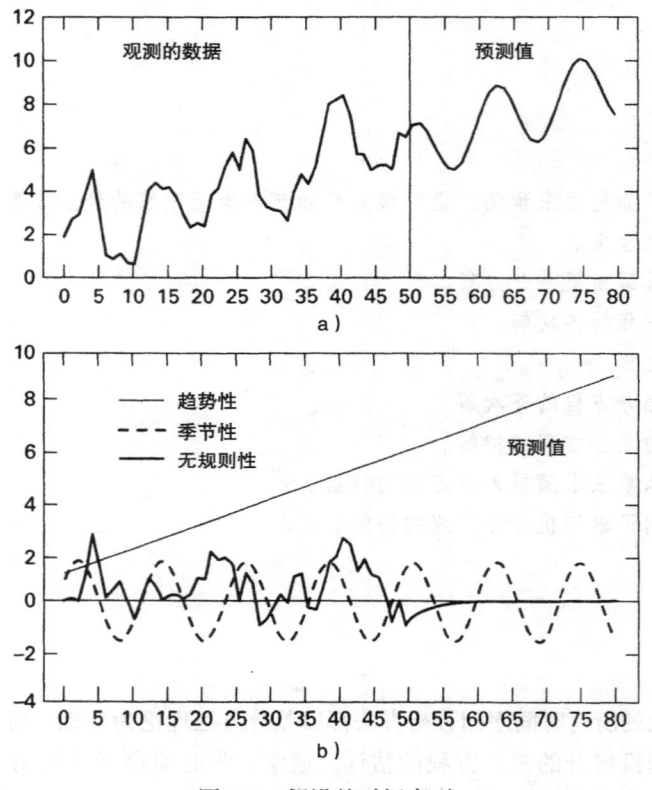

图 1-1 假设的时间序列

注意，对于无规则成分，即使缺乏定义良好的模型，在某种程度上仍是可以预测的。如果我们仔细查看图形，就不难发现，正负值是交替出现的；任一期出现一个较大值，随后都会跟着出现另一个较大值。于是，短期预测可以利用无规则成分的这一正相关性的特征。但在整个期间，无规则成分却表现出向零收敛的趋势。如图 1-1b 所示，第 50 期以后的无规则成分的预测值迅速递减，趋近于零。而图 1-1a 所示的整个预测值，实质上是每一成分的预测值的总和。

进行上述预测的一般方法是要寻找一个推动随机过程的运动方程，并使用该方程预测后面的结果。令 $y_t$ 表示第 $t$ 期的数据点取值；如果使用这一记号，则在图 1-1 的例子中，就假设我们观察到了 $y_1$ 到 $y_{50}$ 的取值。对于 $t=1$ 到 50，用来构建序列 $y_t$ 的各成分的运动方程为

$$趋势性: T_t = 1 + 0.1t$$

$$季节性: S_t = 1.6\sin\left(\frac{t\pi}{6}\right)$$

$$无规则: I_t = 0.7I_{t-1} + \varepsilon_t$$

式中 $T_t$——第 $t$ 期的趋势性成分取值;
$S_t$——第 $t$ 期的季节性成分取值;
$I_t$——第 $t$ 期的无规则成分值;
$\varepsilon_t$——第 $t$ 期的纯随机扰动项。

因此,第 $t$ 期的无规则成分就等于上一期无规则成分的70%再加一个随机扰动项。

上面三个方程都是**差分方程**(difference equation)。通常形式下,差分方程将变量表示为该变量滞后值、时间和其他变量的函数。其中,趋势成分和季节成分都是时间的函数,而无规则成分则是它的滞后值和随机变量 $\varepsilon_t$ 的函数。介绍这组方程意在说明,时间序列计量经济学研究的是含随机成分的差分方程的估计。时间序列计量经济学家可能估计单变量序列的特征,或者估计由许多相互依存的不同变量序列构成的向量的特征。本书对单变量和多变量预测方法都有介绍。第2章讲述如何估计序列的无规则成分。第3章讨论当数据表现出周期性波动和稳定时,如何对方差进行估计。第4章讨论趋势估计,问题集中在趋势是确定性的还是随机性的。第5章讨论向量随机差分方程的特征。第6章则是有关多变量模型中的趋势估计。第7章介绍包括非线性时间序列模型在内的全新发展的研究领域。

尽管预测一直是时间序列分析的重点,但随着动态经济学的重要性日益增加,时间序列分析有了新的用武之地。许多经济理论都被自然地表示为随机差分方程。更重要的是,许多模型都暗示着关键经济变量的时间路径具有可检验性。请考虑以下四个例子。

**1. 随机游走假设**。在最简单的随机游走模型中,认为股价的逐日变动量服从均值为0的特征。毕竟,如果大家都知道在第 $t$ 天买入股票,在第 $t+1$ 天按期望的价格卖出,就可获得资本利得,那么,有效的投机将会推动当前股价上涨。同样,没有人愿意持有预期价格将会下跌的股票。从数学形式上看,模型认定股价的变动应当满足随机差分方程

$$y_{t+1} = y_t + \varepsilon_{t+1}$$

或者

$$\Delta y_{t+1} = \varepsilon_{t+1}$$

式中,$y_t$ 为第 $t$ 天的股票价格的对数;$\varepsilon_{t+1}$ 为期望值为零的随机干扰项。

现在考虑更为一般形式的随机差分方程

$$\Delta y_{t+1} = \alpha_0 + \alpha_1 y_t + \varepsilon_{t+1}$$

随机游走假设要求满足可检验的约束条件:$\alpha_0 = \alpha_1 = 0$。拒绝这个约束条件就等于拒绝随机游走的理论。假设第 $t$ 期的信息已知时,随机游走理论也要求 $\varepsilon_{t+1}$ 的均值等于零;如果能够证明 $\varepsilon_{t+1}$ 是可预测的,则随机游走假设无效。第2章到第4章将再次讨论如何恰当地估计单方程模型。

**2. 诱导方程和结构方程**。将差分方程组拆分成独立的单方程模型很有用处。为说明其中的关键问题,考虑具有随机形式的萨缪尔森(1939)经典模型

$$y_t = c_t + i_t \tag{1-1}$$

$$c_t = \alpha y_{t-1} + \varepsilon_{ct} \quad 0 < \alpha < 1 \tag{1-2}$$

$$i_t = \beta(c_t - c_{t-1}) + \varepsilon_{it} \quad \beta > 0 \tag{1-3}$$

式中，$y_t$、$c_t$ 和 $i_t$ 分别表示第 $t$ 期的实际国内生产总值（GDP）、消费和投资。在凯恩斯宏观经济学模型中，$y_t$、$c_t$ 和 $i_t$ 都是内生变量，前期的 GDP 值 $y_{t-1}$ 和消费值 $c_{t-1}$ 称为前定或滞后内生变量。$\varepsilon_{ct}$、$\varepsilon_{it}$ 分别是影响消费和投资的随机干扰项，其均值都为零，系数 $\alpha$、$\beta$ 为待估参数。

第一个方程表示总产出（GDP）等于消费和投资支出之和；第二个方程表示消费支出等于按上一期 GDP 的一定比例加一个随机干扰项；第三个方程表示加速度原理，即在消费增长必定带来新的投资支出的前提下，投资支出等于消费变动的一定倍数。误差项 $\varepsilon_{ct}$、$\varepsilon_{it}$ 分别表示无法解释模型中的消费行为和投资行为的其他因素。

式（1-3）是一个**结构方程**（structural equation），因为它表明内生变量 $i_t$ 依赖于另一个内生变量 $c_t$ 的当期实现值。而**诱导方程**（reduced-form equation）则是将内生变量表示成该变量滞后值、其他内生变量的滞后值、外生变量的当期和过去值以及扰动项的函数。如式（1-2）所示，消费函数中的当期消费仅仅依赖于滞后（前一期）收入和随机干扰项 $\varepsilon_{ct}$，它已经表示成了诱导方程。而投资函数还不是诱导方程，因为当期投资还依赖于当期消费。

为得到投资函数的诱导方程，将式（1-2）代入投资式（1-3）就可得到它的诱导方程：

$$i_t = \beta[\alpha y_{t-1} + \varepsilon_{ct} - c_{t-1}] + \varepsilon_{it} = \alpha\beta y_{t-1} - \beta c_{t-1} + \beta\varepsilon_{ct} + \varepsilon_{it}$$

请注意，投资函数的诱导方程并不是唯一的。我们可以将式（1-2）滞后 1 期，得到 $c_{t-1} = \alpha y_{t-2} + \varepsilon_{ct-1}$。运用这个表达式，投资函数的诱导方程也可写成

$$i_t = \alpha\beta y_{t-1} - \beta(\alpha y_{t-2} + \varepsilon_{ct-1}) + \beta\varepsilon_{ct} + \varepsilon_{it} = \alpha\beta(y_{t-1} - y_{t-2}) + \beta(\varepsilon_{ct} - \varepsilon_{ct-1}) + \varepsilon_{it} \quad (1\text{-}4)$$

同样地，若要得到 GDP（$y_t$）的诱导方程，则可将式（1-2）和式（1-4）代入式（1-1），得到诱导方程为

$$\begin{aligned} y_t &= \alpha y_{t-1} + \varepsilon_{ct} + \alpha\beta(y_{t-1} - y_{t-2}) + \beta(\varepsilon_{ct} - \varepsilon_{ct-1}) + \varepsilon_{it} \\ &= \alpha(1+\beta)y_{t-1} - \alpha\beta y_{t-2} + (1+\beta)\varepsilon_{ct} + \varepsilon_{it} - \beta\varepsilon_{ct-1} \end{aligned}$$

因此 $y_t$ 可被写作如下形式：

$$y_t = a y_{t-1} + b y_{t-2} + x_t \quad (1\text{-}5)$$

式中，$a = \alpha(1+\beta)$；$b = -\alpha\beta$；$x_t = (1+\beta)\varepsilon_{ct} + \varepsilon_{it} - \beta\varepsilon_{ct-1}$。

模型（1-5）是一个**单变量**（univariate）诱导方程，$y_t$ 完全被表示为其滞后值和干扰项的函数。单变量模型用于预测特别有效，我们只需根据它当期和过去的实现值，就可对序列进行预测。运用第 2 章到第 4 章阐述的单变量时间序列分析方法，可以估计式（1-5）。一旦得到了 $a$、$b$ 的估计值，就可直接使用 $y_1$ 到 $y_t$ 的观察值来预测序列（即 $y_{t+1}$，$y_{t+2}$，…）中的所有未来值。

第 5 章讨论当所有变量都被当作联合内生变量时的多变量模型估计。该章也讨论从已估诱导模型还原（识别）到结构模型所需的约束条件。

3. **误差纠正**：远期价格和现货价格。在现货市场上可以买卖一定的商品和金融工具进行现货交割，也可以在规定的未来某一日期完成交割。比如，假设在即期市场上，某外汇的即期价格为 $s_t$ 美元，未来一期的远期交割价为 $f_t$ 美元。现在，假设一投机者在即期的远期市场上作为多头，以每单位 $f_t$ 美元的价格购买远期外汇，在 $t+1$ 期初，该投机者获得外汇，并按每单位 $f_t$ 美元进行支付。又由于把获得的外汇在现货市场马上出售，获得 $s_{t+1}$ 美元，所以，投机者每交易单位的盈利（或亏损）为 $s_{t+1} - f_t$ 美元。

无偏期货汇率（UFR）假设认为投机行为的期望收益为零。这种假设假定期货汇率和现货汇率在数学形式上具有如下关系，即

$$s_{t+1} = f_t + \varepsilon_{t+1} \quad (1\text{-}6)$$

式中，从 $t$ 期的角度来看，$\varepsilon_{t+1}$ 具有零均值。

在式(1-6)中，$t$ 期的期货汇率是 $t+1$ 期的现货汇率的无偏估计。因而，假设已收集到两种汇率的数据，并对以下回归方程进行估计

$$s_{t+1} = \alpha_0 + \alpha_1 f_t + \varepsilon_{t+1}$$

如果能证明 $\alpha_0 = 0$，$\alpha_1 = 1$，并且也能证明回归残差 $\varepsilon_{t+1}$ 在 $t$ 期具有零均值，那么，UFR 假设就是成立的。

当 $\varepsilon_{t+1} = 0$ 时，现货市场的价格和期货市场的价格可被视为处于长期均衡。无论何时 $s_{t+1}$ 表现出与 $f_t$ 不一致，后期都必然会进行某种调整使它回复到长期均衡。考虑以下调整过程

$$s_{t+2} = s_{t+1} - \alpha[s_{t+1} - f_t] + \varepsilon_{st+2} \quad \alpha > 0 \tag{1-7}$$

$$f_{t+1} = f_t + \beta[s_{t+1} - f_t] + \varepsilon_{ft+1} \quad \beta > 0 \tag{1-8}$$

式中，$\varepsilon_{st+2}$ 和 $\varepsilon_{ft+1}$ 都具有零均值。

式(1-7)和式(1-8)演示了第 6 章所讨论的联立调整机制。这种动态模型称为**误差纠正**（error-correction）模型，因为变量在任何一期的变动都和变量的前一期值与长期均衡的离差有关。如果即期汇率 $s_{t+1}$ 与远期汇率 $f_t$ 相等，则式(1-7)和式(1-8)说明即期和远期汇率倾向于保持不变。如果即期与远期汇率之差为正，即 $s_{t+1} - f_t > 0$，则根据式(1-7)和式(1-8)就可以预测，其预测为即期汇率将会下降而远期汇率将会上升。

**4. 非线性动态模型**。迄今为止，所有提到的方程中，其系数均为常数，因此，认为这些方程是线性的（某种程度上讲，每个变量都是 1 次方的形式）。对于一些具有更为复杂的动态结构模型的估计，将在第 7 章专门讨论。回顾式(1-3)中的假定，取决于消费变动量的投资是按照消费变动量的固定比例进行的。在投资对消费变动的响应中，正的消费变动量要比负的消费变动量对投资的影响强烈些，这种假设可能更现实一些。毕竟，企业终究是希望能够利用有力的消费增长的优势，而不是让资本存量减少来应对消费的缩减。为了更好地反映这种投资行为模式，对式(1-3)进行修正，使得 $c_t - c_{t-1}$ 的系数不再是恒定的常数。考虑以下形式的模型

$$i_t = \beta_1(c_t - c_{t-1}) - \lambda_t \beta_2(c_t - c_{t-1}) + \varepsilon_{it}$$

式中，$\beta_1 > \beta_2 > 0$，并且 $\lambda_t$ 具有指示器功能：当 $(c_t - c_{t-1}) < 0$ 时，取 $\lambda_t = 1$，否则取 $\lambda_t = 0$。因此，如果 $(c_t - c_{t-1}) \geq 0$，$\lambda_t = 0$，那么，$i_t = \beta_1(c_t - c_{t-1}) + \varepsilon_{it}$。如果 $(c_t - c_{t-1}) < 0$，$\lambda_t = 1$，那么，$i_t = (\beta_1 - \beta_2)(c_t - c_{t-1}) + \varepsilon_{it}$。因为 $\beta_1 - \beta_2 > 0$，所以，表明投资对消费的增加要比消费的减少反应更敏感些。

## 1.2 差分方程及求解方法

尽管读者可能对上一节中的许多思想都很熟悉，但我们仍然有必要将会涉及到的一些概念用公式进行表述。在这一节中，我们将考察经济分析中使用的差分方程类型，并阐明什么是求解差分方程。在开始对差分方程的考察之前，首先请考虑函数 $y = f(t)$。如果对函数赋值，当自变量 $t$ 取特定值 $t^*$ 时，可得因变量的取值为 $y_{t^*}$，用公式可表述为 $y_{t^*} = f(t^*)$。如果使用相同记号，则 $y_{t^*+h}$ 表示当 $t$ 取特定值 $t^* + h$ 时 $y$ 的取值，则 $y$ 的 1 阶差分就定义为 $t = t^* + h$ 与 $t = t^*$ 时的函数值之差。

$$\Delta y_{t^*+h} \equiv f(t^* + h) - f(t^*) \equiv y_{t^*+h} - y_{t^*} \tag{1-9}$$

微积分中允许自变量的变化(即 $h$)趋近于零。但是，由于大多数经济数据都是离散型的，所以，允许时间跨度大于零会更有益。运用差分方程时，我们将单位标准化，使 $h$ 代表时期 $t$(例如，$h=1$)中的 1 个单位变化，并考虑自变量均匀分布的序列。为了不失一般性，可去掉 $t^*$ 上的星号，得到以下 **1 阶差分**(first differences)：

$$\Delta y_t = f(t) - f(t-1) \equiv y_t - y_{t-1}$$

$$\Delta y_{t+1} = f(t+1) - f(t) \equiv y_{t+1} - y_t$$

$$\Delta y_{t+2} = f(t+2) - f(t+1) \equiv y_{t+2} - y_{t+1}$$

通常，将整个序列的取值 $\{\cdots, y_{t-2}, y_{t-1}, y_t, y_{t+1}, y_{t+2}, \cdots\}$ 表示成 $\{y_t\}$ 更为方便。我们可用 $y_t$ 指代序列中任意特定取值。除非特别规定，下标 $t$ 可从 $-\infty$ 变动到 $+\infty$。在时间序列计量经济模型中，我们用 $t$ 代表"时间"，$h$ 代表时间跨度。这样，用 $y_t$ 和 $y_{t+1}$ 便可以分别表示序列 $\{y_t\}$ 在 2014 年第 1 季度和第 2 季度的取值。

同样，可从 1 阶差分的变化中得到 **2 阶差分**(second difference)。考虑 2 阶差分

$$\Delta^2 y_t \equiv \Delta(\Delta y_t) = \Delta(y_t - y_{t-1}) = (y_t - y_{t-1}) - (y_{t-1} - y_{t-2}) = y_t - 2y_{t-1} + y_{t-2}$$

$$\Delta^2 y_{t+1} \equiv \Delta(\Delta y_{t+1}) = \Delta(y_{t+1} - y_t) = (y_{t+1} - y_t) - (y_t - y_{t-1}) = y_{t+1} - 2y_t + y_{t-1}$$

类似地，可以给出 $n$ 阶差分($\Delta^n$)的定义。此时，我们已冒险将差分方程理论推广得过远。正如读者将见到的，时间序列分析中，很少需要使用差分。可以保证，在实际应用中，几乎不会使用 3 阶及更高阶的差分方程。

由于本书的大部分讨论的是线性时间序列方法，所以，可以只考察带常数系数的 $n$ 阶线性差分方程的特例。这种特殊类型的差分方程的形式为

$$y_t = a_0 + \sum_{i=1}^{n} a_i y_{t-i} + x_t \tag{1-10}$$

在这里，$n$ 表示差分方程的阶数。由于解释变量的所有取值都为一次方，因此，这个方程是线性的。有关经济理论的例子中，$a_i$ 都是经济变量的函数，但是，只要它们不依赖于 $y_t$ 或 $x_t$ 的任一取值，我们都可将它视为参数。$x_t$ 项称为**推动过程**(forcing process)，它的表现形式非常广泛。$x_t$ 可能是时间、其他变量的当期值或滞后值，和(或)随机干扰项的任一函数。通过恰当地选择推动过程，我们就可以得到大量重要的宏观经济模型。重新考察式(1-5)，即真实 GDP 的诱导方程，因为 $y_t$ 依赖于 $y_{t-2}$，所以，这个方程是 2 阶差分方程。推动过程为表达式 $(1+\beta)\varepsilon_{ct} + \varepsilon_{it} - \beta\varepsilon_{ct-1}$。请注意，式(1-5)中没有与式(1-10)中 $a_0$ 对应的截距项。

序列 $\{x_t\}$ 的一个重要特例为

$$x_t = \sum_{i=0}^{\infty} \beta_i \varepsilon_{t-i}$$

式中，$\beta_i$ 为常数(其中一些可取零)，序列 $\{\varepsilon_t\}$ 的单个元素都不是 $y_t$ 的函数。这样，可以认为，序列 $\{\varepsilon_t\}$ 不过是一未取定的外生变量的序列。比如，令 $\{\varepsilon_t\}$ 表示随机误差项，令 $\beta_0 = 1$，$\beta_1 = \beta_2 = \cdots = 0$，则式(1-10)就成为如下自回归方程

$$y_t = a_0 + a_1 y_{t-1} + a_2 y_{t-2} + \cdots + a_n y_{t-n} + \varepsilon_t$$

若令 $n=1$、$a_0=0$、$a_1=1$，便得到随机游走模型。注意式(1-10)可写为**差分算子**(difference operator)形式($\Delta$)。从式(1-10)中减去 $y_{t-1}$，得到

$$y_t - y_{t-1} = a_0 + (a_1 - 1)y_{t-1} + \sum_{i=2}^{n} a_i y_{t-i} + x_t$$

或令 $\gamma = (a_1 - 1)$，得到

$$\Delta y_t = a_0 + \gamma y_{t-1} + \sum_{i=2}^{n} a_i y_{t-i} + x_t \tag{1-11}$$

很明显，式(1-11)不过是式(1-10)的修正形式。

差分方程的**解**式(solution)是将 $y_t$ 值表示为序列 $\{x_t\}$ 的元素和 $t$（也可能是序列 $\{y_t\}$ 的一些给定值，称为**初始条件**(initial condition)）的函数。通过考察式(1-11)不难发现，它与通过给定的导数求原函数而进行的积分有类似之处。在给定某个方程类似于式(1-10)或式(1-11)的形式下，我们来求原函数 $f(t)$。请务必注意：解是一个函数而非数字。解的主要特征在于，当时间 $t$ 和推动过程 $\{x_t\}$ 取任何允许值时，它都满足差分方程。因而，将解代入差分方程必定能得到恒等式。比如，考察简单差分方程 $\Delta y_t = 2$（或 $y_t = y_{t-1} + 2$），我们很容易证明 $y_t = 2t + c$ 为差分方程 $\Delta y_t = 2$ 的解，这里，$c$ 为任意常数。根据定义，如果 $2t + c$ 为一个解，则必定满足 $t$ 的所有允许值。因而，对于 $t-1$ 期，有 $y_{t-1} = 2(t-1) + c$，现在将解代入方程得

$$2t + c \equiv 2(t-1) + c + 2 \tag{1-12}$$

计算这个代数式，可证明式(1-12)是一个恒等式。这个简单的例子也说明差分方程的解不是唯一的，$c$ 的任意一个取值都对应着一个解。

图 1-1 中的无规则成分项提供了另外一个有助于理解差分方程的解的例子，读者还记得，无规则成分的方程表达式为：$I_t = 0.7I_{t-1} + \varepsilon_t$。我们可以证明，这个 1 阶方程的解为

$$I_t = \sum_{i=0}^{\infty} (0.7)^i \varepsilon_{t-i} \tag{1-13}$$

由于式(1-13)适用于所有时期，所以，$t-1$ 期的无规则成分可写为

$$I_{t-1} = \sum_{i=0}^{\infty} (0.7)^i \varepsilon_{t-1-i} \tag{1-14}$$

现在将式(1-13)和式(1-14)代入 $I_t = 0.7I_{t-1} + \varepsilon_t$，得到

$$\varepsilon_t + 0.7\varepsilon_{t-1} + (0.7)^2 \varepsilon_{t-2} + (0.7)^3 \varepsilon_{t-3} + \cdots$$
$$= 0.7[\varepsilon_{t-1} + 0.7\varepsilon_{t-2} + (0.7)^2 \varepsilon_{t-3} + (0.7)^3 \varepsilon_{t-4} + \cdots] + \varepsilon_t \tag{1-15}$$

由于式(1-15)两边相等，所以，这就证明了式(1-13)是 1 阶随机差分方程 $I_t = 0.7I_{t-1} + \varepsilon_t$ 的一个解。请注意，诱导方程和解之间是有区别的。由于 $I_t = 0.7I_{t-1} + \varepsilon_t$ 适用于 $t$ 的所有取值，从而必有 $I_{t-1} = 0.7I_{t-2} + \varepsilon_{t-1}$。联合这两个方程得到

$$I_t = 0.7[0.7I_{t-2} + \varepsilon_{t-1}] + \varepsilon_t = 0.49I_{t-2} + 0.7\varepsilon_{t-1} + \varepsilon_t \tag{1-16}$$

因为 $I_t$ 由它的滞后值和干扰项表示，所以，式(1-16)为一个诱导方程。但是，不能将式(1-16)当作解，因为它包含了"未知"值 $I_{t-2}$。要让式(1-16)成为解，必须将 $I_t$ 表示为 $x_t$、$t$ 以及任何给定初始条件的表达式。

## 1.3 迭代法求解方程

式(1-15)的求解方法要求比较简单。本章接下来的部分将讨论其他求解方法。每种方法都各有特长，但在某一特定条件下，究竟使用何种最恰当的求解方法的技巧只能通过实践来体会。这一节讨论迭代法求解方程。尽管迭代法是一种最麻烦、最耗时的方法，但大多数人仍然觉得它很直观。

如果已知 $y$ 在某特定时刻的值，那么，一种直接的解法就是从这一期开始向前迭代，以得到

整个序列 $y$ 接下来的时间路径。将 $y$ 的已知值作为初始条件，或 $y$ 在 0 期的取值（记为 $y_0$），最便于演示迭代法过程的是使用 1 阶差分方程

$$y_t = a_0 + a_1 y_{t-1} + \varepsilon_t \tag{1-17}$$

已知 $y_0$，可得 $y_1$ 为

$$y_1 = a_0 + a_1 y_0 + \varepsilon_1$$

同样，$y_2$ 为

$$\begin{aligned} y_2 &= a_0 + a_1 y_1 + \varepsilon_2 \\ &= a_0 + a_1 [a_0 + a_1 y_0 + \varepsilon_1] + \varepsilon_2 \\ &= a_0 + a_0 a_1 + (a_1)^2 y_0 + a_1 \varepsilon_1 + \varepsilon_2 \end{aligned}$$

继续这一过程，可得 $y_3$ 为

$$\begin{aligned} y_3 &= a_0 + a_1 y_2 + \varepsilon_3 \\ &= a_0 [1 + a_1 + (a_1)^2] + (a_1)^3 y_0 + a_1^2 \varepsilon_1 + a_1 \varepsilon_2 + \varepsilon_3 \end{aligned}$$

很容易证明，对于所有的 $t>0$，重复迭代都可以得到

$$y_t = a_0 \sum_{i=0}^{t-1} a_1^i + a_1^t y_0 + \sum_{i=0}^{t-1} a_1^i \varepsilon_{t-i} \tag{1-18}$$

因为在式(1-18)中，$y_t$ 被表示成了 $t$、推动过程 $x_t = \sum (a_1)^i \varepsilon_{t-i}$ 和已知的初始值 $y_0$ 的函数，所以，式(1-18)的 $y_t$ 是式(1-17)的一个解。作为一次练习，以下的发现将会很有用，即从 $y_t$ 向 $y_0$ 往回迭代，会刚好得到与式(1-18)一样的方程。由于 $y_t = a_0 + a_1 y_{t-1} + \varepsilon_t$，则有

$$\begin{aligned} y_t &= a_0 + a_1 [a_0 + a_1 y_{t-2} + \varepsilon_{t-1}] + \varepsilon_t \\ &= a_0 (1 + a_1) + a_1 \varepsilon_{t-1} + \varepsilon_t + a_1^2 [a_0 + a_1 y_{t-3} + \varepsilon_{t-2}] \end{aligned}$$

继续向 0 期迭代，得到式(1-18)。

### 1.3.1 初始条件未知的迭代

假设没有给出 $y_0$ 的初始条件。由于 $y_0$ 未知，这样，式(1-18)给出的解将不再适用。因为既不能选择 $y$ 的初始值以向前迭代，也不能从 $y_t$ 往后迭代至 $t = t_0$。因而，假设再继续向后迭代，将 $a_0 + a_1 y_{-1} + \varepsilon_0$ 作为 $y_0$ 代入式(1-18)，得到

$$\begin{aligned} y_t &= a_0 \sum_{i=0}^{t-1} a_1^i + a_1^t (a_0 + a_1 y_{-1} + \varepsilon_0) + \sum_{i=0}^{t-1} a_1^i \varepsilon_{t-i} \\ &= a_0 \sum_{i=0}^{t} a_1^i + \sum_{i=0}^{t} a_1^i \varepsilon_{t-i} + a_1^{t+1} y_{-1} \end{aligned} \tag{1-19}$$

再继续向后迭代 $m$ 期，得到

$$y_t = a_0 \sum_{i=0}^{t+m} a_1^i + \sum_{i=0}^{t+m} a_1^i \varepsilon_{t-i} + a_1^{t+m+1} y_{-m-1} \tag{1-20}$$

现在，考察式(1-19)和式(1-20)。若 $|a_1| < 1$，则当 $m$ 趋于无穷大时，$a_1^{t+m+1}$ 趋于 0。同样，$[1 + a_1 + (a_1)^2 + \cdots]$ 会向 $\dfrac{1}{1-a_1}$ 收敛。因而，如果我们暂且假定 $|a_1| < 1$，通过连续迭代，就可将式(1-20)写为

$$y_t = \frac{a_0}{1-a_1} + \sum_{i=0}^{\infty} a_1^i \varepsilon_{t-i} \tag{1-21}$$

在此，我们应当花几分钟确认一下，式(1-21)是否是原始差分方程(1-17)的一个解；只要将式(1-21)代入式(1-17)就可得到式(1-17)的两边恒等。但是式(1-21)并不是差分方程(1-17)的唯一解。$A$ 取任意值，式(1-17)的解都可写为

$$y_t = A a_1^t + \frac{a_0}{1-a_1} + \sum_{i=0}^{\infty} a_1^i \varepsilon_{t-i} \tag{1-22}$$

为了证明对于 $A$ 的任意取值，式(1-22)都是差分方程(1-17)的解，只需将式(1-22)代入式(1-17)，就可得到

$$y_t = A a_1^t + \frac{a_0}{1-a_1} + \sum_{i=0}^{\infty} a_1^i \varepsilon_{t-i}$$

$$= a_0 + a_1 \left[ A a_1^{t-1} + \frac{a_0}{1-a_1} + \sum_{i=0}^{\infty} a_1^i \varepsilon_{t-1-i} \right] + \varepsilon_t$$

由于等式两边恒等，这就说明式(1-22)必定是式(1-17)的解。

### 1.3.2 两种迭代法的混合解

已知迭代解为式(1-22)，假设还知道 $y$ 在任意时刻 $t_0$ 的取值这一初始条件。那么，我们可以直接对式(1-22)施加初始条件，从而得到与式(1-18)相同的解。由于式(1-22)对包括 $t_0$ 在内的所有时刻都成立，所以，当 $t=0$ 时，也必定有

$$y_0 = A + \frac{a_0}{1-a_1} + \sum_{i=0}^{\infty} a_1^i \varepsilon_{-i} \tag{1-23}$$

所以

$$A = y_0 - \frac{a_0}{1-a_1} - \sum_{i=0}^{\infty} a_1^i \varepsilon_{-i}$$

由于 $y_0$ 已知，所以，就可将式(1-23)的 $A$ 的取值看作是，在给定初始条件下，使得式(1-22)满足式(1-17)的一个特解。因此，给定初始条件后，便可消除 $A$ 的任意性。将 $A$ 值代入式(1-22)，得到

$$y_t = \left[ y_0 - \frac{a_0}{1-a_1} - \sum_{i=0}^{\infty} a_1^i \varepsilon_{-i} \right] a_1^t + \frac{a_0}{1-a_1} + \sum_{i=0}^{\infty} a_1^i \varepsilon_{t-i} \tag{1-24}$$

化简式(1-24)，得到

$$y_t = \left[ y_0 - \frac{a_0}{1-a_1} \right] a_1^t + \frac{a_0}{1-a_1} + \sum_{i=0}^{t-1} a_1^i \varepsilon_{t-i} \tag{1-25}$$

为了加深体会，读者不妨练习证明一下式(1-25)与式(1-18)完全相等。

### 1.3.3 非收敛序列

在假定 $|a_1|<1$ 时，当 $m$ 趋于无穷大时，式(1-21)就是式(1-20)的极限值。而在其他情况下，解会发生什么变化呢？如果 $|a_1|>1$，则由于当 $t+m$ 趋于无穷大时，表达式 $|a_1|^{t+m}$ 也变得无穷大，因而不能从式(1-20)推出式(1-21)。[1]但是，如果有一个初始条件，就无须进行无限求和，仅仅选取初始条件 $y_0$，并向前迭代，就可得到式(1-18)

---

1　全书上角注见该书网站：Wiley. com/College/Enders 或 time-series. net。——编者注

$$y_t = a_0 \sum_{i=0}^{t-1} a_1^i + a_1^t y_0 + \sum_{i=0}^{t-1} a_1^i \varepsilon_{t-i}$$

尽管序列的绝对值会变得越来越大，但序列中的所有取值仍将是有限的。

当 $a_1 = 1$ 时，会得到一个很有趣的例子。将式(1-17)重新写为

$$y_t = a_0 + y_{t-1} + \varepsilon_t$$

或

$$\Delta y_t = a_0 + \varepsilon_t$$

从 $y_t$ 向 $y_0$ 往回迭代，可证明，这个方程的一个解为[2]

$$y_t = a_0 t + \sum_{i=1}^{t} \varepsilon_i + y_0 \tag{1-26}$$

我们很快发现，这个解在形式上非常直观。在每一时期 $t$，$y_t$ 都会变动 $a_0 + \varepsilon_t$ 个单位。经过 $t$ 期之后，就会有 $t$ 次变动；因而，总变动为 $ta_0$ 加上序列 $\{\varepsilon_t\}$ 的 $t$ 个值之和。注意这个解包括从 $\varepsilon_1$ 到 $\varepsilon_t$ 的所有扰动项的求和，因此，当 $a_1 = 1$ 时，每一扰动项对 $y_t$ 值的影响都永不衰减。我们应当对式(1-21)与式(1-26)给出的解做一番比较。在式(1-21)中，因为当 $|a_1| < 1$ 时，$|a_1|^i$ 为 $t$ 的递减函数，因此，过去的干扰项的影响就会随时间的推移而逐渐减小。

图1-2演示了 $a_1$ 大小的重要性。通过电脑产生的30个随机数字分别记为 $\varepsilon_1 \sim \varepsilon_{30}$，它的理论均值为零。设 $y_0$ 等于1，于是，根据方程 $y_t = 0.9 y_{t-1} + \varepsilon_t$ 可得到序列 $\{y_t\}$ 接下来的30个取值，如图1-2a中的细线所示。如果将 $a_0 = 0$ 和 $a_1 = 0.9$ 代入式(1-18)，可以发现 $\{y_t\}$ 的时间路径由两部分构成。第一部分的 $0.9^t$ 由图中缓慢递减的粗线表示。对于 $t$ 的相对较小取值，是解的主要决定因素。随机部分的影响表现为粗细线之间的差，可以看出，$\{\varepsilon_t\}$ 的前几个取值是负的。我们会发现，随着 $t$ 变大，初始值 $y_0 = 1$ 对 $\{y_t\}$ 的影响变得越来越不明显。

应用前面生成的随机数，再次令 $y_0$ 等于1，由方程 $y_t = 0.5 y_{t-1} + \varepsilon_t$ 可以构建第二个序列，如图1-2b中的细线所示。表达式 $0.5^t$ 对 $\{y_t\}$ 的影响表现为迅速递减的粗线。当 $t$ 逐步变大时，解的随机成分对 $\{y_t\}$ 的时间路径所起的作用越来越显著。比较图1-2a和1-2b，很明显，$|a_1|$ 减小时，收敛速度会加快。此外，在图1-2b中，模拟的 $y_t$ 值与粗线的距离没有图1-2a中那么明显。正如在式(1-18)中所看到的，$y_t$ 的解中，$\varepsilon_{t-i}$ 的系数为 $(a_1)^i$，$a_1$ 值越小，意味着 $\varepsilon_{t-i}$ 的过去值对 $y_t$ 的当期值影响越小。

取 $a_1 = -0.5$，得第三个序列，如图1-2c中的细线所示。之所以有波动是缘于 $a_1$ 为负值。表达式 $(-0.5)^t$ 由粗线表示，当 $t$ 取偶数时，值为正；当 $t$ 取奇数时，值为负。由于 $|a_1| < 1$，所以，波动是递减的。

图1-2d、1-2e、1-2f演示的是非收敛序列。类似地，每一序列都以 $y_0 = 1$ 和相同的30个 $\{\varepsilon_t\}$ 的取值为初始条件。图1-2d中的细线表示 $y_t$ 的时间路径为 $y_t = y_{t-1} + \varepsilon_t$。由于 $\varepsilon_t$ 的每一取值的期望值都为0，所以，图1-2d实际上描述的是随机游走过程。在这里，因为 $\Delta y_t = \varepsilon_t$，所以，$y_t$ 的变动完全是随机的。非收敛性表现为 $\{y_t\}$ 来回波动的趋势。在图1-2e中，粗线表示发散性的表达式 $(1.2)^t$，它在序列 $\{y_t\}$ 中主宰了随机部分。注意，之所以仿真得到的序列 $\{y_t\}$ 与细线之间的距离随 $t$ 值增加而不断变宽，是因为 $y_t$ 的解中含有 $\varepsilon_{t-i}$ 的过去值，对应的系数为 $(1.2)^i$，当 $i$ 增加时，所有这些以前的差异所产生的累积影响的重要性就变得越来越显著。同样，令 $a_1 = -1.2$，如图1-2f所示，波动是发散性的。$t$ 为偶数时，$(-1.2)^t$ 为正；$t$ 为奇数时，$(-1.2)^t$ 为负。

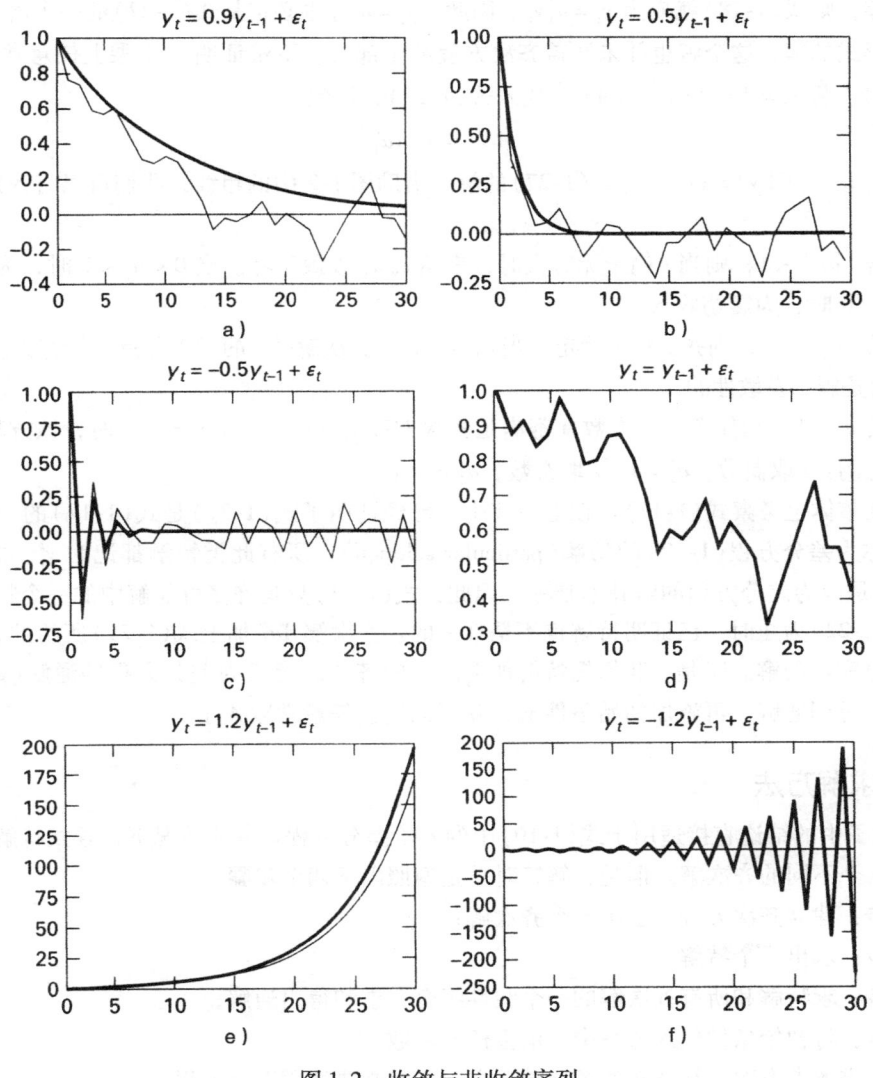

图 1-2　收敛与非收敛序列

## 1.4　备选方法

迭代法求解方程不宜用于高阶方程。在复杂的代数式面前,任何试图求解的努力都是徒劳的。幸好,对于式(1-10)给出的 $n$ 阶差分方程,还有几种其他的解法可以用。在此,我们不妨套用"学跑之前先得学走"这一原理,最好先考察式(1-17)给出的 1 阶方程。尽管解答过程中可能会有些重复,但以 1 阶差分方程为例却能很好地说明方法的一般规律及步骤。将式(1-17)拆分成不同的部分,仅考虑其中的齐次部分[3]

$$y_t = a_1 y_{t-1} \tag{1-27}$$

该齐次方程的解称为**齐次解**(homogeneous solution),有时,将齐次解表示为 $y_t^h$ 较为方便。显然,平凡解 $y_t = y_{t-1} = \cdots = 0$ 满足式(1-27)。但是,这个解并不是齐次方程的唯一解。令 $a_0$ 和 $\{\varepsilon_t\}$ 的所有值均为零，则式(1-18)就变为 $y_t = a_1^t y_0$。因此，$y_t = a_1^t y_0$ 也必定是式(1-27)的一个解。但是，即使有这种形式的解，这个解也并未涵盖齐次方程的全部解。不难证明，$a_1^t$ 乘上任意常数 $A$，均满足式(1-27)。将 $y_t = A a_1^t$ 和 $y_{t-1} = A a_1^{t-1}$ 代入式(1-27)，得到

$$A a_1^t = a_1 A a_1^{t-1}$$

由于 $a_1^t = a_1 a_1^{t-1}$，则 $y_t = A a_1^t$ 也为式(1-27)的解。借助图 1-2 中的粗线，我们可以将齐次解的特征归纳如下。

（1）若 $|a_1| < 1$，则当 $t$ 趋于无穷大时，表达式 $a_1^t$ 收敛于零。当 $0 < a_1 < 1$ 时，为直接收敛，当 $-1 < a_1 < 0$ 时，为震荡收敛。

（2）若 $|a_1| > 1$，则齐次解不稳定。当 $a_1 > 1$ 时，齐次解随 $t$ 的增大趋近于无穷大。当 $a_1 < -1$ 时，齐次解是震荡发散性的。

（3）若 $a_1 = 1$，则任意一个常数 $A$ 都满足齐次方程 $y_t = y_{t-1}$。当 $a_1 = -1$ 时，该方程的解为正负交替变化的：$t$ 取偶数，$a_1^t = 1$；$t$ 取奇数，$a_1^t = -1$。

现在从整体上考察式(1-17)。在上一节中，已经证明了式(1-21)是式(1-17)的一个有效解。式(1-21)称为差分方程(1-17)的**特解**（particular solution），所有此类特解都记为 $y_t^p$。之所以冠以"特"字，是因为差分方程的解并不唯一。因此，式(1-21)只是许多可能解中的一个特例。

到式(1-22)为止时，已证明特解也不是唯一的。齐次解 $A a_1^t$ 加上式(1-21)所给的特解就组成了式(1-17)完整的解。于是，我们把特解加上所有的齐次解定义为差分方程**通解**（general solution）。一旦得到通解，再施加初始条件 $y_0$，就可以消去任意常数 $A$ 了。

### 1.4.1 求解方法

1 阶例子中的结论直接适用于式(1-10)中的 $n$ 阶差分方程。一般情况下，寻找特解更为困难，并且还有 $n$ 个不同的齐次解。但是，解答时总是遵照以下四个步骤。

**第 1 步**：建立齐次方程，求出 $n$ 个齐次解；

**第 2 步**：求出一个特解；

**第 3 步**：求特解和所有齐次解的一个线性组合，求和得出通解；

**第 4 步**：将初始条件代入通解中，消去任意常数。

在我们讲解求齐次解和特解的各种技巧之前，有必要使用以下方程

$$y_t = 0.9 y_{t-1} - 0.2 y_{t-2} + 3 \tag{1-28}$$

来阐述这一方法。显然，该 2 阶方程是参照式(1-10)的形式，取 $a_0 = 3$、$a_1 = 0.9$、$a_2 = -0.2$ 和 $x_t = 0$ 而得到的。首先，从第 1 步开始，建立齐次方程

$$y_t - 0.9 y_{t-1} + 0.2 y_{t-2} = 0 \tag{1-29}$$

就式(1-17)的 1 阶差分方程而言，齐次解为 $A a_1^t$。1.6 节将向读者说明如何找到完整的齐次解。现在，足以证明两个齐次解为：$y_{1t}^h = (0.5)^t$ 和 $y_{2t}^h = (0.4)^t$。要证明第一个解，应注意到 $y_{1t-1}^h = (0.5)^{t-1}$ 和 $y_{1t-2}^h = (0.5)^{t-2}$。因此，如果满足下式

$$(0.5)^t - 0.9(0.5)^{t-1} + 0.2(0.5)^{t-2} = 0$$

那么，$y_{1t}^h$ 就是一个解。

等式两边同除以 $(0.5)^{t-2}$，问题就变为是否满足下式

$$(0.5)^2 - 0.9(0.5) + 0.2 = 0$$

显而易见，$0.25 - 0.45 + 0.2$ 确实等于零，因此，$(0.5)^t$ 就是式(1-29)的一个解。同样，很容易证明 $y_{2t}^h = (0.4)^t$ 也是一个解，因为

$$(0.4)^t - 0.9(0.4)^{t-1} + 0.2(0.4)^{t-2} = 0$$

所以，等式两边同除以 $(0.4)^{t-2}$，就得到 $(0.4)^2 - 0.9(0.4) + 0.2 = 0.16 - 0.36 + 0.2 = 0$。

第 2 步，求出一个特解。很容易证明特解 $y_t^p = 10$ 也是式(1-28)的一个解，因为 $10 = 0.9(10) - 0.2(10) + 3$。

第 3 步，合并特解和两个齐次解的线性组合，得到

$$y_t = A_1(0.5)^t + A_2(0.4)^t + 10$$

这里，$A_1$ 和 $A_2$ 为任意常数。

第 4 步，假设序列 $\{y_t\}$ 有两个初始条件。为得到整数值，我们假定 $y_0 = 13$，$y_1 = 11.3$。因此，在 0 期和 1 期，解必须满足

$$13 = A_1 + A_2 + 10$$
$$11.3 = A_1(0.5) + A_2(0.4) + 10$$

联立求解，得 $A_1 = 1$，$A_2 = 2$。因此，$y_t$ 的解为

$$y_t = (0.5)^t + 2(0.4)^t + 10$$

读者可以将 $y_t = (0.5)^t + 2(0.4)^t + 10$ 代入式(1-28)证实解的正确性。

## 1.4.2 方法的推广

为了说明上述方法也适用于高阶方程，考虑式(1-10)的齐次部分

$$y_t = \sum_{i=1}^{n} a_i y_{t-i} \tag{1-30}$$

正如 1.6 节将展示的，共有 $n$ 个齐次解满足式(1-30)。现在，足以证明如下命题：如果 $y_t^h$ 是式(1-30)的一个齐次解，则对任意常数 $A$，$A y_t^h$ 也是一个解。假设，$y_t^h$ 为齐次方程的解，则有

$$y_t^h = \sum_{i=1}^{n} a_i y_{t-i}^h \tag{1-31}$$

如果对任意常数 $A$，满足

$$A y_t^h = \sum_{i=1}^{n} a_i A y_{t-i}^h \tag{1-32}$$

则表达式 $A y_t^h$ 也是一个解。将式(1-32)每项除以 $A$ 便可得式(1-31)，因此，式(1-32)显然是成立的。现在假定齐次方程有两个独立的解，记为 $y_{1t}^h$ 和 $y_{2t}^h$。很容易证明对于任意两个常数 $A_1$、$A_2$，线性组合 $A_1 y_{1t}^h + A_2 y_{2t}^h$ 也是齐次方程的一个解。如果 $A_1 y_{1t}^h + A_2 y_{2t}^h$ 是式(1-30)的一个解，那么，就必须满足

$$A_1 y_{1t}^h + A_2 y_{2t}^h = a_1(A_1 y_{1t-1}^h + A_2 y_{2t-1}^h) + a_2(A_1 y_{1t-2}^h + A_2 y_{2t-2}^h) + \cdots + a_n(A_1 y_{1t-n}^h + A_2 y_{2t-n}^h)$$

将上式各项重新合并整理后，就转化为必须满足下式

$$\left(A_1 y_{1t}^h - \sum_{i=1}^{n} A_1 a_i y_{1t-i}^h\right) + \left(A_2 y_{2t}^h - \sum_{i=1}^{n} A_2 a_i y_{2t-i}^h\right) = 0$$

由于 $A_1 y_{1t}^h$ 和 $A_2 y_{2t}^h$ 分别都是式(1-30)的解，故每个圆括号内的表达式都为 0。因此，这个线性组合必定是齐次方程的一个解。这一结论很容易推广到任何一个 $n$ 阶差分方程的 $n$ 个齐次解。

最后，由于任意一个特解和所有齐次解的任意一个线性组合之和也是一个解，因此，采用第

3步也是可行的。为证明这一命题,将特解和齐次解之和代入式(1-10),得到

$$y_t^p + y_t^h = a_0 + \sum_{i=1}^{n} a_i(y_{t-i}^p + y_{t-i}^h) + x_t \tag{1-33}$$

将式(1-33)中的各项重新合并整理,以便于确认下式是否成立。

$$\left(y_t^p - a_0 - \sum_{i=1}^{n} a_i y_{t-i}^p - x_t\right) + \left(y_t^h - \sum_{i=1}^{n} a_i y_{t-i}^h\right) = 0 \tag{1-34}$$

由于 $y_t^p$ 为式(1-10)的解,则式(1-34)第一个圆括号内的表达式为零。又由于 $y_t^h$ 为齐次方程的解,则第二个圆括号内的表达式也为零。因此,式(1-34)就为恒等式,这表明齐次解和特解之和确实为式(1-10)的解。

## 1.5 蛛网模型

要举例说明上一节归纳的方法,一种很好的方式是考虑传统**蛛网模型**(cobweb model)的随机形式。由于蛛网模型原用于解释农产品价格的变动,可将农产品如小麦的市场供求状况表示成

$$d_t = a - \gamma p_t, \quad \gamma > 0 \tag{1-35}$$

$$s_t = b + \beta p_t^* + \varepsilon_t, \quad \beta > 0 \tag{1-36}$$

$$s_t = d_t \tag{1-37}$$

式中  $d_t$——第 $t$ 期的小麦需求;

$s_t$——第 $t$ 期的小麦供给;

$p_t$——第 $t$ 期的小麦市场价格;

$p_t^*$——第 $t$ 期农户预期的当期价格;

$\varepsilon_t$——均值为零的供给的随机冲击;

参数 $a$, $b$, $\gamma$ 和 $\beta$ 都为正,且 $a > b$。[4]

模型的经济理论含义是:在市场出清价为 $p_t$ 时,消费者能够买到愿意购买的任一数量的小麦。但在播种期,农户并不知道收获期的市场价格,他们是在预期价格为 $p_t^*$ 的基础上决定生产的。而实际产量则取决于计划产量 $b + \beta p_t^*$,加上生产的随机变动 $\varepsilon_t$。当产品收获时,要实现市场均衡,供给量应等于需求量。不像现实中的小麦市场,这个模型忽略了短缺的可能性。蛛网模型的核心就是农户以一种简单的方式形成预期,假设农户将上年价格作为预期的市场价格

$$p_t^* = p_{t-1} \tag{1-38}$$

图1-3中的 $E$ 点表示价格和数量组合达到长期均衡。注意,该随机模型的均衡概念与传统的蛛网模型不同。如果该系统是稳定的,则连续性价格趋于向 $E$ 点收敛。但是,随机均衡的特点是经常存在的对供给的冲击使得系统不能保持在 $E$ 点。然而,我们可以求出长期价格。假设我们令序列 $\{\varepsilon_t\}$ 的所有值均等于0,且 $p_t = p_{t-1} = \cdots = p$,令供求相等,就可求得长期均衡

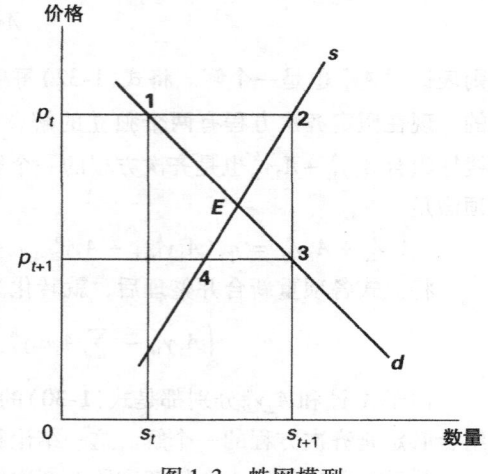

图1-3 蛛网模型

价格为 $p = \dfrac{a-b}{\gamma+\beta}$。同样，可以求出均衡生产量($s$)为 $s = \dfrac{a\beta+\gamma b}{\gamma+\beta}$。

为理解该系统的动态变化，假设农户在 $t$ 期计划生产均衡数量 $s$。但是，假设供给变动为负，使得实际产量为 $s_t$。正如图 1-3 中点 1 所示，消费者愿意按价格 $p_t$ 购买 $s_t$ 单位的小麦，因此，$t$ 期的市场均衡出现在点 1。推进 1 期以便找出蛛网模型的主要结论，为简便起见，假设供给变动以后的取值均为 0（即 $\varepsilon_{t+1} = \varepsilon_{t+2} = \cdots = 0$）。在 $t+1$ 期初，农户预计收获期的价格为上一期的价格，于是，$p_{t+1}^* = p_t$。相应地，他们生产并销售的数量为 $s_{t+1}$（如图中点 2 所示）。然而，当且仅当价格降到 $p_{t+1}$（如图中点 3 所示）时，消费者愿意购买的数量才为 $s_{t+1}$。下一期初，农户预期的价格如点 4 所示，这一过程持续重复直到回到均衡点 $E$。

如图 1-3 所示，市场总会向长期均衡点收敛。但这一结论并不适用于所有的供求曲线。为推出稳定性条件，联立式(1-35)至式(1-38)，得到

$$b + \beta p_{t-1} + \varepsilon_t = a - \gamma p_t$$

或

$$p_t = -\frac{\beta}{\gamma} p_{t-1} + \frac{a-b}{\gamma} - \frac{\varepsilon_t}{\gamma} \tag{1-39}$$

显然，式(1-39)为含常数系数的随机 1 阶线性差分方程。为得到通解，继续遵照上一节末所列的四个步骤：

（1）建立齐次方程 $p_t = -\dfrac{\beta}{\gamma} p_{t-1}$。在下一节，我们将学习如何求解齐次方程。现在，足以证明齐次解为

$$p_t^h = A\left(-\frac{\beta}{\gamma}\right)^t$$

式中，$A$ 为任意常数。

（2）注意式(1-39)是 1 阶差分方程 $p_t = a_0 + a_1 p_{t-1} + e_t$ 的形式。式中，$a_0 = \dfrac{a-b}{\gamma}$，$a_1 = -\dfrac{\beta}{\gamma}$，$e_t = -\dfrac{\varepsilon_t}{\gamma}$。如果比率 $\dfrac{\beta}{\gamma}$ 小于 1，我们可以将式(1-39)从 $p_t$ 往后迭代，可证明价格的特解为

$$p_t^p = \frac{a-b}{\gamma+\beta} - \frac{1}{\gamma} \sum_{i=0}^{\infty} \left(-\frac{\beta}{\gamma}\right)^i \varepsilon_{t-i} \tag{1-40}$$

如果 $\dfrac{\beta}{\gamma} \geq 1$，则式(1-40)的无限求和是非收敛的。正如上一节所讨论的，如果 $\dfrac{\beta}{\gamma} \geq 1$，有必要对式(1-40)施加初始条件。

（3）通解为齐次解和特解之和。组合齐次解和特解这两个解，可得到通解为

$$p_t = \frac{a-b}{\gamma+\beta} - \frac{1}{\gamma} \sum_{i=0}^{\infty} \left(-\frac{\beta}{\gamma}\right)^i \varepsilon_{t-i} + A\left(-\frac{\beta}{\gamma}\right)^t \tag{1-41}$$

（4）在式(1-41)中，如果我们已知某期期初的价格，则可去掉任意常数 $A$。为方便起见，令首期的时间下标取值为 0。由于解适用于每一期，包括 0 期，则有

$$p_0 = \frac{a-b}{\gamma+\beta} - \frac{1}{\gamma} \sum_{i=0}^{\infty} \left(-\frac{\beta}{\gamma}\right)^i \varepsilon_{-i} + A\left(-\frac{\beta}{\gamma}\right)^0$$

由于 $\left(-\dfrac{\beta}{\gamma}\right)^0 = 1$，可得 $A$ 值为

$$A = p_0 - \frac{a-b}{\gamma+\beta} + \frac{1}{\gamma}\sum_{i=0}^{\infty}\left(-\frac{\beta}{\gamma}\right)^i \varepsilon_{-i}$$

将 $A$ 的这一解式代回式(1-41)，得到

$$p_t = \frac{a-b}{\gamma+\beta} - \frac{1}{\gamma}\sum_{i=0}^{\infty}\left(-\frac{\beta}{\gamma}\right)^i \varepsilon_{t-i} + \left[-\frac{\beta}{\gamma}\right]^t\left[p_0 - \frac{a-b}{\gamma+\beta} + \frac{1}{\gamma}\sum_{i=0}^{\infty}\left(-\frac{\beta}{\gamma}\right)^i \varepsilon_{-i}\right]$$

简化这两个和式，得到

$$p_t = \frac{a-b}{\gamma+\beta} - \frac{1}{\gamma}\sum_{i=0}^{t-1}\left(-\frac{\beta}{\gamma}\right)^i \varepsilon_{t-i} + \left[-\frac{\beta}{\gamma}\right]^t\left[p_0 - \frac{a-b}{\gamma+\beta}\right] \tag{1-42}$$

图 1-3 可以用来解释式(1-42)。为集中讨论系统的稳定性，暂时假设序列 $\{\varepsilon_t\}$ 的所有值均为零。因此，我们应当重新考虑供给变动的影响。如果系统从长期均衡开始，初始条件为 $p_0 = \frac{a-b}{\gamma+\beta}$，这样，考察式(1-42)，得到 $p_t = \frac{a-b}{\gamma+\beta}$。因此，如果我们从 $E$ 点开始这一过程，系统就将保持在长期均衡处。反之，如果从低于长期均衡的价格开始，即 $p_0 < \frac{a-b}{\gamma+\beta}$，则依据式(1-42)，得到 $p_1$ 为

$$p_1 = \frac{a-b}{\gamma+\beta} + \left[p_0 - \frac{(a-b)}{\gamma+\beta}\right]\left(-\frac{\beta}{\gamma}\right)^1 \tag{1-43}$$

由于 $p_0 < \frac{a-b}{\gamma+\beta}$，$-\frac{\beta}{\gamma} < 0$，则 $p_1$ 高于长期均衡价 $\frac{a-b}{\gamma+\beta}$。在第 2 期

$$p_2 = \frac{a-b}{\gamma+\beta} + \left[p_0 - \frac{a-b}{\gamma+\beta}\right]\left(-\frac{\beta}{\gamma}\right)^2$$

尽管 $p_0 < \frac{a-b}{\gamma+\beta}$，但 $\left(-\frac{\beta}{\gamma}\right)^2$ 为正；因此，$p_2$ 将低于长期均衡价格。在以后各期，$t$ 取偶数，$\left(-\frac{\beta}{\gamma}\right)^t$ 为正；$t$ 取奇数，$\left(-\frac{\beta}{\gamma}\right)^t$ 为负。正如我们从图 1-3 中所看到的，序列 $\{p_t\}$ 的连续取值将围绕长期均衡价上下波动。若 $\beta < \gamma$，则 $\left(\frac{\beta}{\gamma}\right)^t$ 趋于 0；若 $\beta > \gamma$，则 $\left(\frac{\beta}{\gamma}\right)^t$ 递增，因此，$\frac{\beta}{\gamma}$ 的大小决定了价格是否向长期均衡收敛。如果 $\frac{\beta}{\gamma} < 1$，波动将逐渐减小；如果 $\frac{\beta}{\gamma} > 1$，波动将逐渐增大。

这一稳定性条件的经济解释显而易见。供给曲线的斜率即 $\left[-\frac{\partial p_t}{\partial s_t}\right]$ 为 $\frac{1}{\beta}$，需求曲线斜率即 $\left[-\frac{\partial p_t}{\partial d_t}\right]$ 的绝对值为 $\frac{1}{\gamma}$。正如图 1-3 所展示的那样，如果供给曲线比需求曲线更陡峭，即 $\frac{1}{\beta} > \frac{1}{\gamma}$ 或 $\frac{\beta}{\gamma} < 1$，则系统是稳定的。作为练习，可以画一张图，使得需求曲线比供给曲线更为陡峭，从而说明价格是震荡发散的，且从长期均衡向外发散。

现在考虑供给变动的影响。供给变动对小麦价格当期的影响可用 $p_t$ 关于 $\varepsilon_t$ 的偏导来表示，从式(1-42)可得

$$\frac{\partial p_t}{\partial \varepsilon_t} = -\frac{1}{\gamma} \tag{1-44}$$

式(1-44)称为**影响乘数**(impact multiplier)，表现了 $t$ 期的供给变动 $\varepsilon_t$ 对价格的影响。在图 1-3 中，

$\varepsilon_t$ 取负值意味着价格高于长期价格 $p$；当 $t$ 期价格上升 $\frac{1}{\gamma}$ 个单位时，当期供给就下降 1 个单位。当然，这一术语并不仅局限于蛛网模型，对于式(1-10)中的 $n$ 阶差分模型而言，影响乘数是 $y_t$ 关于推动过程部分变动的偏导数。[5]

$t$ 期供给变动的影响可推至未来各期，将式(1-42)变动 1 期，得到 **1 期乘数**(one-period multiplier)

$$\frac{\partial p_{t+1}}{\partial \varepsilon_t} = -\left(\frac{1}{\gamma}\right)\left(-\frac{\beta}{\gamma}\right) = \frac{\beta}{\gamma^2}$$

图 1-3 的点 3 说明了 $t+1$ 期的价格如何受到 $t$ 期负的供给变动的影响。很明显，可推出以下结论：供给变动的影响随时间而递减。由于 $\frac{\beta}{\gamma}<1$，则 $\frac{\partial p_t}{\partial \varepsilon_t}$ 的绝对值大于 $\frac{\partial p_{t+1}}{\partial \varepsilon_t}$ 的绝对值。所有的乘数都能按类似方法得到；将式(1-42)变动 2 期，得到

$$\frac{\partial p_{t+2}}{\partial \varepsilon_t} = -\left(\frac{1}{\gamma}\right)\left(-\frac{\beta}{\gamma}\right)^2$$

经过 $n$ 期之后，有

$$\frac{\partial p_{t+n}}{\partial \varepsilon_t} = -\left(\frac{1}{\gamma}\right)\left(-\frac{\beta}{\gamma}\right)^n$$

所有这些乘数的时间路径被称为**脉冲响应函数**(impulse response function)。在时间序列分析中，这一函数有许多重要的应用，因为它揭示了变量的整个时间路径是如何受到随机扰动影响的。这里，脉冲响应函数追踪的是小麦市场上一个供给冲击对价格产生的影响。在其他经济分析中，我们也许会对一个货币供给的冲击或生产力水平对实际 GDP 的冲击的时间路径感兴趣。

实际上，不变动式(1-42)，也能得到上面的函数，因为总有

$$\frac{\partial p_{t+j}}{\partial \varepsilon_t} = \frac{\partial p_t}{\partial \varepsilon_{t-j}}$$

为得到脉冲响应函数，只需要求得式(1-42)关于 $\varepsilon_{t-j}$ 的各个偏导数。这些偏导数其实就是式(1-42)中序列 $\{\varepsilon_{t-j}\}$ 的系数。

在式(1-42)中，三个部分都有清楚的经济含义。特解中的确定性部分 $\frac{a-b}{\gamma+\beta}$ 为长期均衡价格，如果满足稳定性条件，序列 $\{p_t\}$ 将向长期均衡值收敛。由于供给冲击的缘故，特解的随机部分就决定了短期价格调整。脉冲响应函数的系数最终呈递减趋势，使得每一个 $\varepsilon_t$ 都只在短期产生影响。第三部分为表达式 $\left(-\frac{\beta}{\gamma}\right)^t A = \left(-\frac{\beta}{\gamma}\right)^t \left[p_0 - \frac{a-b}{\gamma+\beta}\right]$，式中，$A$ 值是 0 期价格与长期均衡水平的偏差，如果 $\frac{\beta}{\gamma}<1$，则 0 期的偏差对价格影响的重要程度会随时间而递减。

## 1.6 解齐次差分方程

在经济分析中，出现更高阶的差分方程并不奇怪。根据萨缪尔森模型(1939)得到的由式(1-5)所示的 GDP 的诱导方程，就是 2 阶差分方程的例子。此外，在时间序列计量经济学中，对 2 阶和更高阶差分方程的估计也相当典型。要考察齐次差分方程的解法，首先，考察 2 阶差分

方程

$$y_t - a_1 y_{t-1} - a_2 y_{t-2} = 0 \tag{1-45}$$

联想到 1 阶差分方程的结论，我们也许会猜想到齐次解的形式为 $y_t^h = A\alpha^t$，不妨将该挑战解代入式(1-45)，得到

$$A\alpha^t - a_1 A\alpha^{t-1} - a_2 A\alpha^{t-2} = 0 \tag{1-46}$$

很显然，$A$ 取任意值上式都是成立的。如果将式(1-46)除以 $A\alpha^{t-2}(A \neq 0)$，则问题就变成寻找 $\alpha$ 值，使其能够满足

$$\alpha^2 - a_1 \alpha - a_2 = 0 \tag{1-47}$$

解这个二次方程，又称**特征方程**(characteristic equation)，就可得到两个 $\alpha$ 值，称为**特征根**(characteristic roots)。应用一元二次方程的求根公式，得到两个特征根为

$$\alpha_1, \alpha_2 = \frac{a_1 \pm \sqrt{a_1^2 + 4a_2}}{2} = \frac{(a_1 \pm \sqrt{d})}{2} \tag{1-48}$$

式中，$d$ 为判别式 $[a_1^2 + 4a_2]$。

每个特征根都能得到式(1-45)的一个有效解。但是，这些解也不是方程的唯一解。实际上，取任意两个常数 $A_1$ 和 $A_2$，线性组合 $A_1(\alpha_1)^t + A_2(\alpha_2)^t$ 也是式(1-45)的解。要证明它是成立的，只需将 $y_t = A_1(\alpha_1)^t + A_2(\alpha_2)^t$ 代入式(1-45)就能得到

$$A_1(\alpha_1)^t + A_2(\alpha_2)^t = a_1[A_1(\alpha_1)^{t-1} + A_2(\alpha_2)^{t-1}] + a_2[A_1(\alpha_1)^{t-2} + A_2(\alpha_2)^{t-2}]$$

现在，将各项重新合并整理，得到

$$A_1[(\alpha_1)^t - a_1(\alpha_1)^{t-1} - a_2(\alpha_1)^{t-2}] + A_2[(\alpha_2)^t - a_1(\alpha_2)^{t-1} - a_2(\alpha_2)^{t-2}] = 0$$

由于 $\alpha_1$ 和 $\alpha_2$ 都是式(1-45)的解，因此，括号内两项都必然等于零。这样，2 阶差分方程的完整的齐次解就为

$$y_t^h = A_1(\alpha_1)^t + A_2(\alpha_2)^t$$

如果我们不知道 $a_1$，$a_2$ 的具体取值，就无法得到两个特征根 $\alpha_1$，$\alpha_2$。但是，描述解的特点是可以的，下面三种情形都依赖于判别式 $d$ 的值。

## 情形 1

如果 $a_1^2 + 4a_2 > 0$，$d$ 为实数，则有两个不同的实数特征根。因此，就可以把齐次方程的两个解分别记为 $(\alpha_1)^t$，$(\alpha_2)^t$。因为已知两者的任意线性组合都是一个解，因此，有

$$y_t^h = A_1(\alpha_1)^t + A_2(\alpha_2)^t$$

---

## 工作表 1-1

### 2 阶齐次方程

**例 1**：$y_t = 0.2 y_{t-1} + 0.35 y_{t-2}$。因此，$a_1 = 0.2$，$a_2 = 0.35$。

建立齐次方程：$y_t - 0.2 y_{t-1} - 0.35 y_{t-2} = 0$

由于判别式为 $d = a_1^2 + 4a_2$，所以，$d = 1.44$。因为 $d > 0$，所以，有两个不同的实根。

取挑战解：$y_t = \alpha^t$。将挑战解代入齐次方程，得到 $\alpha^t - 0.2\alpha^{t-1} - 0.35\alpha^{t-2} = 0$。

等式两边都除以 $\alpha^{t-2}$，得到特征方程 $\alpha^2 - 0.2\alpha - 0.35 = 0$

计算两个特征根，得到

$$\alpha_1 = 0.5(a_1 + d^{\frac{1}{2}}) \quad \alpha_2 = 0.5(a_1 - d^{\frac{1}{2}})$$

$$\alpha_1 = 0.7 \quad\quad\quad \alpha_2 = -0.5$$

于是，齐次解为 $A_1(0.7)^t + A_2(-0.5)^t$。图 1-4a 表示的是当任意常数等于 1，$t$ 从 1 取到 20 时的该解的时间路径。

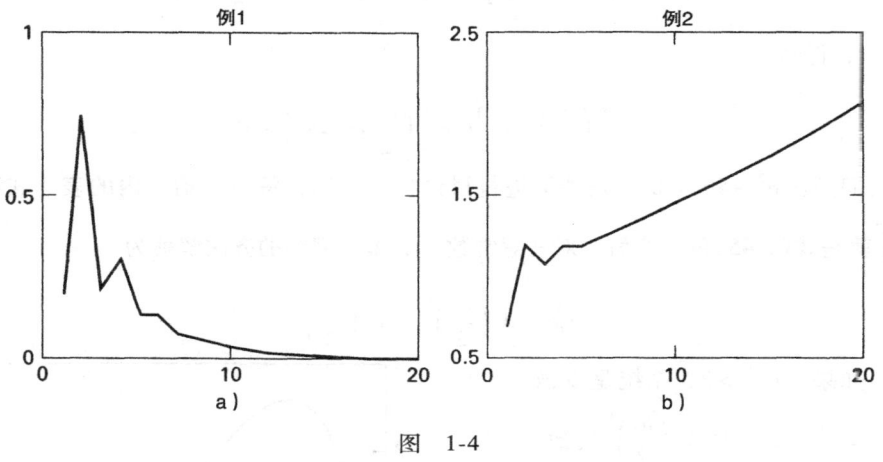

图 1-4

**例 2**：$y_t = 0.7y_{t-1} + 0.35y_{t-2}$。因此，$a_1 = 0.7$，$a_2 = 0.35$。

建立齐次方程 $y_t - 0.7y_{t-1} - 0.35y_{t-2} = 0$

由于判别式为 $d = a_1^2 + 4a_2$，因而，$d = 1.89$。已知 $d > 0$，则有两个不同的实根。

建立特征方程 $(\alpha)^t - 0.7(\alpha)^{t-1} - 0.35(\alpha)^{t-2} = 0$

等式两边都除以 $\alpha^{t-2}$，得到特征方程 $\alpha^2 - 0.7\alpha - 0.35 = 0$

计算两个特征根，得到

$$\alpha_1 = 0.5(a_1 + d^{\frac{1}{2}}) \quad \alpha_2 = 0.5(a_1 - d^{\frac{1}{2}})$$

$$\alpha_1 = 1.037 \quad\quad\quad \alpha_2 = -0.337$$

因此，齐次解为 $A_1(1.037)^t + A_2(-0.337)^t$。图 1-4b 显示的是当任意常数为 1，而 $t$ 从 1 取到 20 时的该解的时间路径。

---

很显然，如果 $\alpha_1$ 或 $\alpha_2$ 的绝对值大于 1，解就是发散的。工作表 1-1 中所考察的两个 2 阶方程均有不同的实数特征根。在例 1 中，$y_t = 0.2y_{t-1} + 0.35y_{t-2}$，特征根为：$\alpha_1 = 0.7$，$\alpha_2 = -0.5$。因此，完整的齐次解就是 $y_t^h = A_1(0.7)^t + A_2(-0.5)^t$。由于两个根的绝对值都小于 1，因而，齐次解是收敛的。如图 1-4a 所示，由于受 $(-0.5)^t$ 的影响，所以，并不是单调收敛的。

在例 2 中，$y_t = 0.7y_{t-1} + 0.35y_{t-2}$。工作表 1-1 中演示了如何得到两个特征根的解式。给定一个特征根为 1.037 时，序列 $\{y_t\}$ 是发散的。在负根（$\alpha_2 = -0.337$）的影响下，时间路径不是单调的。由于随着 $t$ 的变大，$(-0.337)^t$ 迅速减为零，所以，起支配作用和发散性的根就是 1.037。

### 情形2

如果 $a_1^2 + 4a_2 = 0$,则有 $d = 0$,$\alpha_1 = \alpha_2 = \frac{a_1}{2}$。因此,齐次解就为 $\frac{a_1}{2}$。但是,当 $d=0$ 时,$t\left(\frac{a_1}{2}\right)^t$ 也是一个 2 阶齐次解。为证明 $y_t^h = t\left(\frac{a_1}{2}\right)^t$ 是一个齐次解,将它代入式(1-45),判定是否满足

$$t\left(\frac{a_1}{2}\right)^t - a_1\left[(t-1)\left(\frac{a_1}{2}\right)^{t-1}\right] - a_2\left[(t-2)\left(\frac{a_1}{2}\right)^{t-2}\right] = 0$$

除以 $\left(\frac{a_1}{2}\right)^{t-2}$,得到

$$-\left[\left(\frac{a_1^2}{4}\right) + a_2\right]t + \left[\left(\frac{a_1^2}{2}\right) + 2a_2\right] = 0$$

由于我们是在 $a_1^2 + 4a_2 = 0$ 的条件下进行讨论的,所以,每一个括号内的表达式都为0。因此,$t\left(\frac{a_1}{2}\right)^t$ 就是式(1-45)的一个解。对任意常数 $A_1$,$A_2$,完整的齐次解就为

$$y_t^h = A_1\left(\frac{a_1}{2}\right)^t + A_2 t\left(\frac{a_1}{2}\right)^t$$

显然,如果 $|a_1| > 2$,系统是发散的。如果 $|a_1| < 2$,则 $A_1\left(\frac{a_1}{2}\right)^t$ 收敛,但是我们也许会认为 $t\left(\frac{a_1}{2}\right)^t$ 的影响并不确定[因为递减项 $\left(\frac{a_1}{2}\right)^t$ 还要乘以 $t$]。在有限的范围内,若齐次解是非单调性的,这种不确定性确实存在。正如图 1-5 所示,对于 $\frac{a_1}{2} = 0.95$、$0.9$ 和 $-0.9$,只要 $|a_1| < 2$,当 $t \to \infty$ 时,$\lim\left[t\left(\frac{a_1}{2}\right)^t\right]$ 必然趋于 $0$;因此,就总是表现出收敛性。当 $0 < a_1 < 2$ 时,齐次解在最终收敛为 $0$ 以前,先呈发散形式。当 $-2 < a_1 < 0$ 时,呈显著的不规则性,在震荡逐渐减小并最终趋于零之前,齐次解呈现震荡发散的形态。

### 情形3

如果 $a_1^2 + 4a_2 < 0$,则由于 $d$ 为负,使得特征根为虚根。由于 $a_1^2 \geq 0$,所以,

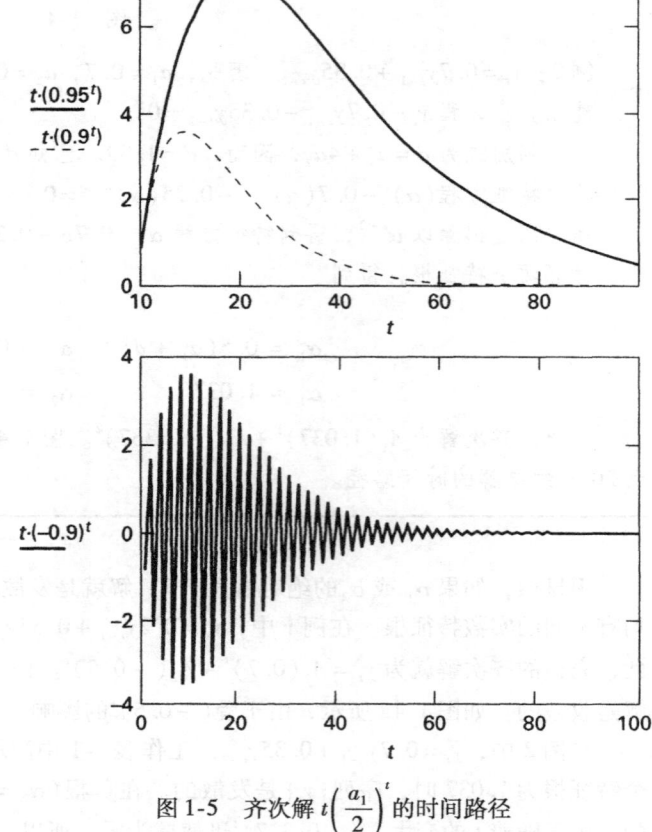

图 1-5 齐次解 $t\left(\frac{a_1}{2}\right)^t$ 的时间路径

只有当 $a_2<0$ 时，才能产生虚根。尽管这一点很难直接解释，但是，如果我们换为极坐标，就可以将根转换为更容易理解的三角函数。补充手册○的附录 1.1 附有一些技术上的细节。现在，我们将两个特征根写为

$$\alpha_1 = \frac{a_1 + i\sqrt{-d}}{2} \qquad \alpha_2 = \frac{a_1 - i\sqrt{-d}}{2}$$

式中，$i = \sqrt{-1}$。

正如附录 1.1 所示，我们可以根据 de Moivre 定理，将齐次解写为

$$y_t^h = \beta_1 r^t \cos(\theta t + \beta_2) \tag{1-49}$$

式中，$\beta_1$，$\beta_2$ 均为任意常数；$r = (-a_2)^{\frac{1}{2}}$。

选定 $\theta$ 值，使其满足

$$\cos(\theta) = \frac{a_1}{2(-a_2)^{\frac{1}{2}}} \tag{1-50}$$

三角函数揭示了齐次解像波浪一样的时间路径，注意，波动的频率取决于 $\theta$。由于 $\cos(\theta t) = \cos(2\pi + \theta t)$，因此，稳定性条件就仅由 $r = (-a_2)^{\frac{1}{2}}$ 的大小来决定了。如果 $|a_2|=1$，波动的振幅不变，齐次解就是周期性的；如果 $|a_2|<1$，波动呈递减趋势；如果 $|a_2|>1$，则呈发散趋势。

**例**：用含虚根的方程作一次练习大有裨益。图 1-6a 考察的例 1 是行为方程 $y_t = 1.6y_{t-1} - 0.9y_{t-2}$。通过检查很快发现，判别式 $d$ 为负，因而特征根为虚根。如果我们将其转换为极坐标，$r$ 值就为 $(0.9)^{\frac{1}{2}} = 0.949$。根据式（1-50）可得，$\cos(\theta) = \frac{1.6}{2 \times 0.949} = 0.843$。采用三角函数表或计算器查得 $\theta = 0.567$[即 $\cos(\theta) = 0.843$，$\theta = 0.567$]。因此，齐次解便为

$$y_t^h = \beta_1 (0.949)^t \cos(0.567t + \beta_2) \tag{1-51}$$

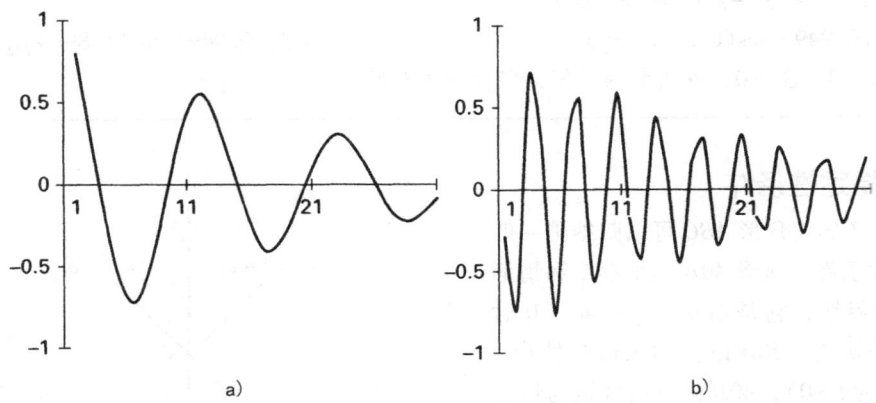

图 1-6 齐次解的时间路径（$\beta_1 = 1$，$\beta_2 = 0$）

图 1-6b 是令 $\beta_1 = 1$，$\beta_2 = 0$，取 $t = 1, \cdots, 30$ 而绘制成的平面图。例 2 采用相同的 $a_2$ 值，（因此，$r = 0.949$）但令 $a_1 = -0.6$，$d$ 值又为负。经过一番计算，$\cos\theta = -0.316$，因此，$\theta$ 为 1.89。比较两张图表可发现，随着 $\theta$ 值的增加，震荡的频率也会增加。

---

○ 补充手册可以从出版商 Wiley 的网站，以及作者的私人网站（www.time-series.net）上下载使用。——编者注

## 工作表 1-2

**虚根**

例1：

$y_t - 1.6y_{t-1} + 0.9y_{t-2}$

1. 检查判别式 $d = (a_1)^2 + 4a_2$

$d = (1.6)^2 + 4(-0.9) = -1.04$

因此，求出的根是虚根。齐次解为

$$y_t^h = \beta_1 r^t \cos(\theta t + \beta_2)$$

式中，$\beta_1$ 和 $\beta_2$ 为任意常数。

2. 得到 $r = (-a_2)^{\frac{1}{2}}$ 的取值为

$r = (0.9)^{\frac{1}{2}}$

$= 0.949$

3. 从 $\cos(\theta) = \dfrac{a_1}{2(-a_2)^{\frac{1}{2}}}$ 中，得到 $\theta$

$\cos(\theta) = \dfrac{1.6}{2 \times (0.9)^{\frac{1}{2}}}$

$= 0.843$

已知 $\cos(\theta)$，在三角函数表中查得 $\theta$ 为

$\theta = 0.567$

4. 形成齐次解 $y_t^h = \beta_1 r^t \cos(\theta t + \beta_2)$

$y_t^h = \beta_1 (0.949)^t \cos(0.567 t + \beta_2)$

对于 $\beta_1 = 1$，$\beta_2 = 0$，齐次解的时间路径如图 1-6 所示。

例2：

$y_t + 0.6y_{t-1} + 0.9y_{t-2}$

$d = (-0.6)^2 + 4(-0.9) = -3.24$

$r = (0.9)^{\frac{1}{2}}$

$= 0.949$

$\cos(\theta) = \dfrac{-0.6}{2 \times (0.9)^{\frac{1}{2}}}$

$= -0.316$

$\theta = 1.89$

$y_t^h = \beta_1 (0.949)^t \cos(1.89 t + \beta_2)$

### 1.6.1 稳定性条件

用图 1-7 的三角形 $ABC$ 可以归纳出一般性的稳定性条件。弧形 $AOB$ 是情形 1 和情形 3 之间的分界线，它是当 $d = a_1^2 + 4a_2 = 0$ 时由点形成的轨迹。$AOB$ 以上的区域与情形 1 相对应（因为 $d > 0$），$AOB$ 以下的区域与情形 3 相对应（因为 $d < 0$）。

在情形 1 中（其中的根为不同的实根），稳定性条件要求最大根小于 1，最小根大于 $-1$。如果

$$a_1 + (a_1^2 + 4a_2)^{\frac{1}{2}} < 2$$

或

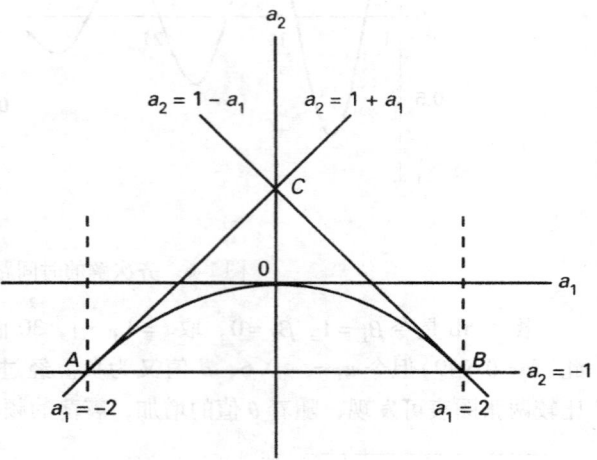

图 1-7 稳定性条件的特征

$$(a_1^2 + 4a_2)^{\frac{1}{2}} < 2 - a_1$$

则最大的特征根 $\alpha_1 = \dfrac{a_1 + \sqrt{d}}{2}$ 将小于 1。

两边同时平方，得到

$$a_1^2 + 4a_2 < 4 - 4a_1 + a_1^2$$

或者

$$a_1 + a_2 < 1 \tag{1-52}$$

如果

$$a_1 - (a_1^2 + 4a_2)^{\frac{1}{2}} > -2 \text{ 或 } 2 + a_1 > (a_1^2 + 4a_2)^{\frac{1}{2}}$$

则最小根 $\alpha_2 = \dfrac{a_1 - \sqrt{d}}{2}$ 将大于 $-1$。

两边各自平方，得到

$$4 + 4a_1 + a_1^2 > a_1^2 + 4a_2$$

或

$$a_2 < 1 + a_1 \tag{1-53}$$

因此，情形 1 中的稳定性区域由 $AOBC$ 界线内的所有点构成。对于 $AOBC$ 内的每一个点，作为条件的式(1-52)和式(1-53)都适用，且 $d > 0$。

在情形 2 中（重根），$a_1^2 + 4a_2 = 0$。稳定性条件为 $|a_1| < 2$。因此，情形 2 的稳定性区域就由弧线 $AOB$ 上的所有点组成。在情形 3 中（$d < 0$），稳定性条件为 $r = (-a_2)^{\frac{1}{2}} < 1$。因此

$$-a_2 < 1 \text{（其中}, a_2 < 0) \tag{1-54}$$

于是，情形 3 的稳定性区域就由 $AOB$ 内的所有点组成。$AOB$ 中的任意一点都满足式(1-54)，且有 $d < 0$。

稳定性条件的特征就是特征根必须位于单位圆之内，这是最简明的表述。请考察图 1-8 中的半圆形。横轴表示实数，纵轴表示虚数。如果特征根 $\alpha_1, \alpha_2$ 都是实数，则表示在横轴上。稳定性条件要求特征根位于半径为 1 的单位圆内。复数根将位于复数平面内的某一点。如果 $a_1 > 0$，则根 $\alpha_1 = \dfrac{(a_1 + i\sqrt{d})}{2}$ 和 $\alpha_2 = \dfrac{(a_1 - i\sqrt{d})}{2}$ 可用图 1-8 所示的两点来表示。比如，沿实轴移动 $\dfrac{a_1}{2}$ 个单位，沿虚轴移动 $\dfrac{\sqrt{d}}{2}$ 个单位可得到 $\alpha_1$。运用距离公式，得到半径长度 $r$ 为

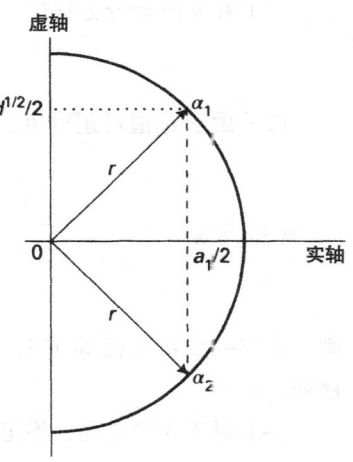

图 1-8 特征根与单位圆

$$r = \sqrt{\left(\dfrac{a_1}{2}\right)^2 + \left(\dfrac{d^{\frac{1}{2}}i}{2}\right)^2}$$

并且，已知 $i^2 = -1$，可得

$$r = (-a_2)^{\frac{1}{2}}$$

稳定性条件要求 $r<1$，因此，当把根 $\alpha_1$ 和 $\alpha_2$ 绘制在复数平面上时，必须让它们位于一个半径为 1 的圆内。在时间序列文献中，稳定性条件的简单表述是：所有的特征根都位于单位圆之内。

### 1.6.2 高阶方程

同样的方法可用于寻找高阶差分方程的齐次解。式(1-10)的齐次方程为

$$y_t - \sum_{i=1}^{n} a_i y_{t-i} = 0 \tag{1-55}$$

根据 1.4 节的结论，我们可以假定每一个齐次解的形式均为 $y_t^h = A\alpha^t$，其中 $A$ 为任意常数。因此，为找到 $\alpha$ 的取值，应求解

$$A\alpha^t - \sum_{i=1}^{n} a_i A \alpha^{t-i} = 0 \tag{1-56}$$

或，等式两边除以 $\alpha^{t-n}$，求满足下式的 $\alpha$ 值

$$\alpha^n - a_1 \alpha^{n-1} - a_2 \alpha^{n-2} - \cdots - a_n = 0 \tag{1-57}$$

$n$ 阶多项式可得到 $\alpha$ 的 $n$ 个解。将这 $n$ 个特征根分别记为 $\alpha_1$，$\alpha_2$，$\cdots$，$\alpha_n$。1.4 节中提到，线性组合 $A_1 \alpha_1^t + A_2 \alpha_2^t + \cdots + A_n \alpha_n^t$ 也是一个解。对通解施加 $n$ 个初始条件，可消去任意常数 $A_1$ 到 $A_n$。$\alpha_i$ 可以为实数或复数，稳定性要求所有实数 $\alpha_i$ 的绝对值都不小于 1；复数根则一定是成对出现的，稳定性要求所有的根都位于图 1-8 所示的单位圆内。

在大多数情况下，很少需要直接计算高阶方程的特征根。补充手册的 1.2 节（补充手册中的附录 1.2）中涵盖了许多技术性的细节。但在这里，有些规则可以用来检验高阶方程的稳定性条件。

（1）在 $n$ 阶差分方程中，所有特征根均位于单位圆内的必要条件为

$$\sum_{i=1}^{n} a_i < 1$$

（2）由于 $\alpha_i$ 值可正可负，故所有特征根均位于单位圆内的充分条件为

$$\sum_{i=1}^{n} |a_i| < 1$$

（3）如果

$$\sum_{i=1}^{n} a_i = 1$$

则至少有一个特征根等于 1。任何包含一个或多个特征根等于 1 的序列称为**单位根**（unit root）序列。

（4）对于 3 阶方程，稳定性条件可写为

$$1 - a_1 - a_2 - a_3 > 0$$
$$1 + a_1 - a_2 + a_3 > 0$$
$$1 - a_1 a_3 + a_2 - a_3^2 > 0$$
$$3 + a_1 + a_2 - 3a_3 > 0 \text{ 或 } 3 - a_1 + a_2 + 3a_3 > 0$$

假设前三个不等式成立，则可对剩下的两个中的任何一个进行检验。如果两个中有一个成立，则剩下的一个就是多余的。

## 1.7 求确定性过程的特解

寻找差分方程的特解需要智慧和毅力，方法的选取主要取决于序列 $\{x_t\}$ 的形式。首先，我们来考虑那些仅含有确定性成分的序列。当然，在经济计量分析中，推动过程包括确定性和随机性两种成分。

### 情形1

$x_t = 0$。当序列 $\{x_t\}$ 的所有元素均为零时，差分方程变为

$$y_t = a_0 + a_1 y_{t-1} + a_2 y_{t-2} + \cdots + a_n y_{t-n} \tag{1-58}$$

直觉告诉我们，$y$ 取相同值（即 $y_t = y_{t-1} = \cdots = c$），应该为方程的解。将常解 $y_t = c$ 代入式(1-58)得到

$$c = a_0 + a_1 c + a_2 c + \cdots + a_n c$$

因而

$$c = \frac{a_0}{(1 - a_1 - a_2 - \cdots - a_n)} \tag{1-59}$$

只要 $(1 - a_1 - a_2 - \cdots - a_n)$ 不等于零，式(1-59)给出的 $c$ 值就是式(1-58)的解。因此，式(1-58)的特解就为 $y_t^p = \dfrac{a_0}{1 - a_1 - a_2 - \cdots - a_n}$。

如果 $1 - a_1 - a_2 - \cdots, - a_n = 0$，式(1-59)中的 $c$ 值是待定的，必须寻找解的其他形式。关键的一点是：当 $\sum a_i = 1$，$\{y_t\}$ 是一个单位根序列。由于 $\{y_t\}$ 是非收敛的，有理由认为常数解无效。相反，回想式(1-12)和式(1-26)；这些解表明，线性时间趋势会出现在单位根过程的解中。因此，尝试使用 $y_t^p = ct$ 作为解。如果 $ct$ 是解，则 $c$ 必须满足

$$ct = a_0 + a_1 c(t-1) + a_2 c(t-2) + \cdots + a_n c(t-n)$$

或合并同类项并整理，满足

$$(1 - a_1 - a_2 - \cdots - a_n)ct = a_0 - c(a_1 + 2a_2 + 3a_3 + \cdots + na_n)$$

由于 $1 - a_1 - a_2 - \cdots - a_n = 0$，所以，得到 $c$ 值

$$c = \frac{a_0}{a_1 + 2a_2 + 3a_3 + \cdots + na_n}$$

例如，令

$$y_t = 2 + 0.75 y_{t-1} + 0.25 y_{t-2}$$

在此，$a_1 = 0.75$，$a_2 = 0.25$；因为 $a_1 + a_2 = 1$，所以，$\{y_t\}$ 为一单位根过程。同时特解的形式为 $ct$，其中，$c = \dfrac{2}{0.75 + 2 \times 0.25} = 1.6$。如果 $ct$ 也不行，继续尝试使用 $y_t^p = ct^2$，$ct^3$，$\cdots$，$ct^n$ 作为解。对于一个 $n$ 阶差分方程，这些解中总有一个会是特解。

### 情形2

**含指数的例子**(the exponential case)。令 $x_t$ 取指数形式 $b(d)^n$，其中，$b$、$d$、$r$ 都为常数。由于 $r$ 通常被解释为增长率，在有关增长的教材中，可能碰到这种推动过程。在此，我们运用1阶差分方程

$$y_t = a_0 + a_1 y_{t-1} + bd^{rt} \tag{1-60}$$

阐述求解过程。

凭直觉试着猜测一下解的形式，注意，如果 $b=0$，则式（1-60）就是式（1-58）的特例，因此，特解中应出现常数。此外，表达式 $d^{rt}$ 以常数 $r$ 为比例递增。因此，我们可以假设特解的形式为 $y_t^p = c_0 + c_1 d^{rt}$，其中，$c_0$ 和 $c_1$ 都是常数。如果该方程确实是一个解，可以将其代入式（1-60），得到一个恒等式。通过恰当的代换，得到

$$c_0 + c_1 d^{rt} = a_0 + a_1 [c_0 + c_1 d^{r(t-1)}] + bd^{rt} \tag{1-61}$$

为使该解有效，应选择 $c_0$ 和 $c_1$，满足

$$c_0 = \frac{a_0}{1-a_1}, c_1 = \frac{[bd^r]}{d^r - a_1}$$

因此，特解就为

$$y_t^p = \frac{a_0}{1-a_1} + \frac{bd^r}{d^r - a_1} d^{rt}$$

这个解的特点就是 $y_t^p$ 等于常数 $\frac{a_0}{1-a_1}$ 加上一个增速为 $r$ 的表达式。注意，对于 $|d^r| < 1$，特解会收敛为 $\frac{a_0}{1-a_1}$。

如果 $a_1 = 1$ 或 $a_1 = d^r$，可运用情形 1 中的技巧。当 $a_1 = 1$ 时，尝试使用 $c_0 = ct$ 作为解；而当 $a_1 = d^r$ 时，尝试使用 $c_1 = tb$ 作为解。其中所用的方法完全适用于高阶方程。

## 情形 3

**确定性时间趋势**（determined time trend）。在本例中，序列 $\{x_t\}$ 可表示为关系式 $x_t = bt^d$，其中 $b$ 为常数，$d$ 为正整数。因此

$$y_t = a_0 + \sum_{i=1}^{n} a_i y_{t-i} + dt^d \tag{1-62}$$

由于 $y_t$ 依赖于 $t^d$，则 $y_{t-1}$ 依赖于 $(t-1)^d$，$y_{t-2}$ 依赖于 $(t-2)^d$，等等。这样，特解的形式就为 $y_t^p = c_0 + c_1 t + c_2 t^2 + \cdots + c_d t^d$。为找到 $c_i$ 的取值，可将特解代入式（1-62），从 $c_i$ 的恒等式中得到每个 $c_i$ 的取值。尽管 $d$ 可以取多个值，但在经济应用中，模型中通常含有一个线性时间趋势（$d=1$）。举个例子，请考察 2 阶差分方程 $y_t = a_0 + a_1 y_{t-1} + a_2 y_{t-2} + bt$。假设解为 $y_t^p = c_0 + c_1 t$，其中，$c_0$ 和 $c_1$ 都是待定系数，试着将这个"挑战解"代入该 2 阶差分方程，得到

$$c_0 + c_1 t = a_0 + a_1 [c_0 + c_1 (t-1)] + a_2 [c_0 + c_1 (t-2)] + bt \tag{1-63}$$

现在选择 $c_0$ 和 $c_1$ 的值，使得式（1-63）对 $t$ 的所有可能取值都为恒等式。如果合并所有常数项和包括 $t$ 在内的所有项，则所要求的 $c_0$ 和 $c_1$ 的取值就为

$$c_1 = \frac{b}{1 - a_1 - a_2}$$

$$c_0 = \frac{a_0 - (2a_2 + a_1) c_1}{1 - a_1 - a_2}$$

则

$$c_0 = \frac{a_0}{1 - a_1 - a_2} - \frac{b}{(1 - a_1 - a_2)^2}(2a_2 + a_1)$$

因此，特解也将包含一个线性时间趋势。如果 $a_1 + a_2 = 1$，则根据情形 1 的思想，我们很容易预见到应当采用将原来的挑战解乘上 $t$ 的解法，这一方法也适用于高阶方程。

## 1.8 待定系数法

当序列 $\{y_t\}$ 含有随机成分时，有两种求特解的方法。一种将在本节介绍。**待定系数法**（method of undetermined coefficients）的关键在于，线性方程具有线性解。因此，一个线性差分方程的特解必定是线性的。此外，求得的解仅依赖于时间、常数和推动过程 $\{x_t\}$ 的元素。因此，即使解的系数未知，仍有可能求得解的准确形式。这种方法涉及一个假设的解，可称这个假设的解为**挑战解**（challenge solution），它是实际方程中应当出现的所有项的线性函数。这样，问题就转化成了寻找所有满足差分方程解的待定系数的值。

求解系数的实际操作方法简单明了。将挑战解代入原差分方程，求解待定系数，使得有关变量的一切可能值均能得到一个恒等式。如果不能得到恒等式，则挑战解的形式就不准确。那么需要尝试新的解，并重复上述过程。实际上在 1.7 节的情形 2 和情形 3 中，当假设挑战解为 $y_t^p = c_0 + c_1 d^n$ 和 $y_t^p = c_0 + c_1 t$ 时，我们采用的就是待定系数法。

首先，请重新考察简单的 1 阶差分方程 $y_t = a_0 + a_1 y_{t-1} + \varepsilon_t$。由于我们已经运用迭代法求解过这个方程，所以，这个方程有助于阐述待定系数法。序列 $\{y_t\}$ 的特点是特征解仅依赖于常数项、时间和序列 $\{\varepsilon_t\}$ 的单个元素。由于 $t$ 并不一定出现在推动过程中，因而，当且仅当特征根为 1 时，$t$ 才包含在特解中。为说明待定系数法，假设挑战解为

$$y_t = b_0 + b_1 t + \sum_{i=0}^{\infty} \alpha_i \varepsilon_{t-i} \tag{1-64}$$

式中，$b_0$，$b_1$ 和所有的 $\alpha_i$ 都是待定系数。

将式(1-64)代入原差分方程，得

$$b_0 + b_1 t + \alpha_0 \varepsilon_t + \alpha_1 \varepsilon_{t-1} + \alpha_2 \varepsilon_{t-2} + \cdots = a_0 + a_1[b_0 + b_1(t-1) + \alpha_0 \varepsilon_{t-1} + \alpha_1 \varepsilon_{t-2} + \cdots] + \varepsilon_t$$

合并同类项并整理，得到

$$(b_0 - a_0 - a_1 b_0 + a_1 b_1) + b_1(1 - a_1)t + (\alpha_0 - 1)\varepsilon_t$$
$$+ (\alpha_1 - a_1 \alpha_0)\varepsilon_{t-1} + (\alpha_2 - a_1 \alpha_1)\varepsilon_{t-2} + (\alpha_3 - a_1 \alpha_2)\varepsilon_{t-3} + \cdots = 0 \tag{1-65}$$

式(1-65)应当对 $t$ 的所有取值和序列 $\{\varepsilon_t\}$ 的所有可能值均成立。因此，要保证式(1-65)的成立，就必须满足下面每一个条件

$$\alpha_0 - 1 = 0$$
$$\alpha_1 - a_1 \alpha_0 = 0$$
$$\alpha_2 - a_1 \alpha_1 = 0$$
$$\vdots$$
$$b_0 - a_0 - a_1 b_0 + a_1 b_1 = 0$$
$$b_1 - a_1 b_1 = 0$$

注意，第一组条件可用于递归求 $\alpha_i$，第一个条件的解需要令 $\alpha_0 = 1$。假设 $\alpha_0$ 有此解，则下一个方程应有 $\alpha_1 = a_1$，沿该列式子向下推算，可得 $\alpha_2 = a_1 \alpha_1$ 或 $\alpha_2 = a_1^2$。继续这一递归过程，可得 $\alpha_i = a_1^i$。现在考虑最后两个方程，这里有两种依赖于 $a_1$ 值的可能情形，如果 $a_1 \neq 1$，则有 $b_1 = 0$，

$b_0 = \dfrac{a_0}{(1-a_1)}$。因此，特解为

$$y_t = \frac{a_0}{1-a_1} + \sum_{i=0}^{\infty} a_1^i \varepsilon_{t-i}$$

将这一结论与式(1-21)比较，我们会发现它与运用迭代法求出的解完全相同，通解就是特解加上齐次解 $Aa_1^t$ 的和。因此，通解为

$$y_t = \frac{a_0}{1-a_1} + \sum_{i=0}^{\infty} a_1^i \varepsilon_{t-i} + Aa_1^t$$

现在，如果有初始条件 $y_0$，则有

$$y_0 = \frac{a_0}{1-a_1} + \sum_{i=0}^{\infty} a_1^i \varepsilon_{-i} + A$$

联立两个方程，消去常数项 $A$，得

$$y_t = \frac{a_0}{1-a_1} + \sum_{i=0}^{\infty} a_1^i \varepsilon_{t-i} + a_1^t \left[ y_0 - \frac{a_0}{1-a_1} - \sum_{i=0}^{\infty} a_1^i \varepsilon_{-i} \right]$$

则

$$y_t = \frac{a_0}{1-a_1} + \sum_{i=0}^{t-1} a_1^i \varepsilon_{t-i} + a_1^t \left[ y_0 - \frac{a_0}{1-a_1} \right] \tag{1-66}$$

易证明式(1-66)与式(1-25)完全相等。相反，如果 $a_1 = 1$，$b_0$ 可取任意常数，且 $b_1 = a_0$，则解的不规则形式为

$$y_t = b_0 + a_0 t + \sum_{i=0}^{\infty} \varepsilon_{t-i}$$

因为序列 $\{\varepsilon_t\}$ 之和可能不是有限值，则解的形式就是不规则的。因此，有必要施加一个初始条件。如果给定 $y_0$ 值，应有

$$y_0 = b_0 + \sum_{i=0}^{\infty} \varepsilon_{-i}$$

对解的不规则形式施加初始条件，得到式(1-26)

$$y_t = y_0 + a_0 t + \sum_{i=1}^{t} \varepsilon_i$$

再举一个例子，考察方程

$$y_t = a_0 + a_1 y_{t-1} + \varepsilon_t + \beta_1 \varepsilon_{t-1} \tag{1-67}$$

这个解也仅依赖于常数、序列 $\{\varepsilon_t\}$ 的元素以及 $t$ 的一次方。如前例，如果特征根不等于1，则挑战解中不一定要包含 $t$。为强化这一观点，试着将式(1-64)所给的挑战解代入式(1-67)，得到

$$b_0 + b_1 t + \sum_{i=0}^{\infty} \alpha_i \varepsilon_{t-i} = a_0 + a_1 \left[ b_0 + b_1(t-1) + \sum_{i=0}^{\infty} \alpha_i \varepsilon_{t-1-i} \right] + \varepsilon_t + \beta_1 \varepsilon_{t-1}$$

比较所有含 $\varepsilon_t$，$\varepsilon_{t-1}$，$\varepsilon_{t-2}$，…项的系数，得到

$$\alpha_0 = 1$$
$$\alpha_1 = a_1 \alpha_0 + \beta_1 \quad 因此，\alpha_1 = a_1 + \beta_1$$
$$\alpha_2 = a_1 \alpha_1 \quad 因此，\alpha_2 = a_1(a_1 + \beta_1)$$
$$\alpha_3 = a_1 \alpha_2 \quad 因此，\alpha_3 = (a_1)^2(a_1 + \beta_1)$$
$$\vdots$$
$$\alpha_i = a_1 \alpha_{i-1} \quad 因此，\alpha_i = (a_1)^{i-1}(a_1 + \beta_1)$$

比较截距项系数和含 $t$ 的各项系数，得到
$$b_0 = a_0 + a_1 b_0 - a_1 b_1$$
$$b_1 = a_1 b_1$$

同样，这里有两种情况。如果 $a_1 \neq 1$，则 $b_1 = 0$，$b_0 = \dfrac{a_0}{1 - a_1}$。特解便为
$$y_t = \frac{a_0}{1 - a_1} + \varepsilon_t + (a_1 + \beta_1) \sum_{i=1}^{\infty} a_1^{i-1} \varepsilon_{t-i}$$

通解是在特解的基础上加上 $Aa_1^t$。我们可以试着对通解施加初始条件 $y_0$。现在，考虑 $a_1 = 1$ 的情形，待定系数为 $b_1 = a_0$，且 $b_0$ 为任意常数，则解的不规则形式为
$$y_t = b_0 + a_0 t + \varepsilon_t + (1 + \beta_1) \sum_{i=1}^{\infty} \varepsilon_{t-i}$$

如果给定 $y_0$，则有
$$y_0 = b_0 + \varepsilon_0 + (1 + \beta_1) \sum_{i=1}^{\infty} \varepsilon_{-i}$$

因此，施加初始条件，得到
$$y_t = y_0 + a_0 t + \varepsilon_t + (1 + \beta_1) \sum_{i=1}^{t-1} \varepsilon_{t-i}$$

### 1.8.1 高阶方程

相同的处理方法也适用于解高阶方程。举个例子，让我们来求下列 2 阶方程的特解
$$y_t = a_0 + a_1 y_{t-1} + a_2 y_{t-2} + \varepsilon_t \tag{1-68}$$
由于我们所给的是一个 2 阶方程，可取挑战解为
$$y_t = b_0 + b_1 t + b_2 t^2 + \alpha_0 \varepsilon_t + \alpha_1 \varepsilon_{t-1} + \alpha_2 \varepsilon_{t-2} + \cdots$$
式中，$b_0$、$b_1$、$b_2$ 和 $\alpha_i$ 均为待定系数。

将挑战解代入式(1-68)，得到
$$[b_0 + b_1 t + b_2 t^2] + \alpha_0 \varepsilon_t + \alpha_1 \varepsilon_{t-1} + \alpha_2 \varepsilon_{t-2} + \cdots = a_0 + a_1 [b_0 + b_1(t-1) + b_2(t-1)^2$$
$$+ \alpha_0 \varepsilon_{t-1} + \alpha_1 \varepsilon_{t-2} + \alpha_2 \varepsilon_{t-3} + \cdots] + a_2 [b_0 + b_1(t-2) + b_2(t-2)^2$$
$$+ \alpha_0 \varepsilon_{t-2} + \alpha_1 \varepsilon_{t-3} + \alpha_2 \varepsilon_{t-4} + \cdots] + \varepsilon_t$$

要使方程对序列 $\{\varepsilon_t\}$ 的所有可能取值均为恒等式，$\alpha_i$ 的取值的充分必要条件应为
$$\alpha_0 = 1$$
$$\alpha_1 = a_1 \alpha_0 \quad \text{因此}, \alpha_1 = a_1$$
$$\alpha_2 = a_1 \alpha_1 + a_2 \alpha_0 \quad \text{因此}, \alpha_2 = (a_1)^2 + a_2$$
$$\alpha_3 = a_1 \alpha_2 + a_2 \alpha_1 \quad \text{因此}, \alpha_3 = (a_1)^3 + 2 a_1 a_2$$
$$\vdots$$

注意，对 $j \geq 2$ 的任意取值，系数都满足 2 阶差分方程 $\alpha_j = a_1 \alpha_{j-1} + a_2 \alpha_{j-2}$。由于我们已知 $\alpha_0$ 和 $\alpha_1$，可用迭代法求出所有 $\alpha_j$ 值。系数的特征与求齐次解时所讨论的一样。

(1) 收敛性要求 $|\alpha_2| < 1$，$\alpha_1 + \alpha_2 < 1$，$\alpha_2 - \alpha_1 < 1$。注意，收敛性意味着序列 $\{\varepsilon_t\}$ 的过去值最终将对 $y_t$ 的当期值的影响越来越小。

(2) 当系数收敛时，如果 $(a_1^2 + 4 a_2) > 0$，则为直接收敛或波动收敛；如果 $(a_1^2 + 4 a_2) < 0$，则

呈正弦或余弦形式收敛；如果$(a_1^2 + 4a_2) = 0$，则先"发散"后收敛。恰当地设定$\alpha_i$，可得如下表达式

$$b_2(1 - a_1 - a_2)t^2 + [b_1(1 - a_1 - a_2) + 2b_2(a_1 + 2a_2)]t$$
$$+ [b_0(1 - a_1 - a_2) - a_0 + a_1(b_1 - b_2) + 2a_2(b_1 - 2b_2)] = 0 \quad (1\text{-}69)$$

对于$t$的所有取值，式(1-69)对应的每一项必须等于0。首先，考虑当$a_1 + a_2 \neq 1$时的情况，由于$(1 - a_1 - a_2)$不为零，那么，$b_2$的取值必须等于0。在$b_2 = 0$的情况下，又因为$t$的系数必须等于零，所以，$b_1$也应为0。在给定$b_1 = b_2 = 0$时，必得$b_0 = \dfrac{a_0}{1 - a_1 - a_2}$。相反，如果$a_1 + a_2 = 1$，则$b_i$的解的取值取决于$a_0$、$a_1$和$a_2$的特定取值。关键在于齐次方程的稳定性条件就是特解的收敛条件。如果齐次方程的任意特征根都等于1，那么，多项式时间趋势就将出现在特解中。多项式的阶数就是单式特征根的个数，这一结论也可推广到高阶方程。

对于真正聪明的人或思路开阔者，会将上一节的讨论和待定系数法结合起来使用。首先运用上一节讨论的方法求出特解的确定性部分，然后使用待定系数法求出特解的随机性部分。在式(1-67)中，比如，令$\varepsilon_t = \varepsilon_{t-1} = 0$，得到解$\dfrac{a_0}{1 - a_1}$。现在，运用待定系数法，求出特解$y_t = a_1 y_{t-1} + \varepsilon_t + \beta_1 \varepsilon_{t-1}$。将确定性和随机性部分相加，就得到特解的所有组成部分。

### 1.8.2 已解问题

为了说明运用2阶方程的方法，将式(1-28)加上随机干扰项$\varepsilon_t$，得

$$y_t = 3 + 0.9 y_{t-1} - 0.2 y_{t-2} + \varepsilon_t \quad (1\text{-}70)$$

已经证明过两个齐次解为$A_1(0.5)^t$和$A_2(0.4)^t$，且特解的确定性部分为$y_t^p = 10$，为求出特解的随机部分，建立如下挑战解

$$y_t = \sum_{i=0}^{\infty} \alpha_i \varepsilon_{t-i}$$

与式(1-64)相比，挑战解不包含截距项$b_0$（因为已经求出了特解的确定性部分）和时间趋势$b_1 t$（因为两个特征根都小于1）。为使该解有效，应当满足

$$\alpha_0 \varepsilon_t + \alpha_1 \varepsilon_{t-1} + \alpha_2 \varepsilon_{t-2} + \alpha_3 \varepsilon_{t-3} + \cdots$$
$$= 0.9[\alpha_0 \varepsilon_{t-1} + \alpha_1 \varepsilon_{t-2} + \alpha_2 \varepsilon_{t-3} + \alpha_3 \varepsilon_{t-4} + \cdots]$$
$$- 0.2[\alpha_0 \varepsilon_{t-2} + \alpha_1 \varepsilon_{t-3} + \alpha_2 \varepsilon_{t-4} + \alpha_3 \varepsilon_{t-5} + \cdots] + \varepsilon_t \quad (1\text{-}71)$$

由于式(1-71)必须满足$\varepsilon_t$，$\varepsilon_{t-1}$，$\varepsilon_{t-2}$，…的所有可能值，于是，下面每一条件也必定成立。

$$\alpha_0 = 1$$
$$\alpha_1 = 0.9 \alpha_0$$

因此，当$\alpha_1 = 0.9$时，则对所有$i \geq 2$，有

$$\alpha_i = 0.9 \alpha_{i-1} - 0.2 \alpha_{i-2} \quad (1\text{-}72)$$

现在，可用迭代法解式(1-72)，得$\alpha_2 = 0.9 \alpha_1 - 0.2 \alpha_0 = 0.61$，$\alpha_3 = 0.9 \times 0.61 - 0.2 \times 0.9 = 0.369$，以此类推。更好的一种解法是将式(1-72)视为一个2阶差分方程，其中序列$\{\alpha_i\}$取初始条件$\alpha_0 = 1$，$\alpha_1 = 0.9$。于是，式(1-72)的解为

$$\alpha_i = 5(0.5)^i - 4(0.4)^i \quad (1\text{-}73)$$

为得到式(1-73)，注意到式(1-72)的解为：$\alpha_i = A_3(0.5)^i + A_4(0.4)^i$。式中，$A_3$，$A_4$均为任

意常数。施加条件 $\alpha_0 = 1$ 和 $\alpha_1 = 0.9$,可得到式(1-73)。如果我们采用式(1-73),则可得到 $\alpha_0 = 5(0.5)^0 - 4(0.4)^0 = 1$; $\alpha_1 = 5(0.5)^1 - 4(0.4)^1 = 0.9$; $\alpha_2 = 5(0.5)^2 - 4(0.4)^2 = 0.61$ 等。

式(1-70)的通解为两个齐次解和特解的确定性和随机性部分之和。

$$y_t = 10 + A_1(0.5)^t + A_2(0.4)^t + \sum_{i=0}^{\infty} \alpha_i \varepsilon_{t-i} \tag{1-74}$$

式中,$\alpha_i$ 由式(1-73)给定。

假定初始条件为 $y_0$ 和 $y_1$,则 $A_1$, $A_2$ 必须满足

$$y_0 = 10 + A_1 + A_2 + \sum_{i=0}^{\infty} \alpha_i \varepsilon_{-i} \tag{1-75}$$

$$y_1 = 10 + A_1(0.5) + A_2(0.4) + \sum_{i=0}^{\infty} \alpha_i \varepsilon_{1-i} \tag{1-76}$$

尽管代数式更为繁复,仍可将式(1-75)和式(1-76)代入式(1-74),消去任意常数,得到

$$\begin{aligned} y_t &= 10 + (0.4)^t [5(y_0 - 10) - 10(y_1 - 10)] \\ &\quad + (0.5)^t [10(y_1 - 10) - 4(y_0 - 10)] + \sum_{i=0}^{t-2} \alpha_i \varepsilon_{t-i} \end{aligned}$$

## 1.9 滞后算子

如果不需要知道特解中的系数的实际值,则运用滞后算子的方法通常比待定系数法更为方便。**滞后算子**(lag operator)$L$ 被定义为线性算子,因而对 $y_t$ 取任意值,均有

$$L^i y_t \equiv y_{t-i} \tag{1-77}$$

因此,$y_t$ 前面的 $L^i$ 仅仅意味着将 $y_t$ 滞后 $i$ 期。牢记滞后算子的下列性质非常有用。

(1) 常数的滞后值为常数:$Lc = c$。

(2) 分配律也适用于滞后算子,我们可设 $(L^i + L^j)y_t = L^i y_t + L^j y_t = y_{t-i} + y_{t-j}$。

(3) 结合律也适用于滞后算子,我们可设 $L^i L^j y_t = L^i(L^j y_t) = L^i y_{t-j} = y_{t-i-j}$。同样,也可令 $L^i L^j y_t = L^{i+j} y_t = y_{t-i-j}$,注意 $L^0 y_t = y_t$。

(4) $L$ 取负次方时,实际上为超前算子:$L^{-i} y_t = y_{t+i}$。为便于解释,可定义 $j = -i$,并设 $L^j y_t = y_{t-j} = y_{t+i}$。

(5) 对于 $|\alpha| < 1$,无限求和得 $(1 + aL + a^2 L^2 + a^3 L^3 + \cdots)y_t = \dfrac{y_t}{1 - aL}$。滞后算子的这一特性可能看起来不太直观,但却可以直接从上面的性质2和性质3推导而得。

**证明**:两边乘以 $(1 - aL)$,得 $(1 - aL)(1 + aL + a^2 L^2 + a^3 L^3 + \cdots)y_t = y_t$。将两个表达式相乘,得到 $(1 - aL + aL - a^2 L^2 + a^2 L^2 - a^3 L^3 + \cdots)y_t = y_t$。假设 $|a| < 1$,当 $n \to \infty$,表达式 $a^n L^n y_t$ 收敛为零。因此,方程两边相等。

(6) 对于 $|a| > 1$,无限求和得 $[1 + (aL)^{-1} + (aL)^{-2} + (aL)^{-3} + \cdots]y_t = \dfrac{-aLy_t}{1 - aL}$。因此,

$$\frac{y_t}{1 - aL} = -(aL)^{-1} \sum_{i=0}^{\infty} (aL)^{-i} y_t$$

**证明**:乘以 $(1 - aL)$ 得 $(1 - aL)[1 + (aL)^{-1} + (aL)^{-2} + (aL)^{-3} + \cdots]y_t = -aLy_t$。计算乘式得

$[1 - aL + (aL)^{-1} - 1 + (aL)^{-2} - (aL)^{-1} + (aL)^{-3} - (aL)^{-2} \cdots ] y_t = -aLy_t$。假设$|a| > 1$，当$n \to \infty$时，表达式$a^{-n} L^{-n} y_t$收敛为0。因此，方程两边相等。

滞后算子为书写差分方程提供了一种简洁的记号。运用滞后算子，就可将$p$阶方程$y_t = a_0 + a_1 y_{t-1} + \cdots + a_p y_{t-p} + \varepsilon_t$写为

$$(1 - a_1 L - a_2 L^2 - \cdots - a_p L^p) y_t = a_0 + \varepsilon_t$$

或更简洁地，写为

$$A(L) y_t = a_0 + \varepsilon_t$$

式中，$A(L)$为多项式$(1 - a_1 L - a_2 L^2 - \cdots - a_p L^p)$

由于$A(L)$可被视为滞后算子的多项式，因此，记号$A(1)$可用于表示所有系数之和

$$A(1) = 1 - a_1 - a_2 - \cdots - a_p$$

再举一例，滞后算子可以把方程$y_t = a_0 + a_1 y_{t-1} + \cdots + a_p y_{t-p} + \varepsilon_t + \beta_1 \varepsilon_{t-1} + \cdots + \beta_q \varepsilon_{t-q}$表示为

$$A(L) y_t = a_0 + B(L) \varepsilon_t$$

式中，$A(L)$和$B(L)$分别为$p$阶和$q$阶的多项式。

用滞后算子解线性差分方程简洁明了。再次考虑1阶方程$y_t = a_0 + a_1 y_{t-1} + \varepsilon_t$，式中，$|a_1| < 1$。根据$L$的定义，构造

$$y_t = a_0 + a_1 L y_t + \varepsilon_t \tag{1-78}$$

解$y_t$，我们得到

$$y_t = \frac{a_0 + \varepsilon_t}{1 - a_1 L} \tag{1-79}$$

根据性质(1)，可知$La_0 = a_0$，因而$\frac{a_0}{1 - a_1 L} = a_0 + a_1 a_0 + a_1^2 a_0 + \cdots = \frac{a_0}{1 - a_1}$。根据性质(5)，可知$\frac{\varepsilon_t}{1 - a_1 L} = \varepsilon_t + a_1 \varepsilon_{t-1} + a_1^2 \varepsilon_{t-2} + \cdots$，合并解的这两个部分，便得到式(1-21)给定的特解。

实际中，我们可用滞后算子解式(1-67)$y_t = a_0 + a_1 y_{t-1} + \varepsilon_t + \beta_1 \varepsilon_{t-1}$，式中，$|a_1| < 1$。根据性质(2)构造$(1 - a_1 L) y_t = a_0 + (1 + \beta_1 L) \varepsilon_t$，解$y_t$，得到

$$y_t = \frac{a_0 + (1 + \beta_1 L) \varepsilon_t}{1 - a_1 L}$$

则

$$y_t = \frac{a_0}{1 - a_1} + \frac{\varepsilon_t}{1 - a_1 L} + \frac{\beta_1 \varepsilon_{t-1}}{1 - a_1 L} \tag{1-80}$$

展开式(1-80)的最后两项，得到与待定系数法相同的解式。

现在，我们假设$y_t = a_0 + a_1 y_{t-1} + \varepsilon_t$，但$|a_1| > 1$。由于$y_t$实际上是一个无限值，因而性质(5)将不再适用于式(1-79)。相反，可根据性质(6)，展开式(1-79)

$$y_t = \frac{a_0}{1 - a_1} - (a_1 L)^{-1} \sum_{i=0}^{\infty} (a_1 L)^{-i} \varepsilon_t$$

$$= \frac{a_0}{1 - a_1} - \frac{1}{a_1} \sum_{i=0}^{\infty} (a_1 L)^{-i} \varepsilon_{t+1} \tag{1-81}$$

$$= \frac{a_0}{1 - a_1} - \frac{1}{a_1} \sum_{i=0}^{\infty} a_1^{-i} \varepsilon_{t+1+i} \tag{1-82}$$

### 高阶方程中的滞后算子

我们也可用滞后算子将 $n$ 阶差分方程 $y_t = a_0 + a_1 y_{t-1} + a_2 y_{t-2} + \cdots + a_n y_{t-n} + \varepsilon_t$ 转换为

$$(1 - a_1 L - a_2 L^2 - \cdots - a_n L^n) y_t = a_0 + \varepsilon_t$$

或

$$y_t = \frac{a_0 + \varepsilon_t}{1 - a_1 L - a_2 L^2 - \cdots - a_n L^n}$$

根据我们前面的分析(也可见补充手册的附录 1.2),可知稳定性条件就是方程 $\alpha^n - c_1 \alpha^{n-1} - \cdots - a_n = 0$ 的特征根均位于单位圆之内。注意到,特征方程的 $\alpha$ 值与方程 $1 - a_1 L - \cdots - a_n L^n = 0$ 中 $L$ 的取值互为倒数。实际上,表达式 $1 - a_1 L - \cdots - a_n L^n$ 被称为逆特征方程。因此,很多文献中经常将稳定性条件叙述成 $(1 - a_1 L - \cdots - a_n L^n)$ 的特征根位于单位圆之外。

原则上,可以运用滞后算子得到特解的系数。以 2 阶方程为例,考虑 $y_t = \dfrac{a_0 + \varepsilon_t}{1 - a_1 L - a_2 L^2}$。如果我们已知二次方程的因子为 $(1 - a_1 L - a_2 L^2) = (1 - b_1 L)(1 - b_2 L)$,则可以将其写为

$$y_t = \frac{a_0 + \varepsilon_t}{(1 - b_1 L)(1 - b_2 L)}$$

如果 $b_1$ 和 $b_2$ 的绝对值均小于 1,根据性质(5)可得

$$y_t = \frac{\dfrac{a_0}{1 - b_1} + \sum_{i=0}^{\infty} b_1^i \varepsilon_{t-i}}{1 - b_2 L}$$

对 $\dfrac{a_0}{1 - b_1}$ 和求和公式 $\sum b_1^i \varepsilon_{t-i}$ 中的每一个元素再次运用该原则可得到特解。如果我们想了解序列的实际系数,那么,最好采用待定系数法。滞后算子的魅力在于其能够简洁地标记特解,其一般模型

$$A(L) y_t = a_0 + B(L) \varepsilon_t$$

的特解为

$$y_t = \frac{a_0}{A(L)} + \frac{B(L) \varepsilon_t}{A(L)}$$

正如式(1-82)所揭示的,任何线性差分方程都有一个**前向解**(forward-looking)。本书将不会太多地运用到前向解,因为随机变量的未来值不能被直接观察到,关于前向解的一些细节的相关内容可在 www.time-series.net 的补充手册(supplementary Manual)或者 Wiley 上查阅。

## 1.10 总结

时间序列计量经济学是关于包含随机成分在内的差分方程的估计,通常,时间序列模型被用于预测。由于序列的可预测成分能够外推至未来的时刻,因此,揭示序列的动态路径可使得预测精度大为改善。随着人们对动态经济学的兴趣日益增加,时间序列计量经济学已经开始受到新的重视。随机差分方程自然从动态经济模型中脱离出来,经过恰当估计的方程可以用于经济数据的解释和假设检验。

本章的介绍着重在"求解"随机差分方程的方法。尽管迭代法或许很有用，但它在许多情况下都不现实。线性差分方程的解可以被划分为两部分：一个特解和一个齐次解。麻烦之处在于齐次解不是唯一的，通解是一个特解和所有齐次解的线性组合。对一个 $n$ 阶差分方程施加 $n$ 个初始条件可得到唯一解。

差分方程的齐次部分是对初始期非均衡的一种衡量。之所以齐次方程特别重要，是因为它可以得到特征根，一个 $n$ 阶差分方程有 $n$ 个这样的特征根。如果所有的特征根都位于单位圆内，则序列收敛。正如我们将在第 2 章看到的，稳定性条件和一个经济变量是否平稳有着直接的关系。

待定系数法和使用滞后算子的方法是求特解的有力工具，特解是推动过程的现在值和过去值的线性函数。此外，特解也可能是包含一个截距项和一个时间的多项式函数。要求对单位圆以外的单位根和特征根施加初始条件以使特解变得有意义。有些经济模型具有前向解，那么，在这种情况下，可预测的未来事件就会对当期产生影响。

本章提到这些工具，目的在于为学习时间序列计量经济学铺平道路。毫无疑问，做本章后面的习题也是十分有益的。特征根、待定系数法和滞后算子将在本书的剩余部分出现。

## 习题

1. 考察差分方程 $y_t = a_0 + a_1 y_{t-1}$，初始条件为 $y_0$。Jill 用向后迭代的方法解差分方程
$$\begin{aligned} y_t &= a_0 + a_1 y_{t-1} \\ &= a_0 + a_1(a_0 + a_1 y_{t-2}) \\ &= a_0 + a_0 a_1 + a_0 a_1^2 + \cdots + a_0 a_1^{t-1} + a_1^t y_0 \end{aligned}$$
Bill 将齐次解与特解相加得到 $y_t = \dfrac{a_0}{1-a_1} + a_1^t \left( y_0 - \dfrac{a_0}{1-a_1} \right)$。

    a. 证明：当 $|a_1| < 1$ 时，两种解法的结果相等。

    b. 证明：当 $a_1 = 1$ 时，Jill 的解等同于 $y_t = a_0 t + y_0$。当 $a_1 = 1$ 时，应当如何采用 Bill 的方法得到相同的结论？

2. 1.5 节中的蛛网模型假设的是静态价格预期。考察另一个可取的模式，称为自适应性预期。令 $t$ 期的预期价格（记为 $p_t^*$）等于 $t-1$ 期的价格与前一期的预期价格的加权平均值，则
$$p_t^* = \alpha p_{t-1} + (1-\alpha) p_{t-1}^* \quad 0 < \alpha \le 1$$
显然，当 $\alpha = 1$ 时，静态预期和适应性预期是相等的。此模型有个特点，那就是它可以被看作是一个差分方程，将预期价格表示为其滞后值和推动变量 $p_{t-1}$ 的函数。

    a. 求 $p_t^*$ 的齐次解。

    b. 运用滞后算子求特解，检查答案，将其代入原差分方程。

3. 假设货币供应过程的表达式为 $m_t = m + \rho m_{t-1} + \varepsilon_t$，式中，$m$ 为常数，且 $0 < \rho < 1$。

    a. 证明：可以将 $m_{t+n}$ 表示为已知值 $m_t$ 和序列 $\{\varepsilon_{t+1}, \varepsilon_{t+2}, \cdots, \varepsilon_{t+n}\}$ 的函数。

    b. 假设对于 $i > 0$，$\varepsilon_{t+i}$ 的所有值都具有零均值。解释如何运用 a 小题中的结论来预测未来 $n$ 期的货币供给。

4. 时间序列计量经济学中的单位根问题与等于 1 的特征根有关，为了预先说明这一问题，考察如下问题。

    a. 求下列各方程的齐次解（提示：每一方程都至少有 1 个单位根）。

        i. $y_t = 1.5 y_{t-1} - 0.5 y_{t-2} + \varepsilon_t$

        ii. $y_t = y_{t-2} + \varepsilon_t$

        iii. $y_t = 2 y_{t-1} - y_{t-2} + \varepsilon_t$

        iv. $y_t = y_{t-1} + 0.25 y_{t-2} - 0.25 y_{t-3} + \varepsilon_t$

    b. 证明：每一个后向解都是非收敛的。

    c. 证明：方程 i 能够被改写为 1 阶差分方程；即 $\Delta y_t = 0.5 \Delta y_{t-1} + \varepsilon_t$，求 $\Delta y_t$ 的

特解。

d. 类似地，将其他方程也转化为 1 阶差分方程形式，如果转换后的方程存在特解，则请求出这个特解。

e. 运用滞后算子写出 i 到 iv 的每个方程。

f. 已知初始条件 $y_0$，求 $y_t = a_0 - y_{t-1} + \varepsilon_t$ 的解。

5. a. 通过计算下列各式的特征根、$d$ 值，描述整个转换过程。

   i. $y_t = 0.75y_{t-1} - 0.125y_{t-2}$
   
   ii. $y_t = 1.5y_{t-1} - 0.75y_{t-2}$
   
   iii. $y_t = 1.8y_{t-1} - 0.81y_{t-2}$
   
   iv. $y_t = 1.5y_{t-1} - 0.5625y_{t-2}$

   b. 对于每个式子，满足 $y_1 = y_2 = 10$。利用电子表格程序计算和绘制上述时间序列中接下来的 25 个实际值。

6. 用 1.8 节描述的方法求下列各方程的通解。

   a. $y_t = 1 + 0.7y_{t-1} - 0.1y_{t-1} + \varepsilon_t$
   
   b. $y_t = 1 - 0.3y_{t-1} + 0.1y_{t-1} + \varepsilon_t$

7. 考虑随机过程 $y_t = a_0 + a_2 y_{t-2} + \varepsilon_t$。

   a. 求齐次解，确定稳定性条件。
   
   b. 运用待定系数法求特解。
   
   c. 证明利用滞后算子法产生相同的结果。

8. 对下列每一个方程，证明：假设的解满足差分方程。符号 $c$、$c_0$ 和 $a_0$ 表示常数。

   方程        解

   a. $y_t - y_{t-1} = 0$    $y_t = c$

   b. $y_t - y_{t-1} = a_0$    $y_t = c + a_0 t$

   c. $y_t - y_{t-2} = 0$    $y_t = c + c_0(-1)^t$

   d. $y_t - y_{t-2} = \varepsilon_t$    $y_t = c + c_0(-1)^t + \varepsilon_t + \varepsilon_{t-2} + \varepsilon_{t-4} + \cdots$

9. 第一部分：对下列每一个，确定 $\{y_t\}$ 是否代表一个稳定的序列，确定特征根是实根还是虚根，实数部分是正还是负。

   a. $y_t - 1.2y_{t-1} + 0.2y_{t-2} = 0$
   
   b. $y_t - 1.2y_{t-1} + 0.4y_{t-2} = 0$
   
   c. $y_t - 1.2y_{t-1} - 1.2y_{t-2} = 0$
   
   d. $y_t + 1.2y_{t-1} = 0$

   e. $y_t - 0.7y_{t-1} - 0.25y_{t-2} + 0.175y_{t-3} = 0$
   [提示：$(x - 0.5)(x + 0.5)(x - 0.7) = x^3 - 0.7x^2 - 0.25x + 0.175$]

   第二部分：用滞后算子写出上面的每个方程，确定逆特征方程的特征根。

10. 考察随机差分方程
    $$y_t = 0.8y_{t-1} + \varepsilon_t - 0.5\varepsilon_{t-1}$$

    a. 假设初始条件为 $y_0 = 0$，$\varepsilon_0 = \varepsilon_{-1} = 0$。现在假设 $\varepsilon_1 = 1$。通过向前迭代确定 $y_1$ 到 $y_5$ 的取值。
    
    b. 求齐次解和特解。
    
    c. 施加初始条件以得到通解。
    
    d. 求出在整个序列 $\{y_t\}$ 中冲击 $\varepsilon_t$ 的时间路径。

11. 式(1-5)中，确定能保证序列 $\{y_t\}$ 稳定性的 $\alpha$ 和 $\beta$ 的约束条件。

12. 考虑下面的两个随机差分方程

    i. $y_t = 3 + 0.75y_{t-1} - 0.125y_{t-2} + \varepsilon_t$
    
    ii. $y_t = 3 + 0.25y_{t-1} + 0.375y_{t-2} + \varepsilon_t$

    a. 运用待定系数法求出每个方程的特解。
    
    b. 求每个方程的齐次解。
    
    c. 对于每个过程，假设 $y_0 = y_1 = 8$，并且对于 $t = 1, 0, -1, -2, \cdots$，$\varepsilon_t = 0$。运用式(1-75)和式(1-76)中演示的方法求常数项 $A_1$、$A_2$ 的值。

13. 尽管待定系数法不是最简单的方法，在给定初始条件时也可以使用它。考虑模型 $y_t = 0.75y_{t-1} + \varepsilon_t$，其中 $y_0$ 给定。从式(1-18)和式(1-66)中能知道 $y_t$ 的解为 $y_t = \varepsilon_t + \alpha_1 \varepsilon_{t-1} + \alpha_2 \varepsilon_{t-2} + \alpha_3 \varepsilon_{t-3} + \cdots + \alpha_{t-1} \varepsilon_1 + a_0^t y_0$，其中 $\alpha_i$ 为待定系数。

    a. 证明 $y_{t-1}$ 的解有 $y_{t-1} = \varepsilon_{t-1} + \alpha_1 \varepsilon_{t-2} + \alpha_2 \varepsilon_{t-3} + \alpha_3 \varepsilon_{t-4} + \cdots + \alpha_{t-2} \varepsilon_1 + a_0^{t-1} y_0$。

    b. 用挑战解代替 $y_t$ 和 $y_{t-1}$ 代入 $y_t = 0.75y_{t-1} + \varepsilon_t$ 求 $\alpha_i$ 的值。

    c. 用待定系数法求解 2 阶差分 $y_t = 0.75y_{t-1} - 0.125y_{t-2} + \varepsilon_t$，其中 $y_0$，$y_1$ 已给定。

# 第 2 章

# 平稳时间序列模型

## 本章学习目标

1. 阐述随机线性差分方程理论。
2. 拓展在估计 ARMA 模型中使用的工具。
3. 考察平稳和非平稳模型的时间序列性质。
4. 考察多种统计检验方法来检验模型的充分性。文中举了几个例子,详细地分析了估计出的 AR-MA 模型,并说明如何运用恰当的已估模型进行预测。
5. 推导不同 ARMA 过程的理论自相关函数。
6. 推导不同 ARMA 过程的理论偏自相关函数。
7. 阐述 Box-Jenkins 方法在模型选择过程中是怎样依赖于自相关和偏自相关的。
8. 扩展 Box-Jenkins 模型选择工具的完备集。
9. 检验时间序列预测的性质。
10. 以利率期限结构模型为例证明 Box-Jenkins 方法。
11. 阐述模型序列如何包含季节因素。
12. 扩展模型精确度的诊断性检验。
13. 阐述组合预测为何明显优于单个模型的预测。

## 2.1 随机差分方程模型

本章中,我们继续讨论**离散型**(discrete)而非连续型的时间序列模型。回顾第 1 章的讨论,我们可以求出函数 $y = f(t)$ 在 $t_0$ 时刻和 $t_0 + h$ 时刻的值,得到

$$\Delta y = f(t_0 + h) - f(t_0)$$

在实践中,大部分经济时间序列数据都来自于离散的时间段,因此,我们只考虑相等的时间间隔 $t_0$, $t_0 + h$, $t_0 + 2h$, $t_0 + 3h$, …,并且,为方便讨论,设 $h = 1$。但需注意,这里的 $t$ 为离散时间序列,但是 $y_t$ 并不一定也是离散的。例如,尽管苏格兰的年降水量为连续型变量,但是从第 1 年到第 $t$ 年间的年降水总量序列是离散时间序列。在许多的经济运用中,$t$ 指时间,$h$ 指时间的变

化。然而，$t$ 并不一定是那些用时钟或日历度量的时间间隔类型；换句话说，我们不需要把时间的计量单位设成分、天、季或年的形式，我们只需要用 $t$ 代表有序的事件数目。比如，我们可用 $y_t$ 代表轮盘赌在 $t$ 转时的结果，且 $y_t$ 可以取 00, 0, 1, …, 36 这 38 个值中的任意值。

对任意真实值 $r$，存在一个概率 $p(y \leq r)$，使 $y$ 的取值小于等于 $r$。那么，我们把离散型变量 $y$ 称作**随机**(random)**变量**。该定义相当广泛，平常使用时，要求至少存在一个 $r$ 值使得 $0 < p(y = r) < 1$。假如存在某个 $r$ 值使得 $p(y = r) = 1$，则 $y$ 是确定变量，而非随机变量。

把观测到的时间序列 $\{y_0, y_1, y_2, …, y_t\}$ 的元素视作随机过程的真实值（即实现值），这种思路十分有用。正如前一章所述，我们用符号 $y_t$ 代表一个完整序列 $\{y_t\}$ 的一个组成元素。在上述轮盘赌的例子中，$y_t$ 代表轮盘赌在 $t$ 转时的结果，如果我们观察了 1 到 $T$ 转，则可得序列 $y_1$, $y_2$, …, $y_T$，或简记为 $\{y_t\}$。同样地，符号 $y_t$ 可用来表示 $t$ 期的国内生产总值（GDP），由于我们不能准确地预测 GDP，因此，$y_t$ 为随机变量。一旦我们得到了 $t$ 期的 GDP 值，$y_t$ 就成为随机过程的实现值（当然，测量误差会阻碍我们得到 GDP 的"真实值"）。

对于离散型变量，通过一个式子（或表格）列出每个 $y_t$ 可能的实现值及对应的概率，可以展示出 $y_t$ 的概率分布。若不同时间段内的实现值之间相互交叉影响，那么则存在联合概率分布 $p(y_1 = r_1, y_2 = r_2, …, y_T = r_T)$，其中，$r_i$ 指 $i$ 时期内 $y$ 的实现值。观察了前面 $t$ 期的实现值后，我们可以在观测值 $y_1$ 到 $y_t$ 的基础上，推断出 $y_{t+1}$, $y_{t+2}$, … 的期望值。在此，$y_{t+i}$ 的条件均值或条件期望值用 $E_t(y_{t+i} | y_t, y_{t-1}, …, y_1)$ 或 $E_t y_{t+i}$ 表示。

当然，若 $y_t$ 表示轮盘赌均匀旋转的结果，那么，就很容易描绘其概率分布。相比之下，我们却可能很难准确描述 GDP 的概率分布。但是，理论经济学家的任务就是推演出能够抓住真实数据生成过程本质的模型。随机差分方程就是模拟动态经济过程的一种简便方式。举个简单的例子，假设美联储的货币供给目标每年以 3% 的速度增长，那么

$$m_t^* = 1.03 m_{t-1}^* \tag{2-1}$$

这样，给定初始条件 $m_0^*$，则方程的特解为

$$m_t^* = (1.03)^t m_0^*$$

式中　$m_t^*$——第 $t$ 年货币供给目标的对数值；

　　　$m_0^*$——基期（第 0 年）货币供给目标，即初始条件。

当然，实际的货币供给 $(m_t)$ 与目标不一定一致。假设 $t-1$ 期末，有 $m_{t-1}$ 的流通美元进入 $t$ 期。那么，$t$ 期初的货币供给为 $m_{t-1}$ 美元，这样，目标与实际货币供给之差就为 $m_t^* - m_{t-1}$。假设美联储不能完全控制货币供给，但试图改变的量为理想的和实际的货币供给之差的 $\rho\%$ ($\rho <$ 100%)。则这种行为可以用模型表示为

$$\Delta m_t = \rho(m_t^* - m_{t-1}) + \varepsilon_t$$

或代入式(2-1)，得到

$$m_t = \rho(1.03)^t m_0^* + (1-\rho) m_{t-1} + \varepsilon_t \tag{2-2}$$

式中，$\varepsilon_t$ 代表货币供给中不能控制的部分，在此，我们假定 $\varepsilon_t$ 的均值为 0。

尽管经济理论非常简单，但这个模型却阐述了上述讨论部分的关键。请注意以下几点：

(1) 尽管货币供给为连续变量，但式(2-2)仍为离散差分方程。因为推动过程 $\{\varepsilon_t\}$ 是随机的，所以货币供给也是随机的。因此，我们可以把式(2-2)称为线性随机差分方程。

(2) 如果已知 $\{\varepsilon_t\}$ 的分布，则可以计算序列 $\{m_t\}$ 中每个元素的分布。由于式(2-2)说明了序列 $\{m_t\}$ 的实现值如何与时间相关，因此，可以计算各种联合概率。需要注意的是，货币供给序列

的分布完全由差分方程(2-2)的参数和序列$\{\varepsilon_t\}$的分布决定。

(3) 在观察了序列$\{m_t\}$前$t$期的观测值之后，我们可以预测$m_{t+1}$，$m_{t+2}$，…。例如，若我们对式(2-2)向前递推1期并取条件期望值，则$m_{t+1}$的预测值为

$$E_t m_{t+1} = \rho(1.03)^{t+1} m_0^* + (1-\rho)m_t$$

在进行深入探讨之前，让我们回顾一下离散型随机时间序列模型的基石：**白噪声**(white-noise)过程。若序列中每个元素均值都为零，同时具有同方差，且与所有其他的实现值之间不存在自相关，则序列$\{\varepsilon_t\}$为白噪声过程。一般来说，若符号$E(x)$代表$x$的理论均值，对每个时期$t$，以下各式均成立。即有

$$E(\varepsilon_t) = E(\varepsilon_{t-1}) = \cdots = 0$$

$$E(\varepsilon_t^2) = E(\varepsilon_{t-1}^2) = \cdots = \sigma^2 \text{ 或} [\text{var}(\varepsilon_t) = \text{var}(\varepsilon_{t-1}) = \cdots = \sigma^2]$$

并对所有的$j$和$s$，有

$$E(\varepsilon_t \varepsilon_{t-s}) = E(\varepsilon_{t-j}\varepsilon_{t-j-s}) = 0 \quad \text{或}[\text{cov}(\varepsilon_t, \varepsilon_{t-s}) = \text{cov}(\varepsilon_{t-j}, \varepsilon_{t-j-s}) = 0]$$

那么，序列$\{\varepsilon_t\}$则为白噪声过程。

在本书的余下章节内容中，$\{\varepsilon_t\}$总是代表白噪声过程，$\sigma^2$总是代表白噪声过程的方差。若需考虑两个或两个以上的白噪声过程，则可使用符号$\{\varepsilon_{1t}\}$和$\{\varepsilon_{2t}\}$表示。现在，用白噪声过程来构造更重要的时间序列

$$x_t = \sum_{i=0}^{q} \beta_i \varepsilon_{t-i} \tag{2-3}$$

对任意时期$t$，对$\varepsilon_t$，$\varepsilon_{t-1}$，…，$\varepsilon_{t-q}$依次取值并乘以对应的$\beta_i$即可计算出$x_t$，我们把这样的序列称为$q$阶**移动平均**(moving average)，用MA($q$)表示。为了阐释一个典型的移动平均过程，在这里举个例子，假如我们来掷硬币，若为正面，就赢得1美元，反之，就输1美元。用$\varepsilon_t$表示第$t$次抛硬币的结果(即对第$t$次抛掷的硬币，$\varepsilon_t$为1美元或$-1$美元)。若希望记录下"手气"，则会想到计算自己前四次抛硬币的平均胜出率。对第$t$次抛掷的硬币，前四次的平均胜出率为$\frac{1}{4\varepsilon_t}$ + $\frac{1}{4\varepsilon_{t-1}}$ + $\frac{1}{4\varepsilon_{t-2}}$ + $\frac{1}{4\varepsilon_{t-3}}$。根据式(2-3)，这个序列为移动平均过程，并满足当$i \leq 3$时，$\beta_i = 0.25$，否则，$\beta_i = 0$。

虽然序列$\{\varepsilon_t\}$是白噪声过程，但是若存在两个或两个以上的$\beta_i$不为零，那么，计算出的序列$\{x_t\}$将不再是白噪声过程。下面我们用一个MA(1)过程来说明这一点，设$\beta_0 = 1$，$\beta_1 = 0.5$，其余的$\beta_i = 0$。在这种情况下，$E(x_t) = E(\varepsilon_t + 0.5\varepsilon_{t-1}) = 0$，方差$\text{var}(x_t) = \text{var}(\varepsilon_t + 0.5\varepsilon_{t-1}) = 1.25\sigma^2$。容易证明，对于所有的$s$，均有$E(x_t) = E(x_{t-s})$，$\text{var}(x_t) = \text{var}(x_{t-s})$。因此，序列$\{x_t\}$成为白噪声过程的前两个条件都满足。但是$E(x_t x_{t-1}) = E[(\varepsilon_t + 0.5\varepsilon_{t-1})(\varepsilon_{t-1} + 0.5\varepsilon_{t-2})] = E[\varepsilon_t \varepsilon_{t-1} + 0.5(\varepsilon_{t-1})^2 + 0.5\varepsilon_t \varepsilon_{t-2} + 0.25\varepsilon_{t-1}\varepsilon_{t-2}] = 0.5\sigma^2$。由于存在一个非0的$s$，使得$E(x_t x_{t-s}) \neq 0$，因此，序列不是白噪声。

本章末的习题1要求读者求解抛硬币"手气"的均值、方差和协方差。为了增强实践能力，建议读者先完成这个习题，再继续学习下面的内容。对代数学中求均值、方差和协方差不太熟练的同学，可以通过习题2、习题3以及补充手册得出答案。

## 2.2 自回归移动平均ARMA模型

将移动平均过程和线性差分方程合并，便可得到自回归移动平均模型。考察$p$阶差分方程

$$y_t = a_0 + \sum_{i=1}^{p} a_i y_{t-i} + x_t \qquad (2\text{-}4)$$

现令 $\{x_t\}$ 表示式(2-3)的 MA($q$) 过程，则有

$$y_t = a_0 + \sum_{i=1}^{p} a_i y_{t-i} + \sum_{i=0}^{q} \beta_i \varepsilon_{t-i} \qquad (2\text{-}5)$$

为了方便，我们采用标准化，使 $\beta_0$ 恒等于 1。如果式(2-5)的特征根均在单位圆以内，那么，称 $\{y_t\}$ 为 $y_t$ 的**自回归移动平均**(autoregressive moving-average，ARMA)模型。这个模型的自回归部分是式(2-4)的齐次部分所给出的差分方程，移动平均部分为序列 $\{x_t\}$。如果差分方程的齐次部分滞后期为 $p$，并且 $x_t$ 的滞后期为 $q$，那么，我们把这个模型称为 ARMA($p$, $q$) 模型。若 $q = 0$，则把这个过程称为纯自回归过程，用 AR($p$) 表示；若 $p = 0$，则这个过程被称为纯移动平均过程，用 MA($q$) 表示。在 ARMA 模型中，完全允许 $p$ 和(或) $q$ 取无穷大。本章中，我们只考察式(2-5)的所有特征根都在单位圆内的情况。然而，如果式(2-5)中有一个或多个特征根大于或等于 1，则称序列 $\{y_t\}$ 为**积分**(integrated)过程，同时把式(2-5)称为自回归求积移动平均(ARIMA)模型。

把式(2-5)看作差分方程，意味着我们能够解出 $y_t$，它是用序列 $\{\varepsilon_t\}$ 表示的。我们把 ARMA($p$, $q$) 模型以序列 $\{\varepsilon_t\}$ 表示的解 $y_t$ 称为 $y_t$ 的**移动平均表达式**(moving-average representation)，这个求解过程与第 1 章所讨论的类似。对于 AR(1) 模型 $y_t = a_0 + a_1 y_{t-1} + \varepsilon_t$，它的移动平均表达式为

$$y_t = \frac{a_0}{1 - a_1} + \sum_{i=0}^{\infty} a_1^i \varepsilon_{t-i}$$

对于一般的 ARMA($p$, $q$) 模型，用滞后算子重写式(2-5)，变为

$$\left(1 - \sum_{i=1}^{p} a_i L^i\right) y_t = a_0 + \sum_{i=0}^{q} \beta_i \varepsilon_{t-i}$$

所以，$y_t$ 的特解为

$$y_t = \frac{a_0 + \sum_{i=0}^{q} \beta_i \varepsilon_{t-i}}{1 - \sum_{i=1}^{p} a_i L^i} \qquad (2\text{-}6)$$

幸运的是，我们不必展开式(2-6)来求得序列 $\{\varepsilon_t\}$ 中每个元素的具体系数。但是我们必须认识到这一展开式会生成 MA($\infty$) 过程，这点非常重要。而关键则在于这个展开式是否收敛，它直接关系到由式(2-6)给出的随机差分方程是否稳定。正如我们将在下一节中可以看到的，平稳的条件是多项式 $(1 - \sum a_i L^i)$ 的根在单位圆之外；并且，若 $y_t$ 为线性随机差分方程，那么，这个平稳条件也是时间序列 $\{y_t\}$ 平稳的必要条件。

## 2.3 平稳性

假设质量控制部门对某加工车间 4 台机器每小时生产出的产品进行取样，每小时中，质量控制部门都能求出每台机器产出水平的均值。图 2-1 描绘了每台机器每小时的产出量的曲线，若 $y_{it}$ 代表机器 $y_i$ 在第 $t$ 时小时内的产量，那么，每台机器产出水平的均值($\bar{y}_t$)为

$$\bar{y}_t = \frac{\sum_{i=1}^{4} y_{it}}{4}$$

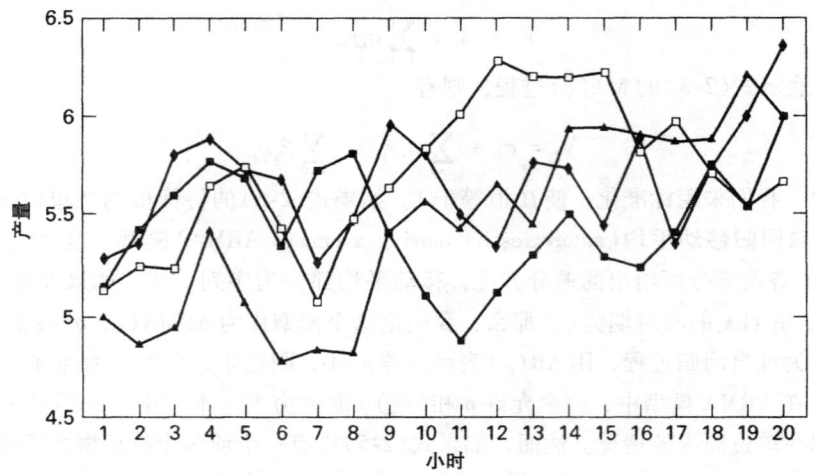

图 2-1　4 台机器的每台每小时产量

对于第 5、第 10、第 15 个 1 小时内的产量，均值分别为 4.61、5.14 和 5.03。

据此，每小时的样本方差都可类似计算得出。但遗憾的是，应用计量经济学家通常很难得到一个**总体**(ensemble)(即在相同时段内、相同过程中的多重时间序列数据)。一般地，我们只能观察到任何特定序列的实现值的一个集合。幸运的是，如果 $\{y_t\}$ 为**平稳**(stationary)序列，那么，由实现值的单一集合所得到的均值、方差和自相关则通常十分靠近长期**时间平均**(time averages)。假设现在我们只观察第 1 台机器在 20 个小时内的每小时的产量，若已知产量是平稳的，则通过

$$\bar{y}_t \cong \frac{\sum_{t=1}^{20} y_{1t}}{20}$$

能大致估计出每台机器每小时的产量的平均水平。

在使用这个近似值时，可假设每一时期的均值相等。一般来说，对所有的 $t$ 和 $t-s$，若随机过程满足

$$E(y_t) = E(y_{t-s}) = \mu \tag{2-7}$$

$$E[(y_t - \mu)^2] = E[(y_{t-s} - \mu)^2] = \sigma_y^2 \quad [\mathrm{var}(y_t) = \mathrm{var}(y_{t-s}) = \sigma_y^2] \tag{2-8}$$

$$E[(y_t - \mu)(y_{t-s} - \mu)] = E[(y_{t-j} - \mu)(y_{t-j-s} - \mu)] = \gamma_s$$
$$[\mathrm{cov}(y_t, y_{t-s}) = \mathrm{cov}(y_{t-j}, y_{t-j-s}) = \gamma_s] \tag{2-9}$$

式中，$\mu$、$\sigma_y^2$ 和所有的 $\gamma_s$ 均为常数，并且同时要求随机过程存在有限的均值和方差，那么，这时可称上述随机过程为**协方差平稳**(covariance-stationary)的。

在式(2-9)中，令 $s=0$ 意味着 $y_t$ 的方差为 $\gamma_0$，简单来说，时间序列的均值和所有的自协方差都不受时间的影响，那么该序列的协方差则平稳。文献中，协方差平稳过程通常被称为**弱平稳**(weakly stationary)、二阶平稳或广义平稳过程(注意，一个**强**(strongly)平稳过程的均值和(或)方差不一定有限)。本书仅仅考虑了协方差平稳序列，因此交替使用平稳和协方差平稳等术语并不会产生歧义。用专业术语可进一步解释为：在多元模型中，自协方差是指 $y_t$ 和其滞后项之间的协方差，而协方差是指一个序列和另一个序列之间的协方差。在一元时间序列模型中，二者同样不会产生歧义，故文中交替使用自协方差和协方差。

对于协方差平稳序列，我们可以把 $y_t$ 和 $y_{t-s}$ 之间的**自相关**(autocorrelation)系数定义为

$$\rho_s \equiv \frac{\gamma_s}{\gamma_0}$$

式中，$\gamma_0$ 和 $\gamma_s$ 由式(2-9)定义。

因为 $\gamma_0$ 和 $\gamma_s$ 独立于时间变化，因此，自相关系数 $\rho_s$ 也同样独立于时间变化。$y_t$ 和 $y_{t-1}$ 的自相关系数与 $y_t$ 和 $y_{t-2}$ 的自相关系数虽然不同，但是与 $y_{t-s}$ 和 $y_{t-s-1}$ 的自相关系数定义上理应相等。显然，$\rho_0 = 1$。

## AR(1)过程的平稳性限制

为了解释方便，首先考虑 AR(1) 过程平稳的充分必要条件。令

$$y_t = a_0 + a_1 y_{t-1} + \varepsilon_t$$

式中，$\varepsilon_t$ 为白噪声过程。

假设该序列从初始期(0期)开始，则 $y_0$ 为确定性的初始条件。在上一章的1.3节中可以看到(本章末的习题4也能得到相同的结果)，这个方程的解为

$$y_t = a_0 \sum_{i=0}^{t-1} a_1^i + a_1^t y_0 + \sum_{i=0}^{t-1} a_1^i \varepsilon_{t-i} \tag{2-10}$$

对式(2-10)取期望值，可得

$$Ey_t = a_0 \sum_{i=0}^{t-1} a_1^i + a_1^t y_0 \tag{2-11}$$

推进到 $s$ 期，可得

$$Ey_{t+s} = a_0 \sum_{i=0}^{t+s-1} a_1^i + a_1^{t+s} y_0 \tag{2-12}$$

比较式(2-11)和式(2-12)，很明显可以看出，两个式子的均值都依赖于时间的变化。由于 $Ey_t$ 不等于 $Ey_{t+s}$，所以该序列不平稳。然而，如果 $t$ 很大，我们则可以考虑对式(2-10)中 $y_t$ 取极限值，当 $t$ 无限大时，若 $|a_1| < 1$，则表达式 $(a_1)^t y_0$ 收敛于0，并且 $a_0[1 + a_1 + (a_1)^2 + (a_1)^3 + \cdots]$ 收敛于 $\frac{a_0}{(1-a_1)}$。因此，当 $t \to \infty$ 时，如果 $|a_1| < 1$，则

$$\lim y_t = \frac{a_0}{1-a_1} + \sum_{i=0}^{\infty} a_1^i \varepsilon_{t-i} \tag{2-13}$$

现在，对式(2-13)取期望值，使 $t$ 充分大，于是得到 $Ey_t = \frac{a_0}{1-a_1}$。因此，$y_t$ 的均值有限，且独立于时间变化。故对所有的 $t$，有 $Ey_t = Ey_{t-s} = \frac{a_0}{1-a_1} \equiv \mu$。接着对它的方差取极限值，可得

$$E(y_t - \mu)^2 = E[(\varepsilon_t + a_1 \varepsilon_{t-1} + (a_1)^2 \varepsilon_{t-2} + \cdots)^2]$$
$$= \sigma^2 [1 + (a_1)^2 + (a_1)^4 + \cdots] = \frac{\sigma^2}{1-(a_1)^2}$$

同样，方差也是有限的，并且独立于时间变化。进而，我们可以很容易地证明所有自协方差的极限值都是有限的，且独立于时间变化，即

$$E[(y_t - \mu)(y_{t-s} - \mu)] = E\{[\varepsilon_t + a_1 \varepsilon_{t-1} + (a_1)^2 \varepsilon_{t-2} + \cdots][\varepsilon_{t-s} + a_1 \varepsilon_{t-s-1} + (a_1)^2 \varepsilon_{t-s-2} + \cdots]\}$$
$$= \sigma^2 (a_1)^s [1 + (a_1)^2 + (a_1)^4 + \cdots]$$

$$= \frac{\sigma^2 (a_1)^s}{1 - (a_1)^2} \qquad (2\text{-}14)$$

简言之，若我们能使用式(2-10)的极限值，则序列$\{y_t\}$平稳。对任意给定的$y_0$，且$|a_1|<1$，它要求$t$必须充分大。因此，若样本是由一个最近开始的过程产生的，实现值可能并不平稳，这正是许多计量经济学家假设数据生成过程发生在永久以前的原因。在实践中，研究者应对任何从"新"过程中产生的数据保持谨慎，例如$\{y_t\}$可表示布雷顿森林体系下固定汇率制刚崩溃后美元对马克汇率的日变动量。由于存在确定性的初始条件(汇率变动在布雷顿森林体系时代几近为0)，该序列可能不平稳。谨慎的研究者在使用平稳序列之前，应考虑把分析期间的部分早期观测值排除掉。

如果我们没有给定初始条件，也不会有什么变化。当没有初始值$y_0$时，$y_t$的齐次解和特解的和为

$$y_t = \frac{a_0}{1-a_1} + \sum_{i=0}^{\infty} a_1^i \varepsilon_{t-i} + A(a_1)^t \qquad (2\text{-}15)$$

式中，$A$为任意常数。

若我们对式(2-15)取期望值，很明显可以看出，除非表达式$A(a_1)^t$等于0，否则，序列$\{y_t\}$为非平稳。也就是说，或者这个序列必须从很久以前开始，使得$(a_1)^t = 0$，或者任意常数$A$必须为0，否则序列$\{y_t\}$是非平稳的。请回顾一下，由于任意常数可被解释为偏离长期均衡的离差，因此，我们可简要地规定平稳性条件如下。

(1) 齐次解必须为0，或这个序列从很久以前开始，或这个过程始终是均衡的(因此，任意常数就为0)。

(2) 特征根$a_1$的绝对值必须小于1。

这两个条件对所有的ARMA($p$, $q$)过程都适用。我们知道式(2-5)的齐次解为

$$\sum_{i=1}^{p} A_i \alpha_i^t$$

或者，如果存在$m$个重根，则

$$\alpha \sum_{i=1}^{m} A_i t^i + \sum_{i=m+1}^{p} A_i \alpha_i^t$$

式中，$A_i$为任意常数；$\alpha$为重根；$\alpha_i$为相异特征根。

若齐次方程的任意部分是已知的，则序列$y_t$的均值、方差和所有的协方差都独立于时间变化。因此，对任意ARMA($p$, $q$)模型，齐次解为0是平稳的必要条件。下一节将讨论平稳性对特解的限制。

## 2.4 ARMA($p$, $q$)模型的平稳性限制

为了确保ARMA($p$, $q$)模型平稳，必须考虑一些限制条件。我们首先考察确保ARMA(2, 1)模型平稳的一些必要限制。由于截距项的大小并不影响平稳(或稳定)，于是，可以令$a_0 = 0$，得到

$$y_t = a_1 y_{t-1} + a_2 y_{t-2} + \varepsilon_t + \beta_1 \varepsilon_{t-1} \qquad (2\text{-}16)$$

从前一节，我们知道齐次解一定为0，这样就只需要求出特解。用待定系数法，我们求得特

解为

$$y_t = \sum_{i=0}^{\infty} c_i \varepsilon_{t-i} \tag{2-17}$$

要使式(2-17)成为式(2-16)的一个解，则对多个不同的 $c_i$，必须满足

$$c_0 \varepsilon_t + c_1 \varepsilon_{t-1} + c_2 \varepsilon_{t-2} + c_3 \varepsilon_{t-3} + \cdots$$
$$= a_1 (c_0 \varepsilon_{t-1} + c_1 \varepsilon_{t-2} + c_2 \varepsilon_{t-3} + c_3 \varepsilon_{t-4} + \cdots)$$
$$+ a_2 (c_0 \varepsilon_{t-2} + c_1 \varepsilon_{t-3} + c_2 \varepsilon_{t-4} + c_3 \varepsilon_{t-5} + \cdots) + \varepsilon_t + \beta_1 \varepsilon_{t-1}$$

为了与各项（包括 $\varepsilon_t$, $\varepsilon_{t-1}$, $\varepsilon_{t-2}$, $\cdots$）的系数相匹配，我们必须设定

（1）$c_0 = 1$
（2）$c_1 = a_1 c_0 + \beta_1$ $\quad\Rightarrow c_1 = a_1 + \beta_1$
（3）$c_i = a_1 c_{i-1} + a_2 c_{i-2}$ $\quad$ 当 $i \geq 2$ 时

其中，关键在于当 $i \geq 2$ 时，系数必须满足差分方程 $c_i = a_1 c_{i-1} + a_2 c_{i-2}$。若式(2-15)的特征根在单位圆内，则 $\{c_i\}$ 必须构成一个收敛序列。例如，考察一个例子，其中 $a_1 = 1.6$，$a_2 = -0.9$，并令 $\beta_1 = 0.5$，工作表2-1表示满足式(2-17)的系数为1，2.1，2.46，2.046，1.06，-0.146，$\cdots$（也可见第1章的工作表1-2）。

## 工作表 2-1

**ARMA(2，1)过程的系数**：$y_t = 1.6 y_{t-1} - 0.9 y_{t-2} + \varepsilon_t + 0.5 \varepsilon_{t-1}$

若使用待定系数法，则 $c_i$ 必须满足：

$c_0 = 1$
$c_1 = 1.16 + 0.5$ $\qquad\qquad$ 所以，$c_1 = 2.1$
$c_2 = 1.6 c_{i-1} - 0.9 c_{i-2}$ $\qquad$ 对所有的 $i = 2, 3, 4, \cdots$

注意2阶差分方程的系数带有虚根。根据 de Moivre 定理，这些系数应满足

$$c_i = 0.949^i \times \beta_1 \cos(0.567 i + \beta_2)$$

赋予 $c_0$、$c_1$ 的初始条件，得到

$$1 = \beta_1 \cos(\beta_2) \text{ 和 } 2.1 = 0.949 \beta_1 \cos(0.567 + \beta_2)$$

由于 $\beta_1 = \dfrac{1}{\cos(\beta_2)}$，所以，我们求解下列方程

$$\cos(\beta_2) - \frac{0.949}{2.1} \cos(0.567 + \beta_2) = 0$$

查三角函数表，得到 $\beta_2$ 的解为 $-1.197$，$\beta_1$ 的解为 $2.739$。因此，$c_i$ 满足

$$2.739 \times 0.949^i \cdot \cos(0.567 i - 1.197)$$

相应地，我们可根据 $c_0$，$c_1$ 的初始值并运用迭代法求得其余的 $c_i$。$c_i$ 序列如图2-2所示。

我们也可以使用表格来表示 $c_0$ 到 $c_{10}$ 的值

| $i$ | 0 | 1 | 2 | 3 | 4 | 5 | 6 | 7 | 8 | 9 | 10 |
|---|---|---|---|---|---|---|---|---|---|---|---|
| $c_i$ | 1.00 | 2.10 | 2.46 | 2.046 | 1.06 | -0.146 | 1.187 | -1.786 | -1.761 | -1.226 | -0.378 |

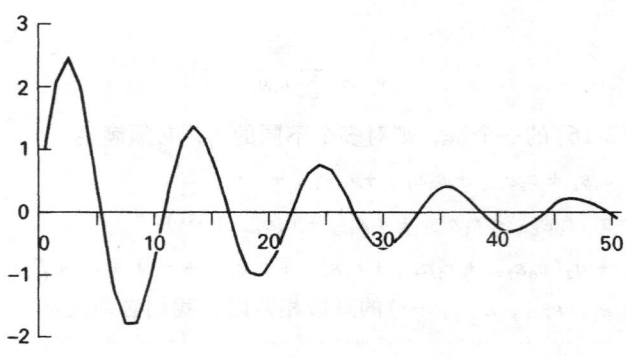

图 2-2

要证明由式(2-17)生成的序列$\{y_t\}$是平稳的，可对式(2-17)取期望值。因为对所有的$t$和$i$，都可以得到$Ey_t = Ey_{t-i} = 0$，因此，均值是有限的，且独立于时间变化。因为序列$\{\varepsilon_t\}$被假定为白噪声过程，所以，$y_t$的方差为常数，且独立于时间变化，即

$$\mathrm{var}(y_t) = E[(c_0\varepsilon_t + c_1\varepsilon_{t-1} + c_2\varepsilon_{t-2} + c_3\varepsilon_{t-3} + \cdots)^2] = \sigma^2 \sum_{i=0}^{\infty} c_i^2$$

因此，对所有的$t$和$s$，$\mathrm{var}(y_t) = \mathrm{var}(y_{t-s})$。最后，$y_t$和$y_{t-s}$间的协方差为

$$\mathrm{cov}(y_t, y_{t-1}) = E[(\varepsilon_t + c_1\varepsilon_{t-1} + c_2\varepsilon_{t-2} + \cdots)(\varepsilon_{t-1} + c_1\varepsilon_{t-2} + c_2\varepsilon_{t-3} + c_3\varepsilon_{t-4} + \cdots)]$$
$$= \sigma^2(c_1 + c_2c_1 + c_3c_2 + \cdots)$$
$$\mathrm{cov}(y_t, y_{t-2}) = E[(\varepsilon_t + c_1\varepsilon_{t-1} + c_2\varepsilon_{t-2} + \cdots)$$
$$(\varepsilon_{t-2} + c_1\varepsilon_{t-3} + c_2\varepsilon_{t-4} + c_3\varepsilon_{t-5} + \cdots)]$$
$$= \sigma^2(c_2 + c_3c_1 + c_4c_2 + \cdots)$$

因此，有

$$\mathrm{cov}(y_t, y_{t-s}) = \sigma^2(c_s + c_{s+1}c_1 + c_{s+2}c_2 + \cdots) \tag{2-18}$$

所以，$\mathrm{cov}(y_t, y_{t-s})$为常数且独立于$t$。相反，若式(2-16)的特征根不在单位圆内，则序列$\{c_i\}$不再收敛。这样，序列$\{y_t\}$不再收敛。

不难把这些结论推广到所有的ARMA($p$, $q$)模型。首先，考察确保纯MA($\infty$)过程平稳的条件，通过适当约束$\beta_i$，所有的有限阶MA($q$)过程都可以作为特例求出。考察

$$x_t = \sum_{i=0}^{\infty} \beta_i \varepsilon_{t-i}$$

式中，$\{\varepsilon_t\}$序列是一个方差为$\sigma^2$的白噪声过程。

我们在本章 2.1 节的最后已经指出了序列$\{x_t\}$不是白噪声过程，现在的关键问题在于$\{x_t\}$是否为协方差平稳。给定条件式(2-7)、(2-8)和(2-9)，现在我们来回答以下问题。

(1) 均值是否有限，且与时间独立？对$x_t$取期望值，并且根据"和的期望等于期望值的和"，就可得到

$$E(x_t) = E(\varepsilon_t + \beta_1\varepsilon_{t-1} + \beta_2\varepsilon_{t-2} + \cdots) = E\varepsilon_t + \beta_1 E\varepsilon_{t-1} + \beta_2 E\varepsilon_{t-2} + \cdots = 0$$

重复这个过程，得到

$$E(x_{t-s}) = E(\varepsilon_{t-s} + \beta_1\varepsilon_{t-s-1} + \beta_2\varepsilon_{t-s-2} + \cdots) = 0$$

因此，序列$\{x_t\}$中的所有元素都有相同的有限均值($\mu = 0$)。

(2) 方差是否有限，且与时间独立？构造$x_t$的方差$\mathrm{var}(x_t)$为

$$\text{var}(x_t) = E[(\varepsilon_t + \beta_1\varepsilon_{t-1} + \beta_2\varepsilon_{t-2} + \cdots)^2]$$

将括号中的平方式展开,再取期望值。由于$\{\varepsilon_t\}$为一个白噪声过程,所以,当$s\neq 0$时,所有的$E\varepsilon_t\varepsilon_{t-s}$都为零,即$E\varepsilon_t\varepsilon_{t-s}=0$,因此,得到

$$\text{var}(x_t) = E(\varepsilon_t)^2 + (\beta_1)^2 E(\varepsilon_{t-1})^2 + (\beta_2)^2 E(\varepsilon_{t-2})^2 + \cdots = \sigma^2[1 + (\beta_1)^2 + (\beta_2)^2\cdots]$$

于是,只要$\Sigma(\beta_i)^2$有限,那么,相应的$\text{var}(x_t)$也就有限。因此,$\Sigma(\beta_i)^2$有限就成了$\{x_t\}$平稳的必要条件。为了确定$\text{var}(x_t)$是否等于$\text{var}(x_{t-s})$,构造

$$\begin{aligned}\text{var}(x_{t-s}) &= E[(\varepsilon_{t-s} + \beta_1\varepsilon_{t-s-1} + \beta_2\varepsilon_{t-s-2} + \cdots)^2]\\ &= \sigma^2[1 + (\beta_1)^2 + (\beta_2)^2 + \cdots]\end{aligned}$$

因此,对所有的$t$和$t-s$,$\text{var}(x_t)=\text{var}(x_{t-s})$。

(3) 所有的自协方差都是有限的,且独立于时间变化吗?首先,构造$E(x_tx_{t-s})$使得

$$E(x_tx_{t-s}) = E[(\varepsilon_t + \beta_1\varepsilon_{t-1} + \beta_2\varepsilon_{t-2} + \cdots)(\varepsilon_{t-s} + \beta_1\varepsilon_{t-s-1} + \beta_2\varepsilon_{t-s-2} + \cdots)]$$

展开多项式乘积,并注意到对$s\neq 0$,$E(\varepsilon_t\varepsilon_{t-s})=0$,可以得到

$$E(x_tx_{t-s}) = \sigma^2(\beta_s + \beta_1\beta_{s+1} + \beta_2\beta_{s+2} + \cdots)$$

于是,只要限定$\beta_s + \beta_1\beta_{s+1} + \beta_2\beta_{s+2} + \cdots$的和有限,则意味着$E(x_tx_{t-s})$有限。在给定第二个约束条件后,很明显$x_t$与$x_{t-s}$的协方差仅仅取决于变量的时间间隔(即$s$值),而不取决于时间的起点(即下标$t$)。

简言之,任意 MA 过程平稳的充分必要条件是:

① $\Sigma(\beta_i)^2$有限;② $(\beta_s + \beta_1\beta_{s+1} + \beta_2\beta_{s+2} + \cdots)$的和有限。因为条件②要求对所有的$s$值都成立且$\beta_0=1$,对所有的$s\geq 0$,两个条件必须成立。MA 过程极大似然估计的部分细节将在补充手册的附录 2.1 进行讨论。

## 自回归系数的平稳性限制

现考察纯自回归模型

$$y_t = a_0 + \sum_{i=1}^{p} a_i y_{t-i} + \varepsilon_t \tag{2-19}$$

若式(2-19)的齐次方程的特征根均在单位圆内,则可将特解写为

$$y_t = \frac{a_0}{1 - \sum_{i=1}^{p} a_i} + \sum_{i=0}^{\infty} c_i \varepsilon_{t-i} \tag{2-20}$$

式中,$c_i$为待定系数。

尽管有可能求得待定系数$\{c_i\}$,但我们知道,只要式(2-19)的特征根在单位圆内,式(2-20)就收敛。为了证明它,我们可根据待定系数法按式(2-20)写出特解。我们也知道序列$\{c_i\}$最终将是解差分方程

$$c_i - a_1 c_{i-1} - a_2 c_{i-2} - \cdots - a_p c_{i-p} = 0 \tag{2-21}$$

如果式(2-21)的特征根均在单位圆内,则序列$\{c_i\}$收敛。尽管式(2-20)为无限阶移动平均过程,但 MA 系数的收敛意味着$\Sigma c_i^2$有限。因此,我们可用式(2-20)检验平稳的三个条件。由式(2-20)

$$Ey_t = Ey_{t-s} = \frac{a_0}{1 - \Sigma a_i}$$

回顾一下第 1 章所讲的内容，所有特征根都在单位圆内的必要条件是 $1 - \sum a_i > 0$。因此，序列的均值有限，且独立于时间变化。

$$\text{var}(y_t) = E[(\varepsilon_t + c_1\varepsilon_{t-1} + c_2\varepsilon_{t-2} + c_3\varepsilon_{t-3} + \cdots)^2] = \sigma^2 \sum c_i^2$$

且

$$\text{var}(y_{t-s}) = E[(\varepsilon_{t-s} + c_1\varepsilon_{t-s-1} + c_2\varepsilon_{t-s-2} + c_3\varepsilon_{t-s-3} + \cdots)^2] = \sigma^2 \sum c_i^2$$

因为 $\sum c_i^2$ 有限，所以，方差有限，且独立于时间变化。

$$\text{cov}(y_t, y_{t-s}) = E[(\varepsilon_t + c_1\varepsilon_{t-1} + c_2\varepsilon_{t-2} + \cdots)(\varepsilon_{t-s} + c_1\varepsilon_{t-s-1} + c_2\varepsilon_{t-s-2} + \cdots)]$$
$$= \sigma^2(c_s + c_1 c_{s+1} + c_2 c_{s+2} + \cdots)$$

因此，$y_t$ 和 $y_{t-s}$ 的协方差为常数，且对所有的 $t$ 和 $t-s$，都独立于时间变化。组合 $AR(p)$ 和 $MA(q)$ 模型，得到一般 $ARMA(p,q)$ 模型为

$$y_t = a_0 + \sum_{i=1}^{p} a_i y_{t-i} + x_t$$

$$x_t = \sum_{i=0}^{q} \beta_i \varepsilon_{t-i} \tag{2-22}$$

如果逆特征方程的根在单位圆外（齐次方程式(2-22)的根均在单位圆内），并且如果序列 $\{x_t\}$ 平稳，则序列 $\{y_t\}$ 也平稳。考察

$$y_t = \frac{a_0}{1 - \sum_{i=1}^{p} a_i} + \frac{\varepsilon_t}{1 - \sum_{i=1}^{p} a_i L^i} + \frac{\beta_1 \varepsilon_{t-1}}{1 - \sum_{i=1}^{p} a_i L^i} + \frac{\beta_2 \varepsilon_{t-2}}{1 - \sum_{i=1}^{p} a_i L^i} + \cdots \tag{2-23}$$

易知序列 $\{y_t\}$ 满足平稳性的三个条件。只要 $1 - \sum a_i L^i$ 的根在单位圆外，则式(2-23)右边的每一个表达式都平稳，在给定 $\{x_t\}$ 平稳的情况下，此时只有式(2-22)自回归部分的根决定序列 $\{y_t\}$ 是否平稳。

## 2.5 自相关函数

从式(2-18)中得到的自协方差和自相关系数是 Box-Jenkins(1976)方法中识别和估计时间序列模型的有用工具。我们以下列四个重要模型 $AR(1)$、$AR(2)$、$MA(1)$、$ARMA(1,1)$ 为例来说明自协方差和自相关系数。对于 $AR(1)$ 模型 $y_t = a_0 + a_1 y_{t-1} + \varepsilon_t$，由式(2-14)得

$$\gamma_0 = \frac{\sigma^2}{1 - (a_1)^2}$$

$$\gamma_s = \frac{\sigma^2 (a_1)^s}{1 - (a_1)^2}$$

将每个 $\gamma_s$ 除以 $\gamma_0$，得到自相关系数 $\rho_0 = 1$，$\rho_1 = a_1$，$\rho_2 = (a_1)^2$，…，$\rho_s = (a_1)^s$。对 $AR(1)$ 过程，平稳的必要条件是 $|a_1| < 1$，因此，若这个序列平稳，则 $\rho_s$ 对 $s$ 作的图（通常称为**自相关函数**（autocorrelation function，ACF）或**自相关图**（correlogram））应在几何意义上收敛于 0。若 $a_1$ 为正，则为直接收敛；若 $a_1$ 为负，则自相关系数的路径围绕 0 做阻尼振动。图 2-3a 和图 2-3c 分别表明了 $a_1 = 0.7$ 和 $a_1 = -0.7$ 的理论自相关函数，在图中，因为 $\rho_0$ 的值必为 1，因此，未标示出 $\rho_0$。

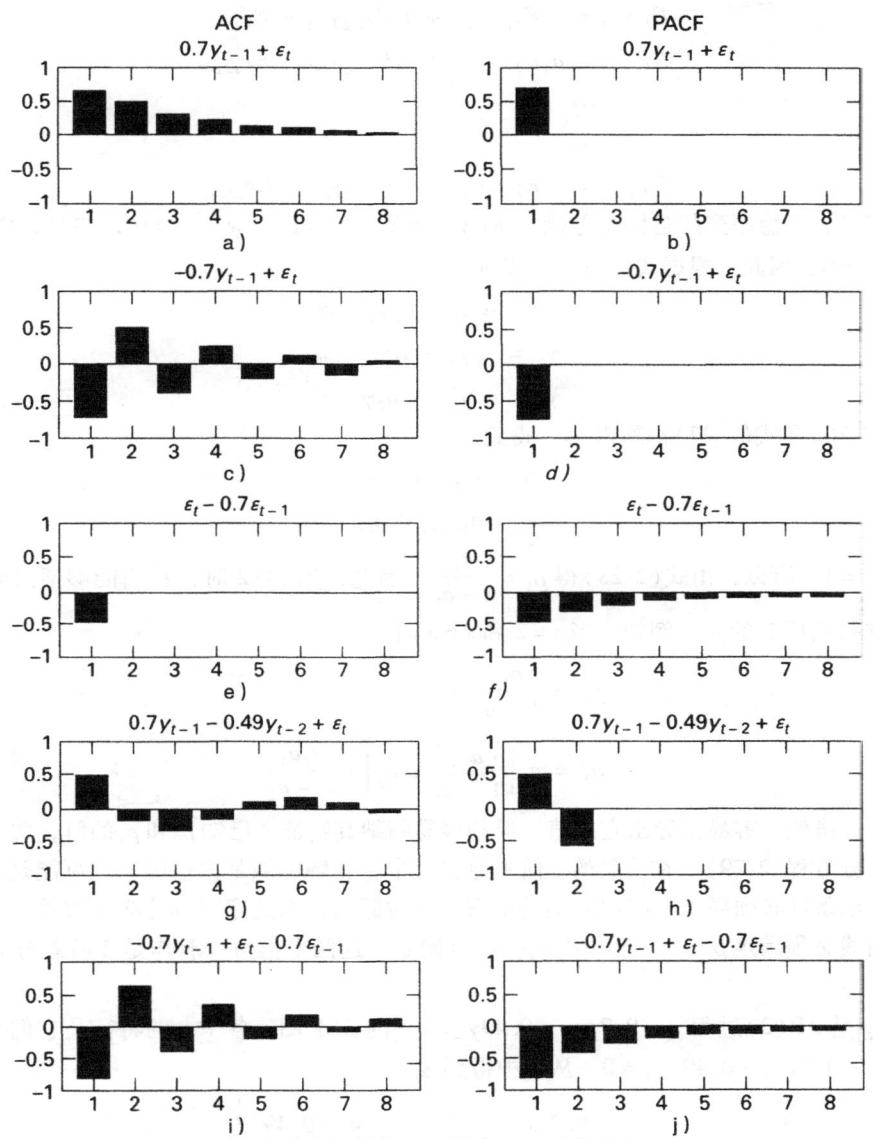

图 2-3 理论上 ACF 和 PACF 的形态

## 2.5.1 AR(2)过程的自相关函数

现在考察更复杂的 AR(2) 过程 $y_t = a_1 y_{t-1} + a_2 y_{t-2} + \varepsilon_t$。由于截距项($a_0$)对 ACF 没有影响,所以,在此省略。要使 2 阶的 AR(2) 过程平稳,必须限制 $(1 - a_1 L - a_2 L^2)$ 的根在单位圆外。在 2.4 节中,我们用待定系数法推导出了 ARMA(2,1) 过程的自协方差,现在,我们将用另一种方法 Yule-Walker 方程来说明。使 2 阶差分方程乘以 $y_{t-s}$,$s$ 依次为 $s=0$,$s=1$,$s=2$,…,然后取期望,得到

$$E y_t y_t = a_1 E y_{t-1} y_t + a_2 E y_{t-2} y_t + E \varepsilon_t y_t$$

$$Ey_t y_{t-1} = a_1 Ey_{t-1} y_{t-1} + a_2 Ey_{t-2} y_{t-1} + E\varepsilon_t y_{t-1}$$

$$Ey_t y_{t-2} = a_1 Ey_{t-1} y_{t-2} + a_2 Ey_{t-2} y_{t-2} + E\varepsilon_t y_{t-2}$$

$$\cdots$$

$$\cdots$$

$$Ey_t y_{t-s} = a_1 Ey_{t-1} y_{t-s} + a_2 Ey_{t-2} y_{t-s} + E\varepsilon_t y_{t-s} \tag{2-24}$$

根据定义，平稳序列的自协方差满足 $Ey_t y_{t-s} = Ey_{t-s} y_t = Ey_{t-k} y_{t-k-s} = \gamma_s$，并且，由于 $E\varepsilon_t y_t = \sigma^2$ 和 $E\varepsilon_t y_{t-s} = 0$，因此，根据式(2-24)，得到

$$\gamma_0 = a_1 \gamma_1 + a_2 \gamma_2 + \sigma^2 \tag{2-25}$$

$$\gamma_1 = a_1 \gamma_0 + a_2 \gamma_1 \tag{2-26}$$

$$\gamma_s = a_1 \gamma_{s-1} + a_2 \gamma_{s-2} \tag{2-27}$$

将式(2-26)和式(2-27)都除以 $\gamma_0$，得到

$$\rho_1 = a_1 \rho_0 + a_2 \rho_1 \tag{2-28}$$

$$\rho_s = a_1 \rho_{s-1} + a_2 \rho_{s-2} \tag{2-29}$$

因为 $\rho_0 = 1$，所以，由式(2-28)得 $\rho_1 = \dfrac{a_1}{1 - a_2}$。因此，当 $s \geq 2$ 时，我们能够通过解差分方程(2-29)，求得到所有的 $\rho_s$。例如，当 $s=2$ 和 $s=3$ 时，有

$$\rho_2 = \dfrac{(a_1)^2}{1 - a_2} + a_2$$

$$\rho_3 = a_1 \left[ \dfrac{(a_1)^2}{1 - a_2} + a_2 \right] + \dfrac{a_2 a_1}{1 - a_2}$$

对于 $\rho_s$，虽然不容易推导出它的值，但却容易归纳其特征。已知 $\rho_0$ 和 $\rho_1$ 的解，关键是要注意到 $\rho_s$ 满足差分方程(2-29)。在一般的 2 阶差分方程中，其解可能是振荡的，也可能是直接的。注意到 $y_t$ 的平稳条件必须要求式(2-29)的特征根在单位圆内，因此序列 $\{\rho_s\}$ 必须收敛。AR(2)过程的自相关曲线必须满足 $\rho_0 = 1$，且 $\rho_1$ 由式(2-28)确定。这两个值可以看作是 2 阶差分方程(2-29)的初始值。

图 2-3g 是 AR(2) 过程 $y_t = 0.7 y_{t-1} - 0.49 y_{t-2} + \varepsilon_t$ 的 ACF 图，各个 $\rho_s$ 的特征是它们都直接满足齐次方程 $y_t - 0.7 y_{t-1} + 0.49 y_{t-2} = 0$。从解中得到根为

$$\alpha = \dfrac{0.7 \pm [(-0.7)^2 - 4 \times 0.49]^{\frac{1}{2}}}{2}$$

由于判别式 $d = (-0.7)^2 - 4 \times 0.49 = -1.47$，为负值，所以，特征根为虚根，进而导致解振荡。然而，由于 $a_2 = -0.49$，因此，解收敛，同时序列 $\{y_t\}$ 平稳。

最终，我们希望得到自协方差而非自相关系数。因为已知所有的自相关系数，所以，如果能求得 $y_t$ 的方差(即 $\gamma_0$)，就能求得其他所有的 $\gamma_s$。为了得到 $\gamma_0$，应用式(2-25)且根据 $\rho_i = \dfrac{\gamma_i}{\gamma_0}$，得到

$$\gamma_0 (1 - a_1 \rho_1 - a_2 \rho_2) = \sigma^2$$

将 $\rho_1$、$\rho_2$ 代入，可得

$$\gamma_0 = \mathrm{var}(y_t) = \dfrac{1 - a_2}{1 + a_2} \dfrac{\sigma^2}{(a_1 + a_2 - 1)(a_2 - a_1 - 1)}$$

## 2.5.2 MA(1)过程的自相关函数

下面考察 MA(1)过程 $y_t = \varepsilon_t + \beta\varepsilon_{t-1}$。同样，将每一个 $y_{t-s}$ 都乘以 $y_t$，可得 Yule-Walker 方程，再对它们取期望，得到

$$\gamma_0 = \text{var}(y_t) = Ey_t y_t = E[(\varepsilon_t + \beta\varepsilon_{t-1})(\varepsilon_t + \beta\varepsilon_{t-1})] = (1 + \beta^2)\sigma^2$$

$$\gamma_1 = Ey_t y_{t-1} = E[(\varepsilon_t + \beta\varepsilon_{t-1})(\varepsilon_{t-1} + \beta\varepsilon_{t-2})] = \beta\sigma^2$$

且对所有的 $s > 1$，$\gamma_s = Ey_t y_{t-s} = E[(\varepsilon_t + \beta\varepsilon_{t-1})(\varepsilon_{t-s} + \beta\varepsilon_{t-s-1})] = 0$

因此，将每个 $\gamma_s$ 除以 $\gamma_0$，ACF 可以立即简化为 $\rho_0 = 1$、$\rho_1 = \dfrac{\beta}{1+\beta^2}$，且对所有的 $s > 1$，有 $\rho_s = 0$。图 2-3e 描绘了 MA(1)过程 $y_t = \varepsilon_t - 0.7\varepsilon_{t-1}$ 的 ACF。请读者练习证明 MA(2)过程的 ACF 在出现两个峰之后降为 0。

## 2.5.3 ARMA(1, 1)过程的自相关函数

最后，令 $y_t = a_1 y_{t-1} + \varepsilon_t + \beta_1 \varepsilon_{t-1}$，用已熟悉的方法，得到 Yule-Walker 方程

$$Ey_t y_t = a_1 Ey_{t-1}y_t + E\varepsilon_t y_t + \beta_1 E\varepsilon_{t-1}y_t \Rightarrow \gamma_0 = a_1\gamma_1 + \sigma^2 + \beta_1(a_1 + \beta_1)\sigma^2 \quad (2\text{-}30)$$

$$Ey_t y_{t-1} = a_1 Ey_{t-1}y_{t-1} + E\varepsilon_t y_{t-1} + \beta_1 E\varepsilon_{t-1}y_{t-1} \Rightarrow \gamma_1 = a_1\gamma_0 + \beta_1\sigma^2 \quad (2\text{-}31)$$

$$Ey_t y_{t-2} = a_1 Ey_{t-1}y_{t-2} + E\varepsilon_t y_{t-2} + \beta_1 E\varepsilon_{t-1}y_{t-2} \Rightarrow \gamma_2 = a_1\gamma_1 \quad (2\text{-}32)$$

$$\vdots$$

$$Ey_t y_{t-s} = a_1 Ey_{t-1}y_{t-s} + E\varepsilon_t y_{t-s} + \beta_1 E\varepsilon_{t-1}y_{t-s} \Rightarrow \gamma_s = a_1\gamma_{s-1} \quad (2\text{-}33)$$

在得到的式(2-30)中，注意 $E\varepsilon_{t-1}y_t = (a_1 + \beta_1)\sigma^2$。联立式(2-30)和式(2-31)，解 $\gamma_0$ 和 $\gamma_1$，得到

$$\gamma_0 = \frac{1 + \beta_1^2 + 2a_1\beta_1}{1 - a_1^2}\sigma^2$$

$$\gamma_1 = \frac{(1 + a_1\beta_1)(a_1 + \beta_1)}{1 - a_1^2}\sigma^2$$

因此得到 $\gamma_1$ 和 $\gamma_0$ 的比率

$$\rho_1 = \frac{(1 + a_1\beta_1)(a_1 + \beta_1)}{(1 + \beta_1^2 + 2a_1\beta_1)} \quad (2\text{-}34)$$

且对所有的 $s \geq 2$，$\rho_s = a_1\rho_{s-1}$。

因此，ARMA(1, 1)过程的 ACF 应该满足：$\rho_1$ 的大小取决于 $a_1$ 和 $\beta_1$。从 $\rho_1$ 值开始，ARMA(1, 1)过程的 ACF 有点像 AR(1)过程的 ACF。若 $0 < a_1 < 1$，它直接收敛；若 $-1 < a_1 < 0$，自相关振荡收敛。函数 $y_t = -0.7y_{t-1} + \varepsilon_t - 0.7\varepsilon_{t-1}$ 的 ACF 如图 2-3i 所示。工作表 2-2 的上部推导出了这些自相关。

---

## 工作表 2-2

**计算 $y_t = -0.7y_{t-1} + \varepsilon_t - 0.7\varepsilon_{t-1}$ 的偏自相关系数**

**第 1 步**：计算自相关系数，由式(2-34)计算 $\rho_1$ 得

$$\rho_1 = \frac{(1+0.49)(-0.7-0.7)}{1+0.49+2(0.49)} = -0.8445$$

因为其余的自相关系数按 $\rho_i = (-0.7)\rho_{i-1}$ 的比例衰减，所以

$\rho_2 = 0.591, \rho_3 = -0.414, \rho_4 = 0.290, \rho_5 = -0.203, \rho_6 = 0.142, \rho_7 = -0.099, \rho_8 = 0.070$

**第 2 步**：应用式(2-35)和式(2-36)计算前两个偏自相关系数。因此，有

$$\phi_{11} = \rho_1 = -0.8445$$

$$\phi_{22} = \frac{0.591 - (-0.8445)^2}{1-(-0.8445)^2} = -0.426$$

**第 3 步**：应用式(2-37)反复迭代计算出所有余下的 $\phi_{ss}$，为求 $\phi_{33}$，请注意有，$\phi_{21} = \phi_{11} - \phi_{22}\phi_{11} = -1.204$，于是有

$$\phi_{33} = \left(\rho_3 - \sum_{j=1}^{2}\phi_{2j}\rho_{3-j}\right)\left(1 - \sum_{j=1}^{2}\phi_{2j}\rho_j\right)^{-1}$$

$$= \frac{-0.414-(-1.204)(0.591)-(-0.426)(-0.8445)}{1-(-1.204)(-0.8445)-(-0.426)(0.591)}$$

$$= -0.262$$

类似地，为求 $\phi_{44}$，应用式

$$\phi_{44} = \left(\rho_4 - \sum_{j=1}^{3}\phi_{3j}\rho_{4-j}\right)\left(1 - \sum_{j=1}^{3}\phi_{3j}\rho_j\right)^{-1}$$

因为 $\phi_{3j} = \phi_{2j} - \phi_{33}\phi_{2,2-j}$，所以，$\phi_{31} = -1.315$，$\phi_{32} = -0.74$。因此

$$\phi_{44} = -0.173$$

若我们继续这一过程，可以得到 $\phi_{55} = -0.117$，$\phi_{66} = -0.081$，$\phi_{77} = -0.056$ 和 $\phi_{88} = -0.039$。

---

请读者练习推导工作表 2-1 所使用的 ARMA(2, 1) 过程的自相关曲线。我们可以认识到自相关曲线能够揭示自回归系数的特性。对从 $q$ 滞后期开始的 ARMA($p$, $q$) 模型，$\rho_i$ 值应满足

$$\rho_i = a_1\rho_{i-1} + a_2\rho_{i-2} + \cdots + a_p\rho_{i-p}$$

前 $p$ 个值可以看成满足 Yule-Walker 方程的初始条件，对这些滞后期，ACF 的形状取决于特征方程。

## 2.6 偏自相关函数

在 AR(1) 过程中，即使 $y_{t-2}$ 没有直接出现在模型中，但是 $y_{t-2}$ 也是与 $y_t$ 相关的。$y_t$ 和 $y_{t-2}$ 的自相关系数(即 $\rho_2$)等于 $y_t$ 和 $y_{t-1}$ 的自相关系数(即 $\rho_1$)乘以 $y_{t-1}$ 和 $y_{t-2}$ 的自相关系数(仍为 $\rho_1$)，所以，$\rho_2 = (\rho_1)^2$。请注意，这样的间接相关出现在任何自回归过程的 ACF 中。相反，$y_t$ 和 $y_{t-s}$ 的偏自相关则剔除了插入值 $y_{t-1}$ 到 $y_{t-s+1}$ 间的影响，因此，在 AR(1) 过程中，$y_t$ 和 $y_{t-2}$ 间的偏自相关系数等于 0。求偏自相关系数最直接的方法是：首先，对每一观察值减去序列的均值 $\mu$，得到 $y_t^* \equiv y_t - \mu$，形成新的序列 $\{y_t^*\}$，接着，构造 1 阶自回归方程

$$y_t^* = \phi_{11} y_{t-1}^* + e_t$$

式中，$e_t$ 为误差项。这里之所以采用符号 $\{e_t\}$，是因为误差项 $e_t$ 不一定是白噪声过程（因为 $e_t$ 含有均值 $\mu$）。

因为没有插入值，则 $\phi_{11}$ 就同时为 $y_t$ 和 $y_{t-1}$ 的自相关和偏自相关系数。现在构造 2 阶自回归方程

$$y_t^* = \phi_{21} y_{t-1}^* + \phi_{22} y_{t-2}^* + e_t$$

式中，$\phi_{22}$ 是 $y_t$ 和 $y_{t-2}$ 的偏自相关系数。换言之，$\phi_{22}$ 是 $y_t$ 与 $y_{t-2}$ 的剔除 $y_{t-1}$ 干扰影响后的相关系数。对其他的所有滞后期 $s$，可重复这个过程，进而生成偏自相关函数（PACF）。实践中，如果样本容量为 $T$，那么仅有 $\frac{T}{4}$ 的滞后项可以用来计算样本 PACF。

由于多数计算机软件包都能运行上述运算，因此，我们没有必要列举详细的计算过程。但是，必须指出的是，基于所谓的 Yule-Walker 方程的简单计算方法是可行的，我们可以从自相关中得到如下的偏自相关

$$\phi_{11} = \rho_1 \tag{2-35}$$

$$\phi_{22} = \frac{(\rho_2 - \rho_1^2)}{(1 - \rho_1^2)} \tag{2-36}$$

对于其他滞后期

$$\phi_{ss} = \frac{\rho_s - \sum_{j=1}^{s-1} \phi_{s-1,j} \rho_{s-j}}{1 - \sum_{j=1}^{s-1} \phi_{s-1,j} \rho_j} \quad s = 3, 4, 5, \cdots \tag{2-37}$$

式中，$\phi_{sj} = \phi_{s-1,j} - \phi_{ss} \phi_{s-1,s-j}$，$j = 1, 2, 3, \cdots, s-1$。

对于 AR($p$) 过程，当 $s > p$ 时，$y_t$ 和 $y_{t-s}$ 之间不存在直接相关。因此，当 $s > p$ 时，所有 $\phi_{ss}$ 都等于 0，且对纯 AR($p$) 过程，它的 PACF 在滞后期大于 $p$ 时，均应该截尾为 0，这是 PACF 一个重要的特征，它可用于辅助识别 AR($p$) 模型。相反，考察 MA(1) 过程 $y_t = \varepsilon_t + \beta \varepsilon_{t-1}$ 的 PACF，只要 $\beta \neq -1$，就可以写成 $\frac{y_t}{1 + \beta L} = \varepsilon_t$，也可以把 $\varepsilon_t$ 表述为无限阶自回归表达式

$$y_t - \beta y_{t-1} + \beta^2 y_{t-2} - \beta^3 y_{t-3} + \cdots = \varepsilon_t$$

因此，由于 $y_t$ 同自身的所有滞后项相关，所以，PACF 不会截尾到 0。相反，PACF 系数表现出衰减形式。若 $\beta < 0$，PACF 的系数直接衰减；若 $\beta > 0$，PACF 的系数振荡衰减。

工作表 2-2 说明了 ARMA(1, 1) 模型计算 PACF 的过程，这个 ARMA(1, 1) 模型为 $y_t = -0.7 y_{t-1} + \varepsilon_t - 0.7 \varepsilon_{t-1}$，如图 2-3j 所示。

首先，计算自相关系数。显然，$\rho_0 = 1$，应用式（2-36）计算得 $\rho_1 = -0.8445$。之后，ACF 的系数按 $\rho_i = (-0.7) \rho_{i-1} (i \geq 2)$ 的比率衰减。应用式（2-35）和式（2-36），我们得到 $\phi_{11} = -0.8445$ 和 $\phi_{22} = -0.4250$。如工作表 2-2 所示，接下来所有的 $\phi_{ss}$ 和 $\phi_{sj}$ 可以从式（2-37）中计算得到。

更一般地，平稳 ARMA($p$, $q$) 过程的 PACF 最终必须从滞后 $p$ 期开始趋于 0 衰减，衰减模式取决于多项式 $(1 + \beta_1 L + \beta_2 L^2 + \cdots + \beta_q L^q)$ 的系数。对各种不同的 ARMA 过程，表 2-1 归纳了其 ACF 和 PACF 的某些特征。同时，图 2-3j 也显示了这 5 种过程的偏自相关函数。

表 2-1　ACF 和 PACF 的特征

| 过程 | ACF | PACF |
| --- | --- | --- |
| 白噪声 | 对于 $s \neq 0$，所有 $\rho_s = 0$ | 所有的 $\phi_{ss} = 0$ |
| AR(1)：$a_1 > 0$ | 直接指数衰减：$\rho_s = a_1^s$ | $\phi_{11} = \rho_1$，当 $s \geq 2$ 时，$\phi_{ss} = 0$ |
| AR(1)：$a_1 < 0$ | 振荡衰减：$\rho_s = a_1^s$ | $\phi_{11} = \rho_1$，当 $s \geq 2$ 时，$\phi_{ss} = 0$ |
| AR($p$) | 向零衰减，系数可能振荡 | 在滞后 $p$ 期有波峰，当 $s > p$ 时，所有 $\phi_{ss} = 0$ |
| MA(1)：$\beta > 0$ | 滞后 1 期为正峰，当 $s \geq 2$ $\rho_s = 0$ | 振荡衰减：$\phi_{11} > 0$ |
| MA(1)：$\beta < 0$ | 滞后 1 期为负峰，当 $s \geq 2$ $\rho_s = 0$ | 几何衰减：$\phi_{11} < 0$ |
| ARMA(1, 1)：$a_1 > 0$ | 从滞后 1 期开始指数衰减 $\mathrm{sign}\rho_1 = \mathrm{sign}(a_1 + \beta)$ | 从滞后 1 期开始振荡衰减 $\phi_{11} = \rho_1$ |
| ARMA(1, 1)：$a_1 < 0$ | 从滞后 1 期开始振荡衰减 $\mathrm{sign}\rho_1 = \mathrm{sign}(a_1 + \beta)$ | 从滞后 1 期开始指数衰减 $\phi_{11} = \rho_1$ 且 $\mathrm{sign}(\phi_{ss}) = \mathrm{sign}(\phi_{11})$ |
| ARMA($p$, $q$) | 从滞后 $q$ 期开始衰减（可能直接，可能振荡） | 从滞后 $p$ 期开始衰减（可能直接，可能振荡） |

对于平稳过程，需要注意如下关键点。

(1) ARMA($p$, $q$) 过程的 ACF 会从滞后 $q$ 期开始衰减。从滞后 $q$ 期开始，ACF 的系数（即 $\rho_i$）将满足差分方程 ($\rho_i = a_1\rho_{i-1} + a_2\rho_{i-2} + \cdots + a_p\rho_{i-p}$)。因为特征根在单位圆内，所以，自相关系数会从滞后 $q$ 期开始衰减。并且，自相关系数的模式会按特征根所表示的形式变化。

(2) ARMA($p$, $q$) 过程的 PACF 将从滞后 $p$ 期开始衰减。从滞后 $p$ 期开始，PACF 的系数（即 $\phi_{ss}$）会依照模型 $\dfrac{y_t}{1 + \beta_1 L + \beta_2 L^2 + \cdots + \beta_q L^q}$ 的 ACF 系数的形式变化。

我们可以通过模型 $y_t = a_0 + 0.7 y_{t-1} + \varepsilon_t$ 来说明 ACF 和 PACF 函数的作用。如果我们继续比较图 2-3a 图和 b 图，会发现 ACF 曲线出现自相关单调衰减，而 PACF 曲线在滞后一期时出现单峰。假设研究者收集了样本数据并绘制出 ACF 和 PACF 函数的曲线，若实际图形与理论形式较一致，则研究者可尝试用 AR(1) 模型估计数据。相应地，若 ACF 曲线出现单峰而 PACF 曲线单调衰减（如第三幅的模型 $y_t = \varepsilon_t - 0.7\varepsilon_{t-1}$ 所示），则研究者可试用 MA(1) 模型进行估计。

## 2.7　平稳序列的样本自相关

在实践中，研究者通常不知道序列的理论均值、方差和自相关系数。假定序列平稳，我们用有效样本均值、方差和自相关系数去估算实际数据生成过程的参数。假定有 $T$ 个观察值，分别用 $y_1$ 到 $y_T$ 标识，我们可用 $\bar{y}$、$\hat{\sigma}^2$ 和 $r_s$ 分别表示理论均值 $\mu$、方差 $\sigma^2$ 和自相关系数 $\rho_s$ 对应的估计值。$\bar{y}$、$\hat{\sigma}^2$ 和 $r_s$ 分别为[1]

$$\bar{y} = \left(\frac{1}{T}\right) \sum_{t=1}^{T} y_t \tag{2-38}$$

$$\hat{\sigma}^2 = \left(\frac{1}{T}\right) \sum_{t=1}^{T} (y_t - \bar{y})^2 \tag{2-39}$$

且对 $s = 1, 2, \cdots$ 的每个值，有

$$r_s = \frac{\sum_{t=s+1}^{T} (y_t - \bar{y})(y_{t-s} - \bar{y})}{\sum_{t=1}^{T} (y_t - \bar{y})^2} \tag{2-40}$$

将样本自相关函数（即从式(2-40)推导出的 ACF）和样本 PACF 与各种不同的理论函数形式相比较，这会有助于识别数据生成过程的真实特性。Box-Jenkins(1976)讨论了在 $y_t$ 平稳且误差为正态分布的假设下，$r_s$ 样本值的分布。令 $\text{var}(r_s)$ 表示 $r_s$ 的样本方差，如果 $r_s$ 的真实值等于 0（即假设真实数据生成过程为 MA($s-1$) 过程），则可得出

$$\begin{aligned}\text{var}(r_s) &= T^{-1} &\text{当 } s = 1 \text{ 时}\\ \text{var}(r_s) &= (1 + 2\sum_{j=1}^{s-1} r_j^2) T^{-1} &\text{当 } s > 1 \text{ 时}\end{aligned} \tag{2-41}$$

并且，在大样本中（即 $T$ 值充分大时），$r_s$ 会服从均值等于零的正态分布。对于 PACF 的系数，在模型为 AR($p$) 的原假设下（即在所有 $\phi_{p+i,p+i}$ 都为零的原假设下），$\hat{\phi}_{p+i,p+i}$ 的方差近似地等于 $\frac{1}{T}$（见补充手册 2.3 节）。

实践中，我们可根据这些样本值得到样本自相关函数和偏自相关函数，并用式(2-41)检验显著性。例如，若我们用 95% 的置信度（即 2 个标准差），并且计算出的 $r_1$ 值大于 $2T^{-\frac{1}{2}}$，则可拒绝原假设：1 阶自相关系数在统计意义上不是显著异于零。拒绝这个原假设则意味着否认了 MA($s-1$) 过程等于 MA(0) 过程，并接受备择假设 $q > 0$。下一步，令 $s = 2$，则 $\text{var}(r_2) = \frac{1 + 2r_1^2}{T}$。若 $r_1$ 为 0.5，且 $T$ 为 100，则 $r_2$ 的方差为 0.015，标准差约为 0.123。因此，若计算出 $r_2$ 的值大于 $2 \times 0.123 = 0.246$，则可以拒绝原假设 $r_2 = 0$，这里，拒绝原假设意味着接受备择假设 $q > 1$。重复 $s$ 的不同取值将有助于识别该过程的阶数。在实践应用中，通常把样本自相关系数和偏自相关系数的最大个数取 $\frac{T}{4}$，即 $s$ 不超过 $\frac{T}{4}$。

无论是多么大的自相关系数集合，即使数据生成过程的真实值为 0，但由于偶然因素，它们中的部分值有可能超过 2 个标准差。$Q$ 统计量可用于检验一组自相关系数是否显著地异于 0，Box-Jenkins(1976)用样本自相关系数构造了如下统计量

$$Q = T \sum_{k=1}^{s} r_k^2$$

在所有的 $r_k$ 值等于 0 的原假设下，$Q$ 近似地服从自由度为 $s$ 的 $\chi^2$ 分布。使用这个统计量，明显可以发现较高的样本自相关系数将导致较大的 $Q$ 值。当然，白噪声过程（在这个过程中，所有自相关系数应该为 0）的 $Q$ 值为 0。若计算出的 $Q$ 值大于 $\chi^2$ 分布表中的临界值，则我们可以拒绝无显著自相关系数的假设。注意，拒绝原假设即意味着接受备择假设：至少有一个自相关系数不为 0。

但 Box-Pierce 的 $Q$ 统计量的问题在于，即使对适度大的样本，其效果也较差。Ljung-Box(1978)在研究中提出了更优且对小样本同样适用的修正 $Q$ 统计量，它的构造为

$$Q = \frac{T(T+2) \sum_{k=1}^{s} r_k^2}{(T-k)} \tag{2-42}$$

若按式(2-42)计算出的 $Q$ 统计量大于自由度为 $s$ 的 $\chi^2$ 检验的临界值，则在给定的显著水平下，至少存在一个 $r_k$ 值在统计意义上异于 0。Box-Pierce 和 Ljung-Box 的 $Q$ 统计量同样可以用于检验被估的 ARMA($p$, $q$) 模型的残差是否为白噪声过程，然而，若从被估的 ARMA($p$, $q$) 模型中得到了 $s$ 个自相关系数，则自由度会随待估系数的增加而减少。因此，若使用 ARMA($p$, $q$) 模型的残差，$Q$ 统计量服从自由度为 $s-p-q$ 的 $\chi^2$ 分布（若模型包含了一个常数，则自由度为 $s-p-q-1$）。

### 2.7.1 模型筛选准则

对估计出的模型，人们自然会问，模型对数据的拟合程度如何？增加额外的滞后期 $p$ 和（或）$q$ 必然会使估计残差的平方和减小。然而，增加这些滞后项必然要求估计额外的系数，相应地减少了自由度。甚至，包含了无关紧要的系数还会降低拟合模型的预测效果。正如本章补充手册的附录 2.2 所示，当今的多种模型筛选准则都倾向于以放弃减少残差平方和为代价，而选择一个更加简练的模型。最常使用的模型筛选准则是赤池信息准则（Akaike Information Criterion，AIC）和施瓦茨准则（Schwartz Bayesian Criterion，SBC）。在本书中，计算式为

$$\text{AIC} = T\ln(\text{残差平方和}) + 2n$$
$$\text{SBC} = T\ln(\text{残差平方和}) + n\ln(T)$$

式中 $n$——待估参数个数（$p+q+$ 可能存在的常数项）；

$T$——可用的观测值个数。

当用滞后变量估计模型时，会损失部分观测值。为了充分比较备选模型，$T$ 应保持不变，否则，我们将依据不同的样本期来比较模型的效果。并且，$T$ 的减少会直接降低 AIC 和 SBC 的效果，而我们的目的显然不是选择一个可用观测值最少的模型。例如，有 100 个数据点时，只用后 98 个观测值分别估计 AR(1) 和 AR(2) 模型，再用 $T=98$ 比较两个模型的效果。

理论上，AIC 和 SBC 要尽可能地小（注意，二者皆可为负）。当模型的拟合优度上升时，AIC 和 SBC 的值会趋于负无穷。我们可以用这些准则来辅助选出最合适的模型。若模型 A 的 AIC（或 SBC）小于模型 B，则称模型 A 优于模型 B。在运用准则比较各种备选模型时，我们必须基于相同的样本期来估计，这样二者才可以比较。对于每个模型，解释变量的增加会导致 $n$ 的增加，但残差平方和（SSR）会减少。因此，若某个解释变量对模型没有解释力，则在模型中引入它只会导致 AIC、SBC 同时变大。SBC 与 AIC 相比，因为 $\ln(T)$ 大于 2，所以，SBC 增加解释变量的边际成本总是比 AIC 大。所以，SBC 总是比 AIC 选择出的模型更简练。

模型筛选原则在比较非嵌套模型方面非常有用。例如，用模型筛选原则比较 AR(2) 模型和 MA(3) 模型。这两个模型均互不冲突。实际操作中，我们并不需要估计 ARMA(2，3) 模型，也不需要运用 $F$ 检验来验证是否 $a_1 = a_2 = 0$，或者，是否 $\beta_1 = \beta_2 = \beta_3 = 0$。如附录 2.1 中所述，ARMA 模型的估计需要基于计算机求解方法来解决。假设 AR(2) 模型和 MA(3) 模型都是合理的，那么，用非线性搜索方法（nonlinear search method）估计 ARMA(2，3) 模型不太可能收敛至一个解。并且，$y_{t-1}$ 和 $y_{t-2}$ 与 $\varepsilon_{t-1}, \varepsilon_{t-2}$ 和 $\varepsilon_{t-3}$ 明显相关。因此，同时接受（或者拒绝）两种假设都是很有可能的。但是，运用 AIC 和 SBC 来比较估计模型 AR(2) 和 MA(3) 就直截了当。

在上述两个准则中，SBC 具有更优的大样本特性。假定数据生成过程的真实阶数为 $(p^*, q^*)$，并且假设用 AIC 和 SBC 估计所有阶数为 $(p, q)$ 的 ARMA 模型，其中 $p \geq p^*$，$q \geq q^*$。当样本容量趋于无限时，AIC 和 SBC 选出的模型的阶数都会大于等于 $(p^*, q^*)$。但是，SBC 趋向于一

致，而 AIC 则倾向于选择参数过多的模型。然而，在小样本下，AIC 选择模型的效果要优于 SBC。如果 AIC 和 SBC 都选择了相同的模型，那么，我们就完全有理由相信这个模型一定是个恰当的模型。但是，若 AIC 和 SBC 筛选出的模型不同，那么，为了谨慎起见，我们仍然要继续研究。因为 SBC 选出的模型更加简练，所以，应该检验残差是否表现为白噪声过程。因为 AIC 选择的模型含有过多的参数，那么，在通常的显著水平下，所有系数的 $t$ 统计量应该显著。在 2.8 节和 2.9 节中还将介绍可用于比较备选模型的其他诊断检验，然而，对自己的估计模型保持适度怀疑是明智之举。在拥有许多数据集的时候，就很难找到一个模型能够具备其他模型都具备的优点。使用备选估计模型得出结果且进行预测也没有什么不妥。

注意，得到 AIC 和 SBC 的方法有很多种。例如，可以通过 EViews 软件和 SAS 来得到 AIC 和 SBC 的值

$$AIC^* = \frac{-2\ln(L)}{T} + \frac{2n}{T}$$

$$SBC^* = \frac{-2\ln(L)}{T} + \frac{n\ln(T)}{T}$$

式中，$n$ 和 $T$ 定义跟前面的一样；$L$ 是对数似然函数的极大值。

根据正态分布，$-2\ln(L) = T\ln(2\pi) + T\ln(\sigma^2) + \left(\frac{1}{\sigma^2}\right)(SSR)$。之所以有这么多种报告方法，是因为很多软件（比如 OX、RATS 和 GAUSS）并不会显示任何关于模型的筛选标准，所以，使用者必须亲自总结所有结果。在软件编程时，把公式中所有的参数都进行编码是没有必要的。所以，这些软件仅仅提供简略的报告。事实上，使用哪种方法并不重要。从本章习题 7 的解答过程中可以清楚地发现，拥有最小 AIC 值的模型总是具有最小的 $AIC^*$。尤其是，习题 7 要求写出 $\ln(L)$ 的公式并且证明 $AIC^*$ 的方程都是 AIC 的替代形式。因此，使用 AIC 或者 $AIC^*$ 准则往往都会选择相同的模型。$SBC^*$ 和 SBC 也具有相同的关系；产生最小 SBC 值的模型往往具有最小的 $SBC^*$ 值。

## 2.7.2　AR(1)模型的估计

通过一个具体的例子，让我们来看如何用样本自相关函数和偏自相关函数来识别 ARMA 模型。用电脑程序生成 100 个呈正态分布的随机数，它们的理论方差等于 1。在此，我们称这些随机变量为 $\varepsilon_t$，其中，$t$ 从 1 到 100。初始条件 $y_0 = 0$，从 $t = 1$ 开始，$y_t$ 根据式 $y_t = 0.7y_{t-1} + \varepsilon_t$ 生成。请注意，因为初始条件与长期均衡条件一致，所以，避免了非平稳性的问题。图 2-4a 描绘了样本的 ACF 曲线，而图 2-4b 描绘了样本的 PACF 曲线。在此，应该花点时间来比较 ACF 和 PACF 与图 2-3 所示理论过程的 ACF 和 PACF 的异同。

在实践中，我们永远不可能知道真实数据的生成过程。然而，假设我们搜集了 100 个样本值，并且想运用 Box-Jenkins 方法论揭示它的真实过程。为了实现这个目标，第一步是比较样本 ACF 和 PACF 与图 2-3 所示的其他不同理论模型的 ACF 和 PACF。样本 ACF 的衰减模式和 PACF 在滞后 1 期的较大单峰说明样本数据的生成过程为 AR(1) 模型。前三个自相关系数为 $r_1 = 0.74$，$r_2 = 0.58$，$r_3 = 0.47$（都略大于理论值 0.7，$0.49(0.7^2 = 0.49)$ 和 0.343）。在 PACF 中，滞后 1 期有个为 0.74 的较大峰值，且其他的偏自相关系数（除了滞后 12 期的）均较小。

在 MA(0) 过程的原假设下，$r_1$ 的标准差为 $T^{-\frac{1}{2}} = 0.1$。因为样本自相关系数 $r_1 = 0.74$ 大于相

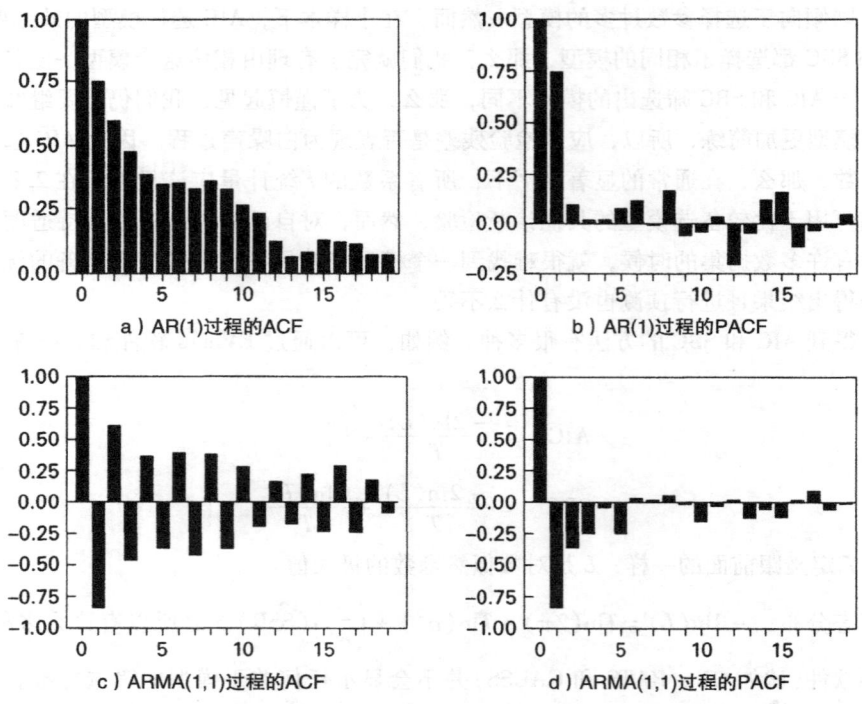

图 2-4 两个模拟序列的 ACF 和 PACF

对于 0 的 7 个标准差,所以,我们可拒绝原假设 $r_1 = 0$。对样本数据运用式(2-41),可得 $r_2$ 的标准差,其中 $s = 2$,于是,有

$$\text{var}(r_2) = \frac{1 + 2(0.74)^2}{100} = 0.021$$

因为 $(0.021)^{\frac{1}{2}} = 0.1449$,所以,$r_2$ 的样本值相对于 0 大于 3 个标准差,在通常的显著水平下,我们可拒绝原假设 $r_2 = 0$。用同样的方法,可以检验其他自相关系数的显著性。

正如图 2-4b 所示,除了 $\phi_{11}$,其余的偏自相关系数(除了滞后 12 期)都小于 $2T^{-\frac{1}{2}} = 0.2$。ACF 的衰减和 PACF 的单峰明显表明样本数据生成过程为 1 阶自回归过程。然而,若我们不知道真实的数据生成过程并且恰好使用了月度数据,则可能需要关心滞后 12 期的偏自相关系数的显著性,毕竟,在月度数据的前提下,我们可能需要关心 $y_t$ 和 $y_{t-12}$ 之间的直接关系。

尽管我们知道数据实际是由 AR(1) 过程生成的,但通过比较两个不同模型,同样具有启发性。假设我们估计 AR(1) 模型并用 MA 系数捕获滞后 12 期的峰值,因此,可考察两个试验模型

模型 1:$y_t = a_1 y_{t-1} + \varepsilon_t$

模型 2:$y_t = a_1 y_{t-1} + \varepsilon_t + \beta_{12} \varepsilon_{t-12}$

表 2-2 给出了 2 个模型的估计结果。模型 1 的系数满足稳定条件 $|a_1| < 1$,且标准差较低(相对应的原假设的 $t$ 统计量大于 12)。作为一种重要的诊断检验,我们在图 2-5 中描绘出了拟合模型的**残差**(residuals)的自相关系数曲线,残差的 $Q$ 统计量说明每个自相关系数均小于相对于零的 2 个标准差。Box-Jenkins 的残差 $Q$ 统计量表明作为一组数据,从滞后 1 期到滞后 8 期,从滞后 1 期到 16 期和 1 期到 24 期都不是显著地异于零,这就是 AR(1) 模型能较好拟合数据的有力证据。毕

竟，如果残差自相关系数显著，那么，AR(1)模型就不能充分反映序列$\{y_t\}$中的所有变动信息。例如，假设我们想根据$t$期内的有效信息预测$y_{t+1}$，对于模型1，$y_{t+1}$值为$y_{t+1}=a_1y_t+\varepsilon_{t+1}$。因此，模型1的预测值为$a_1y_t$。若残差自相关系数显著，那么，这个预测就无法获取信息集的所有有用信息。

表2-2　AR(1)模型的估计

|  | 模型1<br>$y_t=a_1y_{t-1}+\varepsilon_t$ | 模型2<br>$y_t=a_1y_{t-1}+\varepsilon_t+\beta_{12}\varepsilon_{t-12}$ |
|---|---|---|
| 自由度 | 98 | 97 |
| 残差平方和 | 85.10 | 85.07 |
| $a_1$的估计值 | 0.7904 | 0.7938 |
| （标准差） | (0.0624) | (0.0643) |
| $\beta_{12}$的估计值 |  | −0.0325 |
| （标准差） |  | (0.1141) |
| AIC；SBC | AIC=441.9；SBC=444.5 | AIC=443.9；SBC=449.1 |
| Ljung-Box 的 $Q$ 统计量 | $Q(8)=6.43(0.490)$ | $Q(8)=6.48(0.485)$ |
| （括号内的值为显著水平） | $Q(16)=15.86(0.391)$ | $Q(16)=15.75(0.400)$ |
|  | $Q(24)=21.74(0.536)$ | $Q(24)=21.56(0.547)$ |

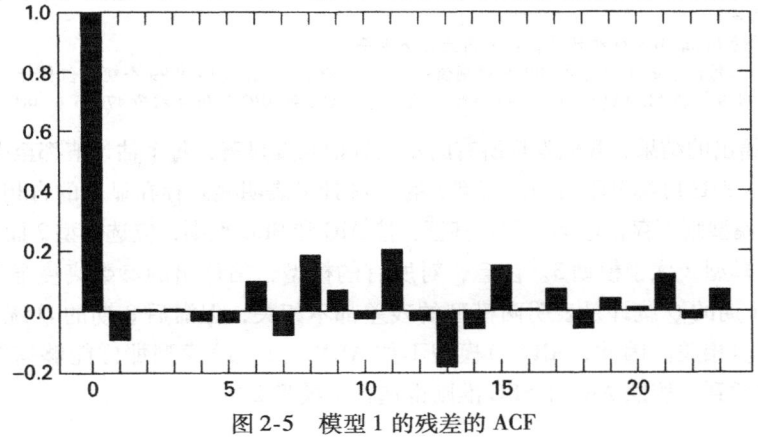

图2-5　模型1的残差的ACF

为了分析模型2的结果，注意，对于1阶自回归系数的估计值和相应标准差，两个模型得出了相似的结果。然而，$\beta_{12}$的估计值却不太理想，$t$值并不显著，表明它应该从模型中舍去。并且，两个模型的AIC和SBC值的比较结果表明了降低残差平方和SSR的好处会被估计额外参数所带来的不利影响所抵消。因此，所有的信息都预示应该选择模型1。

本章的习题8要求使用该序列进行各种估计。这个序列的名称为Y1，存储在文件SIM2.XLS<sup>⊖</sup>中。在这个习题中，读者需要证明AR(1)模型效果优于其他备选模型。对读者来讲，完成这个习题很有好处。

### 2.7.3　ARMA(1,1)模型的估计

为了说明ARMA(1,1)模型的估计，我们在文件SIM2.XLS中存有构造出的第二个序列$\{y_t\}$。

---

⊖　SIM2.XLS 文件及其他相关数据集请见 Wiley.com/College/Enders or to time-series.net。

给定 $\{\varepsilon_t\}$ 中 100 个呈正态分布的数值，根据 $y_t = -0.7y_{t-1} + \varepsilon_t - 0.7\varepsilon_{t-1}$ 生成了 $\{y_t\}$ 中的 100 个值，其中，初始值 $y_0$ 和 $\varepsilon_0$ 都设为 0。

模拟数据样本的 ACF 和 PACF（如图 2-4c 和图 2-4d 所示）都近似地等于图 2-3 中理论模型的 ACF 和 PACF。然而，若真实的数据生成过程未知，研究者可能会关心特定的误差，因为 AR(2) 模型也可以生成与图 2-4 中相似的样本的 ACF 和 PACF。表 2-3 给出了以下 3 个模型的估计结果。

$$\text{模型 1}: y_t = a_1 y_{t-1} + \varepsilon_t$$

$$\text{模型 2}: y_t = a_1 y_{t-1} + \varepsilon_t + \beta_1 \varepsilon_{t-1}$$

$$\text{模型 3}: y_t = a_1 y_{t-1} + a_2 y_{t-2} + \varepsilon_t$$

表 2-3 ARMA(1, 1) 模型的估计

| | 估计值① | Q 统计量② | AIC/SBC③ |
|---|---|---|---|
| 模型 1 | $a_1: -0.835(0.053)$ | $Q(8) = 26.19(0.000)$<br>$Q(24) = 41.10(0.001)$ | AIC = 496.5<br>SBC = 499.0 |
| 模型 2 | $a_1: -0.679(0.076)$<br>$\beta_1: -0.676(0.081)$ | $Q(8) = 3.86(0.695)$<br>$Q(24) = 14.23(0.892)$ | AIC = 471.0<br>SBC = 476.2 |
| 模型 3 | $a_1: -1.16(0.093)$<br>$a_2: -0.378(0.092)$ | $Q(8) = 11.44(0.057)$<br>$Q(24) = 22.59(0.424)$ | AIC = 482.8<br>SBC = 487.9 |

①括号内为标准差。
②拟合模型残差的 Ljung-Box $Q$ 统计量，括号内为显著水平。
③为便于比较，只列出了第 3 个到第 100 个观测值的 AIC 和 SBC。若 AR(1) 用 99 个观测值估计，则 AIC 和 SBC 分别为 502.3 和 504.9。若 ARMA(1, 1) 用 99 个观测值估计，AIC 和 SBC 的值分别为 476.6 和 481.1。

通过表 2-3 给出的结果，我们发现所有的 $a_1$ 估计值高度显著，每个估计值都至少是相对于 0 的 8 个标准差。显然，AR(1) 模型不恰当。模型 1 的 $Q$ 统计量表明残差存在显著的自相关系数，估计出的 ARMA(1, 1) 模型则不存在这类问题。甚至，按 AIC 和 SBC 准则，应选模型 2 而非模型 1。

同理推断，模型 2 优于模型 3。注意，对所有的模型，估计出的参数高度显著，且点估计收敛。尽管滞后 24 期的 $Q$ 统计量表明两模型的残差都不相关，但滞后 8 期的 $Q$ 统计量表明模型 3 的残差存在序列自相关。因此，AR(2) 模型不如 ARMA(1, 1) 模型那样能够捕捉短期的动态变化。同样，也注意到，按照 AIC 和 SBC 准则也选择了模型 2。

### 2.7.4 AR(2) 模型的估计

根据模型 $y_t = 0.7y_{t-1} - 0.49y_{t-2} + \varepsilon_t$，可以生成第三个模拟数据序列 $\{y_t\}$。估计出的序列的 ACF 和 PACF 为

| 滞后期 | | | | | | 自相关系数 ACF | | | | |
|---|---|---|---|---|---|---|---|---|---|---|
| 1 ~ 10 | 0.47 | -0.16 | -0.32 | -0.11 | -0.05 | -0.16 | -0.10 | 0.13 | 0.18 | 0.03 |
| 11 ~ 20 | -0.09 | -0.11 | -0.16 | -0.06 | 0.12 | 0.25 | 0.05 | -0.17 | -0.15 | 0.01 |

| 滞后期 | | | | | | 偏自相关系数 PACF | | | | |
|---|---|---|---|---|---|---|---|---|---|---|
| 1 ~ 10 | 0.47 | -0.48 | 0.02 | 0.05 | -0.25 | -0.12 | 0.10 | 0.04 | -0.08 | 0.02 |
| 11 ~ 20 | -0.02 | -0.14 | -0.17 | 0.21 | 0.01 | 0.09 | -0.22 | 0.01 | -0.02 | -0.03 |

请注意，滞后 16 期时，自相关系数较大，而在滞后 14 期和滞后 17 期时，偏自相关系数的值较大。因为这个序列是模拟序列，所以，自相关系数的出现纯属随机。然而，计量经济学家通常

并不知道真实的数据生成过程，所以，他们会关注这些自相关系数。AR(2)模型估计(括号内为 $t$ 统计量)为

$$y_t = 0.692y_{t-1} - 0.481y_{t-2} \qquad \text{AIC} = 219.87, \quad \text{SBC} = 225.04$$
$$\quad (7.73) \qquad (-5.37)$$

从整体上说，该模型看起来是充分的。然而，AR(2)的两个系数无法捕捉滞后较长的自相关系数。例如，滞后 14 期和 17 期的残差偏自相关系数的绝对值都大于 0.2。计算出滞后 16 期的 Ljung-Box $Q$ 统计量为 24.624 8(在 3.8% 的显著水平下显著)。从这个意义上讲，可能会尝试通过增加估计移动平均项 $\beta_{16}\varepsilon_{t-16}$ 来获得滞后 16 期的自相关系数。重新估计后，模型的结果为[2]

$$y_t = 0.717y_{t-1} - 0.465y_{t-2} + 0.306\varepsilon_{t-16} \qquad \text{AIC} = 213.40, \quad \text{SBC} = 221.16$$
$$\quad (7.87) \qquad (-5.11) \qquad (2.78)$$

所有估计的系数都显著，而在通常的显著水平下，残差的 Ljung-Box 的 $Q$ 统计量不显著。同样，按照 AIC 和 SBC 准则都选择了模型 2，研究者在不知道真实数据生成过程的情况下，极有可能认为真实过程包括了滞后 16 期的移动平均项。

检查模型充分性的有效办法是把样本分成两部分，这是因为若系数出现在数据生成过程中，则它会同时影响两个子样本。当模拟数据分成两部分后，运用 50 到 100 之间的观测值得到的 ACF 和 PACF 为

| 滞后期 | | | | | 自相关系数 ACF | | | | |
|---|---|---|---|---|---|---|---|---|---|
| 1~10 | 0.46 | -0.21 | -0.28 | 0.03 | 0.10 | -0.15 | -0.13 | 0.10 | 0.18 | 0.03 |
| 11~20 | -0.01 | 0.01 | -0.06 | -0.09 | 0.04 | 0.21 | 0.06 | -0.16 | -0.18 | -0.05 |

| 滞后期 | | | | | 偏自相关系数 PACF | | | | |
|---|---|---|---|---|---|---|---|---|---|
| 1~10 | 0.46 | -0.53 | 0.19 | 0.06 | -0.20 | -0.13 | 0.23 | -0.08 | 0.00 | 0.06 |
| 11~20 | 0.15 | -0.26 | 0.03 | 0.15 | 0.04 | 0.00 | -0.05 | -0.01 | -0.14 | -0.08 |

正如所看到的那样，相较于整个样本，子样本的偏自相关系数在滞后 14 期和 17 期时减小了。现在，对第二部分样本再估计纯 AR(2)模型，估计出的模型为

$$y_t = 0.714y_{t-1} - 0.538y_{t-2}$$
$$\quad (5.92) \qquad (-4.47)$$

$$Q(8) = 7.83; \quad Q(16) = 15.93; \quad Q(24) = 26.06$$

所有的估计系数都显著，Ljung-Box 的 $Q$ 统计量也并未表示残差存在着显著自相关。$Q(8)$、$Q(16)$ 和 $Q(24)$ 的显著水平分别是 0.251、0.317 和 0.249。实际上，这个模型确实较好地估计了真实的数据生成过程。在本例中，滞后较长时期的大量自相关系数可以通过改变样本期来消除，因此，很难说保留滞后 16 期的自相关形式有意义。大多数固执的实践者都对拟合滞后较长时期的自相关保持谨慎态度，正如能从式(2-41)推断出的一样，当 $s$ 很大时，$r_s$ 的方差较大。甚至，在小样本下，一些非正常的观测值会在表面上形成滞后较长时期的自相关。由于计量经济学估计的是未知的数据生成过程，所以，从普遍意义上讲，需要对自己的估计模型保持谨慎。幸好，著名的 Box-Jenkins(1976) 建立了一套检验模型充分性的方法。

## 2.8 Box-Jenkins 模型筛选方法

在前一节中，对 AR(1)、ARMA(1, 2)、AR(2) 模型的估计论述了 Box-Jenkins(1976) 筛选恰

当模型的策略。Box 和 Jenkins 普及了一种选择恰当模型的三步法，用于估计和预测单个时间序列。在**识别阶段**(identification stage)，研究者实际上是检查时间序列的散点图、自相关函数、偏自相关函数，通过将序列$\{y_t\}$对时间作图，能够看出数据中的极值、缺失值、结构突变等有用信息。非平稳变量可能会具有显著的趋势，或表现为缺乏恒定长期均值或方差的漫游形式。过去修正缺失值或极值的标准做法是首先对任何非平稳序列取 1 阶差分。如今，大量的文献不断推演出检验非平稳性的正规过程，我们把检验序列平稳性的讨论放在第 4 章进行。在这里，假设我们都使用平稳数据。把样本数据的 ACF 和 PACF 与理论 ARMA 过程的 ACF 和 PACF 进行比较，我们可以发现一些似乎有合理性的模型。在**估计阶段**(estimation stage)，需要对每个试验模型进行拟合，并且对多个 $a_i$ 和 $\beta_i$ 系数进行检验。选择一个能较好拟合的并且固定简约的模型是这一阶段的目标。第三阶段涉及**诊断检验**(diagnostic cheking)，以确保估计模型的残差能够模拟白噪声过程。

### 2.8.1 简练性原则

Box-Jenkins 方法的基本思想是**简练**(parsimony)原则。简练(即极少的或吝惜的)应成为计量经济学家的第二特征。增加新的参数固然会提高拟合优度(即判定系数 $R^2$ 会增加)，但同时也减少了自由度。Box 和 Jenkins 证明了简练模型要比参数过多模型的预测效果更好，一个简练模型能较好地拟合数据且不需要增加无关的参数。当然，预测者也希望充分地得到未来的估计参数，但是旨在接近真实的数据生成过程而非绝对准确地刻画出这个过程。比如，简练的目标在于消除上述 AR(1) 模型中的 MA(12) 系数。

在选择最恰当模型的过程中，计量经济学家会意识到不同的模型可能有相似的特征。作为一个极端的例子，请注意，AR(1) 模型 $y_t = 0.5y_{t-1} + \varepsilon_t$ 有等价的无限阶移动平均表达式 $y_t = \varepsilon_t + 0.5\varepsilon_{t-1} + 0.25\varepsilon_{t-2} + 0.125\varepsilon_{t-3} + 0.0625\varepsilon_{t-4} + \cdots$。在大样本的情况下，将 MA($\infty$) 过程近似地确定为 MA(2) 或 MA(3) 过程，可以得到一个较好的拟合优度。然而，AR(1) 模型更简练，所以更优。作为检验，我们应该清楚这个 AR(1) 模型具有等价表达式 $y_t = 0.25y_{t-2} + 0.5\varepsilon_{t-1} + \varepsilon_t$。

同时，也要注意**公因式**(common factor)问题。假设我们想拟合 ARMA(2，3) 模型

$$(1 - a_1L - a_2L^2)y_t = (1 + \beta_1L + \beta_2L^2 + \beta_3L^3)\varepsilon_t \tag{2-43}$$

假设$(1 - a_1L - a_2L^2)$ 和 $(1 + \beta_1L + \beta_2L^2 + \beta_3L^3)$ 都分别可以被因式分解为 $(1 + cL)(1 + aL)$ 和 $(1 + cL)(1 + b_1L + b_2L^2)$。因为 $(1 + cL)$ 为二者的公因式，所以，式(2-43)有等价但更为简练的形式

$$(1 + aL)y_t = (1 + b_1L + b_2L^2)\varepsilon_t \tag{2-44}$$

当我们揭开了前面的谜题后，就应该明白$(1 - 0.25L^2)y_t = (1 + 0.5L)\varepsilon_t$等价于$(1 + 0.5L)(1 - 0.5L)y_t = (1 + 0.5L)\varepsilon_t$。因此，$y_t = 0.5y_{t-1} + \varepsilon_t$。实践中，多项式也许不能完全进行因式分解，然而，若因式近似，应尝试使用更为简练的形式。

为了确保模型简练，每个参数 $a_i$ 和 $\beta_i$ 的 $t$ 统计量都应该大于等于 2.0(这样才能够保证在 5% 显著水平下的每个系数显著地异于零)。此外，因为具有高度多重共线性的系数是不稳定的，所以，要求系数不能彼此相关，因此，通常可从模型中删去 1 个到多个系数，同时又不会影响模型的预测效果。

### 2.8.2 平稳性和可逆性

分布理论要求在序列$\{y_t\}$平稳的条件下，样本 ACF 和 PACF 可用来作为真实数据生成过程的

近似。并且，$t$ 统计量和 $Q$ 统计量也都同样假设数据平稳，被估计的自回归系数也应该与此暗含的假设一致。因此，若 $a_1$ 的估计值接近 1，则我们应该怀疑 AR(1) 模型的可靠性。而对于 ARMA(2，$q$) 模型，被估计的多项式 $(1-a_1L-a_2L^2)$ 的特征根应在单位圆之外。

正如附录 2.1 所详细讨论的那样，Box-Jenkins 方法还必须要求模型**可逆**(invertible)。一般地，若 $\{y_t\}$ 能被一个有限阶或收敛的自回归过程表示，则序列 $\{y_t\}$ 可逆。可逆性之所以非常重要，是因为 ACF 和 PACF 的应用都要求可以通过自回归模型表示序列 $\{y_t\}$。作为证明，考察简单的 MA(1) 模型

$$y_t = \varepsilon_t - \beta_1 \varepsilon_{t-1} \tag{2-45}$$

于是，若 $|\beta_1|<1$，则

$$\frac{y_t}{(1-\beta_1 L)} = \varepsilon_t$$

或

$$y_t + \beta_1 y_{t-1} + \beta_1^2 y_{t-2} + \beta_1^3 y_{t-3} + \cdots = \varepsilon_t \tag{2-46}$$

若 $|\beta_1|<1$，则式(2-46)可用 Box-Jenkins 方法进行估计。然而，若 $|\beta_1|\geq 1$，则序列 $\{y_t\}$ 不能被一个有限阶 AR 过程表示，即该序列不可逆。更一般地，对于具有收敛 AR 表达式的 ARMA 模型，多项式 $(1+\beta_1 L+\beta_2 L^2+\cdots+\beta_q L^q)$ 的根应在单位圆之外。注意，对不可逆模型，没有什么是不恰当的。由 $y_t=\varepsilon_t-\varepsilon_{t-1}$ 构造的序列 $\{y_t\}$ 平稳，这是因为它具有一个恒定且独立于时间变化的均值($Ey_t=Ey_{t-s}=0$)，有恒定且独立于时间变化的方差 $[\mathrm{var}(y_t)=\mathrm{var}(y_{t-s})=\sigma^2(1+\beta_1^2)+2\sigma^2]$，有自协方差 $\gamma_1=-\beta_1\sigma^2$ 以及其他 $\gamma_s=0$。但问题在于这种方法无法估计 $\beta_1=1$ 时的模型，若 $\beta_1=1$，则式(2-46)变为

$$y_t + y_{t-1} + y_{t-2} + y_{t-3} + y_{t-4} + \cdots = \varepsilon_t$$

显然，$y_t$ 和 $y_{t-s}$ 间的自相关和偏自相关永不衰减。

### 2.8.3 拟合优度

恰当的模型能较好地拟合数据。明显地，判定系数 $R^2$ 和残差平方和的平均值是普通最小二乘法中衡量拟合优度的普遍方法，这种方法的问题在于拟合优度随模型所包含的参数个数的增加而提高。简练原则认为用 AIC 和(或)SBC 衡量模型的整体拟合优度更为恰当。同时，我们在估计时，必须对不能迅速收敛的序列保持谨慎。大多数软件包使用非线性求解方法估计 ARMA 模型的参数，若求解过程不能迅速收敛，则估计出的参数可能不平稳。在这种情况下，增加 1 个或 2 个额外观测值会使估计值产生很大变化。

### 2.8.4 估后评价

Box-Jenkins 方法的第三阶段包括了诊断检验。标准方法是描绘残差图，找出极值以及模型在哪些时期不能较好地拟合数据。通常的方法是将残差 $\varepsilon_t$ 除以它的标准差 $\sigma$，形成标准残差。如果残差服从正态分布，则序列 $\frac{\varepsilon_t}{\sigma}$ 的点在区间 $[-2,2]$ 以外的比例不超过 5%。如果某个范围内的标准残差比其他范围内的大得多，则说明发生了结构变化。如果在包含了整个样本的大部分的情况下，所有似乎合理的 ARMA 模型的拟合优度都不佳，那么，明智的选择是考虑使用干扰分析法、传递函数分析法或其他将在后面的章节中讨论的多变量估计方法。若残差的方差变大，则进行对

数转换可能是合适的。此外，我们可以寄希望于用第 3 章 ARCH 方法来模拟方差的实际变化趋势。

尤为重要的是，被估模型的残差必须为序列不相关。残差序列相关的任何证据都表示序列 $\{y_t\}$ 中的系统性变动不能被包含在 ARMA 中的系数所解释，因此，任何产生非随机残差的试验模型都应该从考察中排除。为检查残差的序列自相关，可计算被估模型中的残差的 ACF 和 PACF。可用式(2-41)和式(2-42)确定部分或全部自相关系数或偏自相关系数是否在统计上显著。[3] 尽管没有"最恰当"的显著水平，但当模型出现下面两种情况时应该保持谨慎：① 出现并不显著相关的残差；② $Q$ 统计量仅仅在 10% 显著水平下显著。在这种情况下，通常需要构造一个更有效力的模型。

类似地，可以根据样本的部分区间来估计模型。估计出的模型可以用于预测序列已知部分的数据，比较预测误差的平方和是评价备选模型好坏的有用工具，应该除去那些预测效果欠佳的模型。样本区间外预测的部分细节将在下一节中进行讨论。

## 2.9 预测性质

ARMA 模型最重要的用途是用于预测序列 $\{y_t\}$ 的未来值。为简化讨论，假设研究者已知实际的数据生成过程，序列 $\{\varepsilon_t\}$ 和 $\{y_t\}$ 的当前及过去的值。首先，从 AR(1) 模型 $y_t = a_0 + a_1 y_{t-1} + \varepsilon_t$ 开始考察预测。向前递推 1 期，得到 $y_{t+1} = a_0 + a_1 y_t + \varepsilon_{t+1}$。

如果知道系数 $a_0$ 和 $a_1$，则可根据 $t$ 期的已有信息做出对 $y_{t+1}$ 的预测为

$$E_t y_{t+1} = a_0 + a_1 y_t \tag{2-47}$$

假设 $E_t y_{t+j}$ 是在 $t$ 期已有信息的条件下对 $y_{t+j}$ 的条件期望的简写，它的标准形式为 $E_t y_{t+j} = E(y_{t+j} | y_t, y_{t-1}, y_{t-2}, \cdots, \varepsilon_t, \varepsilon_{t-1}, \cdots)$。

按照同样的方法，因为 $y_{t+2} = a_0 + a_1 y_{t+1} + \varepsilon_{t+2}$，根据 $t$ 期已有信息对 $y_{t+2}$ 做出的预测为

$$E_t y_{t+2} = a_0 + a_1 E_t y_{t+1}$$

应用式(2-47)，得到

$$E_t y_{t+2} = a_0 + a_1 (a_0 + a_1 y_t)$$

因此，$y_{t+1}$ 的预测值可用于预测 $y_{t+2}$。关键在于运用向前迭代法进行预测，$y_{t+j}$ 的预测值可用来预测 $y_{t+j+1}$，因为 $y_{t+j+1} = a_0 + a_1 y_{t+j} + \varepsilon_{t+j+1}$，于是，

$$E_t y_{t+j+1} = a_0 + a_1 E_t y_{t+j} \tag{2-48}$$

根据式(2-47)和式(2-48)可以明显看出，通过向前迭代可得整个提前 $j$ 步的预测序列。考察

$$E_t y_{t+j} = a_0 (1 + a_1 + a_1^2 + \cdots a_1^{j-1}) + a_1^j y_t$$

这个等式称为**预测函数**(forecast function)，它表示所有提前 $j$ 步预测的值都是 $t$ 期内信息集的函数。遗憾的是，预测的效果随预测时期的向前推进而下降。把式(2-48)看作序列 $\{E_t y_{t+j}\}$ 的 1 阶差分方程。因为 $|a_1| < 1$，差分方程稳定，并且可直接求得差分方程的特解。若对 $E_t y_{t+j}$ 取极限，当 $j \to \infty$ 时，有 $E_t y_{t+j} \to \dfrac{a_0}{(1-a_1)}$。这个结论很具有普遍意义：对任意平稳 ARMA 模型，$y_{t+j}$ 的条件预测随 $j$ 趋于无穷大($j \to \infty$)收敛于无条件均值。

由于 ARMA 模型的预测不一定完全准确，因此，考察预测误差的性质就变得十分重要。根据

时刻 $t$ 进行的预测，我们可定义提前 $j$ 步预测误差 $e_t(j)$ 为 $y_{t+j}$ 的实际值和预测值之差，即

$$e_t(j) \equiv y_{t+j} - E_t y_{t+j}$$

由于提前 1 步预测的误差为 $e_t(1) = y_{t+1} - E_t y_{t+1} = \varepsilon_{t+1}$，在给定 $t$ 期有用信息下，$e_t(1)$ 恰恰是 $y_{t+1}$ 不可预测的部分。

为求提前 2 步预测误差，我们需要构造 $e_t(2) = y_{t+2} - E_t y_{t+2}$。因为 $y_{t+2} = a_0 + a_1 y_{t+1} + \varepsilon_{t+2}$ 和 $E_t y_{t+2} = a_0 + a_1 E_t y_{t+1}$，因此，有

$$e_t(2) = a_1(y_{t+1} - E_t y_{t+1}) + \varepsilon_{t+2} = \varepsilon_{t+2} + a_1 \varepsilon_{t+1}$$

对 AR(1) 模型，我们需要花些时间证明提前 $j$ 步预测误差为

$$e_t(j) = \varepsilon_{t+j} + a_1 \varepsilon_{t+j-1} + a_1^2 \varepsilon_{t+j-2} + a_1^3 \varepsilon_{t+j-3} + \cdots + a_1^{j-1} \varepsilon_{t+1} \tag{2-49}$$

因为式(2-49)的均值为 0，所以，预测值是每一个 $y_{t+j}$ 值的无偏估计。很明显，因为 $E_t \varepsilon_{t+j} = E_t \varepsilon_{t+j-1} = \cdots = E_t \varepsilon_{t+1} = 0$，所以，式(2-49)的条件期望值是 $E_t e_t(j) = 0$。因为预测误差的期望值为 0，所以，预测是无偏的。

尽管预测是无偏的，但 ARMA 模型的预测却并不准确。为得到预测误差的方差，继续假设序列 $\{\varepsilon_t\}$ 中的元素彼此独立，其方差等于 $\sigma^2$。因此，从式(2-49)得到预测误差的方差为

$$\text{var}[e_t(j)] = \sigma^2 [1 + a_1^2 + a_1^4 + a_1^6 + \cdots + a_1^{2(j-1)}] \tag{2-50}$$

因此，由于提前 1 步预测误差方差为 $\sigma^2$，则提前 2 步预测误差方差为 $\sigma^2(1 + a_1^2)$，依次类推。可以看到，预测误差的方差是 $j$ 的增函数。由此可知，短期预测效果要比长期预测好。当 $j \to \infty$ 时，取极限得预测误差的方差收敛于 $\dfrac{\sigma^2}{(1 - a_1^2)}$。因此，预测误差的方差收敛于序列 $\{y_t\}$ 的无条件方差。

此外，假设序列 $\{\varepsilon_t\}$ 服从正态分布，则可以确定预测的置信区间。$y_{t+1}$ 的提前 1 步预测值为 $a_0 + a_1 y_t$，预测误差的方差为 $\sigma^2$。这样，提前 1 步预测的 95% 的置信区间就为

$$a_0 + a_1 y_t \pm 1.96\sigma$$

用同样的方法，我们可以计算提前 2 步预测误差的置信区间。从式(2-48)中，得到提前 2 步预测为 $a_0(1 + a_1) + a_1^2 y_t$，并且由式(2-50)得 $\text{var}[e_t(2)] = \sigma^2(1 + a_1^2)$。因此，提前 2 步预测的 95% 的置信区间为

$$a_0(1 + a_1) + a_1^2 y_t \pm 1.96\sigma(1 + a_1^2)^{\frac{1}{2}}$$

## 2.9.1 高阶模型

为归纳讨论结果，可以用迭代法推导出任意 ARMA($p$, $q$) 模型的预测函数。为了保持代数式的简单明了，考察 ARMA(2, 1) 模型

$$y_t = a_0 + a_1 y_{t-1} + a_2 y_{t-2} + \varepsilon_t + \beta_1 \varepsilon_{t-1} \tag{2-51}$$

向前递推 1 期，得到

$$y_{t+1} = a_0 + a_1 y_t + a_2 y_{t-1} + \varepsilon_{t+1} + \beta_1 \varepsilon_t$$

若我们继续假设：① 所有系数已知；② 在 $t$ 期，下标为 $t$，$t-1$，$t-2$ 期的所有变量值已知；③ $j > 0$ 时，$E_t \varepsilon_{t+j} = 0$。于是，$y_{t+1}$ 的条件期望值为

$$E_t y_{t+1} = a_0 + a_1 y_t + a_2 y_{t-1} + \beta_1 \varepsilon_t \tag{2-52}$$

式(2-52)为 $y_{t+1}$ 的提前 1 步预测。提前 1 步预测误差为 $y_{t+1}$ 与 $E_t y_{t+1}$ 之差，因此，$e_t(1) = \varepsilon_{t+1}$。

为了得到提前 2 步预测，将式(2-51)向前递推 2 期，得到
$$y_{t+2} = a_0 + a_1 y_{t+1} + a_2 y_t + \varepsilon_{t+2} + \beta_1 \varepsilon_{t+1}$$
于是，得到 $y_{t+2}$ 的条件期望为
$$E_t y_{t+2} = a_0 + a_1 E_t y_{t+1} + a_2 y_t \tag{2-53}$$

式(2-53)表示，提前 2 步预测由提前 1 步预测和 $y_t$ 的当期值表示。合并式(2-52)和式(2-53)得到
$$E_t y_{t+2} = a_0 + a_1 [a_0 + a_1 y_t + a_2 y_{t-1} + \beta_1 \varepsilon_t] + a_2 y_t$$
$$= a_0 (1 + a_1) + [a_1^2 + a_2] y_t + a_1 a_2 y_{t-1} + a_1 \beta_1 \varepsilon_t$$

为了求提前 2 步预测误差，从式(2-53)中减去 $y_{t+2}$，得到
$$e_t(2) = a_1 (y_{t+1} - E_t y_{t+1}) + \varepsilon_{t+2} + \beta_1 \varepsilon_{t+1} \tag{2-54}$$

因为 $y_{t+1} - E_t y_{t+1}$ 为提前 1 步预测误差，因此，可以把提前 2 步预测误差写为
$$e_t(2) = (a_1 + \beta_1) \varepsilon_{t+1} + \varepsilon_{t+2} \tag{2-55}$$

最后，可以由下式得到所有提前 $j$ 步预测为
$$E_t y_{t+j} = a_0 + a_1 E_t y_{t+j-1} + a_2 E_t y_{t+j-2} \quad j \geqslant 2 \tag{2-56}$$

式(2-56)表明预测满足 2 阶差分方程，只要式(2-56)的特征根在单位圆内，预测就会收敛于无条件均值 $\dfrac{a_0}{(1-a_1-a_2)}$。我们可以用式(2-56)得到提前 $j$ 步预测误差，因为 $y_{t+j} = a_0 + a_1 y_{t+j-1} + a_2 y_{t+j-2} + \varepsilon_{t+j} + \beta_1 \varepsilon_{t+j-1}$，所以，提前 $j$ 步预测误差为
$$e_t(j) = a_1 (y_{t+j-1} - E_t y_{t+j-1}) + a_2 (y_{t+j-2} - E_t y_{t+j-2}) + \varepsilon_{t+j} + \beta_1 \varepsilon_{t+j-1}$$
$$= a_1 e_t(j-1) + a_2 e_t(j-2) + \varepsilon_{t+j} + \beta_1 \varepsilon_{t+j-1}$$

要明确的是，任何 ARMA($p$, $q$) 过程的预测最终都将满足 $p$ 阶差分方程。这个差分方程由模型的齐次部分构成。这样，多步提前预测将会收敛于序列长期均值。

### 2.9.2 预测评价

虽然我们已经估计了一个序列，并且预测了它的未来值，但有个明显的问题要问："我们的预测效果如何？"一般来讲，我们有多个看似合理的模型可供选择用于预测。千万不要认为拟合优度最高的模型预测效果就最好。简单地说，假设我们想预测式(2-51)的 ARMA(2, 1) 过程的未来值。若能用式(2-52)得到预测值 $y_{T+1}$，则就会得到提前 1 步预测误差
$$e_T(1) = y_{T+1} - a_0 - a_1 y_T - a_2 y_{T-1} - \beta_1 \varepsilon_T = \varepsilon_{T+1} \tag{2-57}$$

因为预测误差为 $y_{T+1}$ 的不可预测部分，所以，没有其他的 ARMA 模型能够提供给我们更优的预测效果。因此，可以认为"真实"模型提供的预测将优于其他任何模型。实际应用中，我们并不知道 ARMA 过程的真实阶数和这个过程的真实系数。取而代之的是，为了进行样本外预测，选用一个我们认为最能接近 ARMA 模型形式的估计系数是非常重要的。在参数上方放上符号^，用以表示参数的估计值，并且令 $\{\hat{\varepsilon}_t\}$ 表示估计模型的残差。因此，运用估计模型，提前 1 步预测为
$$E_T y_{T+1} = \hat{a}_0 + \hat{a}_1 y_T + \hat{a}_2 y_{T-1} + \hat{\beta}_1 \hat{\varepsilon}_T \tag{2-58}$$

提前 1 步预测误差为
$$e_T(1) = y_{T+1} - (\hat{a}_0 + \hat{a}_1 y_T + \hat{a}_2 y_{T-1} + \hat{\beta}_1 \hat{\varepsilon}_T)$$

显然，这个预测误差与式(2-57)的预测误差不同。当我们用式(2-58)预测时，参数和残差估计不够准确。用已估模型得出的预测值把这些系数的不确定性带入了未来。因为系数的不确定性

会随着模型趋于复杂而增加,因此,用式(2-51)所表示的已估 AR(1)模型进行预测,它的预测效果有可能优于已估的 ARMA(2,1)模型。一般地,较为复杂的模型通常包含样本中的估计误差,这些估计误差会导致预测误差。正如 Clark 和 West(2007),Dimitrios 和 Guerard(2004),Liu 和 Enders(2003)所指出的,同那些与实际数据生成过程相一致的模型相比,参数不确定性很小的简约模型或许能提供更好的预测。此外,构造由估计误差所致的预测误差的置信区间非常困难。这种困难的产生是因为该置信区间的构造既要考虑未来值$\{y_{T+i}\}$随机变异的影响,还要考虑系数存在估计误差的事实。

那么,我们又如何确定多个合理的模型中的哪个模型的预测效果最好呢?解决这个问题的方法之一是对备选模型进行直接检验。因为序列的未来值未知,所以,可以在检验过程时预先保留一部分观测值。这样,就能用一个较短的数据期检验备选模型,然后用非保留期的数据通过备选模型预测保留期的数据,得到预测值序列,再将保留期的数据的预测值和实际值进行比较,进而选择出预测误差较小的模型。举个简单的例子,假设$\{y_t\}$总共包括了 150 个观测值,同时我们也不能确定是 AR(1)还是 MA(1)模型能最好地描述序列的趋势。

一种方法是用前 100 个观测值估计这两个模型,并用这个模型预测 $y_{101}$ 的值。因为知道 $y_{101}$ 的实际值,所以,运用从 AR(1)和 MA(1)得到的预测值,就可以计算出预测误差。这两个预测误差是依据前 100 期的数据信息,通过提前 1 步预测所得到的精确值。现在重新用前 101 个观测值估计 AR(1)和 MA(1)模型,尽管估计系数会略微改变,但它是在第 101 期的时刻得到的。接着,用这两个模型预测 $y_{102}$ 的值,因为知道 $y_{102}$ 的真实值,所以,又可以计算出两个预测误差值。由于知道$\{y_t\}$序列直到 150 期的所有观测值,因此,可以继续这样的过程,直到得到两个各含 50 个观测值的提前 1 步预测误差序列。为简化表达式,令$\{f_{1i}\}$和$\{f_{2i}\}$分别表示 AR(1)和 MA(1)模型的预测值序列。一旦理解了表达式的含义,就不难看出 $f_{11} = E_{100}y_{101}$ 是用 AR(1)模型进行的第 1 个预测值,而 $e_{11} = y_{101} - f_{11}$ 是第 1 个预测误差(其中 $y_{101}$ 为第 1 个保留的观测值),且 $f_{2,50}$ 为 MA(1)模型的最后一个预测值。

显然,我们希望预测误差的均值接近零且方差较小。一种基于回归的评价预测精度的方法是用 AR(1)中的 50 个预测值估计回归方程

$$y_{100+i} = a_0 + a_1 f_{1i} + v_{1i} \quad i = 1, \cdots, 50$$

若预测无偏,我们可以施加约束条件 $a_0 = 0$,$a_1 = 1$,进行 $F$ 检验。同样地,残差序列$\{v_{1i}\}$应为白噪声过程。描绘$\{v_{1i}\}$对$\{y_{100+i}\}$的图形可确定是否存在预测效果非常糟的时期。现在接着对从 MA(1)得到的预测值重复类似的过程。具体地讲,运用从 MA(1)中得到的 50 个预测值估计回归方程

$$y_{100+i} = b_0 + b_1 f_{2i} + v_{2i} \quad i = 1, \cdots, 50$$

同样,若使用 $F$ 检验,我们不能拒绝联合假设 $b_0 = 0$,$b_1 = 1$。若两个 $F$ 检验的显著水平相似,我们可选择残差的方差最小的模型,也就是说,若 $\text{var}(v_1) < \text{var}(v_2)$,则选择 AR(1)。[4]

更一般地,我们可能不想保留 50 个时期的样本观测值。特别是,在小样本下,保留 50 个样本观测值不可能办得到。若是大样本,通常是保留数据集合中 50% 的数据。同样,我们可能想用提前 $j$ 步预测来代替提前 1 步预测。例如,若我们有季度数据并想预测未来一年的情况,我们可用提前 4 步预测进行分析。然而,一旦我们有两个预测误差序列,就可以比较它们的特性。对于一个非常小的样本,它能容纳的观察值也不多,因此,使用小样本很难比较两个模型的优劣。Ashley(2003)指出,大样本通常能够揭示相似模型的样本区间外预测效果之间的显著差异,但小

样本却不能。因此，必须要有足够多的观测值。只有这样，才能在样本区间内较好地估计系数，并得到足够多的样本区间外预测值，也才能更加有说服力地比较备选模型的优劣。

除了用回归的方法，许多研究者还会选择具有最小均方预测误差（MSPE）的模型。假定用两个不同的模型构建 H 个提前 1 步预测。并且，令 $f_{1i}$ 为通过模型 1 得到的预测值，$f_{2i}$ 为通过模型 2 得到的预测值。既然我们采用提前 1 步预测，那么我们可以去掉下标 $j$，将两个序列的预测误差分别标示为 $e_{1i}$ 和 $e_{2i}$，则模型 1 的 MSPE 计算方法如下：

$$\text{MSPE} = \frac{1}{H} \sum_{i=1}^{H} e_{1i}^2$$

目前有几种方法来确定 MSPE 在统计上是否异于零。通常建议使用 $F$ 统计量，若把两个 MSPE 中较大的那个放在分子，则 $F$ 统计量为

$$F = \frac{\sum_{i=1}^{H} e_{1i}^2}{\sum_{i=1}^{H} e_{2i}^2} \tag{2-59}$$

显然，若两模型的预测误差相同，则 $F$ 值等于 1。较大的 $F$ 值意味着模型 1 的预测误差明显大于模型 2。在相同预测效果的原假设下，式（2-59）在满足以下三个前提时，服从自由度为（$H$, $H$）的标准 $F$ 分布。

（1）预测误差服从均值为零的正态分布；
（2）预测误差序列不相关；
（3）预测误差彼此也不相关。

尽管通常假定序列 $\{\varepsilon_t\}$ 服从正态分布，但预测误差却不见得是服从均值为零的正态分布。类似地，由于预测值构成的序列可能存在序列自相关，尤其在使用提前多步预测的时候，存在序列自相关的可能性更大。例如，式（2-55）表示 $y_{t+2}$ 的提前 2 步预测误差为

$$e_t(2) = (a_1 + \beta_1)\varepsilon_{t+1} + \varepsilon_{t+2}$$

向前递推 1 期，得到 $y_{t+3}$ 的提前 2 步预测误差为

$$e_{t+1}(2) = (a_1 + \beta_1)\varepsilon_{t+2} + \varepsilon_{t+3}$$

显然，这两个预测误差是相关的。具体来讲，这两个预测误差相关是因为它们的协方差不为零，即有

$$E[e_t(2)e_{t+1}(2)] = (a_1 + \beta_1)\sigma^2$$

这里的关键之处在于，根据前 $t$ 期的全部信息预测 $y_{t+2}$ 和根据前 $t+1$ 期的全部信息预测 $y_{t+3}$ 都包含了由于 $\varepsilon_{t+2}$ 存在而导致的误差。然而，当 $i > 1$ 时，因没有相互重叠的预测，使得 $E[e_t(2) e_{t+i}(2)] = 0$，因此，提前 2 步预测误差的自相关在滞后 1 期后为 0。读者应该能够证明提前 $j$ 步预测误差满足 MA($j-1$) 过程。

最后，2 个备选模型的预测误差通常彼此间高度相关。例如，$\varepsilon_{t+1}$ 的一个负的实际值会导致两个模型的预测值都过高。遗憾的是，违背上述条件中任一个都会导致式（2-59）的 MSPE 不服从 $F$ 分布。

### 1. Granger-Newbold 检验

Granger 和 Newbold（1976）证明了如何克服预测误差同时相关的问题。若从每个模型中得到了 $H$ 个提前 1 步预测，则可用两个预测误差的序列生成序列

$$x_i = e_{1i} + e_{2i} \text{ 和 } z_i = e_{1i} - e_{2i} \quad i = 1,\cdots,H$$

假定上述两个假设是成立的，那么，在相同预测精度的原假设下，$x_i$ 和 $z_i$ 之间应该表现为互不相关。$x_i$ 和 $z_i$ 之间的相关系数为

$$\rho_{xz} = Ex_iz_i = E(e_{1i}^2 - e_{2i}^2)$$

若模型的预测效果相当，则满足 $Ee_{1i}^2 = Ee_{2i}^2$。当 $\rho_{xz}$ 为正时，模型 1 的 MSPE 更大；而当 $\rho_{xz}$ 为负时，模型 2 的 MSPE 更大。用 $r_{xz}$ 表示 $\{x_i\}$ 和 $\{z_i\}$ 间的样本相关系数，Granger 和 Newbold（1976）证明了如果假设 1 和假设 2 成立，那么

$$\frac{r_{xz}}{\sqrt{\frac{1-r_{xz}^2}{H-1}}} \tag{2-60}$$

服从自由度为 $H-1$ 的 $t$ 分布。因此，若 $r_{xz}$ 在统计上异于零，那么，当 $r_{xz}$ 为正时，模型 1 的 MSPE 更大；当 $r_{xz}$ 为负时，模型 2 的 MSPE 更大。

### 2. Diebold-Mariano 检验

许多研究者试图扩展 Granger-Newbold 检验，以放宽假设 1 和假设 2。甚至，与对误差平方和相比，应用计量经济学家可能更关注预测效果。事实上，明显地，只有当错误预测的代价是出现在平方项时，使用误差平方和作为准则才能起到作用。然而，还有其他情况存在。例如，若我们的损失取决于预测误差的大小，则会更关心预测误差的绝对值。相应地，若某期权交易者购买了看涨期权，那么，在不考虑期权费的条件下，当标的资产的价格低于执行价格时，损失为 0，当高于执行价格时，每高出 1 美元，就可多获得 1 美元。在这种情况下，盈亏是不对称的。Diebold-Mariano（1995）扩展了一种放宽假设 1 到 3 的检验，这种检验允许目标函数不是平方项。

像之前一样，若我们只考察提前 1 步预测，则可以去掉下标 $j$。这样，我们可用 $g(e_i)$ 表示第 $i$ 期的因预测误差造成的损失。在典型的误差平方均值的例子中，把损失定义为 $e_i^2$。然而，为使损失函数更加一般化，我们把从模型 1 与模型 2 得到的第 $i$ 期的损失之差写作 $d_i = g(e_{1i}) - g(e_{2i})$。于是，损失均值为

$$\bar{d} = \frac{1}{H}\sum_{i=1}^{H}[g(e_{1i}) - g(e_{2i})] \tag{2-61}$$

在相同预测精度的原假设下，$\bar{d}$ 值为 0。因为 $\bar{d}$ 为单个损失的均值，所以，在同样的弱条件下，中心极限定理说明 $\bar{d}$ 应该服从正态分布。因此，没有必要单独假定预测误差服从正态分布。此时，如果我们知道 $\text{var}(\bar{d})$，就可以计算 $\dfrac{\bar{d}}{\sqrt{\text{var}(\bar{d})}}$，并用标准正态分布检验相同预测精度的原假设。在实际应用中，由于需要估计 $\text{var}(\bar{d})$，所以，实施这种检验很复杂。

若序列 $\{d_i\}$ 方差为 $\gamma_0$，且序列不相关，则 $\text{var}(\bar{d})$ 估计值为 $\dfrac{\gamma_0}{H-1}$。因为使用方差的估计值，所以，表达式 $\dfrac{\bar{d}}{\sqrt{\dfrac{\gamma_0}{H-1}}}$ 服从自由度为 $H-1$ 的 $t$ 分布。

在存在序列相关时，有关估计 $\bar{d}$ 的标准差的最优方法在许多文献中都有论述，但是许多技术细节在这里都不适用。Diebold 和 Mariano 用 $\gamma_i$ 表示 $i$ 阶 $d_i$ 序列的自协方差。假设 $\gamma_i$ 的前 $q$ 个值不

为 0，于是，$\bar{d}$ 的方差近似于 $\text{var}(\bar{d}) = [\gamma_0 + 2\gamma_1 + \cdots + 2\gamma_q](H-1)^{-1}$，它的标准差为其平方根。同样，Harvey，Leybourne 和 Newbold(1998)建议构造如下的 Diebold-Mariano($DM$)统计量

$$DM = \frac{\bar{d}}{\sqrt{\dfrac{\gamma_0 + 2\gamma_1 + \cdots + 2\gamma_q}{H-1}}} \tag{2-62}$$

比较式(2-62)的样本值和自由度为 $H-1$ 时的 $t$ 统计量。在解决实际问题的过程中，用到的一个简单的方法就是把 $d_i$ 对常数进行回归，并且运用 $t$ 检验来确定这个常数是否在统计上显著地异于 0。注意，式(2-62)对 $q$ 的选择很敏感，如果一个或多个 $\gamma_i < 0$，估计方差可能为负。在这种情况下，最好使用稳健的标准误差——如 Newey-West(1987)所提出的那样。所有专业软件都能直接得到 Newey-West 方差估计值。更多细节将在补充手册中讨论。

同样，也可对提前 $j$ 步预测 $e_{1i}(j)$ 和 $e_{2i}(j)$ 运用这种方法。构造 $d_i = g(e_{1i}(j)) - g(e_{2i})$，均值为 $\bar{d}$。若构造提前 $H$ 步预测误差，则 $DM$ 统计量为

$$DM = \frac{\bar{d}}{\sqrt{\dfrac{\gamma_0 + 2\gamma_1 + \cdots + 2\gamma_q}{H + 1 - 2j + H^{-1}j(j-1)}}}$$

下一节中将会用例子来说明 Granger-Newbold 和 Diebold-Mariano 检验的应用方法。但是，在继续讨论之前，仍然需要强调几点注意事项。Clark 和 Mc Cracken(2001)提出，当且仅当基础模型不能够嵌套时，Granger-Newbold 和 Diebold-Mariano 检验才服从 $t$ 分布。例如，当比较 AR(1)模型的预测效果和 ARMA(2，1)模型的预测效果时，这种检验可能并不起作用。显而易见，在 ARMA(2，1)中，若令 $a_2 = \beta_1 = 0$，则为 AR(1)模型，它包含在 ARMA(2，1)之中。关于嵌套模型的问题是，在 MSPE 相等的原假设下(以便于数据是由被嵌套的模型生成的)，两个模型应具有同样的预测效果。但是，由于含有被嵌套模型的较为复杂的模型含有不必要的参数，所以，它总有一些额外的误差。因此，若需要确定数据是否是从不同的模型之中产生的，则需要对参数的不确定进行控制。

Clark 和 West(2007)开发了一个简单的程序来调整含有被嵌套模型的较为复杂的模型的预测误差，使 $DM$ 统计量的简单的变形能够被运用于嵌套模型之中。令由模型 1 得到的提前 $H$ 步预测为 $f_{1i}$，预测误差为 $e_{1i}$。类似地，模型 2 的提前 $H$ 步预测和预测误差分别表示为 $f_{2i}$ 和 $e_{2i}$。令模型 1 嵌套在模型 2 中。已知模型可以嵌套，因此，$f_{1i}$ 和 $f_{2i}$ 之间的差异仅仅来自参数估计的误差。如果 $e_{2i}$ 减去这个估计误差，这个调整后的预测误差可以作为修正后的 $DM$ 检验的基础。考虑由这些误差的平方构造的序列 $z_i$，

$$z_i = (e_{1i})^2 - [(e_{2i})^2 - (f_{1i} - f_{2i})^2] \quad i = 1, \cdots, H$$

考虑到参数的不确定性，在两个模型预测效果相同的原假设下，$z_i$ 应该为 0。它的备择假设是：数据是由模型 2 产生的。因此，为了进行检验，我们需要用 $z_i$ 对常数项进行回归。由于检验是单侧的，如果常数项的 $t$ 统计量大于 1.645，则在 5% 的显著水平下，拒绝预测效果相同的原假设。如果拒绝原假设，则意味着数据是从模型 2 中得到的，否则，数据就是由模型 1 生成的。如果 $\{z_i\}$ 序列是序列相关的，则应该效仿诸如 Newey 和 West(1987)的检验方法，应该用稳健的 $t$ 统计量进行检验。

## 2.10 利率差模型

"文本范例"一词是一个非常鲜明的例证。如果需要关于 Box-Jenkins 方法的文本范例，可以

回顾 2.7 节，或者是章末的习题 11。在实践中，我们很难精确地得到吻合理论 ACF 或 PACF 的数据序列。本节打算阐述使用 Box-Jenkins 方法中经常遇到的一些分歧，这些分歧会使两个同样精通计量经济学的专家用完全不同的 ARMA 过程对序列进行估计和预测。如果设计出的判断方法过多地依赖研究者的主观判断和经验，则这种方法存在严重缺陷。但是，若我们能做出合理的选择，那么，所选出的模型会十分接近真实数据生成过程。在具体应用中，如果我们得到了一些合理的模型，则运用这两种模型都是非常有意义的。在时间序列的文献之中，看到多个合理的模型报告是非常常见的。

通过估计长期利率和短期利率之间的利率差的季度模型，有助于我们对 Box-Jenkins 方法的深入理解。在这里，利率差 $(s_t)$ 定义为 5 年期的美国政府债券的收益率和三个月期的国库券利率的差。本节所使用的数据来自于文件 QUARTERLY.XLS 中标记为 R5 和 TBILL 的序列。章末的习题 12 要求读者重新获得以下所讨论的结果。

图 2-6a 表示了从 1960 年第 1 季度到 2012 年第 4 季度的利率差。尽管在少数季度，长期利率与短期利率的利率差为负，但是在大多数季度，利率差都为正（样本均值为 1.21）。请注意，利率差高于或者低于平均值都持续了很长的一段时间。并且，整个过程的动态特性随着时间趋于稳定，没有出现任何剧烈的结构性突变（例如，在均值或方差上永久性地波动）。因此，假设 $\{s_t\}$ 序列协方差平稳是合理的。相反的是，在图 2-6b 中，利率差的 1 阶差分看起来非常不稳定。在习题 12 中，将会证明，序列 $\Delta s_t$ 中没有信息可以用来预测未来值。因此，估计未做进一步变换的原始序列 $\{s_t\}$ 的模型是合理的。但是，由于很多的 $s_t$ 值呈现大幅度的正和负的跳跃性波动，研究者希望改良模型以减少它的波动。若干有理由的这种冲击可能表示背离了误差服从正态分布的假设。由于有些 $s_t$ 为负，所以，用对数或者开方进行变化是不可能的，尽管如此，但我们能够采用对数变换 $y_t = \log(s_t + 3)$ 来减弱序列的波动程度。关键在于，由于数据生成过程中的行为不可能完全符合这种方法的基本假设，因此，应该对模型的准确度时刻保持理性，认真审视。

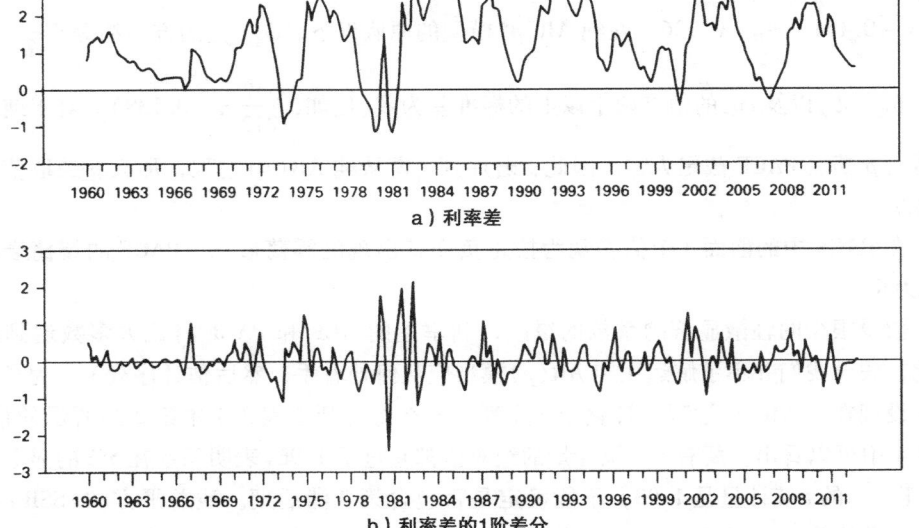

图 2-6 利率差的时间路径

在继续讨论下面的内容之前，我们应检查图 2-7 所示的序列 $\{s_t\}$ 的自相关和偏自相关函数。我们应该试着识别待估试验模型。回想一下，纯 MA($q$) 过程的理论 ACF 在滞后 $q$ 期后立刻截尾为零，AR(1) 模型的理论 ACF 呈几何级数衰减。图 2-7 的检验表明这两条规律都不适合样本数据。选择合理的模型时，应该注意以下几点。

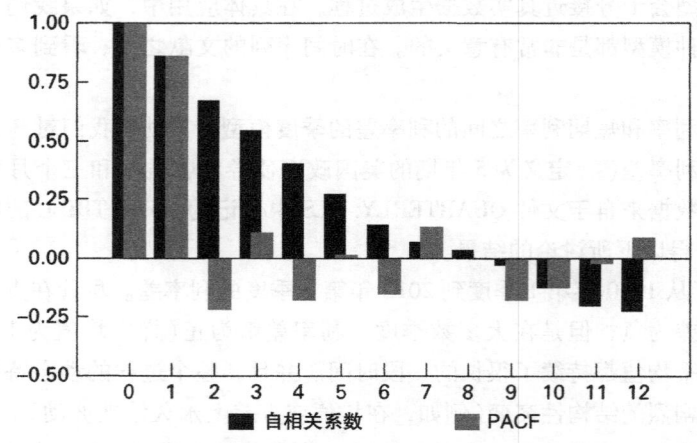

图 2-7 利率差的 ACF 和 PACF

(1) ACF 和 PACF 迅速合理地收敛于零，以至于不用担心时变均值的问题。按照上面的说法，我们不需要使数据过度差分化，并试图用序列 $\{\Delta s_t\}$ 估计模型。

(2) ACF 没有衰减为 0，因此，排除纯 MA($q$) 过程。

(3) ACF 并不呈几何级数衰减，因此，也不可能是纯 AR(1) 过程。$\rho_1$ 值为 0.857，$\rho_2$、$\rho_3$、$\rho_4$ 的值分别为 0.678、0.550 和 0.411。

(4) PACF 的 $\phi_{11} = 0.858$，$\phi_{22} = -0.217$，$\phi_{33} = 0.112$，$\phi_{44} = -0.188$，。尽管 $\phi_{55}$ 接近 0，但是，$\phi_{66} = -0.151$，$\phi_{77} = 0.136$。在纯 AR($p$) 模型的原假设下，$\phi_{p+i,p+i}$ 的方差约等于 $\frac{1}{T}$。212 个观测值中，$\phi_{22}$、$\phi_{44}$ 以及 $\phi_{66}$ 的值有两个以上的标准差为零（比如，$\frac{2}{212^{0.5}} = 0.138$）。对于纯 AR($p$) 模型，在滞后 $p$ 期后 PACF 截尾为零。因此，若序列 $s_t$ 遵从纯 AR($p$) 过程，那么 $p$ 的取值可能将高达 6 或者 7。

(5) 在 PACF 中的前面 7 个值表现为按正负交替出现的震荡形态，PACF 的震荡衰减标志着 MA 系数为正。

由于数量很少的轻微显著的系数的缘故，利率差的 ACF 和 PACF 将比大多数遇到的更加模糊。因此，假设我们并不了解运用纯 AR($p$) 模型应从何处着手，然后估计序列 $s_t$。为了说明这个问题，假设现在用 AR(7) 过程估计整个 $s_t$ 序列，那么将得到如表 2-4 中第 2 列所示的估计结果。从表中 2-4 中可以看出，所有的 $t$ 统计量的绝对值都超过了 1.96（表明系数在 5% 的显著水平下显著）。由于 $y_{t-7}$ 的 $t$ 统计量是 1.93，不能确定是否包含第 7 滞后期。残差平方和（SSR）是 43.86，AIC 和 SBC 分别为 791.10 和 817.68。滞后 4 期、8 期、12 期时，$Q$ 统计量的显著水平显示残差不存在序列相关。

表2-4  利率差的估计结果

|  | AR(7) | AR(7) | AR(7) | $p=1$、2 和 7 | ARMA(1, 1) | ARMA(1, 1) | $p=2$<br>ma = (1, 7) |
|---|---|---|---|---|---|---|---|
| $a_0$ | 1.20<br>(6.57) | 1.20<br>(7.55) | 1.19<br>(6.02) | 1.19<br>(6.80) | 1.19<br>(6.16) | 1.19<br>(5.56) | 1.20<br>(5.74) |
| $a_1$ | 1.11<br>(15.76) | 1.09<br>(15.54) | 1.05<br>(15.25) | 1.04<br>(14.83) | 0.76<br>(14.69) | 0.43<br>(2.78) | 0.36<br>(3.15) |
| $a_2$ | −0.45<br>(−4.33) | −0.43<br>(−4.11) | −0.22<br>(−3.18) | −0.20<br>(−2.80) |  | 0.31<br>(2.19) | 0.38<br>(3.52) |
| $a_3$ | 0.40<br>(3.68) | 0.36<br>(3.39) |  |  |  |  |  |
| $a_4$ | −0.30<br>(−2.70) | −0.25<br>(−2.30) |  |  |  |  |  |
| $a_5$ | 0.22<br>(2.02) | 0.16<br>(1.53) |  |  |  |  |  |
| $a_6$ | −0.30<br>(−2.86) | −0.15<br>(−2.11) |  |  |  |  |  |
| $a_7$ | 0.14<br>(1.93) |  |  | −0.03<br>(−0.77) |  |  |  |
| $\beta_1$ |  |  |  |  | 0.38<br>(5.23) | 0.69<br>(5.65) | 0.77<br>(9.62) |
| $\beta_7$ |  |  |  |  |  |  | −0.14<br>(−3.27) |
| SSR | 43.86 | 44.68 | 48.02 | 47.87 | 46.93 | 45.76 | 43.72 |
| AIC | 791.10 | 792.92 | 799.67 | 801.06 | 794.96 | 791.81 | 784.46 |
| SBC | 817.68 | 816.18 | 809.63 | 814.35 | 804.93 | 805.10 | 801.07 |
| $Q(4)$ | 0.18 | 0.29 | 8.99 | 8.56 | 6.63 | 1.18 | 0.76 |
| $Q(8)$ | 5.69 | 10.93 | 21.74 | 22.39 | 18.48 | 12.27 | 2.60 |
| $Q(12)$ | 13.67 | 16.75 | 29.37 | 29.16 | 24.38 | 19.14 | 11.13 |

注:1. 为了保证可比较性,每个估计方程的样本都是从1961年第4季度到2012年第4季度。
2. 括号内为在估计值等于零的原假设下所对应的 $t$ 统计量。SSR 为残差平方和。$Q(n)$ 表示残差自相关的 Ljung-Box $Q$ 统计量。
3. 对于 ARMA 模型,很多软件不报告截距项 $a_0$,而报告原假设 $\mu_y=0$ 的估计值和其 $t$ 统计值。通常都认为,先抑制数据的波动,然后再估计 ARMA 的系数要比直接估计所有系数容易得多。估计的均值约等于1.39。

虽然 AR(7)模型拥有一些有用的属性,但是,一个可行的估计策略就是消除第7滞后期并在同样样本时期估计 AR(6)。[注意,数据集开始于1960年第1季度,所以 AR(7)的第7滞后期开始于1961年第4季度。]虽然残差的自相关系数为 $\rho_8=0.20$,$Q(4)$、$Q(8)$和$Q(12)$统计量(分别等于0.29、10.93和16.75)的显著性水平分别是99%、21%和16%。因此,$Q$ 统计量表明你不应该再去计算滞后8期的残差自相关系数。虽然,$a_5$ 表现为统计意义上的不显著,但通常不用 $t$ 统计去估计中间的滞后期。因此,很多研究者不会去估计滞后5期,而是估计滞后1期,4~6期。回顾一下,$t$ 统计的近似应用要求问题中的回归量与其他回归量不相关。给定序列存在自相关,当然 $y_{t-5}$ 就与 $y_{t-4}$ 和 $y_{t-6}$ 相关。总的结果就是,AR(6)的诊断检验表明它是合理的。对比 AR(6)和 AR(7)模型,AIC 选择了 AR(7)模型,而 SBC 选择了 AR(6)模型。

假设现在尝试用一个非常简单的模型估计 AR(2)。如表2-4的第4列所示,AIC 选择 AR(7)模型,而 SBC 选择模型 AR(2)。但是,AR(2)的残差的自相关系数是有问题的。自相关系数为

| $\rho_1$ | $\rho_2$ | $\rho_3$ | $\rho_4$ | $\rho_5$ | $\rho_6$ | $\rho_7$ | $\rho_8$ |
| --- | --- | --- | --- | --- | --- | --- | --- |
| 0.03 | −0.13 | 0.16 | 0.01 | 0.08 | −0.10 | −0.14 | 0.16 |

AR(2)模型的 $Q$ 统计量表明,在较短滞后期内残差存在显著的系列自相关。这样,就应该考虑更长期的估计。

仔细审查 AR(7)模型,可以发现 $a_3$ 的值几乎抵消掉了 $a_4$ 的,$a_5$ 的几乎抵消掉 $a_6$ 的(因为 $a_3 + a_4 \approx 0$, $a_5 + a_6 \approx 0$)。如果去掉 $s_{t-3}$, $s_{t-4}$, $s_{t-5}$, $s_{t-6}$ 重新估计模型,得到的结果如表2-4 的第 5 列所示。由于 $s_{t-7}$ 的系数在统计上不显著,因此,我们更倾向于选择模型 AR(2)来代替。但是相对于 AR(7)和 AR(6)模型来说,AR(2)模型被证明不够好。

尽管使用 AR(6)和 AR(7)模型的效果非常不错,但是却并不一定是最佳的预测模型。由于目前尚不清楚 ACF 和 PACF,因此,有许多可能的替代模型。表2-4 中,第 6 列、第 7 列、第 8 列列举了带有 MA 项的模型的估计结果。

(1) 由于 ACF 是衰减的,所以,有人会尝试估计模型 ARMA(1,1),如表2-4 第 5 列所示,$a_1$(0.817)的估计值在统计上显著异于零,并且接近相对于零的 4 个标准差。$\beta_1$(0.38)的估计值在统计上也显著不为零,这表明这个过程可逆。注意,由 ARMA(1,1)模型得到的 SBC 比由 AR(7)和 AR(6)模型得到的小。不过,ARMA(1,1)模型不够充分。滞后4 期的残差的 Ljung-Box 的 $Q$ 统计值为6.63,显著性水平为15.7%。因此,在任何通常的显著水平下,我们不能拒绝原假设 $Q(4)=0$ 显著。但是,$Q(8)$、$Q(12)$ 的统计量显示模型的残差明显表现为序列自相关。因此,我们必须排除 ARMA(1,1)模型。

(2) 由于从滞后期 2 开始($\phi_{22} = -0.217$),ACF 开始衰减,PACF 开始震荡,估计模型 ARMA(2,1)似乎挺有道理。如表第 6 列所示,这个模型是 ARMA(1,1)模型的改进形式。在通常的显著水平下,估计系数($a_1 = 0.43$, $a_2 = 0.31$)显著异于零,并且表明特征根在单位圆内。然而,AIC 选择 ARMA(2,1)模型而不是 AR(6)模型,SBC 选择 ARMA(1,1)模型而不是 AR(7)和 AR(6)模型。$Q(4)$、$Q(8)$ 和 $Q(12)$ 的统计量表明:在5% 显著水平下,残差自相关系数在统计上并不显著。考虑残差的 ACF:

| $\rho_1$ | $\rho_2$ | $\rho_3$ | $\rho_4$ | $\rho_5$ | $\rho_6$ | $\rho_7$ | $\rho_8$ |
| --- | --- | --- | --- | --- | --- | --- | --- |
| 0.01 | 0.01 | −0.07 | −0.02 | −0.03 | −0.08 | −0.15 | 0.15 |

(3) 为了考虑滞后 7 期的序列相关性,在滞后 16 期的模型中添加一个 MA 项。并且,所有估计系数在统计上都是显著的。请注意,系数 $\beta_7$ 的 $t$ 统计量为 −3.27。$a_1$, $a_2$ 的估计值接近 ARMA(2,1)模型的系数估计值。现在,$Q$ 统计量表明:在通常的显著水平下,残差的序列自相关不显著。并且,AIC 和 SBC 都选择 ARMA(2,(1,7))模型。所以,可以得到结论,就拟合优度而言,滞后 7 期的 MA 项系数比滞后 7 期的 AR 项系数更优。

虽然,AR(7)模型和 ARMA(2,(1,8))模型都是恰当的,但是,其他研究者也可能选择一些截然不同的模型。考虑如下所列举的一些情况。

### 1. 简约与过度拟合之争

在 2.7 节中,我们研究了将滞后 16 期的 MA 项系数拟合为 AR(2)过程的问题。如果重新研究这个例子,就能明白为什么有些研究者避开估计一个滞后期很长的模型,这些滞后期与其他的滞后期不相关。在利率差的例子中,ARMA(2,1)模型的问题是:滞后 7 期或 8 期的残差存在较弱的自相关。增加滞后 7 期的 MA 项系数提高了模型的拟合优度，并且修正了序列相关问题。但是，当滞后 3 期、4 期、5 期和 6 期没有直接影响时，提出的问题就是，$\varepsilon_{t-7}$ 是否对利率差的当前值有影响？换句话说，在证券市场中，过去 7 个季度发生的事件对当前利率的影响，是否要比近期发生的事件对利率的影响大？并且，通过估计 ARMA(2，(1，7))模型我们可以证明，从 1982 年第 1 季度到 2012 年第 4 季度，系数 $\beta_7$ 的 $t$ 统计量为 0.60，在统计上并不显著。由图 2-6b 观察到，从整个样本时期来看，利率差在 20 世纪 70 年代末期和 20 世纪 80 年代初期的波动出现异常。这一时期的事件可能是异常现象，对系数估计及其标准误差产生了巨大影响。因此，即便是 AIC 和 SBC 都选择 ARMA(2，(1，7))模型，而不是 ARMA(2，1)模型，但一些研究者仍然倾向于选择 ARMA(2，1)模型。

一般来讲，过度拟合指方程只是拟合，不能代表实际数据生成过程的特殊样本的某些特征。在应用中，没有一个数据集能够完全符合 Box-Jenkins 方法的假设。样本特征是否代表了实际的数据生成过程并不总是清楚的。因此，为了捕获数据的所有特征，人们会尝试扩大模型，这种尝试就很可能导致过度拟合。

### 2. 波动性问题

当知道在 20 世纪 70 年代末期和 80 年代早期，序列 $\{s_t\}$ 呈现出波动时，恰当的方法是用开方或取对数对利率差进行变换。此外，序列 $\{s_t\}$ 存在许多剧烈波动意味着可能违反了正态分布的假设。取一常数 $c$，保证 $s_t + c$ 始终为正，然后，采用 $\ln(s_t + c)$ 或者 $(s_t + c)^{\frac{1}{2}}$ 进行变换，变换后得到的序列比原序列 $\{s_t\}$ 的波动性要弱。或许对 5 年期利率的对数与 3 个月利率的对数的差异进行建模是可行的。

Box 和 Cox(1964)提出了一种更一般化的变换方法。假设所有 $\{y_t\}$ 的值为正，则可以通过变换，把变换后的序列 $\{y_t^*\}$ 构造为

$$y_t^* = \frac{y_t^\lambda - 1}{\lambda} \quad \lambda \neq 0$$

$$y_t^* = \ln(y_t) \quad \lambda = 0$$

通常做法是用预选的 $\lambda$ 值来变换数据。选择接近于零的 $\lambda$ 值来平滑序列。ARMA 模型可以拟合变换后的数据。尽管一些软件程序可以同时估计 $\lambda$ 和 ARMA 模型的其他参数，但这种方法仍然有些过时，我们不如用第 3 章讨论的方法对方差进行模拟。

### 3. 趋势现象

假设样本区间从 1973 年第 1 季度开始，到 2004 年第 4 季度结束，与原数据样本区间有一些差异。当观察图 2-5a 时，就会发现某些人会误以为数据包含在向上趋势中。他们对数据的误解可能会被 ACF 收敛于零而不是缓慢趋于零的事实所强化。因此，他们可能已经估计了序列 $\{\Delta s_t\}$ 的模型。其他人可能使用确定性趋势对数据进行去除趋势。

## 样本区间外预测

我们可通过检验它们的误差和均方误差，来评估 ARMA(7)模型和 ARMA(2，(1，7))模型的预测效果。因为数据库中含有 205(即 205 = 212 − 7)个可用观测值，所以，保留 50 个观测值是可行的，所以，每个估计模型都至少有 155 个观测值和充足的样本区间外预测值。首先，用 2000 年

第 2 季度以前的所有观测值估计两个模型，并得到两个提前 1 步预测值。因为 2000 年第 3 季度的实际值 $S_{2000:3} = 0.40$，AR(7) 模型的预测值为 0.697，而 ARMA(2,(1,7)) 模型的预测值为 0.591，因此，在第 1 期 ARMA(7) 的预测效果优于 ARMA(2,(1,7))。于是，我们可以得到从 2000 年第 4 季度开始到 2012 年第 4 季度为止的另外 49 个预测值。用 $e_{1t}$ 表示 AR(7) 模型的预测误差，$e_{2t}$ 表示 ARMA(2,(1,7)) 模型的预测误差，则得到 $e_{1t}$ 的均值为 1.239，$e_{2t}$ 的均值为 1.244，预测误差方差为 $\text{var}(e_1) = 0.797$，$\text{var}(e_2) = 0.780$。因此，鉴于 ARMA(2,(1,7)) 模型拥有最小的偏差和 MSPE，可以认为这个模型在预测效果上更具优势。

为了确定这些差异是否在统计上显著，我们首先检验偏差。令 $f_{1t}$ 表示 AR(7) 模型的 50 个预测值，$f_{2t}$ 表示 ARMA(2,(1,7)) 模型的 50 个预测值，它的样本区间为 2000 年第 3 季度开始的，估计出的两个回归方程为

$$s_t = 0.0594 + 0.968 f_{1t} \text{ 和 } s_t = 0.004 + 1.004 f_{2t}$$

对于 AR(7) 模型，原假设为截距等于 0 且斜率等于 1 的 F 统计量为 0.110，显著性水平为 0.896。很明显，无偏预测的限制条件并不起作用。对于 AR(2,(1,7)) 模型，在 0.986 的显著水平下，F 统计量为 0.014。因此，足以说明两个模型具有预测。

紧接着，对相等的均方预测误差使用 Ganger-Newbold 检验。构造 $x_i$ 和 $z_i$ 序列，使得 $x_i = e_{1i} + e_{2i}$ 和 $z_i = e_{1i} - e_{2i}$，得到 $x_i$ 和 $z_i$ 间的相关系数为 $r_{xz} = 0.234$。因为保留期内有 50 个观测值，构造的 Granger-Newbold 统计量为

$$\frac{r_{xz}}{\sqrt{\frac{1-r_{xz}^2}{H-1}}} = \frac{0.234}{\sqrt{\frac{1-(0.234)^2}{49}}} = 1.69$$

在自由度为 49 的条件下，$t$ 统计量为 1.69，在统计上不显著。于是，我们可以得出结论：ARMA(7) 模型的预测效果与 ARMA(2,(1,7)) 模型在统计上并无差异。

实际上，由于序列 $e_{1i}$、$e_{2i}$ 的序列相关性较弱，所以，运用 DM 统计量也能得到相同的结果。通常情况下，预测者都会关注 MSPE，但是，同样也存在其他的可能性。章末的习题 12 要求读者使用均值绝对误差讨论预测效果。现在，为了说明 DM 检验的用途，假设预测误差的损失随误差的变化急剧增长，在这样的情况下，损失函数最好用预测误差的 4 次方表示，因此，有

$$d_i = (e_{1i})^4 - (e_{2i})^4 \tag{2-63}$$

由式(2-63)，序列 $\{d_i\}$ 的均值 $\bar{d}$ 为 0.01732，并且方差为 0.002466。因为，$H = 50$，所以，我们能够得到 DM 统计量为

$$DM = \frac{0.01732}{(0.002466/49)^{\frac{1}{2}}} = 2.441$$

原假设是模型具有相等的预测精度，备择假设为模型 AR(2,(1,7)) 的预测误差更小。自由度为 49 时，$t$ 统计量为 2.441，在 1.892% 的显著水平下是显著的。因此，只有较少的证据支持 AR(2,(1,7)) 模型。如果序列 $\{d_t\}$ 存在序列相关，那么，就应该使用式(2-63)。从这个意义上讲，我们应选择在统计上显著的 $\gamma_q$ 值。序列 $\{d_t\}$ 的自相关系数为

| $\rho_1$ | $\rho_2$ | $\rho_3$ | $\rho_4$ | $\rho_5$ | $\rho_6$ | $\rho_7$ | $\rho_8$ | $\rho_9$ | $\rho_{10}$ | $\rho_{11}$ | $\rho_{12}$ |
| --- | --- | --- | --- | --- | --- | --- | --- | --- | --- | --- | --- |
| −0.10 | −0.15 | 0.26 | 0.01 | 0.36 | 0.00 | −0.09 | 0.13 | 0.06 | 0.05 | −0.08 | 0.07 |

$$Q(4) = 5.53; Q(8) = 14.76 \text{ 和 } Q(12) = 15.93$$

尽管 $\rho_5$ 值很大，很多应用计量经济学家把它作为虚假的而排除掉。但这并不意味着当 $d_t$ 和 $d_{t-5}$ 之间的相关性非常大时，实际的 $\rho_1$ 和 $\rho_2$ 之间的相关性非常接近于 0。并且，Ljung-Box $Q(4)$、$Q(8)$ 和 $Q(12)$ 统计量没有表明自相关系数是显著的，对应的显著水平分别为 0.237、0.064 和 0.195。然而，如果带有滞后 5 期使用式(2-63)估计长期方差，将会得出 DM = 1.848（因此，MSPE 在统计上没有差异）。这个例子强调了之前提到的一点，在存在序列相关时，如何检验 $\overline{d}$ 的长期方差，很难清楚说明最好的方法是什么。更普遍的答案是两个模型没有较大差异，两个都会提供合理的预测。

## 2.11 季节性模型

许多经济序列都具有一定的季节性，由于依赖于天气变化，农业、建筑业、旅游业都具有明显的季节特征。类似地，感恩节和圣诞节假期对零售业都有显著的影响。实际上，一个序列的季节性变化可以解释其总体方差偏大的现象，忽略了重要季节性变化的预测会存在较大的方差。

许多人在处理**季节性弱化**(deseasonalized)或**季节性调整**(seasonally adjusted)的数据时，往往会忽略季节性。假设我们搜集到了美国人口普查局用 X-11、X-12 或 X-13 方法进行季节调整后的数据集。[5]原则上，经季节性调整后的数据会剔除季节因素。然而，使用这样的数据仍然有必要保持谨慎。尽管对政府机构披露的大量的序列来说，很需要做统一的标准化处理，但这对想对单个序列进行建模的研究者来说是不利的。即使我们使用季节性调整后的数据，季节因素可能仍然存在。尤其是，当我们只使用一段时期的数据而不是整个时期的数据时更明显，这是因为研究中使用部分数据会比使用全部数据呈现出更多（或更少）的季节性特征。关注季节性因素的另一个重要原因是，使用季节弱化数据时会存在一些问题。任何季节调整方法都隐含两步过程，首先是进行季节性平移，然后是用 Box-Jenkins 方法估计自回归和移动平均系数。正如 Bell–Hillmer(1984) 的研究所指出的那样，通常，最好的效果是一同识别和估计季节性和 ARMA 的系数。在这种情况下，最好避免使用季节调整数据。

### 2.11.1 季节数据模型

Box-Jenkins 估计季节性数据与非季节性数据的方法大致相同，区别仅仅在于，对于 $s$ 时期的季节数据，它的 ACF 和 PACF 的季节性系数出现在滞后 $s$ 期，$2s$ 期，$3s$ 期，…，而并不是在滞后 1 期、2 期、3 期、…。例如，关于季节性数据的两个纯季节模型为

$$y_t = a_4 y_{t-4} + \varepsilon_t, \qquad |a_4| < 1 \tag{2-64}$$

$$y_t = \varepsilon_t + \beta_4 \varepsilon_{t-4} \tag{2-65}$$

易得式(2-64)的理论 ACF 曲线是：若 $\dfrac{i}{4}$ 为整数，则 $\rho_i = (a_4)^{\frac{i}{4}}$，否则，$\rho_i = 0$。因此，ACF 在滞后 4 期、8 期、12 期递减。对式(2-65)，ACF 在滞后 4 期出现单峰，而其余期的相关系数都为零。

实践中，由于数据中的季节性与非季节性的相互影响，识别相当复杂。组合的季节与非季节过程的 ACF 和 PACF 会同时反映这两个部分。注意，由于是季度数据，因此，一个季度的 MA 项形式为

$$y_t = a_1 y_{t-1} + \varepsilon_t + \beta_1 \varepsilon_{t-1} + \beta_4 \varepsilon_{t-4} \tag{2-66}$$

相应地，滞后 4 期的自回归系数也可用于捕获季节性因素，模型为

$$y_t = a_1 y_{t-1} + a_4 y_{t-4} + \varepsilon_t + \beta_1 \varepsilon_{t-1}$$

由于在季节性的时期中增加了 AR 或 MA 系数,因而这两种方法都可处理增加的季节系数。**季节性乘法**(multiplicative seasonality)考虑到了 ARMA 和季节性影响的相互作用。考察乘法模型

$$(1 - a_1 L) y_t = (1 + \beta_1 L)(1 + \beta_4 L^4) \varepsilon_t \tag{2-67}$$

$$(1 - a_1 L)(1 - a_4 L^4) y_t = (1 + \beta_1 L) \varepsilon_t \tag{2-68}$$

式(2-67)不同于式(2-66)之处在于,式(2-67)反映了滞后 1 期的移动平均项与滞后 4 期的季节移动平均项的相互影响。用相同的方法,式(2-68)考虑到了滞后 1 期的自回归项与滞后 4 期的季节自回归项的相互影响。许多研究者之所以偏好季节性乘法,是因为用少量系数就能反应它们间的相互影响。式(2-67)可以重新写为

$$y_t = a_1 y_{t-1} + \varepsilon_t + \beta_1 \varepsilon_{t-1} + \beta_4 \varepsilon_{t-4} + \beta_1 \beta_4 \varepsilon_{t-5}$$

于是,只需估计 3 个系数 $a_1$、$\beta_1$ 和 $\beta_4$,就能捕获滞后 1、4、5 期的自回归项和移动平均项的影响。当然,实际也捕获不到重要信息。3 个移动平均项系数的估计值将是相关的。尽管研究者估计不受约束的模型 $y_t = a_1 y_{t-1} + \varepsilon_t + \beta_1 \varepsilon_{t-1} + \beta_4 \varepsilon_{t-4} + \beta_5 \varepsilon_{t-5}$ 会得到一个更小的残差平方和,然而,式(2-67)明显更简练。如果非约束值 $\beta_5$ 近似于 $\beta_1 \beta_4$ 之积,则乘法模型更优。鉴于此,大部分软件包都能估计乘法模型。否则,并没有理论依据使我们更偏好于某种季节性的模型。正如在最后一节中所阐述的那样,实验和诊断检验可能是获得最优模型的最好方法。

### 2.11.2 季节性差分

圣诞购物季常出现不同寻常的大额交易,同时美联储会扩大货币供给以适应货币需求的增长。正如图 2-8 的虚线所示,以 M1 度量的美国货币供给有不断上升的趋势。序列 M1NSA 包含在文件 QUARTERLY.XLS 中,我们可以使用这个数据,进行下面的讨论。用实线表示的对数变化看起来是平稳的,但因每年第 4 季度的值都明显比它的邻近季度高,以至于它存在明显的季节性。

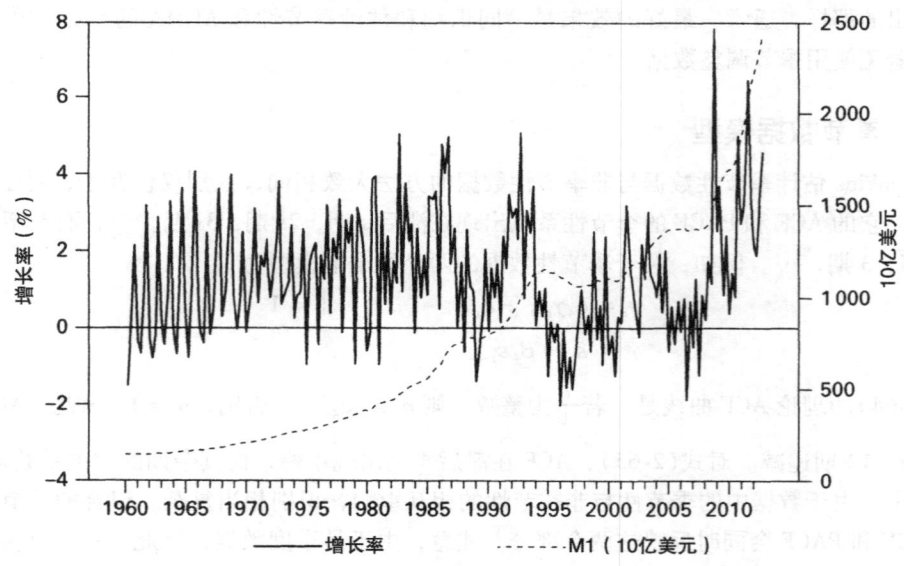

图 2-8 M1 及其增长率

在经济数据中,常常同时出现强季节性和非平稳性。强季节性过程的 ACF 与非季节性过程的

ACF 近似。主要区别在于，季节数据在滞后 $s$，$2s$，$3s$，…期时，出现的波峰并不迅速递减。我们知道，研究时有必要对非平稳过程取差分(或取对数)。类似地，若季节滞后的自相关系数并不递减，则必须对其取季节差分，使其他自相关系数不受季节变动的影响。M1 增长率的 ACF 和 PACF 如图 2-9a 所示。就目前而言，只须关注季节滞后的自相关系数。所有的季节自相关系数都较大，并且无递减的趋势。具体地讲，$\rho_4 = 0.58$，$\rho_8 = 0.50$，$\rho_{12} = 0.38$，$\rho_{16} = 0.34$，$\rho_{20} = 0.34$ 和 $\rho_{24} = 0.37$，这些自相关系数说明 M1 从一个圣诞季到下一个圣诞季期间的变化不如它的第 4 季度较其他季度的变化明显。

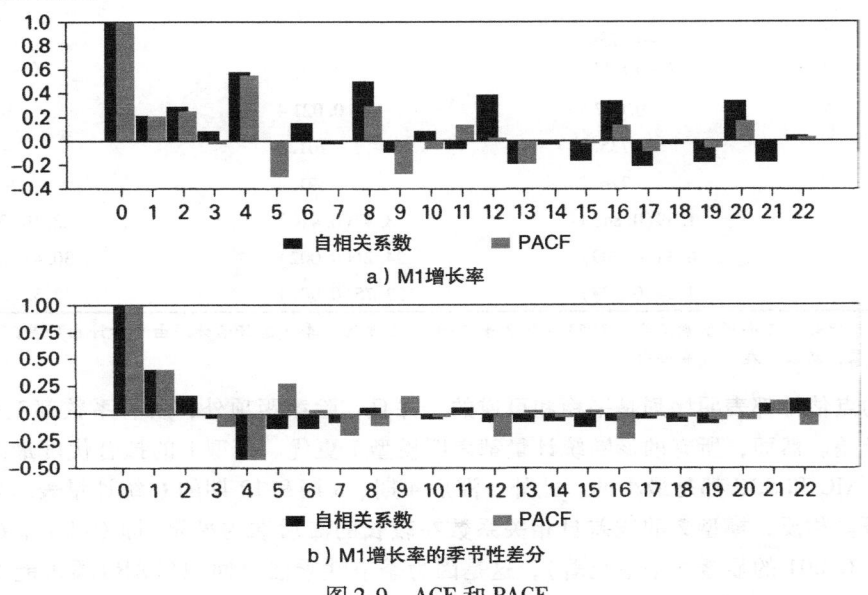

图 2-9 ACF 和 PACF

Box-Jenkins 方法的第一步是变换数据，使得序列平稳。因此，由于对数变换能弱化 M1 的非线性趋势，所以，进行对数变换会有所帮助。用 $y_t$ 表示 M1 的对数。正如前面所述，序列 $\{y_t\}$ 的 1 阶差分(如图 2-8 所示的实线部分)看起来平稳。然而，为了移去数据中的强季节性，我们需要再取季节差分。对于季节数据，季节差分是 $y_t - y_{t-4}$，因为与差分的阶数无关，于是，我们得到变换公式

$$m_t = (1 - L)(1 - L^4) y_t$$

从而取 1 阶差分的季节差分。序列 $\{m_t\}$ 的 ACF 和 PACF 如图 2-9b 所示，这个序列的特征更适合采用 Box-Jenkins 方法。前面几个滞后的自相关系数和偏自相关系数比较吻合 AR(1) 过程($\rho_1 = \phi_{11} = 0.41$，$\rho_2 = 0.16$，$\phi_{22} = -0.01$)的特征，在此，请读者回忆一下 AR(1) 过程的 ACF 递减且 PACF 在滞后 1 期后突然截尾为零这一结论。因为 $\rho_4 = -0.42$，$\rho_5 = -0.14$，$\phi_{44} = -0.44$，$\phi_{55} = 0.28$，所以，在序列 $\{m_t\}$ 中，证据显示存在季节性。因为自相关递减为零而偏自相关没有，所以，季节项更有可能是以 MA 参数的形式出现。然而，最好还是估计几个相似的模型，再从中选择最优的模型。估计下面 3 个模型

模型 1：$m_t = a_0 + a_1 m_{t-1} + \varepsilon_t + \beta_4 \varepsilon_{t-4}$  　　带有季节性 MA 的 AR(1) 模型

模型 2：$m_t = a_0 + (1 + a_1 L)(1 + a_4 L^4) m_{t-1} + \varepsilon_t$  　　乘法自回归模型

模型 3：$m_t = a_0 + (1 + \beta_1 L)(1 + \beta_4 L^4) \varepsilon_t$  　　乘法移动平均模型

这些模型的估计结果由表 2-5 所示。

表 2-5 货币增长的三个模型

|  | 模型 1 | 模型 2 | 模型 3 |
| --- | --- | --- | --- |
| $a_1$ | 0.541<br>(8.59) | 0.496<br>(7.66) |  |
| $a_4$ |  | -0.476<br>(-7.28) |  |
| $\beta_1$ |  |  | 0.453<br>(6.84) |
| $\beta_4$ | -0.759<br>(-15.11) |  | -0.751<br>(-14.87) |
| SSR | 0.0177 | 0.0214 | 0.0193 |
| AIC | -735.9 | -701.3 | -720.1 |
| SBC | -726.2 | -691.7 | -710.4 |
| $Q(4)$ | 1.39(0.845) | 3.97(0.410) | 22.19(0.000) |
| $Q(8)$ | 6.34(0.609) | 24.21(0.002) | 30.41(0.000) |
| $Q(12)$ | 14.34(0.279) | 32.75(0.001) | 42.55(0.000) |

注：为便于比较，三个模型都是基于 1963 年第 3 季度到 2002 年第 1 季度进行估计。由于估计出的截距都不是显著地异于零，所以，在此没有给出。

系数的点估计都表明序列是平稳和可逆的，并且，除截距项外，所有系数都至少相对于 0 有 6 个标准差。然而，所有的诊断统计量都表明模型 1 更优。模型 1 的拟合优度最高，残差平方和 SSR、AIC 和 SBC 都是最小的。此外，滞后 4 期、8 期和 12 期的 $Q$ 统计量表示残差自相关系数不显著。相反，模型 2 的残差自相关系数在较长的滞后期内显著（即 $Q(8)$ 和 $Q(12)$ 分别在 0.002 和 0.001 的显著水平下显著），这是因为季节性乘法自回归（SAR）项未能充分表现出季节因素。SAR 项表明自回归从 $s$ 到 $s+1$ 期是衰减的。在图 2-9b 中，$\rho_4$ 的值为 -0.42，但 $\rho_5$ 几乎为 0，因此，季节性乘法移动平均项（SMA）更加恰当。模型 3 恰当地表现出了季节因素，但 MA(1) 项未能表现出在较短滞后期的自回归衰减。采用其他诊断方法，包括拆分样本，都证明模型 1 最恰当。

样本区间外预测如图 2-10 所示。为构造提前 1 到 12 步预测，根据整个样本期（1961 年第 3 季度到 2012 年第 4 季度）估计模型 1，估计结果为

$$m_t = 0.545 m_{t-1} + \varepsilon_t - 0.765 \varepsilon_{t-4} \qquad (2-69)$$

因为 $m_{2012;4} = -0.00176$，且 2012 年第 1 季度的残差为 0.00272（即 $\hat{\varepsilon}_{2012;1} = 0.00272$），因此，$m_{2013;1}$ 的预测值为 -0.00304。现在，用这个预测值和 $\hat{\varepsilon}_{2012;2}$ 的值预测 $m_{2013;2}$。我们可以继续运用这种方法，直至得到序列 $\{m_t\}$ 的样本区间外预测的序列。尽管我们不知道 2012 年第 4 季度之后残差的值，但可以简单地用 0 作为预测值。从序列 $\{m_t\}$ 中预测 M1 的将来值，其目的在于结合突变和季节变动因素，以得到 M1 预测值的对数。因为 $m_t = (1-L)(1-L^4)\ln(M1_t)$，所以，我们可以从 $m_t + \ln(M1_{t-1}) + \ln(M1_{t-4}) - \ln(M1_{t-5})$ 中得到 $\ln(M1_t)$ 的值。前 12 个预测值如图 2-10 所示。

本例中所阐述的拟合很强的季节性数据模型的方法，对其他许多序列同样适用。对具有很强的季节性的数据，我们必须对 Box-Jenkins 方法进行以下补充。

（1）在识别阶段，通常需要对数据取季节差分，并检验差分序列的 ACF。通常取季节差分后

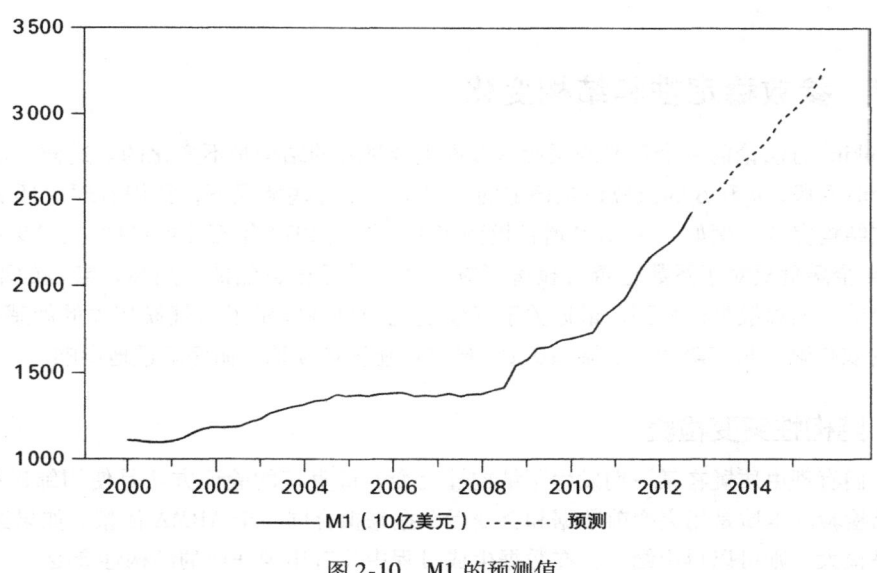

图 2-10　M1 的预测值

的数据并不平稳，在这种情况下，数据需要再取 1 阶差分。

（2）用 ACF 和 PACF 识别潜在模型。尝试估计低阶非季节性 ARMA 模型的系数，并兼顾加法和乘法季节性。可以通过多种统计检验方法确定季节性的恰当形式。

为了便于复杂模型的有效表达，可以用简化表达式。正如在前几节所示，序列的 $d$ 阶差分用 $\Delta^d$ 表示，所以

$$\Delta^2 y_t = \Delta(y_t - y_{t-1}) = y_t - 2y_{t-1} + y_{t-2}$$

用 $\Delta_s$ 表示季节差分，其中，$s$ 代表数据期。于是，$d$ 阶季节差分就用 $\Delta_s^D$ 表示。例如，若我们想得到月度数据的 2 阶差分，我们可构造

$$\begin{aligned}\Delta_{12}^2 y_t &= \Delta_{12}(y_t - y_{t-12}) \\ &= \Delta_{12} y_t - \Delta_{12} y_{t-12} \\ &= y_t - y_{t-12} - (y_{t-12} - y_{t-24}) \\ &= y_t - 2y_{t-12} + y_{t-24}\end{aligned}$$

合并两类差分式可得 $\Delta^d \Delta_s^D$。乘法模型可以写成 $ARIMA(p, d, q)(P, D, Q)_s$ 的形式。

式中　$p$ 和 $q$ ——序列的非季节 ARMA 模型的阶数；

　　　$d$ ——序列的非季节的差分次数；

　　　$P$ ——乘法自回归系数的个数；

　　　$D$ ——季节差分的阶数；

　　　$Q$ ——乘法移动平均系数的个数；

　　　$s$ ——季节期。

用上述表达式，我们可称 $m_t = \Delta \Delta_4^1 \ln(M1_t)$ 的拟合方程是一个 $ARIMA(1, 1, 0)(0, 1, 1)_s$ 模型。在实际应用中，$ARIMA(1, 1, 0)(0, 1, 1)_s$ 和 $ARIMA(0, 1, 1)(0, 1, 1)_s$ 模型经常出现。因 Box-Jenkins（1976）用后面的模型分析过航空旅游数据，而把后面的这种模型称为航空模型。

## 2.12 参数稳定性和结构变化

Box-Jenkins 方法论的一个重要的假设是数据生成过程的结构是不变化的。这样，从一个时间段到下一个时间段，$a_i$ 和 $\beta_i$ 的值应该是稳定的。但是，在有些情况下，我们有理由怀疑数据生成过程中存在结构突变。例如，在 GDP 增长模型当中，探究 1973 年石油价格冲击、"9·11"事件或者 2008 年金融危机对于系数是否有显著影响，这似乎是很自然的。当然，参数的不稳定并不需要从一个单一的离散事件得到。最近关于气候变化的事件暗示了与气候相关的敏感序列(比如 Sonwmass 的农作物产量、降雨量、降雪天数)最有可能被持续地、循序渐进地影响。

### 2.12.1 结构性突变检验

如果我们有理由质疑在某一期发生了结构性突变，最直接的验证方法是使用邹氏检验(Chow test)。邹氏检验的本质是用突变前数据和突变后数据来拟合同一个 ARMA 模型。如果这两个模型的差异不是很大，则可以得出结论：在数据生成过程中没有出现任何的结构性突变。

一般来说，假设运用一个含 $T$ 个观测值的样本来预测 ARMA$(p, q)$ 模型。SSR 表示残差平方和。同样，假设我们有理由怀疑在 $t_m$ 期之后，存在结构性突变。我们可以这样进行邹氏检验：将 $T$ 个观测值分成两个子样本，$t_m$ 期之前(包括 $t_m$ 期)的观测值作为第一个子样本；$t_n = T - t_m$ 期之后的观测值为第二个子样本。分别使用这两个子样本，估计两个模型

$$y_t = a_0(1) + a_1(1)y_{t-1} + \cdots + a_p(1)y_{t-p} + \varepsilon_t + \beta_1(1)\varepsilon_{t-1} + \cdots + \beta_q(1)\varepsilon_{t-q} \quad \text{样本区间}: t_1 \sim t_m$$

$$y_t = a_0(2) + a_1(2)y_{t-1} + \cdots + a_p(2)y_{t-p} + \varepsilon_t + \beta_1(2)\varepsilon_{t-1} + \cdots + \beta_q(2)\varepsilon_{t-q} \quad \text{样本区间}: t_{m+1} \sim t_T$$

令两个模型的残差平方和分别为 $SSR_1$ 和 $SSR_2$。检验限制条件：所有的系数都相等[即 $a_0(1) = a_0(2)$，$a_1(1) = a_1(2)$，$\cdots$，$a_p(1) = a_p(2)$ 以及 $\beta_1(1) = \beta_1(2)$，$\cdots$，$\beta_q(1) = \beta_q(2)$]使用 $F$ 检验，并构建如下形式的 $F$ 统计量[6]：

$$F = \dfrac{\dfrac{SSR - SSR_1 - SSR_2}{n}}{\dfrac{SSR_1 + SSR_2}{T - 2n}} \tag{2-70}$$

式中，$n$ 为待估参数的个数(如果包含截距项，则 $n = p + q + 1$，否则 $n = p + q$)；分子和分母的自由度分别 $n$ 和 $(T - 2n)$。

直观地说，如果限制条件不起作用(即系数均相等)，则 $SSR_1 + SSR_2$ 的和应该等于整个样本估计的残差平方和。因此，$F$ 统计量的值应该等于 0。$F$ 值越大，系数均相等的假设条件就越具有约束力。

当然，这个方法要求每个子样本都拥有恰当数量的观测值。如果 $t_m$ 或者 $t_n$ 的任意一个值非常小，那么估计系数的精度也很低。邹氏检验的替代形式是使用虚拟变量来验证一个或者多个系数的突变。例如，如果在 $t_m$ 期之后出现突变，那么，可以创建虚拟变量 $D_t$，对于任意的 $t$，当 $t \leq t_m$ 时，取 $D_t = 0$，当 $t > t_m$ 时，取 $D_t = 1$。例如，为了验证 AR(1) 模型的截距项发生了突变，则可以检验表达式 $y_t = a_0 + \alpha_0 D_t + a_1 y_{t-1} + \varepsilon_t$ 中的 $D_t$ 的参数是否显著。考虑两个模型的系数均出现突变的情况，可以生成引入变量 $D_t y_{t-1}$，并且估计回归方程 $y_t = a_0 + \alpha_0 D_t + a_1 y_{t-1} + \alpha_1 D_t y_{t-1} + \varepsilon_t$。通过考察 $\alpha_0$、$\alpha_1$ 的 $t$ 统计量和原假设 $\alpha_0 = \alpha_1 = 0$ 的 $F$ 统计量，以验证是否存在结构性突变。

回顾 2.10 节中的利率差的例子。假设在 1981 年第 4 季度末期确实出现了突变。考虑两个子

样本估计出的方程

$$s_t = 0.923 + 0.367 s_{t-1} + 0.285 s_{t-2} + \varepsilon_t + 0.815 \varepsilon_{t-1} - 0.153 \varepsilon_{t-7}$$

样本区间:1960 年第 3 季度到 1981 年第 4 季度

和

$$s_t = 1.799 + 0.800 s_{t-1} + 0.053 s_{t-2} + \varepsilon_t + 0.354 \varepsilon_{t-1} + 0.097 \varepsilon_{t-7}$$

样本区间:1982 年第 1 季度到 2008 年第 1 季度

虽然这两个模型的系数不相同,但是我们可以根据式(2-70)检验系数是否在统计意义下是相等的。两个子样本的方程的残差平方和分别为 $SSR_1 = 27.564$,$SSR_2 = 21.414$。整个样本的方程的残差 $SSR = 49.692$。由于整个样本中存在 191 个有效观测值,并且 $n = 5$(截距项加上 4 个估计系数),因此,根据式(2-70)得到的 $F$ 统计量为

$$F = \frac{\dfrac{49.692 - 27.564 - 21.414}{5}}{\dfrac{27.564 + 21.414}{191 - 10}} = 0.527$$

它的分子的自由度为 5,分母的自由度为 181。因此,我们不能拒绝系数不存在结构性突变的原假设(即我们接受不存在结构改性突变的假设)。

另一方面,为了验证是否只有截距项存在突变,我们可以生成一个虚拟变量 $D_t$,让它的取值在 1982 年第 1 季度之前为 0,而在 1982 年第 1 季度之后等于 1。现在,考察 1960 年第 1 季度到 2008 年第 1 季度这个时期的数据,估计出的方程为

$$s_t = \underset{(3.55)}{1.277} + \underset{(0.82)}{0.312 D_t} + \underset{(3.23)}{0.336 s_{t-1}} + \underset{(4.43)}{0.435 s_{t-2}} + \varepsilon_t + \underset{(13.14)}{0.837 \varepsilon_{t-1}} - \underset{(-3.33)}{0.134 \varepsilon_{t-7}}$$

由于 1982 年第 1 季度 $D_t$ 从 0 跳跃到 1,1982 年第一季度之前截距项的估计值为 1.227,1982 年第 1 季度之后变为 1.598( = 1.277 + 0.312)。但是,由于 $t$ 统计量不能拒绝原假设 $D_t = 0$,因此,不能证明截距存在显著的突变。

## 2.12.2 内生性突变

邹氏检验研究从已知的某个突变时间 $t_m$ 开始是否存在突变。如果某期出现了,但是研究者事先不知道这个突变日期,那么,我们称这个突变为**内生性突变**(endogenous break),说明不是一个固定的突变期(比如,2011 年 8 月)的结果。为了确定样本中是否存在突变,那么,就应该对每个潜在的突变时间 $t_m$ 进行邹氏检验。如果突变确实存在,那么,通过越大的 $F$ 统计值得到的突变点期跟真实的突变点期就越接近,并且,通过最大的 $F$ 统计值得到的突变点与真实的突变点几乎一致。为了确保两个子样本中都具有恰当数量的观测值,因此"整理"是非常重要的。这样,突变就不会出现在第一个观测期 $t_0$ 之前或者是最后一个观测期 $T - t_0$ 之后。实际研究中,通常采用整理值 10%,使得每个子样本至少存在 10% 的观测值。在利率差的例子中,从 1960 年第 1 季度到 2008 年第 1 季度,一共存在 191 个有效观测值(由于预测 $s_{t-2}$ 时,损失了最初的两个观测值)。如果采用整理值 10%,那么,我们应检验从 1965 年第 1 季度到 2003 年第 2 季度的期间是否存在突变(每个有效子样本各有 19 个观测值)。但是不幸的是,寻找最可能的突变点意味着如果原假设不存在突变,那么它的 $F$ 统计量过大是虚假的。毕竟,我们只是寻找了导致 $F$ 统计量最大值或最小上界值的日期。这样,对于 $F$ 统计量的描述并不标准,并且它并不能从一个传统的 $F$ 表中获得。正如第 7 章中所讨论的,Andrews 和 Ploberger(1994),Hansen(1997)提出了如何运用自助法

来获得近似的临界值。幸运的是,大量的软件包已经可以执行这样的检测了。

### 2.12.3 参数稳定性

考虑到,邹氏检验和它的变形都要求研究者指定一个特殊的突变点,并且假设在那个时间点突变能完全显露出来。例如,时间 $t_m$ 之前截距项为 $a_0(1)$,时间 $t_{m+1}$ 之后(包括时间 $t_{m+1}$)截距项为 $a_0(2)$。但是,突变并不一定总是恰好发生在一个时间点。如上文讲到,不存在一个特殊日期显著的季节性变化一定会出现。同样地,我们如何获得资本市场的"金融自由化"这个突变到来的详细时间,和微型计算机发展这个突变到来的时间,这些都不清楚。这些过程随着时间推移而变化。即使我们可以确定金融自由化或者计算机改革的这些突变出现的精确时间,但是这些突变所带来的整体的影响却不会马上表现出来。这样,虽然很多程序员在验证参数稳定性的时候并没有定义一个特别的突变时间,但是,我们对此并不会感到吃惊。最简单的方法或许是递归估计这个模型。例如,如果有 150 个观测值,那么,我们可以只使用最初的 10 个观测值来估计模型。估算单独系数的值,并且运用最初的 11 个观测值重新估计模型。重复进行这样的过程,直到使用完全部 150 个观测值。一般来说,由于估计预期值使用的观测值很少,所以系数的取值不是稳定的。但是,在一个"老化"时期以后,单独系数的取值为平稳的。如果系数值突然出现了变化,那么我们可以怀疑在那一个时期出现了结构性突变。系数的突变或许说明了模型的设定误差。对这个问题的改良就是在给每一个系数取值时都使用一个估算的 ±2 的标准差带。这个离差带表示估计的系数的置信区间。通过这样的方法,可以确定是否系数总是在统计上显著,并且可以确定前期出现的系数和后期出现的在统计上是否存在差异。

在这种方法的每个步骤中,都可以构建提前 1 步预测误差。令 $e_t(1)$ 表示 $t$ 期观测值的提前 1 步预测误差。换言之,$y_{t+1}$ 的 $e_t(1)$ 与条件预测 $y_{t+1}$ 的 $e_t(1)$ 并不相同。如果从最初的 10 个观测值开始,条件 $e_{10}(1)$ 将等于 $y_{11} - E_{10}y_{11}$,$e_{149}(1)$ 的值为 $y_{150} - E_{149}y_{150}$。[注意:如果理解这些表达式符号,那么,我们会非常清楚,由于不能得到 $y_{151}$ 的值,因此不能构建 $e_{150}(1)$ 的值。] 如果模型非常好地拟合了数据,那么这个预测将是无偏的,这样,预测误差的和应该不会偏离 0 "特别远"。事实上,Brown、Durbin 和 Evans(1975)研究了预测误差的和是否在统计上显著不为 0。

通常情况下,定义

$$\text{CUSUM}_N = \frac{\sum_{i=n}^{N} e_i(1)}{\sigma_e} \quad N = n, \cdots, T-1$$

式中 $n$——构建第一个预测误差的时期;

$T$——数据集中最后一个观测值的时期;

$\sigma_e$——估计的预测误差的标准差。

总共有 150 个观测值($T=150$),如果使用前 10 个观测值($n=10$)开始程序,可以得到 140 个预测误差($T-n$)。注意到,利用所有的 $T-n$ 预测误差生成了 $\sigma_e$。由 $N=n$ 开始,为了生成 CUSUM$_{10}$,运用最初三个观测值生成 $\frac{e_{10}(1)}{\sigma_e}$。现在,令 $N=11$,并且构建 CUSUM$_{11}$ 为 $[e_{10}(1) + \cdots e_{T-1}(1)]/\sigma_e$。同样地,CUSUM$_{T-1} = [e_{10}(1) + \cdots + e_{T-1}(1)]/\sigma_e$。在 5% 的显著水平下,每个 CUSUM$_N$ 值的取值应该大约在 $\pm 0.948[(T-n)^{0.5} + 2(N-n)(T-n)^{-0.5}]$ 的区域以内。

## 2.12.4 关于突变的一个案例

为了描述一个突变的序列,图 2-11a 中展示了含有 150 个观测值的模拟序列,它是通过 $y_t = 1 + 0.5y_{t-1} + \varepsilon_t$(其中 $t < 101$)和 $y_t = 2.5 + 0.65y_{t-1} + \varepsilon_t$(其中 $t \geqslant 101$)进行模拟的。这个模拟序列存

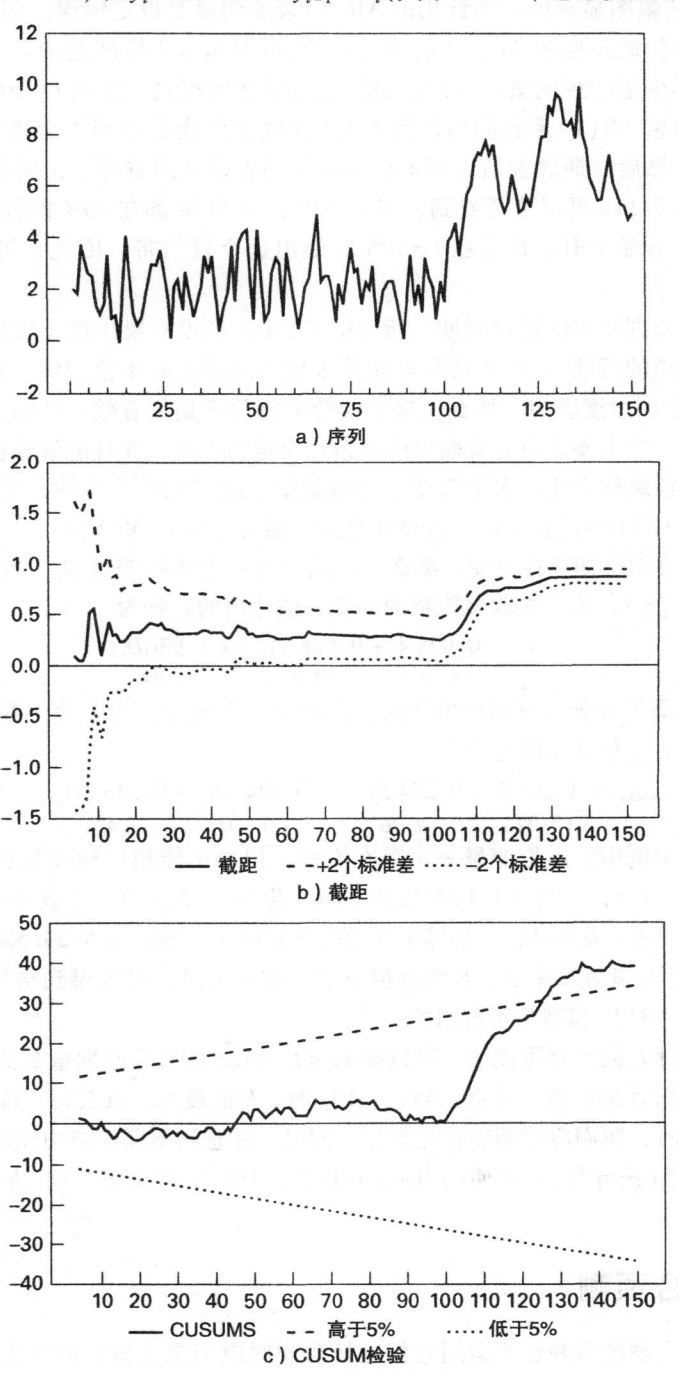

图 2-11 模型的递归估计

放在文件 Y_BREAK. XLS 中。当然，实际运用中，突变并不是显而易见的。如果我们忽略了突变而直接把序列看作一个 AR(1) 过程来预测，将会得到估计方程

$$y_t = 0.4442 + 0.8822y_{t-1}$$
$$(2.635) \quad (22.764)$$

正如图 2-11 三幅图显示的，估计出的 AR(1) 模型明显是设定错误。图 2-11b 和图 2-11c 显示了通过估计得到的截距项和 AR(1) 系数的估计值（具有 ±2 标准差带）。由于得到最初的几个估计值只使用了少量的观测值，因此，最初的置信区间很宽。直到 $t=100$，所有的估计才显得合理。同时，如果 AR(1) 系数的估计值上升（在数据生成的过程不会再现），截距项的估计值实际是递减的。靠后时期的置信区间不会与中期的置信区间重叠。很明显，存在一个显著的结构性突变。从图 2-11c 可以清楚看到，当 $t<101$，CUSUM 都在 90% 的置信区间以内。在 $t=101$ 之后，CUSUM 开始上升，最后在 $t=125$ 时跳出这个置信带。因此，可以拒绝系数稳定性的假设。

注意，实际上直到样本的最后时期，所有的 CUSUM 都没有跳出这个置信区间。这也说明了一个问题，在样本期的后期 CUSUM 检验可能并未检验出系数的不稳定性。并且，如果多重变化对 CUSUM 只有很少的过度影响，那么，这个检验可能并不是很有效。然而，这个检验是一个非常有用的诊断工具，它不要求研究者确定模型错误设定的性质，并且能够检验模型的各种来源的设定错误，比如光滑结构突变、多重突变、忽略数据生成过程的非线性，或者过度简化的模型。使用平方误差构建 CUMUS 的检验的一种变化形式，通常称为 CUMUS(2)。

假设我们确信在 101 期存在突变，那么，可以引入一个虚拟变量 $D_t$，当 $1 \leq t \leq 100$ 时，$D_t=0$，当 $t>100$ 时，$D_t=1$。为了检验截距项的突变，估计出的方程为

$$y_t = 0.9254 + 0.5683y_{t-1} + 1.936D_t$$
$$(5.36) \quad (8.91) \quad (5.88)$$

由于 $D_t$ 的系数高度显著，可以得出结论：截距项存在突变。为了检验截距项和斜率的突变，同样，引入变量 $D_t y_{t-1}$，估计出的方程为

$$y_t = 1.6015 + 0.2545y_{t-1} - 0.2244D_t + 0.5433D_t y_{t-1}$$
$$(7.22) \quad (2.76) \quad (-0.391) \quad (4.47)$$

在这个特殊的案例中，虚拟变量表示存在突变，但并不能很好地度量突变的大小。（注意：截距的实际变化是 +1.5，并且 AR(1) 系数的实际变化为 0.15。）斜率系数是高度显著的，但是虚拟变量的系数却不显著。$D_t$ 和 $D_t y_{t-1}$ 都等于 0 的联合假设的 $F$ 统计量是 29.568。分子自由度为 2，分母为 145，在通常的显著水平下，$F$ 统计值显著。重要的是，可以得到结论，由于存在结构性突变，选择简单的 AR(1) 模型是不恰当的。

假设现在要估计 $t_m$ 的最有可能值，可以在 $15 < t_m < 135$ 的每个时期重复估计。图 2-12 显示了每个递归估计的 $F$ 统计量的值。注意，当 $t_m = 100$ 时，$F$ 值最大。虽然突变日期的估计非常正确，但当使用实际数据时，我们应该期望存在差异。同时，注意到不存在结构性突变的原假设的 $F$ 统计量（和个别系数的 $t$ 统计量）可以使用 Hansen(1997) 自助法（参见第 7 章）进行检验。

## 2.13 组合预测

当你掌握几个合理模型并想要运用它们进行预测时应当怎么做？例如 2.10 节中，结果中有许多利率扩散的合理模型。丢弃其他模型仅运用"最佳的"进行预测是毫无意义的。毕竟，其他

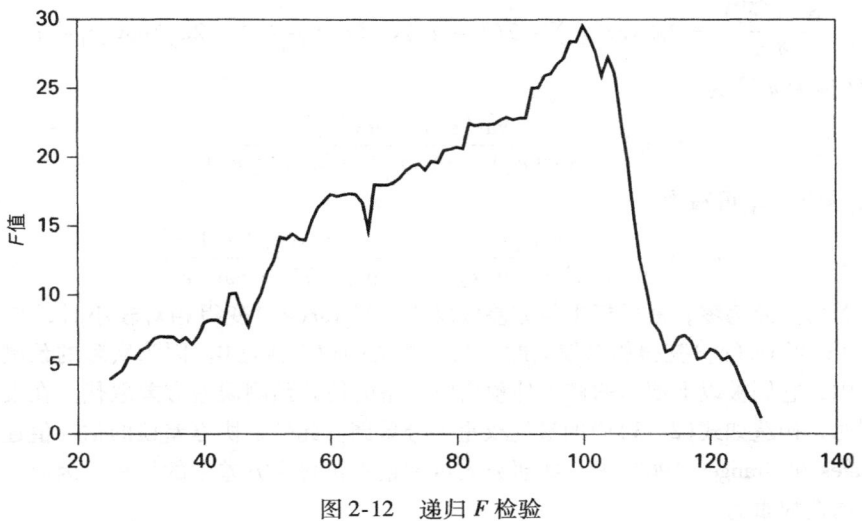

图 2-12　递归 $F$ 检验

模型可能会捕获到其余模型不包含的信息。自然，答案应为运用所有合理模型进行预测并取所有预测值的均值。

在轮流使用平均或复合的直观概念时，预测更加合理。Bates 和 Granger（1969）是第一批确认预测值的加权平均数有益的想法的。令序列 $f_{it}$ 包含模型 $i(i=1,2,\cdots,n)$ 中 $y_t$ 的提前一步的预测值。考虑构造为个人预测的加权平均数的复合预测值

$$f_{ct} = w_1 f_{1t} + w_2 f_{2t} + \cdots + w_n f_{nt} \tag{2-71}$$

式中，$w_i$ 满足 $\sum_{i=1}^{n} w_i = 1$。

若预测值无偏（则 $E_{t-1} f_{it} = y_t$），由此可见，复合预测值也是无偏的：

$$E_{t-1} f_{ct} = w_1 E_{t-1} f_{1t} + w_2 E_{t-1} f_{2t} + \cdots + w_n E_{t-1} f_{nt}$$
$$= w_1 y_t + w_2 y_t + \cdots + w_n y_t = y_t$$

为使符号简单，回到 $n=2$ 那一步。从式（2-71）左右两边同时减去 $y_t$ 可得

$$f_{ct} - y_t = w_1 (f_{1t} - y_t) + (1 - w_1)(f_{2t} - y_t)$$

现在，令 $e_{1t}$ 和 $e_{2t}$ 分别表示模型 1 和模型 2（即 $e_{it} = y_t - f_{it}$）包含提前一步预测值序列的误差，令 $e_{ct}$ 为复合预测误差。则可得

$$e_{ct} = w_1 e_{1t} + (1 - w_1) e_{2t}$$

复合预测误差的方差为

$$\text{var}(e_{ct}) = w_1^2 \text{var}(e_{1t}) + (1 - w_1)^2 \text{var}(e_{2t}) + 2 w_1 (1 - w_1) \text{cov}(e_{1t} e_{2t}) \tag{2-72}$$

在此，你能发现如此组合预测的潜在优势。举一个简单的例子，假设预测误差方差大小相同且 $\text{cov}(e_{1t} e_{2t}) = 0$。如果你设定 $w_1 = 0.5$ 并进行简单平均。式（2-72）表明复合预测的方差为 25%，每一预测的方差存在：$\text{var}(e_{ct}) = 0.25 \text{var}(e_{1t}) = 0.25 \text{var}(e_{2t})$。

## 2.13.1　最优权重

尽管简单平均能减少预测误差方差，但寻找最优权重仍是必要的。如果我们用式（2-72）并选择权重 $w_1$ 以使 $\text{var}(e_{ct})$ 最小化：

$$\frac{\delta \mathrm{var}(e_{ct})}{\delta w_1} = 2w_1 \mathrm{var}(e_{1t}) - 2(1-w_1)\mathrm{var}(e_{2t}) + 2(1-2w_1)\mathrm{cov}(e_{1t}e_{2t})$$

$w_1$ 的最优值（称为 $w_1^*$）为

$$w_1^* = \frac{\mathrm{var}(e_{2t}) - \mathrm{cov}(e_{1t}e_{2t})}{\mathrm{var}(e_{1t}) + \mathrm{var}(e_{2t}) - 2\mathrm{cov}(e_{1t}e_{2t})} \tag{2-73}$$

若 $\mathrm{cov}(e_{1t}e_{2t}) = 0$，$w_1^*$ 可写为

$$w_1^* = \frac{\mathrm{var}(e_{2t})}{\mathrm{var}(e_{1t}) + \mathrm{var}(e_{2t})} = \frac{\mathrm{var}(e_{1t})^{-1}}{\mathrm{var}(e_{1t})^{-1} + \mathrm{var}(e_{2t})^{-1}}$$

因此，若协方差为零，最优权重与方差成反比。当 $\mathrm{var}(e_{1t})$ 变得相对较小时，与 $f_{1t}$ 相关的权重接近单位 1；当 $\mathrm{var}(e_{1t})$ 变得相对较大时，与 $f_{1t}$ 相关的权重接近 0。因为实际的预测误差方差未知，在实践中，它们被以上演示的样本外预测值类型的估计预测误差方差取代。在设置大量竞争的预测模型时，构造如式(2-73)中的最优权重十分单调。此外，协方差项的估计值通常很少。例如，包括 Bates 和 Granger(1969) 的一些研究人员推崇不包含协方差项的权重。因此，在 $n$ 变量的情况下，可构造权重为

$$w_n^* = \frac{\mathrm{var}(e_{1t})^{-1}}{\mathrm{var}(e_{1t})^{-1} + \mathrm{var}(e_{2t})^{-1} + \cdots + \mathrm{var}(e_{nt})^{-1}} \tag{2-74}$$

从每个模型中我们能直截了当地计算出预测误差方差的倒数，并规范化每个和的所有模型。Granger 和 Ramanathan(1989) 展现了一个构造权重的等效方法，即使用回归模型。考虑下面的回归方程

$$y_t = \alpha_0 + \alpha_1 f_{1t} + \alpha_2 f_{2t} + \cdots + \alpha_n f_{nt} + v_t \tag{2-75}$$

当然，可令 $\alpha_0 = 0$，$\alpha_1 + \alpha_2 + \cdots + \alpha_n = 1$。在这些条件下，$\alpha_i$ 应有最优权重的直接解释，则 $w_i^*$ 应设置等于 $\alpha_i$。然而，Granger 和 Ramanathan 认为这包含有任何偏差的截距，并使 $\alpha_i$ 无法构造。在 Clemen(1989) 的调查中，并非所有研究人员都同意 Granger-Ramanathan 的主张，并为获得最优权重进行了大量的工作。

式(2-74)和式(2-75)有两个重要的区别。在式(2-75)中，一个或更多的估计权重是负的。在这种情况下，大部分研究人员会除去联想最消极的系数的预测进行重新估计。此外，在式(2-75)中，序列 $\{v_t\}$ 序列相关。在这种情况下，Diebold(1988) 推崇运用 $y_t$ 的滞后值和（或）移动平均项来得到序列相关。

运用 SBC 作为权重因素也是很有可能的。现在，权重由样本内符合替代样本外预测。令 $\mathrm{SBC}_i$ 表示模型 $i$ 中的 SBC，令 $\mathrm{SBC}^*$ 表示最适模型中的 SBC。你能轻而易举地得到 $a_i = \exp\left[\frac{(\mathrm{SBC}^* - \mathrm{SBC}_i)}{2}\right]$ 并构造权重

$$w_i^* = \frac{\alpha_i}{\sum_{i=1}^n \alpha_i}$$

因为 $\exp(0) = 1$，最适模型权重为 $\frac{1}{\sum \alpha_i}$。由于 $a_i$ 随 $\mathrm{SBC}_i$ 的值减少，不太适合的模型在 SBC 值较大时具有更小的权重。

### 2.13.2 延伸实例

在 2.10 节中，我们检验了七个不同的利率扩散的 ARMA 模型。提供结束于 2012 年 4 月的数

据，如果你使用七个模型中的任意一种进行 2013 年 1 月的提前一步的预测，你会发现

|  | AR(7) | AR(6) | AR(2) | AR($\|1, 2, 7\|$) | ARMA(1, 1) | ARMA(2, 1) | ARMA(2, $\|1, 7\|$) |
| --- | --- | --- | --- | --- | --- | --- | --- |
| $f_{i2013:1}$ | 0.775 | 0.775 | 0.709 | 0.687 | 0.729 | 0.725 | 0.799 |

简单平均个人预测$\left(\text{如令所有权重为} \dfrac{1}{7}\right)$使复合预测值为 0.743。现在，使用 2.10 节讨论的方法为所有七个模型构建 50 个提前一步的样本外的预测值以获得 $f_{it}$ 序列。在构建 $f_{it} - y_t$ 为 $e_{it}$ 序列之后，发现 $\text{var}(e_{it})$ 的七个值是微不足道的。如果你使用式 (2-74)，你将会发现预测误差方差，且相关的权重为

|  | AR(7) | AR(6) | AR(2) | AR($\|1, 2, 7\|$) | ARMA(1, 1) | ARMA(2, 1) | ARMA(2, $\|1, 7\|$) |
| --- | --- | --- | --- | --- | --- | --- | --- |
| $\text{var}(e_{it})$ | 0.635 | 0.618 | 0.583 | 0.587 | 0.582 | 0.600 | 0.606 |
| $W_i$ | 0.135 | 0.139 | 0.147 | 0.146 | 0.148 | 0.143 | 0.141 |

因为预测误差方差很相似，权重也十分相似。加权个人预测产生复合预测值 $f_{c2013:1} = 0.741$。

下面，使用延伸值 ($s_t$) 估计式 (2-75) 形式的回归。如果你省略截距并构建单位 1 的权重，你会得到

$$s_t = 0.55f_{1t} - 0.25f_{2t} - 2.37f_{3t} + 2.44f_{4t} + 0.84f_{5t} - 0.28f_{6t} + 1.17f_{7t} \qquad (2\text{-}76)$$

尽管一些研究人员在式 (2-76) 中包含负的权重，大部分估计它们是负的。如果你成功地通过运用最负系数估计预测值重新估计模型，你将得到

$$s_t = 0.326f_{4t} + 0.170f_{5t} + 0.504f_{7t}$$

所有系数都是正的，剩余的也没有表明序列相关的迹象。像这样，分别让模型 AR($\|1, 2, 7\|$)、ARMA(1, 1)、ARMA(2, $\|1, 7\|$) 的预测使用权重 0.326、0.170、0.504 是合理的。复合预测使用的回归方法是 $0.326(0.687) + 0.170(0.729) + 0.504(0.799) = 0.751$。

最终，如果你使用 SBC 值作为权重，你将得到

|  | AR(7) | AR(6) | AR(2) | AR($\|1, 2, 7\|$) | ARMA(1, 1) | ARMA(2, 1) | ARMA(2, $\|1, 7\|$) |
| --- | --- | --- | --- | --- | --- | --- | --- |
| $w_i$ | 0.000 | 0.000 | 0.011 | 0.001 | 0.112 | 0.103 | 0.773 |

复合预测使用的 SBC 权重为 0.782。实际上，2013 第 1 季度的延伸被证为 0.74（实际数据保留两位小数）。四种方法中，简单平均和以预测误差方差进行加权平均比较好。在这种情况下，回归方法和使用 SBC 构建权重提供了较差的复合预测值。

## 2.14 总结

本章重点在于运用 Box-Jenkins(1976) 方法进行识别、估计、诊断检验和预测一元时间序列。ARMA 模型可看作线性随机差分方程的特例。根据定义，ARMA 模型协方差平稳是因为它具有有限且独立于时间变化的均值和协方差。那么，要使 ARMA 模型平稳，差分方程的特征根必须在单位圆之内，而且，必须令该过程从无限久的过去开始或总是保持平衡。

在识别阶段，将序列描绘成图，并且检验样本的自相关和偏自相关。正如用美国生产者物价指数所解释的那样，自相关函数的缓慢递减体现了它的非平稳的特征，在这种情况下，Box 和

Jenkins 推荐对数据进行差分。对非平稳的正式检验将在第 4 章中进行讨论。若方差不为常数，普遍的方法是取对数或进行 Box-Cox 转换，第 3 章将阐述多种可用于估计方差的新方法。

经过恰当转换后的一组数据的样本自相关和偏自相关可以与各种理论 ARMA 过程的自相关和偏自相关的特性进行比较，所有看似合理的模型都应通过一系列诊断准则进行估计和比较。一个估计恰当的模型应满足以下条件：①简练；②其系数表现为平稳且可逆；③拟合数据较好；④残差接近白噪声过程；⑤系数不随样本期改变而改变；⑥有较好的样本区间外预测。

递归估计技术能够有效地检验系数不稳定性。一个或多个系数递归估计的突然变化是结构性突变的标志。邹氏检验可以检验一个已知突变期的突变，Andrews 和 Ploberger（1994）检验内生性突变。Bai 和 Perron（1998，2003）证明了如何检验多重内生性突变。更多的平滑突变可以递归估计或者通过 CUSUM 检验法进行检验。

在使用 Box-Jenkins 方法的过程中，我们经常会遇到两难的选择。最简练的模型可能拟合优度不佳但却有最好的样本区间外预测。于是，我们可能会提出诸如此类的问题：什么样的数据转换最恰当？ARMA(2,1)模型比 ARMA(1,2)模型更恰当吗？怎样对含有季节性的模型处理最优？正是因为如此，很多人认为 Box-Jenkins 方法是一门艺术而非科学。然而，该技巧可以在实践中学习得更好。本章末的习题的设计目的是为了指导读者在自身研究中会遇到的各种抉择。

## 习题

1. 在 2.1 节掷硬币的例子中，前 4 次投掷($w_t$)的平均结果可以表示为
$$w_t = \frac{1}{4}\varepsilon_t + \frac{1}{4}\varepsilon_{t-1} + \frac{1}{4}\varepsilon_{t-2} + \frac{1}{4}\varepsilon_{t-3}$$
   a. 当 $\varepsilon_{t-3} = \varepsilon_{t-2} = 1$ 时，求获胜的期望值。
   b. 当 $\varepsilon_{t-3} = \varepsilon_{t-2} = 1$ 时，求 $\text{var}(w_t)$。
   c. 求 $\text{cov}(w_t, w_{t-1})$，$\text{cov}(w_t, w_{t-2})$，$\text{cov}(w_t, w_{t-5})$。

2. 考虑 2 阶自回归过程 $y_t = a_0 + a_2 y_{t-2} + \varepsilon_t$，其中 $|a_2| < 1$。
   a. 计算
      i. $E_{t-2} y_t$
      ii. $E_{t-1} y_t$
      iii. $E_t y_{t+2}$
      iv. $\text{cov}(y_t, y_{t-1})$
      v. $\text{cov}(y_t, y_{t-2})$
      vi. $\phi_{11}$ 和 $\phi_{22}$ 间的偏自相关系数
   b. 求脉冲响应函数。给定 $y_{t-2}$，求 $\varepsilon_t$ 对序列 $\{y_t\}$ 的影响。
   c. 定义预测函数 $E_t y_{t+s}$，它的预测误差 $e_t(s)$ 为 $y_{t+s}$ 和 $E_t y_{t+s}$ 之差。推导序列 $\{e_t(s)\}$ 的自相关曲线。[提示：求 $E_t e_t(s)$，$\text{var}[e_t(s)]$ 和 $E_t[e_t(s) e_t(s-j)]$，$j = 0$ 到 $s$]

3. 将式(2-10)代入 $y_t = a_0 + a_1 y_{t-1} + \varepsilon_t$。证明得到的结果方程是一致的。
   a. 求 $y_t = a_0 + a_1 y_{t-1} + \varepsilon_t$ 的齐次解。
   b. 给定 $|a_1| < 1$，求特解。
   c. 证明如何结合齐次解和特解，得到式(2-10)。

4. $n$ 阶差分方程的通解要求 $n$ 恒为常数。考虑 2 阶方程 $y_t = a_0 + 0.75 y_{t-1} - 0.125 y_{t-2} + \varepsilon_t$。
   a. 求齐次解和特解，讨论脉冲响应函数的形式。
   b. 求使得序列 $\{y_t\}$ 平稳的初始条件 $A_1$ 和 $A_2$ 的值。
   c. 在 b 的条件下，描绘序列 $\{y_t\}$ 的自相关曲线。

5. 考虑 2 阶随机差分方程 $y_t = 1.5 y_{t-1} - 0.5 y_{t-2} + \varepsilon_t$。
   a. 求齐次方程的特征根。
   b. 证明 $1 - 1.5L + 0.5L^2$ 的根与 $a$ 的解互为倒数。

c. 给定初始条件 $y_0$ 和 $y_1$。依据序列 $\{\varepsilon_t\}$ 的当前值和过去值，求 $y_t$ 的解。

d. 求 $y_{T+s}$ 的预测函数（即在给定 $y_T$ 和 $y_{T-1}$ 的值的条件下，求所有的 $y_{T+s}$ 值的解）。

e. 求 $E(y_t)$，$E(y_{t+1})$，$\mathrm{var}(y_t)$，$\mathrm{var}(y_{t+1})$ 和 $\mathrm{cov}(y_{t+1}, y_t)$。

6. 对于同一个时间序列过程，通常会有多种表述。在本文中，由 $y_t = a_0 + a_1 y_{t-1} + \varepsilon_t$ 表示 AR(1) 模型的标准方程。

   a. 证明两个等价表述
      i. $(y_t - \bar{y}) = a_1(y_{t-1} - \bar{y}) + \varepsilon_t$，式中的 $\bar{y}$ 是 $\{y_t\}$ 序列的无条件均值

      ii. $y_t = \dfrac{a_0}{(1-a_1)} + \mu_t$，式中，$\mu_t = a_1 \mu_{t-1} + \varepsilon_t$。

   b. 第 1 章中，我们考虑到一些模型的确定性时间趋势项。例如，把方程 (1-62) 修正为 $y_t = a_0 + a_1 y_{t-1} + a_2 t + \varepsilon_t$，其中，$|a_1| < 1$。解释为什么序列 $y_t$ 非平稳，并且解释为什么序列 $y_t$ 对于趋势线 $a_0 + a_2 t$ 是平稳的。有人说序列 $y_t$ 是趋势平稳的，为什么？

   c. 验证 $y_t = 16.2 + 0.2t + \mu_t$（其中，$\mu_t = 0.95\mu_{t-1} + \varepsilon_t$）生成的过程与由 $y_t = 1 + 0.95 y_{t-1} + 0.01t + \varepsilon_t$ 生成的过程一致。

   d. 证明 1 阶平稳过程 $y_t = a_0 + a_1 y_{t-1} + a_2 t + \varepsilon_t$（式中，$|a_1| < 1$）可以写成 $y_t = c_0 + c_1 t + \mu_t$，式中，$\mu_t = c_2 \mu_{t-1} + \varepsilon_t$。

   同样地，运用待定系数法求 $c_0$、$c_1$ 和 $c_2$ 的值。

7. 随着我们阅读时间序列分析文献数量的增多，会发现不同的作者和不同的软件给出的 AIC 和 SBC 的方式不同。在本书所涉及的例子中，$\mathrm{AIC} = T\ln(SSR) + 2n$，$\mathrm{SBC} = T\ln(SSR) + n\ln(T)$，其中 $SSR$ 表示残差平方和。然而，其他普遍使用的公式有

$$\mathrm{AIC}^* = \frac{-2\ln(L)}{T} + \frac{2n}{T} \text{ 和}$$

$$\mathrm{SBC}^* = \frac{-2\ln(L)}{T} + \frac{n\ln(T)}{T}$$

和 $\mathrm{AIC}' = \exp\left(\dfrac{2n}{T}\right) \times \dfrac{SSR}{T}$

$\mathrm{SBC}' = T^{\frac{n}{T}} \times \dfrac{SSR}{T}$

式中，$SSR$ 是残差平方和；$\ln(L) = -\dfrac{T}{2}\ln(2\pi) - \dfrac{T}{2}\ln(\sigma^2) - \dfrac{1}{2}\sigma^2 SSR$，$\ln(L)$ 是式子右边的最大似然估计的对数值；$\sigma^2$ 是残差的标准差。

   a. Jennifer 用相同样本区间的数据，估计了两个不同的模型，并使用 $\mathrm{AIC}^* = \dfrac{-2\ln(L)}{T} + \dfrac{2n}{T}$ 评估它们的拟合优度；分别记为 $\mathrm{AIC}^*(1)$ 和 $\mathrm{AIC}^*(2)$。他得到的结果是：$\mathrm{AIC}^*(1) < \mathrm{AIC}^*(2)$。Justin 用相同样本区间的数据，估计了两个不同的模型，而拟合度的标准却使用 $\mathrm{AIC} = T\ln(SSR) + m$。证明 Justin 的结论一定是 $\mathrm{AIC}(1) < \mathrm{AIC}(2)$。

   提示：由于 $\mathrm{AIC}^*(1) < \mathrm{AIC}^*(2)$，所以，
   $\ln(2\pi) + \ln(\sigma_1^2) + T\left(\dfrac{1}{\sigma_1^2}\right)(SSR_1) + \dfrac{2n_1}{T} < \ln(2\pi) + \ln(\sigma^2) + T\left(\dfrac{1}{\sigma_2^2}\right)(SSR_2) + \dfrac{2n_2}{T}$。式中，$n_i$、$SSR_i$ 和 $\sigma_i^2$ 分别表示第 $i (i=1, 2)$ 个模型的参数的个数、残差平方和，以及残差的方差。重温一下，$\sigma^2$ 的估计值是 $\dfrac{SSR}{T}$。如果化简上述不等式，那么，请证明它等价于 $T\ln(SSR_1) + 2n_1 < T\ln(SSR_2) + 2n_2$。

   b. 证明：计算 SBC 的三种方法必须是相同的模型。

   c. 选择上述三组方法中的任意一组，证明 SBC 总是比 AIC 选择更简练的模型。

8. 文件 SIM_2.XLS 包括了本章中使用的模拟数据集。第一个序列用 Y1 表示，它包括了 2.7 节中模拟 AR(1) 过程的 100 个数值。使用这个序列进行下列操作（注意，考虑到数据处理和四舍五入导致的差异，答案只要

接近这里给出的结果就可以了)。
   a. 描绘序列的时序图。图形看起来平稳吗?
   b. 验证由表 2-2 给出的结果。
   c. 估计不含截距项的 AR(2) 过程,应该会得到如下方程(有效样本为 98)
   $$y_t = 0.710y_{t-1} + 0.105y_{t-2} + e_t$$
   $$(7.01) \quad (1.047)$$
   Ljung-Box $Q$ 统计量:$Q(8) = 5.13$,$Q(16) = 15.86$,$Q(24) = 21.02$。
   d. 估计不含截距项的 ARMA(1,1) 过程,应该会得到如下方程(有效样本为 99)
   $$y_t = 0.844y_{t-1} - 0.144\varepsilon_{t-1} + e_t$$
   $$(12.16) \quad (-1.12)$$
   验证残差的 ACF 和 PACF,表明残差不存在序列自相关。

9. 文件 SIM_2.XLS 的第二列包括了 2.7 节中估计 ARMA(1,1) 过程所使用的 100 个值,这个序列命名为 Y2。用这组数据进行下列操作(注意,考虑到数据处理和四舍五入导致的差异,答案只要接近这里给出的结果就可以了)。
   a. 描绘序列的时序图。序列看起来平稳吗?描绘出 ACF。
   b. 验证表 2-3 中的估计结果。
   c. 用纯 MA(2) 过程估计序列,应该得到估计方程(有效样本为 100)
   $$y_t = -1.15\varepsilon_{t-1} + 0.522\varepsilon_{t-2} + e_t$$
   $$(-13.22) \quad (5.98)$$
   验证在 Ljung-Box $Q$ 统计量 $Q(8) = 28.48$、$Q(16) = 37.47$ 和 $Q(24) = 38.8424$ 分别在 $0.000$、$0.000$ 和 $0.015$ 的显著水平下显著。
   d. 对比 MA(2) 过程和 ARMA(1,1) 过程。

10. 文件 SIM_2.XLS 的第三列包括了 2.7 节中估计 AR(2) 过程的 100 个值,以 Y3 表示这个序列。用这个序列的数据进行下列操作(注意,考虑到数据处理和四舍五入导致的差异,答案只要接近这里给出的结果就可以了)。
    a. 描绘序列的时序图。验证在 2.7 节中报告到的 ACF 和 PACF 的数值。对样本 ACF 和 PACF 与理论 AR(2) 过程中的 ACF 和 PACF 进行比较。
    b. 用 AR(1) 过程估计序列,得出的 AR(1) 过程的估计系数和 $t$ 统计量为
    $$y_t = 0.467y_{t-1} + e_t$$
    $$(5.24)$$
    证明标准诊断检验说明了 AR(1) 模型是不充分的。对 AR(1) 模型进行递归估计,并且绘出 CUSUM 的图形。
    c. ARMA(1,1) 过程能否生成 a 中的样本 ACF 和 PACF?用 ARMA(1,1) 过程估计序列,应该得出估计方程(有效样本为 99)
    $$y_t = 0.183y_{t-1} + 0.510\varepsilon_{t-1} + e_t$$
    $$(1.15) \quad (3.64)$$
    通过用 Ljung-Box $Q$ 统计量,证明 ARMA(1,1) 是不准确的。
    d. 用 AR(2) 过程估计序列,验证在 2.7 节讨论的 AR(2) 过程的结果。

11. 假如你未下载完编程手册的伴随文件和文件 QUARTERLY.XLS。
    a. 2.7 节检查成品 PPI 的价格。PPI 通过对数变化 $dly_t = \log(ppi_t) - \log(ppi_{t-1})$。证明 AR($\|1,3\|$) 模型比 AR(3) 模型和 ARMA(1,1) 模型更适合样品内 $dly_t$ 序列。
    b. 相比 ARMA(1,1) 模型,AR($\|1,3\|$) 模型的样品外适应性如何?
    c. AR($\|1,3\|$) 模型和 AR(3) 的样品外适应性比较存在什么问题?
    d. 用 AR(5) 和 ARMA(2,1) 模型(见补充手册第 32 页练习 2.1)做实验,与 AR($\|1,3\|$) 模型进行比较。

12. 编程手册的 2.9 节的文件 QUARTERLY.XLS 认为货币(Curr)变量存在几个季节性模型。
    a. 对 $curr_t$ 对数进行一阶差分,并在结果数列中获得 ACF 和 PACF。是季节模型最能反映 AR,MA,还是混合模型?为什

么使用 Box-Jenkins 方法估计一阶差分会存在问题？

b. 现在，获取一阶差分的季节性差分的 ACF 和 PACF。ACF 和 PACF 可能是什么模式的？

c. 尽管手册表明 ARMA(1, 1, 0)(0, 1, 1)具有样本内的最适性，准备一个该模型与 ARMA(0, 1, 1)(0, 1, 1)规范的仔细比较。

13. 文件 QUARTERLY.XLS 包括了许多的序列，包括美国工业生产指数(indoprod)、失业率(urate)和货物成品(finished)的生产价格指数。所有序列的样本区间为 1960 年第 1 季度到 2012 年第 4 季度。

a. 做关于美国工业生产指数的练习。

i. 构建序列的增长率 $y_t = \log(\text{indprod}_t) - \log(\text{indprod}_{t-1})$。因为最初的一些自回归呈 AR(1)过程，所以，得到的估计方程是 $y_t = 0.0028 + 0.600 y_{t-1} + \varepsilon_t$（$t$ 统计量分别是 2.96、10.95）。

ii. 证明：增加一个滞后 8 期的 MA 项能够提高拟合优度，并且可以消除序列相关性。当你仅在工业生产序列添加一个滞后 8 期时会有什么问题？

b. 做关于失业率的练习。

i. 画出序列的时间路径和 ACF。你是否会担心序列可能不与正态分布误差协方差平稳？

ii. 现在，忽略差分序列的必要性。估计 urate 包括常数项的 AR(2)过程，将会得到 $y_t = 0.226 + 1.65 y_{t-1} - 0.683 y_{t-2} + \varepsilon_t$。

iii. 计算差分方程确定部分的特征根，并讨论隐含调整部分的本质。

iv. 比较 ii 中作为 AR(1)过程估计序列的一阶差分得到的模型。

c. 做关于货物成品的练习。

i. 二阶差分并不常用。然而，我们构建核心 CPI 的通货膨胀率为 $dly_t = \log(\text{cpicore}_t) - \log(\text{cpicore}_{t-1})$。序列的 ACF 和 PACF 是否表明 Box-Jenkins 方法试图影响核心 CPI 的对数的二阶差分？

ii. 用 $d2ly_t$ 表示 $dly_t$ 的二阶差分。计算 $d2ly_t$ 序列的最佳模型。特别是，证明 MA(1)模型比 AR(1)模型更适合这些数据。

iii. MA(1)模型和 AR(1)模型哪个具有更好的预测性能？

iv. 运用 AR(2)过程估计 $dly_t$ 序列。从 2013 年第 1 季度开始，运用你的结果得到提前 1 到 12 步 $\text{cpicore}_t$ 序列的预测值。比较 $d2ly_t$ MA(1)模型的 $\text{cpicore}_t$ 预测值。（注意，你需要把你的预测值转换为 $\text{cpicore}_t$ 的预测值。）

14. 文件 QUARTERLY.XLS 包含了美国 1960 年第 1 季度到 2012 年第 4 季度的利率数据。如 2.10 节所讲到的，通过 10 年期的美国政府债券的收益率和三个月的国库券利率的差构建利率差。

a. 用整个样本期间的数据，估计 2.10 节中的 AR(7)模型和 ARMA(1, 1)模型。

b. 估计 1960 年第 1 季度到 2000 年第 4 季度的 AR(7)和 ARMA(1, 1)模型。得到提前 1 步预测和各自的提前 1 步前预测误差。如 2.10 节中一样，继续不断更新估计时期，最终，从每个模型中可以得到 50 个提前 1 步预测误差。令 $\{f_{1t}\}$ 表示 AR(7)模型的预测值，$\{f_{2t}\}$ 表示 ARMA(1, 1)的预测值。应得到预测值的特征为

$$y_{2000Q3+t} = 0.0536 + 0.968 f_{1t}$$ 和
$$y_{2000Q3+t} = -0.005 + 1.000 f_{2t}$$

这些预测值是无偏的吗？

c. 使用绝对平均误差构建 Diebold-Mariano 检验。这个结果与 2.10 节中的结果相比较，怎么样？

d. 使用 Granger-Newbold 检验比较 AR(7) 模型和 ARMA(1,1) 模型。
e. 构建利率差的 1 阶差分的 ACF 和 PACF。建议使用何种模型？
f. 证明：用含有滞后 2 期的自回归（AR）项和滞后期为 3 和 8 的移动平均（MA）项的模型所得到的拟合优度较本章中列出的任何模型的都要高。

15. 文件 QUARTERLY.XLS 包括了用 M1（M1NSA）和 M2（M2NSA）衡量的美国的货币供给量。这些序列都未进行过季节调整，只是 1960 年第 1 季度到 2012 年第 1 季度的数据的季节平均。
    a. 重新计算 2.11 节的 M1 的结果。
    b. 在 2.11 节中关于 M1 的三个模型，如何和带有季节 AR(1) 的相比较，其中，季节 AR(1) 中含有 MA(1)。
    c. 计算 M2NSA 序列增长率的 ACF。ACF 建议选择哪种模型？
    d. 回顾季节性差分增长率 $m2_t$。估计一个伴随着季节性 MA 项，时间为 1962 年第 3 季度到 2012 年第 4 季度的 AR(1) 模型。应该可以得到 $m2_t = 0.541$ $2m2_{t-1} + \varepsilon_t - 0.8682\varepsilon_{t-4}$。证明这个模型要比下面的三种模型更合理。第一种模型是：带有季节 AR 项的 AR(1) 模型；第二种模型是：带有季节 AR 项的 MA(1) 模型；第三种模型是：带有季节 MA 项的 MA(1) 模型。
    e. 为了消除残差中的序列相关性，你认为应该包括滞后期为 2 的 MA 项吗？

16. 在文件 Y-BREAK.XLS 中，包含序列 $y_t = 1 + 0.5y_{t-1} + (1 + 0.1y_{t-1})D_t + \varepsilon_t$ 的 150 个观测值。其中，$D_t$ 为虚拟变量，当 $t < 101$ 时，$D_t$ 等于 0，当 $t \geq 101$ 时，$D_t$ 等于 1.5。
    a. 解释模型的表达式，如何使截距由 1 上升为 2.5，并且 AR(1) 系数由 0.5 上升到 0.65。
    b. 运用这组数据，验证实例中的结果。
    c. 从 101 时期开始，估计截距减小的原因是什么？
    d. 估计序列的 AR(2) 过程。在何种意义上，AR(2) 比 a 中估计的 AR(1) 模型更优？
    e. 实现 AR(2) 模型的递归估计，并且描绘出 CUSUM。AR(2) 模型合理吗？

# 第 3 章

# 波动性建模

## 本章学习目标

1. 阐述与经济时间序列数据性质有关的"定式化事实"。
2. 介绍基本 ARCH 模型和 GARCH 模型。
3. 阐述 ARCH 模型和 GARCH 模型如何用于估计通货膨胀率的波动性。
4. 述 GARCH 模型如何捕捉石油价格、美国真实 GDP 和利差的波动。
5. 阐述一个 GARCH 模型如何被用来估计某一经济部门的风险。
6. 展示用 ARCH 模型如何估计一个随时间变化的风险溢价。
7. 阐述 GARCH(1,1) 模型的特性并用 GARCH 模型进行预测。
8. 得到一个 GARCH 过程的最大似然函数。
9. 介绍 GARCH 的其他几个重要形式,包括 IGARCH、非对称 TARCH 和 EGARCH 模型。
10. 阐述用 NYSE100 指数估计 GARCH 模型的过程。
11. 阐述如何用多元 GARCH 模型来捕捉波动溢出。
12. 形成波动脉冲响应函数并阐述用汇率数据的估计方法。

许多经济时间序列都不具有恒定的均值,大多数序列在呈现出阶段性的相对平稳之后又表现为剧烈波动的特征。当前,许多计量经济学研究都用扩展的 Box-Jenkins 方法来分析这类时间序列行为。

## 3.1 定式化的经济时间序列

图 3-1~图 3-6 描绘了在宏观经济学分析中经常关注的一些重要变量的行为。非规范检验的确有其缺陷,我们必须用规范检验来证实根据第一印象做出的判断。但是,由图可以很明显地看出,这些序列是非平稳的,样本均值并不恒定,有很显著的异方差性。我们可以用以下的"定式化事实"来描述这类序列的关键特征。

**（1）大多数序列包含明显的趋势。** 实际和潜在 GDP、消费以及投资（见图 3-1）都呈现出明显的上升趋势。注意，实际消费比实际 GDP 更平稳，实际投资比实际 GDP 波动性更大。

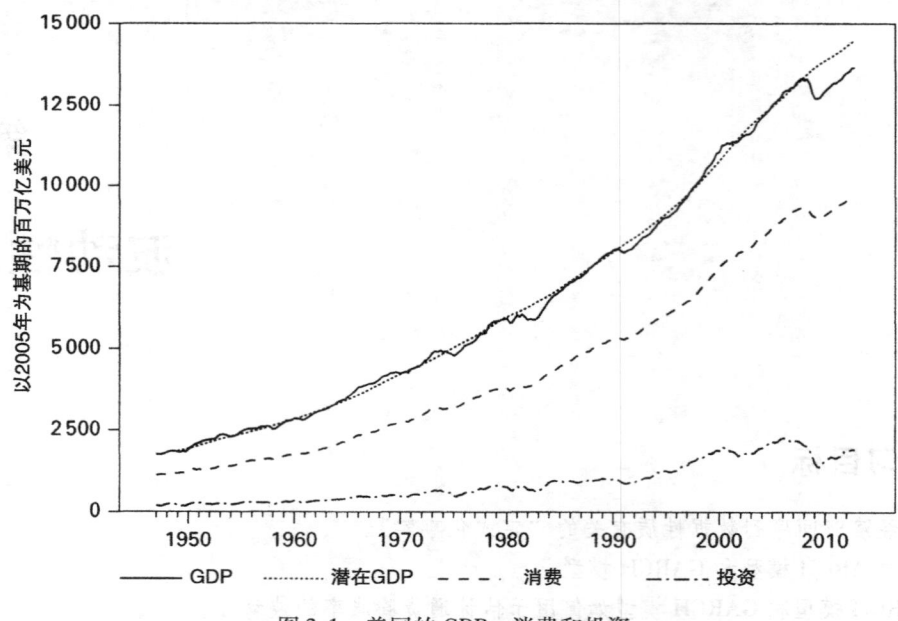

图 3-1　美国的 GDP、消费和投资

**（2）许多序列的波动并不会一直持续。** 实际投资在 20 世纪 60 年代的大多数时期内平稳增长，但在 70 年代和 2007 年金融危机爆发时剧烈波动。注意，实际 GDP 的波动性在 1984 年出现下降，并在 2007 年出现了一个负峰值，然后保持平稳（见图 3-2）。纽约证券交易所 100 家全球领先的股票综合指数每日的变化就更为戏剧性，如图 3-3 我们可以看到，股市既有看上去很平静的

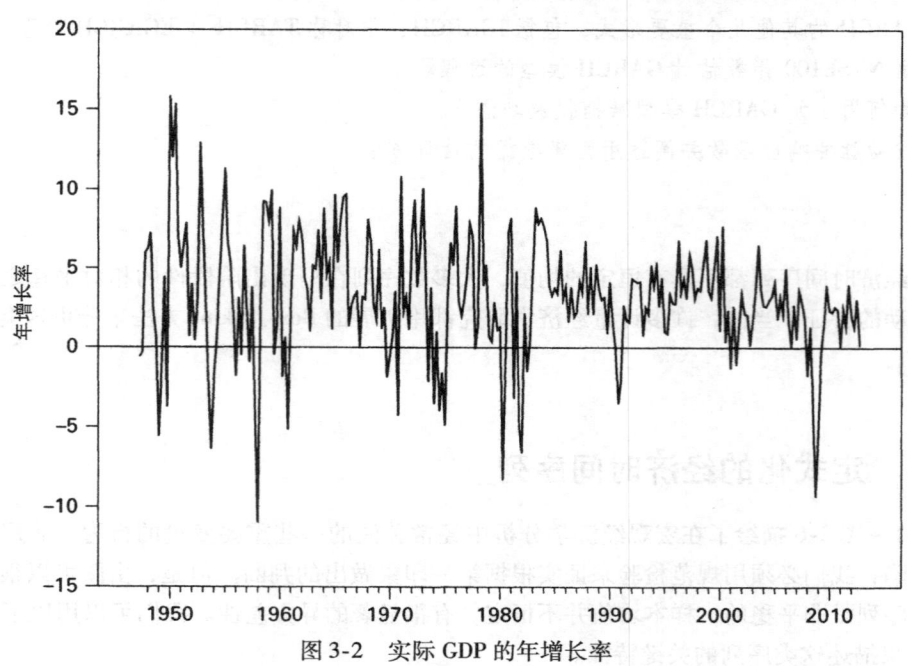

图 3-2　实际 GDP 的年增长率

时候，也有大涨或大跌的时候。这类序列被称为条件异方差，即使无条件(长期)方差是恒定的，但也存在方差相对较高的时期。

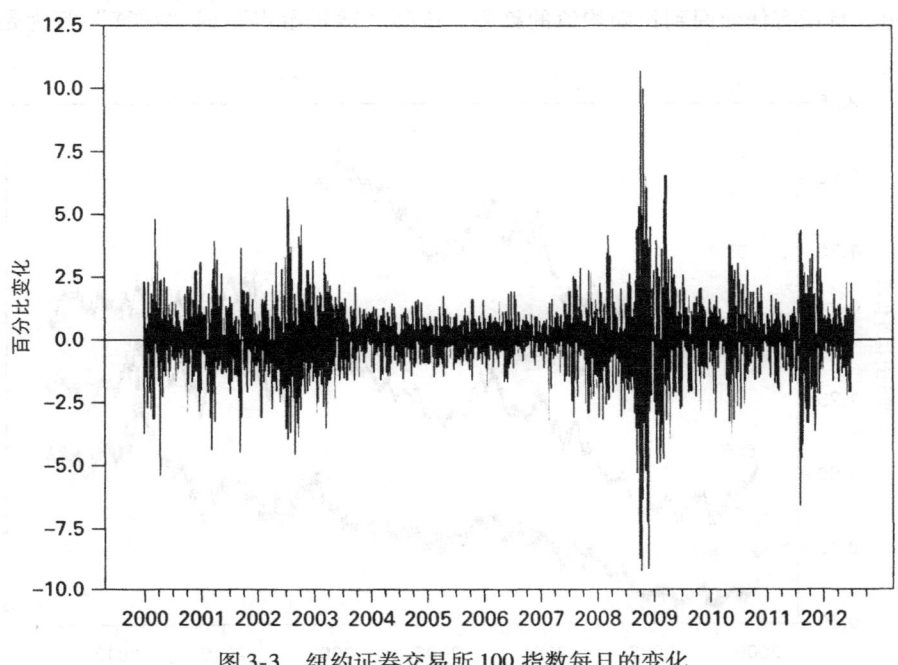

图 3-3　纽约证券交易所 100 指数每日的变化
(2000 年 1 月 4 日~2012 年 7 月 16 日)

**(3) 对序列的冲击都呈现出较大程度的持续性**。如图 3-4 所示，两个利率序列既没有明显的上升趋势，又没有明显的下降趋势，但是这两个趋势都呈现出较大程度的持续性。请注意，3 个月国库券利率在 20 世纪 70 年代猛增了两次，然后在高位持续了很多年。类似地，在 20 世纪 80 年代的一次猛降之后，利率再也没有回复到 80 年代前期的水平。

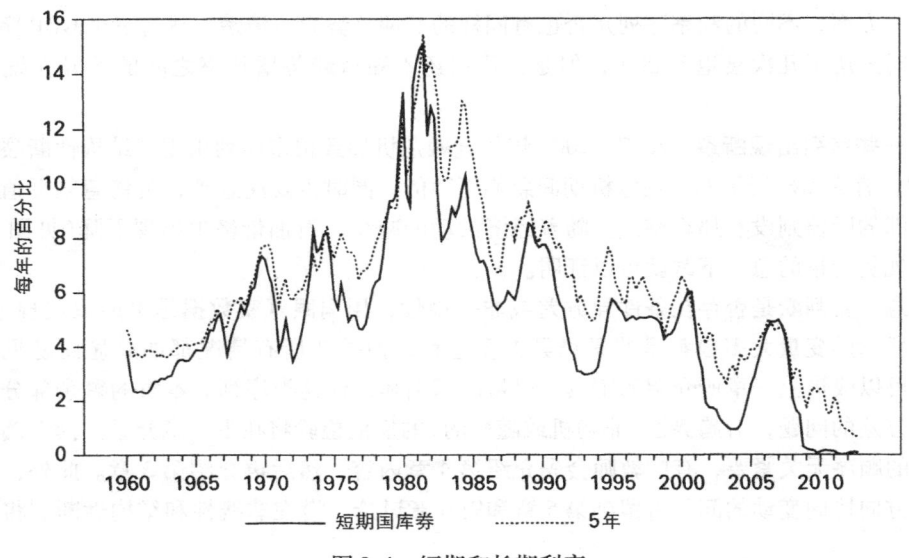

图 3-4　短期和长期利率

(4) **有些序列看起来散漫无序**。欧元和瑞士法郎都出现了轻微的上涨趋势，而英镑（如图3-5）则没有出现明显的上升或下降的倾向。但是，在短期内，这三种汇率仿佛在持续的升值之后忽然贬值，且没有任何回到长期均值的趋势，这种"随机游走"或"漂移"行为是典型的非平稳序列。

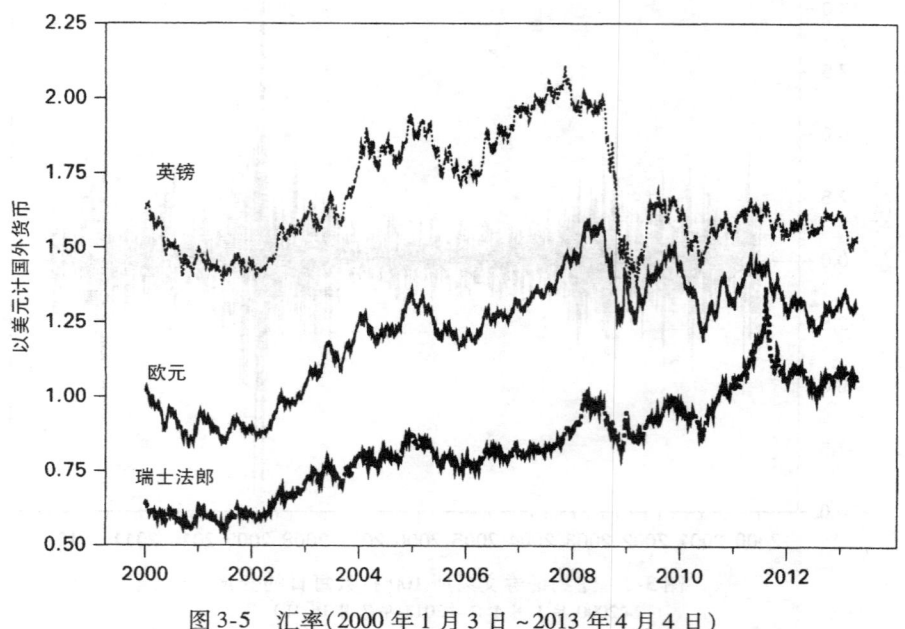

图3-5 汇率（2000年1月3日～2013年4月4日）

(5) **有些序列与其他序列同方向协同变动**。单独地看，3个月国库券利率和5年期的美国政府债券的收益率都没有呈现出任何回到长期均值的趋势。但是，很明显，这两个序列从未相隔很远。此外，3个月国库券利率的巨大冲击似乎在时间上与对5年期政府债券收益率的冲击相似。因为驱动短期和长期利率变化的因素是相似的，所以，这种同方向协同变动趋势的存在其实并不奇怪。另一方面，不同的利率序列是否也有同样的长期趋势尚不清楚。尽管三个GDP序列的走势似乎都同时经历了几次衰退和膨胀，但是，我们还不知道趋势增长率之间的差异在统计上是否显著。

(6) **一些序列出现断裂**。2007～2008年的金融危机导致很多序列出现了结构性断裂。请注意实际GDP、消费和投资是如何在危机期间急剧下降的。同时也要注意到，英镑急剧贬值，而欧元和瑞士法郎的贬值则没有那么剧烈。随着经济活动的减少，石油价格也出现下降（见图3-6），布兰特原油现货价格的急剧下跌就可以证明。

请注意，要判断是否存在条件异方差或非平稳性，用肉眼观察数据是不能取代规范检验的。虽然如图所示的变量大多数都是非平稳异方差过程，但并非所有情况都如此显而易见。幸运的是，我们可以改进上一章所介绍的工具，以帮助识别和估计这类序列。本章的剩余部分将主要讨论条件异方差的问题，对趋势性（非随机或随机的）的规范检验将在下一章介绍。读者阅读第3章和第4章的顺序无关紧要，有些教师会先介绍第4章内容，然后再介绍第3章。此外，多元时间序列的同方向协同变动的问题将留到第5章和第6章讨论。潜在非线性和结构性断裂将在第7章讨论。

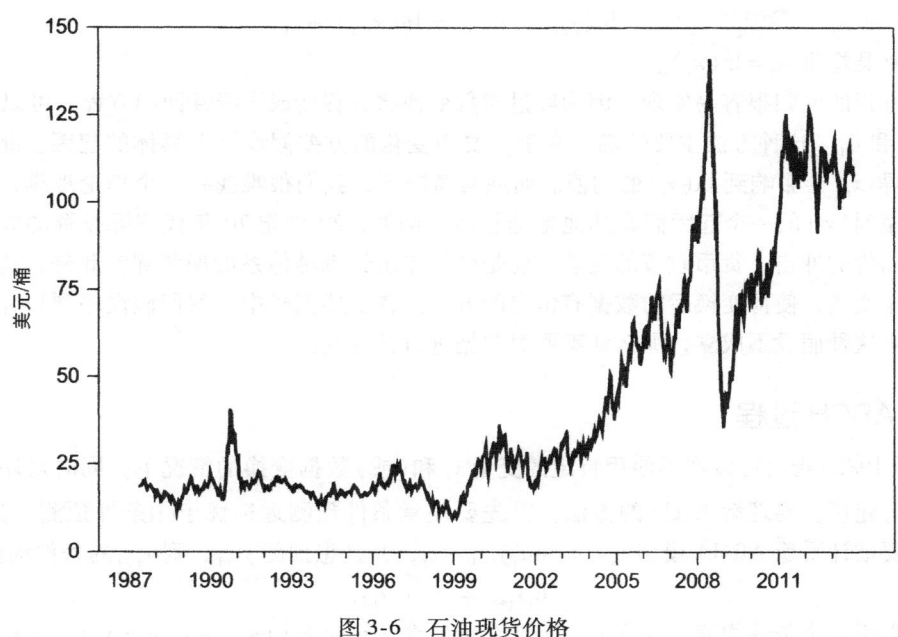

图 3-6 石油现货价格

## 3.2 ARCH 和 GARCH 过程

在传统计量经济学模型中,都假设干扰项的方差为常数。但是,图 3-2 和 3-3 都显露出许多经济时间序列具有非常大的、波动持续一段时间后又会持续一段时间相对稳定的冲击,并且是循环往复的。在这种情况下,假设方差为常数(**同方差**(homoskedasticity))是不恰当的。很多时候,我们都可能需要预测一个序列的条件方差。作为一个资产持有者,我们会对该资产在持有期间的回报率及其方差的预测感兴趣。如果我们打算在 $t$ 期买进该资产,在 $t+1$ 期卖出,无条件方差(即对方差的长期预测)就不再重要了。

预测方差的一种方法是引入一个独立变量来估计波动性。先考察最简单的情况,表示为

$$y_{t+1} = \varepsilon_{t+1} x_t$$

式中 $y_{t+1}$——利率变量;

$\varepsilon_{t+1}$——方差为 $\sigma^2$ 的白噪声干扰项;

$x_t$——在 $t$ 期观察到的解释变量。

如果 $x_t = x_{t-1} = x_{t-2} = \cdots =$ 常数,那么,序列 $\{y_t\}$ 就是我们所熟悉的方差恒定的白噪声过程。但是,如果序列 $\{x_t\}$ 的观测值不完全相等,则基于可观察值 $x_t$ 的 $y_{t+1}$ 的条件方差为

$$\text{var}(y_{t+1} \mid x_t) = x_t^2 \sigma^2$$

在这里,$y_{t+1}$ 的条件方差取决于 $x_t$ 的观测值。由于可以观测到 $t$ 期的 $x_t$ 的值,所以,就可以算出 $x_t$ 条件下 $y_{t+1}$ 的条件方差。如果 $(x_t)^2$ 的数值大(或小),则相应的 $y_{t+1}$ 的条件方差也大(或小)。如果 $\{x_t\}$ 的连续数值间呈现出序列正相关(即通常较大值 $x_t$ 后的 $x_{t+1}$ 值也较大),则序列 $\{y_t\}$ 的条件方差也呈现出序列正相关。这样,序列 $\{x_t\}$ 的引入就可以解释序列 $\{y_t\}$ 的阶段性波动。实际操作中,我们需要修改这个基本模型,引入系数 $\alpha_0$ 和 $\alpha_1$,并估计其对数形式的回归方程

$$\ln(y_t) = \alpha_0 + \alpha_1 \ln(x_{t-1}) + e_t$$

式中，$e_t$ 为误差项 $[e_t = \ln(\varepsilon_t)]$。

这个方程的回归很容易实现，因为经过对数变换将方程变成了线性回归方程，可以用 OLS 直接估计 $\alpha_0$ 和 $\alpha_1$。这种方法主要的难点在于，要为变化的方差假设一个具体的起因。此外，这种方法还使得 $\{x_t\}$ 会影响到 $\ln(y_t)$ 的均值。而通常情况下，我们很难找到一个理论根据，说明为什么要选择序列 $\{x_t\}$ 的一个起因而非其他备选起因。例如，20 世纪 70 年代实际投资的大幅波动究竟是由于油价的冲击、货币政策的变动，还是由于布雷顿森林体系的崩溃呢？此外，这种方法需要将数据作变换，使得变换后的数据有恒定的方差。在上述例子中，我们假设序列 $\{\varepsilon_t\}$ 有恒定方差，但如果这种假设不成立，那么就需要对数据进行其他变换。

### 3.2.1 ARCH 过程

Engle(1982) 指出可以在不使用特定的变量 $x_t$ 和(或)数据变换的情况下，同时对序列的均值和方差进行建模。要理解 Engle 的方法，首先要注意条件预测远远优于无条件预测。具体而言，如果我们要估计平稳 ARMA 模型 $y_t = a_0 + a_1 y_{t-1} + \varepsilon_t$，并且想预测 $y_{t+1}$，则 $y_{t+1}$ 的条件均值为

$$E_t y_{t+1} = a_0 + a_1 y_t$$

若我们用这个条件均值去预测 $y_{t+1}$，则预测误差方差为 $E_t[(y_{t+1} - a_0 - a_1 y_t)^2] = E_t \varepsilon_{t+1}^2 = \sigma^2$。相反，如果使用无条件预测，则无条件预测通常为序列 $\{y_t\}$ 的长期均值，即 $\dfrac{a_0}{1 - a_1}$。无条件预测误差方差为

$$E\left\{\left[y_{t+1} - \frac{a_0}{1-a_1}\right]^2\right\} = E[(\varepsilon_{t+1} + a_1 \varepsilon_t + a_1^2 \varepsilon_{t-1} + a_1^3 \varepsilon_{t-2} + \cdots)^2] = \frac{\sigma^2}{1 - a_1^2}$$

由于 $\dfrac{1}{1 - a_1^2} > 1$，所以，无条件预测方差大于条件预测方差。因此，条件预测更好，其原因在于它考虑了序列现在和过去的观测值。

类似地，如果序列 $\{\varepsilon_t\}$ 的方差不恒定，就可以用 ARMA 模型来估计方差持续变动的趋势。例如，如果用 $\{\hat{\varepsilon}_t\}$ 表示模型 $y_t = a_0 + a_1 y_{t-1} + \varepsilon_t$ 的残差估计值，那么 $y_{t+1}$ 的条件方差为

$$\text{var}(y_{t+1} | y_t) = E_t[(y_{t+1} - a_0 - a_1 y_t)^2] = E_t(\varepsilon_{t+1})^2$$

至此，我们都设 $E_t(\varepsilon_{t+1})^2$ 等于常数 $\sigma^2$。现在若假设条件方差不是恒定的常数，则一个简单的解决方法是用残差估计值的平方将条件方差建模为 AR($q$) 过程

$$\hat{\varepsilon}_t^2 = \alpha_0 + \alpha_1 \hat{\varepsilon}_{t-1}^2 + \alpha_2 \hat{\varepsilon}_{t-2}^2 + \cdots + \alpha_q \hat{\varepsilon}_{t-q}^2 + v_t \tag{3-1}$$

式中，$v_t$ 为白噪声过程。

如果 $\alpha_1$，$\alpha_2$，…，$\alpha_n$ 都等于零，则方差估计值就为常数 $\alpha_0$，否则，$y_t$ 的条件方差会依照式 (3-1) 所示的自回归过程而变化。同样，我们可以用式 (3-1) 把 $t+1$ 期的条件方差预测为

$$E_t \hat{\varepsilon}_{t+1}^2 = \alpha_0 + \alpha_1 \hat{\varepsilon}_t^2 + \alpha_2 \hat{\varepsilon}_{t-1}^2 + \cdots + \alpha_q \hat{\varepsilon}_{t+1-q}^2$$

因此，我们把式 (3-1) 所表示的模型称为**自回归条件异方差**(autoregressive conditional heteroskedastic，ARCH)模型。因为式 (3-1) 中的残差可以来自一个自回归、一个 ARMA 模型，或者一个标准回归模型，所以，ARCH 模型有许多用途。

实际上，式 (3-1) 的线性表达式并非是最便捷的，因为 $\{y_t\}$ 的模型和条件方差可以采用最大似然估计法一起估计出来。相对于式 (3-1) 的描述，将 $v_t$ 表示为乘法干扰项更易处理。

Engle(1982)提出的乘法条件异方差模型中最简单的一例为

$$\varepsilon_t = \nu_t \sqrt{\alpha_0 + \alpha_1 \varepsilon_{t-1}^2} \tag{3-2}$$

式中，$\nu_t$ 表示白噪声过程，满足 $\sigma_\nu^2 = 1$；$\nu_t$ 和 $\varepsilon_{t-1}$ 相互独立；$\alpha_0$ 和 $\alpha_1$ 都为常数，且 $\alpha_0 > 0$，$0 \leq \alpha_1 \leq 1$。

考察序列 $\{\varepsilon_t\}$ 的特性。由于 $\nu_t$ 为白噪声过程，且与 $\varepsilon_{t-1}$ 相互独立，易得序列 $\{\varepsilon_t\}$ 的各元素的均值为零，且不相关，其证明过程很简单。下面计算 $\{\varepsilon_t\}$ 的无条件期望，由于 $E\nu_t = 0$，故有

$$E\varepsilon_t = E[\nu_t(\alpha_0 + \alpha_1\varepsilon_{t-1}^2)^{\frac{1}{2}}] = E\nu_t E(\alpha_0 + \alpha_1\varepsilon_{t-1}^2)^{\frac{1}{2}} = 0 \tag{3-3}$$

由于 $E\nu_t\nu_{t-i} = 0$，于是，也得到

$$E\varepsilon_t\varepsilon_{t-i} = 0, \quad i \neq 0 \tag{3-4}$$

$\varepsilon_t$ 的无条件方差的推导也是显而易见的，求 $\varepsilon_t$ 的平方并计算其无条件期望，有

$$E\varepsilon_t^2 = E[\nu_t^2(\alpha_0 + \alpha_1\varepsilon_{t-1}^2)] = E\nu_t^2 E(\alpha_0 + \alpha_1\varepsilon_{t-1}^2)$$

由于 $\sigma_\nu^2 = 1$，$\varepsilon_t$ 的无条件方差等于 $\varepsilon_{t-1}$ 的无条件方差（即 $E\varepsilon_t^2 = E\varepsilon_{t-1}^2$），所以，无条件方差为

$$E\varepsilon_t^2 = \frac{\alpha_0}{1 - \alpha_1} \tag{3-5}$$

因此，无条件均值和方差不受式(3-2)中的误差过程的影响。类似地，易知 $\varepsilon_t$ 的条件均值等于零。因为已知 $\nu_t$ 和 $\varepsilon_{t-1}$ 相互独立，且 $E\nu_t = 0$，则 $\varepsilon_t$ 的条件均值为

$$E(\varepsilon_t \mid \varepsilon_{t-1}, \varepsilon_{t-2}, \cdots) = E_{t-1}\nu_t E_{t-1}(\alpha_0 + \alpha_1\varepsilon_{t-1}^2)^{\frac{1}{2}} = 0$$

这时，因为均值为零，方差恒定，且所有自协方差都为零，由此，我们也许会认为序列 $\{\varepsilon_t\}$ 的特性不受式(3-2)的影响。但是，式(3-2)的影响却全部反映在条件方差上。由于 $E\nu_t^2 = 1$，所以，基于历史数据 $\varepsilon_{t-1}$，$\varepsilon_{t-2}$，$\cdots$，得到 $\varepsilon_t$ 的条件方差为

$$E[\varepsilon_t^2 \mid \varepsilon_{t-1}, \varepsilon_{t-2}, \cdots] = \alpha_0 + \alpha_1\varepsilon_{t-1}^2 \tag{3-6}$$

在式(3-6)中，$\varepsilon_t$ 的条件方差取决于 $\varepsilon_{t-1}^2$ 的已知值。如果 $\varepsilon_{t-1}^2$ 偏大，则 $t$ 期的条件方差也会偏大。式(3-6)中，条件方差遵循以 ARCH(1) 模型为代表的 1 阶自回归过程。与通常的自回归不同，系数 $\alpha_0$ 和 $\alpha_1$ 必须有限制。为了保证条件方差始终为正数，我们必须假设 $\alpha_0$ 和 $\alpha_1$ 都是正数。毕竟，如果 $\alpha_0$ 为负，一个足够小的已知值 $\varepsilon_{t-1}$ 就意味着式(3-6)为负。同样，如果 $\alpha_1$ 为负，一个足够大的已知值 $\varepsilon_{t-1}$ 就会使条件方差为负。此外，为了保证自回归过程的稳定性，我们必须限制 $\alpha_1$，使取值范围为 $0 \leq \alpha_1 \leq 1$。

式(3-3)~式(3-6)说明了所有 ARCH 过程的本质特征。在一个 ARCH 模型中，误差项的条件均值和无条件均值都等于零。此外，因为对于所有 $s \neq 0$，$E\varepsilon_t\varepsilon_{t-s} = 0$，所以，序列 $\{\varepsilon_t\}$ 为序列不相关。但关键的问题是误差并不是相互独立的，因为它们通过第二个时期相互关联（回想一下，相关是一种线性关系）。条件方差本身是一个导致条件异方差的自回归过程，当 $\varepsilon_{t-1}$ 的已知值远离零时，$\alpha_1\varepsilon_{t-1}^2$ 相对较大，于是 $\varepsilon_t$ 的方差将变大。正如我们常常见到的那样，$\{\varepsilon_t\}$ 的条件异方差将导致 $\{y_t\}$ 也为异方差。因此，ARCH 模型能够表示出序列 $\{y_t\}$ 中阶段性的稳定和波动。

图 3-7 中的四个图描述了两种不同的 ARCH 模型。图 3-7a 代表的序列 $\{\nu_t\}$ 是一个序列不相关、服从正态分布的随机变量，有 100 个样本观测值。由非规范检验可见，序列 $\{\nu_t\}$ 看起来像在围绕着均值零波动且有恒定的方差。请注意，在 50 和 60 之间，波动性轻微增大。假设初始条件为 $\varepsilon_0 = 0$，那么，就可以利用式(3-2)，通过序列 $\{\nu_t\}$ 的这些观测值求出序列 $\{\varepsilon_t\}$ 在 $\alpha_0 = 1$ 和 $\alpha_1 = 0.8$ 时的 100 个样本值。如图 3-7b 所示，序列 $\{\varepsilon_t\}$ 的均值也为零，但其方差的波动性好像在 $t = 50$ 附近有所增大。

那么，误差结构又会怎样影响序列 $\{y_t\}$ 呢？显然，如果自回归参数 $a_1$ 等于零，$y_t$ 就是 $\varepsilon_t$。因此，图 3-7b 可以用来描述当 $a_1 = 0$ 时序列 $\{y_t\}$ 的时间路径。图 3-7c 和 d 显示了序列 $\{y_t\}$ 分别在 $a_1 = 0.2$ 和 $a_1 = 0.9$ 时的行为特征(时间路径)。应当注意的是，ARCH 误差结构和序列 $\{y_t\}$ 的自相关参数相互作用。比较图 3-7c 和 d 可知，$\{y_t\}$ 的波动性随 $a_1$ 和 $\alpha_1$ 的变大而增大。直观的解释为，$v_t$ 中任何异常大的冲击(就绝对值而言)都与序列 $\{\varepsilon_t\}$ 的持续较大的方差有关，$\alpha_1$ 越大，持续时间越长。此外，自回归参数 $a_1$ 越大，$y_t$ 中给定的变化就越持久。$\{y_t\}$ 保持远离均值的趋势越强，方差就越大。

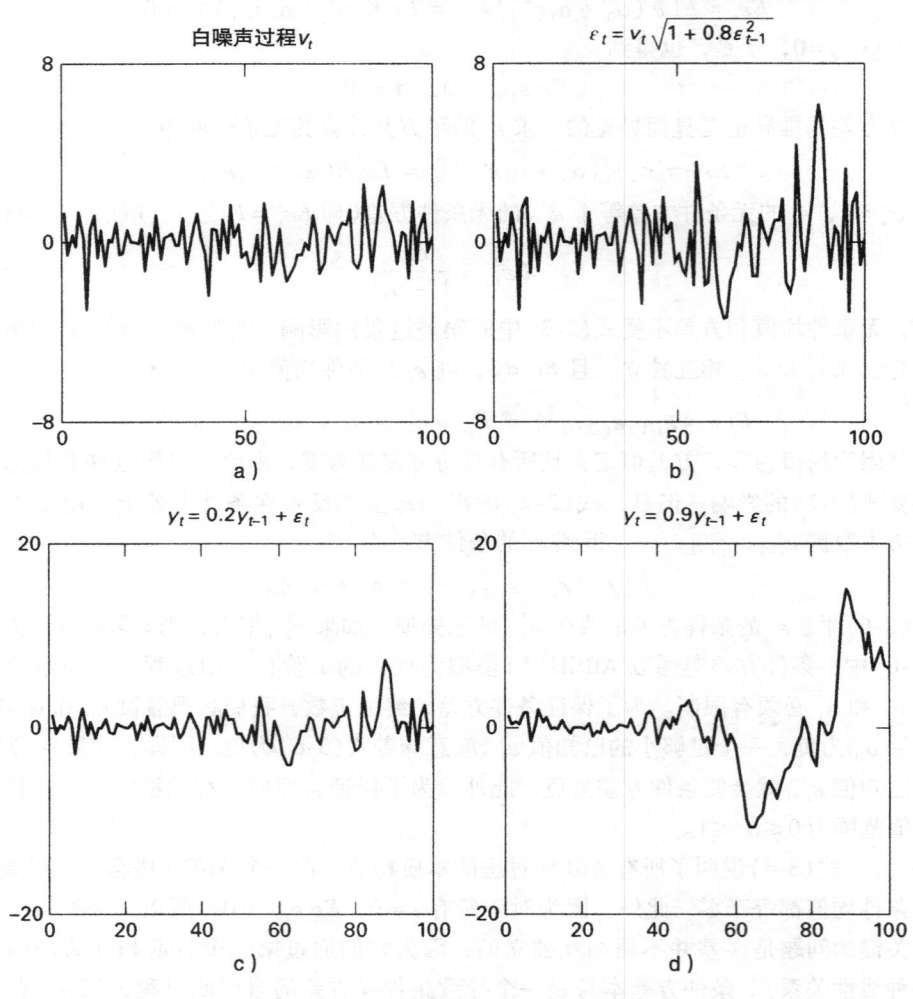

图 3-7 模拟的 ARCH 过程

为了对序列 $\{y_t\}$ 的特性进行正规检验，须知条件均值和方差为

$$E_{t-1} y_t = a_0 + a_1 y_{t-1}$$

和

$$\mathrm{var}(y_t \mid y_{t-1}, y_{t-2}, \cdots) = E_{t-1}(y_t - a_0 - a_1 y_{t-1})^2 = E_{t-1}(\varepsilon_t)^2 = \alpha_0 + \alpha_1 (\varepsilon_{t-1})^2$$

由于 $\alpha_1$ 和 $\varepsilon_{t-1}^2$ 不能为负，所以，条件方差的最小值为 $\alpha_0$。对于任意非零的观测值 $\varepsilon_{t-1}$，$y_t$ 的条件方差都与 $\alpha_1$ 正相关。我们可以通过解 $y_t$ 的差分方程，然后取期望，就可以得到 $y_t$ 的无条件均值和方差。如果这个过程从足够远的过去开始(即能保证任意的常数 $A_0$ 可以被忽略)，则 $y_t$ 的解为

$$y_t = \frac{a_0}{1-a_1} + \sum_{i=0}^{\infty} a_1^i \varepsilon_{t-i} \tag{3-7}$$

由于对所有 $t$，都有 $E\varepsilon_t = 0$，因而式(3-7)的无条件期望为 $Ey_t = \frac{a_0}{1-a_1}$。无条件方差可以利用式(3-7)通过类似的方式获得。由于对于所有的 $i$，当 $i \neq 0$ 时，$E\varepsilon_t\varepsilon_{t-i}$ 都为零，所以，$y_t$ 的无条件方差可直接从式(3-7)得到，其结果为

$$\text{var}(y_t) = \sum_{i=0}^{\infty} a_1^{2i} \text{var}(\varepsilon_{t-i})$$

又由于 $\varepsilon_t$ 的无条件方差为常数 $\left[\text{即，var}(\varepsilon_t) = \text{var}(\varepsilon_{t-1}) = \text{var}(\varepsilon_{t-2}) = \cdots = \frac{\alpha_0}{1-\alpha_1}\right]$，于是，有

$$\text{var}(y_t) = \left(\frac{\alpha_0}{1-\alpha_1}\right)\left(\frac{1}{1-a_1^2}\right)$$

显然，序列 $\{y_t\}$ 的方差随 $\alpha_1$ 以及 $a_1$ 的绝对值的增大而增大。虽然计算稍显冗长，但关键在于 ARCH 误差过程能够用来对单变量某一时期的波动性进行建模。

式(3-2)中的 ARCH 过程还有许多有趣的延伸。Engle 的原始模型(1982)考虑到了所有类型的高阶 ARCH($q$) 过程

$$\varepsilon_t = v_t \sqrt{\alpha_0 + \sum_{i=1}^{q} \alpha_i \varepsilon_{t-i}^2} \tag{3-8}$$

式(3-8)中，从 $\varepsilon_{t-1}$ 到 $\varepsilon_{t-q}$ 的所有冲击都对 $\varepsilon_t$ 有着直接的影响，以至于条件方差就像一个 $q$ 阶自回归过程。证明用式(3-1)对 $E_t\varepsilon_{t+1}^2$ 做出的预测和式(3-8)具有完全相同的形式是一个很好的练习。

## 3.2.2 GARCH 模型

Bollerslev(1986) 扩展了 Engle 的原始模型，引入了一种允许条件方差转化为一个 ARMA 过程的方法。现在，假定误差过程为

$$\varepsilon_t = v_t \sqrt{h_t}$$

式中，$\sigma_v^2 = 1$，且

$$h_t = \alpha_0 + \sum_{i=1}^{q} \alpha_i \varepsilon_{t-i}^2 + \sum_{i=1}^{p} \beta_i h_{t-i} \tag{3-9}$$

由于 $\{v_t\}$ 是白噪声过程，因此，$\varepsilon_t$ 的条件和无条件均值都等于零。对 $\varepsilon_t$ 取期望，易证明

$$E\varepsilon_t = Ev_t(h_t)^{\frac{1}{2}} = 0$$

值得注意的是，$\varepsilon_t$ 的条件方差是由 $E_{t-1}\varepsilon_t^2 = h_t$ 给出的，因此，$\varepsilon_t$ 的条件方差就是由式(3-9)中的 $h_t$ 给出的 ARMA 过程。

我们把由式(3-9)表述的**扩展的**(generalized) ARCH($p$, $q$) 模型称为 GARCH($p$, $q$)，它同时考虑到了自回归和异方差中的移动平均成分。如果我们令 $p=0$、$q=1$，很明显，式(3-2)给出的 1 阶 ARCH 模型就是一个 GARCH(0, 1) 模型。类似地，如果所有 $\beta_i$ 等于零，GARCH($p$, $q$) 模型就等同于一个 ARCH($q$) 模型。GARCH 模型的优点显而易见，一个高阶的 ARCH 模型可能有一个更为简洁且更易识别和估算的 GARCH 表达式。由于式(3-9)中所有系数都必须为正，因而这一优点显得尤其突出。显然，模型越简洁，对系数的限制越少。此外，为保证条件方差是有限的，式(3-9)的所有特征根都必须在单位圆内。[1]

GARCH 模型的重要特征是序列 $\{y_t\}$ 的干扰项的条件方差构成了一个 ARMA 过程。因此，可以设想，拟合的 ARMA 模型的残差平方应该表现出这一特征形态。为了解释这个问题，假设将 $\{y_t\}$ 估计成一个 ARMA 过程。如果这个模型恰当，则残差的 ACF 和 PACF 应该表现为白噪声过程。但是，残差平方的 ACF 可以帮助识别 GARCH 过程的顺序。式(3-9)看起来非常像一个标准的 ARCH($p$, $q$) 过程。同样地，如果存在条件异方差，残差平方的相关图应该对这一过程有所体现。绘制残差平方值的相关图的步骤如下。

**第1步**：用最优拟合的 ARMA 模型（或回归模型）估计序列 $\{y_t\}$，得到拟合模型误差的平方值 $\{\hat{\varepsilon}_t^2\}$，同时，计算残差的样本方差($\hat{\sigma}^2$)，其定义为

$$\hat{\sigma}^2 = \frac{\sum_{t=1}^{T} \hat{\varepsilon}_t^2}{T}$$

式中，$T$ 为残差的样本个数。

**第2步**：计算并绘制残差平方值的样本自相关系数 $\rho_i$，即

$$\rho_i = \frac{\sum_{t=i+1}^{T}(\hat{\varepsilon}_t^2 - \hat{\sigma}^2)(\hat{\varepsilon}_{t-i}^2 - \hat{\sigma}^2)}{\sum_{t=1}^{T}(\hat{\varepsilon}_t^2 - \hat{\sigma}^2)^2}$$

**第3步**：回忆第2章，在大样本中，$\rho_i$ 的标准离差可近似为 $\frac{1}{\sqrt{T}}$。2个别显著不为零的 $\rho_i$ 值体现了 GARCH 的误差。Ljung-Box 的 $Q$ 检验可以用来检验一组系数的显著性。如同第2章中所述，若序列 $\{\hat{\varepsilon}_t^2\}$ 序列不相关，则统计量

$$Q = \frac{T(T+2)\sum_{i=1}^{n}\rho_i^2}{T-i}$$

服从自由度为 $n$ 的渐近 $\chi^2$ 分布。拒绝序列 $\{\hat{\varepsilon}_t^2\}$ 不相关的原假设就等于拒绝不存在 ARCH 或 GARCH 误差的原假设。在实际应用中，应考虑 $n$ 的值至 $\frac{T}{4}$ 即可。

McLeod 和 Li(1983)提出了更为正式的 ARCH 的干扰项的拉格朗日乘数检验。这一方法包含以下两个步骤：[3]

**第1步**：用 OLS 估计最优回归方程或 ARMA 模型，并用 $\{\hat{\varepsilon}_t^2\}$ 表示拟合式的残差的平方值。

**第2步**：将常数项和 $q$ 阶滞后值 $\hat{\varepsilon}_{t-1}^2$, $\hat{\varepsilon}_{t-2}^2$, $\hat{\varepsilon}_{t-3}^2$, $\cdots$, $\hat{\varepsilon}_{t-q}^2$ 作为回归变量，对上述残差平方值作回归，即估计回归方程

$$\hat{\varepsilon}_t^2 = \alpha_0 + \alpha_1 \hat{\varepsilon}_{t-1}^2 + \alpha_2 \hat{\varepsilon}_{t-2}^2 + \cdots + \alpha_q \hat{\varepsilon}_{t-q}^2$$

如果没有 ARCH 或 GARCH 效果，则 $\alpha_1$ 到 $\alpha_q$ 的估计值应为零。因此，这个回归的解释能力将是极弱的，使得判定系数（即，通常使用的 $R^2$ 统计量）将非常小。因为用了 $T$ 个残差的样本，所以，在原假设为不存在 ARCH 误差的情况下，检验统计量 $TR^2$ 收敛于自由度为 $q$ 的 $\chi^2$ 分布。如果 $TR^2$ 充分大，拒绝 $\alpha_1$ 到 $\alpha_q$ 都等于零的原假设就相当于拒绝不存在 ARCH 误差的原假设。另一方面，如果 $TR^2$ 足够小，就可能得出不存在 ARCH 效果的结论。在一些小样本，特别是实际应用中的小样本中，对原假设 $\alpha_1 = \cdots = \alpha_q = 0$ 的 $F$ 检验要优于 $\chi^2$ 检验，我们可以比较 $F$ 统计量与 $F$ 分布表中分子自由度为 $q$、分母自由度为 $T-q$ 的 $F$ 临界值。

## 3.3 通货膨胀的 ARCH 和 GARCH 估计

因为 ARCH 和 GARCH 模型使计量经济学家能够估计一个序列在某一特定时点的方差，所以，它们已变得非常流行。显然，资产定价模型认为风险溢价将取决于预期的回报率和回报率的方差，对相关风险的评估是指持有期的风险，而不是无条件风险。类似地，每个使用**在险价值**（value-at-risk）的风险定价方法的证券投资管理人员很可能不愿意持有一项有 5% 的可能性损失 100 万美元的投资组合。应使用资产回报率的条件分布对风险进行评估。为说明使用条件方差而不是无条件方差的重要性，我们引用 Engle 的例子，考察工资议价过程的实质。很明显，公司和工会必须预测劳动合同期间的通货膨胀率，经济学理论认为工资合同的条款取决于对通货膨胀的预期以及预期实现的不确定性。用 $E_t\pi_{t+1}$ 表示 $t+1$ 期的条件预期通货膨胀率，用 $\sigma^2_{\pi t}$ 表示条件方差，如果合同双方存在理性预期，则合同的条款将取决于 $E_t\pi_{t+1}$ 和 $\sigma^2_{\pi t}$，而不是无条件均值和无条件方差。

这个例子说明了一个非常重要的问题，即理性预期假设认为代理人不会浪费任何有用的信息。在预测任意时间序列时，理性的代理人会使用序列的条件分布而非无条件分布，因此，对于上述的工资议价模型，使用通货膨胀率的历史方差进行的任何测试都将与理性代理人能利用所有可用信息（即条件均值和条件方差）的结论矛盾。Engle 2003 年的诺贝尔奖（与 Clive Granger 共同获得）就是对一个 ARCH 模型重要性的测试。由于可以用条件方差来测试用方差衡量风险的理论模型（例如均值—方差分析），因此，对 ARCH 和 GARCH 模型的使用也已经日益增多。实际上，已有许多种类的条件波动性的模型，因此，习惯上是把所有这类模型称为 ARCH 或 GARCH。

### 3.3.1 Engle 的英国通货膨胀模型

虽然 3.2 节着重于纯 ARMA 模型残差的研究，但也可以把标准多元回归模型的残差作为 ARCH 或 GARCH 过程进行估计。实际上，Engle(1982) 的一篇重要论文讨论了一个关于 1958 年第 2 季度到 1977 年第 2 季度期间英国工资/价格急剧上升的简单模型。用 $p_t$ 表示英国消费者物价指数的对数，用 $w_t$ 表示名义工资率指数的对数，于是，通货膨胀率为 $\pi_t = p_t - p_{t-1}$，实际工资为 $r_t = w_t - p_t$。Engle 在进行了一些试验之后，最终建立了针对英国的通货膨胀率的以下模型（括号内的值为标准差）

$$\pi_t = 0.0257 + 0.334\pi_{t-1} + 0.408\pi_{t-4} - 0.404\pi_{t-5} + 0.0559r_{t-1} + \varepsilon_t \quad (3\text{-}10)$$
$$\phantom{\pi_t = } (0.006) \quad (0.103) \quad\quad (0.110) \quad\quad (0.114) \quad\quad (0.014)$$

式中，$\{\varepsilon_t\}$ 的方差的估计值为常数 $8.9 \times 10^5$。

这个模型的实质是，前一期的实际工资的增长造成了当期通货膨胀率的增长。$t-4$ 和 $t-5$ 期的滞后的通货膨胀率是用来反映季节因素的。所有系数的 $t$ 检验统计量都大于 3.0，且一系列的诊断检验都没有显示出存在序列相关，方差估计值为常数 $8.9 \times 10^5$。在检验 ARCH 误差时，ARCH(1) 误差的拉格朗日乘数检验并不显著，而对 ARCH(4) 误差过程的检验得出的 $TR^2$ 值等于 15.2，大于在 1% 显著水平下的自由度为 4 的 $\chi^2$ 分布的临界值 13.28，因此，Engle 得出结论，存在 ARCH 误差。

Engle 给出了一个误差权重递减的 ARCH(4) 过程的表达式为

$$h_t = \alpha_0 + \alpha_1(0.4\varepsilon^2_{t-1} + 0.3\varepsilon^2_{t-2} + 0.2\varepsilon^2_{t-3} + 0.1\varepsilon^2_{t-4}) \quad (3\text{-}11)$$

选择一个含有两个参数的方差函数的原因，是它可以保证非负性和平稳性的约束，而如果使用一个无限制的估计式，则不能保证上述两点。给定这组特殊的递减权重，要满足这两个约束条件，其充分必要条件是 $\alpha_0 > 0$ 且 $0 < \alpha_1 < 1$。

Engle 给出了可以在不损失渐近效率的情况下，分别对式(3-10)和式(3-11)中的参数进行估计的方法。一种方法是用 OLS 估计式(3-10)并保留其残差，根据这些残差，可以对式(3-11)的参数进行估计，同时，在这些估计值的基础上，也可以得到对式(3-10)的新的估计。为了估计具有完全效率的这两个模型，连续迭代可以用来测定各自的估计是否收敛。因为许多统计软件包含非线性最大似然估计的程序，所以，目前的处理过程是用本章3.8节的方法同时估计两个方程式。

Engle 对这个模型的最大似然估计为

$$\pi_t = \underset{(0.005)}{0.0328} + \underset{(0.108)}{0.162\pi_{t-1}} + \underset{(0.089)}{0.264\pi_{t-4}} - \underset{(0.099)}{0.325\pi_{t-5}} + \underset{(0.012)}{0.0707 r_{t-1}} + \varepsilon_t \quad (3\text{-}12)$$

$$h_t = \underset{(8.5\times 10^{-6})}{1.4\times 10^{-5}} + \underset{(0.298)}{0.955} (0.4\varepsilon_{t-1}^2 + 0.3\varepsilon_{t-2}^2 + 0.2\varepsilon_{t-3}^2 + 0.1\varepsilon_{t-4}^2)$$

$h_t$ 的估计值是预测误差方差，在通常的显著水平下，所有系数（除了通货膨胀率自身的滞后量）都显著。对于一个已知的实际工资值，式(3-12)的点估计暗示通货膨胀率是一个收敛过程。通过序列 $\{h_t\}$ 的计算值，Engle 发现，随着经济从"可预测的 20 世纪 60 年代"转变到"混沌的 70 年代"，通货膨胀预测的标准离差翻了两倍多。而 0.955 的点估计意味着具有较长的持续性。

### 3.3.2　Bollerslev 对美国通货膨胀的估计

Bollerslev(1986)对美国通货膨胀的估计提出了一个有趣的比较，即比较一个标准自回归时间序列模型（该模型假设方差恒定）、一个包含 ARCH 误差的模型和一个包含 GARCH 误差的模型。他注意到 ARCH 过程可以用于对许多不同的经济现象进行建模，但也指出：

> 虽然大部分具有共性……，但是，因为估计一个完全自由的滞后分布通常会违反非负的约束条件，因此，在条件方差式中引入一个任意线性衰减的滞后结构。

毫无疑问，Engle 在式(3-12)中用来对 $h_t$ 建模的滞后结构容易受到此类批评。Bollerslev(1986)用1948年第1季度到1983年第4季度期间的季度数据，把美国 GNP 平减指数的对数变换作为测算的通货膨胀率($\pi_t$)。然后，他估计出了回归方程（标准方差在括号中）：

$$\pi_t = \underset{(0.080)}{0.240} + \underset{(0.083)}{0.552\pi_{t-1}} + \underset{(0.089)}{0.177\pi_{t-2}} + \underset{(0.090)}{0.232\pi_{t-3}} - \underset{(0.080)}{0.209\pi_{t-4}} + \varepsilon_t \quad (3\text{-}13)$$

$\text{var}(\varepsilon_t)$ 的方差的估计值为常数 0.282。

式(3-13)似乎具有众多被估时间序列模型的所有特征，在通常的显著水平下，其所有系数都显著，且估计的自回归系数的估计值暗示了平稳性。Bollerslev 指出，在 5% 的显著水平下，ACF 和 PACF 没有出现任何显著的系数。但是，作为典型的 ARCH 误差，其残差平方值（即 $\varepsilon_t^2$）的 ACF 和 PACF 显著相关。对 ARCH(1)、ARCH(4)和 ARCH(8)的误差进行的拉格朗日乘数检验都高度显著。

接下来，Bollerslev 估计了有约束条件的 ARCH(8)模型，这个模型最早是由 Engle 和 Kraft(1983)提出的。通过和式(3-13)比较，他发现

$$\pi_t = \underset{(0.059)}{0.138} + \underset{(0.081)}{0.423\pi_{t-1}} + \underset{(0.108)}{0.222\pi_{t-2}} + \underset{(0.078)}{0.377\pi_{t-3}} - \underset{(0.104)}{0.175\pi_{t-4}} + \varepsilon_t \quad (3\text{-}14)$$

$$h_t = \underset{(0.003)}{0.058} + \underset{(0.265)}{0.802} \sum_{i=1}^{8} \left[\frac{(9-i)}{36}\right] \varepsilon_{t-i}^2$$

请注意，式(3-13)和式(3-14)的自回归系数是相似的，但是，方差的模型却差异很大。式(3-13)假设方差为常数，而式(3-14)假设方差($h_t$)是前8个季度的方差的加权平均值。因此，

这两个模型对通货膨胀率的预测应该是相似的，但预测的置信区间是不同的。式(3-13)的置信区间是恒定的，区间大小不变；式(3-14)的置信区间在通货膨胀波动时期变大，而在通货膨胀相对平稳时期变小。注意，约束 $h_t$ 的系数使其满足一个衰减模式，保存了自由度并大大简化了估计过程。另外，$(9-i)$ 给出的滞后系数需要是正的。

当然，式(3-14)中下降的权重结构 $\frac{8}{36}$、$\frac{7}{36}$、$\frac{6}{36}$……是完全任意的。Bollerslev 继续估计了下面这个简练的 GARCH(1，1)模型：

$$\pi_t = \underset{(0.060)}{0.141} + \underset{(0.081)}{0.433}\pi_{t-1} + \underset{(0.110)}{0.229}\pi_{t-2} + \underset{(0.077)}{0.349}\pi_{t-3} - \underset{(0.104)}{0.162}\pi_{t-4} + \varepsilon_t \quad (3\text{-}15)$$

$$h_t = \underset{(0.006)}{0.007} + \underset{(0.070)}{0.135}\varepsilon_{t-1}^2 + \underset{(0.068)}{0.829}h_{t-1}$$

诊断性检验显示，残差平方值的 ACF 和 PACF 并没有任何大于 $2T^{-0.5}$ 的系数。在5%的显著水平下，对 $\varepsilon_t^2$ 其他滞后值的存在以及 $h_{t-2}$ 的存在进行的 LM 检验都不显著。

## 3.4 GARCH 模型的三个例子

GARCH 模型最大的用途在于金融财务数据的建模。但是，这一节及接下来的 3.5 节将介绍 GARCH 模型的一些其他应用。第一个实例是对石油价格差异的一个简单估计。结果表明，在石油市场中，不确定性是持续的。在第二个实例中，问题为真实 GDP 的波动是否是明显降低的。在第三个实例中，目的就是为了得到预测时的合理的条件置信区间。这个实例同样表明可以通过考察 GARCH 效果使 ARMA(或者回归)框架中的推断得到改善。3.5 节的案例中使用了一个 GARCH 框架来度量美国肉鸡市场中对待风险的态度和行为。

### 3.4.1 石油价格的 GARCH 模型

为了更好地理解拟合 GARCH 模型的真实过程，图3-6 中的石油价格具有启示性意义。文件 OIL. XLS 中包含了从 1987 年 5 月 15 日到 2013 年 11 月 1 日期间，每桶布伦特原油现货价格的 1 382 个周数据。用这些数据集创建石油价格的对数变化 $p_t = 100.0 \times [\log(\text{spot}_t) - \log(\text{spot}_{t-1})]$。如果你用很多个 APMA 模型做实验，就会发现下面的 MA 模型表现很好：

$$p_t = \underset{(0.90)}{0.127} + \varepsilon_t + \underset{(6.72)}{0.177}\varepsilon_{t-1} + \underset{(3.60)}{0.095}\varepsilon_{t-3}$$

残差的 ACF 是：

| $\rho_1$ | $\rho_2$ | $\rho_3$ | $\rho_4$ | $\rho_5$ | $\rho_6$ | $\rho_7$ | $\rho_8$ |
|---|---|---|---|---|---|---|---|
| 0.002 | 0.013 | −0.002 | 0.009 | −0.013 | −0.008 | 0.010 | 0.005 |

虽然这些残差不是序列相关，但残差平方的 ACF 是：

| $\rho_1$ | $\rho_2$ | $\rho_3$ | $\rho_4$ | $\rho_5$ | $\rho_6$ | $\rho_7$ | $\rho_8$ |
|---|---|---|---|---|---|---|---|
| 0.18 | 0.17 | 0.14 | 0.16 | 0.12 | 0.15 | 0.18 | 0.15 |

如果你用 4 个滞后期对 ARCH 的误差进行 McLeod-Li 检验，你会得到：

$$\hat{\varepsilon}_t^2 = 9.68 + 0.13\hat{\varepsilon}_{t-1}^2 + 0.11\hat{\varepsilon}_{t-2}^2 + 0.08\hat{\varepsilon}_{t-3}^2 + 0.11\hat{\varepsilon}_{t-4}^2$$

原假设 $\alpha_1$ 到 $\alpha_4$ 全部等于 0 的 $F$ 检验的样本值为 26.42。当分子自由度为 4，分母自由度为 1 372时，我们拒绝"在任何常规显著性水平下都没有 ARCH 误差"的原假设。如果你担心图 3-6 中的突变，包括 2008 年 7 月 11 日的虚拟突变(见本章最后的习题 12)，你应该会发现它不显著。

一般地，最好先对方差进行一个简单的规范，如 ARCH(1) 或者 GARCH(1, 1) 模型。如果你首先开始估计一个条件方差的 GARCH(1, 1) 模型，你会发现均值模型的 MA(3) 项是不显著的。如果你重新估计 $\varepsilon_{t-3}$ 项的均值模型，你将得到

$$p_t = 0.130 + \varepsilon_t + 0.225\varepsilon_{t-1}$$
$$h_t = 0.402 + 0.097\varepsilon_{t-1}^2 + 0.881h_{t-1}$$

为了检验模型的充分性，可分别形成标准化残差 $\dfrac{\hat{\varepsilon}_t}{h_t^{0.5}}$ 和标准化残差平方 $\dfrac{\hat{\varepsilon}_t^2}{h_t}$。本质上，就是用每个残差估计值 $\hat{\varepsilon}_t$ 自己的条件标准偏差 $h_t^{0.5}$ 将其标准化，用每个残差平方自己的条件方差将其标准化。另一种观察标准化残差的方法是重新考虑方程(3-9)。$\dfrac{\hat{\varepsilon}_t}{\sqrt{h_t}}$ 的估计值是对 $v_t$ 的估计。$v_t$ 序列的估计值需要是序列不相关的且方差恒定，近似为 1。

标准化残差和标准化残差平方的自相关系数如下：

| 相关性 | $\rho_1$ | $\rho_2$ | $\rho_3$ | $\rho_4$ | $\rho_5$ | $\rho_6$ | $\rho_7$ | $\rho_8$ |
| --- | --- | --- | --- | --- | --- | --- | --- | --- |
| $\dfrac{\varepsilon_t}{h_t^{0.5}}$ | 0.05 | -0.01 | 0.01 | 0.01 | -0.04 | -0.01 | -0.00 | -0.01 |
| $\dfrac{\varepsilon_t^2}{h_t}$ | 0.00 | 0.00 | -0.00 | 0.00 | 0.00 | 0.00 | 0.00 | -0.00 |

序列 $\dfrac{\hat{\varepsilon}_t}{h_t^{0.5}}$ 中，检验序列相关性的 $Q$ 统计量是 $Q(4) = 3.73$，$Q(8) = 6.16$。这两个值在常规水平上都是不显著的，所以我们可以接受"没有序列相关性"的原假设。类似地，在序列 $\dfrac{\hat{\varepsilon}_t^2}{h_t}$ 中，检验序列相关性的 $Q(4)$ 和 $Q(8)$ 统计量分别是 0.00 和 1.36。因为它们都不显著，所以我们可以接受"没有 GARCH 效果"的原假设。与使用 $Q$ 统计量相反，我们可以用以下模型来检验序列自相关：

$$\frac{\hat{\varepsilon}_t}{h_t^{0.5}} = \alpha_0 + \alpha_1 \frac{\hat{\varepsilon}_{t-1}}{h_{t-1}^{0.5}} + \cdots + a_n \frac{\hat{\varepsilon}_{t-n}}{h_{t-n}^{0.5}}$$

在小样本中，一般使用 $F$ 检验(而不是 $\chi^2$ 检验)来确定平方自相关是否显著。如果使用 4 个滞后期，你会发现原假设 $\alpha_1 = \alpha_2 = \alpha_3 = \alpha_4 = 0$ 的 $F$ 统计量为 0.951，概率值为 0.43。同样，你可以得出结论，标准化残差间不存在任何显著的相关性。

GARCH 模型的系数之和近乎为 1(0.097 + 0.881 = 0.971)，条件波动是高度持续的。因此，我们预测任何一次引发了石油市场不确定性的震动都将表明小趋势的消失。

### 3.4.2 波动缓和

人们已花了大量的篇幅介绍了在 1984 年早期工业化经济下的重要的宏观经济变量的波动的衰减。例如，Stock 和 Watson(2002)指出，1984 年到 2002 年期间的美国真实 GDP 增长的标准差，相对于 1960 年到 1983 年期间减小了 61%。Romer(1999)也谈到，一些人认为良好的货币政策可以使中央银行更好地稳定经济活动。另外一些人则认为，20 世纪 70 年代后，之所以没有出现任

何重大的负面的供给冲击(如石油价格的冲击或者重大故障)只是一个运气的问题。虽然所谓的"大稳健"已经随着 2008 年金融危机的到来而走向了尽头，但是我们可以使用 GARCH 框架检验 1984 年第 1 季度是否会出现波动转折点。

构建图 3-1 和图 3-2 的 4 组序列包含在文件 RGDP. XLS 中。可以运用文件中的数据获得美国真实 GDP 的增长率，记作 $y_t = \log\left(\dfrac{RGDP_t}{RGDP_{t-1}}\right)$。简要地说，如果学习过第 2 章后，那么就清楚地知道关于真实 GDP 增长率的合理的模型是

$$y_t = \underset{(6.80)}{0.005} + \underset{(6.44)}{0.371} y_{t-1} + \varepsilon_t$$

残差的 ACF 为 $\rho_2 = 0.12$，Ljung-Box $Q(4)$ 和 $Q(8)$ 统计量分别是 5.48 和 9.98，都是统计意义不显著的。问题就是衡量 1984 年第 1 个季度的波动性突变。初步检验中，我们尝试确定是否存在任意的条件波动。由于运用的是季度数据，因此，采用滞后期为 4 个季度的 McLeod-Li 检测是非常有意义的。考虑模型

$$\hat{\varepsilon}_t^2 = 5.56 \times 10^{-5} + 0.116\hat{\varepsilon}_{t-1}^2 + 0.127\hat{\varepsilon}_{t-2}^2 - 0.029\hat{\varepsilon}_{t-3}^2 + 0.123\hat{\varepsilon}_{t-4}^2$$

原假设是系数 $\alpha_1$ 到 $\alpha_4$ 全都等于 0。这个原假设的 $F$ 统计量的样本值为 3.48。当分子自由度为 4，分母自由度为 253 时，在 0.009 的显著水平下的原假设显著不成立，因此，可以证明序列 $\{y_t\}$ 表现出了条件性波动。

现在引入一个虚拟变量 $D_t$，从 1984 年第 1 季度开始时 $D_t$ 等于 1，1984 年第 1 季度以前 $D_t$ 为 0。考虑到 ARCH(1) 误差和方差方程中的 $D_t$，我们来估计序列 $y_t$，发现

$$y_t = \underset{(7.50)}{0.004} + \underset{(6.76)}{0.398} y_{t-1} + \varepsilon_t$$

$$h_t = \underset{(7.87)}{1.10 \times 10^{-4}} + \underset{(2.89)}{0.182\,\hat{\varepsilon}_{t-1}^2} - \underset{(-6.14)}{8.76 \times 10^{-5} D_t}$$

由于 $\varepsilon_{t-1}^2$ 的系数在统计意义上并不是显著不为零的，所以，可以得到并不存在波动性聚集的结论。相反，存在一个非常陡的波动突变。注意到方差方程的截距在 1984 年第 1 季度之前为 $1.10 \times 10^{-4}$，1984 年第 1 季度后明显地减小为 $2.22 \times 10^{-5}$（$= 1.10 \times 10^{-4} - 8.76 \times 10^{-5}$）。估计衰减甚至大于 Stock 和 Watson(2002) 提到的 61%。习题 8 要求你用可供使用的模型进行试验，其中包括一个关于金融危机影响的试验。

### 3.4.3 利率差的 GARCH 模型

为了得到一个更好的拟合 GRACH 模型的实际过程的思想，重新考虑上一章的利率差的应用实例。请回顾一下，在 Box-Jenkins 方法中，要求我们仔细地考虑 ARMA(2，(1，7))模型。如果考察的整个样本区间是 1960 年第 3 季度到 2012 年第 4 季度，就会得到估计方程为

$$s_t = \underset{(6.00)}{1.215} + \underset{(3.33)}{0.373 s_{t-1}} + \underset{(3.50)}{0.372 s_{t-2}} + \varepsilon_t + \underset{(9.60)}{0.762 \varepsilon_{t-1}} - \underset{(-3.23)}{0.141 \varepsilon_{t-7}} \tag{3-16}$$

正如第 2 章所指出的，估计模型显得相当不错。在通常的显著水平下，所有估计参数均显著，并且 AIC 和 SBC 都选择了这个模型。在通常的显著水平下，滞后期为 4、8 和 12 个季度的 Ljung-Box $Q$ 统计量并不显著。并且，也没有任何证据可以证明估计系数的结构性变化。不过，在 20 世纪 70 年代末期和 80 年代初期，出现了一段时间的不正常的波动，这个波动可以用一个 GARCH 过程表示。这一节的目的在于介绍对利率差由浅入深的 GARCH 估计分析过程。数据可以

在文件 QUARTERLY. XLS 中获得。

### 3.4.4 对 ARCH 误差的正规检验

虽然式(3-16)显得相当合理,但出现在20世纪70年代的波动暗示研究残差平方值得到 ACF 和 PACF 是非常谨慎的一种做法。残差平方值的自相关系数为 $\rho_1=0.043$, $\rho_2=0.179$, $\rho_3=0.178$, $\rho_4=0.319$, $\rho_7=0.373$, 其他的 $\rho_i$ 值通常为 0.14 或者更小。残差平方的 Ljung-Box $Q$ 统计量高度显著,例如, $Q(4)=35.98$, $Q(8)=71.75$, 这些在任意的通常的显著水平下都是非常显著的。

下面,用 $\hat{\varepsilon}_t$ 表示式(3-16)的残差。考察7个滞后期的 McLeod-Li 检测:

$$\hat{\varepsilon}_t^2 = \underset{(1.82)}{0.08} - \underset{(-0.29)}{0.02\hat{\varepsilon}_{t-1}^2} + \underset{(2.07)}{0.14\hat{\varepsilon}_{t-2}^2} + \underset{(1.30)}{0.09\hat{\varepsilon}_{t-3}^2} + \underset{(3.85)}{0.26\hat{\varepsilon}_{t-4}^2} - \underset{(-0.35)}{0.02\hat{\varepsilon}_{t-5}^2} - \underset{(-1.34)}{0.09\hat{\varepsilon}_{t-6}^2} + \underset{(4.34)}{0.30\hat{\varepsilon}_{t-7}^2} \quad (3\text{-}17)$$

因为 $TR^2=46.17$, 大于自由度为7的、5%显著水平下的 $\chi^2$ 分布的临界值 14.1, 更大于1%显著水平下的 18.5, 所以,存在很显著的 ARCH 误差。小样本中的常见做法是运用 $F$ 检验判断是否有可能拒绝约束 $\alpha_1=\alpha_2=\cdots=\alpha_q=0$。式(3-17)中, $q=7$, $F$ 统计量的值为 8.20, 当分子自由度为7, 分母自由度为195时, 是高度显著的。

在这里,我们也许会尝试着绘制残差平方值的 ACF 和 PACF, 并且对残差平方值用 Box-Jenkins 方法进行估计, 这样, 就可以得到一个非常简单的误差过程模型。并且, 我们也可能会担心式(3-17)中的系数为负, 并且尝试用 $q$ 的其他值重新估计方程。但是, 我们应当对这一方法持谨慎态度。这个方法的问题在于, 它是在条件方差恒定的假设前提下估计式(3-16)的, 因此, 用式(3-16)的残差来估计随时间变化的条件方差是没有任何意义的。因此, 如式(3-17)那样的方程可以告知我们是否存在 GARCH 误差, 而不是告诉 $p$ 和(或) $q$ 的精确顺序。

### 3.4.5 模型的其他估计方法

获得 GARCH 过程的恰当阶数的有效方法是同时估计差值模型和条件方差模型。例如, 通常运用最大似然估计方法对 GARCH 过程进行估计, 以得到完全有效的估计。一个低阶 ARCH($q$) 过程可以看作是一个条件方差模型的合理的出发点。虽然式(3-17)中 $\hat{\varepsilon}_{t-7}^2$ 的系数显著, 但使用一个高度参数化的 ARCH(7) 模型仍然不是一个很好的想法。正如 Bollerslev(1986) 指出的, GARCH 模型的规范可以模仿高阶 ARCH 过程的属性。例如, 条件方差 ARCH(1) 模型

$$s_t = \underset{(2.86)}{0.192} + \underset{(4.02)}{0.514 s_{t-1}} + \underset{(2.55)}{0.304 s_{t-2}} + \varepsilon_t + \underset{(8.08)}{0.686 \varepsilon_{t-1}} - \underset{(-2.65)}{0.130 \varepsilon_{t-7}}$$

$$h_t = \underset{(1.93)}{0.017} + \underset{(3.56)}{0.233 \varepsilon_{t-1}^2} + \underset{(11.42)}{0.697 h_{t-1}}$$

这个模型看上去相当的合理, 因为所有的系数都是合理并且是高度显著的。尽管 $h_t$ 方程的截距在5%的显著性水平下不显著, 但你并不能删除这一项, 没有截距, 条件方差可能为零。均值模型中的自回归系数收敛。$h_t$ 方程中的系数都为正, 并且 $\alpha_1+\beta_1$ 之和小于1。现在, 令标准误差为残差除以它的条件标准差的结果, 即构造序列 $\dfrac{\varepsilon_t}{(h_t)^{0.5}}$。估计标准残差就是估计序列 $v_t$。当检验标准化后的残差的序列相关时, 就会得到自相关系数为

| $\rho_1$ | $\rho_2$ | $\rho_3$ | $\rho_4$ | $\rho_5$ | $\rho_6$ | $\rho_7$ | $\rho_8$ |
| --- | --- | --- | --- | --- | --- | --- | --- |
| 0.04 | 0.01 | 0.02 | 0.07 | −0.06 | −0.14 | −0.01 | 0.02 |

$Q$ 统计量为 $Q(4)=1.47$，$Q(8)=7.07$，因此，我们可以认为标准残差中不存在序列相关。现在面临的问题是，对于捕获条件方差的所有动态特征 GARCH(1，1) 的形式是否充分。为了解答这个问题，可以计算标准残差平方值的自相关系数，得到

| $\rho_1$ | $\rho_2$ | $\rho_3$ | $\rho_4$ | $\rho_5$ | $\rho_6$ | $\rho_7$ | $\rho_8$ |
|---|---|---|---|---|---|---|---|
| -0.13 | 0.16 | 0.00 | 0.05 | 0.00 | -0.06 | 0.14 | -0.03 |

虽然 $\rho_1$ 和 $\rho_2$ 的值非常大，但我们可以用 McLeod-Li 检验（1983）来检测残留的 GARCH 误差。如果使用滞后期为 2 的标准化残差平方，你会得到：

$$\frac{\hat{\varepsilon}_t^2}{h_t} = \underset{(6.11)}{0.95} - \underset{(-1.57)}{0.11}\frac{\hat{\varepsilon}_{t-1}^2}{h_{t-1}} + \underset{(2.10)}{0.14}\frac{\hat{\varepsilon}_{t-2}^2}{h_{t-2}}$$

$TR^2$ 的值为 7.66，自由度为 2，$\chi^2$ 的 5% 的临界值为 5.99，2% 的临界值为 7.38。这样，我们可以拒绝"没有残留的 GARCH 误差"的原假设。为了提高 $\chi^2$ 检验的小样本性质，我们可以用 $F$ 检验测试 $\hat{\varepsilon}_{t-1}^2$ 和 $\hat{\varepsilon}_{t-2}^2$ 系数为零的联合约束。$F$ 的样本值为 3.92。当分子自由度为 2，分母自由度为 205 时，该检验的显著性水平是 2.1%。我们再次拒绝"没有残留的 GARCH 效果"的原假设并尝试其他多种方程规范。

如果尝试通过估计 GARCH(1，2) 或 GARCH(2，1) 模型来捕捉任何的残留的 GARCH 效果，你会发现这两个模型都难以令人满意。具体来说，$\hat{\varepsilon}_{t-1}^2$ 的系数为负且在 GARCH(1，2) 模型中不显著，而 GARCH(2，1) 模型 $h_{t-2}$ 的系数为负。此刻要做一个重要的决定。一些研究者可能会在这个时候停下并满足于手头的模型。他们可能尤其关心数据的过度拟合，因为均值模型看起来很合理，并且 $h_t$ 方程用一种相当简洁的方式捕捉到了大部分条件波动。其他研究者可能会去尝试估计任何残留的条件波动。为了实现我们的目的，可以试着考虑用 ARCH(2) 作为上述 GARCH(1，1) 的替代。如果估计 ARCH(2) 模型，会得到：

$$s_t = \underset{(6.46)}{0.307} + \underset{(17.84)}{0.586}s_{t-1} + \underset{(5.49)}{0.151}s_{t-2} + \varepsilon_t + \underset{(21.66)}{0.688}\varepsilon_{t-1} - \underset{(-2.71)}{0.112}\varepsilon_{t-7}$$

$$h_t = \underset{(8.26)}{0.115} + \underset{(1.16)}{0.071}\varepsilon_{t-1}^2 + \underset{(3.35)}{0.387}\varepsilon_{t-2}^2$$

注意，$\hat{\varepsilon}_{t-1}^2$ 系数的 $t$ 统计量很小。但是在存在第 2 滞后期的情况下，估计这一项几乎没有意义。ARCH(2) 模型的第二个问题是，它没有捕捉到利率差中所有的条件波动。标准误差和标准误差平方的自相关如下：

| 相关系数 | $\rho_1$ | $\rho_2$ | $\rho_3$ | $\rho_4$ | $\rho_5$ | $\rho_6$ | $\rho_7$ | $\rho_8$ |
|---|---|---|---|---|---|---|---|---|
| $\frac{\varepsilon_t}{h_t^{0.5}}$ | 0.05 | 0.09 | 0.08 | 0.08 | -0.02 | -0.09 | -0.02 | 0.04 |
| $\frac{\varepsilon_t^2}{h_t}$ | -0.02 | -0.04 | 0.21 | 0.21 | 0.01 | -0.01 | -0.24 | -0.08 |

虽然相关系数的标准化残差很小，但其中有些标准化残差的方差会更大些。如果对残留的 GARCH 误差进行正规检验，会得到：

$$\frac{\hat{\varepsilon}_t^2}{h_t} = \underset{(3.09)}{0.67} - \underset{(-0.91)}{0.06}\frac{\hat{\varepsilon}_{t-1}^2}{h_{t-1}} - \underset{(-0.42)}{0.03}\frac{\hat{\varepsilon}_{t-2}^2}{h_{t-2}} + \underset{(3.07)}{0.21}\frac{\hat{\varepsilon}_{t-3}^2}{h_{t-3}} + \underset{(3.25)}{0.22}\frac{\hat{\varepsilon}_{t-4}^2}{h_{t-4}}$$

给出 $TR^2$ 的值为 18.82，原假设 "所有 $\hat{\varepsilon}_{t-i}^2$ 各项系数都等于 0" 的 $F$ 统计量为 5.50，我们可以得出 ARCH(2) 标准不合适。为了捕捉到一些标准化残差平方（如，$\dfrac{\varepsilon_t^2}{h_t}$ 序列）的序列相关，如果尝试 ARCH(3) 模型，会得到：

$$s_t = \underset{(5.95)}{0.222} + \underset{(19.50)}{0.588 s_{t-1}} + \underset{(5.25)}{0.194 s_{t-2}} + \varepsilon_t + \underset{(25.48)}{0.700 \varepsilon_{t-1}} - \underset{(-5.99)}{0.157 \varepsilon_{t-7}}$$

$$h_t = \underset{(6.09)}{0.069} + \underset{(1.23)}{0.068 \varepsilon_{t-1}^2} + \underset{(3.91)}{0.374 \varepsilon_{t-2}^2} + \underset{(2.89)}{0.271 \varepsilon_{t-3}^2}$$

标准误差和标准误差平方的自相关如下：

| 相关系数 | $\rho_1$ | $\rho_2$ | $\rho_3$ | $\rho_4$ | $\rho_5$ | $\rho_6$ | $\rho_7$ | $\rho_8$ |
|---|---|---|---|---|---|---|---|---|
| $\dfrac{\varepsilon_t}{h_t^{0.5}}$ | -0.05 | 0.07 | 0.04 | 0.07 | -0.05 | -0.11 | 0.04 | -0.12 |
| $\dfrac{\varepsilon_t^2}{h_t}$ | -0.07 | -0.03 | -0.05 | 0.15 | -0.04 | -0.03 | -0.15 | 0.03 |

你应该可以说明这里不存在序列相关。例如，如果你想检验滞后 4 期的残留的序列相关，$TR^2$ 的值为 6.29，$F$ 的样本值为 1.58。这样，ARCH(3) 模型看起来就很不错。这时可以比较 GARCH(1,1) 和 ARCH(3) 模型，虽然 ARCH(1) 模型在捕捉全部条件波动方面更好一些，但二者都得到了合理的系数估计。如果运用模型选择标准，GARCH(1,1) 模型的 AIC 和 SBC 值分别是 247.91 和 274.68，而对于 ARCH(3) 模型则分别是 243.91 和 274.03。因此，ARCH(3) 仍然比 GARCH(1,1) 更为合适。

虽然均值模型显示利率差是持久永恒的（自回归系数的和为 0.782），鉴于 2.10 节所述的原因，我们并不希望运用利率差的 1 阶差分。图 3-8 中的实线表示用具有 ARCH(3) 误差的 ARMA[2,(1,7)] 模型对 $E_t s_{t+1}$ 的提前 1 步预测。因为 $h_t$ 是 $S_t$ 的条件方差的估计值，因此，$(h_{t+1})^{0.5}$ 是

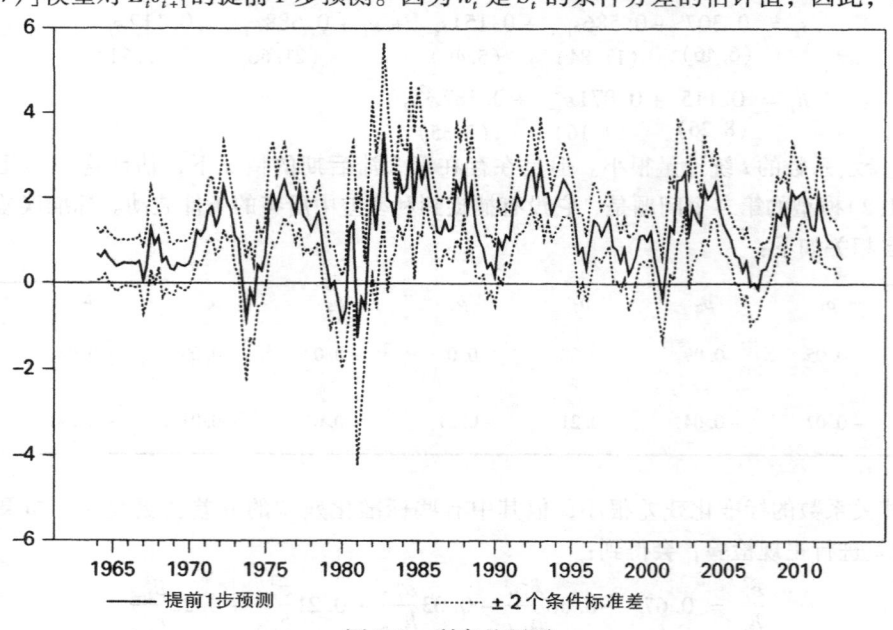

图 3-8　利率差预测

提前 1 步预测的标准差。虚线表示围绕 $S_{t+1}$ 的提前 1 步预测的 $\pm 2(h_{t+1})^{0.5}$ 个标准差的带宽。请注意，相对于常数条件方差的假设，带宽在 20 世纪 70 年代末期到 80 年代中期都有所增长。

## 3.5 风险的 GARCH 模型

Holt 和 Aradhyula(1990)提出了 GARCH 模型的一个有趣的应用。他们的理论框架与蛛网模型（见 1.5 节）的不同之处在于假设农业部门普遍采取理性预期，其研究的目的是测算美国烤鸡业生产者的风险厌恶程度。对此，设美国烤鸡业的供给函数为

$$q_t = a_0 + a_1 p_t^e - a_2 h_t - a_3 \text{pfeed}_{t-1} + a_4 \text{hatch}_{t-1} + a_5 q_{t-4} + \varepsilon_{1t} \tag{3-18}$$

式中 $q_t$——第 $t$ 期烤鸡业产量（单位：百万磅<sup>⊖</sup>）；

$p_t^e$——基于 $t-1$ 期的信息预期的 $t$ 期烤鸡业产品的价格（即 $p_t^e = E_{t-1} p_t$）；

$h_t$——基于 $t-1$ 期的信息预期的 $t$ 期烤鸡业产品价格的方差；

$\text{pfeed}_{t-1}$——第 $t-1$ 期烤鸡业饲料的实际价格（单位：美分/磅）；

$\text{hatch}_{t-1}$——第 $t-1$ 期商业孵化场烤鸡业用鸡的孵化数量（单位：千只）；

$\varepsilon_{1t}$——第 $t$ 期的供给冲击；时间单位为季度。

时间区间的长度为一个季度。注意季节虚拟变量也包含在了该模型中。

供给函数是以生物事实为基础的，即烤鸡业的生产周期大约为两个月。由于无法获得两个月的数据，该模型假设供给决策与前一季度生产者的价格预期正相关。考虑到饲料费用占生产费用的绝大部分，滞后一季度的实际饲料价格与第 $t$ 期的烤鸡业的产量负相关。显然，$t-1$ 期的孵化数量会增加 $t$ 期可供出售的烤鸡数量。此外，还引入滞后四个季度的烤鸡生产量来说明任意时期的生产量都可能不完全符合预期的生产量水平。

为实现我们的目标，这个研究最有趣的地方在于考察价格条件方差对烤鸡业供给的负面影响。生产过程的时间安排为饲养和其他生产费用必须发生在产品出售之前。在计划阶段，生产者必须预测此后两个月的价格。$p_t^e$ 越大，饲养的并将进入市场的鸡的数量就越多。如果价格波动很小，我们可以相信这些预测，但价格波动性的增大会降低预测的真实性，同时也会减少烤鸡业的供给。当价格的条件波动性很大的时候，风险厌恶的生产者会选择提高价格，并减少烤鸡的出售量。

在研究的最初阶段，将烤鸡的价格估计为 AR(4) 过程

$$(1 - \beta_1 L - \beta_2 L^2 - \beta_3 L^3 - \beta_4 L^4) p_t = \beta_0 + \varepsilon_{2t} \tag{3-19}$$

各滞后长度的 Ljung-Box 的 $Q$ 统计量显示，在 5% 的显著水平下，残差序列似乎为白噪声。但是，残差平方值（即 $\{\varepsilon_{2t}^2\}$）的 Ljung-Box $Q$ 统计量为 32.4，在 5% 的显著水平下显著。因此，Holt 和 Aradhyula 得出结论：价格的方差为异方差。

在研究的第二阶段，他们比较了式(3-19)的几个低阶 GARCH 估计。拟合优度统计量和显著性检验都选择了 GARCH(1，1) 过程。在第三阶段，他们同时估计了供给式(3-18)和 GARCH(1，1)过程。估计的价格式为（括号内的值为标准差）

$$(1 - 0.511L - 0.129L^2 - 0.130L^3 - 0.138L^4) p_t = 1.632 + \varepsilon_{2t} \tag{3-20}$$
$$\phantom{(1 - }(0.092)\phantom{L} \phantom{-}(0.098)\phantom{L^2} \phantom{-}(0.094)\phantom{L^3} \phantom{-}(0.073)\phantom{L^4} \phantom{p_t = }(1.347)$$

---

⊖ 1 磅 = 0.4536 千克。

$$h_t = 1.353 + 0.162\varepsilon_{2t-1}^2 + 0.591h_{t-1} \quad (3\text{-}21)$$
$$(0.747) \quad (0.80) \quad (0.175)$$

式(3-20)和式(3-21)表现良好：①所有系数的估计值在通常的显著水平下都显著；②条件方差式中的所有系数都为正；③系数都表现为收敛过程。

Holt 和 Aradhyula 假设生产者用式(3-20)和式(3-21)来形成他们的价格预期。将这些估计结果和式(3-18)组合，得出供给方程

$$q_t = 2.767p_t^e - 0.521h_t - 4.325\text{pfeed}_{t-1} + 1.887\text{hatch}_{t-1} + 0.603q_{t-4} + \varepsilon_{1t}$$
$$(0.585) \quad (0.344) \quad (1.463) \quad (0.205) \quad (0.065)$$

在通常的显著水平下，所有系数的估计值都是显著的，且符号合乎预期。预期价格的上升确实会使烤鸡业产量增加，而不确定性的增加（用条件方差衡量）的确会使产量减少。这种前瞻性的理性预期方程与第 1 章讨论的传统蛛网模型并不一致。为了比较这两个模型，Holt 和 Aradhyula (1990)也考察了一个自适应预期模型（见第 1 章习题 2），在自适应预期下，条件预期是根据前期价格以及价格预期加权平均而形成，即

$$p_t^e = \alpha p_{t-1} + (1-\alpha)p_{t-1}^e$$

若用序列 $\{p_t\}$ 中的各滞后项来表示 $p_t^e$，我们会得到

$$p_t^e = \alpha \sum_{i=0}^{\infty} (1-\alpha)^i p_{t-1-i}$$

类似地，条件风险的自适应预期为

$$h_t = \beta \sum_{i=0}^{\infty} (1-\beta)^i (p_{t-1-i} - p_{t-1-i}^e)^2 \quad (3\text{-}22)$$

式中，$0 < \beta < 1$；$(p_{t-1-i} - p_{t-1-i}^e)^2$ 是第 $t-i$ 期的预测误差方差。

请注意，在式(3-22)中，生产者对风险的预期度量并不一定是真正的条件方差。这两个模型的估计结果表明供给对预期价格和条件方差的长期弹性是不同的，理性预期和自适应预期估计出供给对预期价格的长期弹性分别为 0.587 和 0.399。类似地，理性预期和自适应预期估计的供给对条件方差的长期弹性分别为 $-0.030$ 和 $-0.013$。因此，对于自适应预期模型表现出的供给反应较前瞻性的理性预期模型迟缓这一点，也就不足为奇。

## 3.6 ARCH-M 模型

Engle，Lilien 和 Robins(1987)将基本的 ARCH 模型加以扩展，允许序列的均值依赖于它的条件方差，这类模型被称为 ARCH 均值（ARCH-M）模型，它特别适用于资产市场的研究，其基本观点是风险厌恶的投资者会在持有风险资产时要求相应的风险补偿。由于一项资产的风险可以用收益的方差来衡量，风险溢价就是收益的条件方差的增函数。为表述这一观点，Engle，Lilien 和 Robins 将持有一项风险资产所带来的超额收益描述为

$$y_t = \mu_t + \varepsilon_t \quad (3\text{-}23)$$

式中　$y_t$——持有一项与短期国债有关的长期资产所带来的超额收益；

$\mu_t$——足以使风险厌恶的投资者持有长期资产而非短期债券的风险溢价；

$\varepsilon_t$——对长期资产超额收益的不可预测冲击。

在解释式(3-23)时，请注意，持有一项长期资产所带来的超额收益必须恰好等于风险溢价，也就是说

$$E_{t-1}y_t = \mu_t$$

Engle，Lilien 和 Robins 假设风险溢价是 $\varepsilon_t$ 的条件方差的增函数；换句话说，收益的条件方差越大，使投资者持有长期资产所需的风险溢价就越大。从数学角度看，如果 $h_t$ 是 $\varepsilon_t$ 的条件方差，则风险溢价可以表述为

$$\mu_t = \beta + \delta h_t \quad \delta > 0 \quad (3\text{-}24)$$

式中，$h_t$ 是 ARCH($q$) 过程

$$h_t = \alpha_0 + \sum_{i=1}^{q} \alpha_i \varepsilon_{t-i}^2 \quad (3\text{-}25)$$

作为联立方程组，式(3-23)、式(3-24)和式(3-25)构成了最基本的 ARCH-M 模型。由式(3-23)和式(3-24)可知，$y_t$ 的条件均值依赖于条件方差 $h_t$，由式(3-25)可知，条件方差是一个 ARCH($q$) 过程。还应指出的是，如果条件方差为常数(即，如果 $\alpha_1 = \alpha_2 = \cdots = \alpha_q = 0$)，则 ARCH-M 模型就会退化为更传统的情况：风险溢价为常数。

图 3-9 展示了两种不同的 ARCH-M 过程。图 3-9a 描述了一个模拟的白噪声过程(用 $\{\varepsilon_t\}$ 表示)的 60 个观测值，请注意在第 20 至第 30 个观测样本期间内波动性暂时增大。通过初始化 $\varepsilon_0 = 0$，条件方差被构造为 1 阶 ARCH 过程

$$h_t = 1 + 0.65\varepsilon_{t-1}^2$$

如图 3-9b 所示，$\{\varepsilon_t\}$ 的波动性变大被转化为条件方差的变大。请注意，$\varepsilon_{t-1}$ 的实现值较大的正负变化会导致 $h_t$ 的值较大，每一个 $\{\varepsilon_t\}$ 的实现值的平方都会影响条件方差。在图 3-9c 中，分别设 $\beta$ 和 $\delta$ 的值为 -4 和 +4，这样，构造序列 $y_t$ 为 $y_t = -4 + 4h_t + \varepsilon_t$。我们可以明显看到，在波动期间，$y_t$ 在其长期均值之上，在该模拟中，条件波动被转化为 $\{y_t\}$ 值的加大。在这个样本的后半部分，$\{\varepsilon_t\}$ 的波动减小，且 $y_{30}$ 到 $y_{60}$ 的值都围绕其长期均值波动。

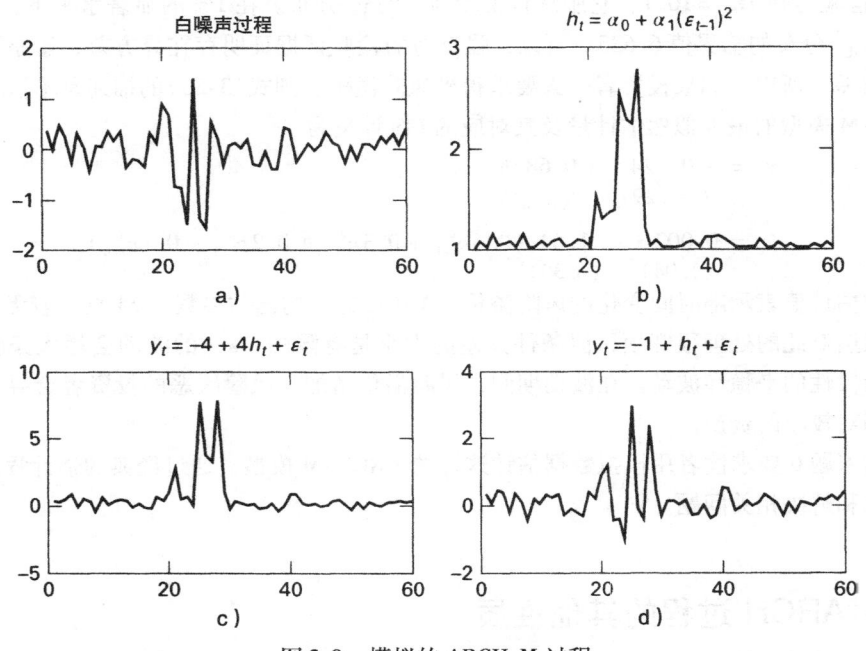

图 3-9 模拟的 ARCH-M 过程

图 3-9d 通过减小 $\delta$ 和 $\beta$ 的数值，降低了 ARCH-M 效果(见章末习题 4)。显然，如果 $\delta = 0$，ARCH-M

效果就不存在了。比较图3-9c和d，我们可以看到，当δ的数值从δ=4减小到δ=1，$y_t$与$\varepsilon_t$更加近似。[4]

正如在任意ARCH或GARCH模型中那样，拉格朗日乘数(LM)检验可以用来检测条件波动的存在。相对而言，LM检验操作简单，因为它不要求对整个模型进行估计。统计量$TR^2$渐进地服从自由度等于约束条件个数的$\chi^2$分布。

### ARCH-M的实际应用

Engle，Lilien和Robins(1987)用1960年第1季度至1984年第2季度的季度数据，按照下述方式构造了半年期国库券的超额收益。用$r_t$表示从$t$期持有到$t+1$期的三月期国库券的季度收益。在经历了整个时间过程后，$t$期的期初1美元的个人投资在两个季度末将收到$(1+r_t)(1+r_{t+1})$美元。同样，如果用$R_t$表示半年期国库券的季度收益率，买入并持有半年期国库券两个季度，将得到$(1+R_t)^2$美元。持有半年期国库券所得的超额收益$y_t$为

$$y_t = (1+R_t)^2 - (1+r_{t+1})(1+r_t)$$

它近似等于

$$y_t = 2R_t - r_{t+1} - r_t$$

作常数项对超额收益的回归，其结果为

$$y_t = 0.142 + \varepsilon_t \qquad (3\text{-}26)$$
$$(4.04)$$

式中，括号内的值为$t$统计量。

每季度0.142%的超额收益远远超过了相对于零的4个标准离差。这种估计方法的问题在于，相较于1979年之前的各期，之后的各期都呈现出更高的波动性。为检验ARCH误差的存在，我们在过去的残差平方值的加权平均基础上对残差平方值作回归，应用式(3-11)，对约束条件$\alpha_1=0$进行LM检验得到$TR^2=10.1$，它服从自由度为1的$\chi^2$分布。在1%的显著水平下，$TR^2$大于自由度为1的$\chi^2$分布的临界值6.635。所以，强有力的检验证据证明存在异方差，于是可以认为存在ARCH误差。所以，如果投资者个人要求得到风险溢价，则式(3-26)的描述是不恰当的。

ARCH-M模型的最大似然估计量及其对应的$t$统计量为

$$y_t = -0.0241 + 0.687h_t + \varepsilon_t$$
$$(-1.29) \quad (5.15)$$
$$h_t = 0.0023 + 1.64(0.4\varepsilon_{t-1}^2 + 0.3\varepsilon_{t-2}^2 + 0.2\varepsilon_{t-3}^2 + 0.1\varepsilon_{t-4}^2)$$
$$(1.08) \quad (6.30)$$

系数的估计值表示随时间变化的风险溢价。ARCH方程的已估参数1.64意味着无条件方差是无穷大。虽然对此的处理很麻烦，但条件方差的大小是有限的。$\varepsilon_{t-i}$的波动会增大条件方差，以至于出现阶段性的平稳和波动。在波动期间，风险溢价增加，风险厌恶的投资者会寻求在某一条件下风险相对较小的资产。

章末的习题6要求读者用模拟数据估计这样的ARCH-M模型。通过经典的估计程序，可以引导读者设计和解决相关问题。

## 3.7 ARCH过程的其他性质

每当我们估计ARCH过程时，都会估计两个相互关联的方程

$$y_t = a_0 + \beta x_t + \varepsilon_t$$

和

$$\varepsilon_t = \nu_t(\alpha_0 + \alpha_1\varepsilon_{t-1}^2 + \cdots + \alpha_q\varepsilon_{t-q}^2 + \beta_1 h_{t-1} + \cdots + \beta_p h_{t-p})^{0.5} \quad (3\text{-}27)$$

式中，$x_t$ 可以是一个 $(p^m, q^m)$ 阶的 ARMA 过程。此外，$x_t$ 还可以包含外生变量。

第一个方程是一个均值模型，第二个方程是方差模型。符号 $p^m$ 和 $q^m$ 用来表示均值 ARMA 过程的阶数，这个阶数不需要等于 GARCH$(p, q)$ 模型的阶数。这两个方程是相关的，因为 $h_t$ 是 $\varepsilon_t$ 的条件方差。因此，式(3-27)的 GARCH 过程是均值方程的条件方差。我们不能假设 $\varepsilon_t^2$ 为自身条件方差，由于 $\varepsilon_t = \nu_t (h_t)^{0.5}$，因此，可以得出 $h_t$ 和 $\varepsilon_t^2$ 之间的关系为

$$\varepsilon_t^2 = \nu_t^2 h_t$$

且由于 $E\nu_t^2 = E_{t-1}\nu_t^2 = 1$，所以

$$E_{t-1}\varepsilon_t^2 = h_t$$

因此，$h_t$ 为序列 $\{\varepsilon_t\}$ 的条件方差。

表达式 GARCH(1, 1)是最普遍的条件波动形式，对于波动冲击持续时间较长的金融数据来说更是如此。因此，我们应当特别注意 GARCH 过程的这一形式。

### 3.7.1 GARCH(1, 1)误差过程的性质

由于文献中存在大量的 GARCH(1, 1)模型，所以确定这些特殊类型的误差过程的性质是可行的。在确定其过程中，可以将 3.2 节中提出的一些有关 ARCH(1)模型的讨论加以扩展。如果计算 GARCH(1, 1)过程的条件期望，则我们很容易证明

$$E_{t-1}\varepsilon_t^2 = \alpha_0 + \alpha_1\varepsilon_{t-1}^2 + \beta_1 h_{t-1}$$

或者

$$h_t = \alpha_0 + \alpha_1\varepsilon_{t-1}^2 + \beta_1 h_{t-1} \quad (3\text{-}28)$$

**$\varepsilon_t$ 的均值**(the mean of $\varepsilon_t$)：$\varepsilon_t$ 的无条件均值为零。如果对式(3-27)取期望，则可以得到

$$E\varepsilon_t = E[\nu_t(h_t)^{\frac{1}{2}}]$$

由于 $h_t$ 独立于 $\nu_t$，且 $E\nu_t = 0$，容易得到 $E\varepsilon_t = 0$。

**$\varepsilon_t$ 的方差**(the variance of $\varepsilon_t$)：由于

$$\varepsilon_t^2 = \nu_t^2(\alpha_0 + \alpha_1\varepsilon_{t-1}^2 + \beta_1 h_{t-1})$$

可以得到 GARCH(1, 1)过程的无条件方差为

$$E\varepsilon_t^2 = E\nu_t^2(\alpha_0 + \alpha_1 E\varepsilon_{t-1}^2 + \beta_1 E h_{t-1}) \quad (3\text{-}29)$$

如果认同 $E\nu_t^2 = 1$ 且 $E\varepsilon_{t-i}^2 = Eh_{t-i}$，我们就可以简化这个表达式。其中，第二个关系式来自于**期望迭代法则**(law of iterated expectations)。我们需要的这一法则可以保证 $E\varepsilon_t^2 = E(E_{t-1}\varepsilon_t^2)$。实际上，条件方差的无条件期望就是无条件方差，这样，我们可以将这一关系式滞后一期，写成 $E\varepsilon_{t-1}^2 = E(E_{t-2}\varepsilon_{t-1}^2)$，所以，$E\varepsilon_{t-1}^2 = E(h_{t-1})$。如果将其代入式(3-29)，则有

$$E\varepsilon_t^2 = \alpha_0 + (\alpha_1 + \beta_1)E\varepsilon_{t-1}^2 \quad (3\text{-}30)$$

由此，式(3-30)给出无条件方差的计算方法。假设 $\alpha_1 + \beta_1 < 1$，那么无条件方差为

$$E\varepsilon_t^2 = \frac{\alpha_0}{1 - \alpha_1 - \beta_1}$$

对于更普遍的 GARCH$(p, q)$模型来说，只需要满足

$$1 - \sum_{i=1}^q \alpha_i - \sum_{i=1}^p \beta_i > 0$$

方差就是有限的。

**自相关函数**(the autocorrelation function)：自相关系数 $E\varepsilon_t\varepsilon_{t-j}$ 都等于零。考虑

$$E\varepsilon_t\varepsilon_{t-j} = E[\nu_t(h_t)^{\frac{1}{2}}\nu_{t-j}(h_{t-j})^{\frac{1}{2}}]$$

因为 $h_t$，$\nu_{t-j}$ 和 $h_{t-j}$ 独立于 $\nu_t$，且 $E\nu_t = 0$，所以，对于所有 $j \neq 0$，自相关系数都为零。

**条件方差**(the conditional variance)：误差过程的条件方差为 $h_t$。考虑下面的结果

$$E_{t-1}\varepsilon_t^2 = E_{t-1}\nu_t^2 h_t = h_t$$

这是 GARCH 模型最本质的特征，即误差过程的条件方差不为常数。通过对 $h_t$ 的参数的合适设定，就可以对序列 $\{y_t\}$ 的条件方差建模和预测。

**波动持续性**(volatility persistence)：在一个 GARCH 过程中，因为 $E\varepsilon_t\varepsilon_{t-j} = 0$，所以误差是不相关的。但是，如式(3-28)所示，GARCH(1,1)过程的误差平方值是相关的。我们可以证明残差平方值的自回归衰减程度等于 $(\alpha_1 + \beta_1)$。实际上，GARCH(1,1)过程的残差平方值的 ACF 往往与 ARMA(1,1)过程的 ACF 相似。

$\alpha_1$ 和 $\beta_1$ 的值偏大都会导致条件波动增大，但它们的影响方式都不同。$\alpha_1$ 越大，$h_t$ 的反应越大。显然，如果 $\alpha_1$ 较大，一个冲击 $\nu_t$ 就会对 $\varepsilon_t^2$ 和 $h_{t+1}$ 产生相当大的影响。为了说明这一点，我们用一组完全相同的序列 $\{\nu_t\}$ 的随机数据模拟两个 GARCH(1,1)过程。在两种情况下，$h_0$ 和 $\varepsilon_0$ 都已初始化后，序列的其他样本观测值都可用关系式 $\varepsilon_t^2 = \nu_t^2 h_t$ 推导出来，且

$$\text{模型 1}: h_t = 1 + 0.6\varepsilon_{t-1}^2 + 0.2h_{t-1}$$
$$\text{模型 2}: h_t = 1 + 0.2\varepsilon_{t-1}^2 + 0.6h_{t-1}$$

为了避免初始条件选择特定值所产生的影响，我们去除了前 100 个实现值，跟在后面的 250 个实现值如图 3-10 所示。当 $h_t$ 的值已知时，$\nu_t$ 的一个较大冲击会立即影响到 $\varepsilon_t^2$。由于模型 1 中 $\alpha_1$ 的值较大，冲击 $\nu_t$ 在 $t+1$ 时期的影响也就较显著。对于模型 2，$\alpha_1$ 只有 0.2，因此，模型中的 $\{h_t\}$ 序列中的峰值没有模型 1 中的大。但是，由于模型 2 中 $\beta_1$ 的值较大，其条件方差表现出更大的自回归持久性。

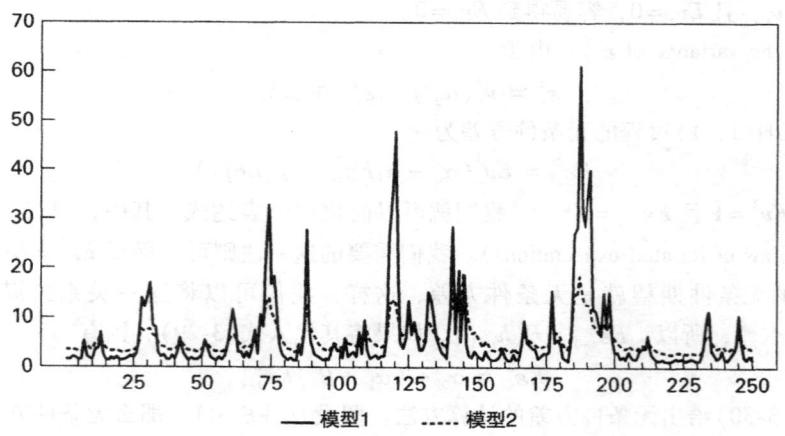

图 3-10　GARCH(1,1)模型中的持久性

还应注意，$\alpha_1$ 的值必须严格为正。因此，GARCH(1,1)过程的残差平方值的 ACF 与 ARMA(1,1)过程残差的 ACF 并不完全相似。如果 $\alpha_1 = 0$，我们可以将式(3-28)写为

$$h_t = \alpha_0 + \beta_1 h_{t-1}$$

所以，序列$\{\varepsilon_t\}$不会对序列$\{h_t\}$产生影响。因此，条件方差模型是不可识别的。在更一般的GARCH$(p,q)$过程中，这种相似性更不显著。Bollerslev(1986)证明了GARCH$(p,q)$过程的残差平方值的ACF与取$m=\max(p,q)$时的ARMA$(m,p)$过程的ACF相似。因此，难以确定最恰当的$p$和$q$的值。章末的习题3将要求读者证明GARCH(2,1)的ACF与GARCH(2,2)的ACF有相同特性。

### 3.7.2 评估拟合优度

评价GARCH模型精确度的一种方法是看其拟合数据的程度。有些研究者使用第2章中讨论到的AIC和SBC来选择模型。首先请考虑用残差平方和(SSR)作为衡量拟合优度的标准。因为$SSR=\sum \varepsilon_t^2$，残差平方和事实上度量了均值模型的离差平方。并且，由于$e_t=\nu_t(h_t)^{\frac{1}{2}}$，因此GARCH模型上纯新息是由$v_t$序列给出的。与使用SSR相反，在一个GARCH模型中，一个合理衡量拟合优度的方法是序列$\{\nu_t\}$平方的求和：

$$SSR' = \sum_{t=1}^{T} v_t^2$$

鉴于$\varepsilon_t=\nu_t(h_t)^{\frac{1}{2}}$，$SSR'$同样可以写作

$$SSR' = \sum_{t=1}^{T} \left(\frac{\varepsilon_t^2}{h_t}\right)$$

问题在于$SSR'$是对于误差平方的度量，它与拟合的条件方差值有关。当$h_t$的拟合值接近$\varepsilon_t^2$，那么$SSR'$将会很小，因此我们可以选择出满足$SSR'$的值最小的模型。解决这个问题的另一种方法是让我们认识到$\frac{\varepsilon_t}{h_t^{0.5}}$是$\varepsilon_t$的标准残差除以它的标准差。因此，$SSR'$是对标准残差平方和的度量。

另一种测量拟合优度的方法非常简单，就是使似然函数最大化。在3.8节将会详细论述，误差过程呈正态分布，则使似然函数对数最大化的值可以写成

$$2\ln L = -\sum_{t=1}^{T}\left[\ln(h_t)+\frac{\varepsilon_t^2}{h_t}\right]-T\ln(2\pi) = -\sum_{t=1}^{T}\left[\ln(h_t)+v_t^2\right]-T\ln(2\pi)$$

式中，$L$为对数似然函数的最大值。

因此，拥有较大$L$值的模型往往拥有一个比较小的$h_t$和（或）$SSR'$。注意，$L$不能防范引入额外参数所带来的不利后果。但是，我们可以将AIC和SBC构造为

$$AIC = -2\ln L + 2n$$
$$SBC = -2\ln L + n\ln(T)$$

式中，$L$为对数似然函数的最大值；$n$为估计参数的个数。如第2章中所讨论的，在讨论模型选择标准时，一些软件不会将表达式$-T\ln(2\pi)$纳入似然函数的计算中。

### 3.7.3 模型合理性的诊断性检验

估计出的GARCH模型除了拟合优度良好以外，还应该能够捕获均值模型和方差模型的所有动态特征。估计出的残差应该呈现序列不相关，并且不应该表现出任何残留的条件波动。如上文指出，通过标准化残差，我们可以检验来确保模型已经能够捕获这些特征。为了获得序列$\{\nu_t\}$的估计值，用$\hat{\varepsilon}_t$除以$\hat{h}_t^{\frac{1}{2}}$。由于$\varepsilon_t$是均值为0，方差为$h_t$的序列，所以，可以把$v_t=\frac{\varepsilon_t}{(h_t)^{\frac{1}{2}}}$看作$\varepsilon_t$标

准化后的序列。其获得的序列 $s_t$ 均值应该为零,方差恒等于 1。

只要序列 $\{s_t\}$ 呈现序列相关,则均值模型就是不恰当的。为了检验均值模型是合理的,构造序列 $\{s_t\}$ 的 Ljung-Box $Q$ 统计量,并且不能拒绝各个 $Q$ 统计量都等于零的原假设。

为了检验 GARCH 的残留条件波动,构造标准化残差平方(即 $s_t^2$)的 Ljung-Box 的 $Q$ 统计量。实质上,$s_t^2$ 是 $\dfrac{\varepsilon_t^2}{h_t}=v_t^2$ 的估计值,因此,序列 $s_t^2$ 的特征应该与 $v_t^2$ 过程相似。如果 GARCH 不存在残留的条件波动,就不能拒绝 $Q$ 统计量的样本值都等于零的原假设,否则就存在残留的条件波动。如果假设正常,就应该进行检查以确定估计的 $\{v_t\}$ 序列是真的服从正态分布。

只要一旦获得满意的模型,我们就可以预测 $y_t$ 的未来值及其条件方差。此外,还可以用条件标准离差在预测值的周围形成置信区间带。由于 $E_t\varepsilon_{t+1}^2 = h_{t+1}$,所以,可以用下式构造两个标准离差的预测值的置信区间

$$E_t y_{t+1} \pm 2(h_{t+1})^{0.5}$$

这个结果具有普遍性。由于任何 GARCH 过程的均值都为零,所以,最优提前 $j$ 步预测 $y_{t+j}$ 并不依赖于 GARCH 误差的存在,但是,围绕预测的置信区间的大小却依赖于条件波动。显然,在条件波动较大的时期(即当 $h_{t+1}$ 较大时),预测误差方差也较大。简单地说,在条件波动较大的时期,我们不能对自己的预测那么自信。

### 3.7.4 预测条件方差

我们很容易得到条件方差的提前 1 步预测。如果将 $h_t$ 递推 1 期,得到

$$h_{t+1} = \alpha_0 + \alpha_1 \varepsilon_t^2 + \beta_1 h_t$$

由于在 $t$ 期,$\varepsilon_t^2$ 和 $h_t$ 已知,所以,提前 1 步预测就为 $\alpha_0 + \alpha_1 \varepsilon_t^2 + \beta_1 h_t$,而要得到提前 $j$ 步预测只是稍微复杂一些而已。首先,因为 $\varepsilon_t^2 = v_t^2 h_t$,所以 $\varepsilon_{t+j}^2 = v_{t+j}^2 h_{t+j}$,如果递推 $j$ 期,然后取等式两边的条件期望,就会得到

$$E_t \varepsilon_{t+j}^2 = E_t(v_{t+j}^2 h_{t+j})$$

由于 $v_{t+j}$ 独立于 $h_{t+j}$,且 $E_t v_{t+j}^2 = 1$,故有

$$E_t \varepsilon_{t+j}^2 = E_t h_{t+j} \tag{3-31}$$

我们可以通过式(3-31)检测 GARCH(1,1)过程的条件方差,将式(3-28)递推 $j$ 期,得到

$$h_{t+j} = \alpha_0 + \alpha_1 \varepsilon_{t+j-1}^2 + \beta_1 h_{t+j-1}$$

然后,计算条件期望,得到

$$E_t h_{t+j} = \alpha_0 + \alpha_1 E_t \varepsilon_{t+j-1}^2 + \beta_1 E_t h_{t+j-1}$$

如果将这个关系式同式(3-31)联立,容易证明

$$E_t h_{t+j} = \alpha_0 + (\alpha_1 + \beta_1) E_t h_{t+j-1} \tag{3-32}$$

因此,式(3-32)可以被看成是在初始条件为 $h_t$ 时,序列 $E_t h_{t+i}$ 的一阶差分方程。若 $h_t$ 已知,则可以用式(3-32)检测出条件方差的所有后续值预测为

$$E_t h_{t+j} = \alpha_0[1 + (\alpha_1 + \beta_1) + (\alpha_1 + \beta_1)^2 + \cdots + (\alpha_1 + \beta_1)^{j-1}] + (\alpha_1 + \beta_1)^j h_t$$

如果 $\alpha_1 + \beta_1 < 1$,则 $h_{t+j}$ 的条件预测值将收敛于长期均值

$$E h_t = \frac{\alpha_0}{1 - \alpha_1 - \beta_1}$$

类似地,我们也可以预测 ARCH($q$)过程的条件方差

$$h_t = \alpha_0 + \alpha_1 \varepsilon_{t-1}^2 + \cdots + \alpha_q \varepsilon_{t-q}^2 \tag{3-33}$$

如果将式(3-33)递推 1 期,就可以得到

$$h_{t+1} = \alpha_0 + \alpha_1 \varepsilon_t^2 + \cdots + \alpha_q \varepsilon_{t-q+1}^2$$

如上所述,在 $t$ 期,我们拥有计算任何 GARCH 过程的 $h_{t+1}$ 值所需的所有信息。现在,如果将式(3-33)的数据递推 2 期,并取条件期望,就可以得到

$$E_t h_{t+2} = \alpha_0 + \alpha_1 E_t \varepsilon_{t+1}^2 + \cdots + \alpha_q \varepsilon_{t-q+2}^2$$

由于 $E_t \varepsilon_{t+1}^2 = h_{t+1}$,故有

$$E_t h_{t+2} = \alpha_0 + \alpha_1 h_{t+1} + \cdots + \alpha_q \varepsilon_{t-q+2}^2$$

关键在于,我们可以递推得到条件方差的提前 $j$ 步预测。随着 $j$ 值趋于正无穷($j \to \infty$),$h_{t+j}$ 的预测值应该收敛于无条件均值

$$E\varepsilon_t^2 = \frac{\alpha_0}{1 - \alpha_1 - \alpha_2 - \cdots - \alpha_q}$$

显然,收敛的必要条件是逆特征方程 $1 - \alpha_1 L - \cdots - \alpha_q L^q$ 的根必须在单位圆内,这是长期均值表示为 $\frac{\alpha_0}{1 - \sum \alpha_i}$ 的必要条件。为保证方差始终为正,也要求 $\alpha_0 > 0$,且对任意 $i \geq 1$ 都有 $\alpha_i \geq 0$。

这一结论推广到一般的 GARCH($p$, $q$) 过程应当没有问题,幸运的是,大多数统计软件都可以自动完成这些计算。

## 3.8 GARCH 模型的最大似然估计

许多软件含有估计 GARCH 和 ARCH-M 模型的内置程序,这样研究者只需简单地指明过程的阶数,计算机就能完成剩余工作。但即使我们有自动程序这一捷径,了解软件所使用的计算步骤也是十分重要的。况且有的软件还要求用户输入一个小的最优化算法的形式。本节将介绍理解或编写 GARCH 这类模型的程序所必需的最大似然估计方法。

假设 $\{\varepsilon_t\}$ 服从均值为零、方差 $\sigma^2$ 为常数的正态分布。根据正态分布理论,$\varepsilon_t$ 的任何观测值的似然值为

$$L_t = \frac{1}{\sqrt{2\pi\sigma^2}} \exp\left(\frac{-\varepsilon_t^2}{2\sigma^2}\right)$$

式中,$L_t$ 是 $\varepsilon_t$ 的似然值。

由于 $\{\varepsilon_t\}$ 相互独立,所以观测值 $\varepsilon_1$,$\varepsilon_2$,$\cdots$,$\varepsilon_T$ 的联合似然值就是每个单独似然值的乘积。因此,如果所有观测值的方差相同,则观测值的联合似然值应为

$$L = \prod_{t=1}^{T} \left(\frac{1}{\sqrt{2\pi\sigma^2}}\right) \exp\left(\frac{-\varepsilon_t^2}{2\sigma^2}\right)$$

由于求和比求积容易得多,故我们可以对等式两边取自然对数,得到

$$\ln L = -\frac{T}{2}\ln(2\pi) - \frac{T}{2}\ln\sigma^2 - \frac{1}{2\sigma^2}\sum_{t=1}^{T}(\varepsilon_t)^2 \tag{3-34}$$

最大似然估计中所使用的方法是选择使拟合观测样本的似然值最大化的分布参数。在第 2 章的附录 1 中,我们考察了序列 $\{\varepsilon_t\}$ 为 MA(1) 的情况。在此例中,假设 $\{\varepsilon_t\}$ 来自模型

$$\varepsilon_t = y_t - \beta x_t \tag{3-35}$$

在古典回归模型中，我们都假设 $\varepsilon_t$ 的均值为零，方差 $\sigma^2$ 为常数，且 $\{\varepsilon_t\}$ 相互独立。若样本有 $T$ 个观测值，我们可以将式(3-35)代入式(3-34)的对数似然函数，得到

$$\ln L = -\frac{T}{2}\ln(2\pi) - \frac{T}{2}\ln\sigma^2 - \frac{1}{2\sigma^2}\sum_{t=1}^{T}(y_t - \beta x_t)^2 \tag{3-36}$$

最大化对数似然函数(3-36)，分别对 $\sigma^2$ 和 $\beta$ 求导，得到

$$\frac{\partial \ln L}{\partial \sigma^2} = -\frac{T}{2\sigma^2} + \frac{1}{2\sigma^4}\sum_{t=1}^{T}(y_t - \beta x_t)^2$$

和

$$\frac{\partial \ln L}{\partial \beta} = \frac{1}{\sigma^2}\sum_{t=1}^{T}(y_t x_t - \beta x_t^2) \tag{3-37}$$

令这些偏导数等于零，就可以解出使得 $\ln L$ 达到最大值的参数 $\sigma^2$ 和 $\beta$ 的值，得到方差和 $\beta$ 的 OLS 估计值（分别用 $\hat{\sigma}^2$ 和 $\hat{\beta}$ 表示），其解为

$$\hat{\sigma}^2 = \frac{\sum \varepsilon_t^2}{T} \tag{3-38}$$

及

$$\hat{\beta} = \frac{\sum x_t y_t}{\sum x_t^2} \tag{3-39}$$

因为大多数有关回归分析的计量经济学教材都会涉及最大似然估计，所以，读者对这些可能相当熟悉。这里主要强调的是，这种 1 阶条件求解很容易，因为它们都是线性的。虽然求和比较冗繁，但方法本身简单易懂。然而，麻烦的是，要估计 ARCH 或 GARCH 模型却不这样简单，因为 1 阶方程是非线性的。取而代之的是，求解需要运用一种检索算法，要解释这个问题，最简单的方法是将一个 ARCH(1) 误差过程引入式(3-35)所给的回归模型。仍然假设 $\varepsilon_t$ 是线性式 $y_t - \beta x_t = \varepsilon_t$ 的误差项，现在令 $\varepsilon_t$ 为

$$\varepsilon_t = \nu_t (h_t)^{0.5}$$

虽然 $\varepsilon_t$ 的条件方差不是常数，但可以对式(3-34)做一些必要的修改。由于 $\varepsilon_t$ 的每个观测值都对应方差 $h_t$，所以，观测值 $\varepsilon_1$ 到 $\varepsilon_T$ 的联合似然值为

$$L = \prod_{t=1}^{T}\left(\frac{1}{\sqrt{2\pi h_t}}\right)\exp\left(\frac{-\varepsilon_t^2}{2h_t}\right)$$

故对数形式的似然函数为

$$\ln L = -\frac{T}{2}\ln(2\pi) - 0.5\sum_{t=1}^{T}\ln h_t - 0.5\sum_{t=1}^{T}\left(\frac{\varepsilon_t^2}{h_t}\right)$$

现在，假设 $\varepsilon_t = y_t - \beta x_t$，且条件方差为 ARCH(1) 过程 $h_t = \alpha_0 + \alpha_1 \varepsilon_{t-1}^2$。替换上式中的 $h_t$ 和 $y_t$，得到

$$\ln L = -\frac{T-1}{2}\ln(2\pi) - 0.5\sum_{t=2}^{T}\ln(\alpha_0 + \alpha_1 \varepsilon_{t-1}^2) - \frac{1}{2}\sum_{t=2}^{T}\left[\frac{y_t - \beta x_t^2}{\alpha_0 + \alpha_1 \varepsilon_{t-1}^2}\right]$$

注意，因为 $\varepsilon_0$ 已不在样本内，所以初始观测值就丢失了。一旦用 $(y_{t-1} - \beta x_{t-1})^2$ 替换 $\varepsilon_{t-1}^2$，就可以求出关于 $\alpha_0$、$\alpha_1$ 和 $\beta$ 的 $\ln L$ 的最大值。正如我们所想的那样，没有简单方法能解出最大值的 1 阶条件。但幸运的是，计算机能够选择参数值求解出该对数形式的似然函数的最大值。在大多数时间序列应用软件中，编写这种程序的步骤将会十分简单。注意数值优化程序不能得到估计系数的准确结果。相反，各种"爬山"法被用来寻找最大化 $\ln L$ 的参数值。如果似然方程的偏导

数趋近于0(即,似然方程是单调的),这种算法可能无法找到一个最大值。编程手册的4.4节讨论到,单纯形算法和所谓的BFGS算法经常被用于GARCH模型的极大似然估计之中。

## 3.9 其他条件方差模型

金融分析师可以敏锐地对资产价格的条件方差做出精确的估计。由于GARCH模型能够预测条件波动,它可以度量一项资产在持有期间的风险。因此,围绕基本GARCH模型开发出了众多扩展模型,这些模型特别适用于估计金融工具的条件波动。

### 3.9.1 IGARCH模型

金融时间序列中的条件波动较为持久。实际上,如果我们用股票收益率的长期时间序列来估计GARCH(1,1)模型,会发现 $\alpha_1$ 和 $\beta_1$ 之和非常接近于1。Nelson(1990)认为,令 $\alpha_1 + \beta_1$ 等于1可以得到资产收益分布的一个非常简洁的表达式。在某种程度上,这种约束使条件方差与单位根过程非常相似。这一整合的GARCH(IGARCH)模型有一些非常有趣的特性。由式(3-32)可得,如果 $\alpha_1 + \beta_1 = 1$,条件方差提前1步预测为

$$E_t h_{t+1} = \alpha_0 + h_t$$

提前 $j$ 步预测为

$$E_t h_{t+j} = j\alpha_0 + h_t$$

因此,当不包含截距项 $\alpha_0$ 时,对条件方差的下一期的预测值就是当期的条件方差值。并且,无条件方差显然是无穷大的。然而,Nelson(1990)也指出IGARCH过程与存在一个单位根的ARIMA过程并不完全相似。假定 $\alpha_1 + \beta_1 = 1$ 且 $h_{t-1} = Lh_t$,则我们可以将条件方差写成

$$h_t = \alpha_0 + (1 - \beta_1)\varepsilon_{t-1}^2 + \beta_1 L h_t$$

解出 $h_t$,得

$$h_t = \frac{\alpha_0}{(1-\beta_1)} + (1-\beta_1)\sum_{i=0}^{\infty} \beta_1^i \varepsilon_{t-1-i}^2$$

由此可见,与真正的非平稳过程不同,条件方差是序列 $\{\varepsilon_t^2\}$ 当前和过去观测值的几何衰减函数。因此,我们可以像估计其他GARCH模型那样估计IGARCH模型。

### 3.9.2 包含解释变量的模型

正如均值模型能够包含解释变量那样,$h_t$ 的表达式也允许包含外生变量。在3.4节中列举了"大缓和"的例子。无独有偶,假设我们想确定2001年"9·11"恐怖袭击是否加剧了资产收益率的波动性。为了解决这个问题的一种方法是引入一个虚拟变量 $D_t$。设9月11日之前 $D_t = 0$,之后 $D_t = 1$,考察下列改进后的GARCH(1,1)模型

$$h_t = \alpha_0 + \alpha_1 \varepsilon_{t-1}^2 + \beta_1 h_{t-1} + \gamma D_t$$

如果 $\gamma > 0$,我们可以认为恐怖袭击增加了条件波动的均值。

### 3.9.3 非对称模型:TARCH和EGARCH

有趣的是,"坏"消息对资产价格波动性的影响远大于"好"消息的影响。对许多股票而言,

当前收益和未来波动之间呈很强的负相关。原因在于，一个负的股价震动，会降低与公司债务相关联的股票价值。随着资产负债率的提高，持有公司股票的风险也越高。收益增加时波动性减小，收益减少时波动性变大，这一趋势通常被称为**杠杆效应**（leverage effect）。图 3-11 描绘了杠杆效应的特征，其中，"消息情报"用 $\varepsilon_t$ 来度量。如果 $\varepsilon_t = 0$，预期波动（$E_t h_{t+1}$）为距离 $0a$，否则任何消息情报都会增大波动性。但是，如果新信息是好的消息（即，$\varepsilon_t$ 为正），则随消息的重要程度，波动性沿 $ab$ 增大，如果消息是坏的消息，则波动性是沿 $ac$ 增大。由于弧 $ac$ 的弧度比 $ab$ 陡，故一个正的冲击 $\varepsilon_t$ 对波动性的影响小于一个同等大小的负的冲击的影响。

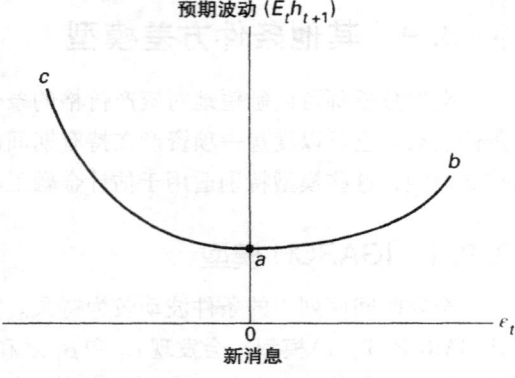

图 3-11 杠杆效应

Glosten，Jaganathan 和 Runkle（1994）指出了如何考虑好消息和坏消息对波动性的不同影响。在某种意义上，$\varepsilon_{t-1} = 0$ 可以看作是一个门限，大于这个门限的冲击和小于这个门限的冲击会产生不同的效应。考虑门限 GARCH（TARCH）过程

$$h_t = \alpha_0 + \alpha_1 \varepsilon_{t-1}^2 + \lambda_1 d_{t-1} \varepsilon_{t-1}^2 + \beta_1 h_{t-1}$$

式中，$d_{t-1}$ 是虚拟变量，当 $\varepsilon_{t-1} < 0$ 时，$d_{t-1} = 1$，当 $\varepsilon_{t-1} \geq 0$ 时，$d_{t-1} = 0$。

TARCH 模型的要点在于当 $\varepsilon_{t-1}$ 为正时 $d_{t-1}$ 为零。因此，如果 $\varepsilon_{t-1} \geq 0$，$\varepsilon_{t-1}$ 冲击对 $h_t$ 的影响就是 $\alpha_1 \varepsilon_{t-1}^2$。当 $\varepsilon_{t-1} < 0$ 时，因为 $d_{t-1} = 1$，所以冲击 $\varepsilon_{t-1}$ 对 $h_t$ 的影响就是 $(\alpha_1 + \lambda_1) \varepsilon_{t-1}^2$。如果 $\lambda_1 > 0$，则负冲击对波动性的影响就大于正的冲击。因此，我们能够很容易地引入一个虚拟变量 $d_t$ 及其乘积 $d_{t-1} \varepsilon_{t-1}^2$，如果系数 $\lambda_1$ 显著地不为零，则我们就可以得出门限效应的结论。

另一个考虑信息不对称性影响的模型是指数 GARCH（EGARCH）模型。标准 GARCH 模型存在一个问题，即必须保证所有估计系数都为正。Nelson（1991）提出了一个不需要非负限制的表达式，考察

$$\ln(h_t) = \alpha_0 + \alpha_1 \left( \frac{\varepsilon_{t-1}}{h_{t-1}^{0.5}} \right) + \lambda_1 \left| \frac{\varepsilon_{t-1}}{h_{t-1}^{0.5}} \right| + \beta_1 \ln(h_{t-1}) \tag{3-40}$$

式（3-40）被称为指数 GARCH 模型或 EGARCH 模型。EGARCH 模型有三个重要而有趣的特征值得关注。

1. 条件方差为线性对数形式。不考虑 $\ln(h_t)$ 的大小，$h_t$ 的暗含值不会为负，因此，可以允许系数为负。

2. EGARCH 模型使用标准化的 $\varepsilon_{t-1}$ 值（即 $\varepsilon_{t-1}$ 除以 $h_{t-1}$）$^{0.5}$，而非 $\varepsilon_{t-1}^2$ 值。Nelson 认为用这种标准化的值更准确地解释冲击的大小和持续性更为自然，毕竟，标准化的 $\varepsilon_{t-1}$ 值是没有度量单位的。

3. EGARCH 模型考虑了杠杆效应。如果 $\frac{\varepsilon_{t-1}}{(h_{t-1})^{0.5}}$ 为正，冲击对取对数的条件方差的影响是 $\alpha_1 + \lambda_1$。如果 $\frac{\varepsilon_{t-1}}{(h_{t-1})^{0.5}}$ 为负，冲击对取对数的条件方差影响就是 $-\alpha_1 + \lambda_1$。

虽然相较于 TARCH 模型，EGARCH 模型有其优点，但我们很难预测 EGARCH 模型的条件方差。而对于 TARCH 模型，我们可以假设 $E_t d_{t+j} = 0.5$。如果资产收益对称，则 $\varepsilon_{t+j}$ 的现实值将有 50% 的可能性为正。

### 3.9.4 检验杠杆效应

检验杠杆效应的一种方法是估计 TARCH 或 EGARCH 模型并对原假设 $\hat{\lambda}_1 = 0$ 作 $t$ 检验。然而，

有专门的诊断检验可以确定残差中是否存在任何残余的杠杆效应。在估计 ARCH 或 GARCH 模型后，我们构造下列标准化的残差

$$s_t = \frac{\hat{\varepsilon}_t}{\hat{h}_t^{\frac{1}{2}}}$$

因此，序列 $\{s_t\}$ 由每个残差除以其标准差组成。为了检验杠杆效应，可以估计回归方程

$$s_t^2 = a_0 + a_1 s_{t-1} + a_2 s_{t-2} + \cdots$$

如果不存在杠杆效应，则误差平方值应该与原始序列的误差项不相关。因此，如果原假设 $a_1 = a_2 = \cdots$ 的 $F$ 统计量大于 $F$ 分布表中的临界值，就可以认为存在杠杆效应。

Engle 和 Ng(1993)提出了确定正负冲击对条件方差是否有不同影响的第二种方法。同样，令 $d_{t-1}$ 为一个虚拟变量，当 $\hat{\varepsilon}_{t-1} < 0$ 时，$d_{t-1} = 1$，当 $\hat{\varepsilon}_{t-1} \geq 0$ 时，$d_{t-1} = 0$。这种检验是要确定是否可以用序列 $\{d_{t-1}\}$ 来预期已估的残差平方值。符号有偏检验采用了如下的回归方程。

$$s_t^2 = a_0 + a_1 d_{t-1} + \varepsilon_{1t}$$

式中，$\varepsilon_{1t}$ 是回归残差。

如果 $t$ 检验表明 $a_1$ 显著不为零，则当期冲击的符号有助于预期条件波动。为将这个检验推而广之，我们可以估计回归方程

$$s_t^2 = a_0 + a_1 d_{t-1} + a_2 d_{t-1} s_{t-1} + a_3 (1 - d_{t-1}) s_{t-1} + \varepsilon_{1t}$$

$d_{t-1} s_{t-1}$ 和 $(1 - d_{t-1}) s_{t-1}$ 是用来确定正负冲击的影响是否也取决于其自身的大小。我们可以用 $F$ 检验量来检验原假设 $a_1 = a_2 = a_3 = 0$，如果得出存在杠杆效应的结论，那么就可以估计出特定形式的 TARCH 或 EGARCH 模型。

## 3.9.5 非正态误差

对于大多数金融资产而言，回报率的分布函数都呈**肥尾状**(fat-tailed)。一个肥尾分布在其尾部的权重大于一般的正态分布。与正态分布给出的概率相比，某一特定股票的回报率意味着遭到重大损失(或重大获利)的可能性更大。于是，我们不会使用正态分布来进行最大似然估计。图 3-12 比较

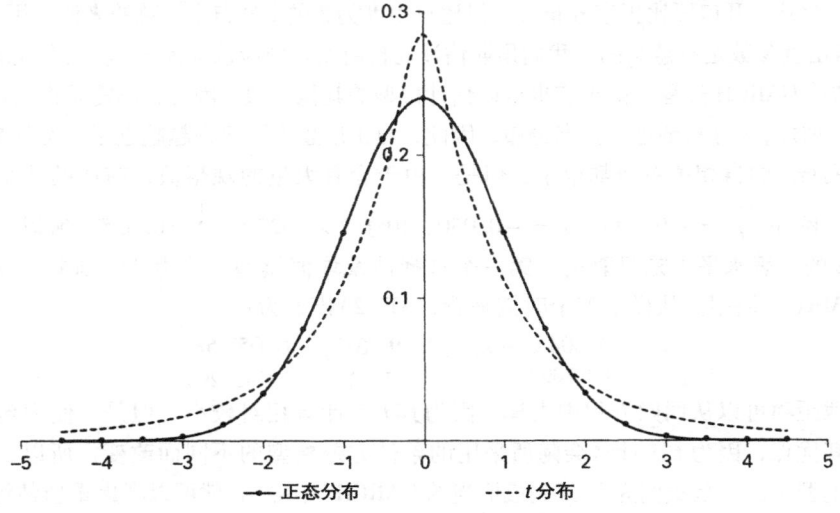

图 3-12 正态分布和 $t$ 分布比较

了标准正态分布和自由度为 3 的 $t$ 分布,可以看到,当为大样本时,$t$ 分布给出的概率比正态分布给出的要大。由于很多金融变量有肥尾,所以很多计算机软件都可以用 $t$ 分布来估计 GARCH 模型。[5]

## 3.10 估计纽约证券交易所 100 指数

我们可以利用图 3-3 所示的纽约证券交易所 100 指数的对数值来说明用 GARCH 模型拟合金融数据的过程。该指数广泛基于构成整个美国市场资本价值 81% 以上和整体公司收入 87% 以上的上市公司。你可以使用数据集 NYSE(RETURNS).XLS 中标记为 RATE 的序列,该序列包含了 2000 年 1 月 4 日至 2012 年 7 月 16 日期间的每日收盘指数值,这个序列很符合 GARCH 过程。我们可以清楚地观察到,在一些时期内序列变化很小(比如 2004 年到 2006 年期间),而在其他时期内(比如在 2008 年)指数有几处明显的增大或减小。

在 3.4 节中,利率差的例子主要目的是估计均值模型和恰当的条件置信区间。而在此,均值模型已没有任何意义,资产价格往往表现为随机游走或带漂移的随机游走形式。因此,均值模型不会包含任何信息。相反,我们的目的是准确捕获条件波动的行为特征。要对条件方差进行准确建模就需要大量的观察值。此外,由于金融数据都容易获得,故资产价格的 GARCH 模型一般都会使用大量的数据集。

### 3.10.1 均值模型

GARCH 建模的第一步是估计均值模型。由于指数很明显是非平稳的,所以我们将指数的日收益率构造为纽交所收盘总回报率的百分比变化。工作日收盘后,前一天的 RETURN 值就被运用了。如果你检查这份文件,就会看到每日回报率被构造为:

$$r_t = 100 \times \ln\left(\frac{\mathrm{RETURN}_t}{\mathrm{RETURN}_{t-1}}\right)$$

序列 $\{r_t\}$ 的 3 270 个观察值的均值为 0.003,样本方差为 1.637。图 3-13 中的实线描绘了叠加在图 3-12 中的正态分布以及 $t$ 分布上的这 3 270 个观察值的实际分布。我们可以看出,收益率的分布比正态分布陡。此外,开口要比正态分布大,但比自由度为 3 的 $t$ 分布小。总的来说,用 $t$ 分布来估计 $\{r_t\}$ 序列的自由度参数是有意义的。我们预期估计的自由度参数应该会大于 3。最专业的软件可以运用 $t$ 分布来估计 GARCH 过程。由于它也可以估计模型的其他参数,因此,不需要指定自由度。因为随着自由度的增加,$t$ 分布渐近于正态分布,因此,自由度越大,序列越趋近于正态分布。

虽然序列 $\{r_t\}$ 的自相关系数都很小,但是,由于会有大量的观察值,前面的几个系数在统计上是显著的。例如,$\rho_1 = -0.090$,$\rho_2 = -0.050$,由于 $2 \times (3270)^{-\frac{1}{2}} = 0.035$,所以,这两个自相关系数在 5% 的显著水平下是显著的。第一个选择涉及均值模型,因为 AIC 选择了 AR(2) 模型,SBC 选择了 MA(1) 模型。从样本整个时期来看,AR(2) 模型为:

$$r_t = 0.004\ 0 + \varepsilon_t - 0.094\ 6 r_{t-1} - 0.057\ 5 r_{t-2} \qquad (3\text{-}41)$$
$$\quad (0.209) \qquad\qquad (-5.42) \qquad (-3.29)$$

注意,截距项可以从回归方程中去掉,因为其 $t$ 统计量相对较小。但是,使用包含截距项的回归方程有其优点,因为 $t$ 统计量会随所采用的条件方差模型的不同而改变,所以,截距项就应包含在均值模型中。一旦我们为 $h_t$ 找到最恰当的 GARCH 表达式,就可以考虑重新估计一个不包含截距项的模型。如果检验残差的 ACF,可以看到除了 $\rho_5$ 和 $\rho_8$ 等于 -0.045 以外,其他的都显著。

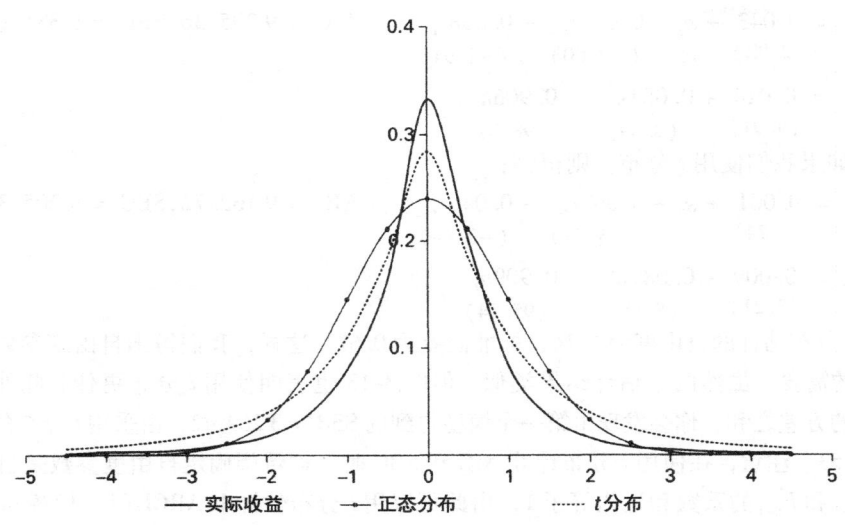

图 3-13 NYSE 国际 100 指数收益分布

## 3.10.2 检验 GARCH 误差

由于均值模型是符合要求的,我们可以运用式(3-41)中的残差平方值来检验 GARCH 误差。残差平方的 ACF 为 $\rho_1=0.20$,$\rho_2=0.41$,$\rho_3=0.20$,$\rho_4=0.29$,$\rho_5=0.33$。残差平方的相关系数显著,因此证明了存在 GARCH 误差。同样,运用拉格朗日乘数来检验 GARCH 误差的存在也是相当可行的。令 $\hat{\varepsilon}_t^2$ 表示式(3-41)的残差平方。由于 1 周有 5 个工作日,因此用 $\hat{\varepsilon}_t^2$ 序列的 5 阶滞后。于是我们得到

$$\hat{\varepsilon}_t^2 = \underset{(5.63)}{0.487} + \underset{(2.78)}{0.047\hat{\varepsilon}_{t-1}^2} + \underset{(18.22)}{0.309\hat{\varepsilon}_{t-2}^2} + \underset{(0.20)}{0.004\hat{\varepsilon}_{t-3}^2} + \underset{(6.14)}{0.104\hat{\varepsilon}_{t-4}^2} + \underset{(13.73)}{0.234\hat{\varepsilon}_{t-5}^2}$$

$\{\hat{\varepsilon}_t^2\}$ 滞后值的所有系数都等于零的原假设的 $F$ 统计量等于 209.98,而在分子自由度为 5,分母自由度为 3 275(我们估计了 5 个系数,且失去了 5 个可用的观察值)的情况下,其 $p$ 值为 0.000,因此,可以得出结论:*存在 GARCH 误差*。

现在做个小检验,请问,在这个检验中,估计滞后长度需要精确到哪种程度?答案很明显。(越精确越好!)显然,我们不希望包含 $t$ 值很小的滞后值,将不显著的滞后值包含在内会削弱检验的力度,而如果滞后长度太短,则可能检验不出条件波动的存在。但是,如果滞后长度短于实际结构,而我们仍然检测到 GARCH 效果时,则可以说存在 GARCH 效果。举一个简单的例子,如果我们只使用了 $\hat{\varepsilon}_{t-1}^2$ 并发现了 GARCH 效果,则可以得出结论:存在某种类型的 ARCH 效果。

## 3.10.3 模型的其他估计方法

与 Box-Jenkins 的方法相似,我们也需要估计一个简洁的模型。我们不仅可以改变 GARCH($p$, $q$)过程的滞后长度,还可以考虑 ARCH-M 效果以及非对称性。由于存在大量可能的表达式容易对数据拟合过度,因此,最好开始时估计一个简单模型,看这个模型是否恰当。如果该模型不能通过诊断检验,我们就可以估计一个更为复杂的模型。首先用 GARCH(1,1)误差过程来估计式(3-41)。假定呈正态分布,最大似然估计的结果是

$$r_t = 0.043 + \varepsilon_t - 0.058 r_{t-1} - 0.038 r_{t-2} \quad AIC = 9\,295.36, SBC = 9\,331.91$$
$$\quad (2.82) \quad\quad (-3.00) \quad (-1.91)$$
$$h_t = 0.014 + 0.084 \varepsilon_{t-1}^2 + 0.906 h_{t-1}$$
$$\quad (4.91) \quad (9.59) \quad\quad (98.31)$$

相反，如果我们使用 $t$ 分布，则得到：

$$r_t = 0.061 + \varepsilon_t - 0.062 r_{t-1} - 0.045 r_{t-2} \quad AIC = 9\,162.72, SBC = 9\,205.37$$
$$\quad (5.24) \quad\quad (-3.77) \quad (-2.64)$$
$$h_t = 0.009 + 0.089 \varepsilon_{t-1}^2 + 0.909 h_{t-1}$$
$$\quad (3.21) \quad (8.58) \quad\quad (95.24)$$

其中，$t$ 分布估计的自由度为 6.14，标准误差为 0.67。这样，我们得出自由度参数没有达到近似正态分布的需要。虽然两个估计结果类似，但图 3-13 也表明使用 $t$ 分布更佳。此外，如果计算式(3-30)中的方差之和，你会发现由第一个模型得到的 $SSR' = 3\,269.42$，由采用 $t$ 分布的模型得到的 $SSR' = 3\,325.53$。注意，在使用 $t$ 分布计算 AIC 和 SBC 时，你希望确定自由度参数是自变量。

因为 $\varepsilon_{t-1}^2$ 和 $h_{t-1}$ 的系数和近似等于 1，由此可以用 $t$ 分布估计 IGARCH(1, 1) 模型，得到

$$r_t = 0.061 + \varepsilon_t - 0.062 r_{t-1} - 0.045 r_{t-2} \quad AIC = 9\,160.88, SBC = 9\,197.43$$
$$\quad (4.41) \quad\quad (-3.25) \quad (-2.60)$$
$$h_t = 0.008 + 0.090 \varepsilon_{t-1}^2 + 0.910 h_{t-1}$$
$$\quad (5.69) \quad (13.00) \quad\quad (130.72)$$

请注意，GARCH 与 IGARCH 的拟合之间存在抵消趋势。由于 IGARCH 模型对系数总和存在约束，因此，IGARCH 模型的拟合效果可能不及 GARCH 模型。但是，IGARCH 模型比 GARCH(1, 1) 模型却更加简洁，因为事实上有更少的系数要被估计（比如，$\beta_1 = 1 - \alpha_1$）。注意，AIC 和 BIC 选择了 IGAECH 规范。如果引入第 2 滞后期 $\varepsilon_{t-2}^2$ 进行实验，你会发现它是不显著的。如果将 $p$ 引入 IGARCH($p$, 1) 模型进行实验，就可以发现 $h_{t-2}$ 的系数为负，并且，ARCH-M 模型的设定与假设前提不符，前提是：基于国际 100 (international 100) 指数收益率的回报包含风险溢价。例如，假设针对 $h_t$，我们运用 GARCH(1, 1) 形式，得到均值模型为

$$r_t = 0.049 + \varepsilon_t - 0.062 \varepsilon_{t-1} - 0.045 \varepsilon_{t-2} + 0.016 h_t$$
$$\quad (2.69) \quad\quad (-3.70) \quad\quad (-2.58) \quad (1.02)$$

### 3.10.4 诊断检验

现在，需要知道 IGARCH(1, 1) 模型是否能够通过模型合理性的诊断检验，所有诊断检验都是建立在标准化残差上的，故必须构造序列 $s_t = \dfrac{\hat{\varepsilon}_t}{\hat{h}_t^{0.5}}$。

**残留的序列相关**(remaining serial correlation)：序列 $\{s_t\}$ 的自相关系数都很小，Ljung-Box 的 $Q(5)$、$Q(10)$ 和 $Q(15)$ 统计量分别等于 3.69、8.30 和 15.12。在通常的显著水平下，没有一个是显著的。因此，可以得出结论：标准化残差是序列不相关的。

**残留的 GARCH 效果**(remaining GARCH effects)：IGARCH(1, 1) 足够捕捉到所有的 GARCH 效果。标准残差平方的 ACF 如下

| $\rho_1$ | $\rho_2$ | $\rho_3$ | $\rho_4$ | $\rho_5$ | $\rho_6$ | $\rho_7$ | $\rho_8$ | $\rho_9$ | $\rho_{10}$ |
|---|---|---|---|---|---|---|---|---|---|
| -0.05 | 0.03 | -0.01 | 0.02 | -0.01 | -0.01 | 0.03 | -0.01 | 0.02 | 0.04 |

现在，我们构造标准化的残差平方值 $s_t^2$ 并估计下列回归方程

$$s_t^2 = a_0 + a_1 s_{t-1}^2 + \cdots + a_n s_{t-n}^2$$

如果我们使用不同的 $n$ 值，都将会发现从 $a_3$ 到 $a_n$，没有任何一个值在统计上是显著的。但是，如果 $n=2$，你就不能拒绝对原假设 $a_1 = a_2 = 0$ 的任何检验。例如，

$$s_t^2 = \underset{(23.55)}{0.99} - \underset{(-2.58)}{0.05 s_{t-1}^2} + \underset{(1.79)}{0.03 s_{t-2}^2}$$

约束条件 $a_1 = a_2 = 0$ 的 $F$ 统计量等于 5.15，$p$ 值等于 0.006。因此，可以得出结论：不存在残留的 GARCH 效应。此时，要判断是否清除残留的条件波动，在观察值如此之多的情况下，即使很小的系数也能被看出统计意义上的显著，正如已经讨论过的，高阶 GARCH 过程的估计是不能令人满意的。尝试去估计一个单纯的 ARCH 过程结果仍然不好。例如，如果估计一个条件方差如ARCH(12)过程，你会发现该 ARCH 中的每个系数都为正且在统计意义上显著，虽然 12 个滞后期成功移除了任何参与的 GARCH 效应，但这个模型很明显过于参数化了。因此，我们保留 IGARCH(1,1)模型。

**杠杆效应**(leverage effects)：如果不存在杠杆效应，$s_t^2$ 应该与 $\{s_t\}$ 的滞后值不相关。但是，考察回归方程

$$s_t^2 = \underset{(28.24)}{0.960} - \underset{(-2.76)}{0.095 s_{t-1}} - \underset{(-5.18)}{0.178 s_{t-2}}$$

$s_{t-1}$ 和 $s_{t-2}$ 的系数是高度显著的。此外，对于两个滞后项的系数都等于零的原假设，$F$ 统计量等于 17.33，伴随概率 $p$ 值等于 0.000。由于系数符号为负，所以，可以得出结论：负的冲击将产生较大的条件方差（比如，当 $s_{t-1}$ 和 $s_{t-2}$ 均为负时，$s_t^2$ 的期望值很大）。Engle-Ng 的符号有偏检验加强了这个结果。如果 $s_{t-1} < 0$，令 $d_{t-1} = 1$；否则，令 $d_{t-1} = 0$。现在，如果我们进行符号有偏检验，就会得到

$$s_t^2 = \underset{(9.63)}{0.658} + \underset{(4.32)}{0.293 d_{t-1}} + \underset{(2.07)}{0.140 d_{t-2}} + \underset{(2.96)}{0.201 d_{t-3}}$$

$d_{t-1}$，$d_{t-2}$ 和 $d_{t-3}$ 的系数都显著，对于三个系数均等于零的原假设，$F$ 统计量等于 10.54，伴随概率 $p$ 值等于 0.000。这样，$s_{t-1}$ 的负值就与 $s_t^2$ 的较大值联系起来了。如果使用该检验的一般形式，会得到

$$s_t^2 = \underset{(14.48)}{0.940} + \underset{(2.96)}{0.268 d_{t-1}} + \underset{(2.20)}{0.104 d_{t-1} s_{t-1}} - \underset{(-2.41)}{0.130(1 - d_{t-1}) s_{t-1}}$$

这个杠杆结果显示存在杠杆效应，比如说正冲击可以减小方差。因为方程中的 $(1 - d_{t-1}) s_{t-1}$ 是显著的而不是 $d_{t-1}$ 前面的符号，所以，杠杆效应的大小更取决于冲击的幅度（而不只是取决于方向）。

### 3.10.5 非对称模型

TARCH 模型不令人满意，因为 $\varepsilon_{t-1}^2$ 的估计值为负并且并不显著。条件方差的估计方程为

$$h_t = \underset{(4.70)}{0.010} - \underset{(-2.92)}{0.022 \varepsilon_{t-1}^2} + \underset{(9.51)}{0.154 d_{t-1} \varepsilon_{t-1}} + \underset{(114.46)}{0.933 h_{t-1}}$$

去掉变量 $\varepsilon_{t-1}^2$ 而重新估计模型是不可能的。请回忆一下，要使 GARCH(1,1)模型能被识别，$\alpha_1$ 必须为正。可以证明，对于 TARCH 模型，同样如此。一种可行的办法是规定系数为正，另一种方法就是估计 EGARCH 模型，考察

$$r_t = \underset{(2.88)}{0.038} - \underset{(-3.59)}{0.060 r_{t-1}} + \underset{(-1.94)}{0.032 r_{t-2}} \qquad \text{AIC} = 9\,055.66, \text{SBC} = 9\,104.39$$

$$\ln(h_t) = \underset{(-57.72)}{-0.087} + \underset{(30.50)}{0.108 \left| \frac{\varepsilon_{t-1}}{h_{t-1}^{0.5}} \right|} - \underset{(-12.12)}{(0.129) \frac{\varepsilon_{t-1}}{h_{t-1}^{0.5}}} + \underset{(387.10)}{0.986 \ln(h_{t-1})}$$

其中自由度参数为 6.88。

在 $\ln(h_t)$ 的方程中,所有系数均是非常显著的。注意这里的不对称性的形式与图 3-11 中的不同。若令 $h_{t-1}=1$,$\varepsilon_{t-1}$ 减少一个单位,条件波动的对数将增加 0.237 个单位($0.108+0.129 = 0.237$)。但是 $\varepsilon_{t-1}$ 增加一个单位,条件波动的对数估计将减少 $-0.021$ 个单位($0.108-0.129 = -0.021$)。这意味着"好消息"相对于"坏消息"对条件波动的影响更小。有趣的是,对于两个系数之和为零的限制,$\chi^2$ 检验得到的值为 3.54;自由度为 1,概率 $p$ 值等于 0.06。

IGARCH 和 EGARCH 这两个模型看似可行。EGARCH 模型反映了杠杆效应,如好消息冲击(比如,正冲击)实际上减小波动,而坏消息冲击对波动性有正向的巨大的影响。AIC 和 SBC 准则仍然选择了 EGARCH 模型而非 GARCH(1,1)模型。对 EGARCH 模型,AIC 为 9 055.66,SBC 为 9 104.39。回想一下 GARCH(1,1)模型,它的 AIC 为 9 160.88,SBC 为 9 197.43。EGARCH 模型的主要缺点就在于,不对称性使其很难用于预测。最后一次检验 EGARCH 模型的合理性,可采用下列诊断性检验:

(1)**检验标准化残差**。我们检验标准化残差以确定它们是否序列不相关。类似地,还要检验标准化残差平方值是否序列不相关。序列 $\{s_t^2\}$ 的任何相关性都表明残差中有被忽视的 GARCH 效果。在第 1 滞后期的确存在虽然显著但很小的序列相关。如果我们用 LM 来检验残留的 GARCH 误差,会发现

$$s_t^2 = \underset{(27.95)}{1.04} - \underset{(-3.07)}{0.054 s_{t-1}^2}$$

(2)**用 Q 图确定误差分布**。为了确定标准化误差是否服从正态分布,我们可以根据正态分布的分位点绘制出序列 $\{s_t\}$ 的分位点。毕竟,如果 $\{s_t\}$ 服从标准正态分布,0.5% 的值应小于 $-2.54$ 个标准差,2.5% 的值应小于 $-1.96$,50% 的值应为负,95% 的值应大于 1.64 个标准差,99.5% 的值应在 2.54 之上。如果 $\{s_t\}$ 的确服从正态分布,那么根据正态分布的分位点,$\{s_t\}$ 的分位点就应该位于纵轴上。由图 3-14 可知,除个别观察值外(没有体现在图中),标准化残差服从 $t$ 分布。

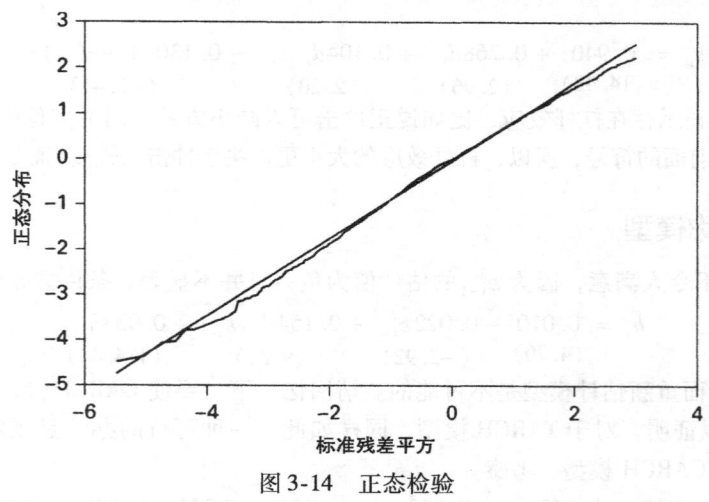

图 3-14　正态检验

图 3-15 描绘了 EGARCH 模型中 $h_t$ 从 2000 年 1 月 4 日至 2012 年 7 月 16 日的拟合值。可以看到条件方差的较大值开始于 2002 年中期,2003 年中期到 2007 年早期这段时间也是相对比较平静,从金融危机到 2011 年中期的这段时间 $h_t$ 大幅增加。

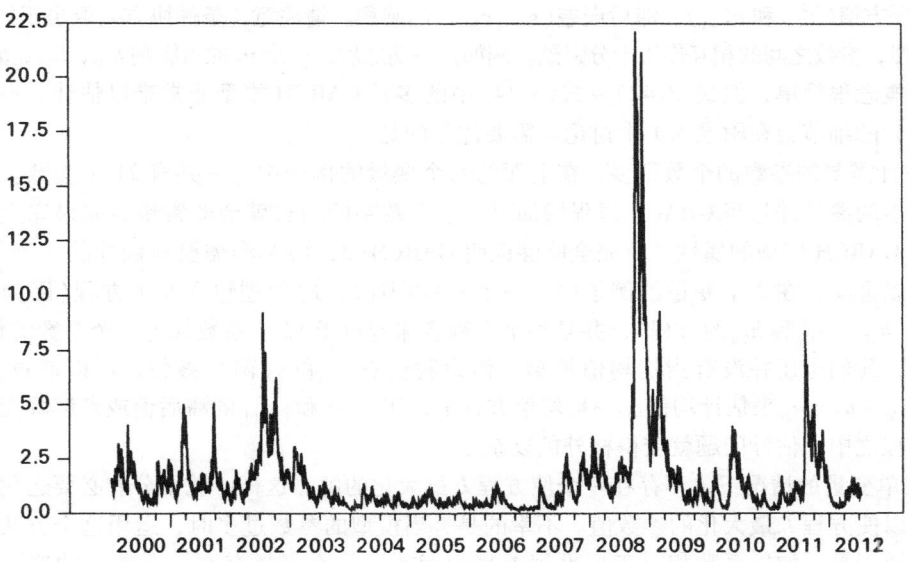

图 3-15　估计的方差

## 3.11　多元 GARCH 模型

如果存在几个变量的数据集，则同时估计变量的条件波动非常重要。多元 GARCH 模型中，变量同期的冲击相互关联是 GARCH 模型具有的优势。此外，多元 GARCH 模型考虑波动性扩散，具体说来就是，对于一个变量的波动冲击，或许会影响到其他相关变量的波动。例如，我们想对 NYSE 综合指数建模，而不是简单地对 NYSEINT100 进行建模。尽管我们需要分别对每个指数的方差建模，但仍旧希望这两个序列的波动是相关的。毕竟，增加一个指数的不确定性的冲击同样会增加其他指数的不确定性。（如果读者对矩阵代数非常在行，那么在继续之前可以看一看补充手册的附录 3.1。）

为了让分析尽可能简单，假设现在只有两个变量 $y_{1t}$ 和 $y_{2t}$。我们并不关心序列的均值方程，因此，仅仅考虑下面两个误差过程

$$\varepsilon_{1t} = \nu_{1t}(h_{11t})^{0.5}$$
$$\varepsilon_{2t} = \nu_{2t}(h_{22t})^{0.5}$$

在单变量的情况下，如果假设 $\mathrm{var}(\nu_{1t}) = \mathrm{var}(\nu_{2t}) = 1$，就可以将 $h_{11t}$ 和 $h_{22t}$ 分别看作 $\varepsilon_{1t}$，$\varepsilon_{2t}$ 的方差。因为考虑到冲击有可能是相关的，所以令 $h_{12t}$ 为两个冲击之间的条件协方差。且令 $h_{12t} = E_{t-1}\varepsilon_{1t}\varepsilon_{2t}$。

正如补充手册附录 3.1 中详述的，构建一个多元 GARCH(1，1) 过程的自然方法是让所有的波动项相互影响。考虑所谓的 *vech* 模型

$$h_{11t} = c_{10} + \alpha_{11}\varepsilon_{1t-1}^2 + \alpha_{12}\varepsilon_{1t-1}\varepsilon_{2t-1} + \alpha_{13}\varepsilon_{2t-1}^2 + \beta_{11}h_{11t-1} + \beta_{12}h_{12t-1} + \beta_{13}h_{22t-1} \tag{3-42}$$

$$h_{12t} = c_{20} + \alpha_{21}\varepsilon_{1t-1}^2 + \alpha_{22}\varepsilon_{1t-1}\varepsilon_{2t-1} + \alpha_{23}\varepsilon_{2t-1}^2 + \beta_{21}h_{11t-1} + \beta_{22}h_{12t-1} + \beta_{23}h_{22t-1} \tag{3-43}$$

$$h_{22t} = c_{30} + \alpha_{31}\varepsilon_{1t-1}^2 + \alpha_{32}\varepsilon_{1t-1}\varepsilon_{2t-1} + \alpha_{33}\varepsilon_{2t-1}^2 + \beta_{31}h_{11t-1} + \beta_{32}h_{12t-1} + \beta_{33}h_{22t-1} \tag{3-44}$$

在这里，每个变量（$h_{11t}$ 和 $h_{22t}$）的条件方差取决于自身的情况、两个变量（$h_{12t}$）之间的条件协方差、

滞后误差平方值($\varepsilon_{1t-1}^2$和$\varepsilon_{2t-1}^2$)、滞后误差($\varepsilon_{1t-1}\varepsilon_{2t-1}$)的乘积。请注意，条件协方差取决于同样的参数集。很显然，参数之间的相互作用十分强烈。例如，一期之后，一个$v_{1t}$冲击影响$h_{11t}$，$h_{12t}$，$h_{22t}$。

虽然概念很简单，但式(3-42)~式(3-44)中的多元GARCH模型非常难以估计。一些关于最大似然估计的细节会在附录3.1中讨论。需要注意的是

1. 估计需要的参数的个数很多。在上面的两个变量的例子中，一共有21个参数。当系统中容纳了更多的参数并且当GRACH过程增加时，这个数字的增长就会非常快。如果完全了解了上面的多元GARCH模型的属性，就完全能够证明GARCH(2,1)模型需要对额外的9个参数估计。并且，可以证明，在3个变量的例子中，一个GARCH(1,1)模型包含6个方程(因为存在$h_{11t}$，$h_{22t}$，$h_{33t}$，$h_{12t}$，$h_{13t}$和$h_{23t}$的方程)，并且每个方程意味着对12个系数加上一个常数的估计。

另外，我们也还并没有指定均值模型。假设我们有$y_{1t}$和$y_{2t}$两个参数，可以通过指定$y_{1t} - u_1 = \varepsilon_{1t}$，$y_{2t} - u_2 = \varepsilon_{2t}$来估计均值。一旦均值方程加入了$\{y_{1t}\}$和$\{y_{2t}\}$的滞后值或者解释变量被添加到均值方程之中，估计问题就变得格外的复杂了。

2. 在单变量的情况下，不存在一个使方程$L$最大化的解。这样，就十分有必要运用数值方法去寻找可以使方程$L$最大化的参数值。不幸的是，当模型的参数过多时，运用这个方法很难找到最大值。原因是，如果系数相对于标准误差来说很小，那么必然存在一个较大的置信区间。这样，系数就落在了一个较大的范围，系数值的细微变化对于$L$值的影响也非常的微弱。计算机采用数值"爬山"法求使方程最大化的解，但是这种方法却难以确定系数的值。因此，当试着估计一个多参数模型的时候，软件包通常会显示这个搜索算法不收敛。

3. 由于条件方差为正值，多元中的限制比一元单变量GARCH的更复杂。要解决最大化问题，就要求每一个条件方差总是为正，并且隐含相关性的系数$\rho_{ij} = \dfrac{h_{ij}}{(h_{ii}h_{jj})^{0.5}}$取值在 −1 到 +1 之间。

为了规避这些问题，最近很多有关于多元GARCH建模的研究中，都在努力寻找式(3-42)~式(3-44)中常规模型的合理的约束条件。在早期文献中，一个经常设定的限制结果是所谓的对角线vech模型。目的在于将系统对角化，比如说$h_{ijt}$仅仅包含它本身的滞后和$\varepsilon_{it}\varepsilon_{jt}$的交叉乘积。例如，式(3-42)~式(3-44)的对角项为

$$h_{11t} = c_{10} + \alpha_{11}\varepsilon_{1t-1}^2 + \beta_{11}h_{11t-1}$$
$$h_{12t} = c_{20} + \alpha_{22}\varepsilon_{1t-1}\varepsilon_{2t-1} + \beta_{22}h_{12t-1}$$
$$h_{22t} = c_{30} + \alpha_{33}\varepsilon_{2t-1}^2 + \beta_{33}h_{22t-1}$$

鉴于约束很多，模型相对比较容易估算。每一条件方差都等价于单变量GARCH过程的条件方差，并且条件协方差也是非常的类似。问题是，我们之所以令$\alpha_{ij} = \beta_{ij} = 0$(其中$i \neq j$)是指方差间不存在互相影响。例如，一个$\varepsilon_{1t-1}$冲击影响$h_{11t}$和$h_{12t}$，却并没有影响条件方差$h_{2t}$。注意整个系统的估计有利于对交叉方程的同期残差相关性的控制。

由Baba, Engle, Kraft和Kroner(1991)和Kroner(1995)提出的现在称为BEKK的模型保证了条件方差为正。这个观点强制所有参数通过二次形式输入模型，其思想是强制所有参数以二次方形式输入模型。这也就保证了所有参数为正值。虽然还是存在很多的不同的模型参数，考虑下面表达

$$H_t = C'C + A'\varepsilon_{t-1}\varepsilon'_{t-1}A + B'H_{t-1}B$$

在两个变量的情况下，式(3-42)~式(3-44)是

$$H = \begin{pmatrix} h_{11t} & h_{12t} \\ h_{12t} & h_{22t} \end{pmatrix}; C = \begin{pmatrix} c_{11} & c_{12} \\ c_{12} & c_{22} \end{pmatrix}; A = \begin{pmatrix} \alpha_{11} & \alpha_{12} \\ \alpha_{21} & \alpha_{22} \end{pmatrix}; B = \begin{pmatrix} \beta_{11} & \beta_{12} \\ \beta_{21} & \beta_{22} \end{pmatrix} \quad (3\text{-}45)$$

例如，假设只用矩阵的方法，将会得到

$$h_{11t} = (c_{11}^2 + c_{12}^2) + (\alpha_{11}^2\varepsilon_{1t-1}^2 + 2\alpha_{11}\alpha_{21}\varepsilon_{1t-1}\varepsilon_{2t-1} + \alpha_{21}^2\varepsilon_{2t-1}^2) + (\beta_{11}^2 h_{11t-1} + 2\beta_{11}\beta_{21}h_{12t-1} + \beta_{21}^2 h_{22t-1})$$

通常情况，$h_{ijt}$取决于残差的平方、残差的交叉乘积以及条件方差和系统所有变量的协方差。这样，模型考虑到了对一个变量的冲击会"扩散"到其他的变量上面。头痛的是 BEK 方程的估计很难。模型中存在大量可识别的参数。$A$、$B$、$C$ 中的所有参数符号的变动对似然方程的值没有影响。因此，很难达到收敛。

另外一个流行的多元 GARCH 规则是**恒定相关系数**（constant conditional correlation，CCC）模型。正如它的名称，恒定相关系数模型限制相关系数恒定。例如，对于每个 $i \neq j$，CCC 模型假设 $h_{ijt} = \rho_{ij}(h_{iit}h_{jjt})^{0.5}$。在某种意义上，CCC 模型折中地解决了方差项不需要对角化，而同时协方差项与 $(h_{iit}h_{jjt})^{0.5}$ 成比例的问题。例如，一个 CCC 模型可以由式(3-42)和式(3-44)构成，并且

$$h_{12t} = \rho_{12}(h_{11t}h_{22t})^{0.5}$$

因此，协方差方程只包含了一个参数，而不是式(3-43)中的 7 个参数。

Bollerslev(1990)通过检验 5 个国家的周名义汇率（即德国马克 CM、法国法郎 FF、意大利里拉 IL、瑞士法郎 SF、英国英镑 BP 相对于美国美元的汇率），指出 CCC 模型的无用性。注意到，包含 5 个估计方程式的模型因不太灵活而不能估计无限制情形。对于均值模型来说，把对数汇率序列作为一个随机游走序列建模。如果把 $y_{it}$ 看作第 $i$ 个国家的名义汇率变动的百分比，则每个国家的均值方程为

$$y_{it} = \mu_i + \varepsilon_{it} \tag{3-46}$$

Ljung-Box 检验表明，每个残差序列都不存在序列相关。这与一般结论一致，即当使用高频率数据时，名义汇率变现为随机游走过程。在此之后，Bollerslev(1990)检验了存在序列相关的残差平方。他指出：残差平方的自相关强烈表明了 GARCH 效果。例如，对英镑来说，$Q(20)$ 统计量的值为 113.020；这表明在任何常见显著水平下都是显著的。在存在条件异方差的情况下，Bollerslev 致力于寻找含有 5 个 GARCH$(p, q)$ 过程适当的阶数。每一个残差序列都可以作为 GARCH$(1, 1)$ 过程进行估计。这样，整个模型可以用式(3-46)以及下式设定。

$$h_{iit} = c_{i0} + \alpha_{ii}\varepsilon_{it-1}^2 + \beta_{ii}h_{iit-1} \quad (i = 1, \cdots, 5)$$
$$h_{ijt} = \rho_{ij}(h_{iit}h_{jjt})^{0.5} \quad (i \neq j)$$

注意到整个模型只需要估计 30 个参数（5 个 $u_i$ 的值，5 个 $h_{ii}$ 的方程，其中每个方程含有 3 个参数，以及 10 个 $\rho_{ij}$ 的值）。他指出，在含有 333 个观测值的情况下所需矩阵倒置的数量从 10 323 个减少到了 31 个。同时，我们也发现 CCC 模型比单独估计每个方程更具有优势。在一个看似无关的回归模型中，通过 CCC 模型可以得到对全系统的估计，这个估计能够捕捉到各种误差项之间的同期相关性。因此，GARCH 过程的系数估计比单一方程估计的效率更高、效果更好。在欧洲货币体系(EMS)盛行的那段时期，估计的相关系数为

|    | DM    | FF    | IL    | SF    |
|----|-------|-------|-------|-------|
| FF | 0.932 |       |       |       |
| IL | 0.886 | 0.876 |       |       |
| SW | 0.917 | 0.866 | 0.816 |       |
| BP | 0.674 | 0.678 | 0.622 | 0.635 |

有趣的是，欧洲大陆货币之间的相关性都远大于它们与英镑的相关性。并且，这些相关性也远大于前欧洲货币体系时期的相关性。很明显，欧洲货币体系致力于在引进欧元之前，保持德国、法国、意大利、瑞士的汇率的紧密一致。

如果你非常熟悉矩阵代数，那么附录 3.1 的末尾将会向你展示如何推广 Bollerslev 方法来估计随时间变化的（或者动态的）条件相关。

**更新的研究**

EXRATES(DAILY).XLS 文件包含了从 2000 年 1 月 3 日到 2013 年 4 月 26 日期间的欧元、英镑、瑞士法郎的 3 475 个每日汇率。这三个序列的时间路径如图 3-5 所示。用 $e_{it}$ 表示以美元表示的名义汇率，其中 $i = EU$，$BP$ 和 $SW$。如果把这两三种货币的汇率描绘在图形上，我们发现在 2008 年中期，这三种汇率趋向于共同变动。但这种联动似乎在样本后期减弱了。第一步，构建各个名义汇率的变化率的对数为 $y_{it} = \log\left(\dfrac{e_{it}}{e_{it-1}}\right)$。在任何一个 GARCH 估计中，恰当地估计均值模型通常是第一步。如果你按照 Bollerslev(1990) 的方法，并且估计式(3-45)，将会得到均值为

|       | Euro | BP | SW |
|---|---|---|---|
|       | $7.16 \times 10^{-5}$ | $-1.01 \times 10^{-5}$ | $1.49 \times 10^{-4}$ |
|       | (0.66) | (−0.14) | (1.26) |

残差自相关系数在量上都非常小，并且用 Ljung-Box $Q(4)$ 或 $Q(8)$ 检验都不显著。例如，欧元的自相关为

| $\rho_1$ | $\rho_2$ | $\rho_3$ | $\rho_4$ | $\rho_5$ | $\rho_6$ |
|---|---|---|---|---|---|
| 0.012 | −0.026 | 0.003 | 0.022 | 0.006 | −0.014 |

其中 $T = 3474$，没有任何理由改变均值方程中的滞后期。

第二步，必须检验残差平方，以防止存在 GARCH 误差。因为我们使用的都是日数据（每周按 5 天计算），因此可以应用下面的模型形式

$$\hat{\varepsilon}_t^2 = \alpha_0 + \sum_{i=1}^{5} \alpha_i \hat{\varepsilon}_{t-5}^2$$

在原假设 $\alpha_1 = \cdots = \alpha_5 = 0$ 下，$F$ 统计量的样本值对于欧元、英镑、瑞士法郎的样本 $F$ 统计量分别为 24.72、65.45 和 5.80。由于所有这些值都是高度显著的，因此可以得出结论：所有这 3 个序列都存在 GARCH 误差。

第三步，必须为每个汇率序列找到恰当的 GARCH 模型。尽管有些 GARCH 模型（例如 IGARCH 模型）可能比 Bollerslev 模型更合适，我们还需要继续寻找，就像 GARCH(1，1)模型对任何一个序列都适合一样。如果运用 CCC 约束将这 3 个序列作为 GARCH(1，1)过程估计，结果如表 3-1 所示。

表 3-1 汇率的 CCC 模型

|  | $C$ | $\alpha_1$ | $\beta_1$ |
|---|---|---|---|
| Euro（欧元） | $1.32 \times 10^{-7}$ | 0.047 | 0.951 |
|  | (2.44) | (10.79) | (240.91) |
| Pound（英镑） | $2.42 \times 10^{-7}$ | 0.040 | 0.953 |
|  | (3.28) | (7.71) | (149.15) |
| Franc（法郎） | $2.16 \times 10^{-7}$ | 0.059 | 0.940 |
|  | (2.57) | (12/82) | (215.36) |

如果用数字 1、2、2 表示欧元、英镑和法郎。那么，它们之间的相关系数为 $\rho_{12}=0.68$，$\rho_{13}=0.87$，$\rho_{23}=0.60$。正如 Bollerslev 在文章中提到的，英镑和法郎的相关系数仍然很小。

对比一下，运用标准的对角 vech 模型估计这个模型是非常有意义的：
$$h_{ijt} = c_{ij} + \alpha_{ij}\varepsilon_{it-1}\varepsilon_{jt-1} + \beta_{ij}h_{ijt-1}$$

估计结果如表 3-2 所示。现在，相关系数随着时间而变化。例如，英镑和法郎之间的相关系数用 $\dfrac{h_{23t}}{(h_{22t}h_{33t})^{0.5}}$ 表示。图 3-16 显示了这个相关系数的路径。尽管相关系数似乎围绕着 0.60（运用 CCC 方法算得的值）波动，它还是大幅度偏离均值。从 2006 年中期开始，英镑和法郎之间的相关系数稳定地衰减了很长时间，直到 2008 前期才结束。随着对美国经济衰退的担忧，相关系数有所变大，在 2008 年秋季美国金融危机爆发后，两者相关系数急剧下降。此后，相关系数增长至接近 0.80。

表 3-2　对角 vech 规格估计

|  | $h_{11t}$ | $h_{12t}$ | $h_{13t}$ | $h_{22t}$ | $h_{23t}$ | $h_{33t}$ |
|---|---|---|---|---|---|---|
| $c$ | $4.01\times10^{-7}$ | $2.50\times10^{-7}$ | $4.45\times10^{-7}$ | $2.62\times10^{-7}$ | $2.32\times10^{-7}$ | $5.88\times10^{-7}$ |
|  | (18.47) | (6.39) | (33.82) | (4.31) | (6.39) | (10.79) |
| $\alpha_1$ | 0.047 | 0.035 | 0.047 | 0.037 | 0.033 | 0.050 |
|  | (14.51) | (11.89) | (14.97) | (9.59) | (12.01) | (14.07) |
| $\beta_1$ | 0.946 | 0.956 | 0.945 | 0.956 | 0.959 | 0.941 |
|  | (319.44) | (268.97) | (339.91) | (205.04) | (309.29) | (270.55) |

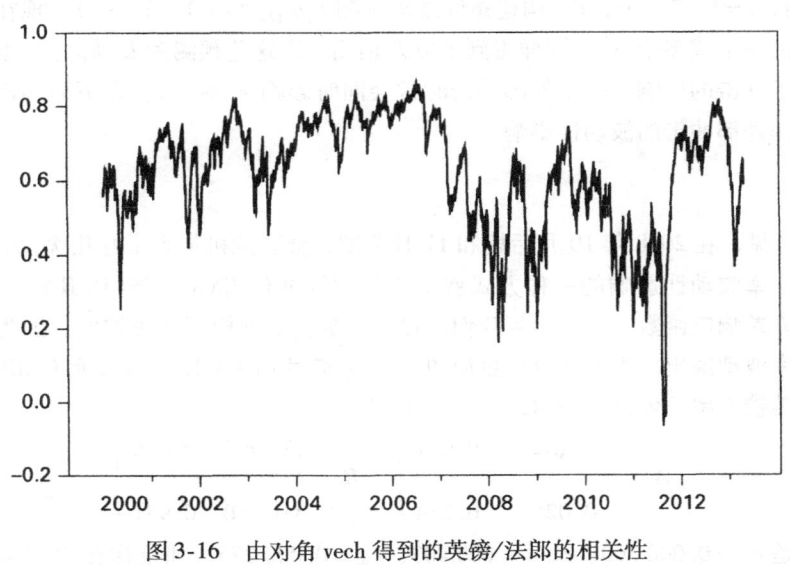

图 3-16　由对角 vech 得到的英镑/法郎的相关性

## 3.12　波动的脉冲响应

从大衰退的经验中我们知道，对一个市场的冲击很容易蔓延到其他市场。虽然很多金融危机起源于住房市场，但是在利率敏感部门中，如汽车生产部门，发生了很多不确定性。这样的波动溢出很容易被多元 GARCH 模型捕捉到，因为它可以令 $\varepsilon_{it}$ 冲击影响到每一个变量的方差和协方差。例如，如果用一个时期更新式(3-42)~式(3-44)，很明显一个 $\varepsilon_{1t}$ 冲击会影响到 $h_{11t+1}$、$h_{12t+1}$ 和 $h_{22t+1}$。但是，由于波动持续性，这种影响在第 $t+1$ 期仍然存在。很显然，如果 $h_{ijt+1}$ 的值很大，我们可以预测到 $h_{ijt+2}$ 的值也会很大。

虽然 GARCH 模型的数学规范允许一组丰富的波动之间的相互作用，但是大量的均值参数估计意味着它几乎不可能仅从估计系数的检验中解释溢出系数的大小。Hafer 和 Herwartz(2006) 解释了如何构建一个波动的脉冲响应函数来绘制出波动冲击对整个系统的影响。

在式(3-42)~式(3-44)中的两变量模型中，对 $t+1$ 期的波动性预测是很明确的。比如，对于式(3-42)，$h_{11t+1}$ 的第 1 步预测：

$$E_t h_{11t+1} = c_{10} + \alpha_{11}\varepsilon_{1t}^2 + \alpha_{12}\varepsilon_{1t}\varepsilon_{2t} + \alpha_{13}\varepsilon_{2t}^2 + \beta_{11}h_{11t} + \beta_{12}h_{12t} + \beta_{13}h_{22t}$$

现在如果你用两个时期更新 $h_{11t}$ 方程，并取条件期望，会得到：

$$E_t h_{11t+2} = c_{10} + \alpha_{11}E_t\varepsilon_{1t+1}^2 + \alpha_{12}E_t\varepsilon_{1t+1}\varepsilon_{2t+1} + \alpha_{13}E_t\varepsilon_{2t+1}^2 + \beta_{11}E_t h_{11t+1} + \beta_{12}E_t h_{12t+1} + \beta_{13}E_t h_{22t+1}$$

由式(3-22)，$E_t\varepsilon_{it+2}^2 = E_t h_{iit+2}$，由于 $E_t\varepsilon_{it+2}\varepsilon_{jt+2} = E_t h_{ijt+2}$，它满足

$$E_t h_{11t+2} = c_{10} + (\alpha_{11} + \beta_{11})E_t h_{11t+1} + (\alpha_{12} + \beta_{12})E_t h_{12t+1} + (\alpha_{13} + \beta_{13})E_t h_{22t+1}$$

原则上，可以递归地处理整个系统以得到模型中的方差和协方差预测。幸运的是，这是没有必要的，因为大多数专业统计软件都可以做近似计算，以获得一整套波动性预测。当然，如果任何 $\varepsilon_{it}$（或 $h_{ijt}$）可以改变，预测也会变化。任何两组初始值波动性预测的差异包括波动的脉冲函数。

Hafer 和 Herwartz(2006) 正式定义了 $h_{11t}$ 的波动脉冲响应函数，列举如下。令信息集 $T$ 包含所有 $\varepsilon_{it}$ 和 $h_{ijt}$ 的值，$t = 1, 2, \cdots, T$，构建条件波动预测 $E_t h_{11T+i}$（$i = 1, 2, \cdots$）。现在假设我们用一定的数量去打乱一个或多个 $\varepsilon_{iT}$，同样得到了方差预测。称这些预测为 $E_{T^*} h_{11T+i}$。本质上，这些预测的差异测量了冲击的影响。一个外部冲击时常会同时影响 $\varepsilon_{1T}$ 和 $\varepsilon_{2T}$。在下面的例子中，很有可能可以描绘出该外部冲击的波动性影响。

## 一个例子

由图 3-5 可见，在 2008 年 10 月后期和 11 月前期，金融危机带来了好几次大的汇率冲击。估计这些冲击对汇率波动性影响的一种方式就是重新估计文件 EXRATES(DAILY).XLS 中的序列，然后创造一个方差响应函数。为了达到我们的目的，重新估计模型是可取的，因为恒定相关系数不允许任何利率波动溢出。为了使分析更简单，首先使用 BEKK 标准以多元 GARCH(1, 1) 过程来估计欧元和英镑汇率。依据式(3-45)，可以得到

$$A = \begin{pmatrix} 0.132 & -0.031 \\ 0.028 & 0.214 \end{pmatrix}; \quad B = \begin{pmatrix} 0.993 & 0.008 \\ 0.010 & 0.971 \end{pmatrix}$$

式中，截距项是 $c_{10} = 0.000\,360$，$c_{20} = 0.000\,403$，$c_{30} = 0.000\,275$。如果你在式(3-45)中引入 $h_{11t}$，将得到：

$$h_{11t} = 0.000\,360 + 0.017\,4\varepsilon_{1t-1}^2 + 0.007\,39\varepsilon_{1t-1}\varepsilon_{2t-1} + 0.000\,78\varepsilon_{2t-1}^2 + 0.986h_{11t-1} + 0.020h_{12t-1} + 0.000\,1h_{22t-1}$$

一个问题是，如何选择冲击用于对比。测量冲击影响的一个看似很自然的方法是仅冲击某一变量（令其他冲击为 0）。比如，你可以尝试冲击某一个变量，设定一个标准差，考察它是如何影响所有变量的波动性预测的。但是（正如在第 5 章中详述的），冲击往往与方程相关，对一个部门

的一个典型冲击会牵涉到其他部门同期的变动。因此，你不会想仅仅冲击一个变量，而令其他所有的 $\varepsilon_{it}$ 为零。另外，零值不仅是非典型的，而且代表了可能的最低波动性水平。零值限制意味着，随着时间的推移，波动脉冲响应有必要相应提高。

规避这个问题的一种方法是，挑选一组冲击使其等于数据集中一些特定日期 $T^*$ 的实际残差。用这些残差（比如，$\varepsilon_{1T^*}$ 和 $\varepsilon_{2T^*}$ 的值）作为原始冲击得到波动预测。这些波动预测与那些使用 $\varepsilon_{1T}$ 和 $\varepsilon_{2T}$ 真实值得出的波动预测的比较包含了波动脉冲响应函数。如果你选择了一个受到巨大外部冲击时的日期，你可以探究一下这一事件对波动性的影响。

虽然金融危机的爆发没有具体的日期，但我们可以令对 $\varepsilon_{1t}$ 和 $\varepsilon_{2t}$ 的冲击都等于 2008 年 10 月 29 日冲击的真实值。问题就在于：知道这些冲击的值，将如何修正我们的波动预测？图 3-17 中的三个图揭示了答案。响应已经被标准化了，因为它们中每一个都被 2008 年 10 月 29 日的真实波动分割了。如图 3-17a 和 c 所示，金融危机的冲击诱使了欧元和英镑预期波动率的增加。欧元的波动率上涨了 25% 左右，英镑上涨了 38% 左右。这些波动率上涨一直持续，计算得到，欧元的波动率上涨持续到了 2009 年 7 月，英镑则持续了更久。鉴于这两种货币在 2008 年 10 月 29 日的升值，毫不意外地，计算出来的这两个变量之间的协方差要比其他的更高。

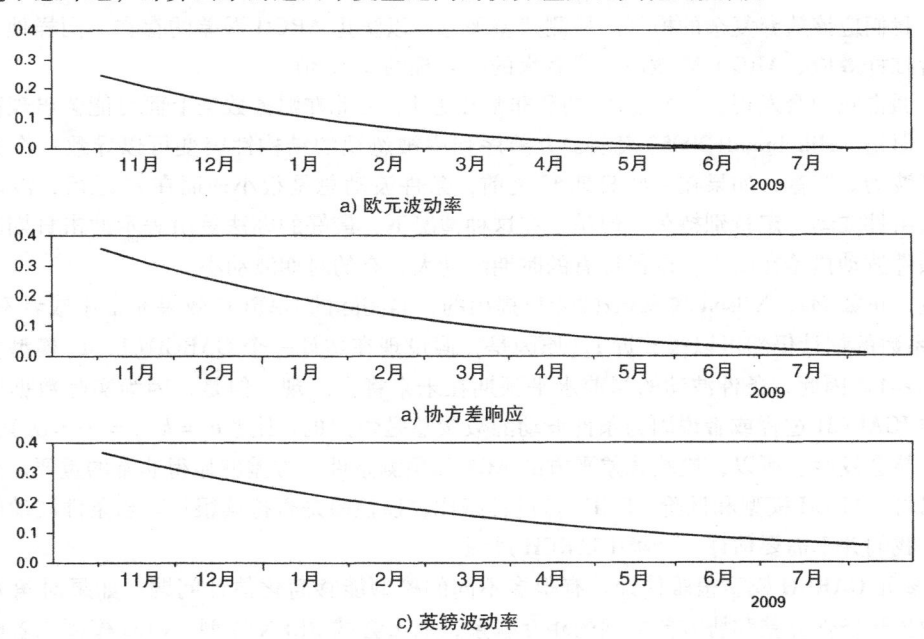

图 3-17  2008 年 10 月 29 日以来的方差脉冲响应

## 3.13 总结

许多经济时间序列表现出阶段性的波动。条件异方差模型（ARCH 或 GARCH）允许一个序列的条件方差取决于误差过程过去的观测值，当期干扰项的一个较大观测值会使下一期的条件方差变大。对于平稳过程，条件方差最终将衰减到长期（无条件）方差。因此，ARCH 和 GARCH 模型可以描述阶段性的波动和平稳。

条件方差可以度量风险，我们在回归框架中引入 ARCH 和 GARCH 效果以检验投资者风险厌恶的假设。例如，如果生产者是风险厌恶的，条件价格的波动会影响产品供给，在存在较大风险的时期，生产者将撤出市场以降低遭受风险的可能性。相似地，资产价格应该与其条件波动负相关。这种序列均值中的 ARCH 效应(ARCH-M)是资产定价模型的简单推论。

从基本 ARCH 和 GARCH 模型中扩展出了多种有趣的模型。IGARCH 模型允许波动冲击存在持久性，TARCH 和 GARCH 模型允许负冲击的影响异于正冲击，我们还可以在条件波动式中引入解释变量。

另一个有趣的延伸是将 GARCH 模型应用到多元模型中。面临的问题是没有限制的多元 GARCH 模型存在太多需要进行合理估计的参数。不过，现在大多数的软件已经包含了限制多元模型参数的功能。例如，EVIEWS 和 RATS 都可以运用 Engle 和 Kroner(1995)方法和 Bollerslev (1990)的恒定条件相关性。

估计任何形式的 GARCH 模型都是困难的。以下是有助于完善估计的一些建议。

(1) 确定均值模型是恰当的。均值方程中的任何设定误差会都会传入方差方程。很明显，被估计的 $\{\varepsilon_t\}$ 序列一定要序列不相关，这样才能获得条件方差的合理的模型。

(2) 很容易出现"过度拟合"数据的情况；当一个非常简约的模型能够描述数据生成过程的特征时，我们应该放弃复杂的模型。检测残差平方，以防止 ARCH 误差的存在。同样地，也不能简单包含杠杆效应、ARCH-M 效应，或者大的不合理的 $p$、$q$ 值。

(3) 通常我们会发现，$\alpha_i$ 加上 $\beta_i$ 的和非常接近 1。因此在财务数据上面可能会出现高度持久的波动。但是，Hillebrand(2005)表明，方差序列中被忽视的结构性突变可以导致一个持续性很强的条件波动。毕竟，如果在一些日期 $t^*$ 之前，条件波动总是很小，而在 $t^*$ 之后，波动总是很大，那么条件波动一定特别持久。但是，在这种情况下，最好的办法是由表示冲击日期的虚拟变量，把条件波动描绘在图中，以保证有的时期波动大，有的时期波动小。

并且，正如 Ma, Nelson 和 Startz(2007)提出的，当实际的 GARCH 效果非常小或者不存在时，GARCH 系数的估计仍然可以很接近 1。原因是，假设现在估计一个 GARCH(1, 1)模型，并且发现 $\alpha_1 + \beta_1 \approx 1$。因此，条件波动的当前水平预期在未来将会出现。但是，因为实际数据产生过程是一个类 IGARCH 过程或者说因为条件波动的数量总是恒定的(因此 $h_t = h_{t-1} = \cdots = \alpha_0$)，所以这种情况可能会发生。所以，检验残差平方的 ACF 和预测条件异方差就显得非常重要。并且，我们还可以将 GARCH 模型和低阶 ARCH($q$)过程相比较以检验是否持续很长。当条件波动实际上非常小时，我们并不需要估计一个类 IGARCH 过程。

(4) 多元 GARCH 模型很难估计。有很多不同的模型能够简化估计问题。如果对角 *vech* 模型不能全面描述条件方差和协方差之间的相互联系，那么尝试 BEKK 模型。CCC 模型或者附录中描述的 DCC 模型(见 3.1 节；第 3 章附录 1)在大的预测系统里面能够很好地发挥作用。

## 习题

1. 假设序列 $\{\varepsilon_t\}$ 满足 ARCH($q$)过程
$$\varepsilon_t = v_t(\alpha_0 + \alpha_1\varepsilon_{t-1}^2 + \cdots + \alpha q\varepsilon_{t-q}^2)^{\frac{1}{2}}$$
证明：条件期望 $E_{t-1}\varepsilon_t^2$ 与式(3-1)条件期望具有相同的形式。

2. 考察式(3-23)～式(3-25)提出的 ARCH-M 模型。$\{\varepsilon_t\}$ 是一个白噪声干扰项，简单起见，令 $E\varepsilon_t^2 = E\varepsilon_{t-1}^2 = \cdots = 1$。

   a. 求无条件均值 $Ey_t$。$\delta$ 的变化如何影响均值？用 3.6 节中的例子证明 $\beta$ 和 $\delta$ 由

$(-4, 4)$ 变为 $(-1, 1)$ 不会对序列 $\{y_t\}$ 的均值产生影响。

b. 证明：当 $h_t = \alpha_0 + \alpha_1 \varepsilon_{t-1}^2$ 时，$y_t$ 的无条件方差不取决于 $\beta$、$\delta$ 或 $\alpha_0$。

3. Bollerslev(1986) 证明了式(3-9)所示 GARCH$(p, q)$ 过程的残差平方值的 ACF 是一个 ARMA$(m, p)$ 过程，其中 $m = \max(p, q)$。请用下面的例子证明该结论：

   a. 考察 GARCH(1, 2) 过程 $h_t = \alpha_0 + \alpha_1 \varepsilon_{t-1}^2 + \alpha_2 \varepsilon_{t-2}^2 + \beta_1 h_{t-1}$。在等式两边同时加上 $(\varepsilon_t^2 - h_t)$，得到

   $$\varepsilon_t^2 = \alpha_0 + \alpha_1 \varepsilon_{t-1}^2 + \alpha_2 \varepsilon_{t-2}^2 + \beta_1 h_{t-1} + (\varepsilon_t^2 - h_t)$$
   $$= \alpha_0 + (\alpha_1 + \beta_1) \varepsilon_{t-1}^2 + \alpha_2 \varepsilon_{t-2}^2 - \beta_1 (\varepsilon_{t-1}^2 - h_{t-1}) + (\varepsilon_t^2 - h_t)$$

   令 $\eta_t = (\varepsilon_t^2 - h_t)$，得到
   $$\varepsilon_t^2 = \alpha_0 + (\alpha_1 + \beta_1) \varepsilon_{t-1}^2 + \alpha_2 \varepsilon_{t-2}^2 - \beta_1 \eta_{t-1} + \eta_t$$

   证明：i. 序列 $\eta_t$ 不相关；

   ii. 序列 $\{\varepsilon_t^2\}$ 是 ARMA(2, 1) 过程。

   b. 考察 GARCH(2, 1) 过程 $h_t = \alpha_0 + \alpha_1 \varepsilon_{t-1}^2 + \beta_1 h_{t-1} + \beta_2 h_{t-2}$。可以在等式两边同时加上 $\eta_t$，得到

   $$\varepsilon_t^2 = \alpha_0 + \alpha_1 \varepsilon_{t-1}^2 + \beta_1 h_{t-1} + \eta_t + \beta_2 h_{t-2}$$

   证明：在方程右边加减 $\beta_1 \eta_{t-1}$ 和 $\beta_2 \eta_{t-2}$ 可得到一个 ARMA(2, 2) 过程。

   c. 为下列陈述提供一个直观的解释：对于 "ARCH 误差检验的拉格朗日乘数法不能用于检验残差平方是白噪声的原假设，而其备择假设为 GARCH$(p, q)$ 过程可以。"

   d. 简要证明式(3-9)所示 GARCH$(p, q)$ 过程的残差平方值的 ACF 是一个 ARMA$(m, p)$ 过程，其中 $m = \max(p, q)$。

4. 令 $y_0 = 0$，令 $\{\varepsilon_t\}$ 序列的前五个观测值为 $(1, -1, -2, 1, 1)$，把一下序列绘制出来

模型 1：$y_t = 0.5 y_{t-1} + \varepsilon_t$

模型 2：$y_t = \varepsilon_t - \varepsilon_{t-1}^2$

模型 3：$y_t = 0.5 y_{t-1} + \varepsilon_t - \varepsilon_{t-1}^2$

a. ARCH-M 模型对序列 $\{y_t\}$ 有什么影响？对模型 3 中的自回归项有何影响？

b. 分别计算上述每个模型中 $\{y_t\}$ 的样本均值和方差。

5. 文件 ARCH.XLS 包含了构成图 3-7d 的模拟序列 $\{y_t\}$ 的 100 个观测值。请回忆一下，该序列曾被模拟为 $y_t = 0.9 y_{t-1} + \varepsilon_t$，其中 $\varepsilon_t$ 为 ARCH(1) 的误差过程 $\varepsilon_t = \nu_t (1 + 0.8 \varepsilon_{t-1}^2)^{\frac{1}{2}}$。我们应该可以发现，该序列均值为 0.263，标准离差为 4.894，最小值为 -10.8，最大值为 15.15。

a. 用 OLS 估计序列并保留残差，应该得到
$$y_t = 0.944 y_{t-1} + \varepsilon_t$$
$$(26.51)$$

请注意，$a_1$ 的估计值不等于理论值 0.9，这是样本误差引起的，$\{\nu_t\}$ 的模拟值也不精确服从理论分布。但是，对于为什么在小样本中序列 $\{\nu_t\}$ 中的正序列相关会使 $a_1$ 的估计值偏大，可以给出一个直观解释吗？

b. 求残差的 ACF 和 PACF。用 Ljung-Box 的 $Q$ 统计量来确定残差是否近似为白噪声。应该得到

残差的 ACF：

|      | 1 | 2 | 3 | 4 |
|------|------|------|------|------|
| ACF  | 0.149 | 0.004 | -0.018 | -0.013 |
| PACF | 0.149 | -0.018 | -0.016 | -0.008 |
|      | 5 | 6 | 7 | 8 |
| ACF  | 0.072 | -0.002 | -0.110 | -0.152 |
| PACF | 0.077 | -0.025 | -0.109 | -0.122 |

$Q(4) = 2.31$，$Q(8) = 6.39$，$Q(24) = 18.49$。

c. 求残差平方值的 ACF 和 PACF，应该得到

|      | 1 | 2 | 3 | 4 |
|------|------|------|------|------|
| ACF  | 0.474 | 0.128 | -0.057 | -0.077 |
| PACF | 0.474 | -0.125 | -0.087 | 0.005 |

|      | 5     | 6     | 7     | 8     |
|------|-------|-------|-------|-------|
| ACF  | 0.055 | 0.245 | 0.279 | 0.223 |
| PACF | 0.132 | 0.205 | 0.074 | 0.067 |

根据残差和残差平方值的 ACF 和 PACF, 对于是否存在 ARCH 误差, 你的结论是什么?

d. 估计残差平方值 $\varepsilon_t^2 = \alpha_0 + \alpha_1 \varepsilon_{t-1}^2$, 需要验证 $\alpha_0 = 1.55$ ($t$ 统计量 = 2.83) 以及 $\alpha_1 = 0.474$ ($t$ 计量 = 5.28)。

证明: ARCH(1)误差的拉格朗日乘数为 $TR^2 = 22.03$, 显著水平为 0.000 002 69。

e. 用最大似然估计法同时估计序列 $\{y_t\}$ 和 ARCH(1)误差过程, 应该得到:

$$y_t = 0.886 y_{t-1} + \varepsilon_t$$
$$(32.79)$$
$$h_t = 1.19 + 0.663 \varepsilon_{t-1}^2$$
$$(4.02) \quad (2.89)$$

6. ARCH. XLS 文件中第二个序列包含了模拟 ARCH-M 过程的 100 个观测值。

   a. 用 Box-Jenkins 方法估计序列 $\{y_t\}$, 尝试改进为模型
   $$y_t = 1.07 + \varepsilon_t + 0.254 \varepsilon_{t-3} - 0.262 \varepsilon_{t-6}$$
   $$(22.32) \quad\quad (2.57) \quad\quad (-2.64)$$

   b. 估计上述 MA‖3, 6‖模型残差的 ACF 和 PACF。为什么有些人会得出残差为白噪声的结论? 现在, 检查残差平方值的 ACF 和 PACF, 应该得到

|      | 1     | 2     | 3     | 4      | 5      | 6     |
|------|-------|-------|-------|--------|--------|-------|
| ACF  | 0.498 | 0.251 | 0.290 | 0.163  | 0.043  | 0.114 |
| PACF | 0.498 | 0.004 | 0.217 | -0.088 | -0.041 | 0.101 |

对 ARCH 误差进行 LM 检验。

   c. 将序列 $\{y_t\}$ 估计为 ARCH-M 过程
   $$y_t = 0.908 + 0.625 h_t + \varepsilon_t$$
   $$(14.05) \quad (1.79)$$
   $$h_t = 0.108 + 0.597 \varepsilon_{t-1}^2$$
   $$(5.59) \quad (2.50)$$

   d. 检查估计 $\{\varepsilon_t\}$ 序列的 ACF 和 PACF, 它们令人满意吗? 用 ARCH-M 过程的其他几个简单形式尝试一下。

7. 考察 ARCH(2)过程 $E_{t-1}\varepsilon_t^2 = \alpha_0 + \alpha_1\varepsilon_{t-1}^2 + \alpha_2\varepsilon_{t-2}^2$。

   a. 假设残差来自模型 $y_t = a_0 + a_1 y_{t-1} + \varepsilon_t$, 根据参数 $a_1$、$\alpha_0$、$\alpha_1$ 和 $\alpha_2$, 求 $\{y_t\}$ 的条件方差和无条件方差。

   b. 假设 $\{y_t\}$ 为 ARCH-M 过程, $y_t$ 与其自身的条件方差正相关。为简单起见, 令:
   $y_t = \alpha_0 + \alpha_1\varepsilon_{t-1}^2 + \alpha_2\varepsilon_{t-2}^2 + \varepsilon_t$, 写出 $\{\varepsilon_t\}$ 对应冲击的脉冲响应函数。我们可以假设这个系统是长期均衡的 ($\varepsilon_{t-2} = \varepsilon_{t-1} = 0$), 但 $\varepsilon_1 = 1$。因此, 问题即为: 已知 $\varepsilon_2 = \varepsilon_3 = \cdots = 0$, 求 $y_1$, $y_2$, $y_3$ 和 $y_4$。

   c. 用问题 b 的答案解释下列结果: 一个学生将 $\{y_t\}$ 估计为 MA(2)过程, 发现残差为白噪声; 第二个学生将相同的序列估计为 ARCH-M 过程 $y_t = \alpha_0 + \alpha_1\varepsilon_{t-1}^2 + \alpha_2\varepsilon_{t-2}^2 + \varepsilon_t$。为什么两种估计都是合理的? 我们怎样确定哪个模型更优?

   d. 一般而言, 解释为什么 ARCH-M 模型可能会表现为一个移动平均过程。

8. 文件 RGDP. XLS 包含构建图 3-1 和图 3-2 使用的数据。

   a. 如果你检验由 3.4 节关于实际 GDP 波动突破的模型得到的残差的 ACF, 你会得到

|     | 1      | 2     | 3      | 4      | 5      | 6     |
|-----|--------|-------|--------|--------|--------|-------|
| ACF | -0.065 | 0.117 | -0.047 | -0.043 | -0.120 | 0.004 |

但是如果你检验标准残差的 ACF, 你会得到

|     | 1      | 2     | 3      | 4     | 5      | 6     |
|-----|--------|-------|--------|-------|--------|-------|
| ACF | -0.072 | 0.182 | -0.054 | 0.033 | -0.070 | 0.025 |

Ljun-Box $Q$ 统计量表明在残差中不存在显著的序列自相关, 而在标准残差中存在。请解释为什么残差显示不存在序列自相关而标准残差中存在序列自相关。

   b. 演示均值方程中一个滞后期为 2 的 $y_t$ 如何从标准残差中去除序列自相关。

c. 创建一个虚拟变量代表金融危机。具体而言，设虚拟变量 $D2_t$，令 2007 年 8 月以前 $D2_t=0$，2007 年 8 月以后等于 1。如果同时将 $D_t$ 和 $D2_t$ 包含在方差方程中，你是否会得到由金融危机导致的波动突破？

d. 运用在 3.4 节中谈到的方法证明 1984 年第一季度实际消费和投资中存在显著的波动。区分消费和投资的波动持续性。

9. 文件 NYSE(RETURNS).XLS 包含 3.10 节中使用的纽约证券交易所每日综合指数。

   a. 重新计算 3.10 节的结果。
   b. 比较教材中的结果和正常假设得出的结果。

10. 运用文件 EXRATES(DAILY).XLS 中的数据估计英镑和欧元汇率的二元模型。具体地

    a. 二元对角 vech 模型产生的结果和 3.11 节中显示的非常不同。
    b. 用收敛标准并在软件包中搜寻方法，以确定如何影响问题 a 中的突击。特别注意系数的标准误差。
    c. 尝试收敛一个纯粹的 vech 模型。将结果与 a 问题中估计的同类值进行对比。

11. 为了解答下面的问题，可以参考补充手册中的附录 3.1

    a. Justin 发现一个 GARCH(2, 1) 模型与二变量对角 vech 模型中所有的 $h_{ijt}$ 近似。$h_{12t}$ 的表达式是什么？
    b. Jennifer 发现一个 GARCH(1, 2) 模型与二变量对角 vech 模型中所有的 $h_{ijt}$ 近似。$h_{12t}$ 的表达式是什么？
    c. 在一个二变量的 BEK 模型中，有
    $$h_{11t} = (c_{11}^2 + c_{12}^2) + (\alpha_{11}^2 \varepsilon_{1t-1}^2 \\ + 2\alpha_{11}\alpha_{21}\varepsilon_{1t-1}\varepsilon_{2t-1} + \alpha_{21}^2 \varepsilon_{2t-1}^2) \\ + (\beta_{11}^2 h_{11t-1} + 2\beta_{11}\beta_{21} h_{12t-1} \\ + \beta_{21}^2 h_{22t-1})$$
    令所有的系数为正。假设 $\varepsilon_{1t-1}$ 和 $\varepsilon_{2t-1}$ 符号相反，那么 $\alpha_{11}^2 \varepsilon_{1t-1}^2 + 2\alpha_{11}\alpha_{21}\varepsilon_{1t-1}\varepsilon_{2t-1} + \alpha_{21}^2 \varepsilon_{2t-1}^2$ 是否为负？
    d. 假设在 $t$ 期间，$h_{11t}=2$，$h_{22t}=4.5$，如果 CCC 模型显示 $\rho_{12}=-0.5$，求 $h_{12t}$。

12. 在 3.4 节，建立了一个合理的石油价格 MA(1) 模型，具有 GARCH 条件方差：
    $$h_t = 0.402 + 0.097\varepsilon_{t-1}^2 + 0.881 h_{t-1}$$

    a. 用 $t$ 分布估计模型。你会得到 $h_t = 0.37 + 0.10\varepsilon_{t-1}^2 + 0.88 h_{t-1}$，其中自由度参数估计值为 8.77。你认为为什么这两个估计如此相似？
    b. 为什么把条件方差估计为 IGARCH 过程是合理的？
    c. 图 3-6 显示价格存在一个剧烈的突变。如果你的均值模型包含了一个突变的虚拟变量，当 $t < 2008$ 年 7 月 11 日时，$D_t=0$，否则 $D_t=1$，那么这个估计会如何？如果你的均值模型包含了一个突变的虚拟变量，除非 $t=2008$ 年 7 月 11 日，否则 $D_t=0$，会怎样？如果你设了一个突变的虚拟变量，$t$ 在 2008 年 7 月 11 日到 12 月 31 日之间时，$D_t=1$，又会如何？
    d. 回到正态分布误差的问题，允许 GARCH(1, 1) 方差影响平均收益。你估计得到的 ARCH-In-Mean 模型应该是 $p_t = 0.026 + 0.225\varepsilon_{t-1} + 0.008 h_t$。给定 $h_t$ 系数的 $t$ 统计量是 0.65，你得出了什么结论？
    e. 解释为什么说关于"一个具有正态分布回归（没有 ARCH-In-Mean 效果）的 IGARCH 模型对于 $p_t$ 来说是合理的"的争议是有道理的。演示对没有残留的序列相关和没有残留的 GARCH 效果的标准诊断检验。进行模型的杠杆测试。证明，1 个滞后期的 Engle-Ng 检验显示出杠杆，但大多数其他检验显示无杠杆。
    f. 估计 EGARCH 模型并说明它显示没有杠杆。

# 第4章

# 包含趋势的模型

## 本章学习目标

1. 形式化均值依赖于时间的变量的简单模型。
2. 比较确定性趋势和随机趋势。
3. 阐述标准回归和时间序列模型中的单位根问题。
4. 阐述蒙特卡洛试验和模拟法如何得出假设检验的临界值。
5. 提出并阐述用于检验是否存在单位根的 DF 检验和 ADF 检验。
6. 将 DF 检验应用到美国 GDP 和汇率的实例中。
7. 阐述 DF 检验在序列相关性、MA 模型、多元单位根、季节性单位根中的应用。
8. 考察存在结构性变化的单位根检验。
9. 阐述标准 DF 检验的缺陷。
10. 阐述广义最小二乘法对 DF 检验的提升。
11. 阐述如何用面板单位根检验来促进 DF 检验。
12. 把包含趋势的序列分解为平稳和趋势两个部分。

## 4.1 确定性趋势和随机趋势

线性随机差分方程的通解能够以一种非常实用的方式表示成以下三个部分。

$$y_t = 趋势 + 平稳成分 + 噪声$$

第 2 章阐述了如何用 Box-Jenkins 方法对平稳成分进行建模。第 3 章则阐述了如何对误差的方差进行建模。应用计量经济学家的重要任务是研究出简单的随机差分方程模型来模拟趋势变量的行为。文件 RGDP. XLS 中包含了 1947 年第 1 季度到 2012 年第 4 季度(以 2005 年美元为基准,单位:万亿美元)的美国实际 GDP 的季度数据。如果观察图 4-1,显而易见,实际 GDP{$rgdp_t$}随时间而增大。对于这种序列,也许能用一个未经测试的预测方程来估计其持续增长,使用 3 次方多项式模型表示其趋势。

$$rgdp_t = 1\,890.247 + 9.108t + 0.170t^2 - 0.000\,1t^3 \tag{4-1}$$
$$(27.66) \quad (4.09) \quad (8.70) \quad (-2.07)$$

图 4-1 中，拟合值由虚线标出，预测值由延伸到 2012 年第 4 季度之后的实线表示。尽管 $t$ 统计量显著，但用这个模型预测实际 GDP 的趋势却存在一些问题。由于这个趋势不包含随机成分，式(4-1)暗示实际 GDP 以一个确定的长期增长率加速增长。"实际经济周期学派"认为技术进步对宏观经济趋势有持久的影响。既然技术创新是随机的，那么，这个经济趋势也应该反映这一潜在的随机性。宏观经济学其他学派的拥护者也认为这个趋势不是完全确定性的，例如，他们指出一次石油价格冲击或带有目的性的减税也会影响投资和经济的长期增长率。并且，对经济周期的行为的解释是不可信的。确定性趋势表示不论实际 GDP 何时低于趋势，在随后的时期当实际 GDP 回到趋势上时，就会出现反常的较高涨势。2008 年的金融危机对经济的冲击说明了大多数的经济学家和政治家并没有认识到问题的严重性。实际上 2012 年后的预测值似乎完全忽略了金融危机对 GDP 的影响。最后，$t^3$ 项为负的系数暗示了在未来很长一段时间里的负增长。

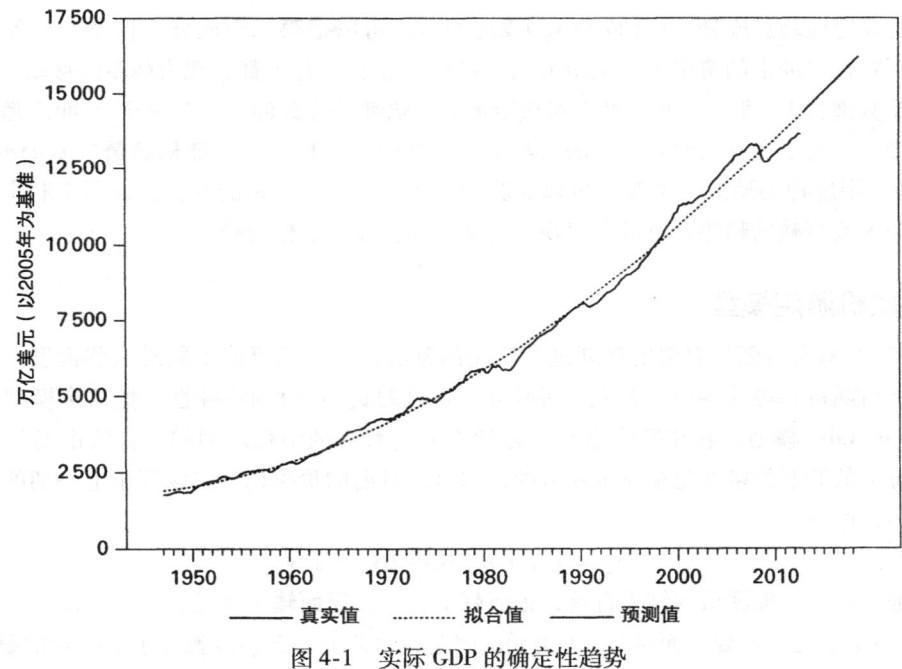

图 4-1　实际 GDP 的确定性趋势

接下来考察 3 月期国库券利率和 5 年期美国联邦政府债券的收益率，如图 3-4 所示。这两个利率都没有明显的上升或下降的趋势。此外，也找不到任何可能由一次方导致利率均值偏移的结构性突变。然而，两个序列也都没有回复到长期均值的明显的趋势。趋势的关键特征是它对序列有持久的影响，如果定义趋势为一个时间序列"永久的"或不衰退的成分，那么，这两个利率都包含趋势。

假设，从某个时期开始到下一个时期，一个序列总是变化固定相同的量。更具体地说，假设

$$\Delta y_t = a_0$$

由第 1 章可知，这个线性差分方程的解为

$$y_t = y_0 + a_0 t$$

式中，$y_0$ 是第 0 期的初始值。

因此，$\Delta y_t = a_0$ 的解是一个确定性的线性时间趋势，截距项为 $y_0$，斜率为 $a_0$。现在，如果将

平稳成分 $A(L)\varepsilon_t$ 加入这个趋势，则得到

$$y_t = y_0 + a_0 t + A(L)\varepsilon_t \qquad (4\text{-}2)$$

在式(4-2)中，因引入 $A(L)\varepsilon_t$ 的缘故，$y_t$ 不同于它的趋势值。由于离差 $A(L)\varepsilon_t$ 是平稳的，所以，序列 $\{y_t\}$ 只是暂时背离趋势。因此，$y_{t+s}$ 的长期预测值将趋近于趋势线 $y_0 + a_0(t+s)$。在专业术语中，这种类型的模型被称为**趋势平稳**(trend-stationary，TS)模型。

现在，假设 $y_t$ 的期望变化值是 $a_0$ 个单位。特别地，令 $\Delta y_t$ 等于 $a_0$ 加上白噪声，使得

$$\Delta y_t = a_0 + \varepsilon_t \qquad (4\text{-}3)$$

有时，$\Delta y_t$ 可能会大于 $a_0$，有时，又会小于 $a_0$。由于 $E_{t-1}\varepsilon_t = 0$，所以式(4-3)表明从一个时期到下一个时期 $y_t$ 预期变化 $a_0$ 个单位。所以说，对式(4-2)看起来无关紧要的修改，其实对趋势有很大影响。如果把 $y_0$ 看作初始值，那么，很容易证明表示的1阶差分方程(4-3)的通解为

$$y_t = y_0 + \sum_{i=1}^{t} \varepsilon_i + a_0 t$$

式中，$y_t$ 由确定性趋势成分 $a_0 t$ 和成分 $y_0 + \Sigma \varepsilon_i$ 组成。可以把第二个成分看作是一个随机的截距项。在不存在任何冲击的情况下，截距为 $y_0$。但是，每个 $\varepsilon_i$ 冲击都表现为截距的移动。由于 $\{\varepsilon_i\}$ 所有值的系数都为1，所以，每个冲击对截距项的影响都是持久的。因为每个 $\varepsilon_i$ 冲击都会对序列产生持久影响，所以在有关时间序列的文献中，这样的序列称为具有**随机趋势**(stochastic trend)。如果 $a_0 = 0$，则这种类型的模型基本可以捕获到图4-2所示的利率的变化。这两个利率没有表现出随时间增大或衰减的趋势，也没有表现出向某一均值靠拢的任何趋势。

### 4.1.1 随机游走模型

式(4-3)是对包含随机趋势的序列进行建模的基石。由于很可能不熟悉这些模型，本节的剩余部分将探讨随机趋势的特征。首先，考察 $a_0 = 0$ 时的式(4-3)的特殊性。把这个模型称为**随机游走**(random walk)模型，它在经济学和金融学中有着特殊的地位。例如，有效市场假设的表述中，假定每天的股票价格变化是完全随机的，那么，目前的价格 $(y_t)$ 应该等于上一期的价格加上一个白噪声，因此

$$y_t = y_{t-1} + \varepsilon_t (\text{或者 } \Delta y_t = \varepsilon_t)$$

类似地，假设以掷硬币的结果打赌，正面赢1美元，反面输1美元。于是可以令，当出现正面时，$\varepsilon_t = +1$ 美元，出现反面时为 $-1$ 美元。因此，目前的财产 $(y_t)$ 就等于上一期的财产 $(y_{t-1})$ 加上 $\varepsilon_t$ 的实际值。如果再掷一次，则 $t+1$ 期的财产为 $y_{t+1} = y_t + \varepsilon_{t+1}$。

如果初始值是 $y_0$，则很容易就能证明这一随机游走模型表示的1阶差分方程的通解为

$$y_t = y_0 + \sum_{i=1}^{t} \varepsilon_i$$

取期望值，得到 $Ey_t = Ey_{t-s} = y_0$，因此随机游走过程的均值是常数。但是，所有随机冲击都对序列 $\{y_t\}$ 产生了非衰退的影响。若已知 $\{\varepsilon_t\}$ 过程的前 $t$ 个实际值，则 $y_{t+1}$ 的条件均值为

$$E_t y_{t+1} = E_t(y_t + \varepsilon_{t+1}) = y_t$$

类似地，对于 $y_{t+s}$ 的条件均值(对任何 $s > 0$)，由下式可得

$$y_{t+s} = y_t + \sum_{i=1}^{s} \varepsilon_{t+i}$$

所以

$$E_t y_{t+s} = y_t + E_t \sum_{i=1}^{s} \varepsilon_{t+i} = y_t$$

对任何正数 $s$，所有 $y_{t+s}$ 的条件均值都是相等的。因此恒定的 $y_t$ 是所有未来预测值 $y_{t+s}$ 的无偏估计。为解释这一点，请注意，一个 $\varepsilon_t$ 冲击对 $y_t$ 有持久的影响。这种持久性直接反映在对 $y_{t+s}$ 的预测中。

很容易证明方差与时间有关。当已知初始值 $y_0$ 时，计算方差，可以得到

$$\text{var}(y_t) = \text{var}(\varepsilon_t + \varepsilon_{t-1} + \cdots + \varepsilon_1) = t\sigma^2$$

且

$$\text{var}(y_{t-s}) = \text{var}(\varepsilon_{t-s} + \varepsilon_{t-s-1} + \cdots + \varepsilon_1) = (t-s)\sigma^2$$

由于方差不是恒定的（即，$\text{var}(y_t) \neq \text{var}(y_{t-s})$），所以，随机游走过程是非平稳的。此外，随着 $t \to \infty$，$y_t$ 的方差也趋近于无穷大。因此，随机游走序列散漫无序，没有表现出任何增大或减小的趋势。在此，有必要计算 $y_t$ 和 $y_{t-s}$ 的协方差。由于均值为常数，所以可以计算得到 $\gamma_{t-s}$ 为

$$E[(y_t - y_0)(y_{t-s} - y_0)] = E[(\varepsilon_t + \varepsilon_{t-1} + \cdots + \varepsilon_1)(\varepsilon_{t-s} + \varepsilon_{t-s-1} + \cdots + \varepsilon_1)]$$
$$= E[(\varepsilon_{t-s})^2 + (\varepsilon_{t-s-1})^2 + \cdots + (\varepsilon_1)^2] = (t-s)\sigma^2$$

为了计算相关系数 $\rho_s$，用 $y_t$ 的标准差与 $y_{t-s}$ 的标准差的乘积来除 $\gamma_{t-s}$。由此，相关系数 $\rho_s$ 为

$$\rho_s = \frac{t-s}{\sqrt{(t-s)t}} = \left[\frac{(t-s)}{t}\right]^{0.5} \tag{4-4}$$

这个结果在非平稳序列的检验中具有重要作用。对于前几个自相关系数，样本大小 $t$ 相对于形成的自相关系数有较大的相关性；对于较小的 $s$ 值，比率 $(t-s)/t$ 近似等于 1。但是，随着 $s$ 的增大，$\rho_s$ 的值将变小。因此，在使用样本数据时，随机游走过程的自相关函数将表现出轻微的衰减趋势。这样，就可以采用自相关函数来区分单位根过程和自回归系数约等于 1 的平稳过程。

图 4-2a 显示了一个模拟随机游走过程的时间路径。首先，从具有均值为 0、方差为 1 的理论分布中提取了 100 个正态分布的随机离差值。令 $y_0 = 1$，$y_t(t=1,\cdots,100)$ 的各个值都被构造为 $y_{t-1}$ 的值加上当期随机离差值。正如期望的那样，这个序列散漫无序，没有任何向长期值靠拢的趋势。然而，在模拟数据中却存在轻微的正的向上趋势。产生向上趋势的原因是这种特殊的模拟

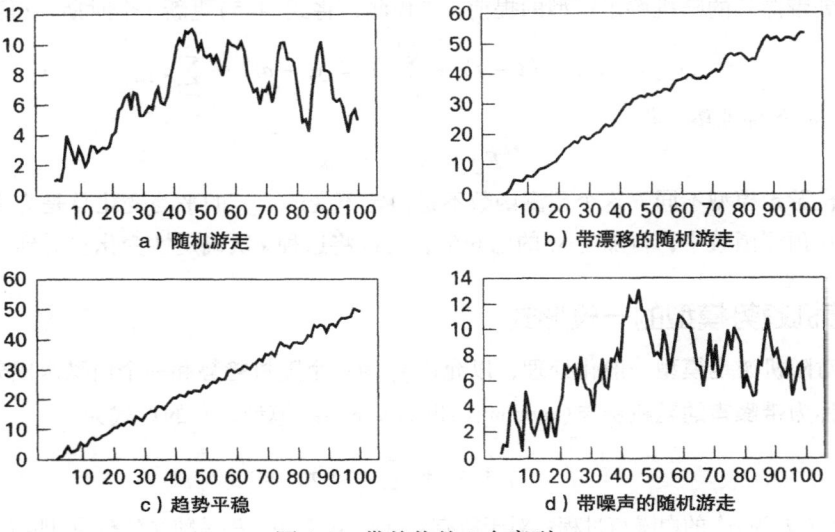

图 4-2  带趋势的 4 个序列

恰好包含较多的正值和较少的负值。在此需要提醒的是，"在真正的数据生成过程中存在稳定增大的趋势"这种印象是错误的，同时也提醒不能仅仅依赖于非规范检验做出判断。

### 4.1.2 带漂移的随机游走模型

现在，令 $y_t$ 的变化为部分确定、部分随机。通过加上一个常数项 $a_0$，就可以把随机游走模型扩展为

$$y_t = y_{t-1} + a_0 + \varepsilon_t$$

因此，可以看到式(4-3)实际上是一个带漂移过程的随机游走模型。若已知初始值 $y_0$，则 $y_t$ 的通解为

$$y_t = y_0 + a_0 t + \sum_{i=1}^{t} \varepsilon_i \tag{4-5}$$

这里，$y_t$ 的表现受线性确定性趋势和随机趋势 $\Sigma \varepsilon_i$ 这两个非平稳成分的影响。因为式(4-5)中没有包含单独的平稳成分，所以，带漂移的随机游走模型是一个纯趋势模型。

如果取期望值，则 $y_t$ 的均值是 $y_0 + a_0 t$，$y_{t+s}$ 的均值是 $E y_{t+s} = y_0 + a_0(t+s)$。为了便于大家理解，$\{y_t\}$ 中各个观测值的确定性变化为 $a_0$，$t$ 时期后的累积变化为 $a_0 t$。此外，还有一个随机趋势 $\Sigma \varepsilon_i$，每个 $\varepsilon_i$ 冲击都将对 $y_t$ 的均值产生持久的影响。注意，序列的 1 阶差分是平稳的，取 1 阶差分，得到平稳序列 $\Delta y_t = a_0 + \varepsilon_t$。

图 4-2b 举例说明了一个模拟的带漂移的随机游走模型。设 $a_0 = 0.5$，且式(4-5)也是用与上述随机游走模型相同的 100 个离差值模拟的。显然，确定性时间趋势支配了这个序列的时间路径。在一个很大的样本中，渐近理论认为总是如此。但是，却不应该由此认为能很容易地辨别随机游走模型和带漂移的随机游走模型之间的差别。在一个小样本中，增大 $\{\varepsilon_t\}$ 的方差或减小 $a_0$ 的绝对值都将模糊序列的长期特性。图 4-2c 是用相同随机数值生成的趋势平稳(TS)序列 $y_t = 0.5t + \varepsilon_t$。带漂移的随机游走模型和趋势平稳(TS)序列的形式以及图 4-1 所示的实际 GDP 序列都有惊人的相似。

为了得到带漂移的随机游走模型的提前 $s$ 步预测，将式(4-5)更新 $s$ 个时期，得到

$$y_{t+s} = y_0 + a_0(t+s) + \sum_{i=1}^{t+s} \varepsilon_i = y_t + a_0 s + \sum_{i=1}^{s} \varepsilon_{t+i}$$

计算 $y_{t+s}$ 的条件期望，得

$$E_t y_{t+s} = y_t + a_0 s$$

与纯随机游走模型不同，这个预测函数不是恒定不变的。$y_t$ 的平均变化总是为常数 $a_0$，这个事实也反映在预测函数中，再加上 $y_t$ 的已知值，可以将这种 $s$ 次确定性变化映射到未来。

### 4.1.3 随机趋势模型的一般形式

很容易对随机游走模型一般化处理，以允许 $y_t$ 为一个随机趋势和一个白噪声成分之和。这种形式的模型称为**带噪声的随机游走**(random walk plus noise)模型，它的形式为

$$y_t = y_0 + \sum_{i=1}^{t} \varepsilon_i + \eta_t \tag{4-6}$$

式中，$\{\eta_t\}$ 是方差为 $\sigma_\eta^2$ 的白噪声过程；对于所有 $t$ 和 $s$，$\varepsilon_t$ 和 $\eta_{t-s}$ 都是独立分布的(即 $E(\varepsilon_t \eta_{t-s}) = 0$)。

带噪声的随机游走模型的另一种表达式为

$$\Delta y_t = \varepsilon_t + \Delta \eta_t \tag{4-7}$$

容易证明式(4-6)和式(4-7)是等价的。如果把 $y_{t-1}$ 写为

$$y_{t-1} = y_0 + \sum_{i=1}^{t-1} \varepsilon_i + \eta_{t-1}$$

则从式(4-6)中减去这个表达式就得到了式(4-7)。可以从式(4-6)中看到带噪声的随机游走模型的关键特性：

(1) 若已知 $y_0$ 的值，则序列 $\{y_t\}$ 的均值是常数。$Ey_t = y_0$ 更新 $s$ 个时期仍然得到 $Ey_{t+s} = y_0$。请注意，因为 $\varepsilon_t$ 的过去值上没有任何衰减因子，所以连续的 $\varepsilon_t$ 冲击对序列 $\{y_t\}$ 有持久的影响。因此，$y_t$ 包含随机趋势部分 $\sum \varepsilon_i$。

(2) 序列 $\{y_t\}$ 有一个纯噪声成分，因为序列 $\{\eta_t\}$ 对序列 $\{y_t\}$ 仅有短暂的影响。当前期的 $\eta_t$ 实际值仅影响 $y_t$，而不影响后续值 $y_{t+s}$。

(3) $\{y_t\}$ 的方差不是常数：$\mathrm{var}(y_t) = t\sigma^2 + \sigma_\eta^2$，而 $\mathrm{var}(y_{t-s}) = (t-s)\sigma^2 + \sigma_\eta^2$。正如其他包含随机趋势的模型一样，$y_t$ 的方差随着 $t$ 的增大而接近于无穷。噪声成分的存在意味着 $y_t$ 和 $y_{t-s}$ 之间的相关系数比纯随机游走模型中的小。

为了证明其样本相关图将比纯随机游走模型中的样本相关图显示出更快的衰减，注意 $y_t$ 和 $y_{t-s}$ 之间的协方差为

$$\begin{aligned}\mathrm{cov}(y_t, y_{t-s}) &= E[(y_t - y_0)(y_{t-s} - y_0)] \\ &= E[(\varepsilon_1 + \varepsilon_2 + \varepsilon_3 + \cdots + \varepsilon_t + \eta_t)(\varepsilon_1 + \varepsilon_2 + \varepsilon_3 + \cdots + \varepsilon_{t-s} + \eta_{t-s})]\end{aligned}$$

由于 $\{\varepsilon_t\}$ 和 $\{\eta_t\}$ 是独立的白噪声序列，所以

$$\mathrm{cov}(y_t, y_{t-s}) = (t-s)\sigma^2$$

因此，相关系数 $\rho_s$ 为

$$\rho_s = \frac{(t-s)\sigma^2}{\sqrt{(t\sigma^2 + \sigma_\eta^2)[(t-s)\sigma^2 + \sigma_\eta^2]}}$$

对比纯随机游走模型中的相关系数，证明对于 $\sigma_\eta^2 > 0$，带噪声的随机游走模型的自相关系数 $\rho_s$ 总是较小的。图4-2d 展示了带噪声的随机游走模型。这个序列是通过第二个服从正态分布的序列 $\{\eta_t\}$ 的100个随机数模拟出来的。对于每个 $t$，$y_t$ 用式(4-6)计算得出。如果比较图4-2a 和 d，可以看到这两个序列彼此走势很接近。带噪声的随机游走模型可以像随机游走模型那样模拟相同的宏观经济变量。"噪声"成分 $\{\eta_t\}$ 对于 $\{y_t\}$ 的影响只是增大 $\{y_t\}$ 的方差而不影响它的长期行为。从本质上讲，带噪声的随机游走序列只不过是一个包含纯短暂成分的随机游走模型。

带噪声的随机游走模型和带漂移的随机游走模型都是研究更为复杂的时间序列模型的基石。例如，噪声和漂移成分很容易就能通过修改式(4-6)被合并到一个简单模型中，使得 $y_t$ 的趋势包含确定性趋势和随机趋势。具体来说，用下式取代式(4-6)

$$\Delta y_t = a_0 + \varepsilon_t + \Delta \eta_t$$

或

$$y_t = y_0 + a_0 t + \sum_{i=1}^{t} \varepsilon_i + \eta_t \tag{4-8}$$

把式(4-8)所表述的模型称为**带有噪声的趋势模型**(trend plus noise model)，可以看出，$y_t$ 是确定性趋势、随机趋势和白噪声之和。此外，噪声序列并不要求一定是白噪声过程。令 $A(L)$ 为

滞后算子 $L$ 的多项式；可以在带漂移的随机游走模型中增加平稳过程 $A(L)\eta_t$，这样就得到了被称为**带有不规则成分的一般趋势模型**(general trend plus irregular model)，即

$$y_t = y_0 + a_0 t + \sum_{i=1}^{t} \varepsilon_i + A(L)\eta_t \tag{4-9}$$

因此，式(4-9)包含确定性趋势、随机趋势和平稳成分。

更多关于**不可观测成分模型**(unobserved components model)的信息可在补充手册4.1中查到。读者可以阅读这一章并理解信号提取模型的应用。

## 4.2 去除趋势

由上节可知，显然，包含趋势的序列和平稳序列之间是有很大区别的。对平稳时间序列的冲击必然是短暂的，随时间推移，冲击的影响将消失，序列将回复到其长期均值水平。另一方面，包含趋势的序列不会回复到长期水平。注意，趋势可以包含确定性趋势和随机趋势两种成分。趋势的这两个成分为获得一个平稳的序列而进行的必需的适当变换提供了一些暗示。去除趋势的常规方法是**差分**(differencing)和**去除趋势**(detrending)。去除趋势操作必须作时间 $t$ 对变量 $y_t$ 的回归，并保留残差值，而一个包含单位根的序列可以通过差分变得平稳。实际上，已经知道 ARIMA $(p, d, q)$ 模型的 $d$ 阶差分是平稳的，本节的目标是比较这两种去除趋势的方法。

### 4.2.1 差分

首先，考查带漂移的随机游走模型

$$y_t = y_0 + a_0 t + \sum_{i=1}^{t} \varepsilon_i$$

的解。

取 1 阶差分，得到，$\Delta y_t = a_0 + \varepsilon_t$。显然，序列 $\{\Delta y_t\}$ 等于常数加上了一个白噪声干扰项，它是平稳的。若把 $\Delta y_t$ 看作所关心的变量，则得到

$$E(\Delta y_t) = E(a_0 + \varepsilon_t) = a_0$$
$$\text{var}(\Delta y_t) \equiv E(\Delta y_t - a_0)^2 = E(\varepsilon_t)^2 = \sigma^2$$

和

$$\text{cov}(\Delta y_t, \Delta y_{t-s}) \equiv E[(\Delta y_t - a_0)(\Delta y_{t-s} - a_0)] = E(\varepsilon_t \varepsilon_{t-s}) = 0(s \neq 0)$$

由于均值和方差都是常数，且 $\Delta y_t$ 和 $\Delta y_{t-s}$ 之间的协方差仅取决于时间间隔 $s$，所以，序列 $\{\Delta y_t\}$ 是平稳的。

带噪声的随机游走模型是一个有趣的研究课题。在 1 阶差分后，可以把模型写成 $\Delta y_t = \varepsilon_t + \Delta \eta_t$。在这种形式下，易知 $\Delta y_t$ 是平稳的。显然，均值为零，因为

$$E\Delta y_t = E(\varepsilon_t + \Delta \eta_t) = 0$$

此外，方差和自协方差都是常数，不随时间变化，因为

$$\text{var}(\Delta y_t) = E[(\Delta y_t)^2] = E[(\varepsilon_t + \Delta \eta_t)^2] = E[(\varepsilon_t)^2 + 2\varepsilon_t \Delta \eta_t + (\Delta \eta_t)^2]$$
$$= \sigma^2 + 2E[\varepsilon_t \Delta \eta_t] + E[(\eta_t)^2 - 2\eta_t \eta_{t-1} + (\eta_{t-1})^2] = \sigma^2 + 2\sigma_\eta^2$$

$$\text{cov}(\Delta y_t, \Delta y_{t-1}) = E[(\varepsilon_t + \eta_t - \eta_{t-1})(\varepsilon_{t-1} + \eta_{t-1} - \eta_{t-2})] = -\sigma_\eta^2$$

且

$$\text{cov}(\Delta y_t, \Delta y_{t-s}) = E[(\varepsilon_t + \eta_t - \eta_{t-1})(\varepsilon_{t-s} + \eta_{t-s} - \eta_{t-s-1})] = 0 \quad s > 1$$

如果令 $s = 1$，则 $\Delta y_t$ 和 $\Delta y_{t-s}$ 之间的相关系数为

$$\rho_1 = \frac{\text{cov}(\Delta y_t, \Delta y_{t-1})}{\text{var}(\Delta y_t)} = \frac{-\sigma_\eta^2}{\sigma^2 + 2\sigma_\eta^2}$$

易知 $-0.5 < \rho_1 < 0$，且所有其他相关系数都为零。由于 $y_t$ 的 1 阶差分 $\Delta y_t$ 是一个 MA(1) 过程，所以，带噪声的随机游走模型是 ARIMA(0, 1, 1)。由于在序列上加上一个常数对相关图没有影响，因此，式(4-8)所示的带噪声模型同样也是一个 ARIMA(0, 1, 1) 过程。

现在，考察具有普遍意义的 ARIMA($p$, $d$, $q$) 模型

$$A(L)y_t = B(L)\varepsilon_t \tag{4-10}$$

式中，$A(L)$ 和 $B(L)$ 分别是滞后算子 $L$ 的 $p$ 次和 $q$ 次多项式。

首先，假设 $A(L)$ 有唯一的单位根，$B(L)$ 的所有根在单位圆外。可以将 $A(L)$ 分解为 $(1-L)A^*(L)$，它由两部分组成，其中 $A^*(L)$ 是一个 $p-1$ 次多项式。由于 $A(L)$ 只有一个单位根，所以，得到 $A^*(L)$ 的所有根都在单位圆外。因此，可以将式(4-10)写为

$$(1-L)A^*(L)y_t = B(L)\varepsilon_t$$

现在定义 $y_t^* = \Delta y_t$，因此

$$A^*(L)y_t^* = B(L)\varepsilon_t \tag{4-11}$$

序列 $\{y_t^*\}$ 是平稳的，因为 $A^*(L)$ 的所有根都在单位圆之外。关键之处在于单位根过程的 1 阶差分是平稳的。如果 $A(L)$ 有两个单位根，可以用同样的论据来证明 $\{y_t\}$ 的 2 阶差分也是平稳的。概括来说，一个有 $d$ 个单位根的过程的 $d$ 阶差分是平稳的。这样的序列是 $d$ 阶单整的，用 $I(d)$ 表示。一个 ARIMA($p$, $d$, $q$) 模型有 $d$ 个单位根，这种模型的 $d$ 阶差分是平稳的 ARMA($p$, $q$) 过程。

## 4.2.2 去除趋势

我们已经说明了有时用差分能将一个非平稳模型转化为一个具有 ARMA 表达式的平稳模型，但这并不意味着所有非平稳模型都能够通过差分转化为标准的 ARMA 模型。例如，考察一个模型，这个模型是确定性趋势和纯噪声之和，即

$$y_t = y_0 + a_1 t + \varepsilon_t$$

$y_t$ 的 1 阶差分并不标准，因为

$$\Delta y_t = a_1 + \varepsilon_t - \varepsilon_{t-1}$$

这里 $\Delta y_t$ 是不可逆的，因为 $\Delta y_t$ 不能表示成自回归过程的形式。请回忆一下，一个平稳过程的可逆性要求 MA 部分没有单位根。

作为替代，转化这种模型的一种适当方法是估计回归方程 $y_t = a_0 + a_1 t + \varepsilon_t$，用观察到的序列减去 $y_t$ 的估计值，得到序列 $\{\varepsilon_t\}$ 的估计值。更一般的形式是，一个时间序列可能有如下多项式趋势

$$y_t = a_0 + a_1 t + a_2 t^2 + a_3 t^3 + \cdots + a_n t^n + e_t$$

式中，$\{e_t\}$ 是一个平稳过程。

通过在确定性多项式时间趋势(如式(4-1))的基础上对 $\{y_t\}$ 作回归，从而完成去除趋势操作。多项式恰当的阶数可以由标准 $t$ 检验、$F$ 检验和(或)用诸如 AIC 或 SBC 统计量来确定。通常的做法是用合理的 $n$ 的最大值估计回归方程。如果 $a_n$ 的 $t$ 统计量等于零，则考虑 $n-1$ 次的多项式趋势，若对应的系数 $t$ 检验仍然得到是显著为零的，则继续减少多项式趋势的幂，直至找到一个显著不为零的系数为止。$F$ 检验可以用来确定一组系数，例如 $a_{n-i}$ 到 $a_n$，是否至少有一个显著不

为零。用 AIC 和 SBC 统计量来再次确认多项式的恰当次数。

序列 $\{y_t\}$ 的实际值减去估计值得到的残差形成了平稳序列 $\{e_t\}$ 的估计值。这样，就可以用传统方法(例如 ARMA 估计)来对去除趋势的过程建模。

### 4.2.3 差分与趋势平稳模型

我们已经接触了两种去除趋势的方法。一个趋势平稳序列能够通过除去确定性趋势而转化为一个平稳序列。对于带有单位根的序列，有时称它为**差分平稳**(difference stationary，DS)序列，可以通过差分把它转化为一个平稳序列。如果使用不恰当的方法来去除趋势，就会遇到严重的问题。之前已经看到了一个出现问题的例子，即试图将方程 $y_t = y_0 + a_1 t + \varepsilon_t$ 差分。现在考察一个更普遍的趋势平稳过程，形式为

$$A(L)y_t = a_0 + a_1 t + e_t$$

式中，多项式 $A(L)$ 的特征根都在单位圆之外，表达式 $e_t$ 可以有如下形式 $e_t = B(L)\varepsilon_t$。减去对确定性时间趋势的估计，可得到一个平稳的不可逆的 ARMA 模型。但是，如果使用式(4-11)的符号，则这种模型的 1 阶差分为

$$A(L)y_t^* = a_1 + (1 - L)B(L)\varepsilon_t$$

对于趋势平稳(TS)过程的 1 阶差分，是在该模型的 MA 部分中引入了一个不可逆的单位根过程。当然，在包含多项式时间趋势的模型中也会遇到相同的问题。

同样，从差分平稳过程中减去确定性时间趋势也是不合适的。例如，在式(4-9)所示的具有不规则成分的一般趋势模型中，从每个观测值中减去 $y_0 + a_0 t$ 并不能得到一个平稳序列，因为并没有剔除掉趋势的随机成分。

### 4.2.4 是否存在经济周期

传统的经济周期研究将实际宏观经济变量分解为长期趋势和周期成分，图 4-3 中的假设数据说明了这种典型的分解。图中由直线标出的长期趋势被认为属于增长理论的范畴，趋势线的斜率被认为是由长期因素所决定的，例如技术进步、人口出生率、教育水平等。

发生背离趋势的原因之一是实际经济活动的波状变动，即所谓的**经济周期**(business cycle)。虽然周期的实际时期并非像图 4-3 中描述的那样有规律，但人们认为繁荣时期和复苏时期像潮汐一样不可避免。货币政策和财政政策的目标都是减小这个周期的振幅(由长度 $ab$ 衡量)。按照之前讨论的术语，趋势就是非平稳成分，周期性和无规律部分就是平稳成分。

虽然已经存在衰退和阶段性的高度繁荣，但第二次世界大战后的经验也说明经济周期并非有一个规律的时期。尽管如此，仍然有许多人相信，就长期来看，宏观经济变量以一个恒定的趋势率增长，任何对趋势的背离都最终会被看不见的手消除。趋势不随时间改变这种信念导致通常都采用线性(或多项式)确定性回归方程来对宏观经济数据进行去除趋势的做法。图 4-4 的下部分表示去除趋势后的周期和噪声(或者不规则)成分。

Nelson 和 Plosser(1982)挑战了传统观点，他们证明了重要的宏观经济变量趋向于 DS 而非 TS 过程。获得了 13 个重要宏观经济变量的时间序列数据，它们分别是，实际 GNP、名义 GNP、工业产出、就业、失业率、GNP 平减指数、消费者物价指数、工资、实际工资、货币存量、周转率、债券收益率以及综合股价指数。样本中的消费者物价指数开始于 1860 年，GNP 数据开始于 1909 年，所有序列的数据结束于 1970 年。如表 4-1 所示。前两列反映了实际和名义 GNP、工业

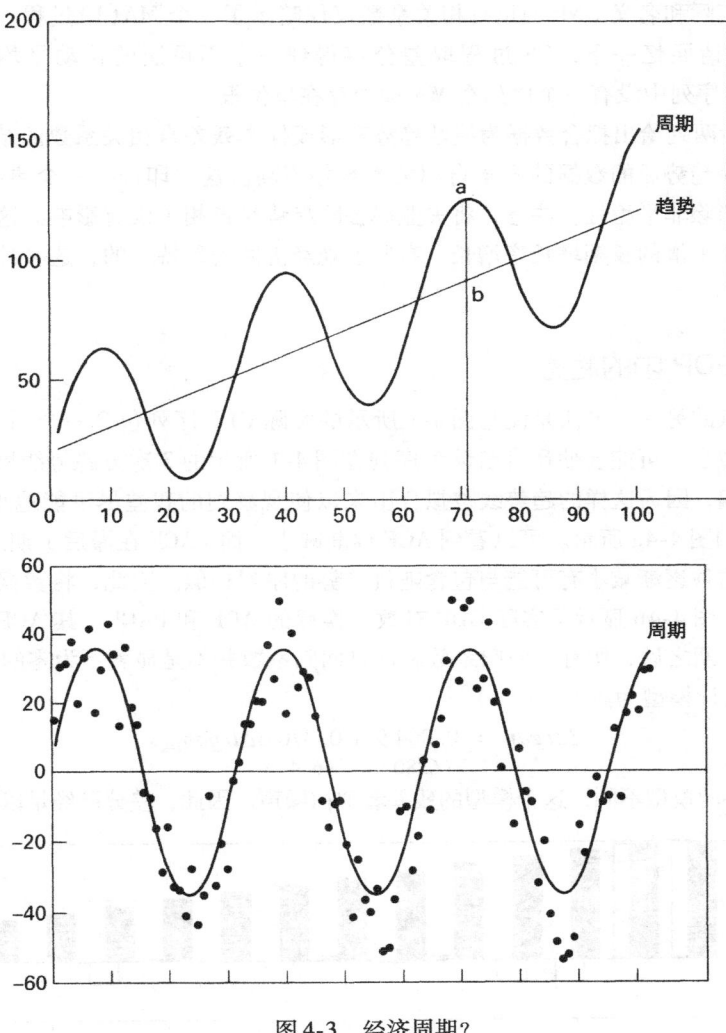

图 4-3 经济周期?

产出和失业率的 1 阶和 2 阶自相关系数。注意,前三个序列的自相关系数强烈暗示了单位根过程的存在。虽然失业率的 $\rho_1$ 为 0.75,但 2 阶自相关系数小于 0.5。

表 4-1 根据 Nelson 和 Plosser 方法选择的自相关系数

| | $\rho_1$ | $\rho_2$ | $r(1)$ | $r(2)$ | $d(1)$ | $d(2)$ |
|---|---|---|---|---|---|---|
| 实际 GNP | 0.95 | 0.90 | 0.34 | 0.04 | 0.87 | 0.66 |
| 名义 GNP | 0.95 | 0.89 | 0.44 | 0.08 | 0.93 | 0.79 |
| 工业产出 | 0.97 | 0.94 | 0.03 | −0.11 | 0.84 | 0.67 |
| 失业率 | 0.75 | 0.47 | 0.09 | −0.29 | 0.75 | 0.46 |

注:1. 相关图的细节请参见 Nelson 和 Plosser(1982)的研究成果,他们给出了前 6 个样本自相关系数;
2. $\rho_i$、$r(i)$ 和 $d(i)$ 分别为各个序列及其 1 阶差分和进行去除趋势操作后的序列的 1 阶自相关系数。

序列的 1 阶差分得到 1 阶和 2 阶样本自相关系数,分别为 $r(1)$ 和 $r(2)$。1 阶差分的样本自相关系数暗示其是平稳过程。证据支持了数据是由 DS 过程生成的观点。Nelson 和 Plosser 指出,差分后滞后 1 期的实际和名义 GNP 的正自相关系数仅仅暗示了一个 MA(1) 过程。为了进一步肯定 DS 过程的观点，请回忆一下，DS 过程取差分将得到一个不可逆的移动平均过程。Nelson 和 Plosser 提供的差分序列中没有一个序列在 MA 项中存在单位根。

表 4-1 的最后两列给出拟合数据为线性趋势和形成样本残差自相关系数的结果。这些数据有一个特点，即去除趋势后的数据的样本自相关系数相当高。这也印证了一个事实：除去一个 DS 过程的趋势不会消除非平稳性。注意，将失业率去除趋势对自相关没有影响。这些都说明宏观经济变量并非以一个平滑的长期增长率增长。有些宏观经济冲击是持久的，这种冲击的影响永远不能被消除。

### 4.2.5 实际 GDP 中的趋势

证明同一观点的另一个方法是注意图 4-1 所示的实际 GDP 序列包含一个明显的趋势。但是，已估模型的紧密拟合，可能会使研究者认为序列在图 4-1 所示的 3 次方趋势线周围实际上是平稳的。眼睛会被欺骗，因为这样的趋势线被拟合出来以使观察到的残差尽可能地小。式 (4-1) 残差的 ACF 和 PACF 如图 4-4a 所示。可以看到 ACF 逐渐减小，而 PACF 在滞后 1 期之后立即趋于零。实际上，ACF 的这种逐渐减小有可能与包含随机趋势的序列相似。因此，将数据去除趋势不一定能得到平稳序列。图 4-4b 显示了实际 GDP 对数变换后的 ACF 和 PACF。其 ACF 和 PACF 很快收敛于零；在滞后 2 期之后，所有自回归系数和偏自回归系数并不是显著不为零的。实际 GDP 对数变换 ($\Delta lrgdp$) 的估计模型为

$$\Delta lrgdp_t = 0.0049 + 0.3706 \Delta lrgdp_{t-1}$$
$$(6.80) \quad (6.44)$$

与确定性趋势的模型不同，这个模型的残差看似白噪声。因此，差分已经足以除去它的趋势。

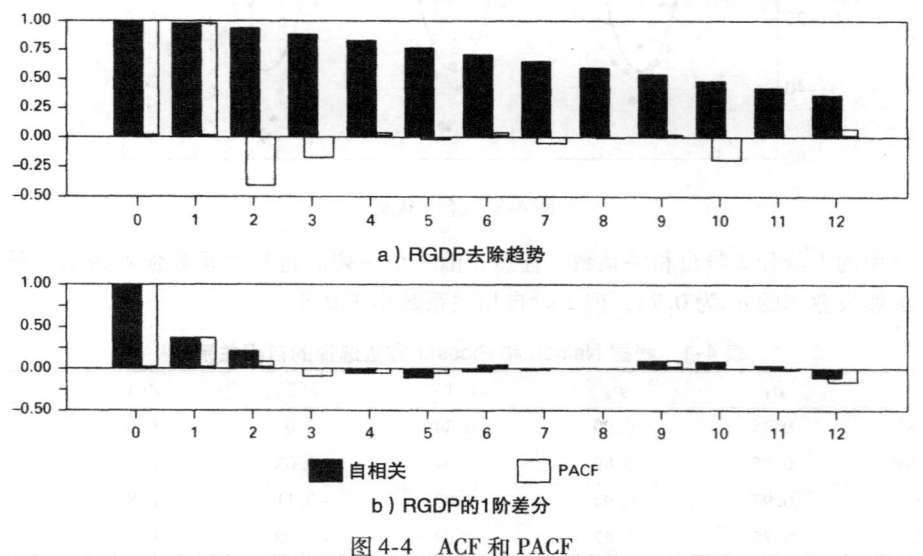

图 4-4 ACF 和 PACF

可以通过规范检验得知一个序列是否平稳，而非仅仅依赖分析相关图。将在下面几节中对这些检验进行讨论，而检验方法并非其看起来的那么简单。不能使用通常的检验方法，因为所有传统检验方法都假设数据平稳。此时，可以看到，Nelson 和 Plosser 不能拒绝单位根的原假设。但是，在讨论单位根检验之前，必须注意，非平稳性问题也会很快在标准回归模型的环境中出现。

## 4.3 单位根与回归残差

考察回归方程

$$y_t = a_0 + a_1 z_t + e_t \tag{4-12}$$

式中，符号 $e_t$ 是用来表明误差项可能是序列相关的。

古典回归模型满足以下假定：序列 $\{y_t\}$ 和 $\{z_t\}$ 都平稳，并且均值为零，方差恒定。在非平稳变量存在的情况下，就有可能出现 Granger 和 Newbold(1974) 所说的**伪回归现象**(spurious regression)。尽管伪回归的判断系数 $R^2$ 值很大，它的 $t$ 统计量也是显著的，但得到的结果为没有任何经济意义。因为最小二乘估计不满足一致性，也没有对结果进行通常的统计检验，所以回归结果"看上去不错"。对此，Granger 和 Newbold(1974) 提出了一个更具体的检验方法，用于检验违背平稳性假设的情况，其方法是使用如下的方程构建两个独立的随机游走序列 $\{y_t\}$ 和 $\{z_t\}$，即 $y_t$ 和 $z_t$ 分别为：

$$y_t = y_{t-1} + \varepsilon_{yt} \tag{4-13}$$

和

$$z_t = z_{t-1} + \varepsilon_{zt} \tag{4-14}$$

式中，$\varepsilon_{yt}$ 和 $\varepsilon_{zt}$ 是相互独立的白噪声过程。

Granger 和 Newbold 构造了许多这样的样本序列，并以式(4-12)的形式对每一个样本序列进行回归分析。因为序列 $\{y_t\}$ 和 $\{z_t\}$ 相互独立，所以，式(4-12)必定毫无意义，两个变量所体现的任何关系都带有欺骗性。更令人惊奇的是，在 5% 的显著水平下，有接近 75% 的可能性会拒绝 $a_1 = 0$ 的原假设。而且，回归结果的判断系数 $R^2$ 通常很大，其残差也呈现高度的序列自相关。

为便于解释 Granger 和 Newbold 的结论，请注意，如果残差序列 $\{e_t\}$ 非平稳，则用式(4-12)进行回归必定没有任何意义。如果序列 $\{e_t\}$ 含有随机趋势，则在某一时期 $t$ 内的任何误差都不会衰减，以至于模型中的离差是永久的。而过度重视具有永久性离差的经济模型是不妥当的。检验序列 $\{e_t\}$ 特性的最简单方法就是去掉式(4-12)中的截距项，将式(4-12)改写为

$$e_t = y_t - a_1 z_t$$

如果根据式(4-13)和式(4-14)构造 $y_t$ 和 $z_t$，则施加 $y_0 = z_0 = 0$ 的初始条件，得到

$$e_t = \sum_{i=1}^{t} \varepsilon_{yi} - a_1 \sum_{i=1}^{t} \varepsilon_{zi} \tag{4-15}$$

很显然，随着 $t$ 的增加，误差项的方差会变为无穷大，并且对于所有的 $i \geq 0$，$E_t e_{t-i} = e_t$，所以，误差中总有一个永久的成分。因为所有普通假设检验中的假定条件与事实相违背，所以，任何的 $t$ 检验、$F$ 检验和判断系数 $R^2$ 都是不可信的。现在，就容易明白为什么伪回归的残差具有高度的序列自相关。在改进后的式(4-15)中，可以证明随着 $t$ 的增加，$e_t$ 和 $e_{t+1}$ 之间的相关系数趋于 1。

即使 $a_1$ 的值为 0，假设我们估计式(4-12)并想检验原假设 $a_1 = 0$，从式(4-15)很显然地知道误差项是非常平稳的。因此，误差项具有单位根，过程的假设不符合采用 OLS 估计的数据分布理论的前提条件，即使在大样本情况下，这一问题仍然存在。事实上，Phillips(1986)证明，在大样本情况下，研究者更有可能得到 $a_1 \neq 0$ 的错误结论。

工作表 4-1 解释了伪回归的问题。上面的两幅图展示了根据式(4-13)和式(4-14)生成的序列 $\{y_t\}$ 和 $\{z_t\}$ 的 100 个观测值。虽然 $\{\varepsilon_{yt}\}$ 和 $\{\varepsilon_{zt}\}$ 服从白噪声分布，但对于两个序列而言，$y_{100}$ 的值为正，而 $z_{100}$ 的值为负。

## 工作表 4-1

### 伪回归事例 1

考虑两个随机游走过程(见图4-5a、b):

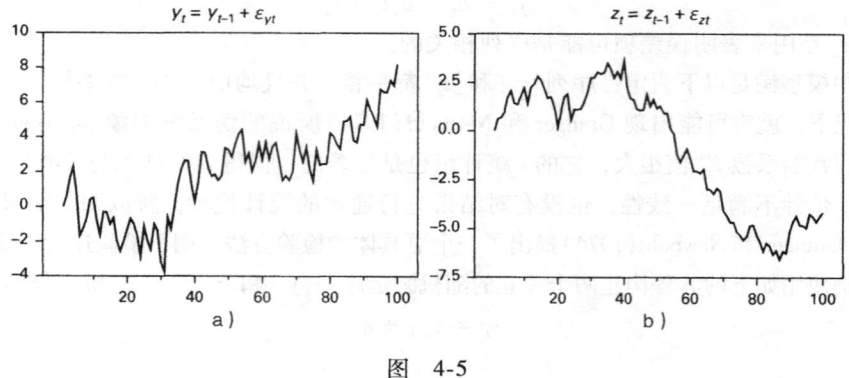

图 4-5

因为序列 $\{\varepsilon_{yt}\}$ 和 $\{\varepsilon_{zt}\}$ 独立,所以 $y_t$ 对 $z_t$ 的回归是伪回归。给定随机分布的实际值,它显示出两个序列好像是相关的。在 $y_t$ 与 $z_t$ 的散点图(图4-6a)中,可以看到 $y_t$ 有上升的趋势而 $z_t$ 有下降的趋势。$y_t$ 对 $z_t$ 的回归方程将捕获这一趋势,$y_t$ 与 $z_t$ 的相关系数为 $-0.69$,线性回归方程为 $y_t = 1.41 - 0.565 z_t$。但是,从回归方程得到的残差是非平稳的(见图4-6b)。

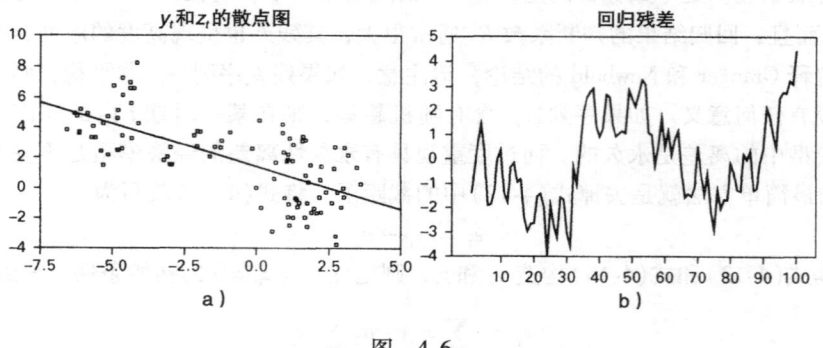

图 4-6

能够发现 $y_t$ 对 $z_t$ 的回归捕获了在样本区间内两个序列向相反方向移动的趋势。工作表4-1中散点图中的直线就是OLS得到的回归直线 $y_t = 1.41 - 0.565 z_t$,$\{y_t\}$ 和 $\{z_t\}$ 的相关系数为 $-0.69$,回归的残差具有单位根。正因为如此,系数 1.41 和 0.565 是不可信赖的。工作表4-2使用了两个带漂移的随机游走序列 $y_t = 0.2 + y_{t-1} + \varepsilon_{yt}$ 和 $z_t = -0.1 + z_{t-1} + \varepsilon_{zt}$ 阐述同一问题。漂移项起了决定作用,以至在 $t$ 较小时有 $y_t = -2z_t$,但随着样本数量的增加,所累积的误差(即 $\sum e_t$)将使 $y_t$ 和 $z_t$ 的关系距 $-2$ 的倍数越来越远。两个序列的散点图呈现出判断系数 $R^2$ 将接近于1。事实上,判断系数 $R^2$ 约为0.93。但是,正如在工作表4-2最后一幅图中所看到的那样,回归方程的残差是非平稳的,所有的偏离都是永久性的。

## 工作表 4-2

### 伪回归事例 2

考察两个带漂移的随机游走过程(见图 4-7a、b)

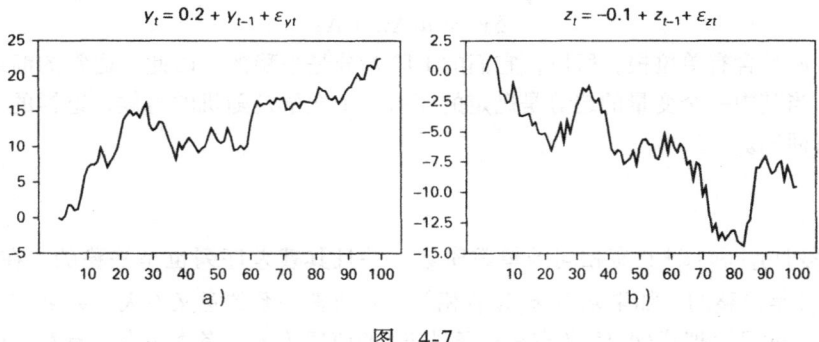

图 4-7

同样,序列 $\{\varepsilon_{yt}\}$ 和 $\{\varepsilon_{zt}\}$ 独立,所以,$y_t$ 对 $z_t$ 的回归是伪回归。$y_t$ 与 $z_t$ 的散点图(图 4-8a)充分显示两个序列是相关的,确定性时间趋势导致了 $y_t$ 持续上升和 $z_t$ 持续下降。从回归方程 $y_t = 6.38 - 0.10 z_t$ 得到的残差是非平稳的(见图 4-8b)。

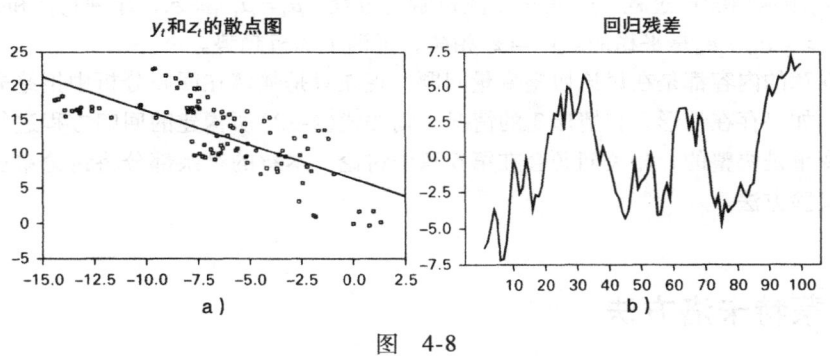

图 4-8

---

问题的关键是当涉及非平稳变量时,对它进行计量分析都必须非常谨慎。对于式(4-12),有四种情形需要考察。

### 情形 1

序列 $\{y_t\}$ 和 $\{z_t\}$ 都是平稳序列。当两者都平稳时,可以直接采用古典回归模型进行分析。

### 情形 2

序列 $\{y_t\}$ 和 $\{z_t\}$ 是阶数不同的单整序列。使用这些变量的回归方程没有任何意义,例如,把式(4-14)替换为一个平稳的过程 $z_t = \rho z_{t-1} + \varepsilon_{zt}$,其中 $|\rho| < 1$,而把式(4-15)替换为 $e_t = \sum \varepsilon_{yi} - a_1 \sum \rho^i \varepsilon_{zt-i}$,虽然表达式 $\sum \rho^i \varepsilon_{zt-i}$ 是收敛的,但序列 $\{e_t\}$ 仍然包含随机趋势成分。

### 情形 3

$\{y_t\}$ 和 $\{z_t\}$ 是非平稳的，并且它们具有相同的单整阶数，同时它们的残差序列包含随机趋势，这是伪回归的一种情况。伪回归结果是没有任何意义的，因为所有的误差都是永久性的。因此，在这种情况下，建议采用变量的 1 阶差分估计回归模型。考察式(4-12)的 1 阶差分

$$\Delta y_t = a_1 \Delta z_t + \Delta e_t$$

由于 $y_t$、$z_t$ 和 $e_t$ 都含有单位根，所以，它们的 1 阶差分是平稳的。因此，通常的渐近的结果是适用的。当然，当其中一个变量的趋势是确定的而另一个变量是随机的时候，这样的 1 阶差分方程同样不能进行回归。

### 情形 4

非平稳序列 $\{y_t\}$ 和 $\{z_t\}$ 具有相同的单整阶数，并且其残差序列也是平稳的。在这种情况下，序列 $\{y_t\}$ 和 $\{z_t\}$ 是协整的。如果 $\varepsilon_{zt}$ 和 $\varepsilon_{yt}$ 显著相关，则协整关系的意义不大。如果 $\varepsilon_{zt} = \varepsilon_{yt}$，那么当设定 $a_1 = 1$ 时，就可以把式(4-15)（在平稳条件下）的值置为零。考查一个更有意义的例子，假设序列 $\{y_t\}$ 和 $\{z_t\}$ 都满足随机游走过程

$$y_t = \mu_t + \varepsilon_{yt}$$
$$z_t = \mu_t + \varepsilon_{zt}$$

式中，$\varepsilon_{yt}$ 和 $\varepsilon_{zt}$ 服从白噪声过程，$\mu_t$ 是一个随机游走过程。$\mu_t = \mu_{t-1} + \varepsilon_t$，序列 $\{y_t\}$ 和 $\{z_t\}$ 都是 $I(1)$ 过程，但 $y_t - z_t = \varepsilon_{yt} - \varepsilon_{zt}$ 是平稳的。$y_t$ 与 $z_t$ 相减，抵消了随机趋势。

整个第 6 章的内容都是在讨论协整变量问题。现在只是强调在回归分析中拒绝非平稳变量是极其重要的。如果存在情形 2 和情形 3 的情况，则按式(4-12)所构建的回归方程进行估计是无意义的。如果变量是协整的，相关问题会在第 6 章中讨论。本章的剩余部分将讨论单位根和确定性时间趋势的检验方法。

## 4.4 蒙特卡洛方法

作为一个应用研究者，需要知道一个数据序列是否包含一个趋势以及对这个趋势进行估计的最好方法，同时也需要避免一些严重的错误。很显然，并不想对一个平稳的序列进行差分或对它去除趋势，而且，也不想对一个单位根过程去除趋势或者对一个趋势平稳过程进行差分。虽然样本相关图是判断是否存在单位根或确定性趋势的有效工具，但其方法本身是不准确的。对于同一观察结果，一些人认为存在明显的单位根，而另一些人可能认为序列是平稳的。出现这一问题的原因在于，对于一个接近单位根过程和一个含有趋势的过程，ACF 函数的相关图所展示的特征是相同的。一个平稳的 1 阶自回归 AR(1)（$\rho_1 = 0.95$）的相关图展现出缓慢衰减的特征，这也是一个非平稳过程的相关图所展示的特征。为了展现所得到的一些结论，假设已知一个序列遵循 1 阶自相关过程

$$y_t = a_1 y_{t-1} + \varepsilon_t \tag{4-16}$$

式中，误差项 $\varepsilon_t$ 服从白噪声过程。

现在，考虑检验 $a_1 = 0$ 的原假设。在 $a_1 = 0$ 的原假设下，采用 OLS 对式(4-16)进行回归，因为 $\varepsilon_t$ 是白噪声，并且 $|a_1| < 1$，因而保证了序列 $\{y_t\}$ 平稳，所以，$a_1$ 的估计值是有意义的。因为要计算 $a_1$ 的标准差，所以，可以采用 $t$ 检验确定 $a_1$ 是否显著不为零。

如果想检验 $a_1 = 1$ 的原假设，情况就大不相同了。在这个原假设下，序列 $\{y_t\}$ 是由非平稳过程

$$y_t = y_0 + \sum_{i=1}^{t} \varepsilon_i \qquad (4\text{-}17)$$

生成的。因此，如果 $a_1 = 1$，那么随着 $t$ 的增加，方差趋于无穷大。在原假设下，使用传统的统计方法估计系数 $a_1$ 并对其进行显著性检验是不妥当的。如果序列 $\{y_t\}$ 是按照式(4-17)生成的，那么对式(4-16)用 OLS 估计法进行回归，将得到 $a_1$ 的一个有偏估计。在 4.1 节的讨论中，指出了随机游走模型的 1 阶自回归系数为

$$\rho_1 = [(t-1)/t]^{0.5} < 1$$

因为 $a_1$ 的估计值直接与 $\rho_1$ 相关，所以，$a_1$ 的估计值将偏离并低于其实际值。被估计模型类似于具有接近单位根的平稳的 1 阶 AR(1) 过程。因此，一般的 $t$ 检验无法用于检验 $a_1 = 1$ 的假设。

图 4-9 是一个模拟随机游走过程的样本相关图。获得了 100 个服从正态分布的随机离差值，以便模拟 $\varepsilon_t$ 的白噪声过程。假定 $y_0 = 0$，根据方程 $y_t = y_{t-1} + \varepsilon_t$，能够计算出序列 $\{y_t\}$ 在 $y_0$ 以后的 100 个 $y_t$ 值。因此，作出的相关图的特征与根据非平稳序列数据作出的相关图具有相同的特征。$\rho_1$ 的估计值接近于 1，且样本的自相关性缓慢衰减。如果不清楚数据是怎样生成的，根据图 4-10 显示的特征就可能得出数据是依平稳过程而生成的错误结论。使用这些数据，分别对不含截距项和含有截距项的 1 阶 AR(1) 模型进行估计，得到的估计方程分别为

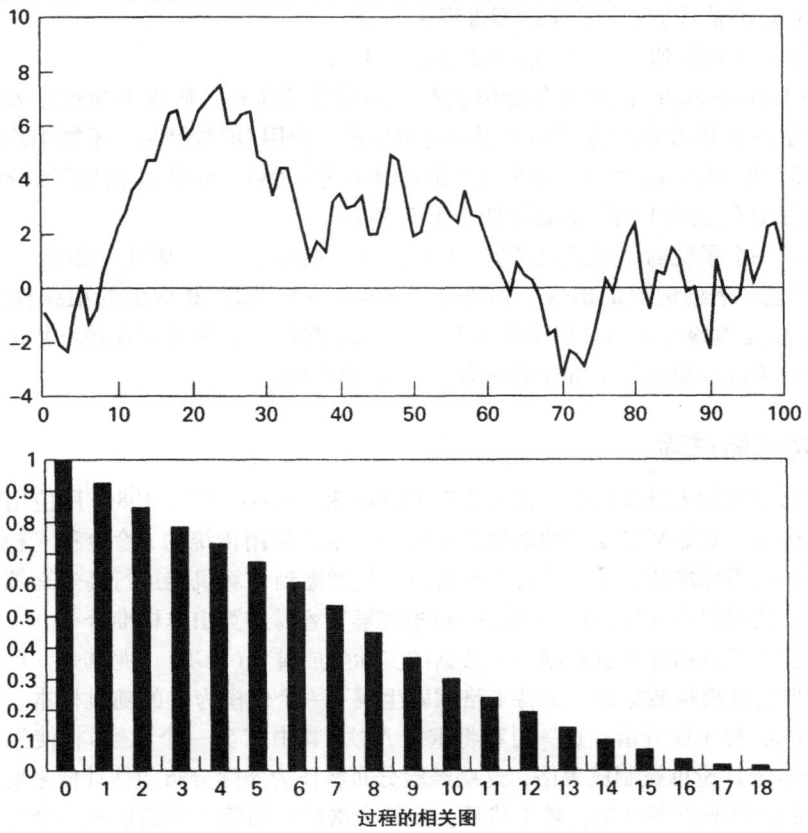

图 4-9  模拟的随机游走过程

$$y_t = 0.9546 y_{t-1} + \varepsilon_t \qquad R^2 = 0.860 \qquad (4\text{-}18)$$
$$(0.030)$$

$$y_t = 0.164 + 0.9247 y_{t-1} + \varepsilon_t \quad R^2 = 0.864 \qquad (4\text{-}19)$$
$$(0.037)$$

其中，括号内的值为标准差。

分析式(4-18)，任何一位谨慎的研究者都不会排除单位根存在的可能性。因为 $a_1$ 的估计量偏离 1 的标准差仅为 $(1-0.9546)/0.30=1.5133$，所以，在存在一个单位根的原假设下，可以准确地识别出 $a_1$ 的估计值向比 1 小的方向偏离。如果知道在单位根的原假设下 $a_1$ 的实际分布状况，那么，就可以对其显著性进行检验。当然，如果不知道数据序列的实际生成过程，则可以估计带有截距项的模型。式(4-19)中，$a_1$ 的估计量偏离 1 多于 2 个标准差，即 $(1-0.9247)/0.037=2.035$，但并不能根据这一信息拒绝单位根的原假设。从本质上讲，本节的要点是想说明用 $t$ 检验对单位根的原假设进行检验是不恰当的。

所幸的是，Dickey 和 Fuller(1979，1981)设计了一种检验单位根的方法。他们的方法近似于用逻辑顺序排列图 4-10 给出的数据。假定获取了成千个随机游走过程，对于每个过程都估计出 $a_1$ 的值，虽然大多数估计值接近于 1，但也有一些估计值与 1 有较大的偏离。为了进行这一检验，在存在截距项的情况下，Dickey 和 Fuller 发现：

- 90% 的 $a_1$ 的估计值，偏离 1 的标准误差为 2.58。
- 95% 的 $a_1$ 的估计值，偏离 1 的标准误差为 2.89。
- 99% 的 $a_1$ 的估计值，偏离 1 的标准误差为 3.51。

应用这些 Dickey-Fuller 的临界值能够直截了当地检验单位根。假设不知道序列实际的生成过程，并试图确定图 4-10 中的数据序列是否具有单位根，应用 DF 统计量，不能拒绝式(4-19)中存在单位根的原假设，因为 $a_1$ 的估计值偏离 1 的标准差为 2.035。如果 $a_1$ 的实际值不等于 1，应该得到它 90% 的估计值偏离 1 的标准差可能小于 2.58。

应当清楚，一个平稳的序列必须满足 $-1<a_1<1$，或者 $a_1^2<1$。因此，如果 $a_1$ 的估计值接近 $-1$，就应当注意非平稳情况的出现。如果定义 $\gamma=a_1-1$，则其相应的约束条件为 $-2<\gamma<0$。DF 检验的核心就是检验 $\gamma$ 的估计值是否显著大于 $-2$。然而，这种情况在经济数据中很少见。因此，几乎所有的单位根检验都是备择假设为 $\gamma<0$ 的单侧检验。

### 4.4.1 蒙特卡洛试验

在现代时间序列的大量文献中，都会含有 Dickey 和 Fuller(1979，1981)所使用的获取临界值的模拟方法的内容。对非平稳变量的系数假设检验，不能采用传统的 $t$ 检验和 $F$ 检验。恰当的检验统计量的分布是不标准的，并且没有分析价值。但考虑到计算机能进行高速运算，几乎没有时间成本，因此，使用蒙特卡洛(Monte-Carlo)模拟能够很容易推算出非标准分布。

蒙特卡洛模拟尝试用计算机复制一个数据的实际生成过程(DGP)，尤其是，可以根据问题中实际数据的重要特征模拟数据集。蒙特卡洛试验生成了一个规模为 $T$ 的随机样本，并能够计算出重要的参数和(或)样本统计值。这一过程将重复 $N$ 次(其中 $N$ 为一个大数)，使想要得到的参数分布和(或)样本统计量可被制成表格，这些经验分布将作为实际分布的估计值来使用。

所有主要的统计软件都有随机数生成器。蒙特卡洛试验的第 1 步是根据一个给定的分布，用计算机构造一系列随机数(有时也称伪随机数)。当然，数值并不是完全随机，这是因为所有的计算机算法依赖于确定性的数字生成机制。但是，这些数值可模拟具有某种特定分布的随机过程。通常,这些数被设计为服从正态分布,并且序列不相关,它的基本思想是用这些数表示整个序列$\{\varepsilon_t\}$。

第 2 步是使用这些参数、初始条件和随机数构造序列$\{y_t\}$。例如,Dickey 和 Fuller(1979,1981)获取了$\{\varepsilon_t\}$的 100 个数值,然后,设$a_1=1$,$y_0=0$,并根据式(4-16)计算出序列$\{y_t\}$的 100 个值。一旦生成序列,第 3 步就是估计重要参数(如对$a_1$的估计或序列$\{y_t\}$的样本方差)。

对于研究者而言,这一方法的精妙之处在于,关于生成序列$\{y_t\}$的所有重要因素都是已知的。正因为如此,蒙特卡洛模拟常常被认为是一个"试验"。唯一的问题是获得的一系列随机数集仅是可能结果中的一种。显然,式(4-18)和式(4-19)的估计依赖于已模拟的序列$\{\varepsilon_t\}$,不同的序列$\{\varepsilon_t\}$将得到不同的模拟序列$\{y_t\}$。

这就是蒙特卡洛方法需要对上述过程进行多次重复的原因。第 4 步要上千次地重复步骤 1 到步骤 3,其目的在于确保所生成的序列$\{y_t\}$的统计特征与其实际分布相一致。因此,对于每一次重复,都应该列出重要参数,并获取临界值(或置信区间)。只有这样,需要研究的数据序列的特征才能与模拟数据序列的特征相比较,从而才能进行假设检验。

目的在于充分说明蒙特卡洛方法的使用是以大数定理作为依据的。下面考察一个最简单的形式,其中,$v_t$是服从独立同分布(i.i.d)的随机数,均值为$\mu$,标准差为$\sigma^2$,即

$$v_t \sim (\mu, \sigma^2)$$

用序列$\{v_t\}$的 $T$ 个观测值构造的样本均值为

$$\bar{v} = \left(\frac{1}{T}\right)\sum_{t=1}^{T} v_t$$

根据大数定理,当样本容量 $T$ 增加到足够大时,$\bar{v}$趋近于实际的均值$\mu$。因此,样本均值是它的实际均值的无偏估计,这就是使用 DF 临界值检验假设$a_1=1$的依据。此外,如果抽取的样本是独立的,并且样本容量 $T$ 足够大,则$\bar{v}$的分布接近均值为$\mu$,方差为$\sigma^2/T$的正态分布。

蒙特卡洛试验的一个约束条件是,对于生成模拟数据的假设条件,其结果是特定的。如果改变样本容量,在数据生成过程中增加(或删除)一个额外参数,或其他初始条件,则需要重新进行模拟。而且,估计的准确性取决于进行重复的次数,通常不需要太多次重复获得一个较好的总体均值估计,但是,有必要进行成千上万次重复来获得精确的临界值。即便如此,也应该能够想象出蒙特卡洛试验的诸多应用。正如在 Hendry,Neale 和 Ericsson(1990)的研究中所指出那样,这一方法对研究小样本特征的时间序列数据尤其有效。正如将看到的,蒙特卡洛试验将广泛应用于现代时间序列分析中的许多检验过程。

## 4.4.2 蒙特卡洛方法的实例

假设不清楚两个骰子点数之和分布的可能情况,计算其可能分布的一种方法是买一对骰子并将它们投掷几千次。如果骰子没有问题,将发现其点数之和的分布接近如下结果。

| 和 | 2 | 3 | 4 | 5 | 6 | 7 | 8 | 9 | 10 | 11 | 12 |
|---|---|---|---|---|---|---|---|---|---|---|---|
| 概率 | $\frac{1}{36}$ | $\frac{2}{36}$ | $\frac{3}{36}$ | $\frac{4}{36}$ | $\frac{5}{36}$ | $\frac{6}{36}$ | $\frac{5}{36}$ | $\frac{4}{36}$ | $\frac{3}{36}$ | $\frac{2}{36}$ | $\frac{1}{36}$ |

不需要实际去掷骰子,可以用电脑轻松地重复这一试验,在均匀分布[0,1]中抽取一个随机数复制第一个骰子的点数,如果电脑生成的数值落在[0,1/6]区间内,令变量$r_1=1$。类似地,如果数值落在[1/6,2/6]区间内,令$r_1=2$,如此类推。这样,$r_1$将是 1 至 6 中的某一整数,其出现的概率为 1/6。下一步,从同一个均匀[0,1]分布抽取第二个数值,用其表示第二个骰子的点数($r_2$)。通过计算$r_1+r_2$的和,完成了第一个蒙特卡洛复制。如果获得几千个这样的点数和值,

则点数之和的样本分布将近似于实际的分布。

当然，有可能出现更复杂的重复试验。有趣的是这一方法被用于改进 21 点扑克牌桌上标准玩法。曾经有过这样的建议，如果对手出示了一个 2 或一个 3，并且持有一个 12，其建议就是"跟"。21 点扑克牌游戏的蒙特卡洛试验显示这一建议不正确。现在，一个内行的玩家将在这种情况下拿另一张牌。

### 4.4.3 构造 DF 分布

仅仅需要简单地修正上述过程就可以得到 Dickey 和 Fuller(1979) 的分布。为了生成样本容量为 100 的分布，可以遵循如下的步骤。

**第 1 步**：首先，需要一个随机数集来代表序列 $\{\varepsilon_t\}$。如果使用通常的假设，则可以从一个标准正态分布中获取 100 个随机数的集合。当然，蒙特卡洛方法也允许用其他的分布进行试验。

**第 2 步**：需要构造序列 $y_t = y_{t-1} + \varepsilon_t$。注意，需要初始化 $y_0$，即使获得了 $\varepsilon_1$ 的值，在没有设置 $y_0$ 时，也无法构造 $y_1$。但是，不希望这一结果受到所选择的序列初始值的影响。两种有微小差异的方法可用于消除初始条件对蒙特卡洛结果产生的影响。首先，可以将 $y_0$ 的初始值设定为序列 $\{y_t\}$ 的无条件均值；或者，假设想要构造序列 $\{y_t\}$ 的 $T$ 个值，则可以筛选 $y_0$ 的初始条件，并生成紧接着的 $T+50$ 个观测值，丢弃前 50 个值只使用后面的 $T$ 个值，其思想就是初始条件的影响将会在 50 期后消减。

**第 3 步**：需要在备择假设的前提下估计模型。同样地，估计 $\Delta y_t = a_0 + \gamma y_{t-1} + \varepsilon_t$ 的方程式，获得原假设 $\gamma = 0$ 的 $t$ 统计量。注意，数据是在单位根的原假设下生成的，而估计是在备择假设条件下估计的。

**第 4 步**：重复进行第 1 步至第 3 步 10 000 次，或者更多。如果使用的是诸如 $T = 100$ 的样本容量，则应该获得类似于图 4-10 所示的 Dickey-Fuller 的 $\tau_\mu$ 分布。当然，不会得到图中所使用的确切数值，因为所使用的随机数集合并不相同。

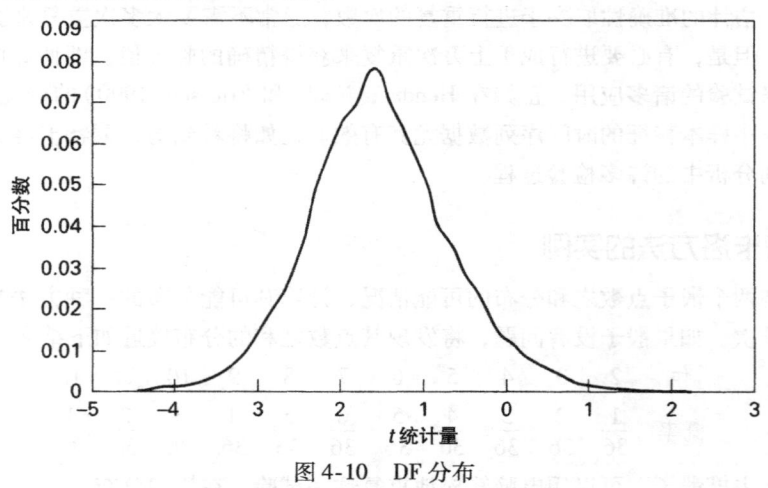

图 4-10　DF 分布

图 4-10 中所使用的数据重复了 10 000 次。追加重复一次将得到一个更平滑的概率分布。正如所期的，分布的均值远小于零。在图中 $t$ 统计量的均值为 $-1.53$，原假设 $\gamma = 0$ 的 $t$ 分布与 Dickey 和 Fuller 所得到的值仅仅存在微小的差异。大于 $-2.89$ 的可能性约为 95%，大于 $-3.51$ 的可能性约为 99%。因此，如果以 $\Delta y_t = a_0 + \gamma y_{t-1} + \varepsilon_t$ 的形式估计模型，并发现原假设 $\gamma = 0$ 的 $t$ 统计

量为 $-3.00$，则可以在5%的显著水平下，拒绝存在单位根的原假设，但在1%的显著水平下，不能拒绝原假设。贯穿本书，会遇到蒙特卡洛方法在其他方面的大量运用。这种方法的具体细节将在补充手册4.3和编程指南中进行讨论。

## 4.5 DF 检验

上一节略述了在确定模型 $y_t = a_1 y_{t-1} + \varepsilon_t$ 中的 $a_1 = 1$ 是否成立的一种简要方法。方程两边都减去 $y_{t-1}$ 后，变为 $\Delta y_t = \gamma y_{t-1} + \varepsilon_t$，其中，$\gamma = a_1 - 1$。当然，检验假设 $a_1 = 1$ 等价于检验假设 $\gamma = 0$。Dickey 和 Fuller(1979)考察了用于检验单位根的三个不同的回归方程式，即

$$\Delta y_t = \gamma y_{t-1} + \varepsilon_t \tag{4-20}$$

$$\Delta y_t = a_0 + \gamma y_{t-1} + \varepsilon_t \tag{4-21}$$

$$\Delta y_t = a_0 + \gamma y_{t-1} + a_2 t + \varepsilon_t \tag{4-22}$$

三个回归方程的差异在于是否存在确定性回归项 $a_0$ 和 $a_2 t$。原假设为 $\gamma = 0$，第一个方程是纯粹的随机游走模型，第二个方程增加了截距项，第三个方程包括了截距项和时间趋势。

在所有回归方程中，感兴趣的参数是 $\gamma$。如果 $\gamma = 0$，则序列 $y_t$ 含有单位根。检验包括用 OLS 方法估计上述的一个或多个方程，以获得 $\gamma$ 的估计值和标准差，通过对比 DF 表中的临界值与 $t$ 统计量就可以确定接受或拒绝 $\gamma = 0$ 的原假设。

回想式(4-18)对 $y_t = a_1 y_{t-1} + \varepsilon_t$ 的估计结果是 $a_1 = 0.9546$，标准差为 $0.030$。很显然，用 OLS 对 $\Delta y_t = \gamma y_{t-1} + \varepsilon_t$ 进行回归，可以得到 $\gamma$ 估计值为 $-0.0454$，标准差同样为 $0.030$。对假设 $\gamma = 0$ 进行检验的 $t$ 统计量值为 $-1.5133$ $\left( \dfrac{-0.0454}{0.03} = -1.5133 \right)$。

无论对三个方程中的哪一个进行估计，其方法都是一样的。但必须清楚，$t$ 统计量的临界值取决于回归方程中是否包含截距项或时间趋势。在对蒙特卡洛试验的研究过程中，Dickey 和 Fuller(1979)发现 $\gamma = 0$ 的临界值取决于回归方程的形式及其样本容量。标记为 $\tau$、$\tau_\mu$ 和 $\tau_\tau$ 的统计量可分别作为式(4-20)、式(4-21)和式(4-22)的恰当统计量。

现在，观察补充手册中的表 A <sup>㊀</sup>，对于100个样本的观测值，其假设 $\gamma = 0$ 的 $t$ 统计量有三个不同的临界值与之对应。在没有截距项和趋势项($a_0 = a_2 = 0$)的回归方程中，采用本节的标记符号 $\tau$ 表示 $t$ 统计量。根据100个样本观测值，在10%、5%和1%的置信水平下，$t$ 统计量的临界值分别为 $-1.61$、$-1.95$ 和 $-2.06$。因此，在 $\gamma = -0.0454$，标准差为 $0.03$(即 $t = -1.5133$)的例子中，在通常的显著水平下，不能拒绝存在单位根的原假设。同时要明确，恰当的临界值取决于样本容量。在大多数假设检验中，在给定的显著水平下，$t$ 统计量的临界值随着样本容量的扩大而减小。

为了区分临界值，对于有截距项而无趋势项的方程($a_2 = 0$)，在本节中用 $\tau_\mu$ 表示 $t$ 统计量。以 $\Delta y_t = a_0 + \gamma y_{t-1} + \varepsilon_t$ 的形式估计式(4-19)，得到 $\gamma$ 的估计值为 $(0.9247 - 1) = -0.0753$，标准差为 $0.037$，据此计算的统计量 $\tau_\mu$ 的值为 $\dfrac{-0.0753}{0.037} = -2.035$。在相同的100个观测值组成的样本中，在表 A 的相应行看到，在10%、5%和1%的显著水平下的临界值分别为 $-2.58$、$-2.89$ 和 $-3.51$。因此，在通常的显著水平下，同样无法拒绝存在单位根的原假设。最后，在包含截距项和

---

㊀ 表 A 以及表 B、表 C、表 E、表 F，可见于补充手册，网址：Wiley.com/College/Enders or to time-series.net。

趋势项的方程中，使用 $\tau_\tau$ 的临界值，在 5% 和 1% 的显著水平下，临界值分别为 −3.45 和 −4.04。方程中没有含时间趋势，图 4-10 表明，在估计方程中加入一个确定性趋势项是不合理的。

在 4.7 节将要讨论，即使采用式(4-23)、式(4-24) 和式(4-25) 所表述的自回归过程，

$$\Delta y_t = \gamma y_{t-1} + \sum_{i=2}^{p} \beta_i \Delta y_{t-i+1} + \varepsilon_t \tag{4-23}$$

$$\Delta y_t = a_0 + \gamma y_{t-1} + \sum_{i=2}^{p} \beta_i \Delta y_{t-i+1} + \varepsilon_t \tag{4-24}$$

$$\Delta y_t = a_0 + \gamma y_{t-1} + a_2 t + \sum_{i=2}^{p} \beta_i \Delta y_{t-i+1} + \varepsilon_t \tag{4-25}$$

分别替换式(4-20)、式(4-21)、式(4-22)，但它们对应的临界值仍然相同。

涉及滞后变量的检验叫**扩展的 DF 检验**（augmented DF tests，ADF）。同样的统计量 $\tau$、$\tau_\mu$ 和 $\tau_\tau$ 用于检验假设 $\gamma = 0$。Dickey 和 Fuller(1981) 增加了三个 F 统计量（$\phi_1$、$\phi_2$ 和 $\phi_3$），用于检验系数的联合(joint)假设。在式(4-21) 或式(4-24) 中，使用统计量 $\phi_1$ 对假设 $\gamma = a_0 = 0$ 进行检验。因为在回归方程中包含了一个时间趋势，所以在估计式(4-22) 或式(4-25) 时，用统计量 $\phi_2$ 对联合假设 $a_0 = \gamma = a_2 = 0$ 的约束条件进行检验，而用统计量 $\phi_3$ 对联合假设 $\gamma = a_2 = 0$ 进行检验。

根据 F 统计量的一般计算方法，构造统计量 $\phi_1$、$\phi_2$ 和 $\phi_3$ 为

$$\phi_i = \frac{\dfrac{SSR(约束) - SSR(无约束)}{r}}{\dfrac{SSR(无约束)}{T-k}}$$

式中　$SSR(约束)$ 和 $SSR(无约束)$——分别为有约束和无约束的残差平方和；
　　　　$r$——约束条件数；
　　　　$T$——有效样本观测个数；
　　　　$k$——无约束模型中待估计参数的个数。

因此，$T-k$ 为无约束条件模型中的自由度。

将 $\phi_i$ 的计算值与 Dickey 和 Fuller(1981) 所计算出的 DF 表中的结果进行相应的比较，就可以决定约束条件能起到作用时的显著水平。原假设为根据约束模型生成数据，备择假设为根据无约束模型生成数据。如果约束条件没有限制作用，则 $SSR(约束)$ 应该很接近 $SSR(无约束)$，而且 $\phi_i$ 会非常小。因此，较大的 $\phi_i$ 值意味着约束条件起作用，并拒绝原假设。因此，如果 $\phi_i$ 的计算结果比 DF 表中的对应值小，则可以接受约束模型(即，不拒绝约束条件不起作用的原假设)。如果 $\phi_i$ 的计算值比 DF 表中的对应值大，则可以拒绝原假设并认为约束条件是有作用的。$\phi_i$ 的三个统计量的临界值在本书补充手册的表 B 中。表 4-2 给出了样本规模为 100 个观测值的检验统计量及其对应的临界值。

表 4-2　DF 检验的摘要

| 模型 | 假设 | 检验统计量 | 置信度为 95% 和 99% 的临界值 |
|---|---|---|---|
| $\Delta y_t = a_0 + \gamma y_{t-1} + a_2 t + \varepsilon_t$ | $\gamma = 0$ | $\tau_\tau$ | −3.45 和 −4.04 |
| | $\gamma = a_2 = 0$ | $\phi_3$ | 6.49 和 8.73 |
| | $a_0 = \gamma = a_2 = 0$ | $\phi_2$ | 4.88 和 6.50 |
| $\Delta y_t = a_0 + \gamma y_{t-1} + \varepsilon_t$ | $\gamma = 0$ | $\tau_\mu$ | −2.89 和 −3.51 |
| | $a_0 = \gamma = 0$ | $\phi_1$ | 4.71 和 6.70 |
| $\Delta y_t = \gamma y_{t-1} + \varepsilon_t$ | $\gamma = 0$ | $\tau$ | −1.95 和 −2.60 |

注：各值是样本规模为 100 的情况下的临界值。

## 实例

为了阐述各个统计量的使用方法，Dickey 和 Fuller(1981)使用联邦储备委员会公布的1950年第1季度至1977年第4季度的季度产出指数的对数值估计出了以下三个方程式

$$\Delta y_t = \underset{(0.51)}{0.52} + \underset{(0.000\,34)}{0.001\,20t} - \underset{(0.033)}{0.119 y_{t-1}} + \underset{(0.081)}{0.498 \Delta y_{t-1}} + \varepsilon_t \qquad \text{SSR} = 0.056\,448 \qquad (4\text{-}26)$$

$$\Delta y_t = \underset{(0.002\,5)}{0.005\,4} + \underset{(0.083)}{0.447 \Delta y_{t-1}} + \varepsilon_t \qquad \text{SSR} = 0.063\,211 \qquad (4\text{-}27)$$

$$\Delta y_t = \underset{(0.079)}{0.511 \Delta y_{t-1}} + \varepsilon_t \qquad \text{SSR} = 0.065\,966 \qquad (4\text{-}28)$$

式中，SSR 为残差平方和；括号内的值为标准差。

使用 $\phi_2$ 统计量检验原假设的数据是根据式(4-28)生成的，而不是看似"正确"的备择假设式(4-26)生成的。Dickey 和 Fuller 对原假设 $a_0 = a_2 = \gamma = 0$ 的检验结果如下，约束模型和无约束模型的残差平方和分别为 0.065 966 和 0.056 448，并且原假设包括了三个约束条件。在有 110 个有效观测值和 4 个估计参数的情况下，无约束模型的自由度为 106。因为 0.056 448/106 = 0.000 533，所以统计量 $\phi_2$ 为

$$\phi_2 = \frac{0.065\,966 - 0.056\,448}{3(0.000\,533)} = 5.95$$

在有 110 个观测值的情况下，在 2.5% 的显著水平下，Dickey 和 Fuller 所计算的 $\phi_2$ 的临界值为 5.59。因此，可以拒绝数据服从随机游走过程的原假设，从而接受备择假设，即数据包含一个截距项、单位根或者时间趋势(即拒绝 $a_0 = a_2 = \gamma = 0$ 的原假设就意味着在它们当中至少有一个参数不为零)。

Dickey 和 Fuller 同样检验了由式(4-26)给定的另一个原假设 $a_2 = \gamma = 0$。现在，如果把式(4-27)看作约束模型而把式(4-26)看作无约束模型，则统计量 $\phi_3$ 为

$$\phi_3 = \frac{0.063\,211 - 0.056\,448}{2(0.000\,533)} = 6.34$$

在 110 个观测值的情况下，5% 显著水平下 $\phi_3$ 的临界值为 6.49，在 10% 的显著水平下为 5.47。在 10% 的显著水平下，DF 统计量拒绝原假设，接受序列是趋势平稳的备择假设。但在 5% 的显著水平下，$\phi_3$ 的统计量比临界值小，在这个显著水平下，不能拒绝原假设，即数据包含单位根和(或)确定性时间趋势。

为了与 $\tau_\tau$ 检验相比较(即假设仅为 $\gamma = 0$)，请注意

$$\tau_\tau = \frac{-0.119}{0.033} = -3.61$$

在 5% 的水平上拒绝存在单位根的原假设。

更多的例子和练习可以在编程手册第 6 章查看。

## 4.6 DF 检验实例

4.2 节回顾了 Nelson 和 Plosser(1982)的研究结果，他们认为宏观经济变量是差分平稳而不是趋势平稳。现在来讨论他们对假设的规范检验。对于所研究的每个序列，Nelson 和 Plosser 进行估计的回归方程都为

$$\Delta y_t = a_0 + \gamma y_{t-1} + a_2 t + \sum_{i=2}^{p} \beta_i \Delta y_{t-i+1} + \varepsilon_t$$

表 4-3 中的 $p$ 列为滞后期，第 3、4 和 5 列分别是 $a_0$、$a_2$ 和 $\gamma$ 的估计值。

**表 4-3　Nelson 和 Plosser 对单位根的检验结果**

| | $p$ | $a_0$ | $a_2$ | $\gamma$ | $\gamma+1$ |
|---|---|---|---|---|---|
| 实际 GNP | 2 | 0.819 (3.03) | 0.006 (3.03) | −0.175 (−2.99) | 0.825 |
| 名义 GNP | 2 | 1.06 (2.37) | 0.006 (2.34) | −0.101 (−2.32) | 0.899 |
| 工业产出 | 6 | 0.103 (4.32) | 0.007 (2.44) | −0.165 (−2.53) | 0.835 |
| 失业率 | 4 | 0.513 (2.81) | −0.000 (−0.23) | −0.294* (−3.55) | 0.706 |

注：1. $p$ 为滞后期的长度。圆括号中的值为系数除以它的标准差，因此，圆括号中的数值代表原假设的系数是否等于零的 $t$ 统计量。在非平稳的原假设下，需要使用 DF 临界值。在 5% 的显著水平下，$t$ 统计量的临界值为 −3.45。

2. *表示显著水平为 5%。对于实际和名义 GNP 以及工业产出，在 5% 的水平上，不可能拒绝 $\gamma = 0$ 的原假设。因此，失业率近似平稳过程。

3. 表达式 $\gamma+1$ 是 $a_1$ 的估计值。

回顾一下关于经济周期的传统看法，传统理论认为 GNP 和产出是趋势平稳而不是差分平稳。这一观点的支持者必然会支持 $\gamma$ 显著不为零，如果 $\gamma=0$，则序列存在单位根，它是差分平稳的。给定 Nelson 和 Plosser(1982) 所使用的样本容量，在 5% 的显著水平下，原假设 $\gamma=0$ 的 $t$ 统计量的临界值为 −3.45。因此，只有 $\gamma$ 估计值的误差超过相对于零的 3.45 个标准离差，采有可能拒绝 $\gamma=0$ 的原假设。正如可以从表 4-3 中所看到的，对于实际的 GNP、名义的 GNP 和工业产出的 $\gamma$ 的估计值并不是显著不为零的，只有失业率的 $\gamma$ 的估计值在 5% 的水平上显著不为零。

### 4.6.1　美国实际季度 GDP

使用文件 RGDP.XLS 中的数据，估计实际 GDP 对数变化趋势得到结果为

$$\Delta lrgdp_t = 0.1248 + 0.0001t - 0.0156 lrgdp_{t-1} + 0.3663 \Delta lrgdp_{t-1} \quad (4-29)$$
$$(1.58) \quad (1.31) \quad (-1.49) \quad (6.26)$$

$lrgdp_{t-1}$ 系数的 $t$ 统计量为 −1.49。补充手册表 A 显示，在有效观测值的个数为 244 时，在 10% 和 5% 显著水平下，$\tau_\tau$ 的临界值分别为 −3.13 和 −3.43。因此，不能拒绝存在单位根的原假设。原假设 $\gamma = a_2 = 0$ 的 $\phi_3$ 统计量的样本值为 2.97。由于表 B 中显示，在 10% 的显著水平下，临界值为 5.39，所以，不能拒绝存在单位根且非确定性时间趋势的联合假设。$\phi_2$ 统计量的样本值为 17.61，远大于 5% 显著水平下的临界值 4.75。因此，实际 GDP 序列的增长率呈现为一个带漂移和不规则项 $0.3663 \Delta lrgdp_{t-1}$ 的随机游走过程。详细信息见补充手册 4.4 节。

### 4.6.2　单位根与购买力平价

购买力平价(PPP)是将国内物价水平和汇率相联系的一个简单关系。在最简单的形式中，购买力平价理论认为，货币的贬值率近似等于国内和国外通货膨胀率的差额，如果 $p_t$ 和 $p_t^*$ 分别表示美国和外国价格水平的对数，$e_t$ 表示外汇的美元价格的对数，则 PPP 为

$$e_t = p_t - p_t^* + d_t$$

式中，$d_t$ 表示 $t$ 期相对于 PPP 的偏差。

在实际应用中，$p_t$ 和 $p_t^*$ 通常指一个财政年度即 $t$ 期内的国内价格指数，所以，$e_t$ 指相对于基年的外汇的本国货币价格指数。例如，如果美国的通货膨胀率为 10%，而外国通货膨胀率为 15%，则外国货币的美元价格将下跌近 5%，同时因考虑到短期的偏离加入了偏差项 $d_t$。

由于其简洁并易于理解，PPP 被广泛应用于汇率决定的理论模型中。但是，正如在熟知的 Dornbusch(1976)的"超调模型"中所讨论的，真正的经济冲击，如产出或需求冲击，能引起汇率相对于 PPP 的永久偏离。PPP 理论可以作为一个很好的工具，说明时间序列的许多检验过程。长期购买力平价的检验，就是为了确定 $d_t$ 是否平稳。毕竟，若相对于购买力平价的偏差非平稳（如果偏差在实质上是永久的），则可以拒绝这一理论。请注意，购买力平价考虑了永久的离差，序列 $\{d_t\}$ 的自相关系数不必为零。一种常用的检验方法是把 $t$ 期的"实际"汇率定义为

$$r_t \equiv e_t + p_t^* - p_t$$

如果序列 $\{r_t\}$ 是平稳的，则长期购买力平价成立。例如，在 Enders(1988)的研究中，构造了美国的主要三个贸易伙伴（德国、加拿大和日本）的实际汇率。数据分为两个时段：1960 年 1 月至 1971 年 4 月（固定汇率时期）和 1973 年 1 月至 1986 年 11 月（浮动汇率时期）。用各国的物价批发指数（WPI）乘以外汇的美元价格指数，再除以美国的物价批发指数（WPI），再取其对数形式则得到序列 $\{r_t\}$。

在任何经济分析中，第一步就是直观地观察数据。图 4-11 展示了在浮动汇率时期三个实际汇率序列的散点图。每个序列都呈现出显著的随机游走的形态特征。请注意，几乎不存在急剧的变化或确定性时间趋势的形象化证据。在分析中的所有序列的自相关函数看上去类似于图 4-9 所展示的自相关函数。特别值得注意的，自相关函数显示其衰减幅度很小，而 1 阶差分的相关系数展现了平稳序列的典型特征。

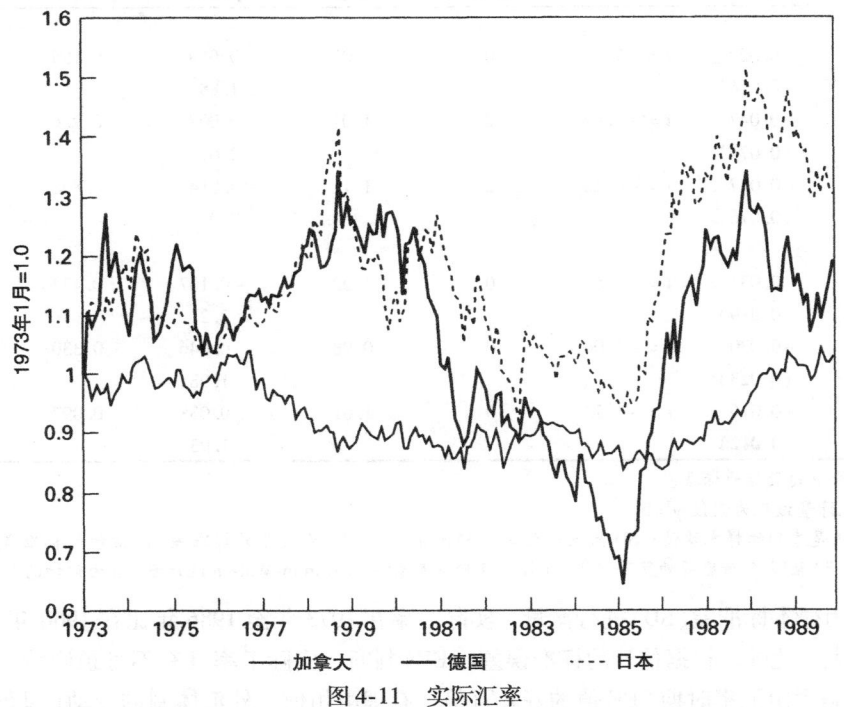

图 4-11　实际汇率

为了正式检验在实际汇率中是否存在单位根，可以根据式(4-24)的形式进行 ADF 检验。在如下考虑的基础上，估计回归方程 $\Delta r_t = a_0 + \gamma r_{t-1} + \beta_2 \Delta r_{t-1} + \beta_3 \Delta r_{t-2} + \cdots + \varepsilon_t$。

（1）PPP 理论并没有涉及一个确定性时间趋势。任何这样的发现都将有助于驳斥 PPP 理论的假设条件。虽然在整个 20 世纪 80 年代早期所有序列的值都下降了，但是在 80 年代晚期所有序列的值又上升了，没有理由认为序列是趋势平稳的，因此，在回归方程中没有包含表达式 $a_2 t$。

（2）在固定汇率时期，不同滞后期的检验表明三个国家的所有 $\beta_i$ 值都等于 0。但是浮动汇率时期，不同滞后期的检验得出了模棱两可的结果。这种从一般到特殊的方法表明，对于三个国家，$\beta_{11}$ 在统计上都不等于 0。不同的是，对于德国和日本，$F$ 检验和 SBC 都选择了滞后期为 2，而加拿大没有滞后的变化。因此，在浮动汇率时期，对于每个国家可以使用两个不同的滞后期来进行 DF 检验。

对于 1973 年至 1986 年加拿大的状况，原假设 $\gamma=0$ 的 $t$ 统计量在没有滞后期时为 $-1.42$，滞后 11 期时为 $-1.51$。给定统计量 $\tau_\mu$ 的临界值，在加拿大元兑美元的实际汇率序列中，不可能拒绝存在单位根的原假设。因此，购买力平价不适用于这两个国家。1960～1973 年，$t$ 统计量的计算值为 $-1.59$，再次说明购买力平价不成立。

表 4-4 给出了使用根据 $F$ 检验和 SBC 得到的短滞后期的所有 6 个回归方程的估计值。请注意，估计模型有以下几个特点。

（1）对于所有 6 个模型，都不能拒绝购买力平价理论不成立的原假设。从表 4-4 中的最后一列可以看到，原假设 $\gamma=0$ 的 $t$ 统计量的绝对值不超过 1.59，对此所做的经济解释是供给和（或）需求对实际汇率产生了永久的影响。

表 4-4 真实汇率估计值

| | $\gamma^1$ | $H_0: \gamma = 0^2$ | 滞后期 | 均值$^3$ | $\rho$/DW | $F$ | SD/SEE |
|---|---|---|---|---|---|---|---|
| 1973～1986 | | | | | | | |
| 加拿大 | $-0.022$ | $t=-1.42$ | 0 | 1.05 | 0.059 | 0.194 | 5.47 |
| | (0.016) | | | | 1.88 | | 1.16 |
| 日本 | $-0.047$ | $t=-0.64$ | 2 | 1.01 | $-0.007$ | 0.226 | 10.44 |
| | (0.074) | | | | 2.01 | | 2.81 |
| 德国 | $-0.027$ | $t=-0.28$ | 2 | 1.11 | $-0.014$ | 0.858 | 20.68 |
| | (0.076) | | | | 2.04 | | 3.71 |
| 1960～1971 | | | | | | | |
| 加拿大 | $-0.031$ | $t=-1.59$ | 0 | 1.02 | $-0.107$ | 0.434 | 0.014 |
| | (0.019) | | | | 2.21 | | 0.004 |
| 日本 | $-0.030$ | $t=-1.04$ | 0 | 0.98 | 0.046 | 0.330 | 0.017 |
| | (0.028) | | | | 1.98 | | 0.005 |
| 德国 | $-0.016$ | $t=-1.23$ | 0 | 1.01 | 0.038 | 0.097 | 0.026 |
| | (0.012) | | | | 1.93 | | 0.004 |

注：1. 括号中的数值为标准差。
2. $t$ 统计量该栏为假设 $\gamma=0$。
3. 均值是序列的样本均值；SD 为实际汇率的标准离差；SEE 为残差的标准差（即估计的标准差）；$F$ 为剔除 2（或 3）至 12 个滞后项的显著水平；DW 为 1 阶序列相关的 Durbin-Watson 统计量；$\rho$ 为估计的 1 阶自相关系数。

（2）采用样本标准差（SD）进行衡量，实际汇率在 1973 年至 1986 年比在 1960 年至 1971 年期间的波动更大。此外，根据估计的标准误差（SEE）判断，实际汇率具有不可预测性。浮动汇率时期的 SEE 值是固定汇率时期 SEE 值的好几百倍。有理由相信，外汇体制的变动（即布雷顿森林体系的崩溃）影响了实际汇率的波动性。

（3）要注意设定恰当的原假设。在存在单位根的原假设下，传统的检验方法是不适用的，所以采用 DF 检验。然而，在实际汇率是平稳的原假设下，传统的检验方法（假设变量是平稳的）同样适用。因此，随后的可能性就会增加。假设在加拿大的例子中，$t$ 统计量变为 $-2.16$，而不是 $-1.42$，如果使用 DF 的临界值，则不能拒绝存在单位根的原假设。因此，可以得出结论：PPP 不成立；但是，在序列是平稳的原假设下（此时可以使用传统的检验方法），$\gamma$ 相对于 0 有大于 2 个标准差，因此，不能拒绝平稳的原假设。

当所分析序列的根的绝对值接近于 1 时，通常就会产生相互矛盾的现象。单位根检验无法区分接近于 1 的特征根和实际的单位根，这种矛盾只会出现在当两个原假设完全不同的时候，比如说接受 PPP 成立的原假设与不能拒绝 PPP 不成立的原假设是完全一致的。值得注意的是，这一矛盾在表 4-4 中的其他序列中都没有出现，对于每个序列来说，在通常的显著水平下，都不可能拒绝 $\gamma=0$ 的原假设。

解决这个问题的一种方法是直接检验平稳性的原假设与非平稳性的备择假设。Kwiatowski、Phillips、Schmidt 和 Shin(1992) 论述了如何进行这一类型的检验。

(4) 观察一些诊断统计量，发现所有的 $F$ 统计量都显示，从回归方程的 12 个滞后项中剔除 2 个（或 3 个）的做法是恰当的。请注意残差的 1 阶相关系数($\rho$)的值很小，且 Durbin-Watson 统计量接近 2，因此要加强短滞后项的运用。有趣的是所有特征根的点估计都表明实际汇率是收敛的。为了获取特征根，把被估计方程用自回归的形式重新写为 $r_t = a_0 + a_1 r_{t-1}$ 或 $r_t = a_0 + a_1 r_{t-1} + a_2 r_{t-2}$，对于 4 个 1 阶自回归模型 AR(1)，斜率的点估计都不超过 1。在后布雷顿森林时期(1973~1986)，就日本而言，它的序列的 2 阶过程特征根的点估计值为 0.931 和 0.319；对于德国，特征根的点估计值为 0.964 和 0.256。但是，如果购买力平价不成立，那么预期就是准确的。在单位根的原假设下，$\gamma$ 是向下偏离的。

为了更新其研究，文件 PANEL.XLS 中包含了对澳大利亚、加拿大、法国、德国、日本、荷兰、英国和美国 1980 第 1 季度至 2013 年第 1 季度的实际有效汇率（基于 CPI）。这些都是多边的（而非双边的）实际汇率。作为练习，读者可以使用这些数据验证其变化是细微的。读者应该发现，在 5% 的显著水平下只有法国和德国拒绝在实际汇率中存在单位根。表 4-8 则给出了其他国家 $\gamma$ 的估计值和恰当的滞后期。

## 4.7 扩展的 DF 检验

并不是所有的时间序列都能很好地用 1 阶自回归过程 $\Delta y_t = a_0 + \gamma y_{t-1} + a_2 t + \varepsilon_t$ 表示。很可能会在诸如式(4-23)、式(4-24)和式(4-25)这类高阶方程中运用 DF 检验。考察 $p$ 阶自回归过程

$$y_t = a_0 + a_1 y_{t-1} + a_2 y_{t-2} + a_3 y_{t-3} + \cdots + a_{p-2} y_{t-p+2} + a_{p-1} y_{t-p+1} + a_p y_{t-p} + \varepsilon_t$$

为了更好地理解**扩展的 DF 检验法**(augmented Dickey-Fuller, ADF)，先加后减 $a_p y_{t-p+1}$，得到

$$y_t = a_0 + a_1 y_{t-1} + a_2 y_{t-2} + a_3 y_{t-3} + \cdots + a_{p-2} y_{t-p-2} + (a_{p-1} + a_p) y_{t-p+1} - a_p \Delta y_{t-p+1} + \varepsilon_t$$

接着，先加后减 $(a_{p-1} + a_p) y_{t-p+2}$，得到

$$y_t = a_0 + a_1 y_{t-1} + a_2 y_{t-2} + a_3 y_{t-3} + \cdots - (a_{p-1} + a_p) \Delta y_{t-p+2} - a_p \Delta y_{t-p+1} + \varepsilon_t$$

不断重复上述步骤，最终得到

$$\Delta y_t = a_0 + \gamma y_{t-1} + \sum_{i=2}^{p} \beta_i \Delta y_{t-i+1} + \varepsilon_t \tag{4-30}$$

式中，$\gamma = -\left(1 - \sum_{i=1}^{p} a_i\right)$；$\beta_i = -\sum_{j=1}^{p} a_j$。

在式(4-30)中，最重要的参数是$\gamma$，如果$\gamma = 0$，则式(4-30)完全是1阶差分方程，所以，存在单位根。可以用上面讨论过的相同的DF统计量检验单位根是否存在。同时，统计量的恰当使用取决于回归方程所包含的确定性成分。如果没有截距和趋势，则可以使用统计量$\tau$；如果只有截距，则使用统计量$\tau_\mu$；若既有截距又有时间趋势，则使用统计量$\tau_\tau$。需要指出的是，此处的研究结果与在第1章中对差分方程的研究结果高度一致。如果一个差分方程的系数之和为1，则至少存在一个特征根是1。因此，如果$\sum a_i = 1$，则$\gamma = 0$，系统存在单位根。

注意，DF检验假设误差是独立的，并且方差恒定。由于不知道实际数据生成过程，导致出现了6个重要问题。

（1）除非所有的自回归项都包含在估计方程之中，否则不能准确地估计$\gamma$和它的标准差。很明显，如果式(4-30)是实际数据的生成过程，那么用简单的表达式$\Delta y_t = a_0 + \gamma y_{t-1} + \varepsilon_t$是不合适的。由于自回归过程的实际阶数是未知的，因此，面临的问题是如何选择适当的滞后期。

（2）DGP可能既包含回归成分又包含移动平均成分，因此当存在移动平均项且其阶数未知时，需要知道如何对它检验。

（3）DF检验只考察了存在一个单位根的情况，但是，一个$p$阶自回归具有$p$个特征根。如果有$d(d \leqslant p)$个单位根，那么，序列要经过$d$次差分才能达到平稳。

（4）正如在第2章中所看到的，对一些根要求1阶差分，而对另一些根要求进行季节性差分。需要能够区分这两种类型的单位根过程的方法。

（5）数据有可能存在结构性突变（见4.8节），这些突变可能会影响数据的趋势。

（6）并不清楚式(4-30)是否需要包含一个截距项或一个时间趋势，或者二者都需要。4.9节将涉及确定性回归变量的问题（详细信息见补充手册4.4节）。

### 4.7.1 滞后期选择

在进行DF检验中，选择恰当的滞后期是非常重要的。如果滞后长度太短，就意味着回归残差不能近似为白噪声过程，那么，模型就不能准确地捕获误差过程，致使$\gamma$及其标准差不是最佳估计。同样地，如果存在太多的滞后项，将削弱拒绝存在单位根的原假设的检验力度，因为滞后项的增加必然会增加估计参数的个数，以至于损失自由度。因为估计参数数量的增加相当于观测样本个数的减少，所以，导致自由度减少（在自回归中，每增加一个滞后项，就会失去一个观测值）。由此，不必要的滞后期会降低DF检验单位根的准确度。实际上，扩展的DF检验在一定的滞后长度下能检验单位根。

在这种情况下，谨慎的研究者如何选择恰当的滞后期呢？一种方法就是所谓的**一般到特殊**（general-to-specific）的方法，它的主要思想是开始时用相对较长的滞后期，然后在通常的显著水平下，使用$t$检验和（或）$F$检验逐个删减滞后项。例如，使用滞后期为$p^*$估计式(4-30)，如果在指定的临界值上，第$p^*$个滞后项的$t$统计量不显著，则使用$p^* - 1$个滞后项对回归方程重新进行估计。重复这一过程直到滞后项显著不为零。在逐步回归过程中，这一方法将产生一个渐近概率为1的实际滞后期，不过这种方法的最初滞后期必须大于实际的滞后期。而对于季度数据，处理过程会有所不同。例如，当使用季度数据时，最初开始时，滞后期为三年（$p = 12$），如果在某一临界值下，第12个滞后项的$t$统计量不显著，并且$F$检验显示滞后9~12项同样不显著，则将把研究重点转到第1~8个滞后项。对第8个滞后项和第5~8的滞后项进行同样的处理,直到找到一个恰当的滞后期。

一旦一个推测性的滞后期确定以后,就需要进行诊断检验。正如通常所做的,绘制残差图是最重要的诊断方法之一,并且不应该出现存在结构性突变或者序列相关的显著特征。此外,残差的相关图应该表现出白噪声过程的特征。Ljung-Box 的 $Q$ 统计量无法揭示残差中的自相关的显著特征,所以,建议研究者不要采用这种方法(即在一个十分简练模型的基础上,不断增加滞后项,直到发现第一个不显著的滞后项为止)选择最佳滞后期,因为蒙特卡洛试验指出这种方法倾向于选择一个小于其实际值的 $p$ 值。

在数据生成过程中,只要回归方程不遗漏任何一个确定性回归变量,就可以使用 $t$ 检验和 $F$ 检验进行滞后期的检验。其基本原理是基于 Sims、Stock 和 Watson(1990)得到的研究结果。借鉴了他们论文中的几项研究成果,在此,一个重要的发现是:

规则1:考察一个同时含有 $I(1)$ 和 $I(0)$ 变量的回归方程,满足残差为白噪声。如果模型中所要考察的系数是一个零均值平稳变量的系数,则 OLS 的估计值将渐近地趋于正态分布。因此,$t$ 检验是恰当的。

虽然这一规则涉及任何用 OLS 估计的回归方程,但它也可直接适用于单位根检验。正如上面所看到的,$p$ 阶自回归过程

$$y_t = a_0 + a_1 y_{t-1} + a_2 y_{t-2} + a_3 y_{t-3} + \cdots + a_{p-2} y_{t-p+2} + a_{p-1} y_{t-p+1} + a_p y_{t-p} + \varepsilon_t$$

可以把它改写为

$$\Delta y_t = a_0 \gamma y_{t-1} + \beta_2 \Delta y_{t-1} + \beta_3 \Delta y_{t-2} + \cdots + \beta_p \Delta y_{t-p+1} + \varepsilon_t \tag{4-31}$$

根据规则1,表达式 $\Delta y_{t-i}$ 中的所有系数趋近于 $t$ 分布。同样地,这组系数也趋近于 $F$ 分布。因此,可以使用 $F$ 检验对 $\beta_i = \beta_{i+1} = \cdots = \beta_p = 0$ 进行检验。然而,在存在单位根的原假设前提下,系数 $\gamma$ 对应的是一个非平稳变量。因此,不能对 $\gamma = 0$ 使用标准的 $t$ 检验进行检验。

除了使用 $F$ 检验和 $t$ 检验之外,也可以用诸如 AIC 或 SBC 信息判断准则确定滞后期。当然,在误差服从正态分布的大样本情况下,各方法选出的滞后期应该是相同的。在实践中,SBC 将比 AIC 或 $t$ 检验选择的模型更简练,然而,无论使用哪种方法,研究者都必须确保残差项是白噪声。

**例子**:为了阐述 ADF 检验选择滞后期的各种方法,采用单位根过程生成 200 个实现值。

$$\Delta y_t = 0.5 + 0.5 \Delta y_{t-1} + 0.2 \Delta y_{t-3} + \varepsilon_t$$

请注意,序列存在单位根,且合适的滞后项长度为3。如图4-12所示,漂移参数使序列有一个确定的增长趋势。可以使用文件 LAGLENGTH.XLS 中的数据进行随后的操作。假设不知道实际的数据生成过程(DGP),因此,序列的时间轨迹涉及了两个可能的 DGP:序列可能是趋势平稳的,或者是带漂移的单位根过程。因此,原假设为带漂移的单位根过程,备择假设为趋势平稳过程。恰当的方法是在备择假设下估计序列。因此,以如下形式估计回归方程

$$\Delta y_t = a_0 + \gamma y_{t-1} + a_2 t + \sum_{i=1}^{p} \beta_i \Delta y_{t-i} + \varepsilon_t$$

如果可以拒绝原假设 $\gamma = 0$,则过程是趋势平稳的,但问题是决定恰当的滞后长度 $p$。为了达到这个目的,分别用 1~4 个滞后期估计方程。如表4-5中所示,AIC 选择滞后期为3,而 SBC 选择滞后期为2。然而,在此例中,滞后期的选择似乎没有差异。在5%的显著水平下,原假设 $\gamma = 0$ 的临界值为 $-3.43$,因此,根据 AIC 和 SBC 选择的滞后期没有拒绝存在单位根的原假设。可以得出结论:序列不是趋势平稳的。

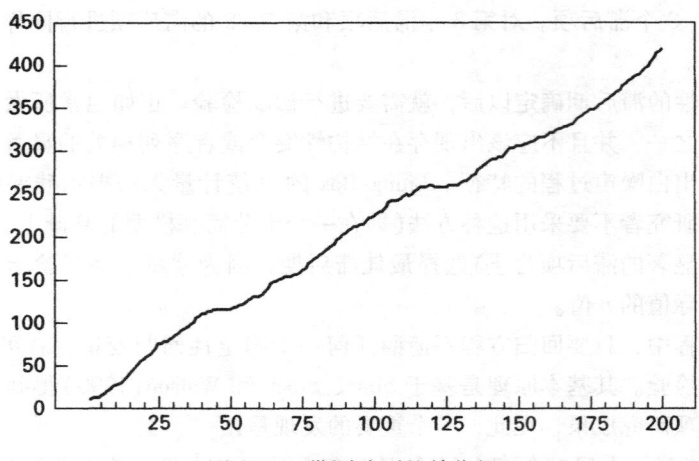

图 4-12 带漂移项的单位根

表 4-5 DF 检验和滞后期

| $p$ | AIC | SBC | $\gamma$ | $t$ 统计量 | $\phi_2$ | $\phi_3$ |
| --- | --- | --- | --- | --- | --- | --- |
| 1 | 1 076.211 | 1 089.303 | -0.017 | -1.776 | 17.390 | 1.579 |
| 2 | 1 073.076 | 1 089.441 | -0.020 | -2.049 | 11.188 | 2.101 |
| 3 | 1 071.817 | 1 091.455 | -0.022 | -2.285 | 8.622 | 2.616 |
| 4 | 1 073.799 | 1 096.710 | -0.022 | -2.276 | 8.026 | 2.595 |

可用 $\phi_3$ 检验原假设 $\gamma = a_2 = 0$，在 5% 的显著水平下，其临界值为 6.49。因此，对于 1 到 4 中的任何滞后期，都不能拒绝原假设，于是，得出结论：序列具有随机趋势。但是，在 5% 的显著水平下，原假设 $a_0 = \gamma = a_2 = 0$ 的临界值（即统计量 $\phi_2$ 的临界值）为 4.88，相对于根据 AIC 和 SBC 选择的滞后期，拒绝了原假设。检验统计量拒绝了数据生成过程包含漂移项 $a_0$ 的事实。

同样可以使用 $t$ 检验和 $F$ 检验确定滞后期。使用滞后期 $p = 4$ 估计得出的方程为

$$\Delta y_t = \underset{(4.05)}{1.24} + \underset{(2.28)}{0.042t} - \underset{(-2.28)}{0.022 y_{t-1}} + \underset{(5.57)}{0.397 \Delta y_{t-1}} + \underset{(1.42)}{0.108 \Delta y_{t-2}} + \underset{(1.64)}{0.125 \Delta y_{t-3}} + \underset{(0.13)}{0.009 \Delta y_{t-4}} + \varepsilon_t$$

$\Delta y_{t-4}$ 的系数的 $t$ 检验表明滞后期不会大于 3。而且，对原假设 $\beta_3 = \beta_4 = 0$ 的 $F$ 统计量值为 1.59，相伴概率为 0.206。同样地，可以剔除第 3 和 4 个滞后项。而且，原假设 $\beta_2 = \beta_3 = \beta_4 = 0$ 的 $F$ 统计量为 2.76，相伴概率为 0.043。因此，如果在 5% 的显著水平下，$F$ 统计量选择的滞后期为 2。这种情况下，得到的这些结果对滞后长度不敏感。

### 4.7.2 带有移动平均项 MA 成分的检验

由于一个可逆的 MA 模型可以转化为一个自回归模型，所以，可以把过程推广到含有移动平均成分。令序列 $\{y_t\}$ 由混合自回归（移动平均）过程生成

$$A(L) y_t = C(L) \varepsilon_t$$

式中，$A(L)$ 和 $C(L)$ 分别为阶数（orders）$p$ 和 $q$ 的多项式。

如果 $C(L)$ 的根在单位圆以外，则可以将序列 $\{y_t\}$ 写作一个自回归过程

$$\frac{A(L) y_t}{C(L)} = \varepsilon_t$$

或者，定义 $D(L) = \dfrac{A(L)}{C(L)}$，可以将自回归过程写作

$$D(L)y_t = \varepsilon_t$$

虽然 $D(L)$ 通常为一个无限阶多项式，但是在理论上讲，可以使用获得式(4-30)的相同的方法得到式(4-30)，形成无限阶自回归模型

$$\Delta y_t = \gamma y_{t-1} + \sum_{i=2}^{\infty} \beta_i \Delta y_{t-i+1} + \varepsilon_t$$

正如分式所示，它是一个不能用有限数据集来估计的无限阶自回归。幸运的是，Said 和 Dickey(1984)已经证明，一个未知的 ARIMA($p$，1，$q$)过程总是和 $n$ 阶自回归 ARIMA($n$，1，0)过程类似，其中，$n \leq T^{\frac{1}{3}}$。这样，常常可以通过运用无限阶自回归的有限阶近似值来解决这个问题。上述的 Dickey-Fuller $\tau$、$\tau_\mu$ 或者 $\tau_\tau$ 检验统计量可用于对 $\gamma = 0$ 的检验。

### 滞后期和负 MA 成分

如果误差过程带有很强的负 MA 成分，那么，单位根检验通常就很难发挥作用。Said 和 Dickey(1984)证实了 ARIMA($p$，1，$q$)过程和 ARIMA($n$，1，0)过程非常接近，单位根和负 MA 成分之间的相互关系可以导致过度拒绝存在单位根的原假设。为了解释这个问题的本质，考虑 ARIMA(0，1，1)过程：

$$y_t = y_{t-1} + \varepsilon_t - \beta_1 \varepsilon_{t-1} \qquad 0 < \beta_1 < 1$$

如果已知初始条件 $y_0$，那么 $y_t$ 的通常可以写为

$$y_t = y_0 + \varepsilon_t + (1-\beta_1)\sum_{i=1}^{t-1} \varepsilon_i$$

可以清楚地看到，由于 $\varepsilon_t$ 冲击的影响不会消失，所以序列$\{y_t\}$并非平稳。但是，和 $\beta_1 = 0$ 的随机游走过程不一样，这个负 MA 项表示当且仅当在 $t$ 时期，$\varepsilon_t$ 对于 $y_t$ 存在一个单位的影响。与纯随机游走过程相比，由于 $\dfrac{\partial y_{t+i}}{\partial \varepsilon_t} = (1-\beta_1) < 1$，因此，所有随后时期的影响都会减弱。对于具有 $t$ 个观测值的有限样本，样本自协方差为

$$\gamma_0 = E[(y_t - y_0)^2] = \sigma^2 + (1-\beta_1)^2 E[(\varepsilon_{t-1})^2 + (\varepsilon_{t-2})^2 + \cdots + (\varepsilon_1)^2]$$
$$= [1 + (1-\beta_1)^2(t-1)]\sigma^2$$
$$\gamma_s = E[(y_t - y_0)(y_{t-s} - y_0)]$$
$$= E[(\varepsilon_t + (1-\beta_1)\varepsilon_{t-1} + \cdots + (1-\beta_1)\varepsilon_1)(\varepsilon_{t-s} + (1-\beta_1)\varepsilon_{t-s-1} + \cdots + (1-\beta_1)\varepsilon_1)]$$
$$= (1-\beta_1)[1 + (1-\beta_1)(t-s-1)]\sigma^2$$

$\rho_s = \dfrac{\gamma_s}{(\gamma_s \gamma_0)^{0.5}}$ 就是自相关系数。很容易证明，当样本容量 $t$ 变得无限大时，所有自相关系数 $\rho_i$ 都趋近于 1。但是，对于通常在实际应用中遇到的样本容量，自相关可能很小。注意到，若令 $\beta_1$ 近似为 1，那么包含 $(1-\beta_1)^2$ 的项都可以被忽略。在这种情况下，ACF 可以近似为 $\rho_1 = \rho_2 = \cdots = (1-\beta_1)^{0.5}$。例如，如果 $\beta_1 = 0.95$，那么所有的自相关系数都应该接近 0.22。因此，自相关系数很小，表现为勉强显著，并伴有轻微的趋势衰减。

从例子中不难发现，若存在很强的负 MA 成分，那么，单位根检验就失效了。由于很多自相关系数很小，所以，ACF 将会类似于一个实际的平稳过程。事实上，如果 $\beta_1$ 非常接近于 1，存在一个共同点，即 $y_t = y_{t-1} + \varepsilon_t - \beta_1 \varepsilon_{t-1}$ 近似于 $y_t = \varepsilon_t$ 的白噪声过程。任何检验方法都难以区分这两

种过程并会过度拒绝存在单位根的原假设。而且，在检验过程中，需要使用大量的滞后项。可以使用滞后算子，写成 $\Delta y_t = (1-\beta_1 L)\varepsilon_t$，因此，

$$\Delta y_t = \beta_1 \Delta y_{t-1} + (\beta_1)^2 \Delta y_{t-2} + (\beta_1)^3 \Delta y_{t-3} + \cdots + \varepsilon_t$$

当 $\beta_1$ 很大，需要大量的自回归滞后以适当地捕获这个过程的动态特征，而需要顾及的系数过多将会降低检验力度。

但是，当在负 MA 成分存在的情况下检验单位根时，也存在很多可行的预防措施。很明显，要有一种方法，以满足使用大量滞后项的需要。Ng 和 Perron(2001)认为，修正的 AIC(MAIC)比 AIC 和 BIC 都能更好地估算滞后期。根据

$$MAIC = T\ln(残差平方和) + 2n + 2\tau(n)$$

式中，$\tau(n) = \dfrac{\hat{\gamma}^2 \sum_t y_{t-1}^2}{\hat{\sigma}}$；$\hat{\gamma}$ 为 $\gamma$ 的估计值；$\hat{\sigma}$ 为 $\sigma^2$ 为估计方差。

注意到，MAIC 通常等于 AIC 加上一个附加的惩罚项 $2\tau(n)$。由于所有的模型都是在同一个样本时期估算的，对于所有模型来说，$\sum y_{t-1}^2$ 的值都是相等的。这样，在 $\gamma^2$ 值相对于方差 $\sigma^2$ 较小的模型中，$\tau(n)$ 通常很小。因此，MAIC 将会趋向于选择这样一个滞后期，在这个滞后期下，$\gamma$ 最接近于单位根。

以前，一个较大的负 MA 成分存在时，比较常用 Phillips-Perron(1988)检验。但是此检验在 MAIC 中没有 DF 检验好用。可在补充手册4.6节查看更多关于 Phillips-Perron 检验的讨论。

### 4.7.3 多重根

Dickey 和 Pantula(1987)提出了对基本过程的扩展方法，用于处理假设单位根不只一个的情况。从本质上讲，这一方法仍是建立在对 $\{y_t\}$ 序列的连续差分进行 DF 检验的基础之上的。当只存在一个单位根时，DF 检验过程就是估计如同 $\Delta y_t = a_0 + \gamma y_{t-1} + \varepsilon_t$ 的方程。相反，如果估计存在两个根，则估计方程为

$$\Delta^2 y_t = a_0 + \beta_1 \Delta y_{t-1} + \varepsilon_t \tag{4-32}$$

使用恰当的统计量(即 $\tau$、$\tau_u$ 和 $\tau_\tau$ 的选择取决于包含在回归方程中实际的确定性成分)来判定 $\beta_1$ 是否显著不为零。如果不能拒绝 $\beta_1 = 0$ 的原假设，则表明序列 $\{y_t\}$ 是 $I(2)$ 序列，如果 $\beta_1$ 显著不为零，则继续估计方程

$$\Delta^2 y_t = a_0 + \beta_1 \Delta y_{t-1} + \beta_2 y_{t-1} + \varepsilon_t \tag{4-33}$$

以确定是否存在唯一的单位根。如果不存在两个单位根，那么，可以发现 $\beta_1$ 和(或)$\beta_2$ 显著不为零。在仅存在一个单位根的原假设下，$\beta_1 < 0$ 并且 $\beta_2 = 0$；在备择假设下，若序列 $\{y_t\}$ 是平稳序列，那么 $\beta_1$ 和 $\beta_2$ 都为负。因此，对估计式(4-33)，用 DF 临界值检验原假设 $\beta_2 = 0$。如果拒绝原假设，则认为序列 $\{y_t\}$ 是平稳的。

通常认为，经济序列不需要进行两次以上的差分。然而，在特殊的情形中，有可能存在不多于 $r$ 个单位根的序列。在这种情况下的处理方法是首先估计方程

$$\Delta^r y_t = a_0 + \beta_1 \Delta^{r-1} y_{t-1} + \varepsilon_t$$

如果 $\Delta^r y_t$ 是平稳的，则应该得到 $-2 < \beta_1 < 0$。如果根据 $\beta_1$ 的 DF 检验临界值，不可能拒绝存在单位根的原假设，则可以接受序列 $\{y_t\}$ 存在 $r$ 个单位根的假设。如果拒绝了存在 $r$ 个单位根的原假设，则接下来的处理方法是估计方程，以检验 $r-1$ 个单位根是否存在。

$$\Delta^r y_t = a_0 + \beta_1 \Delta^{r-1} y_{t-1} + \beta_2 \Delta^{r-2} y_{t-1} + \varepsilon_t$$

如果 $\beta_1$ 和 $\beta_2$ 都显著不为零,则拒绝有 $r-1$ 个单位根的原假设。如果 $\beta_1$ 和 $\beta_2$ 估计值的 $t$ 统计量都显著不为零,则可以用 DF 统计量对 $r-1$ 个单位根的原假设进行检验,如果能拒绝这一原假设,则下一步构建方程

$$\Delta^r y_t = a_0 + \beta_1 \Delta^{r-1} y_{t-1} + \beta_2 \Delta^{r-2} y_{t-1} + \beta_3 \Delta^{r-3} y_{t-1} + \varepsilon_t$$

如果各个 $\beta_i$ 值均不为零,那么拒绝原假设,继续向下推论,构建方程

$$\Delta^r y_t = a_0 + \beta_1 \Delta^{r-1} y_{t-1} + \beta_2 \Delta^{r-2} y_{t-1} + \beta_3 \Delta^{r-3} y_{t-1} + \cdots + \beta_r y_{t-1} + \varepsilon_t$$

继续进行类推,直至不能拒绝存在单位根的原假设,或直至序列 $\{y_t\}$ 已经呈现平稳特征。请注意,这种方法与对众多单位根进行逐步检验不同。后者更像是在检验单一的单位根,如果不能拒绝原假设,则继续检验是否存在第二个单位根。在重复使用的样本中,这一方法适用于检验单位根极少的情形。

### 4.7.4 季节性单位根

请回顾一下第 2 章中关于美国货币供给量的最优拟合模型

$$(1 - L^4)(1 - L)(1 - a_1 L) y_t = (1 + \beta_4 L^4) \varepsilon_t$$

这个模型表示货币供给存在一个单位根且是季节性单位根,因为季节性因素是许多经济序列的一个显著特征,所以大量的文献研究了如何检验季节性单位根。在进一步讨论之前,首先要知道季节性单位根过程的 1 阶差分是非平稳的。为便于理解,假设 $\{y_t\}$ 的季节性观测值是通过方程

$$y_t = y_{t-4} + \varepsilon_t$$

得出的。

这里,$\{y_t\}$ 的季节差分是平稳的。使用第 2 章的标记法,可以写成 $\Delta_4 y_t = \varepsilon_t$,当给定初始条件 $y_0 = y_{-1} = \cdots = 0$ 时,$y_t$ 可表示为

$$y_t = \varepsilon_t + \varepsilon_{t-4} + \varepsilon_{t-8} + \cdots$$

所以

$$y_t - y_{t-1} = \sum_{i=0}^{\frac{t}{4}} \varepsilon_{4i} - \sum_{i=0}^{\frac{t}{4}} \varepsilon_{4i-1}$$

因此,$\Delta y_t$ 等于两个随机趋势之间的差分。因为每个冲击对 $\Delta y_t$ 有永久影响,因此,序列不会回复到它的均值。然而,单位根过程的季节差分可以是平稳的,例如,如果 $\{y_t\}$ 是根据 $y_t = y_{t-1} + \varepsilon_t$ 生成的,则 4 阶差分(即:$\Delta_4 y_t = \varepsilon_t + \varepsilon_{t-1} + \varepsilon_{t-2} + \varepsilon_{t-3}$)是平稳的。因此,必须对 DF 检验进行修改,以便检验季节性单位根,并区分季节性和非季节性单位根。

对非平稳序列中的季节性因素进行处理有几种可供选择的方法。当季节性趋势非常显著时,采用最直接的方法,例如,用 $D_1$、$D_2$ 和 $D_3$ 表示季度虚拟变量,在第 $i$ 季度,$D_i$ 为 1,在其他季度,$D_i$ 为 0。估计回归方程

$$\Delta y_t = a_0 + \alpha_1 D_1 + \alpha_2 D_2 + \alpha_3 D_3 + \gamma y_{t-1} + \sum_{i=2}^{p} \beta_i \Delta y_{t-i+1} + \varepsilon_t \tag{4-34}$$

可以使用 DF 的 $\tau_\mu$ 统计量检验存在单位根的原假设(即:$\gamma = 0$)。(注意,因为原始数据包含截距,所以,使用 $\tau_\mu$ 统计量。)拒绝原假设等同于接受序列 $\{y_t\}$ 平稳的备择假设。检验如同 Dickey、Bell 和 Miller(1986)所得出的结论,剔除季节性因素不会影响 $\gamma$ 的极限分布。如果想在式(4-34)中包含时间趋势,那么,使用 $\tau_\tau$ 统计量。

请注意,由于式(4-34)的特殊性,使得对关于 $a_0$ 的假设检验很困难。因为每个 $D_i$ 序列的均

值为 $\frac{1}{4}$，季节虚拟变量的存在影响了漂移项 $a_0$ 的大小。为了对此进行修正，常用的方法是使用**居中的**（centered）季节虚拟变量。在每年的第 $i$ 季度，令 $D_i = 0.75$，而在其他三个季度为 $-0.25$。因此，$D_i$ 的均值为 0，所以，$a_0$ 的大小不会改变。

如果猜测存在一个季节性单位根，则必须使用另一种处理方法。为了保持标记简单，假设得到了序列 $\{y_t\}$ 的季度观测值，并且想检验是否存在一个季节性单位根。为了更好地阐释这一方法，同时保持标记简单，可以把多项式 $(1-\gamma L^4)$ 分解成有四个不同的特征根的式子，即

$$(1-\gamma L^4) = (1-\gamma^{\frac{1}{4}}L)(1+\gamma^{\frac{1}{4}}L)(1-i\gamma^{\frac{1}{4}}L)(1+i\gamma^{\frac{1}{4}}L) \qquad (4\text{-}35)$$

如果 $y_t$ 存在一个季节性单位根，则 $\gamma = 1$。式（4-35）存在一个小小的局限性，它只考虑以年为时间频率的情况下存在的单位根。Hylleberg 等人（1990）提出了一个有效方法，可以在不同的时间频率下检验单位根。可检验一个单位根（即没有时间频率的单位根，频率为半年性单位根或季节性单位根。为了理解 HEGY 检验（以已发表相关论文的四位研究者的名字命名），假设 $y_t$ 由

$$A(L)y_t = \varepsilon_t$$

生成。

式中，$A(L)$ 是一个 4 阶多项式，满足

$$(1-a_1L)(1+a_2L)(1-a_3iL)(1+a_4iL)y_t = \varepsilon_t \qquad (4\text{-}36)$$

现在，如果 $a_1 = a_2 = a_3 = a_4 = 1$，式（4-36）等同于在式（4-35）中设定 $\gamma = 1$。因此，如果 $a_1 = a_2 = a_3 = a_4 = 1$，则存在一个季节性单位根。考察以下几种情形。

## 情形 1

如果 $a_1 = 1$，则式（4-36）的齐次解为 $y_t - y_{t-1} = 0$。这样，因为序列 $\{y_t\}$ 在每一个时期都有自我重复的趋势，所以，它为一个随机游走过程。这是非季节性单位根存在的情形，差分的恰当时期为 $\Delta y_t$。

## 情形 2

如果 $a_2 = 1$，则式（4-36）的齐次解为 $y_t + y_{t-1} = 0$。这样，序列具有每隔 6 个月重复的趋势，所以，存在半年性单位根。例如，如果 $y_t = 1$，则 $y_{t+1} = -1$，$y_{t+2} = 1$，$y_{t+3} = -1$，$y_{t+4} = 1$，等等。

## 情形 3

如果 $a_3$ 或者 $a_4$ 等于 1，则序列 $\{y_t\}$ 具有以一年为周期的循环特征。例如，如果 $a_3 = 1$，则式（4-36）的齐次解是 $y_t = iy_{t-1}$。因此，如果 $y_t = 1$，则 $y_{t+1} = i$，$y_{t+i} = i^2 = -1$，$y_{t+3} = -i$，$y_{t+4} = -i^2 = 1$。所以序列总是以每 4 期重复一次。恰当的差分阶数为 $\Delta_4 y_t = (1-L^4)y_t$。

为了阐述这种检验方法，把式（4-36）看作 $a_1$、$a_2$、$a_3$ 和 $a_4$ 的函数，并且对 $A(L)$ 在点 $a_1 = a_2 = a_3 = a_4 = 1$ 处进行泰勒级数展开。虽然展开式的形式看起来很复杂，但首先是对 $a_1$ 求偏导数，即

$$\frac{\partial A(L)}{\partial a_1} = \frac{\partial(1-a_1L)(1+a_2L)(1-a_3iL)(1+a_4iL)}{\partial a_1} = -(1+a_2L)(1-a_3iL)(1+a_4iL)L$$

计算偏导数在点 $a_1 = a_2 = a_3 = a_4 = 1$ 处的值，得到
$$-L(1+L)(1-iL)(1+iL) = -L(1+L)(1+L^2) = -L(1+L+L^2+L^3)$$
接着，对 $a_2$ 求偏导数，即
$$\frac{\partial A(L)}{\partial a_2} = \frac{\partial (1-a_1L)(1+a_2L)(1-a_3iL)(1+a_4iL)}{\partial a_2} = (1-a_1L)(1-a_3iL)(1+a_4iL)L$$

计算在点 $a_1 = a_2 = a_3 = a_4 = 1$ 处的值，得到 $(1-L+L^2-L^3)L$。同样地，很轻易地就可推导出 $\frac{\partial A(L)}{\partial a_3}$ 和 $\frac{\partial A(L)}{\partial a_4}$，并分别计算它们在点 $a_1 = a_2 = a_3 = a_4 = 1$ 处的值，得到

$$\frac{\partial A(L)}{\partial a_3} = -(1-L^2)(1+iL)iL$$

及

$$\frac{\partial A(L)}{\partial a_4} = (1-L^2)(1-iL)iL$$

因为 $A(L)$ 在点 $a_1 = a_2 = a_3 = a_4 = 1$ 处的值为 $(1-L^4)$，所以，可将式(4-36)近似地表示为
$$[(1-L^4) - L(1+L+L^2+L^3)(a_1-1) + (1-L+L^2-L^3)L(a_2-1)$$
$$- (1-L^2)(1+iL)iL(a_3-1) + (1-L^2)(1-iL)iL(a_4-1)]y_t = \varepsilon_t$$

定义 $\gamma_i = (a_i - 1)$，并且注意 $(1+iL)i = i - L$，$(1-iL)i = i + L$，因此
$$(1-L^4)y_t = \gamma_1(1+L+L^2+L^3)y_{t-1} - \gamma_2(1-L+L^2-L^3)y_{t-1}$$
$$+ (1-L^2)[\gamma_3(i-L) - \gamma_4(i+L)]y_{t-1} + \varepsilon_t$$

所以
$$(1-L^4)y_t = \gamma_1(1+L+L^2+L^3)y_{t-1} - \gamma_2(1-L+L^2-L^3)y_{t-1}$$
$$+ (1-L^2)[(\gamma_3-\gamma_4)i - (\gamma_3+\gamma_4)L]y_{t-1} + \varepsilon_t \qquad (4-37)$$

为了剔除式(4-37)中的虚数项，定义 $\gamma_5$ 和 $\gamma_6$ 使得 $2\gamma_3 = -\gamma_6 - i\gamma_5$ 和 $2\gamma_4 = -\gamma_6 + i\gamma_5$，因此，$(\gamma_3 - \gamma_4)i = \gamma_5$，$\gamma_3 + \gamma_4 = \gamma_6$，将其代入式(4.37)，得到
$$(1-L^4)y_t = \gamma_1(1+L+L^2+L^3)y_{t-1} - \gamma_2(1-L+L^2-L^3)y_{t-1} + (1-L^2)(\gamma_5 - \gamma_6 L)y_{t-1} + \varepsilon_t$$

所幸的是，许多软件能够对季节数据和月数据直接进行检验。然而，为了明白这种方法的原理，采用如下步骤进行介绍。

**第1步**：对于季节数据，构造变量，即
$$y_{1t-1} = (1+L+L^2+L^3)y_{t-1} = y_{t-1} + y_{t-2} + y_{t-3} + y_{t-4}$$
$$y_{2t-1} = (1-L+L^2-L^3)y_{t-1} = y_{t-1} - y_{t-2} - y_{t-3} - y_{t-4}$$
$$y_{3t-1} = (1-L^2)y_{t-1} = y_{t-1} - y_{t-3} \quad \text{所以}, y_{3t-2} = y_{t-2} - y_{t-4}$$

**第2步**：估计回归方程
$$(1-L^4)y_t = \gamma_1 y_{1t-1} - \gamma_2 y_{2t-1} + \gamma_5 y_{3t-1} - \gamma_6 y_{3t-2} + \varepsilon_t$$

可能通过增加一个截距项、确定性季节虚拟变量或一个线性时间趋势，从而实现对模型的修正。在 DF 检验的扩展形式中，同样包括了 $(1-L^4)y_{t-i}$ 的滞后值，构造恰当的诊断检验以确保回归方程的残差近似为白噪声。

**第3步**：为原假设 $\gamma_1 = 0$ 构造 $t$ 统计量，下面给出了一些恰当的临界值。如果没有拒绝原假设 $\gamma_1 = 0$，则 $a_1 = 1$，所以存在一个非季节性单位根。下一步对假设 $\gamma_2 = 0$ 进行 $t$ 检验，如果没有拒绝原假设，则 $a_2 = 1$，则存在一个以半年性的单位根。最后，对 $\gamma_5 = \gamma_6 = 0$ 进行 $F$ 检验，如果

计算值小于 Hylleberg 等人(1990)给出的临界值，则得到 $\gamma_5$ 和(或)$\gamma_6$ 等于 0，所以，存在季节性单位根。请注意，只存在三个原假设，没有备择假设。序列可能有非季节性的、半年的和季节性的单位根。

在 5% 的显著水平下，Hylleberg 等人基于 100 和 200 个观测值给出的临界值为

| | T=100 | | | T=200 | | |
| --- | --- | --- | --- | --- | --- | --- |
| | $\gamma_1=0$ | $\gamma_2=0$ | $\gamma_5=\gamma_6=0$ | $\gamma_1=0$ | $\gamma_2=0$ | $\gamma_5=\gamma_6=0$ |
| 截距项 | −2.88 | −1.95 | 3.08 | −2.87 | −1.92 | 3.12 |
| 截距项 + 时间趋势 | −3.47 | −1.95 | 2.96 | −3.44 | −1.95 | 3.07 |
| 截距项 + 季节性虚拟变量 | −2.95 | −2.94 | 6.57 | −2.91 | −2.89 | 6.62 |
| 截距项 + 季节性虚拟变量 + 时间趋势 | −3.53 | −2.94 | 6.60 | −3.49 | −2.91 | 6.57 |

**例**：在第 2 章中，对美国的货币供给进行了非季节性和季节性差分，并估计了模型

$$m_t = a_0 + a_1 m_{t-1} + \varepsilon_t + \beta_4 \varepsilon_{t-4}$$

式中

$$m_t = (1-L)(1-L^4)y_t$$

$y_t$ 为根据 M1 计算的美国货币供给量的对数。

可以使用 HEGY 检验方法，确定使用季节性和非季节性差分是否恰当。因为很清楚货币供给序列的变动具有季节性上升的趋势(见 2.11 节)，所以，想考察序列是趋势平稳的可能性。因此，在回归方程中包括了确定性趋势和截距项。可以打开 QUARTERLY.XLS，像上述步骤一样创建 $y_t$，并考察如下估计得出的回归方程

$$(1-L^4)y_t = \underset{(2.05)}{0.062} + \underset{(2.17)}{1.88 \times 10^{-4} t} - \underset{(-2.17)}{0.003 \times 10^{-4} y_{1t-1}} - \underset{(-4.17)}{0.668 y_{2t-1}} - \underset{(-2.88)}{0.280 y_{3t-1}} - \underset{(-2.24)}{0.217 y_{3t-2}}$$

$$+ \sum_{i=1}^{3} a_i D_i + \sum_{i=1}^{8} \beta_i (1-L^4) y_{t-i}$$

式中，滞后 7 期是依据第一步的定义从滞后 12 期开始选择出来的；$D_i$ 为季节虚拟变量；$y_{1t-1}$、$y_{2t-1}$、$y_{3t-1}$ 和 $y_{3t-2}$ 的定义如上。

$y_{1t-1}$ 的系数的 $t$ 统计量为 −2.17，在 5% 的显著水平下，不能拒绝存在一个非季节性单位根的原假设。$y_{2t-1}$ 的系数的 $t$ 统计量为 −4.17，表明不存在一个半年性的季节单位根。对 $y_{3t-1}$ 和 $y_{3t-2}$ 的系数同时为零的联合假设进行检验的 $F$ 统计量为 6.81。所以，在 5% 的显著水平下，有一个年度性的季节单位根(6.81 < 6.57)。这样，如在第 2 章中提到的，对货币供应量序列进行非季节性差分和季节性差分是恰当的。作为一个整体，季节虚拟变量高度显著；检验存在季节虚拟变量的样本 $F$ 统计值为 7.49。但是，如果使用第 2 章中的模型 $m_t = (1-L)(1-L^4)y_t$，可以发现 AR(1) 和 MA(4) 项预测要优于一个伴随着季节性虚拟变量的模型。如果倾向于没有季节虚拟变量的 HEGY 检验，就会发现季节和年度单位根。

## 4.8 结构性变化

在进行单位根检验时，如果推测存在结构性变化，则必须引起注意。当存在结构性变化时，DF 检验将更倾向于接受存在单位根的原假设。为了解释这一点，我们假设一个平稳序列的均值存在一次性突变的情况，在图 4-13a 中，生成的序列 $\{y_t\}$ 在 $t=0, \cdots, 50$ 时具有零均值的平稳性，而在 $t=$

51, …, 100 时围绕均值 6 波动。相对应的序列 $\{\varepsilon_t\}$ 的 100 个值服从正态分布且相互独立。设 $y_0 = 0$，则序列中其余的 100 个值通过下式生成。

$$y_t = 0.5 y_{t-1} + \varepsilon_t + D_L \qquad (4\text{-}38)$$

式中，$D_L$ 是虚拟变量，当 $t = 1, \cdots, 50$ 时，$D_L = 0$，而当 $t = 51, \cdots, 100$ 时，$D_L = 3$；下标 $L$ 用来表示虚拟变化的水平。

有时，为方便起见，把 $t$ 时期的虚拟变量表示为 $D_L(t)$，例如，$D_L(50) = 0$，$D_L(51) = 3$。

在实际应用中，结构性变化并不像图中数据的突变表现得那么明显。但是，模拟较大的突变有利于阐述在这种突变条件下使用 DF 检验存在的问题。图中的直线显著地表明序列中存在一个确定性趋势。事实上，直线很好地拟合了 OLS 方程

$$y_t = a_0 + a_2 t + e_t$$

在图 4-13 中，能够看到 $a_0$ 的拟合值为负，而 $a_2$ 的拟合值为正。估计式(4-38)的一个合适方法是拟合一个简单的 AR(1) 模型，并且通过加入虚拟变量 $D_L$ 来考察截距项的变化。假设我们拟合回归方程

$$y_t = a_0 + a_1 y_{t-1} + e_t \qquad (4\text{-}39)$$

正如图 4-13 所推断的那样，$a_1$ 的估计值必然偏向 1，而引起向上偏移的原因是 $a_1$ 的估计值捕获了一个特征，即 $y_t$ 的"低"值(即围绕零波动的值)紧跟着另一个"低"值，而"高"值(即围绕均值 6 波动的值)同样紧跟着其他"高"值。在规范的证明中，要注意当 $a_1$ 接近于 1 时，式(4-39)接近于一个带漂移的随机游走过程。我们知道带漂移的随机游走模型的解包含确定性趋势，也就是说

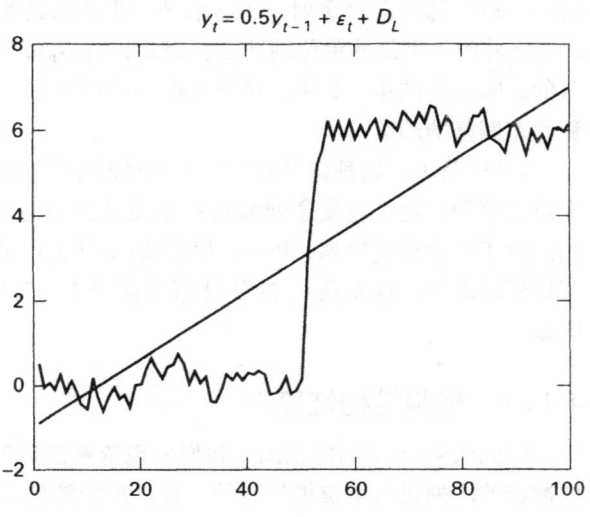

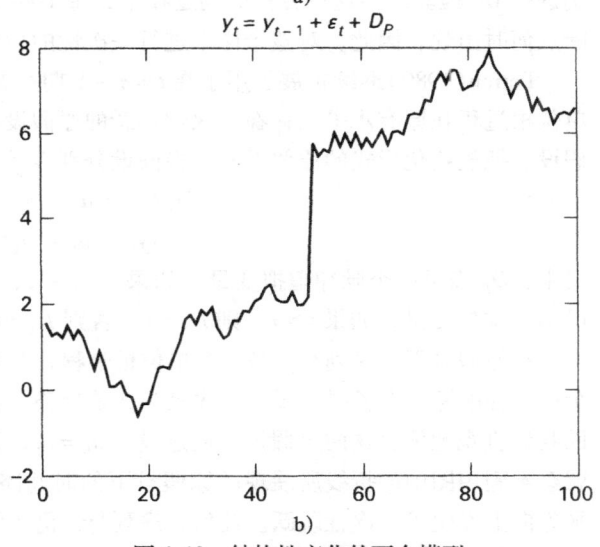

图 4-13 结构性变化的两个模型

$$y_t = y_0 + a_0 t + \sum_{i=1}^{t} \varepsilon_i$$

因此，错误地运用式(4-39)将倾向于拟合图 4-13 中 $a_1$ 向 1 偏移的趋势线。$a_1$ 的这一偏移意味着 DF 检验朝着接受单位根的原假设那一方偏移，即使在两个分段时期中序列是平稳的情况下，仍会出现这种问题。

当然，一个单位根过程同样能够展示一个结构性冲击，图 4-13b 模拟了一个在 $t = 51$ 处发生结构性变化的随机游走过程。这个模拟同样使用了序列 $\{\varepsilon_t\}$ 的 100 个观测值，初始条件为 $y_0 = 2$，于是，序列 $\{y_t\}$ 的 100 个值构造为

$$y_t = y_{t-1} + \varepsilon_t + D_P$$

式中，$D_P(51) = 4$，而在其他时期其他的 $D_P$ 值都等于 0。

在此，下标 $P$ 表示在虚拟变量中存在一个单一脉冲（pulse）。在单位根过程中，虚拟变量中的一个单一脉冲会对序列 $\{y_t\}$ 的水平产生永久的影响。在 $int = 51$ 时，虚拟变量的脉冲等价于除 $\varepsilon_{t+51}$ 之外的 4 个额外单位的冲击。因此，对 $D_P(51)$ 的一次性冲击会对 $t \geqslant 51$ 的序列的均值产生永久的影响。在图 4-13b 中，序列值在 $t = 51$ 时有一个间断性的跳跃，而且没有表现出向原来的平稳状态回复的趋势。

DF 检验中的这种偏移在蒙特卡洛试验中得以证明。Perron(1989)生成形如式(4-38)的 10 000 个重复序列，每个重复序列都是根据服从正态分布且相互独立的序列 $\{\varepsilon_t\}$ 的 100 个观测值生成的。对于每个重复序列，Perron 根据式(4-39)用 OLS 进行了回归估计。正如我们在前面的讨论中所提到的那样，他发现 $a_1$ 的估计值偏向于 1。而且当突变的强度增加时，这一偏移会变得更为明显。

### 4.8.1 检验结构性变化

回到图 4-13 中的两幅图，我们发现依靠视觉观察无法区分两种类型序列的差异。对存在结构性冲击的序列进行单位根检验的一种计量经济检验方法，是将样本分为两个，并对两个子样本分别进行 DF 检验。但这一方法的问题在于，每个回归部分的自由度减少了，并且你可能并不知道断点何时出现，因此，对整个样本进行一次性的检验更恰当。

Perron(1989)继续扩展了用于在 $t = \tau + 1$ 期存在结构性变化时检验单位根的规范方法。考查单位根过程在原有水平上存在一次性跳跃的原假设和趋势平稳序列的截距项有一次性变化的备择假设。把规范化形式的原假设和备择假设分别表示为

$$H_1 : y_t = a_0 + y_{t-1} + \mu_1 D_P + \varepsilon_t \tag{4-40}$$

$$A_1 : y_t = a_0 + a_2 t + \mu_2 D_L + \varepsilon_t \tag{4-41}$$

式中，$D_P$ 表示一个脉冲虚拟变量，如果 $t = \tau + 1$，则 $D_P = 1$，否则 $D_P = 0$；而 $D_L$ 表示一个水平（level）虚拟变量，如果 $t > \tau$，则 $D_L = 1$，否则 $D_L = 0$。

在原假设下，序列 $\{y_t\}$ 是一个单位根过程，并且在时期 $t = \tau + 1$ 时，序列在原有水平上有一个一次性跳跃。在备择假设下，序列 $\{y_t\}$ 是趋势平稳的，截距项有一个一次性跳跃。图 4-14 能帮助我们直观地体会这两个假设。通过设定 $a_0 = 0.2$ 和使用 $\{\varepsilon_t\}$ 序列的 100 个观测值模拟式(4-40)，就会看到用图中的折线所展现的原假设下的时间路径。我们能看到在第 51 期时，回归过程在水平方向上发生了一次性跳跃。此后，序列 $\{y_t\}$ 仍延续其先前带漂移的随机游走过程。备择假设认为序列 $\{y_t\}$ 围绕突变趋势线仍是趋势平稳的，$t = \tau$ 之前，围绕趋势线 $a_0 + a_2 t$ 表现为趋势平稳，而从 $\tau + 1$ 开始，序列 $\{y_t\}$ 围绕趋势线 $a_0 + a_2 t + \mu_2$ 表现为趋势平稳。正如折线所显示的那样，如果 $\mu_2 > 0$，截距项将会有一个一次性的增加。

计量经济学方面的研究问题就是确定是否通过式(4-40)或式(4-41)对所观察的序列进行建模，Perron(1989)提出的方法是简单易行的，这种方法的步骤如下。

**第 1 步**：与 DF 检验不同，该方法的原假设没有直接嵌入备择假设中去，换句话说就是，没有通过限制备择假设进而得到原假设的直接的方法。因此，要将原假设和备择假设做如下结合：

$$y_t = a_0 + a_1 y_{t-1} + a_2 t + \mu_1 D_P + \mu_2 D_L + \varepsilon_t$$

**第2步**：估计第1步得到的回归方程。在存在单位根的原假设下，$a_1$ 的理论值为1。Perron（1989）指出：当残差为独立同分布时，$a_1$ 的分布取决于发生冲击点前的样本占整个样本总数的比例。我们用 $\lambda = \dfrac{\tau}{T}$ 表示这一比例，其中，$T$ 为观测的样本总数。

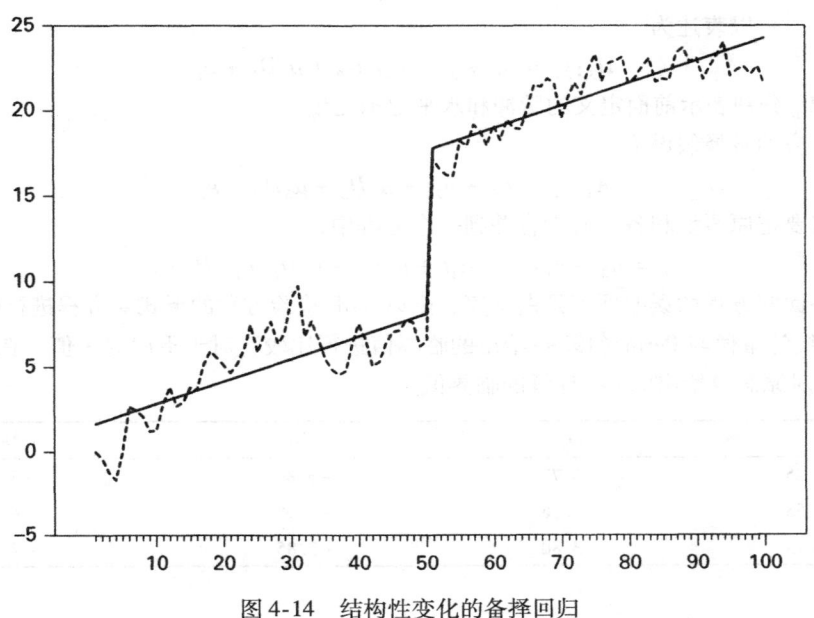

图4-14　结构性变化的备择回归

**第3步**：对第2步得到的残差进行诊断性检验，确定它是否序列不相关。如果存在序列相关，则使用扩展形式的回归方程

$$y_t = a_0 + a_1 y_{t-1} + a_2 t + \mu_1 D_P + \mu_2 D_L + \sum_{i=1}^{P} \beta_i \Delta y_{t-i} + \varepsilon_t$$

**第4步**：计算原假设 $a_1=1$ 的 $t$ 统计量，将该统计量的值与 Perron 计算的临界值比较。Perron 根据 $H_1$ 构造了 5 000 个序列，他使用了 $\lambda$ 的值，其值从 0 变到 1，每次增加 0.1。对于每个 $\lambda$ 的值，都估计了回归方程，并计算了 $a_1$ 的样本分布。很明显，当 $\lambda=0$ 和 $\lambda=1$ 时，其临界值与 DF 统计量是一致的。在效果上，除非 $0<\lambda<1$，否则不存在结构性变化。当 $\lambda=0.5$ 时，两种统计量的差异最大，$t$ 统计量在 5% 的显著水平下的临界值为 -3.76（比相应的 DF 统计量值 -3.41 的绝对值大）。如果发现一个比 Perron 计算的临界值大的 $t$ 统计量，则能够拒绝存在单位根的原假设。

此外，这种方法更具普遍性，它考虑了漂移的一次性变化，或者均值和漂移二者的一次性变化。例如，可以检验漂移项永久变化的原假设，而备择假设为趋势斜率的变化。其原假设为

$$H_2: y_t = a_0 + y_{t-1} + \mu_2 D_L + \varepsilon_t$$

式中，当 $t>\tau$ 时，$D_L=1$，否则 $D_L=0$。正因为如此，序列 $\{y_t\}$ 最初是根据 $\Delta y_t = a_0 + \varepsilon_t$ 生成，直到时期 $\tau$，随后根据 $\Delta y_t = a_0 + \mu_2 + \varepsilon_t$ 生成。如果 $\mu_2 > 0$，则当 $t>\tau$ 时，漂移上升。相应地，当 $\mu_2 < 0$ 时，漂移下降。

备择假设假定当 $t>\tau$ 时，在趋势平稳的序列中趋势系数有一个变化，即备择假设为

$$A_2: y_t = a_0 + a_2 t + \mu_3 D_T + \varepsilon_t$$

式中，当 $t>\tau$ 时，$D_T=t-\tau$，否则 $D_T=0$。例如，假设突变发生在第 51 期，于是，$\tau=50$。因此，

$D_T(1) \sim D_T(50)$ 都等于零。对于前面的 50 个时期，$\{y_t\}$ 表现为 $y_t = a_0 + a_2 t + \varepsilon_t$。从第 51 期开始，$D_T(51) = 1$，$D_T(52) = 2$，$\cdots$，因此，当 $t > \tau$ 时，$\{y_t\}$ 表现为 $a_0 + a_2 t + \mu_3(t-50) + \varepsilon_t = a_0 + (a_2 + \mu_3)t - 50\mu_3 + \varepsilon_t$。$D_T$ 改变了趋势线的斜率，当 $t \leq \tau$ 时，趋势线斜率为 $a_2$；当 $t > \tau$ 时，斜率为 $a_2 + \mu_3$。

为了使问题更为一般化，可以把两个原假设 $H_1$ 和 $H_2$ 结合起来。针对单位根过程的水平和漂移的两者变化，可以表述为

$$H_3: y_t = a_0 + y_{t-1} + \mu_1 D_P + \mu_2 D_L + \varepsilon_t$$

式中，$D_P$ 和 $D_L$ 分别表示前面定义的脉冲和水平虚拟变量。

对此，相应的备择假设为

$$A_3: y_t = a_0 + a_2 t + \mu_2 D_L + \mu_3 D_T + \varepsilon_t$$

同样，需要把原假设和备择假设合并到一个方程中，

$$y_t = a_0 + a_1 y_{t-1} + a_2 t + \mu_1 D_P + \mu_2 D_L + \mu_3 D_T + \varepsilon_t \tag{4-42}$$

如果这一回归方程的误差项不是白噪声，则以 ADF 检验方程的形式对方程进行估计。将原假设 $a_1 = 1$ 的 $t$ 统计量值与 Perron(1989) 给出的临界值进行比较，对于不用的 $\lambda$ 值，在 5% 的显著水平下，Perron 对原假设给出的 $t$ 统计量的临界值为：

| $\lambda$ | $H_1$ | $H_2$ | $H_3$ |
| --- | --- | --- | --- |
| 0.15~0.25 | -3.77 | -3.80 | -3.99 |
| 0.45~0.55 | -3.76 | -3.96 | -4.24 |
| 0.65~0.75 | -3.80 | -3.85 | -4.18 |

### 4.8.2 Perron 检验及实际产出

Perron(1989) 采用结构性变化分析对 Nelson 和 Plosser(1982) 的结论提出了质疑。虽然使用了同样的变量，但他的结果显示大多数宏观经济变量没有显著的单位根特征。相反，变量服从带有结构性变化的趋势平稳过程。根据 Perron(1989) 的分析，1929 年的股市崩溃和 1973 年的石油价格上涨，作为外生的冲击对大多数宏观经济变量的均值都产生了永久的影响。股市崩溃导致均值的一次性跌落，除此之外，宏观经济变量表现为趋势平稳。

Perron 所研究的所有经济变量(实际工资、股票价格和自然失业率除外)都呈现了一个相同的趋势，即存在一个恒定的斜率并在 1929 年左右有一个水平的移动。为了包括涉及股市崩溃效应的所有假设，考察回归方程

$$y_t = a_0 + \mu_1 D_L + \mu_2 D_P + a_2 t + a_1 y_{t-1} + \sum_{i=1}^{k} \beta_i \Delta y_{t-i} + \varepsilon_t \tag{4-43}$$

式中，$D_P(1930) = 1$，在其他年份，$D_P = 0$；从 1930 年开始的所有年份 $t$，$D_L = 1$，在 1930 年前的其他年份 $D_L = 0$。

在单位根过程的原有水平有一次性结构变化的预期假设下，$a_1 = 1$，$a_2 = 0$，$\mu_2 \neq 0$。在趋势平稳模型的一次性永久突变的备择假设下，$a_1 < 1$，$\mu_1 \neq 0$。Perron(1989) 使用了实际 GNP、名义 GNP 以及工业产出等变量，检验结果在表 4-6 中。给定每一序列长度，1929 年的危机对实际和名义 GNP 来说，$\lambda = \frac{1}{3}$，而对于工业产出来说，$\lambda = \frac{2}{3}$。滞后期(即 $k$ 值)根据 $\beta_i$ 的 $t$ 检验来确定。如果 $\beta_k$ 的 $t$ 统计量的绝对值大于 1.60，而当 $i > k$ 时，$\beta_i$ 的 $t$ 统计量的绝对值小于 1.60，则我们选定该 $k$ 值。

表 4-6　Nelson 和 Plosser 数据结构性变化的再检验

| | T | λ | k | $a_0$ | $\mu_1$ | $\mu_2$ | $a_2$ | $a_1$ |
|---|---|---|---|---|---|---|---|---|
| 实际 GNP | 62 | 0.33 | 8 | 3.44 | -0.189 | -0.018 | 0.027 | 0.282 |
| | | | | (5.07) | (-4.28) | (-0.30) | (5.05) | (-5.03) |
| 名义 GNP | 62 | 0.33 | 8 | 5.69 | -3.60 | 0.100 | 0.036 | 0.471 |
| | | | | (5.44) | (-4.77) | (1.09) | (5.44) | (-5.42) |
| 工业产出 | 111 | 0.66 | 8 | 0.120 | -0.298 | -0.095 | 0.032 | 0.322 |
| | | | | (4.37) | (-4.56) | (-0.095) | (5.42) | (-5.47) |

注：1. T 为观测样本数；λ 为结构性变化发生前的观测值个数占整个样本总数的比例；k 为滞后长度。
　　2. 括号中的数值为恰当的 t 统计量。对于 $a_0$、$\mu_1$、$\mu_2$ 和 $a_2$，其原假设为系数为零。对于 $a_1$，其原假设为 $a_1 = 1$。
　　注意，在 1% 的显著水平下，所有的 $a_1$ 的估计值都显著异于 1。

首先，考察实际 GNP 的结果。当我们观察表的最后一列时，可以发现没有证据表明存在单位根的假设成立。$a_1$ 的估计值为 0.282，在 1% 的水平上显著地不为 1。而实际 GNP 呈现一个显著的趋势（$a_2$ 的估计值超过了相对于零的 5 个标准差）。我们同时发现 $\mu_1$ 的估计值为 -0.189，在通常的显著水平下，显著不为零。因此，股市崩溃导致了实际 GNP 趋势线截距的一次性下移。

这些结果得到了进一步证实，因为三个方程的系数估计值和 t 统计量的值都十分接近，所有的 $a_1$ 相对于 1 都大约有 5 个标准差，而确定性趋势的系数（$a_1$）都相对于零有大于 5 个标准差。因为在 5% 的显著水平下 $\mu_1$ 的所有估计值都是显著不为零的，并且为负，所以，数据支持上述论点，也就是说，除了由于股市崩溃导致一个结构性冲击外，实际宏观经济变量服从趋势平稳过程。

### 4.8.3　用模拟数据进行检验

为了进一步阐述检验结构性变化的过程，用获取 100 个随机数以表示序列 $\{\varepsilon_t\}$，通过设定 $y_0 = 0$，把序列 $\{y_t\}$ 的 100 个值表述为

$$y_t = 0.5 y_{t-1} + \varepsilon_t + D_L$$

式中，当 $t = 1, \cdots, 50$ 时，$D_L = 0$；当 $t = 51, \cdots, 100$，$D_L = 1$。

因此，除了结构性冲击的强度减弱之外，该模型与式(4-38)是一样的。这一模拟的序列存放于数据文件 BREAK.XLS，读者可以尝试对数据进行同样处理从而得到以下结果。如果用这些数据绘图，则可得到类似于图 4-10 所展示的图形。但是，如果没有用这些数据作图或不知道有突变，则可能会轻易地得出序列 $\{y_t\}$ 存在单位根的结论。序列 $\{y_t\}$ 的 ACF 表现为一个单位根过程，例如第一组 6 个自相关系数为

| | $\rho_1$ | $\rho_2$ | $\rho_3$ | $\rho_4$ | $\rho_5$ | $\rho_6$ |
|---|---|---|---|---|---|---|
| 水平 | 0.95 | 0.89 | 0.86 | 0.84 | 0.80 | 0.77 |
| 1 阶差分 | -0.002 | -0.211 | -0.112 | 0.083 | -0.007 | -0.025 |

DF 检验结果为

$\Delta y_t = 0.023\,3 y_{t-1} + \varepsilon_t$　　　　　　　　　　对于原假设 $\gamma = 0$，t 统计量为 -0.985

$\Delta y_t = 0.066\,1 - 0.056\,6 y_{t-1} + \varepsilon_t$　　　　　对于原假设 $\gamma = 0$，t 统计量为 -1.706

$\Delta y_t = -0.048\,8 - 0.152\,2 y_{t-1} + 0.004 t + \varepsilon_t$　　对于原假设 $\gamma = 0$，t 统计量为 -2.734

诊断检验表明不需要太长的滞后项，无论截距项或趋势项是否存在，序列 $\{y_t\}$ 是差分平稳的。请注意，γ 的估计值都为正。当然，问题在于结构性冲击使数据朝着接受单位根的方向偏移。

现在，应用 Perron 检验过程第 1 步是估计模型

$$y_t = 0.083 + 0.479y_{t-1} - 0.002t + 0.025D_P + 0.479D_L + \varepsilon_t$$
$$(1.30) \quad (5.52) \quad (-1.25) \quad (0.076) \quad (5.52)$$

下一步，所有的诊断统计量都显示序列 $\{\varepsilon_t\}$ 基本服从一个白噪声过程。最后，由于 $a_1$ 的标准差为 0.0897，$a_1 = 1$ 的 $t$ 统计量为 $-6.01$。因为 5% 的临界值是 $-3.76$，所以能拒绝存在单位根的原假设并得出结论，模拟数据在冲击点 $t = 51$ 周围是平稳的。

在使用 Perron 的检验方法时，一些步骤是必不可少的，因为前提假设是数据的结构性冲击为已知的。在实际操作中，如果突变的数据不确定，则应该参照一下 Amsler 和 Lee（1995），Perron（1997），Vogelsang 和 Perron（1998），Zivot 和 Andrews（1992），Ender 和 Lee（2012）以及 Lee 和 Strazicich（2003）的研究。事实上，1992 年 7 月整版的《经济与商业统计》(*Journal of Business and Economic Statistics*) 都在探讨突变点和单位根问题。Ben-David 和 Papell（1995）对此进行了一次有趣的应用，他们考察了 16 个国家的 GDP 数据，并且时间跨度很大（共 130 年）。在涉及突变时，他们拒绝了大约一半存在单位根的原假设。Perron 检验的正确使用，Zivot 和 Andrews（1992）以及 Lee 和 Strazicich（2003）见编程手册第 6 章。

## 4.9 有效性与确定性回归变量

单位根检验对于特征根接近于 1 的序列与一个实际的单位根过程的区分并不十分管用，问题的一部分涉及了检验的有效性以及在回归方程中是否存在确定性回归变量。

### 4.9.1 有效性

通常一种检验的**有效性**（power）在于拒绝一个错误的原假设的可能性（即 1 减去出现第Ⅱ类错误的概率）。当问题中的序列平稳时，一个有效的检验将会拒绝存在单位根的原假设。蒙特卡洛试验已经证明，各种 DF 检验的有效性都较差。因此，这些检验也往往显示一个序列存在单位根。而且它们在区分趋势平稳和漂移过程的时候有效性也很低。在有限样本中，任一趋势平稳过程都能用一个单位根过程很好地近似表示，而单位根过程同样可以任意地用一个趋势平稳过程很好地近似表示。为方便解释，可检验第 3 章开始所讲的利率序列和汇率序列。如果不知道实际的数据生成过程，则将很难辨别序列 $\{z_t\}$ 是否平稳。类似地，很难区分趋势平稳和单位根附带漂移过程。

为了确定 DF 检验的有效性，利用蒙特卡洛试验来决定 DF 检验的有效性是很简单的方法。为了便于阐述，假设一个序列的实际数据生成过程为 $y_t = a_0 + a_1 y_{t-1} + \varepsilon_t$，其中 $|a_1| < 1$。因为我们并不知道数据的实际生成过程，所以，可能会用 DF 检验来检验序列的单位根。当然，这个序列事实上是平稳的，所以，通常采用 $t$ 统计量是恰当的。问题在于 DF 检验有多大的可能性无法判断序列实际上是平稳的。因为 DF 检验的 $t$ 统计量的置信区间超过了通常的 $t$ 检验的置信区间，所以，可以预期 DF 检验的有效性很低。为了找到解决问题的正确方法，我们可以构建 10 000 个平稳序列，并对每个序列进行 DF 检验，然后，就能够计算出 DF 检验正确地识别出实际平稳序列的百分数。

正确地识别序列是否平稳的检验效力取决于 $a_1$ 的值。当 $|a_1|$ 接近于 1 时，我们认为检验的有效性最低。这样，分析 $a_1$ 的大小对检验的有效性的影响程度就显得很重要。我们首先构造序列 $y_t = a_0 + a_1 y_{t-1} + \varepsilon_t$ 的 100 个观测值，其中，$a_1 = 0.8$，序列 $\{\varepsilon_t\}$ 服从标准正态分布。$a_0$ 的大小并不重要，所以，我们设其为零。$y_0$ 的初始值等于无条件均值 0。接下来，根据 $\Delta y_t = a_0 + \gamma y_{t-1} +$

$\varepsilon_t$ 的形式估计模拟序列。DF 的 $\tau_u$ 统计量用于决定是否可在 10%、5% 和 1% 的显著水平下，拒绝原假设 $\gamma = 0$。试验重复了 10 000 次，并记录下了原假设正确地被拒绝的比例。最后，针对其他的 $a_1$ 值重新做整个试验。考查如下的比例值。

| $a_1$ | 10% | 5% | 1% |
|---|---|---|---|
| 0.80 | 95.9 | 87.4 | 51.4 |
| 0.90 | 52.1 | 33.1 | 9.0 |
| 0.95 | 23.4 | 12.7 | 2.6 |
| 0.99 | 10.5 | 5.8 | 1.3 |

当 $a_1$ 的实际值为 0.8 时，检验是十分合理的。例如，在 5% 的显著水平下，有 87.4% 的蒙特卡洛试验都拒绝了存在单位根的错误原假设。但是，当 $a_1 = 0.95$ 时，在 5% 的显著水平下正确拒绝存在单位根原假设的概率估计只有 12.7%，而在 1% 的水平下又仅为 2.6%。因此，检验对区分接近单位根的有效性就很低。

我们常常无法区分近似平稳、趋势平稳和单位根过程，这很严重吗？答案取决于所关注的实际问题。在一些不明确的事例中，根据备择模型所做的预测可能会与事实几乎一致。事实上，蒙特卡洛试验的研究表明，当数据构造的实际过程平稳，但有一个根接近于 1 时，根据差分模型所做的 1 步预测往往优于平稳模型所得的预测值。但是，具有确定性趋势模型的长期预测与其他模型的长期预测存在较大的差异。

### 4.9.2 确定性回归变量的决定

如果研究者无法知道数据的实际生成过程，那么，就涉及对式(4-20)、式(4-21)和式(4-22)的估计是否恰当的问题。采用最一般的模型形式

$$\Delta y_t = a_0 + \gamma y_{t-1} + a_2 t + \sum_{i=2}^{p} \beta_i \Delta y_{t-i+1} + \varepsilon_t \tag{4-44}$$

检验假设 $\gamma = 0$ 可能更合理。毕竟，如果实际过程是一个随机游走过程，则回归方程中 $a_0 = \gamma = a_2 = 0$。随之而来的问题是估计参数的增加会减少自由度，降低检验的有效性。有效性降低意味着研究者将不能拒绝存在单位根的原假设，而事实上不存在单位根。第二个问题是检验 $\gamma = 0$ 的恰当统计量(即 $\tau$、$\tau_u$ 和 $\tau_\tau$)取决于模型中包含的回归变量。正如通过研究三种 DF 表所能看到的那样，在给定显著水平下，如果模型中存在漂移或时间趋势，那么，判定 $\gamma = 0$ 显著性的条件区间扩大了。这与序列 $\{y_t\}$ 是平稳序列的事实极其不符。当使用平稳变量时，$t$ 统计量的分布并不取决于其他回归变量是否存在。

关键在于，寻找一个能模拟出实际数据生成过程的回归方程非常重要。如果不恰当地省略了截距项和时间趋势，那么，检验的有效性就可能为零。例如，如果在式(4-44)中，数据生成过程含有一个趋势，当省略了 $a_2 t$ 时，就会直接导致 $\gamma$ 的估计值偏大。另一方面，额外的回归变量会使临界值的绝对值变大，从而导致不能够拒绝存在单位根的原假设。

Campbell 和 Perron(1991)对涉及单位根的检验的研究得出了以下几个结论。

(1) 在估计的回归方程中，如果包含了数据实际生成过程中没有的确定性回归变量，则相对于一个平稳性备择假设而言，随着额外确定性回归变量的引入，它的单位根检验的有效性就会不断降低。因此，我们并不希望包含实际数据生成过程中没有的回归变量。

(2) 在估计的回归方程中，如果省略了在数据实际生成过程中存在的重要的确定性趋势变

量——如式(4.44)中的 $a_2t$，则随着样本规模的增加，$t$ 检验的有效性接近于零。如果回归方程中省略的是一个无趋势性变量(例如，截距)，则 $t$ 统计量是一致的，但利用有限样本进行检验会使有效性受到不利影响，有效性随着被省略因素的系数的大小的增加而降低。因此，我们并不想省略在数据生成过程中实际包含的回归变量。

这两点结论直接表明，由于回归方程中的确定性因素的设定错误，研究者可能无法拒绝单位根的原假设，太少或太多的回归变量都可能导致无法拒绝存在单位根的原假设。如何能够知道在检验过程中是否应该包含一个漂移或者时间趋势呢？关键问题在于，对单位根的检验是以确定性回归变量的存在为前提的，而对确定性回归变量的检验又是以单位根的存在为前提的。虽然我们不能确定在经济模型中所包含的真实回归变量，但仍有一些有用的准则需要遵循。

(1) 始终要对数据进行的描图。从视觉上观测可以帮助我们确定数据是否存在一个明显的趋势。

(2) 要明确地对待原假设和备择假设。当我们进行 DF 检验时，常常在备择假设的情况下估计模型，并根据原假设施加约束条件。因为原假设为序列存在一个单位根，所以，总是将序列是否平稳或者是 TS 进行估计。例如，在图 4-1 中所示的实际 GDP 序列随着时间有一个确定性的向上移动。争论的焦点在于序列是趋势平稳的或者是带漂移的单位根过程。因此，恰当的估计模型为 $\Delta y_t = a_0 + \gamma y_{t-1} + a_2 t + \sum \beta_i \Delta y_{t-i} + \varepsilon_t$，然后我们检验约束条件 $\gamma = 0$ 和(或)$\gamma = a_2 = 0$。不需要对没有 $a_2 t$ 项的模型进行估计，因为备择假设中没有对这一规范进行要求。

(3) 当序列实际存在一个单位根时，我们想拒绝原假设(第Ⅰ类型错误)，或当序列是平稳的或趋势平稳(TS)时想接受原假设(第Ⅱ类型错误)。然而，任何检验都可能会犯这类错误。因此，我们也不想进行一些没必要的检验。在实际 GDP 的事例中，没有太大的必要去检验约束条件 $a_0 = \gamma = a_2 = 0$，因为实际 GDP 是随时间增长的。

(4) 检验已经受到限制的模型的约束条件将可能使误差变得更复杂。假设对时间趋势是否存在的检验允许我们设定 $a_2 = 0$，接下来对模型 $\Delta y_t = a_0 + \gamma y_{t-1} + \sum \beta_i \Delta y_{t-i} + \varepsilon_t$ 中的约束条件 $a_0 = \gamma = 0$ 的检验则依赖于允许排除确定性趋势的第一个检验是否正确。

有时，研究者在对确定性解释变量完全未知的时候，宁愿用一系列的检验对 $a_0$ 和 $a_2$ 的值进行估计。在补充手册 4.4 节里面已经讨论过一个标准化程序了。现在，当有效性成为一个问题时，一个重要的方法是对 DF 检验进行变形来提高有效性。

## 4.10 有效性更好的检验

如果检查 DF 检验方程 $\Delta y_t = a_0 + \gamma y_{t-1} + a_2 t + \varepsilon_t$ 中的基本回归问题，就会发现方程中存在两种不同类型的回归变量。当 $y_{t-1}$ 在原假设下是一个单位根过程时，截距和时间趋势都完全是确定性的。请注意，在原假设和备择假设下，确定性回归变量的系数 $a_0$ 和 $a_2$ 代表的含义却截然不同。如果改写 Phillips 和 Schmidt(1992，p.258)方程的数量和符号以使其与本书的表述相符合，则他们发现：

当 $\gamma = 0$ 时(因为 $y_t$ 的解包括确定性趋势项 $a_0 t$)，$a_0$ 表示确定性趋势项的参数。但是，当 $\gamma < 0$ 时，$a_0$ 却表示水平的截距项(因为 $y_t$ 围绕长期均衡水平 $-\dfrac{a_0}{\gamma}$ 波动，所以，它是平稳的)。同样地，在方程(4-44)中，当 $\gamma = 0$ 时，$a_0$ 表示趋势项的参数，$a_2$ 表示

二次趋势项的参数。但是，当 $\gamma<0$ 时，$a_0$ 表示水平的截距项，$a_2$ 表示确定性趋势项的参数。这种参数含义的混乱在 DF 检验中暴露无遗。

本质的问题是，在存在单位根时，截距和趋势的斜率总是难以估计。某种意义上说，最小二乘原理很难把导致 $y_t$ 的变动严格分离成由确定性趋势引起的变动和由随机趋势引起的变动。甚至在 $\{y_t\}$ 是平稳的条件下，如果序列 $\{y_t\}$ 相当持久（$y_t$ 的本期与上期非常接近），那么，也很难估计截距和趋势。当然，如果估计量 $a_0$ 和 $a_2$ 存在很大的误差，那么，估计量 $\gamma$ 的标准差也将会非常的大。通过比较 $\tau$、$\tau_\mu$ 和 $\tau_\tau$ 的 DF 临界值及在标准 $t$ 分布表的值，就可以清晰地看到这些现象。$\gamma$ 的过宽的置信区间意味着，即使当 $\gamma$ 的实际值不为 0 时，拒绝存在单位根的原假设的可能性更小。

为了改善对截距和趋势系数的估计，一些研究者发明了各种非常有意义的方法。例如，Schmidt 和 Phillips(1992)提出了比 DF 检验更具有效性的两步检验法。虽然他们称这种检验方法为**拉格朗日乘子**(Lagrange Multiplier, LM)检验，但实际上，这种方法非常简单。与 DF 检验模型设定不同，在原假设下，$\{y_t\}$ 序列是一个带漂移的随机游走过程，因此

$$y_t = a_0 + a_2 t + \sum_{i=0}^{t-1} \varepsilon_{t-i}$$

或者

$$\Delta y_t = a_2 + \varepsilon_t$$

这种检验方法的思想在于使用回归方程 $\Delta y_t = a_2 + \varepsilon_t$ 估计趋势系数 $a_2$。因此，随机趋势 $\Sigma \varepsilon_i$ 的存在并不影响对 $a_2$ 的估计。$a_2$ 的估计结果(写作 $\hat{a}_2$)是一个关于时间趋势斜率的估计。使用这个估计值，把去除趋势的序列构建为 $y_t^d = y_t - (y_1 - \hat{a}_2) - \hat{a}_2 t$，其中，$y_1$ 为序列 $\{y_t\}$ 的初始值。请注意，当 $t=1$ 时，确定性部分为 $y_1 = a_0 + a_2$。因此，被估计的趋势线的截距为 $(y_1 - \hat{a}_2)$，斜率为 $\hat{a}_2$。之所以在去除趋势处理过程中使用 $(y_1 - \hat{a}_2)$，是因为这样做保证了去除趋势的序列（即 $y_1^d$）的初始值为零。这种 LM 检验方法的第 2 步是，在 DF 检验方程的 $y_{t-1}$ 处用去除趋势的序列替代，估计变形的 DF 检验方程

$$\Delta y_t = a_0 + \gamma y_{t-1}^d + \varepsilon_t$$

或者，如果残差中存在序列相关，则估计方程

$$\Delta y_t = a_0 + \gamma y_{t-1}^d + \sum_{i=1}^{p} c_i \Delta y_{t-i}^d + \varepsilon_t$$

如果得到 $\gamma \neq 0$，则拒绝存在单位根的原假设。Schmidt 和 Phillips(1992)提出的关键点是，不用持久性很强的解释变量 $y_{t-1}$ 的模型，估计趋势参数会更有效。如果能够有效地估计出趋势，那么，就有可能剔除数据趋势，并在已剔除趋势的数据上进行单位根检验。检验的部分临界值如下。

**Schmidt 和 Phillips 单位根检验的临界值**

| T(样本个数) | 1% | 2.5% | 5% | 10% |
|---|---|---|---|---|
| 50 | -3.73 | -3.39 | -3.11 | -2.80 |
| 100 | -3.63 | -3.32 | -3.06 | -2.77 |
| 200 | -3.61 | -3.30 | -3.04 | -2.76 |
| 500 | -3.59 | -3.29 | -3.04 | -2.76 |

Elliott、Rothenberg 和 Stock(1996)提出通过使用类似于 1 阶差分的方法来估计模型，从而提高检验的有效性。他们的思路是，在序列是平稳的备择假设下，采用 1 阶差分的 Schmidt-Phillips 模型设定是错误的。因此，考虑趋势平稳(TS)模型

$$y_t = a_0 + a_2 t + B(L)\varepsilon_t$$

取代建立 $y_t$ 的 1 阶差分，Elliott，Rothenberg 和 Stock(ERS) 事先选择了一个接近 1 的常数 $\alpha$，并且令 $y_t$ 减去 $\alpha y_{t-1}$，得到

$$\tilde{y}_t = a_0 + a_2 t - \alpha a_0 - \alpha a_2 (t-1) + e_t \quad t = 2, \cdots, T$$

式中，$\tilde{y}_t = y_t - \alpha y_{t-1}$；$e_t$ 是一个平稳误差项。当 $t=1$ 时，这种近似差分是不可行的，并且初始值 $\tilde{y}_1$ 被设定等于 $y_1$。简单地说，就是选择 $a_0$ 和 $a_2$，得到

$$\tilde{y}_t = (1-\alpha)a_0 + a_2[(1-\alpha)t + \alpha] + e_t$$

应该很清楚，如何用最小二乘法(OLS)获得 $a_0$ 和 $a_2$ 的估计值。首先，建立变量 $z1_t$ 和 $z2_t$，变量 $z1_t$ 等于常量 $(1-\alpha)$，变量 $z2_t$ 等于确定性趋势 $\alpha + (1-\alpha)t$。为了得到 $a_0$ 和 $a_2$ 的估计值，只需简单地进行 $\tilde{y}_t$ 关于 $z1_t$ 和 $z2_t$ 的回归。换句话说，就是应用最小二乘法(OLS)估计回归方程

$$\tilde{y}_t = a_0 z1_t + a_2 z2_t + e_t$$

请注意，检验是建立在序列 $\{y_t\}$ 的初始值 $y_1 = a_0 + a_2 + \varepsilon_1$ 的基础上的。因此，$z1_t$ 和 $z2_t$ 的初始值应该设定为 1，并且 $\tilde{y}_t$ 的初始值设定为 $y_1$（也就是说，$z1_1 = 1$，$z2_1 = 1$，$\tilde{y}_1 = y_1$）。由于我们的目的是为了得到 $a_0$ 和 $a_2$ 的估计值，因此，在这个步骤中，残差 $e_t$ 是否序列相关并不是非常重要。重要的是可以通过 $a_0$ 和 $a_2$ 的估计，消除序列 $\{y_t\}$ 的趋势，得到去除趋势的序列 $y_t^d$，即有

$$y_t^d = y_t - \hat{a}_0 - \hat{a}_2 t$$

第二步是，使用去除趋势的数据估计基本的 DF 检验回归方程。因此，估计回归方程

$$\Delta y_t^d = \gamma y_{t-1}^d + \varepsilon_t$$

如果残差存在序列相关，那么，可以估计扩展形式的检验方程

$$\Delta y_t^d = \gamma y_{t-1}^d + \sum_{i=1}^{p} c_i \Delta y_{t-i}^d + \varepsilon_t$$

Elliott，Rothenberg 和 Stock(ERS：1996)建议使用 SBC 选择滞后期 $p$。正如在 Schmidt-Phillips 检验中，如果 $\gamma \neq 0$，则可以拒绝存在单位根的原假设。检验的临界值依赖于这个检验中是否含有趋势。如果存在截距而不存在趋势，那么，临界值就恰好为表 A 的上部分显示的 DF 的 $\tau$ 检验的相应值。实质上，当我们使用 DF 临界值时，就假设了在数据产生过程中不存在截距。如果存在趋势，那么，临界值就取决于进行"近似差分"时变量 $\tilde{y}_t$ 所选择的 $\alpha$ 值。ERS 认为，对于存在截距的情形，能够提供检验最有效性的 $\alpha$ 的值为 $\alpha = \left(1 - \dfrac{7}{T}\right)$；对于存在截距和趋势的情形，能够提供最有效性的 $\alpha$ 的值为 $\alpha = \left(1 - \dfrac{13.5}{T}\right)$。下表显示了当存在趋势且 $\alpha = \left(1 - \dfrac{13.5}{T}\right)$ 时的临界值。需要注意的是，随着样本容量 $T$ 的增加，$\alpha$ 趋近于 1，所以 $\hat{y}_t$ 近似等于 $\Delta y_t$。在文献中，ERS 检验经常被称为 DF 最小二乘检验(DF-GLS)。

包含趋势且 $\alpha = 1 - \dfrac{13.5}{T}$ 的 ERS 检验的临界值

| T(样本个数) | 1% | 2.5% | 5% | 10% |
| --- | --- | --- | --- | --- |
| 50 | -3.77 | -3.46 | -3.19 | -2.89 |
| 100 | -3.58 | -3.29 | -3.03 | -2.74 |
| 200 | -3.46 | -3.18 | -2.93 | -2.64 |
| ∞ | -3.48 | -3.15 | -2.89 | -2.57 |

某些研究者可能会质疑 ERS 检验关于假定 $\tilde{y}_1 = y_1$ 的问题。这个假定等价于假定误差项的第一个值等于0。备择假设则是冲击的初始值来源于序列无条件分布。需要注意的是，放宽假设的初始条件会降低这种检验的有效性。在这种情况下，$\tilde{y}_1$ 的第一个值等于 $y_1(1-\alpha^2)^{0.5}$，$z1_1 = (1-\alpha^2)^{0.5}$，并且 $z2_1 = (1-\alpha^2)^{0.5}$。因此，取代基于 $y_1$ 的大小，而采用基于偏离零的标准差的数量。请注意，Elliott(1999)提出在回归中使用 $\alpha = \left(1 - \dfrac{10}{T}\right)$，并且忽略回归中是否存在趋势的问题。这种检验的临界值不同于上面提到的相应的临界值。存在截距的回归的渐进临界值和存在截距和趋势的相应临界值如下所示。

|  | 1% | 2.5% | 5% | 10% |
|---|---|---|---|---|
| 截距 | −3.28 | −2.98 | −2.73 | −2.46 |
| 趋势 | −3.71 | −3.41 | −3.17 | −2.91 |

## 案例

为了说明如何恰当地使用 ERS 检验这种方法，文件 ERSTEST.XLS 包含了从方程 $y_t = 1 + 0.95 y_{t-1} + 0.01 t + \varepsilon_t$ 获得的 200 个观测值。虽然序列呈现明显的趋势平稳，但是，做这个练习的目的在于展示如何合理使用 ERS 检验的结果与 DF 检验的结果进行对比。查看文件，将会看到最开始五列的数据是

| t | y | y-tilde | z1 | z2 | yd |
|---|---|---|---|---|---|
| 1 | 20.033 39 | 20.033 39 | 1.000 0 | 1.000 0 | 0.036 376 |
| 2 | 21.851 26 | 3.170 125 | 0.067 5 | 1.067 5 | 1.692 188 |
| 3 | 22.013 47 | 1.637 169 | 0.067 5 | 1.135 0 | 1.692 338 |
| 4 | 22.086 49 | 1.558 934 | 0.067 5 | 1.202 5 | 1.603 304 |
| 5 | 22.172 55 | 1.576 890 | 0.067 5 | 1.270 0 | 1.527 297 |

第二列中的序列命名为 $y$，包含了 $y_t$ 序列中出现的 200 个实际值。因为数据中包含趋势，所以，合理的 $\alpha$ 值为 $1 - \dfrac{13.5}{200} = 0.9325$。$\alpha$ 值被用于构建下一个序列（$y\_tilde$），为 ($y\_tilde$) = $y_t - 0.9325 y_{t-1}$。例如，$\tilde{y}_1 = y_1$，$\tilde{y}_2 = y_2 - \alpha y_1 = 21.85126 - 0.9325 \times 20.03339 = 3.170125$，$\tilde{y}_3 = y_3 - \alpha y_2 = 1.637169$。由于 $\alpha = 0.9325$，所以，$z1_2 = z1_3 = \cdots = 1 - \alpha = 0.0675$。同样地，$z2_t = 0.9325 + 0.0675 t$，因此，$z2_1 = 1.0000$，$z2_2 = 1.0675$，$z2_3 = 1.1350$，$\cdots$。因而，估计得到 $\tilde{y}_t$ 的回归方程为

$$\tilde{y}_t = 19.835 z1_t + 0.162 z2_t$$

用 $a_0$ 和 $a_2$ 的估计值构建去除趋势的序列 $y_t^d$ 为

$$y_t^d = y_t - 19.835 - 0.162 t$$

这个序列存放于文件 ERSTEST.XLS 中的最后一列。继续下一步之前，先考虑 $y_t = 1 + 0.95 y_{t-1} + 0.01 t + \varepsilon_t$ 的特解，这非常重要。根据第 1 章的知识（也可见第 2 章的习题 7），能够很容易地证明这个解为 $16.2 + 0.2 t$。在某个程度上，估计趋势方程 $19.835 + 0.162 t$ 非常接近于特解。

现在，由于已经剔除了 $y_t$ 中的趋势，所以，可以直接进行单位根检验。使用表格中的数据，

就会得到

$$\Delta y_t^d = -0.0975 y_{t-1}^d$$
$$(-3.154)$$

在 2.5% 和 5% 的显著水平下，ERS 检验的临界值分别为 $-3.15$ 和 $-2.89$。这样，在 5% 的显著水平下，拒绝了存在一个单位根的原假设，而在 2.5% 的水平下则不能拒绝原假设。我们将会发现，回归方程中包含的滞后项 $\Delta y_{t-i}^d$ 仅仅使 SBC 的值变大了。除了令 $\alpha = 1 - \frac{10}{200} = 0.95$，$y_1 = (1-\alpha^2)^{0.5} = 6.255$，$z1_1 = (1-\alpha^2)^{0.5} = 0.3122$，且 $z2_1 = (1-\alpha^2)^{0.5} = 0.3122$ 之外，可以用相同的方法进行 Elliott(1999) 提出的检验，因此，假设序列的初始值来源于序列的无条件均值，我们可以得到 $t$ 统计量为 $-3.147$。因为在 5% 的显著水平下，$t$ 统计量的临界值为 $-3.17$，所以，不能拒绝（虽然非常接近于拒绝）存在单位根的原假设。

Elliott(1999) 检验的结果和 Schmidt-Phillips 检验的结果非常相似。为了进行 Schmidt-Phillips 的 LM 检验，首先必须进行 $\Delta y_t$ 关于截距的回归，得到 $\Delta y_t = 0.1713$。由于 $y_1 = 20.03339$，所以，所以，使用 $y_t^d = 20.03339 - (20.03339 - 0.1713) - 0.1713t$ 剔除序列 $y_t$ 的趋势。由此，可以得到回归方程 $\Delta y_t = 0.0691 - 0.0903 y_t^d$。由于 $y_t^d$ 系数的 $t$ 统计量为 $-3.052$，在 5% 显著水平下，拒绝存在单位根的原假设。但是这个结果与采用标准的 DF 检验得到的结果截然不同。考虑估计模型：

$$\Delta y_t = 2.0809 + 0.0158 t - 0.0979 y_{t-1} + \varepsilon_t$$
$$(3.265)\quad(3.106)\quad(-3.124)$$

$\gamma$ 的估计值为 $-0.0979$，并且原假设 $\hat{\gamma} = 0$ 的 $t$ 统计量为 $-3.124$。如表 A 所示，在 5% 和 10% 的显著水平下，$\tau_\tau$ 的临界值分别为 $-3.45$ 和 $-3.15$。因此，如果使用 DF 检验，那么，在通常的显著水平下，不能拒绝存在单位根的原假设。

在 4.9 节，曾经报告了对回归方程 $y_t = a_0 + a_1 y_{t-1} + \varepsilon_t$ 的标准 DF 检验有效性的蒙特卡洛研究的结果。假设采用 ERS 检验，那么，拒绝存在单位根的原假设的可能性（从 10 000 次重复中）如下所示。

| $a_1$ | 10% | 5% | 1% |
| --- | --- | --- | --- |
| 0.80 | 99.8 | 99.1 | 86.6 |
| 0.90 | 93.9 | 79.0 | 33.4 |
| 0.95 | 64.3 | 39.8 | 10.0 |
| 0.99 | 23.3 | 11.1 | 2.3 |

尽管这些结果远远地大于 DF 检验的临界值，但对于较大的 $a_1$ 值，检验的有效性还是不能令人满意。

在编程手册的 6.3 节中用实际 GDP 说明了检验的正确使用方法。

## 4.11 Panel 单位根检验

4.6 节提出了一些有力的证据证明了图 4-11 所示的三个实际汇率序列是单位根过程。当然，序列很可能是向均值靠拢的，但是对捕获序列是平稳的这一事实，DF 检验的有效性则很低。为了解决这个问题，用一种使检验有效性更高的方法，先集中大量独立序列的估计值，然后再检验这些集中起来的值。这种检验方法的理论很简单,假设有 $n$ 个独立的无偏参数估计量,则估计量的均值同样是无偏的。更重要的是,只要估计量是独立的,则根据中心极限定理,可以认为样本均值将围绕实际均值呈现正态分布。

当存在许多类似的时间序列变量(即 Panel)时,Im,Pesaran 和 Shin(2002)提出了一种运用这种理论构造单位根检验的方法,简称 IPS 检验。唯一的复杂因素是,在 DF 检验中对 $\gamma$ 的 OLS 估计是向下偏移的。假设我们有 $n$ 个序列,每个序列包含 $T$ 个观测样本值。对于每个序列,构建一个 ADF 检验形式

$$\Delta y_{it} = a_{i0} + \gamma_i y_{it-1} + a_{i2}t + \sum_{j=1}^{p_i} \beta_{ij} \Delta y_{it-j} + \varepsilon_{it} \qquad i = 1, \cdots, n \qquad (4\text{-}45)$$

因为方程组滞后期不同,所以,我们应该为每个方程选取恰当的滞后期。而且,可以将时间趋势剔除。但是,如果方程中包含趋势,那么,所有方程都将包含趋势。只要估计出了各个 $\gamma_i$,就可以得到原假设 $\gamma_i = 0$ 的 $t$ 统计量。在传统的 DF 检验中,是将每个这样的 $t$ 统计量(用 $t_i$ 表示)与在表 A 中的相应临界值进行比较的。但是,对于 Panel 单位根检验,是把 $t$ 统计量的样本均值构造为

$$\bar{t} = \left(\frac{1}{n}\right) \sum_{i=1}^{n} t_i \qquad (4\text{-}46)$$

直接构造统计量 $Z_{\bar{t}}$ 为

$$Z_{\bar{t}} = \frac{\sqrt{n}[\bar{t} - E(\bar{t})]}{\sqrt{\text{var}(\bar{t})}}$$

式中,$E_{\bar{t}}$ 和 $\text{var}(\bar{t})$ 分别表示 $\bar{t}$ 的理论均值和方差。如果各个检验的 $t_i$ 的 OLS 估计是无偏的,则 $E_{\bar{t}}$ 的值是零。但是,为了修正事实存在的偏移,$E_{\bar{t}}$ 和 $\text{var}(\bar{t})$ 的值可通过蒙特卡洛模拟进行计算。Im,Pesaran 和 Shin(IPS)给出了如下所示的 $E_{\bar{t}}$ 和 $\text{var}(\bar{t})$ 的值。

| $T$ | 6 | 8 | 10 | 15 | 20 | 50 | 100 | 500 |
|---|---|---|---|---|---|---|---|---|
| $E\bar{t}$ | -1.52 | -1.50 | -1.50 | -1.51 | -1.52 | -1.53 | -1.53 | -1.53 |
| $\text{var}(\bar{t})$ | 1.75 | 1.23 | 1.07 | 0.92 | 0.85 | 0.76 | 0.74 | 0.72 |

Im,Pesaran 和 Shin 指出,$Z_{\bar{t}}$ 为渐近的标准正态分布。因此,对于较大的 $T$ 和 $n$,可以用正态分布来近似 $Z_{\bar{t}}$。对于这个结论,我们并不会感到惊奇,毕竟,如果每个 $t_i$ 的估计值都是独立的,那么,根据中心极限定理,样本均值相对于实际均值的偏离将服从正态分布。拒绝原假设 $Z_{\bar{t}} = 0$ 等同于接受备择假设——$\gamma_i$ 的值中至少有一个不为零。毕竟,如果 $t$ 统计量的样本均值在统计上显著不为零,那么 $\gamma_i$ 的值中至少有一个在统计上显著不为零。

$Z_{\bar{t}}$ 服从正态分布的证明依赖于大容量的数据,对于在应用计量经济中使用的典型样本规模,最好使用表 4-7 中的临界值。请注意,临界值取决于 $n$、$T$ 的值以及是否在式(4-45)中包含时间趋势。例如,如果我们有 7 个序列,每个序列含有 50 个观测值,并且在式(4-45)中包含了时间趋势,则在 5% 的显著水平下,$\bar{t}$ 的临界值为 -2.67。如果我们使用了 DF 检验,对于 $t_i$ 的 7 个值中的每个值,其相应的临界值为 -3.50(参见表 A)。特别要注意,有必要使得 $T$ 和 $n$ 的值大于 4。在时间序列计量经济中,较大的 $T$ 值才是合乎标准的,如果 $n$ 太小,$\bar{t}$ 的计算值也将是毫无意义的。

表 4-7  IPS Panel 单位根检验所选的临界值

| $\dfrac{n}{T}$ | 25 | | | 50 | | | 70 | | |
|---|---|---|---|---|---|---|---|---|---|
| | 10% | 5% | 1% | 10% | 5% | 1% | 10% | 5% | 1% |
| 无时间趋势 | | | | | | | | | |
| 5  | -2.04 | -2.18 | -2.46 | -2.02 | -2.15 | -2.42 | -2.02 | -2.15 | -2.40 |
| 7  | -1.95 | -2.08 | -2.32 | -1.95 | -2.06 | -2.28 | -1.95 | -2.06 | -2.28 |
| 10 | -1.88 | -1.99 | -2.19 | -1.88 | -1.98 | -2.16 | -1.88 | -1.98 | -2.16 |
| 15 | -1.82 | -1.90 | -2.07 | -1.81 | -1.89 | -2.05 | -1.81 | -1.89 | -2.04 |
| 25 | -1.75 | -1.82 | -1.94 | -1.75 | -1.81 | -1.93 | -1.75 | -1.81 | -1.93 |
| 50 | -1.69 | -1.73 | -1.82 | -1.68 | -1.73 | -1.81 | -1.68 | -1.73 | -1.73 |
| 含有时间趋势 | | | | | | | | | |
| 5  | -2.65 | -2.80 | -3.09 | -2.62 | -2.76 | -3.02 | -2.62 | -2.75 | -3.00 |
| 7  | -2.58 | -2.70 | -2.94 | -2.56 | -2.67 | -2.88 | -2.55 | -2.66 | -2.67 |
| 10 | -2.51 | -2.62 | -2.82 | -2.50 | -2.59 | -2.77 | -2.49 | -2.58 | -2.75 |
| 15 | -2.45 | -2.53 | -2.69 | -2.44 | -2.52 | -2.65 | -2.44 | -2.51 | -2.65 |
| 25 | -2.39 | -2.45 | -2.58 | -2.38 | -2.44 | -2.55 | -2.38 | -2.44 | -2.54 |
| 50 | -2.33 | -2.37 | -2.45 | -2.32 | -2.36 | -2.44 | -2.32 | -2.36 | -2.44 |

正如在 4.6 节中所提到的,文件 PANEL.XLS 包含澳大利亚、加拿大、法国、德国、日本、荷兰、英国和美国 1980 年第 1 季度至 2013 年第 1 季度的实际有效汇率(基于 CPI)的季度数据。因为购买力平价理论没有考虑确定性时间趋势,所以,每个序列都用式(4-45)估计,但不包含趋势项。表 4-8 的前 3 列是对实际汇率的对数值进行 ADF 检验的结果。例如,关于澳大利亚的模型使用了 $\{\Delta y_{it}\}$ 的 5 个滞后项,并且 $\gamma_i$ 的估计值为 -0.049。请注意,原假设 $\gamma_i = 0$ 的 8 个 $t$ 统计量的平均值为 -2.44。因为每个序列有 133 个观测样本,在 5% 和 1% 显著水平下,对应的临界值分别为 -2.06 和 -2.28,因此,可以拒绝所有的 $\gamma_i = 0$ 的原假设。

结果中存在的问题在于从单个方程得到的残差,如果 $E\varepsilon_{it}\varepsilon_{jt} \neq 0$,那么,残差间就表现为同期相关。例如,从法国和德国的方程中得到的残差的相关系数为 0.67。对它的解释是,影响法国实际汇率的冲击很可能影响了德国的实际汇率。在这种情况下,一个常用的策略是从每个观测值中减去一个通常的时间趋势。在 $t$ 期时,每个序列的均值为

$$\bar{y}_t = \left(\frac{1}{n}\right)\sum_{i=1}^{n} y_{it}$$

这种方法就是从每个观测样本中减去这一共有的均值(即构建 $y_{it}^* = y_{it} - \bar{y}_t$)并使用 $y_{it}^*$ 的值估计式(4-45)。在本例中,$y_{it}$ 是在 $t$ 期实际汇率 $i$ 的对数。因此,对于每个时期 $t$,将从 $y_{it}$ 中减去这些对数值的均值。表 4-8 的后 3 列显示了对序列 $\{y_{it}^*\}$ 的检验结果。请注意,滞后期并没有改变,但 $t$ 统计量的平均值变为 -2.50。这样,就可以拒绝实际汇率是非平稳的原假设。

表 4-8  实际汇率的 Panel 单位根检验

| | 滞后长度 | 估计的 $\gamma_i$ | $t$ 统计量 | 估计的 $\gamma_i$ | $t$ 统计量 |
|---|---|---|---|---|---|
| | | 实际汇率的对数 | | 减去普遍的时间影响 | |
| 澳大利亚 | 5 | -0.049 | -1.678 | -0.043 | -1.434 |
| 加拿大 | 7 | -0.036 | -1.896 | -0.035 | -1.820 |
| 法国 | 1 | -0.079 | -2.999 | -0.102 | -3.433 |
| 德国 | 1 | -0.068 | -2.669 | -0.067 | -2.669 |
| 日本 | 3 | -0.054 | -2.277 | -0.048 | -2.137 |
| 荷兰 | 1 | -0.110 | -3.473 | -0.137 | -3.953 |
| 英国 | 1 | -0.081 | -2.759 | -0.069 | -2.504 |
| 美国 | 1 | -0.037 | -1.764 | -0.045 | -2.008 |

## Panel 单位根检验的局限性

（1）IPS 检验的原假设为 $\gamma_1 = \gamma_2 = \cdots = \gamma_n = 0$。拒绝原假设意味着 $\gamma_i$ 中至少有一个不为零。因此，就可能因为 $\gamma_i$ 中一个或两个值不为零而拒绝原假设。不幸的是，没有特殊的方法可以知道 $\gamma_i$ 中的哪些值不为零。因此，Panel 单位根检验的结果可能取决于 Panel 中的时间序列变量的选择。

（2）就这点而言，检验的渐近理论存在实质的分歧。当 $T$ 给定时，通过增加 $n$，或者，当 $n$ 给定时，通过扩大 $T$，或者同时加大 $T$ 和 $n$，都能够使样本规模趋向于无穷。不幸的是，各种检验中的许多重要结论，对在各种假设中进行此类貌似无关紧要的选择是很敏感的。例如，在表 4-7 中列出的临界值，对于大样本 $T$，通过在式(4-45)中增加滞后项，临界值却并没有改变。但是，对于较小的 $T$ 值和较大的 $n$ 值，临界值取决于各个 $\beta_{ij}$ 的大小。

（3）检验要求式(4-45)的误差项序列不相关以及同期不相关。我们需要确定滞后长度 $p_i$ 的值，以保证 $\{\varepsilon_{it}\}$ 的自相关系数为零。然而，因为 $E\varepsilon_{it}\varepsilon_{jt} \neq 0$，所以，误差可能是同期相关的。如果方程组中的回归残差是相关的，那么，表 4-7 中的临界值就不适用。上述例子阐述了一个常常用于纠正方程组中的互相关的方法，我们可以从每个观测值中减去一个共同的时间影响，但是，这一修正并不能保证可以完全剔除相关性。而且，$\{\bar{y}_t\}$ 很有可能是非平稳的。

"从每个序列中减去一个非平稳成分"很明显是与变量是平稳的观点不一致。一种备择方法是，根据自助方法得到 $\bar{t}$ 的值，进而构建临界值。补充手册附录 4.3 中给出了相应的细节问题。

在已有文献中，有许多其他的 Panel 单位根检验方法。Maddala-Wu(1999)的检验方法类似于 IPS 检验，但要求研究者自助地得到临界值。Levin-Lin-Chu(2002)提出的检验具有更多约束的备择假设 $\gamma_1 = \gamma_2 = \cdots = \gamma_n$。但是，上述提到的需要注意的事项同样适合于所有的 Panel 单位根检验。2001 年 8 月在 *Journal of Money Credit and Banking* 杂志上发表的文章中，对这些检验进行了很有意义的比较。其中有三篇文章对实际汇率序列进行了不同的 Panel 单位根检验。

## 4.12 趋势和单变量分解

Nelson 和 Plosser(1982)研究的结论指出，许多经济时间序列包含一个随机趋势加一个平稳成分。当观察一个序列而非单个成分时，为什么要把序列分解为各个组成部分呢？许多经济理论认为，在一个序列中区分临时性的变动和永久的变动是十分重要的。一次廉价出售（即一次临时的价格下降）在于促使消费者现在购买而不是将来购买；劳动经济学家提出"按小时供给"更易受临时性工资增长的影响而非永久性工资增长的影响，其观点认为工人会临时性地用收入替代休闲时间。的确，现代的消费函数理论将个人收入分为永久收入和临时收入两部分进一步突出了这种分解的重要性。

如果 $\{y_t\}$ 中的趋势是纯确定性趋势，那么，任何此类分解都很简单。例如，一个线性时间趋势在每个时期都是固定变化时，就可以从 $y_t$ 的实际值中减去确定性趋势，从而可以获得平稳的成分。

如果趋势是随机性的，就会出现很伤脑筋的概念性问题。例如，假设我们需要判断现在处在经济周期的哪个阶段。如果 GDP 中的趋势是随机的，那么，当 GDP 在趋势值之上或之下该如何表述呢？仅仅通过连续下降的季度实际 GDP 这一衡量经济不景气的传统指标进行判断，是不足以说明问题的。毕竟，如果 GDP 含有一个确定性趋势成分，那么，平稳成分的负观测值有可能被正的确定性趋势成分所掩盖。

如果有可能将一个序列分解为单独的永久性和平稳性成分，那么问题就解决了。为了更好地了解随机趋势的属性，请注意（与确定性趋势相对照），随机趋势在每个时期平均增加一个固定数值。例如，考察带漂移的随机游走模型

$$y_t = y_{t-1} + a_0 + \varepsilon_t$$

因为 $E\varepsilon_t = 0$，所以，$y_t$ 的平均变化是确定性常数 $a_0$。当然，在任意时期 $t$，由于随机量 $\varepsilon_t$ 的原因，导致了实际变化并不等于 $a_0$。无论 $y_t$ 的变化是否由确定性成分或随机性成分引起的，$\{y_t\}$ 中的每次变动量都相继地添加到了它的水平中。正如我们在式(4-5)中所看到的，带漂移的随机游走模型没有平稳成分。因此，它是一个纯趋势模型。

把带漂移的随机游走过程看作是纯趋势过程的思想在时间序列分析中极其有用。Beveridge 和 Nelson(1981)提出了如何将任意一个 ARIMA($p$, 1, $q$) 模型分解为一个随机游走附带漂移成分和平稳成分(即一般趋势加无规则模型)的方法。在考察更具一般性的情形之前，先考察以 ARIMA (0, 1, 2)模型为例的简单例子：

$$y_t = y_{t-1} + a_0 + \varepsilon_t + \beta_1 \varepsilon_{t-1} + \beta_2 \varepsilon_{t-2} \tag{4-47}$$

如果 $\beta_1 = \beta_2 = 0$，则式(4-47)就纯粹是带漂移的随机游走过程。两个移动平均项的引入使序列 $\{y_t\}$ 增加了平稳成分。若要明白 Beveridge 和 Nelson(1981)的方法，那么，第 1 步是获得预测函数。而现在，通过定义 $e_t = \varepsilon_t + \beta_1 \varepsilon_{t-1} + \beta_2 \varepsilon_{t-2}$ 使问题简化，所以，我们可以把模型(4-47)写成 $y_t = y_{t-1} + a_0 + e_t$。对于给定的初始条件 $y_0$，得到 $y_t$ 的解为

$$y_t = a_0 t + y_0 + \sum_{i=1}^{t} e_i \tag{4-48}$$

递推 $s$ 期，得到

$$y_{t+s} = a_0(t+s) + y_0 + \sum_{i=1}^{t+s} e_i \tag{4-49}$$

式(4-48)减去式(4-49)，消去 $y_0$，得到

$$y_{t+s} = a_0 s + y_t + \sum_{i=1}^{s} e_{t+i} \tag{4-50}$$

为了用 $\{\varepsilon_t\}$ 而不是用 $\{e_t\}$ 表示 $y_{t+s}$ 的解，能够得到

$$\sum_{i=1}^{s} e_{t+i} = \sum_{i=1}^{s} \varepsilon_{t+i} + \beta_1 \sum_{i=1}^{s} \varepsilon_{t-1+i} + \beta_2 \sum_{i=1}^{s} \varepsilon_{t-2+i} \tag{4-51}$$

所以，$y_{t+s}$ 的解可以写为

$$y_{t+s} = a_0 s + y_t + \sum_{i=1}^{s} \varepsilon_{t+i} + \beta_1 \sum_{i=1}^{s} \varepsilon_{t-1+i} + \beta_2 \sum_{i=1}^{s} \varepsilon_{t-2+i} \tag{4-52}$$

现在，对于不同的 $s$，考察 $y_{t+s}$ 的预测值。因为当 $i > 0$ 时，$E_t \varepsilon_{t+i} = 0$，所以，得到

$$E_t y_{t+1} = a_0 + y_t + \beta_1 \varepsilon_t + \beta_2 \varepsilon_{t-1}$$
$$E_t y_{t+2} = 2a_0 + y_t + (\beta_1 + \beta_2) \varepsilon_t + \beta_2 \varepsilon_{t-1}$$
$$\vdots$$
$$E_t y_{t+s} = s a_0 + y_t + (\beta_1 + \beta_2) \varepsilon_t + \beta_2 \varepsilon_{t-1} \tag{4-53}$$

在这里，当 $s > 1$ 时，预测值为表达式 $s a_0 + y_t + (\beta_1 + \beta_2) \varepsilon_t + \beta_2 \varepsilon_{t-1}$。因此，预测函数会收敛于一个线性函数，它是预测时间跨度 $s$ 的函数，函数的斜率为 $a_0$，并且水平(截距)为 $y_t + (\beta_1 + \beta_2) \varepsilon_t + \beta_2 \varepsilon_{t-1}$。我们把在 $t$ 期的这一随机水平称为 $t$ 期的随机趋势值，用 $\mu_t$ 表示。这一随机趋势值加上确定性的值 $a_0 s$ 就构成了 $E_t y_{t+s}$ 的预测值。在这里，有几点需要强调。

(1) 我们把趋势定义为预测函数极限值的条件期望值。在展开项中，趋势是"长期"预测。由于 $\{\varepsilon_t\}$ 的额外实现值，导致在每个时期 $t$ 的预测值有所不同。在任意时期 $t$，序列的平稳成分是 $y_t$ 与随机趋势 $\mu_t$ 的差。因此，序列的平稳成分为

$$y_t - \mu_t = -(\beta_1 + \beta_2)\varepsilon_t - \beta_2\varepsilon_{t-1} \tag{4-54}$$

在任何时期，趋势和平稳成分都是完全相关的(相关系数为 $-1$)。

(2) 根据定义，$\varepsilon_t$ 是 $y_t$ 中的新息，它的方差为 $\sigma^2$。由于 $\varepsilon_t$ 的 1 个单位变化导致趋势有 $1 + \beta_1 + \beta_2$ 个单位的变化，因此，趋势中的新息的方差能够超过 $y_t$ 本身的方差。如果 $(1 + \beta_1 + \beta_2)^2 > 1$，与 $y_t$ 相比，因为 $\mu_t$ 和平稳成分之间的负相关将使得序列 $\{y_t\}$ 变得平滑，所以，趋势更具波动性。

(3) 趋势是带漂移的随机游走。因为 $t$ 期的趋势为 $\mu_t$，即 $\mu_t = y_t + (\beta_1 + \beta_2)\varepsilon_t + \beta_2\varepsilon_{t-1}$，所以

$$\Delta\mu_t = \Delta y_t + (\beta_1 + \beta_2)\Delta\varepsilon_t + \beta_2\Delta\varepsilon_{t-1} = (y_t - y_{t-1}) + (\beta_1 + \beta_2)\varepsilon_t - \beta_1\varepsilon_{t-1} - \beta_2\varepsilon_{t-2}$$

因为 $y_t - y_{t-1} = a_0 + \varepsilon_t + \beta_1\varepsilon_{t-1} + \beta_2\varepsilon_{t-2}$，所以

$$\Delta\mu_t = a_0 + (1 + \beta_1 + \beta_2)\varepsilon_t$$

因此，$\mu_t = \mu_{t-1} + a_0 + (1 + \beta_1 + \beta_2)\varepsilon_t$，所以，在 $t$ 期，趋势由漂移项 $a_0$ 加白噪声新息 $(1 + \beta_1 + \beta_2)\varepsilon_t$ 组成。

Beveridge 和 Nelson 指出了如何从数据中重新获得趋势和平稳成分。在现在的例子中，使用 Box-Jenkins 方法估计序列 $\{y_t\}$。差分数据之后，经合理地识别、估计出的 ARMA 模型将会有 $a_0$、$\beta_1$ 和 $\beta_2$ 的高质量估计值。下一步，分别求 $y_t$ 和 $y_{t-1}$ 的提前 1 步预测误差 $\varepsilon_t$ 和 $\varepsilon_{t-1}$。为了获得预测误差 $\varepsilon_t$ 和 $\varepsilon_{t-1}$，用已估 ARMA 模型对 $y_t$ 和 $y_{t-1}$ 的每个观测样本进行样本内预测，预测结果的误差就是 $\varepsilon_t$ 和 $\varepsilon_{t-1}$。根据式(4-54)，用估计值 $\beta_1$、$\beta_2$ 和 $\varepsilon_t$、$\varepsilon_{t-1}$，得到无规则成分。对每个 $t$ 期，重复这些步骤，得到整个无规则序列。根据式(4-54)，这一无规则成分是 $y_t$ 去除趋势的值，因此，就可以直接获得永久成分。

## 4.12.1 一般的 ARIMA($p$, 1, $q$)模型

任何 ARIMA($p$, 1, $q$)序列的 1 阶差分都可写为平稳的无限阶移动平均表达式

$$y_t - y_{t-1} = a_0 + \varepsilon_t + \beta_1\varepsilon_{t-1} + \beta_2\varepsilon_{t-2} + \cdots$$

与前面的例子一样，定义 $e_t = \varepsilon_t + \beta_1\varepsilon_{t-1} + \beta_2\varepsilon_{t-2} + \beta_3\varepsilon_{t-3} + \cdots$ 是有用的，因此，我们可将 $y_{t+s}$ 写为与式(4-50)同样的形式，即

$$y_{t+s} = y_t + a_0 s + \sum_{i=1}^{s} e_{t+i}$$

接着，用序列 $\{\varepsilon_t\}$ 的各个值表示序列 $\{e_t\}$。一般情况下，式(4-51)变为

$$\sum_{i=1}^{s} e_{t+i} = \sum_{i=1}^{s} \varepsilon_{t+i} + \beta_1 \sum_{i=1}^{s} \varepsilon_{t-1+i} + \beta_2 \sum_{i=1}^{s} \varepsilon_{t-2+i} + \beta_3 \sum_{i=1}^{s} \varepsilon_{t-3+i} + \cdots \tag{4-55}$$

因为 $E_t\varepsilon_{t+i} = 0$，于是，得到的预测函数可以写为

$$E_t y_{t+s} = y_t + a_0 s + \left(\sum_{i=1}^{s}\beta_i\right)\varepsilon_t + \left(\sum_{i=2}^{s+1}\beta_i\right)\varepsilon_{t-1} + \left(\sum_{i=3}^{s+2}\beta_i\right)\varepsilon_{t-2} + \cdots \tag{4-56}$$

现在，为了求出随机趋势，随着 $s$ 趋于无穷大，获取预测 $E_t(y_{t+s} - a_0 s)$ 的极限值。因此，随机趋势为

$$y_t + \left(\sum_{i=1}^{\infty}\beta_i\right)\varepsilon_t + \left(\sum_{i=2}^{\infty}\beta_i\right)\varepsilon_{t-1} + \left(\sum_{i=3}^{\infty}\beta_i\right)\varepsilon_{t-2} + \cdots$$

分解的关键在于从新构造 $y_{t+s}$，将它写为

$$y_{t+s} = \Delta y_{t+s} + \Delta y_{t+s-1} + \Delta y_{t+s-2} + \cdots + \Delta y_{t+1} + y_t$$

这样，趋势可直接写为 $y_t$ 的当期值加上序列中所有的预测变化值。消去 $a_0 s$，趋势的随机部分为

$$\lim_{s\to\infty} E_t y_{t+s} = \lim_{s\to\infty} E_t [(y_{t+s} - y_{t+s-1}) + (y_{t+s-1} - y_{t+s-2}) + \cdots + (y_{t+2} - y_{t+1}) + (y_{t+1} - y_t)] + y_t$$

$$= \lim_{s\to\infty} E_t (\Delta y_{t+s} + \Delta y_{t+s-1} + \cdots + \Delta y_{t+2} + \Delta y_{t+1}) + y_t \tag{4-57}$$

式(4-57)的有用之处在于，Box-Jenkins 方法允许我们计算 $E_t \Delta y_{t+s}$ 的各个值。对于数据集中的每个观测值，根据式(4-57)找出所有的提前 $s$ 步预测，并求其和。因为无规则成分是 $y_t$ 减去了确定性趋势和随机趋势之和的剩余部分，所以，可以把无规则成分表示为

$$y_t - \lim_{s\to\infty}(E_t y_{t+s} + a_0 s) = -\lim_{s\to\infty} E_t (\Delta y_{t+s} + \Delta y_{t+s-1} + \cdots + \Delta y_{t+2} + \Delta y_{t+1}) - a_0 s$$

因此，概括起来讲，使用 Beveridge 和 Nelson(1981)的方法的步骤如下。

**第 1 步**：使用 Box-Jenkins 的方法估计序列的 1 阶差分。选择能最优拟合序列 $\{\Delta y_t\}$ 的 ARMA $(p, q)$ 模型。

**第 2 步**：使用最优拟合的 ARMA 模型，对 $t = 1, \cdots, T$ 的每个时期，求出它的提前 1 步预测，提前 2 步预测，$\cdots$，提前 $s$ 步预测。也就是说，对每个 $t$ 和 $s$ 值，求出 $E_t \Delta y_{t+s}$。对于每个 $t$ 值，使用这些预测求和：$E_t(\Delta y_{t+s} + \Delta y_{t+s-1} + \cdots + \Delta y_{t+1}) + y_t$。在实际应用中，需要找到一个式(4-57)的合理近似，在 Beveridge 和 Nelson 的研究中，令 $s = 100$。例如，对于第 1 个可使用的观测值(即 $t = 1$)，求它的和

$$\mu_1 = E_1(\Delta y_{101} + \Delta y_{100} + \cdots + \Delta y_2) + y_1$$

很显然，$y_1$ 的值加上这些预测值变动量的和等于 $E_1 y_{101}$，在时期 1，趋势的随机成分为 $E_1 y_{101} - a_0 s$，确定性部分为 $a_0 s$。类似地，对于 $t = 2$，构造趋势

$$\mu_2 = E_2(\Delta y_{102} + \Delta y_{101} + \cdots + \Delta y_3) + y_2$$

如果数据集中有 $T$ 个观测样本，则最后一个时期的趋势成分为

$$\mu_T = E_T(\Delta y_{T+100} + \Delta y_{T+99} + \cdots + \Delta y_{T+1}) + y_T$$

构造出的趋势的序列(即 $\mu_1, \mu_2, \cdots, \mu_T$)构成了序列 $\{\mu_t\}$。

**第 3 步**：通过从 $y_t$ 中减去 $t$ 期的趋势中的随机成分，从而获得 $t$ 期的无规则成分。因此，对于每个观测期 $t$，无规则成分为

$$-E_t(\Delta y_{t+100} + \Delta y_{t+99} + \cdots + \Delta y_{t+1})$$

需要注意的是，对于许多序列来说，$s$ 的值可能很小。例如，在式(4-47)的 ARIMA(0, 1, 2)模型中，因为当 $s > 2$ 时，所有的预测值为零，所以，$s$ 的值可设为 2。如果在第 1 步中估计的 ARMA 模型是缓慢衰减的自回归成分，则为了使提前 $s$ 步预测收敛于确定性变变动量 $a_0$，$s$ 的值应该足够大。

**两个例子**：文件 PANEL. XLS 包含了用于估计 ARIMA(0, 1, 1)过程的实际英镑汇率的季度数据。估计出的 ARIMA(0, 1, 1)过程为

$$\Delta y_t = -0.000\,4 + \varepsilon_t + 0.386\varepsilon_{t-1}$$
$$(-0.11) \qquad\qquad (4.75)$$

式中，$\Delta y_t$ 是取对数后的实际英镑汇率的变动量。

虽然我们往往希望在回归中能够保留不显著的截距项，但是由于截距项将确定性趋势传递给了实际汇率，因此，很明显，这种情况是我们不愿意看到的。这样，重新估计不含截距项的模型，得到估计方程为

$$\Delta y_{t+1} = \varepsilon_t + 0.386\varepsilon_{t-1}$$

第 2 步的要求是，对每个观测值构造提前 1 步预测至提前 $s$ 步预测。对于这种模型，结构并不重要，因此，对于每个时期 $t$，提前 1 步预测为

$$E_t \Delta y_{t+1} = 0.386\varepsilon_t$$

而其他所有的提前 $s$ 步预测为 0。

因此，对于各个观测期 $t$，它们的和 $E_t(\Delta y_{t+100} + \Delta y_{t+99} + \cdots + \Delta y_{t+1})$ 等于 $0.386\varepsilon_t$。这样，对于 1980 年第 2 季度这个时期（即 1980：$Q2$，样本中的第一个可使用的样本观测期），趋势的随机成分为 $y_{1980:Q2} + 0.386\varepsilon_{1980:Q2}$，$y_{1980:Q2}$ 的临时成分为 $-0.386\varepsilon_{1980:Q2}$。数据序列的每个时期都重复上述过程，就可以得到序列的无规则和永久的成分。已估模型 ARIMA(0，1，1) 是式(4-47)的一种特殊情形，其中，设 $a_0 = 0$，$\beta_2 = 0$。这样，我们就应该会写出与式(4-48)至式(4-54)相对应的实际英镑汇率的相关等式。

我们已经证明了美国的实际 GDP 是单位根过程

$$\Delta lrgdp_t = 0.0078 + 0.3706 \Delta lrgdp_{t-1}$$

现在，较为困难的是计算预测变动量的和。尽管如此，但还是值得说明一下前几个值的计算过程。在 1947 年第 2 季度（1947：$Q2$）时，$lrgdp_t$ 和 $\Delta lrgdp_{t-1}$ 的值分别为 7.4776 和 $-0.00153$。因为我们并不在意趋势的确定性部分，所以，基于 1947 年第 2 季度的有效信息，1947 年第 3 季度（1947：$Q3$）的提前 1 步预测为 $-5.670 \times 10^{-4} [ = 0.3706 \times (-0.00153)]$，并且提前 2 步预测为 $-2.101 \times 10^{-4} [ = 0.3706 \times (-5.670 \times 10^{-4})]$。在较短的一系列时期后预测很快地收敛于零。合计所有的这些预测变动量，我们将得到 $-0.0009$。所以，抽离出趋势中的确定性部分，在一个长时期中，实际 GDP 的对数的预测变动量为 $-0.0009$。如果将这一个值与 $lrgdp_{1947:Q2}$ 相加，求出随机成分为 $7.4476 - 0.0009 = 7.4467$。如果对数据不取对数，将会得到 1947 年第 2 季度（1947：$Q2$）GDP 的实际水平为 1.768 万亿美元，并且永久成分为 1.714 万亿美元。

对数据集的所有观测值重复上述操作，则获得实际 GDP 趋势成分的时间路径。如果使用实际值和趋势描图，将会发现两个序列几乎是重合的。因为自回归系数非常小，所以，在实际 GDP 序列中，几乎所有变动都是永久的。周期性因素已在图 4-15a 中绘出。注意，该序列看起来比一般认为的商业周期更呈锯齿状。不过，分解后的序列在 20 世纪 70 年代前期和后期以及金融危机时期都表现良好。

### 4.12.2 Hodrick-Prescott 分解

Hodrick 和 Prescott(1997)提出了另一种将一个序列分解为趋势成分和平稳成分的方法。假设我们观测到 $y_1$ 至 $y_T$ 的值，并且想将这个序列分解为趋势 $\{\mu_t\}$ 和平稳成分 $y_t - \mu_t$。考察平方和

$$\frac{1}{T}\sum_{t=1}^{T}(y_t - \mu_t)^2 + \frac{\lambda}{T}\sum_{t=2}^{T}[(\mu_{t+1} - \mu_t) - (\mu_t - \mu_{t-1})]^2$$

式中，$\lambda$ 是常数；$T$ 为有效的观测样本数。

现在的问题是，如何选择序列 $\{\mu_t\}$ 以便使这一平方和达到最小。在最小化问题里，$\lambda$ 是一个主观确定的常量，它反映趋势中包含波动的"代价"或惩罚。在许多应用中，包括 Hodrick 和 Prescott(1964)以及 Farmer(1993)的研究，$\lambda$ 被设为 1600。增加 $\lambda$ 的值将"平滑掉"趋势。如果 $\lambda = 0$，则当 $y_t = \mu_t$ 时，平方和最小，趋势为 $y_t$ 自身。当 $\lambda \to \infty$ 时，当 $(\mu_{t+1} - \mu_t) = (\mu_t - \mu_{t-1})$ 时平方和最小。这样，当 $\lambda \to \infty$ 时，趋势中的变化是恒定的，从而得到的结果是一个线性时间趋势的结果。直观地，对于大的 $\lambda$ 值，Hodrick-Prescott(HP)分解将使得趋势中的变化（即 $\Delta\mu_{t+1} - \Delta\mu_t$）尽

可能地小。当趋势是线性时，就会发生这种情况。

Hodrick-Prescott 分解的优点在于，使用了同样的方法，从一系列变量中提取趋势。例如，许多实际的经济周期模型揭示出所有的变量有相同的随机趋势。Beveridge 和 Nelson 方法被独立运用到各个变量将不会使各个变量产生相同的趋势。图 4-15b 显示了应用于美国实际 GDP、消费和投资的一个 HP 分解。这里有一个问题，分解后表明在 2011 和 2012 年，经济运行高于趋势水平。从图 4-16 中我们可以看到，在平滑后的直线(代表通过 HP 分解提取的趋势)中，每个序列的永久成分占去变动的绝大部分。但是，需要告诫的是，因为 HP 滤波是一个可以平滑趋势的函数，所以，它能把一个伪波动引入序列的无规则成分中。滤波致使随机趋势成为 $(\mu_{t+1} - \mu_t) - (\mu_t - \mu_{t-1})$ 的一个平滑的趋势。因此，当 $\{y_t\}$ 序列为 $I(2)$ 时，滤波最有效地发挥作用，以至于消除随机趋势的 2 阶差分是合理的。

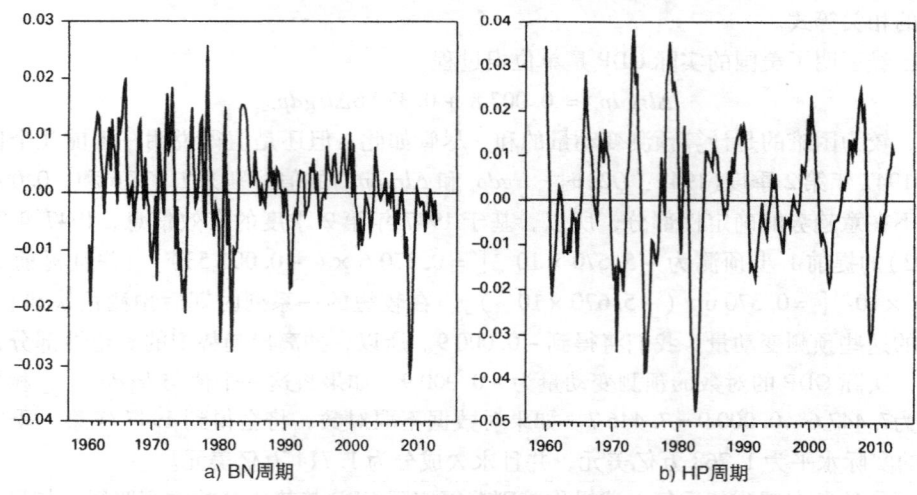

图 4-15 GDP 分解为两个因素

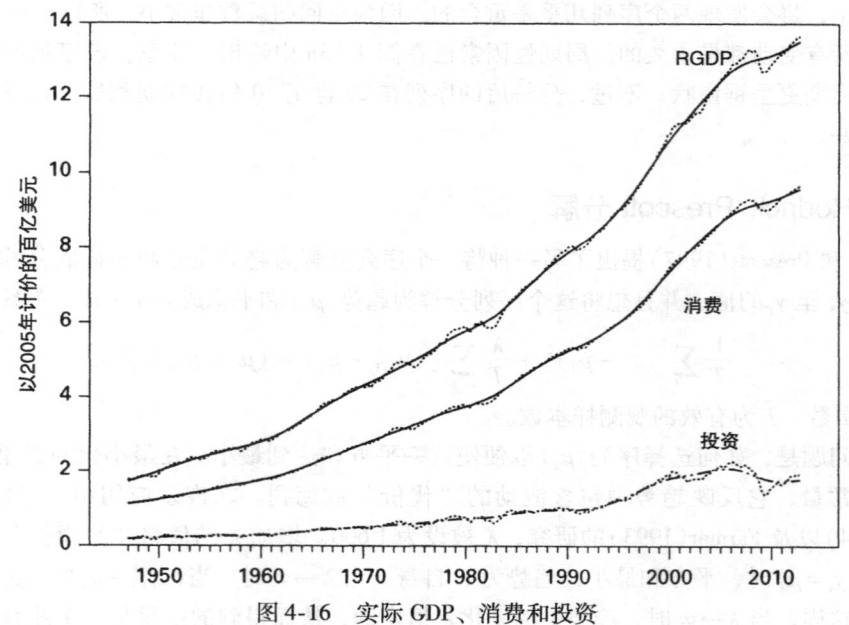

图 4-16 实际 GDP、消费和投资

注意，其他形式的分解也是有可能的。补充手册附录的 4.5 节检验了一个未观察到的组件分解，将 GDP 分解成趋势和周期。

## 4.13 总结

一个序列中的趋势可以包含随机性趋势和确定性趋势。差分可以剔除随机趋势，而通过去除趋势方法可以剔除掉确定性趋势。但是，对趋势平稳序列进行差分和对包含随机趋势的序列进行去除趋势都是不恰当的。序列的无规则成分可使用 Box-Jenkins 方法进行估计。

与传统理论截然不同，许多人认为大多数宏观经济时间序列包含随机趋势。在有限样本中，单位根过程的相关图衰减缓慢。因此，一个衰减缓慢的 ACF 图能表示一个存在单位根过程或者一个接近单位根过程。这个问题非常重要，因为许多经济时间序列似乎都有一个不平稳成分。当遇到这类时间序列时，我们会进行去除趋势操作吗？或者进行 1 阶差分吗？或者因为认为该序列平稳而不作任何处理吗？

Box-Jenkins 方法的认同者建议对一个非平稳变量或一个接近单位根过程的变量进行差分。对于短期预测，趋势的类型无关紧要。差分同样可用于其他的回归移动平均过程系数的特征。但是，随着预测水平扩大，趋势的确切形式就变得更为重要了。平稳性意味着存在一个向长期均衡回复的趋势。确定性趋势意味着稳定性增加(或减少)，直至无限期的将来。带有随机性趋势序列预测值收敛于一个稳定水平。正如区分实际的经济周期理论与众多传统的理论所表明的那样，趋势的自然属性可能有重要的理论应用价值。

通常的 $t$ 统计量和 $F$ 统计量不能用于判定某一序列是否存在单位根。Dickey 和 Fuller(1979，1981)提出了恰当的检验统计量用于确定某一序列是否存在单位根、单位根附带漂移项，或单位根附带漂移项和时间趋势。这些检验方法经过修改后也可用于检验季节性单位根。结构性冲击将使 DF 检验和 Phillips-Perron 检验朝着接受单位根的方向偏移。Perron(1989)提出了怎样将一个已知的结构性冲击结合到单位根的检验中。因为每一年都存在与往年不同的因素，检验往往在存在结构性冲击的情况下进行，所以，检验时要十分谨慎。

前面提到的所有检验方法对于区分单位根过程和接近单位根过程的有效性都很低。一个趋势平稳的过程可以被一个单位根过程任意地模拟；而一个单位根过程也同样能够被一个平稳趋势过程任意地模拟。而且，检验过程会因确定性回归变量(即截距项和确定性趋势)的存在而混淆。如果回归检验省略任何的确定性回归变量，那么它在数据生成的过程中都是设定误差的。但是，太多的回归变量也将降低检验的有效性。DF-GLS 去除趋势法通常相对于传统的 DF 检验具有更高的有效性。如果大量的相似序列是有效地(例如许多国家的实际汇率)，可以使用面板单位根检验的方法。

事实上，宏观经济变量并不是均值回归，这使计算 GDP 的趋势和周期成分变得非常困难。毕竟，当序列包含随机趋势时，传统的去除趋势方法并没有得到任何像平稳周期成分一样的东西。我们想了许多方法希望将实际 GDP 分解成为永久的和临时的成分。Beveridge 和 Nelson(1981)分解方法指出，随机趋势中的新息占逐期移动的很大比例。但是 Beveridge 和 Nelson 的分解方法并非唯一，因为其迫使在趋势成分和无规则成分中的新息之间的相关系数为 $-1$。这种不可观测成分的形式使得其与模型中其他参数的相关性可以被估计。相比之下，Hodrick-Prescott 滤波去除了序列中的趋势成分。在第 5 章中，我们将证明一种能把一个序列唯一分解为临时和永久成分多元方法。

## 习题

1. 给定初始条件 $y_0$，求 $y_t$ 的解，同时求提前 $s$ 步预测 $E_t y_{t+s}$。
   a. $y_t = y_{t-1} + \varepsilon_t + 0.5\varepsilon_{t-1}$
   b. $y_t = 1.1 y_{t-1} + \varepsilon_t$
   c. $y_t = y_{t-1} + 1 + \varepsilon_t$
   d. $y_t = y_{t-1} + t + \varepsilon_t$
   e. $y_t = \mu_t + \eta_t + 0.5\eta_{t-1}$，式中，$\mu_t = \mu_{t-1} + \varepsilon_t$
   f. $y_t = \mu_t + \eta_t + 0.5\eta_{t-1}$，式中，$\mu_t = 0.5 + \mu_{t-1} + \varepsilon_t$
   g. 如何使 b 和 d 的模型变平稳？
   h. 模型 e 可以用 ARIMA$(p, 1, q)$ 表示吗？

2. 给定初始条件 $y_0$，求出下面不同的带无规则成分的趋势模型的通解和预测函数（即 $E_t y_{t+s}$）。
   a. $y_t = \mu_t + \nu_t$，式中，$\mu_t = \mu_{t-1} + \varepsilon_t$, $\nu_t = (1 + \beta_1 L)\eta_t$, $E\varepsilon_t \eta_t = 0$。
   b. $y_t = \mu_t + \nu_t$，式中，$\mu_t = \mu_{t-1} + \varepsilon_t$, $\nu_t = (1 + \beta_1 L)\eta_t$，并且 $\varepsilon_t$ 与 $\eta_t$ 的相关系数为 1。
   c. 求每个模型的 ARIMA 表达式。

3. 如本书所述，有一个单位根的序列的 ACF 说明衰退的可能性不大。但是，有可能很难在移动平均数为负的序列中发现单位根。考虑这个单位根过程 $y_t = y_{t-1} + \varepsilon_t - 0.8\varepsilon_{t-1}$。
   a. 根据 $\{\varepsilon_t\}$ 和初始条件 $y_0$ 逆推 $y_t$。
   b. 根据 $\{\varepsilon_t\}$ 和初始条件 $y_0$，对 $y_t$ 使用待定系数法。
   （提示：解的形式为 $y_t = \sum_{i=0}^{t-1} \alpha_i \varepsilon_{t-i} + y_0$）
   c. 用 a、b 的答案得出 ACF 的前几项。
   d. 解释 MA 的负数项如何影响 ACF 的形状。特别地，解释序列如何"无限持续"，即使 ACF 的系数远小于 1。

4. 使用文本中的数据集进行如下处理。
   a. 文件 PANEL. XLS 包含了用于生成如表 4-8 所示结果的实际汇率。确定滞后期、$\gamma$ 的值以及表左边的 $t$ 统计量。
   b. ERS 是否检验证实了 a 中的结果？
   c. 文件 ERSTEST. XLS 包含了 4.10 节中使用的数据。重新生成文中的结果。
   d. 文件 QUARTERLY. XLS 包含了用于季节性单位根检验的 MINSA 序列。进行恰当的数据变换，并证明 4.7 节中得出的季节性单位根的相关结果。

5. 文件 BREAK. PRN 中的第 2 列包含 4.8 节中使用过的模拟数据。
   a. 用数据描图，看是否能够辨认出结构性突变的效果。
   b. 证明在 4.8 节中所得到的结果。
   c. 文件 BREAK. PRN 中的第 3 列是另一组模拟数据，称之为 $\{y2_t\}$，在 $t = 51$ 处有一个结构性突变。用数据描图，并与图 4-14 和图 4-15 进行比较。
   d. 获得序列 $\{y2_t\}$ 及其 1 阶差分的 ACF 和 PACF 值，该数据是差分平稳的吗？
   e. 如果在式（4-11）中，包含常数项和趋势，进行 DF 检验。应该得到
   $$y2_t = \underset{(1.01)}{0.072} - \underset{(-0.05)}{1.014 \times 10^{-4} t} - \underset{(-0.66)}{0.022 y2_{t-1}}$$
   此外，已知所有的 $t$ 统计量都很小，在什么情况下回归过程是不充分的？
   需要采用哪些诊断性检验并对残差进行 DF 检验？
   f. 估计方程 $y2_t = a_0 + a_2 t + \mu_2 D_L$，并保留残差。接着，对残差进行 DF 检验。进行恰当的诊断检验，以确定残差服从白噪声分布。可以得出结论，序列是单位根过程，并在 $t = 51$ 处有一次性冲击。
   g. 排除掉不显著的时间趋势重新估计模型，将对答案产生怎样的影响？

6. 文件 RGDP. XLS 包含了用于估计式（4-29）的实际 GDP 数据。
   a. 使用序列重新获得 4.8 节中的结果。
   b. 常常存在争议的是 1973 年的石油危机是否降低了美国实际 GDP 的趋势增长率。

构建 Perron 检验，确定在 1973 年产生突变的情况下，序列是否是趋势平稳的。

c. 使用 HP 滤波和 Beveridge-Nelson 分解法，将实际 GDP 序列分解为临时的和永久的成分。对我们从 HP 滤波和 Beveridge-Nelson 分解所得到的临时成分描图，这两个序列存在哪些差异？

d. 假设实际 GDP 是趋势平稳的，在 1973 年中期有一个突变。令趋势中的离差构成序列的临时成分。我们所得到的临时成分与 c 问题的结果有什么不同？

7. 文件 PANEL.XLS 包含了 4.11 节中提到的构建 Panel 单位根检验时所用到的多个国家的实际汇率序列。

a. 重新获得 4.11 节的结果。

b. 如果从面板数据中去掉德国和加拿大，检验结果会有怎样的变化？将 $t$ 统计量最小的国家排除掉的做法为什么是不恰当的？

c. 假设我们在 ADF 检验中错误地包含了时间趋势，确定 4.11 节中的结果会有怎样的变化。

8. 文件 QUARTERLY.XLS 包含了 2.10 节所使用的美国的利率数据。构造利率差 $s_t$，将 5 年期利率减去国库券利率。请回顾一下，当 $\rho_1 = 0.86$ 和 $\rho_2 = 0.68$ 时，利率差表现得十分持久稳定。

a. 单位根检验的一个难题就是选择合适的滞后期长度。用最大滞后期 12，检验模型 $\Delta s_t = a_0 + \gamma s_{t-1} + \sum \beta_i \Delta s_{t-i}$。用 AIC、BIC 和从一般到特殊（GTS）方法分别选择滞后期为 9、1 和 8。这里的滞后期长度影响 DF 检验吗？

b. 取滞后长度为 8，对利率差进行扩展的 DF 检验，将会得到

$$\Delta s_t = \underset{(3.78)}{0.255} - \underset{(-4.37)}{0.211} s_{t-1} + \sum \beta_i \Delta s_{t-i}$$

请问，利率差是否平稳？

c. 取滞后长度为 7，对 5 年期利率进行扩展的 DF 检验。5 年期利率是否平稳？

d. 取滞后长度为 11，对国库券利率进行扩展的 DF 检验。国库券利率是否平稳？怎么单独的利率都是 $I(1)$ 过程，反而利率差是平稳的？

9. 文件 QUARTERLY.XLS 包含了工业产量指标，由 M1 度量的货币供应量和失业率，样本区间为 1960 年第 1 季度到 2012 年第 4 季度，为季度数据。

a. 证明使用数据得到的结果支持 Dickey 和 Fuller（1981）的结论，即工业产值（INDPRO）为 $I(1)$ 过程。使用 INDPRO 的对数并用从一般到特殊的方法选择滞后期长度。

b. 对于失业率（URATE）进行扩展的 DF 检验。如果用 8 个变动量的滞后项，将会得到

$$\Delta \text{unemp}_t = \underset{(2.30)}{0.181} - \underset{(-2.25)}{0.029} \text{unemp}_{t-1} + \sum \beta_i \Delta \text{unemp}_{t-i}$$

注意到 $\beta_8$ 的 $t$ 统计量为 $-2.65$。

c. 现在，只用变动量的 1 个滞后项，估计失业率，将会得出

$$\Delta \text{unemp}_t = \underset{(3.36)}{0.226} - \underset{(-3.43)}{0.037} \text{unemp}_{t-1} + \underset{(13.36)}{0.683} \Delta \text{unemp}_{t-i}$$

残差仅存在微弱的序列相关。考虑自相关系数

| $\rho_1$ | $\rho_2$ | $\rho_3$ | $\rho_4$ |
|---|---|---|---|
| 0.01 | $-0.01$ | 0.08 | $-0.10$ |
| $\rho_5$ | $\rho_6$ | $\rho_7$ | $\rho_8$ |
| 0.11 | 0.14 | $-0.17$ | $-0.10$ |

关于失业率的平稳性，你会得到什么样的结论？

d. 做 INDPRO 关于 MINSA 的回归，将会得到

$$\text{INDPRO}_t = \underset{(29.90)}{30.48} + \underset{(36.58)}{0.04} \text{MINSA}_t$$

检验残差的 ACF。同时建立一个 INDPRO$_t$ 相对于 MINSA$_t$ 的散点图。如何解释实际中 $R^2 = 0.98$，并且货币供应量的 $t$ 统计量为 36.58。

10. 用文件 QUARTERLY.XLS 中的数据解题。
    a. 用 INDPROD 的对数的 1 阶滞后变化进行 DF-GLS 检验。应该发现 $\gamma$ 的系数为 $-2.04$（确保包含了时间趋势）。
    b. 用 8 阶滞后变化进行 DF-GLS 检验。应该发现 $\gamma$ 的系数为 $-1.83$。
    c. SBC 表明，只有 UNEMP 的 1 阶滞后变化合适。你的答案与 b 得到的答案差别很大，这有什么重大意义？

11. 编程手册的第 6 章分析了文件 QUARTERLY(2012).XLS 中的实际 GDP 数据。与本书中所用的实际 GDP 数据不同，它开始于 1960 年第 1 季度。用这份更短的数据集解 a 到 e 小题。
    a. 建立实际 GDP 的对数形式，如 $ly_t = \log(RGDP)$。用一个线性时间趋势去除数据的趋势，并且建立自相关函数。
    b. 进行 ADF 检验来决定序列是否平稳。应该得到 $\tau_\tau$ 统计量的样本值为 $-2.16$。解释为何 $\phi_3$ 统计量为 6.34。
    c. 验证现在 GDP 与实际 GDP 之差是平稳的这一结果。
    d. 对实际 GDP 和潜在 GDP 序列进行 DF-GLS 检验。
    e. 比较由潜在 GDP 的 HP 过滤和 Beveridge-Nelson 分解得到的趋势的不同。
    f. 编程手册使用了开始于 1960 年第 1 季度的数据，将 Zivot 和 Andrews(1992) 以及 Lee 和 Strazicich(2003) 的检验应用于 $ly_t = \log(RGDP)$。对文件 REAL.XLS 中的更长的序列进行该检验。

# 第 5 章

# 多方程时间序列模型

## 本章学习目标

1. 介绍干扰分析和传递函数分析。
2. 阐述当系统中不存在信息反馈时,传递函数分析是预测和假设检验的有效工具。
3. 使用恐怖主义和意大利旅游的数据解释估计自回归分布滞后(ADL)的适当方式。
4. 阐述为什么传递函数和 ADL 模型的主要限制是许多经济系统都呈现出信息的反馈性。
5. 介绍向量自回归(VAR)的原理。
6. 展示怎样估计 VAR 模型。阐述为什么向量自回归(VAR)的一个最基本形式就是均等地对待所有变量,而不涉及独立与否的争议。
7. 展示怎样获得脉冲响应和方差分解。
8. 阐述如何检验滞后期、Granger 因果关系和 VAR 的外生性。
9. 采用打击国际恐怖活动的样本数据,阐述 VAR 的估计过程和获得脉冲响应的过程。
10. 展示结合经济理论和多变量时间序列的结构性 VAR 和多变量分解两种方法。
11. 阐述几种不同类型的可用于确定向量自回归模型的限制条件。
12. 展示如何检验过度识别限制。使用宏观经济和农业的例子阐述方法。
13. 阐述怎样检验长期中立可用来确定 VAR 的 Blanchard-Quah 约束条件。
14. 用实际和名义利率数据阐述 Blanchard-Quah 分解过程。

正如在前面的章节中所看到的,使用单方程时间序列模型能够捕获许多令人感兴趣的动态关系。最近出版的许多关于时间序列的教材,最多只是简要讨论了多方程模型。然而,在任何一本同期发表的刊物的突出部分,对时间序列的分析却都涉及了多方程模型。

国内与跨国恐怖主义之间的关系是一个值得研究的例子。虽然震惊世界的 2001 年的"9·11"事件使整个世界再次关注恐怖主义,但从 20 世纪 60 年代后期开始,国际社会就经历了一个国际恐怖事件快速增长的过程。恐怖分子实施了各种各样的恐怖活动,包括暗杀、武装袭击、轰炸、绑架和劫机。此类事件是极其可怕的,因为它们常常针对的是无辜的受害者,而这些受害人并不是恐怖分子所要影响的决策机构的成员。图 5-1 显示了自 1970 年以来发生的至少一人伤亡的美国国内和国际恐怖事件的总数(包括伊拉克和阿富汗)。国内事件中,事故现场中受害者和犯罪者国籍相同。尽管国内事件数量远超国际事件,但两数列相似,都从 20 世纪 70 年代上升,在苏联解体后下降。与一元分析不同的是,多变量技术让我们正式分析了两序列间的相互关系。你可以检验文件 TERRORISM. XLS 中的两序列。

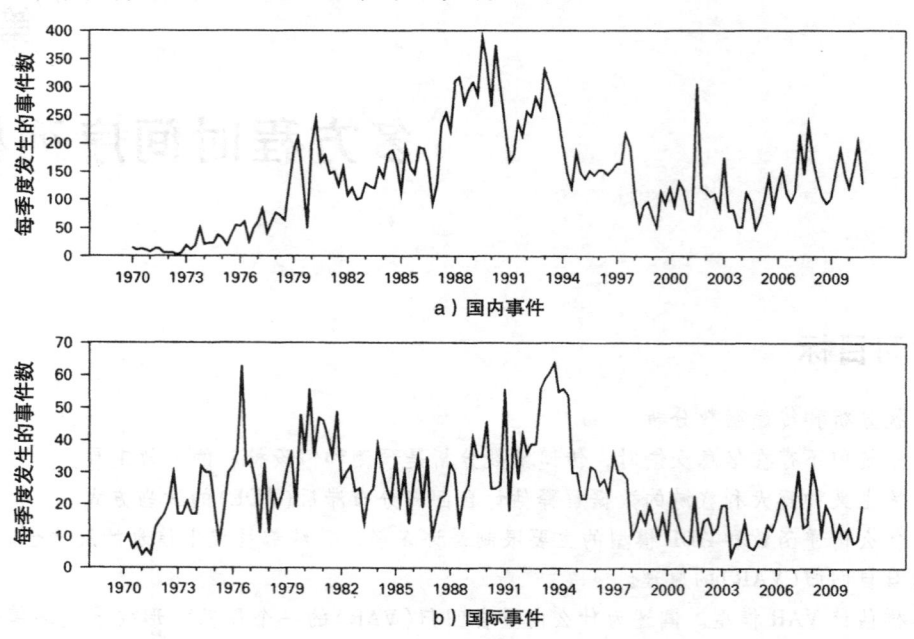

图 5-1　国内与国际事件数

## 5.1　干扰分析

"9·11"劫机事件以及 1988 年 12 月 21 日在苏格兰洛克比坠毁的泛美 103 班机引起了国际社会的广泛关注。而事实上,劫机事件的数量是十分惊人的。于是,1973 年 1 月美国开始在所有的机场设置金属探测器,以便应对有增长趋势的劫机事件的发生。其他一些国家的行政当局也在短期内采取了该措施。

国际和美国国内的所有劫机事件的季度数据如图 5-2 所示。虽然在这一时期的劫机事件的数量呈现出急剧的和永久的下降,但我们感兴趣的是如何对设置金属探测器所产生的影响进行实际的衡量。如果 $\{y_t\}$ 序列表示每季度劫机事件的总数,则可以计算出时间 $t$ 处在 1973 年第 1 季度之前的 $\{y_t\}$ 的均值和处在 1973 年第 1 季度之后(包括第 1 季度)的 $\{y_t\}$ 的均值,并将两者进行比较,就可以设置金属探测器所产生的影响。但是,在时间序列分析中,因为序列 $\{y_t\}$ 是序列相关的,因此,使用这种检验方法可能并不恰当。在设置金属探测器前的一些影响因素仍在干扰点后的时期内有所"保留"。例如,可能并不容易阻止一些早已预谋并仍在准备中的劫机事件。

干扰分析允许对一个时间序列的均值的变化进行规范检验。考虑 Enders、Sandler 和 Cauley (1990)所使用的模型,研究金属探测技术对劫机事件数量的影响。

$$y_t = a_0 + a_1 y_{t-1} + c_0 z_t + \varepsilon_t, \quad |a_1| < 1 \tag{5-1}$$

式中，$z_t$ 为干扰(或虚拟)变量，在 1973 年第 1 季度之前，$z_t = 0$，之后，$z_t = 1$；$\varepsilon_t$ 为白噪声干扰项。根据第 4 章的概念，$z_t$ 是水平移动虚拟变量 $D_L$。

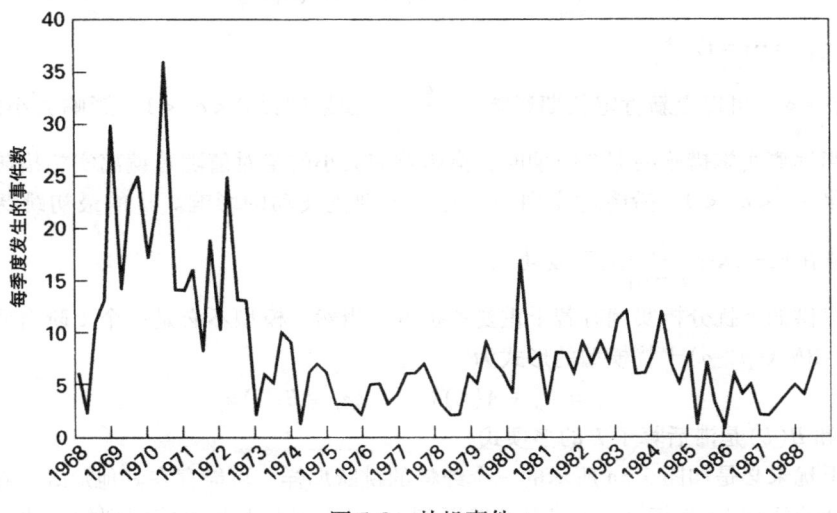

图 5-2　劫机事件

为了解释模型的性质，要注意，当在 1973 年第 1 季度之前，$z_t$ 的值为零。因此，截距项为 $a_0$，序列的长期均值为 $\dfrac{a_0}{1-a_1}$。从 1973 年开始，截距项跳跃到 $a_0 + c_0$（因为在 1973 年第 1 季度之后，$z_t = 1$）。$c_0$ 的大小决定了设置金属探测器的最初的影响或**冲击效应**(impact effect)。可以使用标准的 $t$ 统计量检验 $c_0$ 统计上的显著性。如果 $c_0$ 为负并且在统计上显著不为零，我们就可以认为，设置金属探测器减少了劫机事件的数量。

干扰的长期影响，即 $\dfrac{c_0}{1-a_1}$，等于新的长期均值 $\dfrac{a_0+c_0}{1-a_1}$ 减去原来的均值 $\dfrac{a_0}{1-a_1}$。各种影响过渡性的通过脉冲响应函数来获取。使用滞后算子，可以将式(5-1)重新改写为

$$(1 - a_1 L) y_t = a_0 + c_0 z_t + \varepsilon_t$$

所以

$$y_t = \frac{a_0}{1-a_1} + c_0 \sum_{i=0}^{\infty} a_1^i z_{t-i} + \sum_{i=0}^{\infty} a_1^i \varepsilon_{t-i} \tag{5-2}$$

式(5-2)是一个脉冲响应函数，干扰变量所导致的有趣的扭曲就是我们可获取的序列 $\{y_t\}$ 对干扰的响应。为了描绘出金属探测器对劫机事件的影响，假定 1973 年第 1 季度为 $t$（即 $t+1$ 表示 1973 年第 2 季度，$t+2$ 表示 1973 年第 3 季度，依次类推），对于 $t$ 期，系数 $c_0$ 的大小表示 $z_t$ 对 $y_t$ 的影响。获得持续的脉冲响应的最简单的方法是认可：① $\dfrac{\partial y_t}{\partial z_{t-i}} = \dfrac{\partial y_{t+i}}{\partial z_t}$；②当对所有任意的 $i > 0$ 时，$z_{t+i} = z_t = 1$。

因此，式(5-2)中的 $y_t$ 对 $z_{t-1}$ 求导，并修正 1 期，得到

$$\frac{\partial y_{t+1}}{\partial z_t} = c_0 + c_0 a_1$$

第一项 $c_0$ 反映了 $z_{t+1}$ 对 $y_{t+1}$（即本期对本期的影响）的直接影响，第二项 $c_0 a_1$ 反映了 $z_t$ 对 $y_t$($=c_0$)的

影响和 $y_t$ 对 $y_{t+1}(=a_1)$ 的影响的乘积。按照这种方式继续推导下去，就能绘出整个脉冲响应函数为

$$\frac{\partial y_{t+j}}{\partial z_t} = c_0[1 + a_1 + \cdots + (a_1)^j]$$

因为，$z_{t+1} = z_{t+2} = \cdots = 1$。

取极限 $j\to\infty$，可以重新肯定长期影响为 $\frac{c_0}{1-a_1}$。如果假设 $0<a_1<1$，影响大小的绝对值是 $j$ 的增函数。当远离实施措施的那个时期时，措施响应大小的绝对值随着偏离实施措施时期的增大而增大。如果 $-1<a_1<0$，措施对序列 $\{y_t\}$ 有一个抑止波动的影响。$c_0$ 的最初跳跃之后，序列 $\{y_t\}$ 的连续值在长期水平 $\frac{c_0}{1-a_1}$ 上下波动。

这里所提供的干扰分析实例有若干重要的扩展。当然，模型不必是一个 1 阶自回归过程，一个更一般的 ARMA($p$, $q$) 干扰模型的形式为

$$y_t = a_0 + A(L)y_{t-1} + c_0 z_t + B(L)\varepsilon_t$$

式中，$A(L)$ 和 $B(L)$ 是滞后算子 $L$ 的多项式。

同样，干扰未必是如图 5-3a 所示的一个纯粹的跳跃那样，可能存在其他形式。在我们的研究中，干扰序列的值在 1973 年第 1 季度从 0 跳跃到 1。还有其他几种可能用到的方法可以对干扰函数进行建模。

**(1) 脉冲函数**：在图 5-3b 中，函数 $z_t$ 的函数值在某一特殊时期为 1 外，在其他时期都为 0。这一脉冲函数能最好地呈现暂时性干扰的特征。当然，由于序列 $\{y_t\}$ 的自回归特性，一次冲击的影响可能持续几个时期。

**(2) 渐进变化函数**：一个干扰可能不会立刻展现全部影响，虽然美国从 1973 年 1 月就开始在机场设置金属探测器，但一些主要机场的设置工作整整花了一年时间才宣告完成。我们在关于金属探测器对按季度计算的劫机事件的影响的干扰研究中，当在 1973 年第 1 季度时，$z_t = \frac{1}{4}$；当在 1973 年第 2 季度时，$z_t = \frac{1}{2}$；当在 1973 年第 3 季度时，$z_t = \frac{3}{4}$；当在 1973 年第 4 季度时，$z_t = 1$，其他年份的 $z_t$ 值由此类推，都取值为 1。这种类型的干扰函数如图 5-3c 所示。

**(3) 延长的脉冲函数**：并不仅仅是一个单一脉冲，干扰可能会延续多个时期，然后逐渐衰减。在短期内，美国的许多航班上配备了空中警察，以防止劫机事件的发生。因为空中警察计划最终取消了，所以反映空中警察因素的序列 $\{z_t\}$ 则为一个衰减函数，如图 5-3d 所示。

如果序列 $\{y_t\}$ 存在单位根，则这些干扰的影响就会变化，这一点请务必要明确。从第 4 章关于 Perron(1989) 方法的讨论中会发现，脉冲干扰会对单位根过程的水平有一个永久性的影响。类似地，如果序列 $\{y_t\}$ 存在单位根，纯粹的跳跃性干扰将产生一个漂移。正如本章后的习题 1 所示，如果序列 $\{z_t\}$ 的所有值之和为零（即 $z_t=1$，$z_{t+1}=-0.5$，$z_{t+2}=-0.5$，且干扰变量的其他值都为 0），则脉冲干扰会对单位根过程的水平有一个暂时性的影响。

同样要清楚干扰可能会对我们感兴趣的变量有一个延迟的影响。假设 $z_t$ 要经过 $d$ 期才开始对序列产生影响，则为了捕获这种延迟的影响，可以用如下形式的模型

$$y_t = a_0 + A(L)y_{t-1} + c_0 z_{t-d} + B(L)\varepsilon_t$$

根据先验推理，常常可明确干扰函数的形状和延迟因子 $d$。当函数的形状不清楚时，首先估计那些看似合理的替代方法，然后用标准的 Box-Jenkins 模型的判断标准选择最恰当的模型。以下

的两个事例展示了估计的一般性步骤。

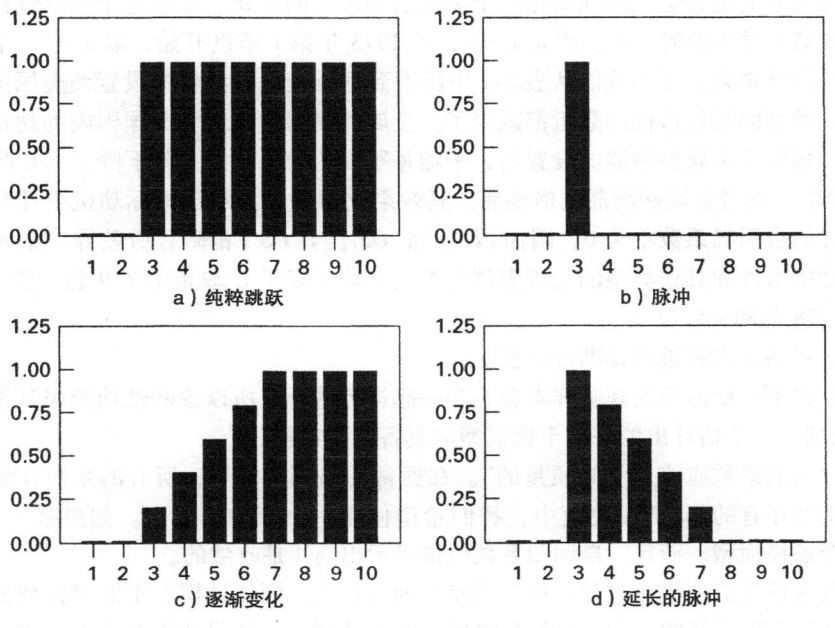

图 5-3　典型干扰函数

## 5.1.1　估计金属探测器对劫机事件的影响

干扰模型的线性形式为 $y_t = a_0 + A(L)y_{t-1} + c_0 z_t + B(L)\varepsilon_t$。假设系数不会因干扰而变化。对该假设的一个有效检验方法是通过针对干扰前后两个时间段选择最恰当的 ARIMA$(p, d, q)$ 模型进行估计，从而对数据进行预先检验。如果两个 ARIMA 模型迥异，很可能是自回归移动平均系数变化了。通常，在干扰前后没有足够的观测样本分别估计两个独立的模型，在这种情况下，研究者必须使用干扰前后较长的一个数据跨度的最优拟合 ARIMA 模型。下面阐述的是在大多数干扰模型研究中采用的一般步骤：

**第 1 步**：使用较长的数据跨度（即：干扰前或干扰后的样本观测数）确定一组看似合理的 ARIMA 模型。

必须谨慎地确定序列 $\{y_t\}$ 是否为平稳的。如果怀疑是非平稳的，则可以针对最大数据跨度的数据序列进行单位根检验。此外，也可以使用在第 4 章中所讨论的 Perron(1989) 方法进行结构性变化的检验。在单位根存在的情况下，若是 $d$ 阶单整，则使用序列 $\{y_t\}$ 的 $d$ 阶差分（即 $\Delta^d y_t$）序列估计干扰模型。

在我们的研究中，感兴趣的是设置金属探测器对美国国内及其国际劫机事件及其他所有的劫机事件所产生的影响。我们把美国国内的、国际的和其他所有的劫机事件的时间序列分别标记为 $\{DS_t\}$、$\{TS_t\}$ 和 $\{OS_t\}$。因为在干扰前只有 5 年的数据（即 20 个观测样本），所以我们针对数据跨度较大的 1973 年第 1 季度至 1988 年第 4 季度的样本数据，估计最优拟合的 ARIMA 模型。使用在第 2 章中所讨论的各种标准（包括残差的诊断检验），我们选择了 AR(1) 模型为 $\{TS_t\}$ 和 $\{OS_t\}$ 最优拟合模型，为 $\{DS_t\}$ 选择了纯噪声模型（即所有的自回归移动平均系数为 0）。

**第 2 步**：在整个样本区间上，包括干扰的影响时期，估计各个模型。

将金属探测器的设置尝试性地看作一个突发的和永久的干扰。基于这个尝试性假设，当时刻 $t$ 处在 1973 年第 1 季度前时，我们设定 $z_t = 0$，从 1973 年第 1 季度开始，取 $z_t = 1$。表 5-1 给出了整个样本期的估计结果。正如我们从表 5-1 中所看到的，金属探测器的设置使美国国内的、国际的和其他所有类型的劫机事件的数量都减少了。金属探测器的设置对美国国内的劫机事件产生的影响最明显，相较于金属探测器的设置前，平均每季度的劫机事件立刻下降了 5.6 起。$a_1$ 的估计值为 0，说明引入设置金属探测器的措施后，其效果立即呈现。对于国际劫机事件和其他劫机事件，由于估计的自回归系数不为 0，因而 $\{TS_t\}$ 和 $\{OS_t\}$ 与 $\{DS_t\}$ 稍微有所差异。金属探测器的设置使得国际劫机事件和其他类型的劫机事件每季度平均下降了 1.29 起和 3.9 起。估计的长期影响为每季度 −1.78 起和 −5.11 起。

**第 3 步**：对估计方程进行诊断性检验。

因为我们将干扰期前后的观测样本合并到一起进行估计，所以诊断性检验极其重要。反复讨论 ARIMA 模型，一个估计出的好的干扰模型应具备如下特征。

（1）估计出的系数应该是"高质量的"。在通常的显著水平下，所有的系数在统计上都应该是显著的。正如在有的 ARIMA 建模中，我们希望使用一个简约的模型。如果某一系数不显著，则考虑另一个备择模型。而且，自回归系数应该显示出 $\{y_t\}$ 是收敛的。

（2）残差应该近似白噪声过程。如果残差序列自相关，则估计模型不能模拟数据的实际生成过程，根据估计方程进行的预测不可能反映所有的有效信息。如果残差并不类似于正态分布，通常小样本的估计检验的推断是无效的。如果误差看上去服从 ARCH 过程，则需要将整个干扰模型当作 ARCH 模型重新进行估计。

（3）预测模型比看似合理的备择模型应该更胜一筹。当然，不能指望某一模型在所有可能的判断标准上都优于其他模型。但是，坚持将选定的模型的估计结果与其他看似合理的模型的估计结果进行比较是一种很好的做法。在劫机事件样本中，将干扰看作一个一般的递增过程，看似合理的备择方法建模是非常正确的，因为金属探测器产生的影响对美国国内航班来说是立即见效的，而对于国际航班和其他国家的国内航班的影响是收敛的。我们的推断是，虽然美国以外的机场内普遍安装了金属探测器，但劫机事件仍不时发生。作为一种检验，我们的建模将干扰视为一个逐步增加的过程并持续了整个 1973 年。虽然系数与表 5-1 中的基本相同，但使用逐渐增加过程，其 AIC 和 SBC 值要稍微小一些（表明拟合更好）。因此，有理由认为在美国以外的地区，金属探测器的设置过程更长。

表 5-1 金属探测器和劫机事件

|  | 先验干扰均值 | $a_1$ | 影响效果（$c_0$） | 长期影响 |
| --- | --- | --- | --- | --- |
| 国际劫机事件 | 3.032 | 0.276 | −1.29 | −1.78 |
|  | (5.96) | (2.51) | (−2.21) |  |
| 美国国内劫机事件 | 6.70 |  | −5.62 | −5.62 |
|  | (12.02) |  | (−8.73) |  |
| 其他劫机事件 | 6.80 | 0.237 | −3.90 | −5.11 |
|  | (7.93) | (2.14) | (−3.95) |  |

注：1. 括号中的值为 $t$ 统计量；
2. 长期影响的计算值为 $\dfrac{c_0}{(1-a_1)}$。

### 5.1.2 估计轰炸利比亚的影响

我们同样考虑一下 1986 年 4 月 15 日凌晨美国对利比亚进行轰炸所产生的影响。美国对利比亚袭击的官方解释是利比亚宣称参与了西柏林的恐怖分子炸弹袭击事件。执行任务的 18 架 F-111 轰炸机部署在英格兰两处基地中，英军暗中协助了这次袭击，其余飞机部署在地中海的航空母舰上。现在，令 $y_t$ 表示在第 $t$ 月的直接针对美国和英国的国际恐怖事件。序列 $\{y_t\}$ 的图形在轰炸后立刻显示出一个巨大的正峰值。之所以立刻掀起了反美反英的袭击浪潮是因为各恐怖组织都宣称要进行报复袭击。在图 5-1 中，可以看到总的袭击和炸弹袭击这两个序列的峰值。

使用 1968 年 1 月至 1986 年 3 月的月度数据进行初步估计的结果显示，在滞后 1 期和 5 期时，序列 $\{y_t\}$ 可以视为纯粹的自回归模型，并且系数是显著的。虽然我们很惊讶滞后 5 期的系数是显著的，但 AIC 和 SBC 却都显示滞后 5 期的滞后项是重要的。不过，我们估计的模型的形式分为存在和不存在滞后 5 期的滞后项这两种情况。此外，我们对干扰序列考虑了两种可能的形式，首先，在 1986 年 4 月之前 $\{z_t\}$ 的值为 0，之后其值为 1。据此，得到如下的估计方程（括号内的值为 $t$ 统计量）

$$y_t = 5.58 + 0.336 y_{t-1} + 0.123 y_{t-5} + 2.65 z_t$$
$$(5.56) \quad (3.26) \quad (0.84)$$
$$\text{AIC} = 1\,656.03 \qquad \text{SBC} = 1\,669.95$$

注意 $z_t$ 的系数的 $t$ 统计量值为 0.84（在 5% 的水平下，系数是不显著的）。另一种方法是，$z_t$ 的值只有在袭击的当月为 1，于是得到估计方程

$$y_t = 3.79 + 0.327 y_{t-1} + 0.157 y_{t-5} + 38.9 z_t$$
$$(5.53) \quad (2.59) \quad (6.09)$$
$$\text{AIC} = 1\,608.68 \qquad \text{SBC} = 1\,626.06$$

比较两种估计结果，很明显自回归系数的值相近。虽然 $Q$ 检验显示两个模型的残差近似白噪声过程，但第二个模型更好。脉冲项的回归系数更显著，并且从 AIC 和 SBC 来看，都选择第二个模型。我们的结论是美国对利比亚的空袭轰炸并没有像希望的那样减少了针对美国和英国的恐怖袭击，而恰恰相反，对利比亚的空袭轰炸立刻导致了恐怖袭击事件增加了 38 起，接下来袭击事件的数量有所下降。估计在这些袭击事件中，有 32.7%（$0.327 \times 38.9 = 12.7$）在 $t$ 期内实施。因为自回归系数显示其收敛性，所以估计的空袭长期影响为零。

运用图 5-1 所示恐怖活动的数据，大家可以练习估计一个干扰模型。本章最后的习题 2 将会引导读者完成整个过程。

## 5.2 传递函数模型

对干扰模型的自然扩展就是允许序列 $\{z_t\}$ 不仅仅是一个确定性的虚拟变量。考虑如下干扰模型的一般形式

$$y_t = a_0 + A(L) y_{t-1} + C(L) z_t + B(L) \varepsilon_t \tag{5-3}$$

式中，$A(L)$、$B(L)$ 和 $C(L)$ 是滞后算子 $L$ 的多项式。

在一个典型的传递函数分析中，研究者必将收集内生变量 $\{y_t\}$ 和外生变量 $\{z_t\}$ 的数据，其目的在于估计参数 $a_0$ 和多项式 $A(L)$、$B(L)$ 和 $C(L)$ 的参数。式 (5-3) 与干扰模型的主要区别在于 $\{z_t\}$ 并没有受到必须有一个特殊的确定性时间路径的约束，允许干扰变量为任意随机外生过程。

该模型被称为**分布滞后**(distributed lag)模型,因为它在多个时期内分配$z_t$对$y_t$的影响。多项式$C(L)$称为**传递函数**(transfer function),因为它展示了外生变量$z_t$中的一个变动如何影响(即转换为)内生变量的时间路径。$c_i$表示$C(L)$的系数,称之为传递函数权重。

有必要注意的是,传递函数分析假设序列$\{z_t\}$是一个外生过程,独立于序列$\{y_t\}$。假设序列$\{y_t\}$的新息对序列$\{z_t\}$没有影响,因此对于所有的$s$和$t$,$Ez_s\varepsilon_{t-s}=0$。因为$\{z_t\}$能被观测并且与序列$y_t$中的当期新息(即干扰项$\varepsilon_t$)无关联,所以$z_t$的当期值和滞后值是$y_t$的解释变量。设$C(L)$为$c_0+c_1L+c_2L^2+\cdots$,如果$c_0=0$,则同期的$z_t=0$值不能直接影响$y_t$。因此,$z_t$被称为**先行指标**(leading indicator),这是因为观测值$z_t$,$z_{t-1}$,$z_{t-2}$,$\cdots$能用于预测序列$\{y_t\}$的未来值。

很容易对式(5-3)的大量应用进行理论概念上的归纳。从本质上讲,动态经济分析大部分涉及"外生的"或"独立的"序列$\{z_t\}$对内生的序列$\{y_t\}$的时间路径的影响。例如,现在对农业经济的许多研究都涉及了宏观经济对涉农的产业或农产品的影响。如果我们要考查农作物产出$\{y_t\}$受到前期的产出以及当期和前期的宏观经济形势$z_t$的影响,则可以使用式(5-3)。其中,$C(L)$的系数表示宏观经济波动对农作物产出的影响,$B(L)\varepsilon_t$表示对农作物产出的影响中无法解释的因素。再如另外一个事例,大气中的臭氧含量是一个自然的进化过程,因此,在其他外部影响因素存在的情况下,我们可假定一个ARIMA模型很好地表示臭氧含量。但是,许多人认为碳氧化合物的使用破坏了臭氧层。由于累积效应,前期和当期碳氧化合物的使用量影响了臭氧层$y_t$的值。设$z_t$表示在$t$期碳氧化合物的使用量,则可以就碳氧化合物的使用对臭氧层产生的影响进行建模,其模型如同式(5-3)的形式。$A(L)$的系数表示臭氧的自然耗费,$B(L)\varepsilon_t$表示对臭氧层的随机冲击,其可能由于电子风暴或测量误差的存在。系数$c_0$表示碳氧化合物对臭氧层当期的影响,其他传递函数权重(即不同的$c_i$值)表示滞后的影响。

### 5.2.1 ADL模型

在这点上,我们不需要特殊考虑$B(L)$的系数;令$B(L)\varepsilon_t=\varepsilon_t$,则式(5-3)可写为

$$y_t = a_0 + A(L)y_{t-1} + C(L)z_t + \varepsilon_t \tag{5-4}$$

式(5-4)无移动平均项,故被称为**自回归分布滞后**(autoregressive distributed lag,ADL)模型。与纯粹的干扰模型相比,ADL模型并没有干扰前和干扰后之分,所以我们不能按照估计干扰模型的那种形式估计。尽管不能照搬,但其目的都是为了估计一个简练的模型,所以估计方法是类似的。通过考虑式(5-4)的一个简单事例,容易解释拟合一个ADL模型的估计步骤。首先,假设$\{z_t\}$服从白噪声过程,且与$\varepsilon_t$的所有的前项和滞后项都是不相关的。同样,假设$z_t$的未知滞后期的滞后项影响序列$\{y_t\}$。特别地,令

$$y_t = a_1 y_{t-1} + c_d z_{t-d} + \varepsilon_t \tag{5-5}$$

式中,$\{z_t\}$和$\{\varepsilon_t\}$是白噪声过程;$E(z_t\varepsilon_{t-i})=0$;$a_1$和$c_d$为未知系数;$d$为计量经济学家所决定的"延迟"或滞后的持续时间。

因为假设$\{z_t\}$和$\{\varepsilon_t\}$是独立的白噪声过程,因此,可以对每种类型的冲击效果分别建模,因为我们能观测到不同的$z_t$值,第一步是计算$y_t$与不同的$z_{t-i}$的值的**互相关系数**(cross-correlations)。$y_t$与$z_{t-i}$的互相关系数的定义为

$$\rho_{yz}(i) \equiv \frac{\text{cov}(y_t, z_{t-i})}{\sigma_y \sigma_z}$$

式中,$\sigma_y$和$\sigma_z$分别为$y_t$与$z_t$的标准差。注意:假定每个方程的标准差在时间上是独立的。

用 $\rho_{yz}(i)$ 的值作图，得到**互相关函数**（CCF）或**互相关图**（cross-correlogram）。在实践中，我们必须用到通过样本数据计算的互相关系数，因为我们并不知道准确的协方差和标准差。关键是样本的互相关系数提供了与在 ARMA 模型中 ACF 所提供的相同类型的信息。为了便于阐述，对式(5-4)求解，得到

$$y_t = \frac{c_d z_{t-d}}{1 - a_1 L} + \frac{\varepsilon_t}{1 - a_1 L}$$

根据滞后算子的性质，展开表达式 $\frac{c_d z_{t-d}}{1 - a_1 L}$，得到

$$y_t = c_d(z_{t-d} + a_1 z_{t-d-1} + a_1^2 z_{t-d-2} + a_1^3 z_{t-d-3} + \cdots) + \frac{\varepsilon_t}{1 - a_1 L}$$

类似于对 Yule-Walker 方程的派生，我们通过用 $z_t$，$z_{t-1}$，$\cdots$ 依次乘以 $y_t$ 就可以得到**互协方差**（cross-covariances）

$$y_t z_t = c_d(z_t z_{t-d} + a_1 z_t z_{t-d-1} + a_1^2 z_t z_{t-d-2} + a_1^3 z_t z_{t-d-3} + \cdots) + \frac{z_t \varepsilon_t}{1 - a_1 L}$$

$$y_t z_{t-1} = c_d(z_{t-1} z_{t-d} + a_1 z_{t-1} z_{t-d-1} + a_1^2 z_{t-1} z_{t-d-2} + a_1^3 z_{t-1} z_{t-d-3} + \cdots) + \frac{z_{t-1} \varepsilon_t}{1 - a_1 L}$$

$$\vdots$$

$$y_t z_{t-d} = c_d(z_{t-d} z_{t-d} + a_1 z_{t-d} z_{t-d-1} + a_1^2 z_{t-d} z_{t-d-2} + a_1^3 z_{t-d} z_{t-d-3} + \cdots) + \frac{z_{t-d} \varepsilon_t}{1 - a_1 L}$$

$$y_t z_{t-d-1} = c_d(z_{t-d-1} z_{t-d} + a_1 z_{t-d-1} z_{t-d-1} + a_1^2 z_{t-d-1} z_{t-d-2} + a_1^3 z_{t-d-1} z_{t-d-3} + \cdots) + \frac{z_{t-d-1} \varepsilon_t}{1 - a_1 L}$$

现在计算上述一系列方程的期望值，如果我们进一步假设 $\{z_t\}$ 和 $\{\varepsilon_t\}$ 是独立的白噪声干扰项，则得到

$$Ey_t z_t = 0$$
$$Ey_t z_{t-1} = 0$$
$$\vdots$$
$$Ey_t z_{t-d} = c_d \sigma_z^2$$
$$Ey_t z_{t-d-1} = c_d a_1 \sigma_z^2$$
$$Ey_t z_{t-d-2} = c_d a_1^2 \sigma_z^2$$

所以，上述方程的一般形式可以写为

$$Ey_t Z_{t-i} = \begin{cases} 0 & \text{当 } i < d \\ c_d a_1^{i-d} \sigma_z^2 & \text{当 } i \geq d \end{cases} \tag{5-6}$$

用 $\sigma_y, \sigma_z$ 去除每一个 $Ey_t z_{t-i} = \text{cov}(y_t, z_{t-i})$ 的值，就得到了互相关函数 CCF。要注意互相关图在滞后期 $d$ 之前都是由零组成，第一个非零的互相关系数的大小的绝对值与 $c_d$ 和 $a_1$ 的数值正相关，此后，互相关系数按照比例 $a_1$ 衰减。相关图的衰减与序列 $\{y_t\}$ 的自回归形状相匹配。

很容易对式(5-6)所展示的样式进行归纳拓展。假设我们允许 $z_{t-d}$ 和 $z_{t-d-1}$ 都可以直接影响 $y_t$，则 $y_t$ 可以表述为

$$y_t = a_1 y_{t-1} + c_d z_{t-d} + c_{d+1} z_{t-d-1} + \varepsilon_t$$

求解 $y_t$，可以得到

$$y_t = \frac{c_d z_{t-d} + c_{d+1} z_{t-d-1}}{1 - a_1 L} + \frac{\varepsilon_t}{1 - a_1 L}$$

$$= c_d(z_{t-d} + a_1 z_{t-d-1} + a_1^2 z_{t-d-2} + a_1^3 z_{t-d-3} + \cdots)$$
$$+ c_{d+1}(z_{t-d-1} + a_1 z_{t-d-2} + a_1^2 z_{t-d-3} + a_1^3 z_{t-d-4} + \cdots) + \frac{\varepsilon_t}{1 - a_1 L}$$

所以

$$y_t = c_d z_{t-d} + (c_d a_1 + c_{d+1}) z_{t-d-1} + a_1(c_d a_1 + c_{d+1}) z_{t-d-2}$$
$$+ a_1^2(c_d a_1 + c_{d+1}) z_{t-d-3} + \cdots + \frac{\varepsilon_t}{1 - a_1 L}$$

我们假定 $Ez_t = 0$，互协方差为 $Ey_t z_{t-i}$，互相关系数为 $\frac{Ey_t z_{t-i}}{\sigma_y \sigma_z}$。在文献中，用 $\frac{Ey_t z_{t-i}}{\sigma_z^2}$ 表示标准化互协方差的做法很普遍。对两种表示方法的选择无关紧要，因为 CCF 和标准化的互协方差函数（CCVF）是互成比例的。在此例中，CCVF 揭示了如下的形式

$$\gamma_{yz}(i) = \begin{cases} 0 & \text{当 } i < d \\ c_d & \text{当 } i = d \\ c_d a_1 + c_{d+1} & \text{当 } i = d+1 \\ a_1^{i-d-1}(c_d a_1 + c_{d+1}) & \text{当 } i > d+1 \end{cases}$$

图 5-4a 描绘的是当 $d = 3$、$c_d = 1$、$c_{d+1} = 1.5$ 和 $a_1 = 0.8$ 时的标准化后的互协方差，注意与 $c_3$ 和 $c_4$ 的非零值相对应，在滞后 3 期和 4 期的位置，出现了明显的峰值。此后，CCVF 按 $a_1$ 的比例

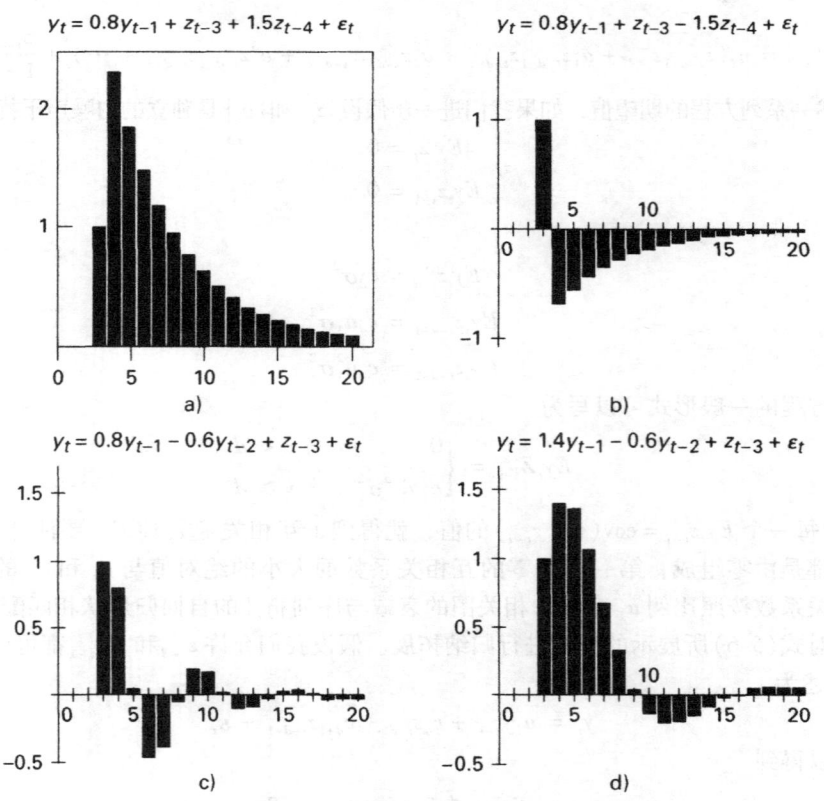

图 5-4 标准化的互相关图

衰减。图 5-4b 中，令 $c_4 = -1.5$，则在滞后 3 期前，所有的互协方差系数为 0。因为 $c_3 = 1$，标准化后的 $\gamma_{yz}(3) = 1$。根据 $\gamma_{yz}(4) = 0.8 - 1.5 = -0.7$，得到了 $\gamma_{yz}(4)$ 的标准化值。接下去 $\gamma_{yz}(i)$ 按 0.8 的比例衰减。根据这两个例子所阐述的形式，任意干扰模型的形式可以概括为

$$y_t = a_0 + a_1 y_{t-1} + C(L) z_t + \varepsilon_t \tag{5-7}$$

理论上，CCVF(与 CCF)具有如下的特征：

(1) 在多项式 $C(L)$ 的第一个非零元素出现之前，所有的 $\gamma_{yz}(i) = 0$。

(2) CCVF 中的峰值表示 $C(L)$ 的非零元素。因此，在滞后期 $d$ 处的峰值表示 $z_{t-d}$ 直接影响 $y_t$。

(3) 所有的峰值都以比例 $a_1$ 衰减。收敛性暗示 $a_1$ 的绝对值小于 1。如果 $0 < a_1 < 1$，则互协方差是直接衰减的，而如果 $-1 < a_1 < 0$，则互协方差是震荡衰减的，图形是震荡型的。

如果我们在式(5-7)中增加 $y_{t-i}$ 的滞后项，则仅仅使得衰减过程的性质改变了，在通常情况下，式(5-4)的互协方差的衰减方式由多项式 $A(L)$ 的特征根决定。图形的形状使人联想到一个纯 ARMA 模型的自相关系数的图形。这并不令人惊奇，在式(5-5)和式(5-7)的例子中，衰减因子就是简单的 1 阶自相关系数 $a_1$。我们知道，因为平稳过程 $1 - A(L)$ 的所有特征根在单位圆之外，所以必然有衰减。如果为正根，则直接收敛；如果为负根，则呈现震荡趋势收敛。集合与表 2-1 中表现的相同。

### 5.2.2　2 阶过程的互协方差

使用另一个事例，考察传递函数

$$y_t = a_1 y_{t-1} + a_2 y_{t-2} + c_d z_{t-d} + \varepsilon_t$$

由于我们不清楚 $a_1$ 和 $a_2$ 的值，所以使用滞后算子求解 $y_t$ 是不恰当的。因此，采用待定系数法并构造**挑战解**(challenge solution)

$$y_t = \sum_{i=0}^{\infty} w_i z_{t-i} + \sum_{i=0}^{\infty} v_i \varepsilon_{t-i}$$

能够证明 $w_i$ 的值为

$$w_0 = 0$$
$$\vdots$$
$$w_d = c_d$$
$$w_{d+1} = c_d a_1$$
$$w_{d+2} = c_d (a_1^2 + a_2)$$
$$w_{d+3} = a_1 w_{d+2} + a_2 w_{d+1}$$
$$w_{d+4} = a_1 w_{d+3} + a_2 w_{d+2}$$
$$\vdots$$

因此，对于所有的 $i > d + 1$，后续系数满足差分方程 $w_i = a_1 w_{i-1} + a_2 w_{i-2}$。在该阶段，我们对各个 $V_i$ 的值不感兴趣，所以，可将 $y_t$ 的解写为

$$y_t = c_d z_{t-d} + c_d a_1 z_{t-d-1} + c_d (a_1^2 + a_2) z_{t-d-2} + \cdots + \sum v_i \varepsilon_{t-i}$$

下一步，根据 Yule-Walker 方程，用 $y_t$ 的解构造所有的协方差。$\gamma_{yz}(i)$ 表示 $\dfrac{E y_t z_{t-i}}{\sigma_z^2}$，得到

$$\gamma_{yz}(i) = 0 \quad \text{当 } i < d \text{ 时}(\text{因为当 } i < d \text{ 时}, Ez_t z_{t-i} = 0)$$

$$\gamma_{yz}(d) = c_d$$
$$\gamma_{yz}(d-1) = a_1 c_d$$
$$\gamma_{yz}(d-2) = c_d(a_1^2 + a_2)$$
$$\vdots$$

因此，与 $c_d$ 的非零值相对应，在滞后项 $d$ 处出现最初峰值，在下一个时期，出现了其值为 $c_d$ 的 $a_1\%$ 的峰值，两个时期后，标准化后的互协方差的衰减开始满足 1 阶方程

$$\gamma_{yz}(i) = a_1 \gamma_{yz}(i-1) + a_2 \gamma_{yz}(i-2)$$

图 5-4c 是当 $d=3$，$c_d=1$，$a_1=0.8$ 和 $a_2=-0.6$ 时的 CCVF 的图形。其震荡型图形与过程的特征根为虚根的情况一致。为了进行对比，图 5-4d 是另一个有虚根的 2 阶过程的 CCVF。

### 5.2.3 高阶输入过程

计量经济中很少遇到序列 $\{z_t\}$ 是白噪声的情况。在序列 $\{z_t\}$ 是一个平稳的 ARMA 过程的情况下，我们需要进一步扩展对传递函数的讨论。正如将要讨论的，在序列 $\{z_t\}$ 是一个平稳的 ARMA 过程的情况下，传递函数的估计变得更困难。但是，额外的困难是值得去克服的，因为有可能在变量之间存在严重的相关性。很轻易地，我们可以提炼出估计问题的本质，考察由模型(5-4)和 $\{z_t\}$ 的 ARMA 过程构成的联立方程系统

$$y_t = a_0 + A(L)y_{t-1} + C(L)z_t + \varepsilon_t$$
$$z_t = D(L)z_{t-1} + \varepsilon_{zt} \quad (5\text{-}8)$$

式中，$D(L)$ 为滞后算子 $L$ 的多项式。$\varepsilon_{zt}$ 服从白噪声过程。$D(L)$ 的根显示 $\{z_t\}$ 是一个平稳的可逆的 ARMA 过程。因为 $\{z_t\}$ 独立于 $\{y_t\}$，所以，对序列 $\{y_t\}$ 的冲击 $\varepsilon_t$ 不会影响 $\{z_t\}$。这样，必然有 $E\varepsilon_t\varepsilon_{zt}=0$。

一旦两个方程的系数被恰当地估计，就有可能描绘出两个独立的脉冲响应函数。正如在标准的 Box-Jenkins 模型中，可以描绘出 $\varepsilon_t$ 的 1 个单位冲击对整个 $y_t$ 序列所产生的影响。多项式 $\dfrac{B(L)}{(1-A(L))}$ 的系数表示脉冲响应，反映了 $z_t$ 保持不变的条件下，$\varepsilon_t$ 的变化对 $y_t$ 的影响。更重要的是，可以显示出对输入序列 $\{z_t\}$ 的冲击如何传递到输出序列 $\{y_t\}$。序列 $\varepsilon_{zt}$ 的 1 个单位的冲击对 $z_t$ 有 1 个单位的直接影响，对 $y_t$ 有 $c_0\varepsilon_{zt}$ 个单位的影响。用计算机可以相对简单地描绘出 $\varepsilon_{zt}$ 序列对整个 $\{y_t\}$ 和 $\{z_t\}$ 序列的影响。形式上，$\varepsilon_{zt}$ 对序列 $\{y_t\}$ 的冲击的脉冲响应可以由式(5-4)和式(5-8)相结合后得到。组合后的模型为

$$y_t = a_0 + A(L)y_{t-1} + C(L)[1 - D(L)]\varepsilon_{zt} + \varepsilon_t$$

当对 $y_t$ 求解后，就很清楚系数 $\dfrac{C(L)[1-D(L)]}{1-A(L)L}$ 就是脉冲响应。类似地，传递函数是很有用的，因为它们可以引导一个多步预测。因为 $\{z_t\}$ 是独立的过程，所以，我们可以使用第 2 章中讨论的方法，用式(5-8)进行预测。这样，如果我们有 $T$ 个样本观测值，则可以用式(5-8)构成预测值 $E_T z_{T+1}$，$E_T z_{T+2}$，…，这些预测值可用于 $y_{T+j}$ 的多步预测。例如，假设：$z_t = d_1 z_{t-1} + \varepsilon_{zt}$，$y_t = a_1 y_{t-1} + c_1 z_t + \varepsilon_t$。因为对 $z_{T+j}$ 的 $j$ 步预测为 $(d_1)^j z_T$，所以，对 $y_{T+j}$ 的多步预测为

$$E_T y_{T+1} = a_1 y_T + c_1 E_T z_{T+1} = a_1 y_T + c_1 d_1 z_T$$

$$E_T y_{T+2} = (a_1)^2 y_T + c_1 d_1 (a_1 + d_1) z_T$$
$$\vdots$$

### 5.2.4 识别和估计

因为$\{z_t\}$相对于$\{y_t\}$独立地变化,所以,我们可以使用第2章中提到的方法,用式(5-8)将$\{z_t\}$作为一个ARMA过程估计。从这一模型中得到的残差用$\{\hat{\varepsilon}_{zt}\}$表示,残差应该为白噪声。其思想是估计序列$\{z_t\}$中的新息,即使序列本身不是一个白噪声过程。

一旦估计出了式(5-8),我们就能在两种方法中选择并估计传递函数。第一步是简单地估计回归方程

$$y_t = a_0 + \sum_{i=1}^{p} a_i y_{t-i} + \sum_{i=0}^{n} c_i z_{t-i} + \varepsilon_t \tag{5-9}$$

与标准的Box—Jenkins方法不同,开始估计ADL时,使用可行的$p$和$n$的最大值。然后利用$F$检验和$t$检验通过剔除不需要的系数简化模型。我们同样可以使用AIC和SBC找出拟合优度最佳的滞后长度。在任何时间序列的估计中,重要的是构建恰当的诊断检验以确保残差是白噪声,这很重要。这一模型的优势在于处理很简单,但是,可能很容易得到一个参数过度的模型。正如我们所知,就如同对于$\{y_t\}$可能有一个ARMA模型,其参数要比AR模型要多,但处理起来相对简单。而且,$z_t$和$z_{t-i}$是相关的,使用$t$检验减少传递函数的系数并不总是很简单。然而,该方法的应用相当普遍,并且与本章5.5~5.13节中将要讨论的向量自回归方法也是一致的。

第二种方法是直接估计式(5-4)。虽然识别$B(L)$的系数是很困难的,但可以构造一个简化的模型。正如一个ARMA过程可以近似地表示为高阶的AR过程,式(5-3)可以为式(5-9)提供一个简化的表示。在$\{z_t\}$为白噪声的情况下,利用互相关系数获得系数在传递函数中所表现出的形式。设想我们可以构建序列$\{y_t\}$和$\{\hat{\varepsilon}_{zt-i}\}$的互相关系数。但是,这一过程与式(5-4)所给的传递函数的结构的主要假设不一致。其理由是$z_t$,$z_{t-1}$,$z_{t-2}$,…(并不仅仅是简化了新息)直接影响了$y_t$的值。$y_t$与各个$\varepsilon_{zt-i}$的互相关系数未能揭示$C(L)$中的系数的形态。

恰当的方法是在式(5-4)的两边乘以前面估计的多项式$D(L)$,以达到经过**滤波**(filter)序列$\{y_t\}$的目的。因此,滤波后的$y_t$的值是$D(L)y_t$,用$y_{ft}$表示。$\hat{\varepsilon}_{zt}$与$y_{ft}$之间的自相关系数揭示了传递函数的形式。为了对此进行解释,在式(5-4)的两边乘以$D(L)$,得到

$$D(L)y_t = D(L)a_0 + D(L)A(L)y_{t-1} + C(L)D(L)z_t + D(L)\varepsilon_t$$

假定$D(L)y_t = y_{ft}$,$D(L)y_{t-1} = y_{ft-1}$和$D(L)z_t = \varepsilon_{zt}$,则上式等同于

$$y_{ft} = D(L)a_0 + A(L)y_{ft-1} + C(L)\varepsilon_{zt} + D(L)\varepsilon_t \tag{5-10}$$

虽然我们可以构造序列$D(L)y_t$,但大多数软件包能自动地进行适当的转化。重点是$y_{ft}$和$\varepsilon_{zt}$的互协方差展现了$C(L)$的系数。正如前面提到的$z_t$是白噪声的形态,为了检验峰值和延迟状态,可以通过$y_{ft}$与$\varepsilon_{zt}$之间的CCVF。

为解释滤波的重要性,再一次,考察$z_t = d_1 z_{t-1} + \varepsilon_{zt}$和$y_t = a_1 y_{t-1} + c_1 z_t + \varepsilon_t$的例子,假设我们无法实际获得传递函数的形式,则可能无法推导出$z_t$对$y_t$有直接影响。事实上,通过代入替换$z_t$,能够得到$y_t = a_1 y_{t-1} + c_1(d_1 z_{t-1} + \varepsilon_{zt}) + \varepsilon_t$。这样,我们可能会按如下方程形式错误地进行估计,其方程为

$$y_t = a_1 y_{t-1} + a_2 z_{t-1} + \varepsilon_{1t}$$

虽然在估计这一方程时并没有"错误",但其表述是 $z_t$ 对序列 $\{y_t\}$ 有 1 个时期的滞后影响,应该很清楚 $\text{var}(\varepsilon_{1t}) = \text{var}(c_1 \varepsilon_{zt} + \varepsilon_t)$。因此,被估计的传递函数比直接根据 $y_t = a_1 y_{t-1} + c_1 z_t + \varepsilon_t$ 所得到的方差要大。识别传递函数的恰当方法是滤波掉 $y_t$ 的值,使得

$$y_{ft} = (1 - d_1 L) y_t = y_t - d_1 y_{t-1}$$

现在用 $(1 - d_1 L)$ 乘以传递函数的两边,得到

$$(1 - d_1 L) y_t = a_1 (1 - d_1 L) y_{t-1} + c_1 (1 - d_1 L) z_t + (1 - d_1 L) \varepsilon_t$$

或

$$y_{ft} = a_1 y_{ft-1} + c_1 \varepsilon_{zt} + \varepsilon_t - d_1 \varepsilon_{t-1}$$

很明显,$y_{ft}$ 和 $\varepsilon_{zt}$ 的互协方差与 $y_t$ 和 $z_t$ 的互协方差有相同的形态。简言之,拟合一个传递函数的详细过程如下:

**第 1 步**:估计 $z_t$ 序列。用 AR 模型拟合序列 $\{z_t\}$,在这一步所使用的技巧适用于任意的 AR 模型。一个恰当估计的 AR 模型应该近似于序列 $\{z_t\}$ 的数据生成过程。计算的残差值称为序列 $\{z_t\}$ 的滤波值,这些滤波值可被解释为 $\{z_t\}$ 序列中的纯新息,计算并保存序列 $\{\hat{\varepsilon}_{zt}\}$。

**第 2 步**:确定可信的 $C(L)$ 候选函数。通过对每个 $\{y_t\}$ 值应用滤波器 $D(L)$,从而获得滤波后的序列 $\{y_t\}$,即是用第 1 步的结果获得 $D(L) y_t \equiv y_{ft}$。$y_{ft}$ 和 $\hat{\varepsilon}_{zt-i}$ 的互协方差能帮助确定 $C(L)$ 的形式。记住,互协方差的高峰可能会得出许多可信的传递函数。当然,样本互协方差与理论值不完全一致。在所有互相关系数都为零的原假设下,滞后期为 $i$ 的互相关系数的样本方差将渐近收敛于 $(T-i)^{-1}$,其中,$T$ 为有效的样本观测数。令 $r_{yz}(i)$ 表示 $y_t$ 和 $z_{t-i}$ 的样本互相关系数。在所有的 $\rho_{yz}(i)$ 的真实值为零的原假设下,$r_{yz}(i)$ 的方差收敛于

$$\text{var}[r_{yz}(i)] = (T-i)^{-1}$$

例如,在 100 个观测样本中,$y_t$ 和 $z_{t-1}$ 之间互相关系数的标准差近似于 0.10。如果 $r_{yz}(1)$ 值超过 0.2(或小于 $-0.2$),则拒绝原假设,滞后期为 $i$ 的显著的互相关系数表明 $z_t$ 中的新息影响了 $y_{t+i}$。为了检验前面 $k$ 个互相关系数,使用统计量

$$Q = T(T+2) \sum_{i=0}^{k} \frac{r_{yz}^2(i)}{T-k}$$

$Q$ 是渐近地服从自由度为 $(k - p_1 - p_2)$ 的 $\chi^2$ 分布。式中,$p_1$ 和 $p_2$ 分别表示 $A(L)$ 和 $C(L)$ 中非零系数的个数。

**第 3 步**:确定可信的 $A(L)$ 候选函数。对 $y_t$(而不是 $y_{ft}$)做关于它的滞后项和所选择的 $\{z_t\}$ 值的回归。在这里,将选择如下形式的模型

$$y_t = C(L) z_t + e_t$$

式中,$e_t$ 表示误差项,不要求它是白噪声过程。

这些残差的 ACF 能揭示 $A(L)$ 函数的恰当形式。如果序列 $\{e_t\}$ 近似白噪声,则工作完成。但是,序列 $\{e_t\}$ 的相关图常常为 $A(L)$ 提出许多看似合理的形式,使用序列 $\{e_t\}$ 估计各种形式的 $A(L)$,为 $B(L) e_t$ 选择"最好的"模型。正如任何有 ARMA 项的模型一样,我们需要运用极大似然估计。

**第 4 步**:将第 2 步和第 3 步的结果结合起来估计整个方程。在这一步,同时估计 $A(L)$ 和 $C(L)$。好的估计模型的特征有:系数高质量,模型简练,残差与白噪声过程一致,预测误差很小。应该把估计模型与第 2 步和第 3 步得到的看似合理的备择模型进行比较。

毫无疑问，估计 ADL 模型需要研究者的判断。有经验的计量经济学家普遍认同估计步骤是在实践中培育的技巧、艺术和不懈努力的结合。需要记住的是，我们的目标就是在潜在的、有复杂相互作用的变量中，找到一个精简的表达式。例如，在 ARMA 过程中，不同的模型可能有相似的经济含义，得出相似的预测结果。在这里，我们将给出一些有用的提示：

(1) 第 4 步中，当我们估计了整个模型之后，在残差中仍存在的任何信息自相关都可能意味着 $C(L)$ 是不能具体指定的。返回第 3 步重新确定 $A(L)$ 和 $C(L)$ 的形式，以便获得对残差的其余的解释能力。

(2) 如果 $\{y_t\}$ 和(或) $\{z_t\}$ 是非平稳的，则样本的互相关系数没有意义。可以使用在第 4 章中讨论过的步骤检验每个序列的单位根。在单位根存在的情况下，Box 和 Jenkins(1976)建议对每个变量进行差分直至平稳为止。下一章讨论多变量环境下的单位根，而现在，只要知道这一建议会导致过度差分并注意这一点就足够了。

ADL 模型的诠释取决于进行差分的类型，考虑如下三个方程式且假设 $|a_1|<1$，即

$$y_t = a_1 y_{t-1} + c_0 z_t + \varepsilon_t \tag{5-11}$$

$$\Delta y_t = a_1 \Delta y_{t-1} + c_0 z_t + \varepsilon_t \tag{5-12}$$

$$y_t = a_1 \Delta y_{t-1} + c_0 \Delta z_t + \varepsilon_t \tag{5-13}$$

在式(5-11)中，$z_t$ 的 1 个单位的冲击产生的初始影响使 $y_t$ 增加 $c_0$ 个单位，这一初始影响按 $a_1$ 的比例衰减。在式(5-12)中，$z_t$ 的 1 个单位的冲击使 $y_t$ 的变动量增加了 $c_0$ 个单位，这一初始的影响按 $a_1$ 的比例衰减，而对序列 $\{y_t\}$ 总体水平的影响程度并没有衰减。在式(5-13)中，仅仅是 $z_t$ 的变动影响了 $y_t$ 的变动。在此，序列 $\{z_t\}$ 中的一个脉冲对 $\{y_t\}$ 的总体水平有暂时的影响。本章后面的习题 3 和 4 可以帮助熟悉这几个不同的表达式。

注意，运用 MA 期可得到简约模型。ARMA 模型能比单纯的 AR 模型更简洁，式(5-3)可能提供了一个比式(5-4)更简洁的适用模型。此外，式(5-8)可能适用于 MA 期。

## 5.3 估计传递函数

数量居高不下的恐怖事件(例如，1985 年 6 月 14 日环球航空的 847 航班被劫持，1985 年 10 月 7 日 Achille Lauro 号邮轮被劫持，1985 年 12 月 27 日尼达尔组织(Abu Nidal)对维也纳和罗马机场的袭击等等)导致了游客们不得不考虑改变其旅行计划。类似地，旅游业在 2001 年的"9·11"事件之后遭到了重大打击。虽然对打算旅行的观光者的民意调查显示恐怖活动影响了旅游业，但如果实际的影响的确存在，那么最好通过应用统计方法去发现它。在重大事件后的灾难中所进行的民意调查无法说明被访者是否实际再次打算旅游。此外，民意调查不能解释未含在访者当中的观光者已经受某些诱导因素的影响而重回灾难地区观光的原因。

如同 Enders、Sandler 和 Parise(1992)的研究那样，为衡量恐怖活动主义对旅游业产生的影响，我们收集了 12 个国家旅游业收入的季度值。[2]各国旅游收入的对数值作为被解释变量 $y_t$，将各国发生的国际恐怖事件数量作为解释变量 $\{z_t\}$。我们对干扰分析的使用进行了严格的假设，其假设为从旅游业到恐怖袭击不存在反馈。如果旅游状况的改变导致恐怖分子改变其发动恐怖活动，则假设就不成立。

考虑形如式(5-4)的一个传递函数

$$y_t = a_0 + A(L)y_{t-1} + C(L)z_t + B(L)\varepsilon_t$$

式中 $y_t$——在 $t$ 季度中某国旅游业消除季节变动的收入的对数值；

$z_t$——在 $t$ 季度中发生在该国的国际恐怖事件数量。[3]

如果我们采用在前面章节中讨论过的方法，那么，拟合一个恰当的传递函数的第一步就是为序列 $\{z_t\}$ 构造一个合适的 ARMA 模型。为了阐述简便，有必要考察一下意大利的事例，因为意大利的恐怖事件序列接近白噪声过程（平均每季度恐怖事件始终为 4.20 件）。假定 $\rho_z(i)$ 表示 $z_t$ 和 $z_{t-i}$ 之间的自相关系数。如果打算采用在 ITALY. XLS 中的数据，就需要确保设定的样本在 1971 年第 1 季度到 1988 年第 4 季度之间。针对意大利的恐怖袭击事件的自相关表如下：

**意大利的恐怖袭击的自相关表**

| $\rho_z(0)$ | $\rho_z(1)$ | $\rho_z(2)$ | $\rho_z(3)$ | $\rho_z(4)$ | $\rho_z(5)$ | $\rho_z(6)$ | $\rho_z(7)$ | $\rho_z(8)$ |
|---|---|---|---|---|---|---|---|---|
| 1 | 0.14 | 0.05 | -0.06 | -0.04 | 0.13 | -0.00 | 0.01 | -0.12 |

每个 $\rho_z(i)$ 的值相对于 1 都小于 2 个标准差。Ljung-Box 的 $Q$ 统计量表明没有分组是有意义的。因为恐怖事件呈现出接近白噪声过程的特征，所以，我们可以跳过步骤 1，不需要为序列选择合适的 ARMA 模型或对序列 $\{y_t\}$ 进行滤波。在此，我们得出结论，恐怖分子的活动是随机的，在季度 $t$ 内发生的恐怖事件数量与过去时期发生的恐怖事件数量是不相关的。

第 2 步要求获得旅游业收入和恐怖事件的互相关表，如下所示。

**意大利的恐怖袭击与旅游业收入的互相关表**

| $\rho_{yz}(0)$ | $\rho_{yz}(1)$ | $\rho_{yz}(2)$ | $\rho_{yz}(3)$ | $\rho_{yz}(4)$ | $\rho_{yz}(5)$ | $\rho_{yz}(6)$ | $\rho_{yz}(7)$ | $\rho_{yz}(8)$ | $\rho_{yz}(9)$ | $\rho_{yz}(10)$ | $\rho_{yz}(11)$ |
|---|---|---|---|---|---|---|---|---|---|---|---|
| -0.18 | -0.23 | -0.24 | -0.05 | 0.04 | 0.13 | 0.04 | 0.00 | 0.11 | 0.12 | 0.26 | 0.19 |

在互相关表中有几个有趣的特征。

(1) 对于 $T$ 个样本观测值和 $i$ 个滞后项，各个 $\rho_{yz}(i)$ 值的理论标准差为 $(T-i)^{-\frac{1}{2}}$，对于 73 个观测值，$T^{-\frac{1}{2}}$ 约等于 0.117。在 5% 的显著水平下（即 2 个标准差），样本值 $\rho_{yz}(0)$ 不为 0 并不显著，并且 $\rho_{yz}(1)$ 和 $\rho_{yz}(2)$ 都恰好位于 5% 的显著水平下的拒绝或不能拒绝原假设（$\rho_{yz}(1)=0$ 或 $\rho_{yz}(2)=0$）的临界点上。但是 $\rho_{yz}(0)=\rho_{yz}(1)=\rho_{yz}(2)=0$ 的 $Q$ 统计量在 1% 的水平下是显著的，这就意味着，它们三个系数当中至少有一个显著不为零。因此，综合以上结论可以得出，从滞后期为 1 或 2 开始，恐怖事件和旅游业收入表现为很强的负相关。

(2) 有必要检验 $y_t$ 与 $z_{t+i}$ 的前项值的互相关系数，如果 $y_t$ 的现值与 $z_{t+i}$ 的未来值相关联，则没有反馈的假设可能是不成立的。$y_t$ 的现期值对序列 $\{z_t\}$ 的未来值产生影响可能导致 $y_t$ 与 $z_t$ 的前项存在显著的互相关。

(3) $\rho_{yz}(10)$ 和 $\rho_{yz}(11)$ 的较大值被提示为恐怖主义对旅游的可能的长期影响。尽管总体观测样本的数量相对较小，但在过程的这一点上，乐于接受几个可能模型的可能性是明智的。

第 3 步需要检验互相关表和估计每个看似合理的模型，基于互相关表提供的含糊不清的证据，估计了几种不同的传递函数模型，我们估计模型为 $y_t = c + C(L)z_t + e_t$，尝试使用 0、1、2 三个季度的延迟，部分估计结果如表 5-2 所示。

表 5-2　意大利的恐怖事件和旅游业（第 3 步的估计值）

| | $c$ | $c_0$ | $c_1$ | $c_2$ | $c_3$ | AIC/SBC |
|---|---|---|---|---|---|---|
| 模型 1 | 0.04 | −0.002 8 | −0.003 8 | −0.004 2 | −0.001 | −5.20/ |
| | (1.86) | (−1.15) | (−1.57) | (−1.76) | (−0.24) | 5.97 |
| 模型 2 | 0.04 | −0.002 8 | −0.003 9 | −0.004 4 | | −7.14/ |
| | (1.94) | (−1.15) | (−1.59) | (−1.82) | | 1.80 |
| 模型 3 | 0.03 | | −0.004 2 | −0.004 4 | | −7.76/ |
| | (1.60) | | (−1.74) | (−1.84) | | −1.05 |
| 模型 4 | 0.01 | | | −0.005 0 | | −6.65/ |
| | (0.87) | | | (−2.05) | | −2.17 |
| 模型 5 | 0.01 | | −0.004 8 | | | −6.30/ |
| | (0.82) | | (−1.96) | | | −1.82 |

注：括号中的数值为原假设系数为 0 的 $t$ 统计量。

模型 1 的形式为 $y_t = c + c_0 z_t + c_1 z_{t-1} + c_2 z_{t-2} + c_3 z_{t-3} + e_t$，这种形式存在的问题是截距项 $a_0$ 并非显著异于零。去掉这个系数得到模型 2。请注意，在通常水平下，模型 2 中的大部分系数都是显著的不为 0。估计模型 3 中系数 $c_1$、$c_2$ 为负且恰好显著产生的变量 $z_0$。在显著性水平为 0.03 的情况下，原假设 $c_1 = c_2 = 0$ 的 $F$ 检验值为 3.69。同样地，似乎恐怖主义对旅游的影响是负面的。此外，我们需要探究回归残差 $\{e_t\}$ 序列相关的 $t$ 检验。分别地，模型 4 和模型 5 争取决定删除 $z_1$ 或 $z_2$ 哪个更好。总体来说，AIC 选择了模型 3，SBC 选择了模型 4（滞后期为 2）。

因为第 3 步结果是复杂的，且互相关图有 2 个峰值并且衰减趋势不明显，所以，我们假定 $z_{t-1}$ 和 $z_{t-2}$ 直接影响 $y_t$。对于第 4 步，我们从模型 3 的残差中获得序列 $\{e_t\}$，匹此 $e_t = y_t - 0.002\,37 z_{t-1} - 0.002\,6 z_{t-2}$。这些残差的相关关系为

| $\rho(0)$ | $\rho(1)$ | $\rho(2)$ | $\rho(3)$ | $\rho(4)$ | $\rho(5)$ | $\rho(6)$ | $\rho(7)$ | $\rho(8)$ | $\rho(9)$ | $\rho(10)$ | $\rho(11)$ | $\rho(12)$ |
|---|---|---|---|---|---|---|---|---|---|---|---|---|
| 1.0 | 0.67 | 0.60 | 0.47 | 0.47 | 0.23 | 0.14 | 0.08 | −0.08 | −0.17 | −0.18 | −0.24 | −0.23 |

如果你多次检验，你会发现 $\{e_t\}$ 序列的合理模型是 AR(2)，ARMA(2，‖4‖) 和包含季节性 AR(1) 期的 AR(1)。三个模型中最有可能的是

$$(1 - 0.692L)(1 - 0.379L^4)e_t$$

在此，我们尝试的传递函数为

$$(1 - 0.692L)(1 - 0.379L^4)y_t = -0.004\,2 z_{t-1} - 0.004\,4 z_{t-2} + \varepsilon_t \quad (5-14)$$

式(5-14)中的问题在于第一个表达项中所估计的系数独立于第二个表达项中的系数。在第 4 步中，我们同时估计了全部系数，得到

$$(1 - 0.692L)(1 - 0.379L^4)y_t = -0.003\,0 z_{t-1} - 0.004\,0 z_{t-2} + \varepsilon_t \quad \text{AIC} = -63.52 \quad (5-15)$$
$$(7.01)\qquad\quad(3.41)\qquad\qquad\quad(-2.15)\qquad(-2.91)\qquad\qquad \text{SBC} = -54.82$$

注意式(5-15)和式(5-14)中的系数很近似，Ljung-Box 的 $Q$ 统计量显示式(5-15)的残差表现为白噪声过程。例如，$Q(4) = 5.34$，$Q(8) = 9.11$ 和 $Q(12) = 20.26$ 分别对应 0.25，33 和 0.06 的显著水平。然而，如 $\rho(11) = -0.27$，可能会得到有关滞后期残差的信息。

我们最终的目的是要利用估计的传递函数模拟一个典型的恐怖事件产生的影响。初始化系数使 $y_0 = y_1 = y_2 = y_3 = 0$，并令所有的 $\{\varepsilon_t\} = 0$。我们令 $z_t = 1$，图 5-5 显示了序列 $\{z_t\}$ 中变化 1 个单位产生的脉冲响应函数。正如在图中所看到的，延迟 1 期之后，一个时期后意大利旅游业收入大幅

减少。在持续的减少后，大约 3 年后旅游业恢复到其最初值。系统具有记忆性，旅游业再次下滑。

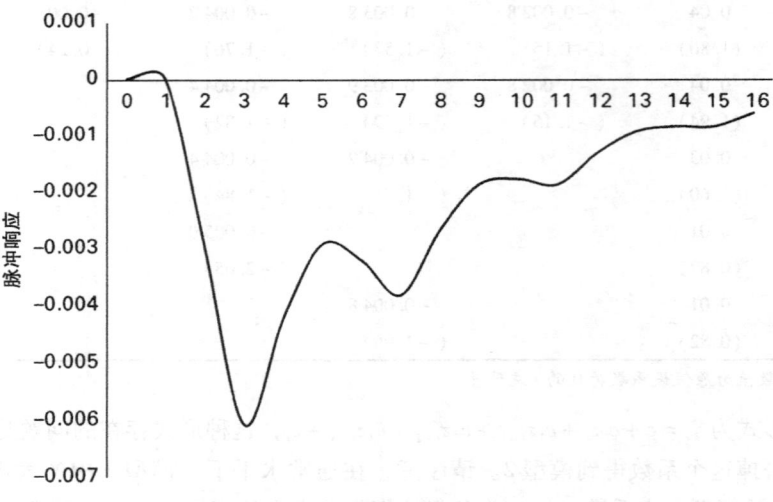

图 5-5　意大利的旅游业

结合时间和所有发生的事件，我们对意大利旅游业的总体损失进行估计，没有贴现的损失额超过 6 亿特别提款权（SDR），按 5% 的实际利率计算，以 1988 年的 SDR 为基数的损失总额超过了 8.61 亿（相当于意大利年旅游收入的 6%）。本章最后的问题 5 请你比较此处估计的模型和用从一般到特殊归纳出的式(5-9)。

在实际的论文中，我们使用更简单的方法。特别是我们令 $C(L) = \dfrac{E(L)}{F(L)}$ 的传递函数，则估计模型变为 $y_t = a_0 + A(L) y_{t-1} + \dfrac{E(L) z_t}{F(L)} + B(L) \varepsilon_t$。代替对函数 $C(L)$ 使用长滞后期，在分母使用多项式滞后的结果是 $z_t$ 传播（或传递）更远，影响周期数。例如，若 $|f_1| < 1$，$\dfrac{z_{t-1}}{1 - f_1 L}$ 是 $z_{t-1} + f_1 z_{t-2} + f_1^2 z_{t-3} + \cdots$。通过这种方式，代替估计函数 $C(L)$ 的大量系数，简单分母滞后导致冲击的几何衰减。因为小容量样本和长滞后期系数很大，所以这很重要。大部分程序包在传递函数上允许数值和分母滞后。为了估计这样的模型，在第二步，可用多个低位 $E(L)$ 和 $F(L)$ 函数进行检验。

## 5.4　结构性多元估计的约束

拟合像传递函数这种多变量方程存在两个重大困难，第一个难点与拟合一个简练的模型有关。显然，一个简练模型要比一个参数过多的模型要好得多。由于我们在现实经济中常常获取的是小样本经济数据，所以，估计一个无约束模型有可能受到自由度的困扰，导致预测无效。而且，可能因含有的大量但不显著的系数而会增加预测的波动。但是，在对模型进行简化的过程中，两个具有相同技能的研究者可能得到不同的传递函数。虽然其中一个模型更好地拟合数据（对于 AIC 或 SBC 来说），但另一个模型的残差可能更符合诊断特征。一致的观点认为一个拟合较好的传递函数模型具有"艺术形式"的许多特征，仁者见仁，智者见智。使用简练模型存在潜在的成本，假设我们使用 $A(L)$、$B(L)$ 和 $C(L)$ 的长滞后项简单地估计方程 $y_t = A(L)y_{t-1} + C(L)z_t + B(L)\varepsilon_t$。只要 $\{z_t\}$ 是外生的，即使模型有过多的参数，估计的系数和预测也是无偏的。如果研究者不恰当地在模型中的任一项多项式中施加零约束，则无偏性的性质就不存在了。

第二个困难涉及从序列 $\{y_t\}$ 到序列 $\{z_t\}$ 没有反馈的假设。如果要使得 $C(L)$ 的系数是序列 $\{z_t\}$ 对序列 $\{y_t\}$ 影响的无偏估计，那么对于任何前项和滞后项，$z_t$ 必须与 $\{\varepsilon_t\}$ 无关。虽然某些经济模型断言政策变量（如货币供给或财政支出）是外生的，然而可能存在反馈，如政策变量与系统中的其他变量的状态有某种关联。为了弄清反馈的问题，假设通过调高和调低温度调节器尝试使房间保持在70℉⊖。当然，"实际的"模型是调节加热器（干扰变量 $z_t$）加热房间（序列 $\{y_t\}$）。但是，干扰分析不能够完全获得反馈存在时的真实关系。显然，如果能够完全控制室内温度，则室内温度的常温值和温度调节器的调节没有关联，或者，无论预计何时变冷，有可能听信天气预报而调节温度调节器。如果反应不够有力，未能将热量调得足够高，两个变量间的互相关图将呈现一个负的峰值，反映出温度调节器调高而室内温度在下降。或者过度频繁地调高温度调节器，室内温度和调温器的值同时上升。仅有在不涉及室内温度的条件下调节温度调节器，我们才能期待揭示真实的模型。

为解决传递函数的形式和反馈或者"因果关系"问题，Sims（1980）提出了一个非结构估计方案。为了最好地理解向量自回归的处理方法，考虑 Sims 最初提出的后经过改进的一国宏观经济计量学模型构建的思想很有益处。

## 多元宏观计量经济模型：一些历史背景

传统宏观计量经济的假设检验和预测都使用了大型的宏观计量经济模型。通常，在一系列结构方程中，一次只估计一个方程，然后，将所有的方程合在一起以进行综合的宏观计量经济预测。在 Suits 和 Sparks（1965，p208）所提出的美国 Brookings 季度性经济模型中，考虑两个方程

$$C_{NF} = 0.0656Y_D - 10.93\left(\frac{P_{CNF}}{P_C}\right)_{t-1} + 0.1889(N + N_{ML})_{t-1}$$
$$(0.0165) \qquad\qquad (2.49) \qquad\qquad\qquad (0.0522)$$

$$C_{NEF} = 4.2712 + 0.1691Y_D - 0.0743\left(\frac{ALQD_{HH}}{P_C}\right)_{t-1}$$
$$\qquad\qquad (0.0127) \qquad\qquad (0.0213)$$

式中　$C_{NF}$——个人食品消费支出；

$Y_D$——个人可支配收入；

$P_{CNF}$——个人食品消费支出的平减物价指数；

$P_C$——个人消费支出的平减物价指数；

$N$——国内人口数；

$N_{ML}$——包括海外驻军的军队人数；

$C_{NEF}$——除食品之外的非耐用消费品的个人消费支出；

$ALQD_{HH}$——季度末家庭所拥有的流动资产。

括号中的数值为标准差。

模型余下的部分包含对其他因素的估计，如总消费、投资支出、政府支出、出口、进口、金

---

⊖　这是华氏度表示。对应的摄氏度 =（华氏度 -32）÷1.8≈21℃。

融部门、各种价格决定方程，等等。需要注意的是，假设的是食品支出取决于相对价格和人口数量，而其他非耐用消费品支出并非如此。然而，却假设其他非耐用消费品的支出取决于家庭在前一季度所持有的实际的流动资产。

这些特别的行为假设是否与经济理论一致呢？Sims(1980, p3)讨论了这些多方程模型，其结论如下：

> "经济理论"主要告诉我们在其中一个方程右边出现的变量都应在原则上适用于所有方程的右边。在某种程度上，模型对应于在方程右边的变量的不同集合，它们并没有源自经济理论，但(在需要的方程中)产生了计量经济学家凭直觉对心理学和社会学理论的描述，因为约束效用函数就是包含其中的内容。更何况如果这些方程的搭配未能被认为是某特殊过程的一个系统，那么将所有方程约束行为的关系综合起来与单个方程自身的约束相比更不合理。

另一方面，许多货币主义者使用**诱导型**(reduced-form)方程确定政府政策对宏观经济的影响。例如，考虑如下 Anderson 和 Jordan(1968)所使用的"St. Louis 模型"的形式。使用美国 1952 年至 1968 年的季度数据，他们估计了如下诱导型的 GNP 决定方程

$$\Delta Y_t = 2.28 + 1.54\Delta M_t + 1.56\Delta M_{t-1} + 1.44\Delta M_{t-2} + 1.29\Delta M_{t-3}$$
$$+ 0.40\Delta E_t + 0.54\Delta E_{t-1} - 0.03\Delta E_{t-2} - 0.74\Delta E_{t-3} \tag{5-16}$$

式中　$\Delta Y_t$——名义 GNP 的变动量

$\Delta M_t$——基础货币的变动量；

$\Delta E_t$——"高就业率"预算赤字的变动量。

在分析中，Anderson 和 Jordan 使用了基础货币和高就业预算赤字，因为这两个变量分别受货币当局和财政当局控制。St. Louis 模型尝试证明，在货币供给中货币主义者的政策建议是变化的，而在政府支出或税收方面没有变化，但这一政策建议影响了 GNP。由于在各变量及其滞后项之间存在多重共线性，所以对个别系数的 $t$ 检验是不准确的。但是，在检验基础货币系数之和(即：$1.54 + 1.56 + 1.44 + 1.29 = 5.83$)是否显著不为 0 时，$t$ 统计量的值为 7.25。因此，他们认为：基础货币的变化转换为了名义 GNP 的变化。因为所有的系数都为正，货币政策的影响是累积的。另一方面，在检验财政支出系数的总和($0.40 + 0.54 - 0.03 - 0.74 = 0.17$)是否等于 0 的假设中，$t$ 统计量的值为 0.54。根据 Anderson 和 Jordan 的观点，该结论支持了预算赤字增加最初刺激经济时存在"滞后溢出效应"的观点。但是，经过一段时间后，利率和其他宏观经济变量的改变导致私人部门支出的减少，财政措施的累积影响在统计上并不是显著异于零的。

Sims(1980)同时指出了这种分析中存在的几个问题，将式(5-16)看作是一个拥有两个独立变量 $\{M_t\}$ 和 $\{E_t\}$ 并且不含有被解释变量滞后项的传递函数。与任何类型的传递函数分析一样，我们必须涉及两个方面的问题：

(1) 确保滞后长度是合适的。在滞后的被解释变量存在的情况下，序列相关的残差将导致系数的有偏估计。

(2) 确保在 GNP 与基础货币或与预算赤字之间无反馈。但是，无反馈的假设往往是不合理的，因为如果货币当局(或财政当局)故意尝试改变名义 GNP，就必然有反馈。正如在温度调节器的事例中，如果货币当局试图通过改变基础货币从而控制经济，我们就无法证明得到"真实的"模型。在时间序列计量经济学的术语中，GNP 的变化将"导致"货币供给量的变化。一个恰当的策略就是同时估计 GNP 的决定过程和货币供给的反馈情况。

Sims(1980,pp14-15)对两种类型的模型进行比较后阐述了自己的观点,认为:

因为存在的大型模型有太多的不可信赖的约束条件,旨在检验对应的宏观经济理论的经验研究往往在一个单独的或几个方程的架构中进行。仅仅出于此原因,似乎值得对构建一个大型模型的可能性进行检验,而这类模型必须没有偶然地累积约束条件的趋势。将大型宏观模型作为无约束的诱导形式进行估计是可行的,并将所有变量看作是内生的。

## 5.5 向量自回归(VAR)介绍

当我们对变量难以判断是否真是外生变量时,传递函数分析的自然扩展就是均等地对待每一个变量。在双变量情况下,我们可以令$\{y_t\}$的时间路径受序列$\{z_t\}$的当期或过去的实际值的影响,并且让序列$\{z_t\}$的时间路径受序列$\{y_t\}$的当期和过去实际值的影响。考虑如下简单的双变量系统

$$y_t = b_{10} - b_{12}z_t + \gamma_{11}y_{t-1} + \gamma_{12}z_{t-1} + \varepsilon_{yt} \tag{5-17}$$

$$z_t = b_{20} - b_{21}y_t + \gamma_{21}y_{t-1} + \gamma_{22}z_{t-1} + \varepsilon_{zt} \tag{5-18}$$

这里假设:①$y_t$和$z_t$都是平稳的;②$\varepsilon_{yt}$和$\varepsilon_{zt}$是白噪声干扰项,标准差分别为$\sigma_y$和$\sigma_z$;③$\{\varepsilon_{yt}\}$和$\{\varepsilon_{zt}\}$是不相关的白噪声干扰项。

因为最长的滞后长度为1,因此,式(5-17)和式(5-18)构成了一个1阶向量自回归(VAR)。这一简单的双变量1阶VAR,有利于阐述将在5.8节中提到的多元高阶系统。因为允许$y_t$和$z_t$相互影响,所以系统结构中结合了反馈因素,例如,$-b_{12}$是1单位$z_t$的变化对$y_t$的影响,$\gamma_{12}$表示1单位$z_{t-1}$的变化对$y_t$的影响。注意,$\varepsilon_{yt}$和$\varepsilon_{zt}$分别是$y_t$和$z_t$中的新息(或冲击)。当然,如果$b_{21}$不为零,则$\varepsilon_{yt}$同时对$z_t$有一个间接的影响,如果$b_{12}$不为零,$\varepsilon_{zt}$同时对$y_t$也有一个间接的影响。这一系可被用于在温度调节器的例子中获取反馈效应。第一个方程允许设定的温度调节器的当期和过去值影响温度的时间路径,第二个方程允许在温度的当期值与过去值和温度调节器设置二者之间存在反馈因素。

因为$y_t$对$z_t$有一个同时期的影响,而$z_t$对$y_t$也有一个同时期的影响,所以,式(5-17)和式(5-18)并非是诱导型方程。所幸的是,可将方程系统转化为更实用的形式,使用线性代数的矩阵表示方法,我们可将系统写成紧凑形式

$$\begin{pmatrix} 1 & b_{12} \\ b_{21} & 1 \end{pmatrix} \begin{pmatrix} y_t \\ z_t \end{pmatrix} = \begin{pmatrix} b_{10} \\ b_{20} \end{pmatrix} + \begin{pmatrix} \gamma_{11} & \gamma_{12} \\ \gamma_{21} & \gamma_{22} \end{pmatrix} \begin{pmatrix} y_{t-1} \\ z_{t-1} \end{pmatrix} + \begin{pmatrix} \varepsilon_{yt} \\ \varepsilon_{zt} \end{pmatrix}$$

或

$$Bx_t = \Gamma_0 + \Gamma_1 x_{t-1} + \varepsilon_t$$

式中,

$$\boldsymbol{B} = \begin{pmatrix} 1 & b_{12} \\ b_{21} & 1 \end{pmatrix}, \quad \boldsymbol{x}_t = \begin{pmatrix} y_t \\ z_t \end{pmatrix}, \quad \boldsymbol{\Gamma_0} = \begin{pmatrix} b_{10} \\ b_{20} \end{pmatrix}$$

$$\boldsymbol{\Gamma_1} = \begin{pmatrix} \gamma_{11} & \gamma_{12} \\ \gamma_{21} & \gamma_{22} \end{pmatrix}, \quad \boldsymbol{\varepsilon}_t = \begin{pmatrix} \varepsilon_{yt} \\ \varepsilon_{zt} \end{pmatrix}$$

用$\boldsymbol{B}^{-1}$左乘以方程,得到向量自回归(VAR)模型的标准形式

$$x_t = A_0 + A_1 x_{t-1} + e_t \qquad (5\text{-}19)$$

式中 $A_0 = B^{-1}\Gamma_0$

$A_1 = B^{-1}\Gamma_1$

$e_t = B^{-1}\varepsilon_t$

为了便于标记,我们定义 $a_{i0}$ 为向量 $A_0$ 的元素 $i$,$a_{ij}$ 为矩阵 $A_1$ 中第 $i$ 行第 $j$ 列的元素,$e_{it}$ 为向量 $e_t$ 的元素 $i$,使用这一新的标记法,我们可以用等价形式把式(5-19)写为

$$y_t = a_{10} + a_{11} y_{t-1} + a_{12} z_{t-1} + e_{1t} \qquad (5\text{-}20)$$

$$z_t = a_{20} + a_{21} y_{t-1} + a_{22} z_{t-1} + e_{2t} \qquad (5\text{-}21)$$

式(5-17)和式(5-18)所代表的系统同式(5-20)和式(5-21)所代表的系统的差异在于,第一组被称为结构性 VAR 或原始系统,第二组被称为标准型 VAR。值得注意的是误差项(即 $e_{1t}$ 和 $e_{2t}$)是由两个冲击 $\varepsilon_{yt}$ 和 $\varepsilon_{zt}$ 的组合。因为 $e_t = B^{-1}\varepsilon_t$,因此,我们把 $e_{1t}$ 和 $e_{2t}$ 写为

$$e_{1t} = \frac{\varepsilon_{yt} - b_{12}\varepsilon_{zt}}{1 - b_{12}b_{21}} \qquad (5\text{-}22)$$

$$e_{2t} = \frac{\varepsilon_{zt} - b_{21}\varepsilon_{yt}}{1 - b_{12}b_{21}} \qquad (5\text{-}23)$$

因为 $\varepsilon_{yt}$ 和 $\varepsilon_{zt}$ 服从白噪声过程,所以,$e_{1t}$ 和 $e_{2t}$ 的均值为 0,方差恒定且独立不相关。为了推导出 $\{e_{1t}\}$ 的性质,首先计算式(5-22)的期望值。$e_{1t}$ 的期望值为

$$Ee_{1t} = \frac{E(\varepsilon_{yt} - b_{12}\varepsilon_{zt})}{1 - b_{12}b_{21}} = 0$$

$e_{1t}$ 的方差为

$$Ee_{1t}^2 = E\left[\frac{\varepsilon_{yt} - b_{12}\varepsilon_{zt}}{1 - b_{12}b_{21}}\right]^2 = \frac{\sigma_y^2 + b_{12}^2 \sigma_z^2}{(1 - b_{12}b_{21})^2} \qquad (5\text{-}24)$$

因为 $e_{1t}$ 的方差在时间上是独立的,所以,$e_{1t}$ 和 $e_{1t-i}$ 的自协方差为

$$Ee_{1t}e_{1t-i} = \frac{E[(\varepsilon_{yt} - b_{12}\varepsilon_{zt})(\varepsilon_{yt-i} - b_{12}\varepsilon_{zt-i})]}{(1 - b_{12}b_{21})^2} = 0 \quad \text{当 } i \neq 0 \text{ 时}$$

类似地,可以证明由式(5-23)表述的 $e_{2t}$ 是一个平稳的过程,均值为零,方差恒定,并且所有的自协方差都为零。所要注意的是 $e_{1t}$ 和 $e_{2t}$ 是相关的,它们的互协方差为

$$Ee_{1t}e_{2t} = \frac{E[(\varepsilon_{yt} - b_{12}\varepsilon_{zt})(\varepsilon_{zt} - b_{21}\varepsilon_{yt})]}{(1 - b_{12}b_{21})^2} = \frac{-(b_{21}\sigma_y^2 + b_{12}\sigma_z^2)}{(1 - b_{12}b_{21})^2} \qquad (5\text{-}25)$$

一般而言,式(5-25)的值不为 0,所以,两个冲击 $e_{1t}$ 和 $e_{2t}$ 是相关的。在特殊情况下,令 $b_{12} = b_{21} = 0$(即,如果 $y_t$ 对 $z_t$ 和 $z_t$ 对 $y_t$ 没有同期产生影响),则冲击不相关。把 $e_{1t}$ 和 $e_{2t}$ 冲击的方差-协方差矩阵定义为

$$\Sigma = \begin{pmatrix} \text{var}(e_{1t}) & \text{cov}(e_{1t}, e_{2t}) \\ \text{cov}(e_{1t}, e_{2t}) & \text{var}(e_{2t}) \end{pmatrix}$$

因为 $\Sigma$ 的所有元素在时间上都是独立的,所以可使用更紧凑的形式

$$\Sigma = \begin{pmatrix} \sigma_1^2 & \sigma_{12} \\ \sigma_{21} & \sigma_2^2 \end{pmatrix} \qquad (5\text{-}26)$$

式中　$\text{var}(e_{it}) = \sigma_i^2$；

$\text{cov}(e_{1t}, e_{2t}) = \sigma_{12} = \sigma_{21}$。

### 5.5.1 稳定性和平稳性

在 1 阶自回归模型 $y_t = a_0 + a_1 y_{t-1} + \varepsilon_t$ 中，稳定性的条件是 $a_1$ 的绝对值小于 1。式(5-19)所示的 1 阶 VAR 模型中的矩阵 $A_1$ 与稳定性条件属于类似的情况，为了求解该系统，使用原始方法，反向递归迭代式(5-19)，得

$$x_t = A_0 + A_1(A_0 + A_1 x_{t-2} + e_{t-1}) + e_t$$
$$= (I + A_1)A_0 + A_1^2 x_{t-2} + A_1 e_{t-1} + e_t$$

式中，$I$ 为 $2 \times 2$ 的单位矩阵。

经过 $n$ 次递归后，得到

$$x_t = (I + A_1 + \cdots + A_1^n)A_0 + \sum_{i=0}^{n} A_1^i e_{t-i} + A_1^{n+1} x_{t-n-1}$$

当我们继续反向递归时，其收敛性要求当 $n$ 趋近于无穷大时，$A_1^n$ 趋近于零。如下所示，稳定性要求 $(1 - a_{11}L)(1 - a_{22}L) - (a_{12}a_{21}L^2)$ 的根分布在单位圆外(高阶系统的稳定性条件将在下一章的附录 6.2 中讨论)。随着时间的推进，假设稳定性条件满足了，于是我们可以把 $x_t$ 的特解写为

$$x_t = \mu + \sum_{i=0}^{\infty} A_1^i e_{t-i} \tag{5-27}$$

式中，$\mu = (\bar{y} \ \bar{z})'$
并且

$$\bar{y} = \frac{[a_{10}(1 - a_{22}) + a_{12}a_{20}]}{\Delta}, \quad \bar{z} = \frac{[a_{20}(1 - a_{11}) + a_{21}a_{10}]}{\Delta}$$

$$\Delta = (1 - a_{11})(1 - a_{22}) - a_{12}a_{21}$$

如果我们对式(5-27)取期望值，则 $x_t$ 的无条件均值为 $\mu$，因此，$y_t$ 和 $z_t$ 的无条件均值为 $\bar{y}$ 和 $\bar{z}$。$y_t$ 和 $z_t$ 的方差和协方差可根据如下等式得到，首先构造方差－协方差矩阵

$$E(x_t - \mu)^2 = E\left[\sum_{i=0}^{\infty} A_1^i e_{t-i}\right]^2$$

下一步，使用式(5-26)并注意以下对符号"$\Sigma$"的定义

$$Ee_t^2 = E\begin{pmatrix} e_{1t} \\ e_{2t} \end{pmatrix}(e_{1t} \ e_{2t}) = \Sigma$$

因为当 $i \neq 0$ 时，$Ee_t e_{t-i} = 0$，所以

$$E(x_t - \mu)^2 = (I + A_1^2 + A_1^4 + A_1^6 + \cdots)\Sigma = (I - A_1^2)^{-1}\Sigma$$

其中，假设稳定性条件成立，当 $n$ 趋于无穷大时，$A_1^n$ 趋于 0。

如果我们根据初始条件进行概括，当稳定性条件成立时，序列 $\{y_t\}$ 和 $\{z_t\}$ 是联合协方差平稳的。每个序列都有一个稳定不变的均值和一个稳定不变的方差。

为了获得关于稳定性条件的另一个特征，使用滞后算子把式(5-20)和式(5-21)的 VAR 模型重新写为

$$y_t = a_{10} + a_{11}Ly_t + a_{12}Lz_t + e_{1t}$$

或
$$z_t = a_{20} + a_{21}Ly_t + a_{22}Lz_t + e_{2t}$$

$$(1 - a_{11}L)y_t = a_{10} + a_{12}Lz_t + e_{1t}$$
$$(1 - a_{22}L)z_t = a_{20} + a_{21}Ly_t + e_{2t}$$

如果用最后一个等式作为 $z_t$ 的表达式，则 $Lz_t$ 为

$$Lz_t = \frac{L(a_{20} + a_{21}Ly_t + e_{2t})}{1 - a_{22}L}$$

所以

$$(1 - a_{11}L)y_t = a_{10} + a_{12}L \cdot \frac{a_{20} + a_{21}Ly_t + e_{2t}}{1 - a_{22}L} + e_{1t}$$

注意，我们将序列 $\{y_t\}$ 和 $\{z_t\}$ 中的 1 阶 VAR 模型转化为序列 $\{y_t\}$ 的随机差分方程，得到 $y_t$ 的表达式为：

$$y_t = \frac{a_{10}(1 - a_{22}) + a_{12}a_{20} + (1 - a_{22}L)e_{1t} + a_{12}e_{2t-1}}{(1 - a_{11}L)(1 - a_{22}L) - a_{12}a_{21}L^2} \tag{5-28}$$

同理，可以获得 $z_t$ 的表达式为

$$z_t = \frac{a_{20}(1 - a_{11}) + a_{21}a_{10} + (1 - a_{11}L)e_{2t} + a_{21}e_{1t-1}}{(1 - a_{11}L)(1 - a_{22}L) - a_{12}a_{21}L^2} \tag{5-29}$$

式(5-28)和式(5-29)是具有相同特征的方程，其收敛性要求多项式 $(1 - a_{11}L)(1 - a_{22}L) - a_{12}a_{21}L^2$ 的根在单位圆外(如果忘记了 2 阶差分方程的稳定性条件，可以通过第 1 章中的相关内容进行复习)，因为在任何 2 阶差分方程中，根可能是实根或复根，并且是收敛的或者是发散的。注意 $y_t$ 和 $z_t$ 有相同特征的方程，只要 $a_{12}$ 和 $a_{21}$ 不为 0，两个序列的解有相同的特征根。因此，两者的时间路径相似。

### 5.5.2 动态 VAR 模型

图 5-6 显示了 4 个简单系统的时间路径。在每个系统中，所描述的 100 个点代表序列 $\{e_{1t}\}$ 和 $\{e_{2t}\}$ 的服从正态分布的随机值。$y_t$ 和 $z_t$ 的初值为 0，并且根据式(5-20)和式(5-21)构造序列 $\{y_t\}$ 和 $\{z_t\}$，图 5-6a 使用的值为

$$a_{10} = a_{20} = 0; \quad a_{11} = a_{22} = 0.7; \quad a_{12} = a_{21} = 0.2$$

当我们把这些值代入式(5-27)后，很显然每个序列的均值为 0，根据二次方程式的特征，逆特征方程 $(1 - a_{11}L)(1 - a_{22}L) - a_{12}a_{21}L^2$ 的两个根为 1.111 和 2.0。因为两者都在单位圆外，所以，系统是平稳的。$\{y_t\}$ 和 $\{z_t\}$ 的两个特征根解为 0.9 和 0.5。因为这两个根都为正的实根，并且小于 1，所以，序列是收敛的。正如在图 5-6 中显示的那样，序列有相互靠近的趋势。因为 $a_{21}$ 为正，$y_t$ 中一个较大的实际值导致 $z_{t+1}$ 出现一个较大值；因为 $a_{12}$ 为正，$z_t$ 中一个较大的实际值导致 $y_{t+1}$ 出现一个较大值。两个序列之间的互相关系数为正。

图 5-6b 展示了具有 $a_{10} = a_{20} = 0$，$a_{11} = a_{22} = 0.5$ 和 $a_{12} = a_{21} = -0.2$ 的一个平稳的过程。每个序列的均值为 0，特征根为 0.7 和 0.3。但是，与前面的例子相反，$a_{21}$ 和 $a_{12}$ 都为负，所以 $y_t$ 的正值与 $z_{t+1}$ 的负值相关联，反过来也一样。分析图 5-6b，两个序列都没有向某一长期值回复的趋势，两个序列似乎是负相关的。

与之相反，图 5-6c 显示了一个单位根过程。在此，$a_{11} = a_{22} = a_{12} = a_{21} = 0.5$。应该花点时间计

算特征根,毫无疑问,两个序列都没有向某一长期值回复的趋势。在此,截距项 $a_{10}$ 和 $a_{20}$ 等于零,所以,图 5-6c 是多变量的随机游走模型,我们可以看到两个序列是如何一起游走的。在图 5-6d 中,图 c 的 VAR 过程仍包含一个非零的截距项($a_{10}=0.5$ 且 $a_{20}=0$),扮演了"漂移"的角色。正如从图 5-6d 中所看到的,两个序列似乎靠近在一起移动。漂移项在两个序列不平稳的行为中增添了一个确定性的时间趋势。与单位特征根相联系,$\{y_t\}$ 和 $\{z_t\}$ 是联合带漂移的随机游走过程。注意,漂移项决定了序列的长期行为。

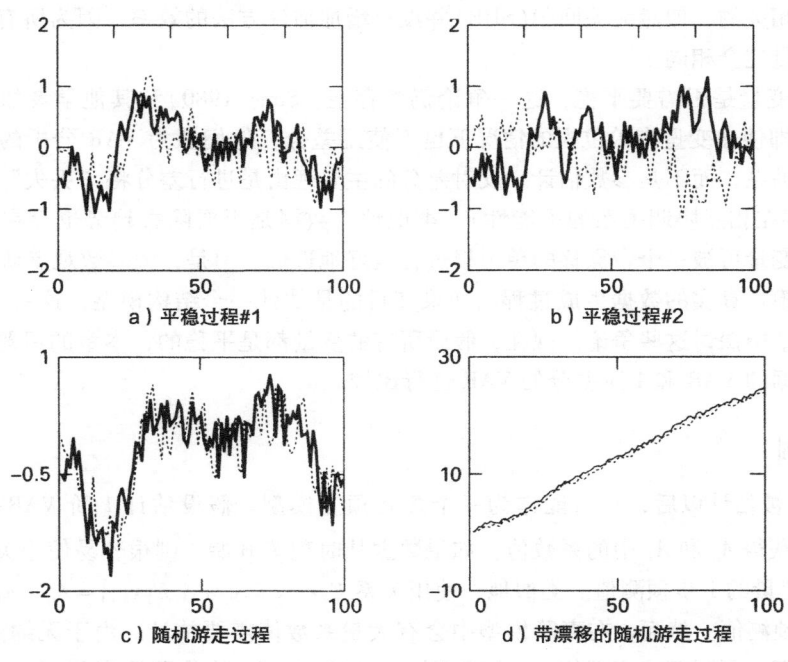

图 5-6 四个 VAR 过程

## 5.6 估计和识别

Box-Jenkins 研究方法的一个明确目的就是要提供一套方法,以便于获得简练模型。通过排除模型中不显著的系数,以便达到获取准确的短期预测的最终目的。Sims(1980)在对结构模型所固有的"不可信赖的识别约束"的评论中,提出了另一种估计策略。考虑如下的多变量自回归过程:

$$x_t = A_0 + A_1 x_{t-1} + A_2 x_{t-2} + \cdots + A_p x_{t-p} + e_t \tag{5-30}$$

式中 $x_t$——包含在 VAR 中的 $n$ 个变量的($n \times 1$)向量;

$A_0$——($n \times 1$)截距项向量;

$A_i$——($n \times n$)系数矩阵;

$e_t$——($n \times 1$)误差项向量。

Sims 的方法仅仅需要决定包含在 VAR 中的适当变量和恰当的滞后长度。根据相关的经济模型选择包含在 VAR 中的变量,通过滞后长度检验(下面将要讨论)选择恰当的滞后长度。然而,并没有明确的意图"削减"估计参数的个数。矩阵 $A_0$ 包含了 $n$ 个系数,而每个矩阵 $A_i$ 包含了 $n^2$

个系数。因此，需要估计 $n+pn^2$ 项。毫无疑问，一个 VAR 是过度参数化的，因为这些参数估计值中许多都是不显著的。但是，我们的目的是在变量中寻找重要的相关关系。若不恰当地施加零约束，就可能会丢弃掉重要的信息，此外，VAR 模型中，解释变量间可能存在多重共线性，对单个系数的 $t$ 检验可能并不是精练模型的可靠依据。

注意式(5-30)等号的右边只含有前定变量，并且误差项被设定为方差恒定且序列不相关。因此，系统中的每一个方程都可以用 OLS 进行估计。而且，估计量具有一致性和无偏性。即使误差项在方程间是相关的，似然无关回归(SUR)并没有增加估计方法的效率，因为所有回归方程等号右边的解释变量完全相同。

VAR 中的变量是否需要平稳，这一争论仍然存在。Sims(1980)和其他学者如 Stock，Watson(1990)建议，即使在变量有单位根的情况下也不使用差分，他们认为 VAR 分析的目的在于决定变量间的相互关系，而不是参数估计。反对差分的主要理由是进行差分将"丢失"数据中相互推动的信息(如存在相互协调关系的可能性)。类似地，数据是否要除去趋势也存在争论，在 VAR 中，一个趋势变量可被一个带漂移的单位根过程很好地近似，但是，大多数观点认为，VAR 中的变量形式应当模拟真实的数据生成过程。如果其目的是估计一个结构模型，这一点就尤其重要。我们将在下一章中探讨这些争论。现在，假设所有的变量都是平稳的，本章的习题 7 和 8 要求读者对用原始数据的 VAR 和 1 阶差分的 VAR 进行比较。

### 5.6.1 预测

一旦 VAR 被估计以后，它就能作为一个多元预测模型。假设估计 1 阶 VAR 模型 $x_t = A_0 + A_1 x_{t-1} + e_t$，以获得 $A_0$ 和 $A_1$ 中的系数值。如果数据从时刻 $T$ 开始，则很容易使用关系式 $E_T x_{T+1} = A_0 + A_1 x_T$ 得到变量的 1 步预测值。类似地，使用关系 $E_T x_{T+2} = A_0 + A_1 E_T x_{T+1} = A_0 + A_1 [A_0 + A_1 x_T]$ 得到变量的 2 步预测值。然而，在高阶模型中会有大量系数值需要估计。由于无约束 VAR 是过度参数化的，因而，预测可能不可信。为了得到一个精简模型，许多预测者将 VAR 中不重要的系数排除。用 SUR 重新估计称为**近似 VAR**(near-VAR)模型，然后用它进行预测。另一些人运用将传统 VAR 与之前信任的部分联系起来的贝叶斯方法。West 和 Harrison(1989)提供了贝叶斯方法的通俗介绍。Litterman(1980)提出了一套可感知的贝叶斯优势的方法，它已经成为贝叶斯 VAR 模型的标准。

Eckstein 和 Tsiddon(2004)采用由 4 个方程组成的 VAR 模型进行了一个有趣的预测应用。研究的目的就是要观察恐怖活动($T$)对以色列真实人均 GDP($\Delta GDP_t$)的实际增长率、投资($\Delta I_t$)、出口($\Delta EXP_t$)和短期消费($\Delta NDC_t$)的影响。他们使用的是 1980 年第 1 季度到 2003 年第 3 季度的季度数据，总共有 95 个样本观察值。恐怖主义程度通过以色列的加权平均死亡数、伤者数和非意外造成的导致国内和国际发生在以色列的袭击事件来衡量。考虑简化的 VAR 模型

$$\begin{pmatrix} \Delta GDP_t \\ \Delta I_t \\ \Delta EXP_t \\ \Delta NDC_t \end{pmatrix} = \begin{pmatrix} A_{11}(L) & \cdots & A_{14}(L) \\ \vdots & \ddots & \vdots \\ A_{41}(L) & \cdots & A_{44}(L) \end{pmatrix} \begin{pmatrix} \Delta GDP_{t-1} \\ \Delta I_{t-1} \\ \Delta EXP_{t-1} \\ \Delta NDC_{t-1} \end{pmatrix} + \begin{pmatrix} c_1 T_{t-1} \\ c_2 T_{t-1} \\ c_3 T_{t-1} \\ c_4 T_{t-1} \end{pmatrix} + \cdots + \begin{pmatrix} e_{1t} \\ e_{2t} \\ e_{3t} \\ e_{4t} \end{pmatrix}$$

在这里，$A_{ij}(L)$ 是滞后算子 $L$ 的多项式；$c_i$ 代表滞后恐怖事件对变量 $i$ 的影响；$ei$ 是回归

误差项。右边的其他的变量（未列出）是真实利率，三个季节性虚拟变量和一个截距项的 1 阶差分。

VAR 的特性显示 $\Delta GDP_t$、$\Delta I_t$、$\Delta EXP_t$ 和 $\Delta NDC_t$ 都是联合决定的。相反，恐怖事件变量在系统中呈现出独立变动的形态。注意，$T_{t-1}$ 的大小可影响 4 个宏观经济变量。但是，从这些变量中没有得到对恐怖主义水平的反馈。他们认为恐怖事件变量的滞后 1 期比用其他滞后长度拟合得更好。

模型的 4 个方程从 2003 年第 3 季度开始进行估计，并用于获得 $\Delta GDP_t$、$\Delta I_t$、$\Delta EXP_t$ 和 $\Delta NDC_t$ 的提前 1 到 12 步预测值。与纯 VAR 预测不同（所有变量是联合决定的），对 Eckstein 和 Tsiddon(2004)来说，很有必要对恐怖事件变量的时间路径作详细说明。考虑模型 $x_t = A_0 + A_1 x_{t-1} + cT_{t-1} + e_t$ 的 VAR 表达式，其中 $c$ 是 $4 \times 1$ 维向量 $[c1, c2, c3, c4]'$。提前 1 步预测是 $E_T x_{T+1} = A_0 + A_1 x_T + cT_T$，提前 2 步预测是 $E_T x_{T+2} = A_0 + A_1 E_T [x_{T+1} + cT_{T+1}]$。因此为了预测 $x_{T+2}$ 及以上的值，有必要知道在整个预测期间恐怖事件变量的大小。一直到最后，Eckstein 和 Tsiddon 假设所有恐怖活动在 2003 年第 4 季度结束（因此，当 $j > 2003$ 年第 4 季度时，所有的 $T_j = 0$）。在此假设下，2005 年第 3 季度 GDP 年增长率估计为 2.5%。然而，在 2000 年第 4 季度到 2003 年第 4 季度期间，当设定 $T_j$ 为平均值时，GDP 的估计值为零。因此，一个平稳的恐怖水平将削减以色列的经济的实际产出收益。实际上，恐怖主义影响最大的是投资——对投资的影响是对实际 GDP 影响的两倍。

### 5.6.2 识别

假设我们希望从标准形式的模型估计中得出结构 VAR。为了阐述识别的过程，回到前一节的双变量 1 阶 VAR 模型。由于在 VAR 过程中所固有的反馈，所以，不能对最初的方程(5-17)和(5-18)直接进行估计。理由是 $z_t$ 与误差项 $\varepsilon_{yt}$ 相关，$y_t$ 与误差项 $\varepsilon_{zt}$ 相关，而标准的估计要求解释变量与误差项不相关。注意，估计形如式(5-20)和式(5-21)的 VAR 模型不存在这一问题。OLS 可给出 $A_0$ 中两个元素的估计值和 $A_1$ 中 4 个元素的估计值。而且，通过从两个回归方程中获得的残差，可以计算出 $e_{1t}$ 和 $e_{2t}$ 的方差估计值，$e_{1t}$ 和 $e_{2t}$ 的协方差估计值。问题在于式(5-17)和式(5-18)构成的最初系统是否可以包含所有的信息。换句话说，对式(5-20)和式(5-21)构成的 VAR 模型的 OLS 估计值可以识别出原始系统吗？

问题的答案是"不可以，除非恰当地约束原始系统"。如果将原始系统的参数个数与从被估计的 VAR 模型中重新获得的参数个数进行比较，理由就很清楚了。估计式(5-20)和式(5-21)共得到 6 个参数估计值($a_{10}$, $a_{20}$, $a_{11}$, $a_{12}$, $a_{21}$ 和 $a_{22}$)，以及 var($e_{1t}$)、var($e_{2t}$) 和 cov($e_{1t}$, $e_{2t}$) 的值。但是，原始系统式(5-17)和式(5-18)包含 10 个参数，除了 2 个截距系数 $b_{10}$ 和 $b_{20}$，4 个自回归系数，$\gamma_{11}$, $\gamma_{12}$, $\gamma_{21}$, $\gamma_{22}$，2 个反馈系数 $b_{12}$ 和 $b_{21}$ 外，还有 2 个标准差 $\delta_x$ 和 $\delta_z$。原始系统共有 10 个参数，而估计 VAR 只能得到 9 个参数。如果不想约束参数中的其中一个，就不可能识别原始系统，因此，式(5-17)和式(5-18)是不可识别的。

识别模型的一种方法是使用 Sims(1980)所提出的**递归**(recursive)系统形式。假设想在原始系统中增加系数 $b_{21} = 0$ 的约束条件，关键在于限制 $b_{21} = 0$ 意味着 $z_t$ 对 $y_t$ 有一个同时期的影响，但 $y_t$ 对 $\{z_t\}$ 的影响要滞后 1 个时期。而且，必须清楚，这一约束（可能根据一个特殊的经济模型提出）将产生一个严密的可识别系统。我们可以把纯粹的冲击与式(5-22)和式(5-23)所给出的回归残差的关系写为

$$e_{1t} = \varepsilon_{yt} - b_{12}\varepsilon_{zt}$$
$$e_{2t} = \varepsilon_{zt}$$

则
$$\operatorname{var}(e_1) = \sigma_y^2 + b_{12}^2 \sigma_z^2 \tag{5-31}$$
$$\operatorname{var}(e_2) = \sigma_z^2 \tag{5-32}$$
$$\operatorname{cov}(e_1, e_2) = -b_{12}\sigma_z^2 \tag{5-33}$$

方程(5-32)和(5-33)由三个未知方程组成。因为估计方差/协方差、$\Sigma$、包括 $\operatorname{var}(e_1)$、$\operatorname{var}(e_2)$、$\operatorname{cov}(e_1, e_2)$，$b_{12}$、$\sigma_z^2$ 和 $\sigma_y^2$ 的值可被递归地确定为 $\sigma_z^2 = \operatorname{var}(e_2)$，$b_{12} = -\dfrac{\operatorname{cov}(e_1, e_2)}{\sigma_z^2}$，$\sigma_y^2 = \operatorname{var}(e_1) - b_{12}^2 \sigma_z^2$。为了换一种方式解决问题，利用原始系统(5-17)和(5-18)的约束条件

$$\begin{pmatrix} 1 & b_{12} \\ 0 & 1 \end{pmatrix} \begin{pmatrix} y_t \\ z_t \end{pmatrix} = \begin{pmatrix} b_{10} \\ b_{20} \end{pmatrix} + \begin{pmatrix} \gamma_{11} & \gamma_{12} \\ \gamma_{21} & \gamma_{22} \end{pmatrix} \begin{pmatrix} y_{t-1} \\ z_{t-1} \end{pmatrix} + \begin{pmatrix} \varepsilon_{yt} \\ \varepsilon_{zt} \end{pmatrix}$$

现在，用 $B^{-1}$ 重新乘以原始系统，得到

$$\begin{pmatrix} y_t \\ z_t \end{pmatrix} = \begin{pmatrix} 1 & -b_{12} \\ 0 & 1 \end{pmatrix} \begin{pmatrix} b_{10} \\ b_{20} \end{pmatrix} + \begin{pmatrix} 1 & -b_{12} \\ 0 & 1 \end{pmatrix} \begin{pmatrix} \gamma_{11} & \gamma_{12} \\ \gamma_{21} & \gamma_{22} \end{pmatrix} \begin{pmatrix} y_{t-1} \\ z_{t-1} \end{pmatrix} + \begin{pmatrix} 1 & -b_{12} \\ 0 & 1 \end{pmatrix} \begin{pmatrix} \varepsilon_{yt} \\ \varepsilon_{zt} \end{pmatrix}$$

或者

$$\begin{pmatrix} y_t \\ z_t \end{pmatrix} = \begin{pmatrix} b_{10} - b_{12}b_{20} \\ b_{20} \end{pmatrix} + \begin{pmatrix} \gamma_{11} - b_{12}\gamma_{21} & \gamma_{12} - b_{12}\gamma_{22} \\ \gamma_{21} & \gamma_{22} \end{pmatrix} \begin{pmatrix} y_{t-1} \\ z_{t-1} \end{pmatrix} + \begin{pmatrix} \varepsilon_{yt} - b_{12}\varepsilon_{zt} \\ \varepsilon_{zt} \end{pmatrix}$$

用 OLS 估计如下的方程得到参数估计值，即估计

$$y_t = a_{10} + a_{11}y_{t-1} + a_{12}z_{t-1} + e_{1t}$$
$$z_t = a_{20} + a_{21}y_{t-1} + a_{22}z_{t-1} + e_{2t}$$

式中，$a_{10} = b_{10} - b_{12}b_{20}$；$a_{11} = \gamma_{11} - b_{12}\gamma_{21}$；$a_{12} = \gamma_{12} - b_{12}\gamma_{22}$；$a_{20} = b_{20}$；$a_{21} = \gamma_{21}$；$a_{22} = \gamma_{22}$。

通过式(5-31)和式(5-33)，我们有 9 个参数估计值 $a_{10}$，$a_{11}$，$a_{12}$，$a_{21}$，$a_{22}$，$\operatorname{var}(e_1)$，$\operatorname{var}(e_2)$ 和 $\operatorname{cov}(e_1, e_2)$，将其代入上面 9 个方程以便同时获得 $b_{10}$，$b_{12}$，$\gamma_{11}$，$\gamma_{12}$，$b_{20}$，$\gamma_{21}$，$\gamma_{22}$，$\delta_v^2$ 和 $\delta_z^2$ 的值。

同时要注意可重新获得对序列 $\{\varepsilon_{yt}\}$ 和 $\{\varepsilon_{zt}\}$ 的估计值。从第二个方程得到的残差（即序列 $\{e_2\}$）是序列 $\{\varepsilon_{zt}\}$ 的估计值。将这些估计值与 $b_{12}$ 的解相联系，我们可以使用 $e_{1t} = \varepsilon_{yt} - b_{12}\varepsilon_{zt}$ 的关系计算序列 $\{\varepsilon_{yt}\}$ 的估计值。

再花一点时间检验约束条件，在式(5-32)中，假设 $b_{21} = 0$ 意味着 $y_t$ 没有对 $z_t$ 产生同期的影响。在式(5-33)中，约束条件本身就表明 $\varepsilon_{yt}$ 和 $\varepsilon_{zt}$ 影响了同时期 $y_t$ 的值，而只有 $\varepsilon_{zt}$ 脉冲在同时期影响了 $z_t$ 的值。$e_{2t}$ 的观测值完全属于对序列 $\{z_t\}$ 的纯粹冲击，用这种三层模式分解残差的方法被称为 Choleski 分解。

事实上，结果具有普遍性，在一个 $n$ 变量的 VAR 模型中，因为有 $n$ 个回归残差和 $n$ 个结构性冲击，所以 $B$ 是一个 $n \times n$ 矩阵。正如在 5.10 节所示，恰好识别要求在回归残差和结构性新息之间的关系上施加 $\dfrac{n^2 - n}{2}$ 个约束条件。因为 Choleski 分解是三角形的，所以，它使得矩阵 $B$ 的 $\dfrac{n^2 - n}{2}$ 个值等于零。

## 5.7 脉冲响应函数

正如一个自回归可以表述成一个移动平均表达式一样,一个向量自回归同样可以写成一个向量移动平均(VMA)。事实上,式(5-27)是式(5-19)的 VAM 表示,因为变量(即 $y_t$ 和 $z_t$)是由两种脉冲(即 $e_{1t}$ 和 $e_{2t}$)的当期值和过去值表示的。VMA 是 Sims(1980)方法中一个最为重要的特征,因为它可以追踪针对 VAR 系统中的变量的各个脉冲的时间路径。为了便于阐述,继续使用在前两节中所分析的双变量1阶模型。把双变量 VAR 模型写成矩阵的形式为

$$\begin{pmatrix} y_t \\ z_t \end{pmatrix} = \begin{pmatrix} a_{10} \\ a_{20} \end{pmatrix} + \begin{pmatrix} a_{11} & a_{12} \\ a_{21} & a_{22} \end{pmatrix} \begin{pmatrix} y_{t-1} \\ z_{t-1} \end{pmatrix} + \begin{pmatrix} e_{1t} \\ e_{2t} \end{pmatrix} \tag{5-34}$$

或使用式(5-27),我们得到

$$\begin{pmatrix} y_t \\ z_t \end{pmatrix} = \begin{pmatrix} \bar{y}_t \\ \bar{z}_t \end{pmatrix} + \sum_{i=0}^{\infty} \begin{pmatrix} a_{11} & a_{12} \\ a_{21} & a_{22} \end{pmatrix}^i \begin{pmatrix} e_{1t-i} \\ e_{2t-i} \end{pmatrix} \tag{5-35}$$

式(5-35)中的 $y_t$ 和 $z_t$ 是用序列 $\{e_{1t}\}$ 和 $\{e_{2t}\}$ 来表示的。但是,用序列 $\{\varepsilon_{yt}\}$ 和 $\{\varepsilon_{zt}\}$ 重写式(5-35)是有深刻见解的,根据式(5-22)和式(5-23),误差向量可写为

$$\begin{pmatrix} e_{1t} \\ e_{2t} \end{pmatrix} = \frac{1}{1 - b_{12}b_{21}} \begin{pmatrix} 1 & -b_{12} \\ -b_{21} & 1 \end{pmatrix} \begin{pmatrix} \varepsilon_{yt} \\ \varepsilon_{zt} \end{pmatrix} \tag{5-36}$$

把式(5-35)和式(5-36)相结合,得到

$$\begin{pmatrix} y_t \\ z_t \end{pmatrix} = \begin{pmatrix} \bar{y} \\ \bar{z} \end{pmatrix} + \frac{1}{1 - b_{12}b_{21}} \sum_{i=0}^{\infty} \begin{pmatrix} a_{11} & a_{12} \\ a_{21} & a_{22} \end{pmatrix}^i \begin{pmatrix} 1 & -b_{12} \\ -b_{21} & 1 \end{pmatrix} \begin{pmatrix} \varepsilon_{yt-i} \\ \varepsilon_{zt-i} \end{pmatrix}$$

因为这种标记法使用不方便,我们可定义 $2 \times 2$ 的矩阵 $\phi_i$ 对其简化,矩阵的元素表示为 $\phi_{jk}(i)$,$\phi_i$ 的定义为

$$\phi_i = \frac{A_1^i}{1 - b_{12}b_{21}} \begin{pmatrix} 1 & -b_{12} \\ -b_{21} & 1 \end{pmatrix}$$

因此,式(5-35)和式(5-36)的移动平均表达式可用序列 $\{\varepsilon_{yt}\}$ 和 $\{\varepsilon_{zt}\}$ 表述,即

$$\begin{pmatrix} y_t \\ z_t \end{pmatrix} = \begin{pmatrix} \bar{y} \\ \bar{z} \end{pmatrix} + \sum_{i=0}^{\infty} \begin{pmatrix} \phi_{11}(i) & \phi_{12}(i) \\ \phi_{21}(i) & \phi_{22}(i) \end{pmatrix} \begin{pmatrix} \varepsilon_{yt-i} \\ \varepsilon_{zt-i} \end{pmatrix}$$

或更紧凑的形式为

$$x_t = \mu + \sum_{i=0}^{\infty} \phi_i \varepsilon_{t-i} \tag{5-37}$$

移动平均表达式是一种检验序列 $\{y_t\}$ 与 $\{z_t\}$ 相互作用的极其有用的工具,可以用 $\phi_i$ 的系数构造 $\varepsilon_{yt}$ 和 $\varepsilon_{zt}$ 脉冲对序列 $\{y_t\}$ 与 $\{z_t\}$ 的整个时间路径所产生的影响。如果明白这一标记法,就应当清楚 4 个元素 $\phi_{jk}(0)$ 是**效应乘数**(impact multipliers)。例如,系数 $\phi_{12}(0)$ 是指 $\varepsilon_{zt}$ 1 个单位的变化对 $y_t$ 产生的当期影响。同样,元素 $\phi_{11}(1)$ 和 $\phi_{12}(1)$ 是 1 单位 $\varepsilon_{yt-1}$ 和 $\varepsilon_{zt-1}$ 的变化使得 $y_t$ 在 1 个时期后的响应。修正 1 期为 $\phi_{11}(1)$ 和 $\phi_{12}(1)$,也表示了 $\varepsilon_{yt}$ 和 $\varepsilon_{zt}$ 的 1 个单位变化对 $y_{t+1}$ 产生的影响。

$\varepsilon_{yt}$ 和（或）$\varepsilon_{zt}$ 的单位脉冲的累积效果，可以通过对脉冲响应函数的系数的恰当加总来获取。例如，在 $n$ 期后，$\varepsilon_{zt}$ 对 $y_{t+n}$ 的值的影响是 $\phi_{12}(n)$。因此，在 $n$ 期后，$\varepsilon_{zt}$ 对序列 $\{y_t\}$ 影响的累积和为

$$\sum_{i=0}^{n} \phi_{12}(i)$$

令 $n$ 趋于无穷大，就能够得到总累积效果。因为假定了序列 $\{y_t\}$ 与 $\{z_t\}$ 是平稳的，所以对于所有的 $j$ 和 $k$ 满足当 $i$ 变大，$\phi_{jk}(i)$ 的值为 0。下列冲击不能一直影响静止序列。则

$$\sum_{i=0}^{\infty} \phi_{jk}^2(i) \text{ 是有限的}$$

我们把这 4 组系数 $\phi_{11}(i)$、$\phi_{12}(i)$、$\phi_{21}(i)$ 和 $\phi_{22}(i)$ 称为**脉冲响应函数**（impulse response function）。对脉冲响应函数进行描图（即描绘出不同 $i$ 的 $\phi_{jk}(i)$ 的系数）是展现 $\{y_t\}$ 与 $\{z_t\}$ 对各种冲击的响应行为的实用方法。在原则上，知道原始系统(5-17)和式(5-18)中的所有参数是有可能的，只要有了这方面的认识，就可以追踪纯 $\varepsilon_{yt}$ 或 $\varepsilon_{zt}$ 冲击对 $\{y_t\}$ 与 $\{z_t\}$ 产生影响的时间路径。但是，这一方法对于研究者来说是无意义的，因为被估的 VAR 是不可识别的。正如在前面的章节中所解释的，各个 $a_{ij}$ 和方差—协方差矩阵 $\Sigma$ 的信息不足以识别原始系统。因此，为了识别脉冲响应，经济学家必须在双变量 VAR 模型中附加一个约束条件以识别脉冲响应。

一种可能的可识别约束是式(5-31)中用到的递归排序（Choleski 分解），因此 $y_t$ 对 $z_t$ 没有同期影响。形式上，这种约束通过令原始系统中的 $b_{21}=0$ 来表示。在式(5-36)的各项中，误差项可以被分解为

$$e_{1t} = \varepsilon_{yt} - b_{12}\varepsilon_{zt} \tag{5-38}$$

$$e_{2t} = \varepsilon_{zt} \tag{5-39}$$

因此，如果我们使用式(5-39)，则序列 $\{e_{2t}\}$ 中所有的观测误差都归因于 $\varepsilon_{zt}$ 的冲击。当给定计算出的序列 $\{\varepsilon_{zt}\}$ 时，要获得 $\{e_{1t}\}$ 序列值与 $e_{1t}$ 和 $e_{2t}$ 间的相关系数的信息，就要用式(5-38)，它涉及到序列 $\{\varepsilon_{yt}\}$。虽然 Choleski 分解通过令 $\varepsilon_{yt}$ 冲击对 $z_t$ 无直接影响来约束系统，但仍存在间接影响，因为 $y_t$ 的滞后值影响了当期的 $z_t$ 值。问题是分解强化了系统中一个潜在的但极其重要的不对称性，因为 $\varepsilon_{zt}$ 冲击在当期对 $y_t$ 和 $z_t$ 都有影响，因此，式(5-38)和式(5-39)被认为是变量的一种**次序**（ordering）。$\varepsilon_{zt}$ 冲击直接影响了 $e_{1t}$ 和 $e_{2t}$，而 $\varepsilon_{yt}$ 冲击并未影响 $e_{2t}$。因此，$z_t$ 被认为是"因果关系先于" $y_t$。

假设式(5-20)和式(5-21)的估计值为 $a_{10} = a_{20} = 0$，$a_{11} = a_{22} = 0.7$，$a_{12} = a_{21} = 0.2$。我们会回想起这是在图 5-6a 中所使用的模型。同样假设 $\Sigma$ 矩阵的元素为 $\sigma_1^2 = \sigma_2^2$，$e_{1t}$ 和 $e_{2t}$ 的相关系数（用 $\rho_{12}$ 表示）$\text{cov}(e_{1t}, e_{2t})$ 为 0.8。因此，分解的误差可以表示为

$$e_{1t} = \varepsilon_{yt} + 0.8\varepsilon_{zt} \tag{5-40}$$

$$e_{2t} = \varepsilon_{zt} \tag{5-41}$$

图 5-7a 和图 5-7b 追踪了 $\varepsilon_{yt}$ 和 $\varepsilon_{zt}$ 的 1 个单位冲击对序列 $\{y_t\}$ 与 $\{z_t\}$ 时间路径上产生的影响。正如在图 5-7a 中所看到的，$\varepsilon_{zt}$ 中 1 个单位冲击导致 $z_t$ 跳跃了 1 个单位，$y_t$ 跳跃了 0.8 个单位 [根据式(5-40)，$\varepsilon_{zt}$ 当期冲击的 80% 对 $e_{1t}$ 有影响]。在下一期，$\varepsilon_{zt+1}$ 返回到 0，但系统自回归特征是 $y_{t+1}$ 和 $z_{t+1}$ 没有立刻回复到其长期值。因为 $z_{t+1} = 0.2y_t + 0.7z_t + \varepsilon_{zt+1}$，所以，得到 $z_{t+1} = 0.86 [0.2(0.8) + 0.7(1) = 0.86]$；类似地，$y_{t+1} = 0.7y_t + 0.2z_t = 0.76$。正如从图 5-7 中所看到的，随后，$\{y_t\}$ 与 $\{z_t\}$ 序列的值收敛于其长期水平。系统的稳定性决定了其收敛性，正如前面所得到的，两个特征根为 0.5 和 0.9。

图5-7b 显示了 $\varepsilon_{yt}$ 的1个单位冲击产生的影响。通过比较图5-7a和图5-7b，立刻可以看出分解的不对称性。$\varepsilon_{yt}$ 中1个单位冲击导致 $y_t$ 的值增加了1个单位，但对 $z_t$ 没有当期的影响。所以 $y_t=1$，$z_t=0$。在随后的一个时期内，$\varepsilon_{yt+1}$ 回复到0。系统的自回归特征是 $y_{t+1}=0.7y_t+0.2z_t=0.7$，$z_{t+1}=0.2y_t+0.7z_t=0.2$。图5-7中的其余点是 $t+2$ 期到 $t+20$ 期的脉冲响应。因为系统平稳，所以，脉冲响应最终衰减。

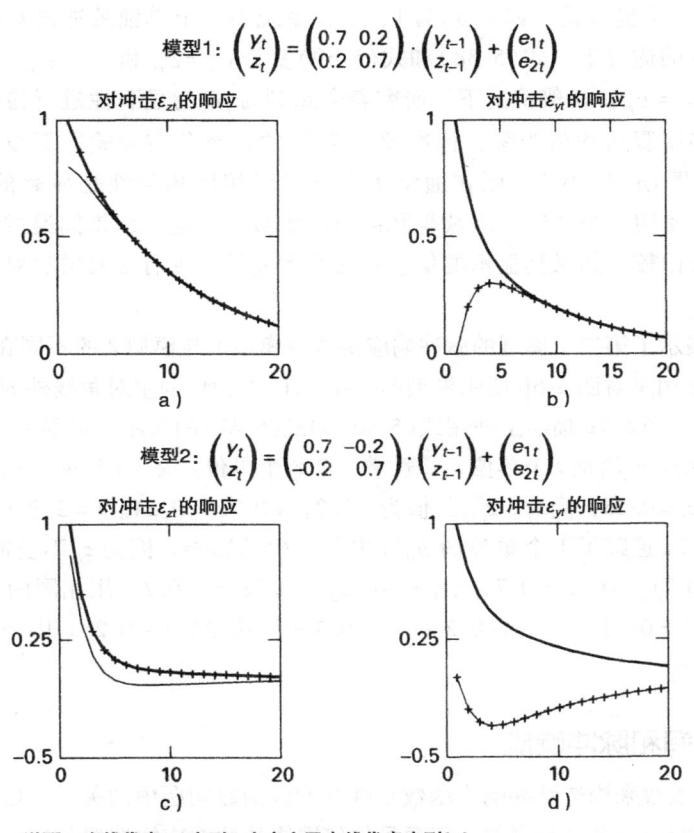

图5-7 两个脉冲响应函数

如果对 $b_{12}$ 而不是对 $b_{21}$ 进行约束，令其为0，我们能体会到颠倒Choleski分解的结果吗？因为矩阵 $A_1$ 是对称的（即 $a_{11}=a_{22}$ 且 $a_{12}=a_{21}$），所以，$\varepsilon_{yt}$ 冲击的脉冲响应类似于图5-7a，而 $\varepsilon_{zt}$ 的脉冲响应将类似于图5-7b，所不同的是实线表示序列 $\{z_t\}$ 的时间路径，而曲线表示序列 $\{y_t\}$ 的时间路径。

在实践中，研究者如何确定哪一种分解是最恰当的呢？在一些事例中，有理论上的依据可假定某变量对其他变量没有当期的影响。在恐怖活动与旅游业发展的例子中，恐怖事件对旅游业的影响有一个滞后的信息，表明了恐怖事件对旅游业没有当期的影响。一般情况下，并没有如此的先验信息。而且，把一种结构强加于VAR模型的思想有悖于Sims反对"不可信赖的识别约束"的本意。不幸的是，没有更简便的方法来回避这一问题，因识别的需要而在系统上强加一些结构性因素。Choleski分解提供了最小的假设集合用于识别结构模型。

要特别注意，次序先后的重要性取决于 $e_{1t}$ 和 $e_{2t}$ 的相关系数的大小，令相关系数为 $\rho_{12}$，则 $\rho_{12} = \frac{\sigma_{12}}{\sigma_1 \sigma_2}$。现在假设估计模型得到 $\Sigma$ 的值，使 $\rho_{12}$ 等于 0。在这种情况下，次序的先后是不重要的。形式上，式(5-38)和式(5-39)变为 $e_{1t} = \varepsilon_{yt}$ 和 $e_{2t} = \varepsilon_{zt}$。因为方程之间没有相关联系，因此，从 $y_t$ 和 $z_t$ 中得到的残差必然分别等于 $\varepsilon_{yt}$ 和 $\varepsilon_{zt}$ 冲击。这便意味着当 $Ee_{1t}e_{2t} = 0$ 时，$b_{21}$ 和 $b_{12}$ 必定都为 0。而另一个极端是，如果 $\rho_{12}$ 为 1，则在系统中一个单独的冲击对两个变量都有当期的影响。在 $b_{21} = 0$ 的假设下，式(5-38)和式(5-39)变为 $e_{1t} = \varepsilon_{zt}$ 和 $e_{2t} = \varepsilon_{zt}$，而在 $b_{12} = 0$ 的假设下，为 $e_{1t} = \varepsilon_{yt}$ 和 $e_{2t} = \varepsilon_{yt}$。一般情况下，研究者会想到对 $\rho_{12}$ 的显著性进行检验。正如在单变量模型中，我们能够用服从均值为零，标准差为 $T^{-0.5}$ 的正态分布检验原假设 $\rho_{12} = 0$，例如，有 100 个观测值。如果 $|\rho_{12}| > 0.2$，则在通常水平下可以相信相关性是显著的；如果 $\rho_{12}$ 是显著的，通常的步骤是使用一个特殊次序获得脉冲响应函数。将这一结果同通过颠倒次序而获得的脉冲响应函数进行比较，如果其显示的信息存在很大差异，则有必要增加对变量间相互关系的检验。

图 5-7c 和 d 展示了第二个模型的脉冲响应函数。模型 1 与模型 2 的不同在于将 $a_{12}$ 和 $a_{21}$ 的值变为 $-0.2$。模型 2 用于对图 5-6b 所示模型的模拟。$A_1$ 中为负的主对角线外的元素减弱了两个序列共同移动的趋势，图 5-7c 描绘了使用式(5-40)和式(5-41)的次序表示的 1 个单位的 $\varepsilon_{zt}$ 冲击所产生的影响。在 $t$ 期，$z_t$ 增加 1 个单位，$y_t$ 就增加 0.8 个单位。在 $t+1$ 期，$\varepsilon_{zt+1}$ 回复到 0，但 $y_{t+1}$ 的值为 $0.7y_t - 0.2z_t = 0.36$，同时，$z_{t+1}$ 的值为 $-0.2y_t + 0.7z_t = 0.54$。$t = 2$ 至 $t = 20$ 展示出脉冲响应收敛于零。图 5-7d 追踪了 1 个单位的 $\varepsilon_{yt}$ 冲击所产生的影响。因为 $z_t$ 不受冲击的影响，因此，在 $t+1$ 期，$y_{t+1} = 0.7y_t - 0.2z_t = 0.7$，$z_{t+1} = -0.2y_t + 0.7z_t = -0.2$。用相同的方法得 $y_{t+2} = 0.7 \times 0.7 - 0.2 \times (-0.2) = 0.53$，$z_{t+2} = -0.2 \times 0.7 + 0.7 \times (-0.2) = -0.28$。因为系统是稳定的，两个序列最终收敛于 0。

### 5.7.1 置信区间和脉冲响应

依据估计出的系数来构造脉冲响应函数是脉冲响应函数问题中的关键。因此，如果系数的估计不严密，则脉冲响应也会含有误差。问题是如何围绕脉冲响应构造置信区间，使其能够包容参数内在的不确定性。为了阐述这一方法，考察如下的 AR(1) 模型的估计

$$y_t = 0.60 y_{t-1} + \varepsilon_t$$
$$(4.00)$$

已知 $t$ 统计量为 4.00，AR(1) 系数的估计效果似乎很好。简单地就可以构造脉冲响应函数，在任意给定的 $y_{t-1}$ 的水平上，$\varepsilon_t$ 的 1 个单位冲击将使 $y_t$ 增加 1 个单位。在接下来的时期内，$y_{t+1}$ 将为 0.60，而 $y_{t+2}$ 将为 $(0.60)^2$。我们可以轻易地证明，脉冲响应函数可写为 $\phi(i) = (0.60)^i$。

注意 AR(1) 系数的估计均值为 0.6，标准离差为 0.15 $\left(0.15 = \frac{0.60}{4.00}\right)$。如果假设系数服从正态分布，有 95% 的可能性认为实际值落在两个标准差 0.3 到 0.9 的区间内。问题在于高阶系统显得非常复杂，因为估计的系数是相关的。而且，我们可能并没有假设分布是正态的（尤其是在 VAR 模型中包含非平稳变量时）。若想获得 AR($p$) 过程 $y_t = a_0 + a_1 y_{t-1} + \cdots + a_p y_{t-p} + \varepsilon_t$ 的置信区间，则备择方法可遵从如下的 Monte Carlo 方法。

(1) 使用 OLS 估计系数 $a_0$ 至 $a_p$ 并保存残差。令 $\hat{a}_i$ 表示 $a_i$ 的估计值，令 $\{\hat{\varepsilon}_i\}$ 表示估计的残差。

(2) 对于规模为 $T$ 的样本，随机选取用于代表序列 $\{\hat{\varepsilon}_i\}$ 的 $T$ 个数。大多数软件包可通过使用随机抽取的 $\hat{\varepsilon}_i$（具有替代性）的方式得到想要的数。按照这种方法，软件实际是构造出了自己的置信区间。因此，我们将有一个长度为 $T$ 的模拟序列，称之为 $\varepsilon_t^s$，它与实际的误差过程有相同的性质。使用这些随机数生成模拟序列的 $\{y_t^s\}$ 为

$$y_t^s = \hat{a}_0 + \hat{a}_1 y_{t-1}^s + \cdots + \hat{a}_p y_{t-p}^s + \varepsilon_t^s$$

一定要确信我们恰当地对序列进行了初始化，以便排除初始条件的影响。

(3) 现在假设我们不知道用于生成序列 $y_t^s$ 的系数值。将 $y_t^s$ 作为一个 AR($p$) 进行估计，获取脉冲响应函数。如果将这一过程重复几千次，则可以构造几千个脉冲响应函数，然后使用这些脉冲响应函数构造置信区间。例如，我们可以构造区间排除掉响应最高的 2.5% 和最低的 2.5%，从而获得 95% 的置信区间。

这一方法的优越性在于我们不需要对自回归系数的分布进行任何特殊的假设。在 VAR 模型中，仅仅是置信区间的计算复杂一些。考虑双变量系统

$$y_t = a_{11} y_{t-1} + a_{12} z_{t-1} + e_{1t}$$
$$z_t = a_{21} y_{t-1} + a_{22} z_{t-1} + e_{2t}$$

回归残差相关是造成问题复杂的原因。这样，我们需要获取 $e_{1t}$ 和 $e_{2t}$ 以便维持恰当的误差结构。一个简单的方法是，获取 $e_{1t}$ 的值并且与之同时期的 $e_{2t}$ 的值。如果我们使用 Choleski 分解令 $b_{21} = 0$，则应用式 (5-38) 和式 (5-39) 构造 $\varepsilon_{1t}$ 和 $\varepsilon_{2t}$。图 5-8 记录了图 5-1 中显示的美国国内和国际恐怖主义的数据估计的 2 变量 VAR 的置信区间。

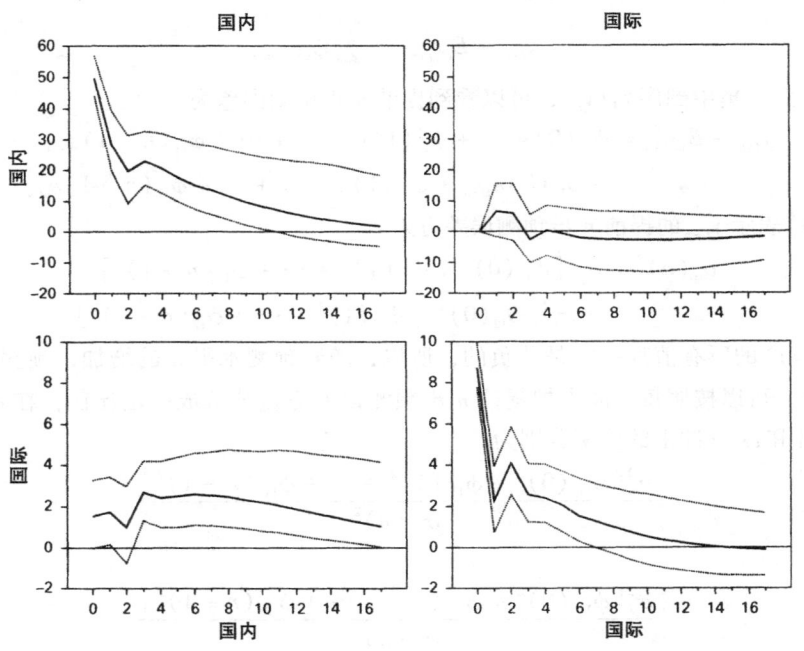

图 5-8　恐怖主义的脉冲响应

## 5.7.2 方差分解

虽然无约束的 VAR 模型的参数过度,但是理解预测误差的特征对于揭示系统中各变量间的相互关系是很有帮助的。假设我们已知 $A_0$ 和 $A_1$ 的系数,并且在获得 $x_t$ 的观测值的条件下,预测各个 $x_{t+i}$ 值。将式(5-19)向后修正 1 期(即 $x_{t+1} = A_0 + A_1 x_t + e_{t+1}$),取 $x_{t+1}$ 的条件期望值,得到

$$E_t x_{t+1} = A_0 + A_1 x_t$$

注意,向后修正 1 期的预测误差为 $x_{t+1} - E_t x_{t+1} = e_{t+1}$。类似地,向后修正 2 期,得到

$$x_{t+2} = A_0 + A_1 x_{t+1} + e_{t+2} = A_0 + A_1 (A_0 + A_1 x_t + e_{t+1}) + e_{t+2}$$

如果我们取条件期望值,则 $x_{t+2}$ 的提前 2 步预测为

$$E_t x_{t+2} = (I + A_1) A_0 + A_1^2 x_t$$

2 步预测误差(即 $x_{t+2}$ 的实际值与预测值之间的差异)为 $e_{t+2} + A_1 e_{t+1}$。更一般地,很容易证明提前 $n$ 步预测的值为

$$E_t x_{t+n} = (I + A_1 + A_1^2 + \cdots + A_1^{n-1}) A_0 + A_1^n x_t$$

与它对应的预测误差为

$$e_{t+n} + A_1 e_{t+n-1} + A_1^2 e_{t+n-2} + \cdots + A_1^{n-1} e_{t+1} \tag{5-42}$$

我们同样可以考察式(5-37)各项中的预测误差(即结构模型的 VAM 形式)。当然,VMA 和 VAR 模型含括了完全相同的信息,但 VAR 便于(易于运用)描述序列 $\{\varepsilon_t\}$ 的预测误差的特征。如果使用式(5-37)预测 $x_{t-1}$,则提前 1 步预测误差为 $\phi_0 \varepsilon_{t+1}$。更一般的形式为

$$x_{t+n} = \mu + \sum_{i=0}^{\infty} \phi_i \varepsilon_{t+n-i}$$

所以,提前 $n$ 步预测误差 $x_{t+n} - E_t x_{t+n}$ 为

$$x_{t+n} - E_t x_{t+n} = \sum_{i=0}^{n-1} \phi_i \varepsilon_{t+n-i}$$

我们把注意力集中到序列 $\{y_t\}$,可以看到提前 $n$ 步预测误差为

$$y_{t+n} - E_t y_{t+n} = \phi_{11}(0) \varepsilon_{yt+n} + \phi_{11}(1) \varepsilon_{yt+n-1} + \cdots + \phi_{11}(n-1) \varepsilon_{yt+1}$$
$$+ \phi_{12}(0) \varepsilon_{zt+n} + \phi_{12}(1) \varepsilon_{zt+n-1} + \cdots + \phi_{12}(n-1) \varepsilon_{zt+1}$$

用 $\sigma_y(n)^2$ 表示 $y_{t+n}$ 的提前 $n$ 步预测误差方差

$$\sigma_y(n)^2 = \sigma_y^2 [\phi_{11}(0)^2 + \phi_{11}(1)^2 + \cdots + \phi_{11}(n-1)^2]$$
$$+ \sigma_z^2 [\phi_{12}(0)^2 + \phi_{12}(1)^2 + \cdots + \phi_{12}(n-1)^2]$$

因为 $\phi_{jk}(i)^2$ 的所有值都一定是非负的,所以,随着预测水平 $n$ 的增加,预测误差的方差也会增加。注意,可以按照每个冲击把提前 $n$ 步预测误差方差分解成一定比例,在 $\sigma_y(n)^2$ 中,归因序列于 $\{\varepsilon_{yt}\}$ 和 $\{\varepsilon_{zt}\}$ 冲击的比例分别为

$$\frac{\sigma_y^2 [\phi_{11}(0)^2 + \phi_{11}(1)^2 + \cdots + \phi_{11}(n-1)^2]}{\sigma_y(n)^2}$$

和

$$\frac{\sigma_z^2 [\phi_{12}(0)^2 + \phi_{12}(1)^2 + \cdots + \phi_{12}(n-1)^2]}{\sigma_y(n)^2}$$

**预测误差方差分解**(forecast error variance decomposition)告诉我们:序列中由于其"自身"冲击与其他变量的冲击而导致的变动的比例。如果 $\varepsilon_{zt}$ 冲击在任何预测水平上都无法解释 $\{y_t\}$ 的预

测误差方差，我们就可以说序列$\{y_t\}$是外生的。在这种情况下，序列$\{y_t\}$将独立于$\varepsilon_{zt}$冲击和序列$\{z_t\}$一同自我变化。在另一种极端情况下，$\varepsilon_{zt}$在所有的预测水平下能解释序列$\{y_t\}$中所有预测误差方差，所以序列$\{y_t\}$完全是内生的。在应用研究中，对于一个变量，一般可解释其短期预测误差方差的绝大部分，以及可解释其长期预测误差方差的较小部分。如果$\varepsilon_{zt}$冲击对$y_t$几乎没有当期影响，而滞后一期对序列$\{y_t\}$有影响，则我们可采用这种方差分解的模式。

请注意，方差分解同样同时存在脉冲响应函数分析中所固有的问题。为了识别序列$\{\varepsilon_{yt}\}$和$\{\varepsilon_{zt}\}$，有必要约束$B$矩阵，在式(5-38)和式(5-39)中所使用的Choleski分解需要$z_t$所有的1步期预测误差方差都归因于$\varepsilon_{zt}$。如果我们使用备择次序，则$y_t$的所有1步预测误差方差都归因于$\varepsilon_{yt}$。在长期预测水平下，这些备选假设的巨大影响显著地降低了。在实践中，这一方法对于检验在各种预测水平下的方差分解是很有用的，随着$n$的增加，方差分解应当是收敛的，而且，如果相关系数$\rho_{12}$显著不为0，通常可在不用次序的情况下获得方差分解。

然而，脉冲响应分析与方差分解(并称为**新息累计**(innovation accounting))是检验经济变量之间关系的有用工具。如果各新息之间的相关性很小，则识别问题就显得不那么重要，备择次序应当产生类似的脉冲响应和方差分解。当然，很多经济变量的同期移动是高度相关的，5.10~5.13节将讨论两种被用于识别结构性新息的很有吸引力的方法。在讲解这些技巧之前，我们考察一下在VAR模型中的检验假设，并重新检验恐怖事件与旅游业的关系。

## 5.8 假设检验

从原理上讲原则上，没有什么理由可以阻止我们在VAR中包含大量的变量。因此，构造一个有$n$个方程的VAR模型是可行的，每个方程都包含系统中所有$n$个变量的$p$个滞后项。同时，也可能想在模型中包含那些彼此有重要经济影响的变量。在实践中，随着变量的不断增加，自由度很快地被削弱，比如，在有12个滞后项的月份数据中，每个方程增加一个变量将损失耗费12个自由度。根据恰当理论模型进行谨慎的检验将有助于选择包含在VAR模型中的变量。

一个$n$方程VAR可以表示为

$$\begin{pmatrix} x_{1t} \\ x_{2t} \\ \vdots \\ x_{nt} \end{pmatrix} = \begin{pmatrix} A_{10} \\ A_{20} \\ \vdots \\ A_{n0} \end{pmatrix} + \begin{pmatrix} A_{11}(L) & A_{12}(L) & \cdots & A_{1n}(L) \\ A_{21}(L) & A_{22}(L) & \cdots & A_{2n}(L) \\ \vdots & \vdots & & \vdots \\ A_{n1}(L) & A_{n2}(L) & \cdots & A_{nn}(L) \end{pmatrix} \begin{pmatrix} x_{1t-1} \\ x_{2t-1} \\ \vdots \\ x_{nt-1} \end{pmatrix} + \begin{pmatrix} e_{1t} \\ e_{2t} \\ \vdots \\ e_{nt} \end{pmatrix} \quad (5-43)$$

式中      $A_{i0}$——代表截距项的系数；

$A_{ij}(L)$——滞后算子$L$的多项式。

$a_{ij}(1)$，$a_{ij}(2)$，…——$A_{ij}(L)$的各个系数。

因为所有方程的滞后长度相同，所以，所有的多项式$A_{ij}(L)$都具有相同的自由度。$e_{it}$是白噪声干扰项，但可能是相关的。同样，用$(n \times n)$维$\Sigma$标记方差—协方差矩阵。

除了确定包含在VAR中的变量集合之外，确定合适的滞后长度也十分重要。一种处理方法是在不同的方程中针对每个变量确定不同的滞后长度。但为了保留系数的对称性(并可以有效地使用OLS)，通常对所有的方程使用相同的滞后长度，正如在5.6节所讨论的，只要在每个方程中存在可识别的解释变量，OLS 估计就是一致估计且渐近有效的。如果在 VAR 方程中有的解释变量没有包含在其他方程中，则似然无关回归(SUR)可对 VAR 的系数提供有效的估计。因此，有理由令方程间的滞后长度不相同，使用 SUR 估计所谓的**近似 VAR**(near-VAR)。

在 VAR 中，较长的滞后长度会很快消耗掉自由度。如果滞后长度为 $p$，$n$ 个方程中的每一个方程都含有 $np$ 个系数并加上截距项。所以，恰当的滞后长度选择是很重要的，如果 $p$ 太小，模型是不完备的，如果 $p$ 太大，将损失自由度。为了检验滞后长度，从看似合理的最大长度或自由度所允许的最大可行滞后长度开始进行处理，估计 VAR 并构造残差的方差－协方差矩阵。使用季度数据，基于前面所提到的 3 年的长度足以捕获系统的动态特征这一先验观点，开始可使用 12 个季度的滞后长度。从滞后 12 期的模型 $\Sigma_{12}$ 的残差中获得方差—协方差矩阵。现在假设要决定是否滞后 8 期是恰当的，毕竟，滞后期从 12 降到 8，这样的约束模型将使每个方程中的估计参数个数减少 $4n$。

因为我们的目的是决定滞后长度为 8 是否对所有的方程都合适，所以，从滞后 9 期到滞后 12 期一个接一个地对方程进行 $F$ 检验是不恰当的。而对于这一**联立方程**(cross-equation)约束的恰当检验是似然比检验(likelihood ratio test)。在相同样本期重新估计 VAR，用 8 个滞后项，获取残差的方差—协方差矩阵 $\Sigma_8$。注意 $\Sigma_8$ 从属于 $n$ 个方程的系统，这个 $n$ 方程系统中每个方程有 $4n$ 个约束条件，所以共有 $4n^2$ 个约束条件，似然比统计量为

$$(T)(\ln|\Sigma_8| - \ln|\Sigma_{12}|)$$

但是，考虑到在经济分析中通常能获得的样本规模，Sims(1980)提议使用

$$(T-c)(\ln|\Sigma_8| - \ln|\Sigma_{12}|)$$

式中　$T$——所使用的观测样本数；

　　　$c$——无约束系统中每个方程中所估计的参数个数；

$\ln|\Sigma_n|$——$\Sigma_n$ 的行列式的自然对数。

在当前的事例中，$c=12n+1$，因为无约束模型的各个方程中每个变量有 12 个滞后项，再加上一个截距项。

统计量服从对称的 $\chi^2$ 分布，自由度为系数中约束条件的个数，在我们所考察的事例中，每个方程有 $4n$ 个约束条件，在系统中共有 $4n^2$ 个约束条件。很明显，如果减少滞后项数目的约束条件不具有约束力，我们可以预测 $\ln|\Sigma_8|$ 将等于 $\ln|\Sigma_{12}|$。样本统计量的较大值显示只有 8 个滞后项是具有约束力的，因此，拒绝滞后长度为 8 的原假设。在前面指定的显著水平下，如果统计量的计算值小于 $\chi^2$，将不能拒绝只有 8 个滞后项的原假设，在此，我们将再考虑是否保留 4 个滞后项是恰当的，构造

$$(T-c)(\ln|\Sigma_4| - \ln|\Sigma_8|)$$

按这样的模式减少滞后长度应当谨慎。虽然这一步可能会拒绝 4 个与 12 个滞后项的原假设，但是，通常不会拒绝 8 个与 12 个滞后项的原假设和 4 个与 8 个滞后项的原假设。缩减模型的问题在于可能在每个阶段失去少量的解释力度，从头至尾，在解释力度上的整体损失是显著的，在这种情况下，最好使用较长的滞后长度。

这类似然比检验适用于任何类型的联立方程约束。令 $\Sigma_u$ 和 $\Sigma_r$ 分别为无约束和约束系统的方差—协方差矩阵，如果无约束模型的方程含有不同的解释变量，令 $c$ 表示包含在最长的方程中的解释变量的最大数目。Sims 的建议是比较统计量

$$(T-c)(\ln|\Sigma_r| - \ln|\Sigma_u|) \tag{5-44}$$

其服从 $\chi^2$ 分布，自由度等于系统中约束条件的个数。

在另一个事例中，假设想通过在 VAR 中 $n$ 个方程的每个方程中增加 3 个季度性虚拟变量从而捕获季节性影响。通过包含虚拟变量估计无约束模型，通过排除虚拟变量估计约束模型，系数中的约束条件总数为 $3n$。如果滞后长度为 $p$，无约束模型的方程有 $np+4$ 个参数（$np$ 是滞后的变量数，还有一个截距项，3 个季节性变量）。对于 $T$ 个有用的观测样本值，令 $c=np+4$，并计算式(5-44)的值。如果对于给定的显著水平，$\chi^2$ 的计算值（自由度为 $3n$）大于临界值，则拒绝没有季节性影响的约束条件。

似然比检验是基于对称性理论，而对于时间序列计量经济的有效小样本，其作用不大。而且，似然比检验仅适用于一个模型是另一个模型的约束形式。备择检验的衡量标准是 AIC 和 SBC 的多变量扩展。扩展后的 AIC 和 SBC 为

$$AIC = T\ln|\Sigma| + 2N$$
$$SBC = T\ln|\Sigma| + N\ln(T)$$

式中，$|\Sigma|$——残差的方差—协方差矩阵的行列式；$N$——所有方程中待估参数的总数。

因此，如果在 $n$ 变量 VAR 中的每个方程有 $p$ 个滞后项和一个截距项，则 $N = n^2 p + n$。$n$ 个方程中的每一个方程都有 $np$ 个滞后解释变量和一个截距项。

增加额外的解释变量将因增加 $N$ 的耗费而减小 $\log|\Sigma|$。正如在单变量的例子中，选择具有最低 AIC 和 SBC 值的模型。确信通过使用相同的样本对模型进行了充分地比较。注意多变量的 AIC 和 SBC 不能用于检验备择模型的统计显著性。相反，它们是备择模型的综合拟合程度的度量标准。如同在单变量例子中的报告方法一样，有许多研究者和软件包用于报告扩展的多变量 AIC 和 SBC 的方法。通常，AIC 和 SBC 的值为

$$AIC^* = \frac{-2\ln(L)}{T} + \frac{2N}{T}$$
$$SBC^* = \frac{-2\ln(L)}{T} + \frac{N\ln(T)}{T}$$

式中，$L$ 为多变量自然对数似然方程的最大值。

### 5.8.1 Granger 因果关系检验

因果关系检验是要确定是否存在一个变量的滞后项包含在另一个变量的方程中。在具有 $p$ 个滞后项的两个方程的 VAR 模型中，当且仅当 $A_{21}(L)$ 的所有系数等于零时，$\{y_t\}$ 不是引起 $\{z_t\}$ 的 Granger 原因（Granger cause）。因此，如果 $\{y_t\}$ 没有增进对 $\{z_t\}$ 的预测效果时，则 $\{y_t\}$ 不是引起 $\{z_t\}$ 的 Granger 原因。如果 VAR 模型中的所有变量平稳，则判定 Granger 因果关系的直接方法是使用标准的 $F$ 检验来检验约束条件

$$a_{21}(1) = a_{21}(2) = a_{21}(3) = \cdots = a_{21}(p) = 0$$

很容易归纳出式(5-43)的 $n$ 变量的情形，因为 $A_{ij}(L)$ 表示第 $j$ 个变量 $x_j$ 的滞后项对第 $i$ 个变量 $x_i$ 的回归系数，所以，如果多项式 $A_{ij}(L)$ 的所有系数等于零，则第 $j$ 个变量 $x_j$ 不是第 $i$ 个变量 $x_i$ 的 Granger 原因。

请注意，Granger 因果关系与外生性检验存在差异。对于 $\{z_t\}$ 的外生性，需要的条件是 $z_t$ 不受 $y_t$ 同时期值的影响。然而 Granger 因果关系仅仅涉及 $\{y_t\}$ 的过去值对 $z_t$ 的影响。因此，Granger 因

果关系实际上测量的是 $\{y_t\}$ 的现期值和过去值是否有助于预测 $z_t$ 的未来值。为了从 VMA 模型入手，解释因果关系与外生性检验的不同之处，我们可以考察如下关于 $z_t$ 的方程

$$z_t = \bar{z} + \phi_{21}(0)\varepsilon_{yt} + \sum_{i=0}^{\infty}\phi_{22}(i)\varepsilon_{zt-i}$$

如果我们根据 $z_t$ 的值预测 $z_{t+1}$ 的值，则预测误差为 $\phi_{21}(0)\varepsilon_{yt+1} + \phi_{22}(0)\varepsilon_{zt+1}$。在给定 $z_t$ 的值后，涉及 $y_t$ 的信息并没有帮助降低 $z_{t+1}$ 的预测误差。换句话说，对于所考察的模型，具有 $E_t(z_{t+1}|z_t) = E_t(z_{t+1}|z_t, y_t)$。在 $y_t$ 中仅涉及的附加信息是 $\{\varepsilon_{yt}\}$ 的过去值，不过，这些值不影响 $z_t$，从而不可能增加对 $z_t$ 序列的预测效果。因此，$\{y_t\}$ 并不是引起 $\{z_t\}$ 的 Granger 原因。另一方面，我们令 $\phi_{21}(0)$ 不等于零，所以，$\{z_t\}$ 就不是外生的。很显然，即使序列 $\{y_t\}$ 不是序列 $\{z_t\}$ 的 Granger 原因，但当 $\phi_{21}(0)$ 不为零时，对 $y_{t+1}$ 的纯冲击（即 $\varepsilon_{yt+1}$）就会影响 $z_{t+1}$ 的值。

**块外生性**（block-exogeneity）检验对决定是否把一个变量纳入 VAR 中是很有用的。当考虑到前面所提到的因果关系与外生性之间的差异，这种多变量形式化的 Granger 因果关系检验实际上应该被称为"块因果关系"检验。在任何事例中，争论集中在决定是否存在一个变量的滞后项，比如说 $w_t$ 的滞后项，在系统中是引起其他任何变量的 Granger 原因。在 $w_t$、$y_t$ 和 $z_t$ 的 3 变量情况下，检验就是 $w_t$ 的滞后项是否是引起 $y_t$ 或 $z_t$ 的 Granger 原因。就其本质而言，块外生性限定了在 $y_t$ 和 $z_t$ 的方程中 $w_t$ 的所有滞后项等于零。可以使用式(5-44)中所提的似然比检验对这种联立方程约束进行恰当的检验。使用 $\{w_t\}$、$\{y_t\}$ 和 $\{z_t\}$ 的滞后值估计 $y_t$ 和 $z_t$ 方程，计算 $\Sigma_u$，排除 $w_t$ 的滞后值，重新计算 $\Sigma_r$。接着，计算似然比统计量

$$(T-c)(\ln|\Sigma_r| - \ln|\Sigma_u|)$$

正如在式(5-44)中，这个统计量服从自由度等于 $2p$（因为将 $\{w_t\}$ 的 $p$ 个滞后项从每个方程中排除掉了）的 $\chi^2$ 分布。在此，$c = 3p + 1$，因为两个无约束的 $y_t$ 和 $z_t$ 方程包含 $\{w_t\}$、$\{y_t\}$ 和 $\{z_t\}$ 的 $p$ 个滞后项和一个常量。

### 5.8.2 Granger 因果关系与货币供给变化

对于 Granger 因果关系检验的用途，可以通过对 St. Louis 模型中使用的时间序列方程类型的重新认识进行阐述。直到 20 世纪 70 年代后期为止，通常的观点都认为货币量的波动包含了与未来的真实收入和价格相关的有用信息。事实上，主张进行积极货币政策的观点认为，货币供给量的当期值与价格水平和(或)实际收入之间存在系统关系。但是，大量的文献显示这一关系在 20 世纪 70 年代晚期崩溃了。在 Friedman 和 Kuttner(1992) 的一篇颇具影响的论文中，他们分析了这一问题，即货币量波动是否有助于对收入波动进行预期，而这一收入预期并非基于收入本身和其他现实的观测变量进行预期。考察 VAR 方程

$$\Delta y_t = \alpha + \sum_{i=1}^{4}\beta_i \Delta m_{t-i} + \sum_{i=1}^{4}\gamma_i \Delta g_{t-i} + \sum_{i=1}^{4}\delta_i \Delta y_{t-i} + \varepsilon_t$$

注意这一方程与式(5-16)所给出的 St. Louis 模型的差异。在此，名义收入对数的变化($\Delta y_t$)取决于其自身的过去值，名义货币供给量对数的变化($\Delta m_t$)和联邦政府支出对数的变化($\Delta g_t$)的过去值。

观点很简单：在 $\{\Delta y_t\}$ 和 $\{\Delta g_t\}$ 的过去值存在的情况下，货币供给量序列为名义收入的未来值提供了哪些信息？为了搞清楚这一问题，Friedman 和 Kuttner(1992) 使用了几种货币量衡量标准（基础货币 M1、M2 和各种货币供给量的短期利率），并在不同样本期估计了一个 3 变量 VAR。对

于 1960 年第 2 季度至 1979 年第 2 季度,基础货币不是导致 $\Delta y_t$ 的 Granger 原因的原假设的 $F$ 统计量为 3.68,在 1% 的显著水平下,可以得出货币量是导致 $\{\Delta y_t\}$ 的 Granger 原因。但是,对于 1970 年第 3 季度至 1990 年第 4 季度,$F$ 统计量仅为 0.82,因此,在任何通常的显著水平下,货币量都不是导致收入的 Granger 原因。这个结果相对于用其他货币量衡量标准更强。直到 1979 年第 2 季度,在 1% 的显著水平下,用其他标准衡量的货币都是导致收入的 Granger 原因。在较后的时期里,各种度量标准所衡量的货币量都不是导致名义收入的 Granger 原因。

为了能够对这 3 个变量之间的相互关系进行更好的理解,Friedman 和 Kuttner 同样给出了方差分解的结果。对于 1960 年第 2 季度至 1979 年第 2 季度,在 4 个和 8 个季度预测水平上,M1 解释了 $\{\Delta y_t\}$ 中预测误差方差的 27%;与之相比,对于 1970 年第 3 季度至 1990 年第 4 季度,在 4 个和 8 个季度预测水平上,M1 解释了 $\{\Delta y_t\}$ 中预测误差方差的 10%。这些结果与 St. Louis 方程中的相应结果形成惊人的对比。毋庸置疑,货币供给量变化对于名义收入未来路径的预测作用越来越小。

### 5.8.3 含有非平稳变量的检验

在第 4 章中,我们看到当一些解释变量是平稳的而另一些解释变量非平稳时,可以对单个方程构建假设的检验。特别地,Sims, Stock 和 Watson(1990) 的规则 1 被用于在 ADF 检验中选择恰当的滞后长度。VAR 中同样涉及这一问题,因为许多解释变量同样可能是不平稳的。回顾一下 Sims, Stock 和 Watson(1990) 所得到的关键结论:如果感兴趣的系数能被写作一个零均值平稳变量的系数,则 $t$ 检验就是恰当的。如果样本规模很大,我们可以在 $t$ 检验中使用正态近似值。为了举出一个特殊的例子,用双变量 VAR,考察方程

$$y_t = a_{11} y_{t-1} + a_{12} y_{t-2} + b_{11} z_{t-1} + b_{12} z_{t-2} + \varepsilon_t \tag{5-45}$$

首先考察 $\{y_t\}$ 为 $I(1)$ 和 $\{z_t\}$ 为 $I(0)$ 的情况。因为 $b_{11}$ 和 $b_{12}$ 是平稳变量的系数,所以可以用 $t$ 检验对假设 $b_{11}=0$ 或 $b_{12}=0$ 进行检验,用 $F$ 检验对假设 $b_{11}=b_{12}=0$ 进行检验。因此,确定 $\{z_t\}$ 的滞后长度以及检验 $z_t$ 是否是引起 $y_t$ 的 Granger 原因可用 $t$ 或 $F$ 分布进行处理。

注意约束条件 $a_{11}=0$ 或 $a_{12}=0$ 可以使用 $t$ 检验,即使 $\{y_t\}$ 是不平稳的,我们也能够对这两个约束条件进行检验。但是不能使用 $F$ 检验来检验约束条件 $a_{11}=a_{12}=0$。为了弄清这一点,在式(5-45) 的右边先加 $a_{12} y_{t-1}$,然后再减去它,得到

$$y_t = a_{11} y_{t-1} + a_{12} y_{t-1} - a_{12}(y_{t-1} - y_{t-2}) + b_{11} z_{t-1} + b_{12} z_{t-2} + \varepsilon_t$$

并且,如果我们定义 $a_{11} + a_{12} = \gamma$,则可以把 $y_t$ 写为

$$y_t = \gamma y_{t-1} - a_{12} \Delta y_{t-1} + b_{11} z_{t-1} + b_{12} z_{t-2} + \varepsilon_t$$

系数 $a_{12}$ 乘以平稳变量 $\Delta y_{t-1}$,因此,可用 $t$ 检验来检验原假设 $a_{12}=0$。或者,在式(5-45) 的右边加一项减一项 $a_{11} \Delta y_{t-2}$,得到

$$y_t = a_{11} \Delta y_{t-1} - \gamma y_{t-2} + b_{11} z_{t-1} + b_{12} z_{t-2} + \varepsilon_t$$

因此,原假设 $a_{11}=0$ 可类似地用一个 $t$ 统计量进行检验。重要的是承认单个的系数服从正态分布,但是,$a_{11} + a_{12} = \gamma$ 不服从正态分布。不可能将 $\gamma$ 孤立起来看作平稳变量的系数。

现在假设 $\{y_t\}$ 和 $\{z_t\}$ 都是 $I(1)$。很容易证明系数 $a_{12}$ 和 $b_{12}$ 可被写作平稳变量的系数。在式(5-45) 的右边先加 $a_{12} y_{t-1}$ 和 $b_{12} z_{t-1}$,然后再减去它们,则方程变为

$$y_t = (a_{11} + a_{12}) y_{t-1} - a_{12}(y_{t-1} - y_{t-2}) + (b_{11} + b_{12}) z_{t-1} - b_{12}(z_{t-1} - z_{t-2}) + \varepsilon_t$$

或

$$y_t = \gamma_1 y_{t-1} - a_{12}\Delta y_{t-1} + \gamma_2 z_{t-1} - b_{12}\Delta z_{t-1} + \varepsilon_t \tag{5-46}$$

式中，$\gamma_1 = a_{11} + a_{12}$，$\gamma_2 = b_{11} + b_{12}$。

因此，可以用 $F$ 分布进行滞后长度检验 $a_{12} = b_{12} = 0$。方程(5-46)显示可以对式(5-45)进行重写，使得两个系数都乘以平稳变量。这样，$F$ 检验可用于检验联合约束条件 $a_{12} = b_{12} = 0$。但是，$\{z_t\}$ 不是导致 $\{y_t\}$ 的 Granger 原因的约束条件必须包含 $\gamma_2 = b_{12} = 0$ 的设定。但因为 $\gamma_2$ 是一个非平稳变量的系数，所以检验并非是标准的，于是标准的 $F$ 统计量是不恰当的。只有在我们知道 $\gamma_2 = 0$ 时，才能够构造检验以确定 $\{z_t\}$ 是否为导致 $\{y_t\}$ 的 Granger 原因。假设 $\gamma_2 = 0$，式(5-46)变为

$$y_t = \gamma_1 y_{t-1} - a_{12}\Delta y_{t-1} + b_{12}\Delta z_{t-1} + \varepsilon_t$$

现在，可以进行因果关系检验，因为仅仅 $b_{12}$ 需要进行约束。同样地，如果知道 $\gamma_1 = 1$，我们可得到

$$\Delta y_t = a_{12}\Delta y_{t-1} + b_{12}\Delta z_{t-1} + \varepsilon_t$$

现在 VAR 整个都为 1 阶差分的变量，这样，所有的系数都对应于平稳变量。这些结果十分普遍，并且适用于包含任意滞后项数的任意高阶差分系统。简而言之，在同时具有平稳和非平稳变量的 VAR 中有以下几点概括。

（1）对于平稳的变量，可以使用 $t$ 检验或 $F$ 检验。

（2）对于任何变量或任何一系列变量，都可以进行滞后长度检验。在所讨论的问题中，无论变量是否平稳，这一点都是正确的。

（3）可以使用 $F$ 检验确定是否一个非平稳变量是导致另一个非平稳变量的 Granger 原因。如果可对因果变量仅仅进行 1 阶差分处理，则检验是可行的。例如，假设 $y_t$、$z_t$ 和 $x_t$ 都是 $I(1)$ 变量，即 1 阶单整变量，则可以将 $\{y_t\}$ 方程写作

$$y_t = \gamma_1 y_{t-1} + a_{12}\Delta y_{t-1} + a_{13}\Delta y_{t-2} + b_{12}\Delta z_{t-1} + b_{13}\Delta z_{t-2} + \gamma_3 x_{t-1} + c_{12}\Delta x_{t-1} + c_{13}\Delta x_{t-2} + \varepsilon_t$$

可以确定 $z_t$ 是否是导致 $\{y_t\}$ 的 Granger 原因，但无法确定 $x_t$ 是否是导致 $\{y_t\}$ 的 Granger 原因；类似地，不能对联合假设 $\gamma_1 = a_{12} = 0$ 进行检验。

（4）差分问题很重要。如果 VAR 能整个地写成 1 阶差分的形式，则使用 $t$ 检验或 $F$ 检验可以对任何方程或任何一系列方程进行假设检验，这是因为所有变量都是平稳的。正如在下一章中将要看到的，如果变量是 $I(1)$ 变量，但变量间不是协整的，则可以将 VAR 写作 1 阶差分形式。如果在所探讨的问题中的变量是协整的，则 VAR 就不能用 1 阶差分形式。因此，不能用 $t$ 检验或 $F$ 检验进行因果关系检验。

## 5.9 简单的 VAR 实例：美国与国际恐怖事件

在 Enders，Sandler 和 Gaibulloev(2010)的研究中，将美国国土安全部的全球恐怖主义的数据库(GTD)分解为图 5-1 中的国际与国内恐怖事件数列。标准的推定是国际恐怖事件响应国际事件，同时国内恐怖事件回应国内特定事件。在某种意义上，这些想法暗示了当事件发生在特殊国家时两种恐怖事件之间微弱的相互联系。不管怎样，如果检验图 5-1，会发现两数列之间有引人瞩目的关系。为了解释这种关系，我们假设一个有计划的国内事件无意间导致外国人的附带损害。恐怖组织也可能相互学习，以至于成功的国内事件对国际事件有好的示范作用，反之亦然。另一个解释是某些政治事件，比如持续的两国冲突，产生的不满情绪使国内外恐怖事件都增加。

为了检验国内外数列的潜在关系的强度，估计 VAR 模型：

$$\text{dom}_t = a_{10} + A_{11}(L)\text{dom}_{t-1} + A_{12}(L)\text{trans}_{t-1} + e_{1t} \qquad (5\text{-}47)$$

$$\text{trans}_t = a_{20} + A_{21}(L)\text{dom}_{t-1} + A_{22}(L)\text{trans}_{t-1} + e_{2t} \qquad (5\text{-}48)$$

式中 $\text{trans}_t$——在 $t$ 期内国际恐怖事件数;

　　　$\text{dom}_t$——在 $t$ 期内国内恐怖事件数目;

　$a_{10}$ 和 $a_{20}$——截距;

　　$A_{ij}(L)$——滞后算子 $L$ 的多项式;

$e_{1t}$ 和 $e_{2t}$——独立同分布干扰项,$E(e_{1t},e_{1t})$ 不需要为零。

可使用文件 TERRORISM. XLS 的数据。然而。由于 GTD 编码约定的变动和数据库结构的其他问题,最好从 1979 年 4 月开始估计(收购美国驻德黑兰大使馆的对应数据)。

## 5.9.1 实证分析方法

因为我们特别考虑 Granger 因果关系,我们需要特别确定变量平稳还是非平稳。最后,我们使用 DF(1979)和 Elliott,Rothenberg,Stock(1996)单位根检验检验 1979 年 4 月后的 $\text{trans}_t$ 和 $\text{dom}_t$ 数列。如果你使用从特殊到一般的方法确定适当的增强之后的数目,可以找出 $\text{dom}_t$ 滞后 2 期,$\text{trans}_t$ 滞后 4 期。两个检验的 $t$ 统计量为

|  | DF 检验 | ERS 检验 |
|---|---|---|
| $\text{dom}_t$ | -2.69 | -2.43 |
| $\text{trans}_t$ | -2.64 | -2.47 |

表 A 中,临界值为 0.10 和 0.005 的 $\text{DF}\tau_\mu$ 检验值分别为 -2.58 和 -2.89。因此,如果你对每个数列使用 DF 检验,可以在 10% 的水平拒绝单位根的零假设,但不能在 5% 的水平拒绝单位根的零假设。回忆无趋势项的 ERS 临界值来自 $\text{DF}\tau$ 检验。显著水平为 1% 和 2.5% 的临界值为 -1.61 和 -1.95。因此,如果你使用更有力的 ERS 检验,可在 2.5% 的水平拒绝单位根的零假设。像这样,变量似乎是平稳的。

式(5-47)和式(5-48)中的多项式 $A_{12}(L)$ 和 $A_{21}(L)$ 特别有意义。如果 $A_{21}(L)$ 的所有系数为零,则国际恐怖序列不会降低国内事件的预期误差方差。形式上,国际恐怖事件将不会是引起恐怖事件的 Granger 原因。如果国内恐怖活动没有对国际恐怖事件有响应,则国内恐怖事件序列将独立于国际恐怖事件运动。同样,如果 $A_{12}(L)$ 的所有系数为零,则国内恐怖事件不是影响国际恐怖事件的 Granger 原因。误差项的同期相关性在统计意义下缺乏显著性就意味着国内恐怖事件不可能影响国际恐怖事件。如果在这些多项式中的任意系数不为零,则两序列间就存在相互关系。

下一个问题是考虑 VAR 滞后期的使用。因为我们使用多元模型,没有理由使用 DF 检验的滞后期选择。如果以滞后 4 期开始,就会发现特殊到一般的方法和多元 AIC 选择滞后期为 3。尽管多元 SBC 选择滞后期为 2,为确保所有动态被 VAR 捕捉,继续使用滞后 3 期。因为每个方程有确定的右边的变量,普通最小二乘法(OLS)是很有用的估计技术。

## 5.9.2 实证结果

估计 VAR 模型,应该直接考虑变量的因果关系。考虑下列 $F$ 检验(显著水平在括号内)

　　　　$A_{11}(L)$ 的所有系数为 $0$:$38.49(0.000)$

　　　　$A_{12}(L)$ 的所有系数为 $0$:$1.86(0.159)$

$A_{21}(L)$ 的所有系数为 $0:3.36(0.015)$

$A_{22}(L)$ 的所有系数为 $0:25.64(0.000)$

根据期望，$A_{11}(L)$ 和 $A_{22}(L)$ 的 $F$ 统计量都非常显著，说明每个变量都对预测未来值很有帮助。国际恐怖主义的 Granger 导致国内恐怖主义的零假设的统计量为 1.86。给定 $p$ 值 0.159，这个非因果关系似乎由传统想法导致。重要结果为在 0.015 的显著水平下国内恐怖主义的 Granger 导致国际恐怖主义。还有，除非是传统想法，两数列导致彼此独立。单变量因果关系的解释是国内当地化，随着时间推移，蔓延到国际事件。

为了确定两序列间相互影响的重要性，进行了方差分解。方程(5-47)和式(5-48)的移动平均表达式表明 $\text{dom}_t$ 和 $\text{trans}_t$ 依赖于序列 $\{e_{1t}\}$ 和 $\{e_{2t}\}$ 的当期值和过去值。

$$\text{dom}_t = c_0 + \sum_{j=1}^{\infty}(c_{1j}e_{1t-j} + c_{2j}e_{2t-j}) + e_{1t} \tag{5-49}$$

$$\text{trans}_t = d_0 + \sum_{j=1}^{\infty}(d_{1j}e_{1t-j} + d_{2j}e_{2t-j}) + e_{2t} \tag{5-50}$$

式中，$c_0$，$d_0$，$c_{1j}$，$c_{2j}$，$d_{1j}$ 和 $d_{2j}$ 是参数。

因为我们不能直接估计式(5-49)和式(5-50)，所以，使用式(5-47)和式(5-48)的残差，将 $n_t$ 和 $i_t$ 的方差分解为属于各个新息的百分比。使用从 Choleski 分解中获得的正交新息，分解因子中变量的次序不会对结果产生定性的影响（$e_{1t}$ 和 $e_{2t}$ 间的同期相关系数为 $-0.18$）。这说明 $\text{dom}_t$ 的冲击对 $\text{trans}_t$ 的影响非平稳。

1 个月、4 个月、8 个月和 12 个月的方差分解的结果如表 5-3 所示。正如所预料的那样，每个时间序列都解释了其过去值的影响优势。例如，提前 4 步的预测国内恐怖时间的预测误差方差为 97.9% 左右，而 $\text{trans}_t$ 能够说明其预测误差方差为 88.4%。结果显示，$\text{trans}_t$ 冲击对 $\text{dom}_t$ 方差的影响较小。然而，12 期后，$\text{dom}_t$ 说明国际恐怖主义的预测误差方差为 33.6%。因不仅因果关系是单向的（即国内恐怖事件影响了国际恐怖事件），而且国内恐怖主义对国际恐怖主义的影响是实质性的。

表 5-3 每种冲击占预测误差方差的百分比

|  | % $\text{dom}_t$ 的方差 | | % $\text{trans}_t$ 的方差 | |
| --- | --- | --- | --- | --- |
|  | $\text{dom}_t$ | $\text{trans}_t$ | $\text{dom}_t$ | $\text{trans}_t$ |
| 提前 1 步 | 100.0 | 0.0 | 3.1 | 96.9 |
| 提前 2 步 | 97.9 | 2.1 | 11.6 | 88.4 |
| 提前 3 步 | 98.1 | 1.9 | 24.9 | 75.1 |
| 提前 4 步 | 97.6 | 2.4 | 33.6 | 66.4 |

图 5-8 展示了每个数列对国内和国际恐怖主义冲击的脉冲响应。实线代表脉冲响应，虚线代表 95% 的置信区间。国内事件对其标准差冲击的响应（等于 48.15 事件每期）见图 5-8a。注意响应在 19 期统计显著上持续。图 5-8b 显示了国际恐怖主义对国际恐怖主义冲击的响应并不显著。国内恐怖主义对国际恐怖主义的影响每期上升 2 事件，并在 18 期保持显著。国际事件的累积量对国内恐怖之一的冲击（即脉冲响应的总量）为 34.29 事件。国际事件对其标准差冲击的响应在图 5-8c。与国内恐怖事件相比，响应不持续。最初的上升之后，脉冲响应锐减，以至于在 6 期后它们显著不为 0。

总之，根据数据，两数列相互独立。提供国内对国际恐怖主义的单向影响，恐怖主义当地化且随着时间推移，蔓延到国际上。

## 5.10 结构性 VAR

Sims(1980)提出的 VAR 具有对所有变量都均等对待的可取的特点,所以,计量经济学家都不会依赖任何的"难以信赖的识别条件"。VAR 对于检验一系列经济变量的相互关系是很有用的,而且,估计结果可用于预测。考察如式(5-19)所代表的典型 1 阶 VAR 系统

$$x_t = A_0 + A_1 x_{t-1} + e_t$$

虽然 VAR 处理方法仅产生 $A_0$ 和 $A_1$ 的估计值,但为了阐述的需要,将其看作已知的。正如在式(5-42)中所看到的,提前 $n$ 步预期误差为

$$x_{t+n} - E_t x_{t+n} = e_{t+n} + A_1 e_{t+n-1} + A_1^2 e_{t+n-2} + \cdots + A_1^{n-1} e_{t+1} \tag{5-51}$$

尽管计量经济分析不可能揭示 $A_0$ 与 $A_1$ 的实际值,但是,指定适当的模型将具有无偏和最小方差的预测。当然,如果我们有关于任意参数的先验信息,就有可能改善估计精度,降低预测误差方差。单纯对预测感兴趣的研究者可能想缩减过度参数的 VAR 模型。尽管如此,VAR 预测就是用简单自回归进行预测的多变量扩展形式。

然而,给出 Choleski 分解一些特别的本质,在脉冲响应函数和预测误差方差分解时这个方法似乎没那么好。VAR 方法常受到批评,认为其缺乏经济含量。经济学家的唯一作用是提供在 VAR 中应含有的恰当变量。除了这一点,VAR 方法就太机械了。因为 VAR 中含有的经济因素太少,所以,结果中经济含量很少就不足为奇。然而,我们可以用一些经济理论来限制变量,使得最终结果不会那么离谱。

### 结构分解

如果无法从诱导型 VAR 模型中识别出潜在结构模型,则在 Choleski 分解中的新息不具有直接的经济解释。然而,除了使用 Choleski 分解,利用误差的约束条件以用潜在经济模型组成的方式确定结构冲击也是可以的。重新考察式(5-17)和式(5-18)的双变量 VAR 模型

$$y_t + b_{12} z_t = b_{10} + \gamma_{11} y_{t-1} + \gamma_{12} z_{t-1} + \varepsilon_{yt}$$
$$b_{21} y_t + z_t = b_{20} + \gamma_{21} y_{t-1} + \gamma_{22} z_{t-1} + \varepsilon_{zt}$$

这个模型可以按照式(5-20)和式(5-21)的形式重新写为

$$y_t = a_{10} + a_{11} y_{t-1} + a_{12} z_{t-1} + e_{1t}$$
$$z_t = a_{20} + a_{21} y_{t-1} + a_{22} z_{t-1} + e_{2t}$$

式中,各 $a_{ij}$ 值与式(5-19)中的定义相同。根据我们的目的,注意的重点是,两个误差项 $e_{1t}$ 和 $e_{2t}$ 是实际冲击 $\varepsilon_{yt}$ 和 $\varepsilon_{zt}$ 的合成。根据式(5-22)和式(5-23),有

$$\begin{pmatrix} e_{1t} \\ e_{2t} \end{pmatrix} = \frac{1}{1 - b_{12} b_{21}} \begin{pmatrix} 1 & -b_{12} \\ -b_{21} & 1 \end{pmatrix} \begin{pmatrix} \varepsilon_{yt} \\ \varepsilon_{zt} \end{pmatrix}$$

虽然这些合成冲击是在 $y_t$ 和 $z_t$ 中的提前 1 步预测误差,但并没有结构性的解释。因此,在使用 VAR 进行预测和使用其进行经济分析之间存在重大的差异。式(5-51)中,$e_{1t}$ 和 $e_{2t}$ 是预测误差。如果我们仅对误差感兴趣,预测误差的构成是不重要的。如果给定了式(5-17)和式(5-18)的经济模型,则 $\varepsilon_{yt}$ 和 $\varepsilon_{zt}$ 在 $t$ 期分别在 $y_t$ 和 $z_t$ 中自主地变化。如果我们想得到脉冲响应函数或方差分解,则有必要使用结构冲击(即 $\varepsilon_{yt}$ 和 $\varepsilon_{zt}$),而不是预测误差。结构性 VAR 的目的是使用经济理

论（而不是Choleski分解）从残差$\{e_{1t}\}$和$\{e_{2t}\}$中重新获得结构性新息。

Choleski分解事实上设定了一个关于结构性误差的严格假设，正如在式(5-32)中，假设我们选择一个次序，使得$b_{12}=0$。在此假设中，重新获得的两个新息为

$$\varepsilon_{yt} = e_{1t} + b_{12}e_{2t}$$

和

$$\varepsilon_{zt} = e_{2t}$$

令$b_{21}=0$等同于假设$y_t$中的新息对$z_t$没有当期的影响。如果这一假设不存在理论基础，则先前的冲击就不可识别。因此，从这种不可识别情况下所得到的脉冲响应和方差分解可能产生严重的误导。

如果$e_{1t}$和$e_{2t}$的自相关系数很小，则次序就显得不那么重要。但是，在多变量VAR中，不可能所有的相关系数都很小。毕竟，在对包括在模型中的变量进行选择时，可能会选择那些表现出紧密联系的共同运动趋势的变量。当VAR的残差相关时，尝试所有的可选次序是行不通的。在4变量模型中，有24种（即4!）可能的次序。Sims(1986)和Bernanke(1986)提出使用经济分析对新息建模。基本思想是用经济模型估计结构冲击的关系。为了理解这种方法，我们对$n$变量VAR中的预测误差与结构性新息的关系进行检验是有用的。因为这种关系不受滞后长度的影响，所以，考察$n$变量的1阶VAR模型

$$\begin{pmatrix} 1 & b_{12} & b_{13} & \cdots & b_{1n} \\ b_{21} & 1 & b_{23} & \cdots & b_{2n} \\ \vdots & \vdots & \vdots & & \vdots \\ b_{n1} & b_{n2} & b_{n3} & \cdots & b_{1nn} \end{pmatrix} \begin{pmatrix} x_{1t} \\ x_{2t} \\ \vdots \\ x_{nt} \end{pmatrix} = \begin{pmatrix} b_{10} \\ b_{20} \\ \vdots \\ b_{n0} \end{pmatrix} + \begin{pmatrix} \gamma_{11} & \gamma_{12} & \gamma_{13} & \cdots & \gamma_{1n} \\ \gamma_{21} & \gamma_{22} & \gamma_{23} & \cdots & \gamma_{2n} \\ \vdots & \vdots & \vdots & & \vdots \\ \gamma_{n1} & \gamma_{n2} & \gamma_{n3} & \cdots & \gamma_{nn} \end{pmatrix} \begin{pmatrix} x_{1t-1} \\ x_{2t-1} \\ \vdots \\ x_{nt-1} \end{pmatrix} + \begin{pmatrix} \varepsilon_{1t} \\ \varepsilon_{2t} \\ \vdots \\ \varepsilon_{nt} \end{pmatrix}$$

其紧凑形式为

$$Bx_t = \Gamma_0 + \Gamma_1 x_{t-1} + \varepsilon_t$$

通过左乘$B^{-1}$得到式(5-19)的多变量扩展形式，则

$$x_t = B^{-1}\Gamma_0 + B^{-1}\Gamma_1 x_{t-1} + B^{-1}\varepsilon_t$$

令$A_0 = B^{-1}\Gamma_0$，$A_1 = B^{-1}\Gamma_1$，$e_t = B^{-1}\varepsilon_t$得到式(5-19)，问题在于获得$e_t$的观测值和约束系统，以至使得$\varepsilon_t = Be_t$。但是，各个$b_{ij}$的选择并不是完全随意的，对系统进行限制以便于①重新获得各个$\{\varepsilon_{it}\}$的值；②根据各个$\{\varepsilon_{it}\}$冲击的独立性保留假设的误差结构。为解决识别问题，简单计算方程和未知因素的个数。使用OLS，我们可获得方差—协方差矩阵$\Sigma$为

$$\Sigma = \begin{pmatrix} \sigma_1^2 & \sigma_{12} & \cdots & \sigma_{1n} \\ \sigma_{21} & \sigma_2^2 & \cdots & \sigma_{2n} \\ \vdots & \vdots & & \vdots \\ \sigma_{n1} & \sigma_{n2} & \cdots & \sigma_n^2 \end{pmatrix}$$

其中，$\Sigma$的各元素的和为

$$\sigma_{ij} = \left(\frac{1}{T}\right) \sum_{t=1}^{T} e_{it} e_{jt}$$

因为$\Sigma$是对称的，所以，它仅含$\dfrac{n^2+n}{2}$个不同的元素。主对角线上有$n$个元素，第一个边对角线上有$(n-1)$个元素，下一个边对角线上有$(n-2)$个元素。角上有一个元素，于是，共有

$\frac{n^2+n}{2}$ 个自由元素。

假设 B 的对角线上的元素都为 1，则 B 含有 $n^2-n$ 个未知值。此外，在结构模型中，共有 $n^2$ 的未知值，其中 $n$ 个 $\text{var}(\varepsilon_{it})$ 未知 [即：B 的 $n^2-n$ 个值加上 $n$ 个 $\text{var}(\varepsilon_{it})$]。现在，识别问题的答案很简单，为了从已知 $\Sigma$ 的 $\frac{n^2+n}{2}$ 个独立元素中识别出 $n^2$ 个未知值，必须在系统中施加 $n^2-\left[\frac{n^2+n}{2}\right]=\frac{n^2-n}{2}$ 个约束条件，其结果可扩展到具有 $p$ 个滞后项的模型。为了从一已估 VAR 模型识别结构模型，必须在结构模型上施加 $\frac{n^2-n}{2}$ 个约束条件。

花点时间数一下 Choleski 分解中约束条件个数，在上面的系统中，Choleski 分解要求上三角线上的所有元素都为零。

$$b_{12}=b_{13}=b_{14}=\cdots=b_{1n}=0$$
$$b_{23}=b_{24}=\cdots=b_{2n}=0$$
$$b_{34}=\cdots=b_{3n}=0$$
$$\vdots$$
$$b_{n-1\,n}=0$$

因此，共有 $\frac{(n^2-n)}{2}$ 个约束条件，系统是恰好识别的。取一个特例，考察下述 3 变量 VAR 的 Choleski 分解

$$e_{1t}=\varepsilon_{1t}$$
$$e_{2t}=c_{21}\varepsilon_{1t}+\varepsilon_{2t}$$
$$e_{3t}=c_{31}\varepsilon_{1t}+c_{32}\varepsilon_{2t}+\varepsilon_{3t}$$

根据前面的讨论，应该能够说明 $\varepsilon_{1t}$、$\varepsilon_{2t}$ 和 $\varepsilon_{3t}$ 是可以通过 $e_{1t}$，$e_{2t}$，$e_{3t}$ 的估计值以及方差—协方差矩阵 $\Sigma$ 进行识别的。在前面的标记方法中，令矩阵 $C=B^{-1}$，其元素为 $c_{ij}$，因此，$e_t=C\varepsilon_t$，另一种构造预测误差和结构性新息关系的方法为

$$e_{1t}=\varepsilon_{1t}+c_{13}\varepsilon_{3t}$$
$$e_{2t}=c_{21}\varepsilon_{1t}+\varepsilon_{2t}$$
$$e_{3t}=c_{31}\varepsilon_{2t}+\varepsilon_{3t}$$

注意一个缺乏三角形的结构。在此，各个变量的误差值都受到自身结构性新息以及另一个变量中的结构性新息的影响。考虑到 $C$ 中有 $\frac{9-3}{2}=3$ 个约束条件，刚好满足了对 $B$ 和 $\varepsilon_t$ 恰好识别的必要条件。但是，正如在下一章中所阐述的那样，施加 $\frac{n^2-n}{2}$ 个约束条件对恰好识别并不是一个充分条件，不幸的是，非线性的存在导致没有简单的规则保证恰好识别。

为了更形式化，把回归残差的方差－协方差矩阵写为

$$Eee'=\Sigma=\begin{pmatrix}\sigma_1^2 & \sigma_{12}\\ \sigma_{21} & \sigma_2^2\end{pmatrix}$$

假设 $e_t=B^{-1}\varepsilon_t$，则必然有

$$Ee_te_t^T = EB^{-1}\varepsilon_t\varepsilon_t^T(B^{-1})^T = B^{-1}E(\varepsilon_t\varepsilon_t^T)(B^{-1})^T \tag{5-52}$$

请注意，$E(\varepsilon_t\varepsilon_t^T)$ 是结构性新息的方差—协方差矩阵($\Sigma_\varepsilon$)。因为结构性冲击的协方差为零，所以，可以把 $\Sigma_\varepsilon$ 写为

$$\Sigma_\varepsilon = \begin{pmatrix} \text{var}(\varepsilon_1) & 0 \\ 0 & \text{var}(\varepsilon_2) \end{pmatrix}$$

为了找到结构性新息和回归残差之间的关系，将 $\Sigma$ 和 $\Sigma_\varepsilon$ 代入式(5-52)，得到

$$\begin{pmatrix} \sigma_1^2 & \sigma_{12} \\ \sigma_{21} & \sigma_2^2 \end{pmatrix} = B^{-1} \begin{pmatrix} \text{var}(\varepsilon_1) & 0 \\ 0 & \text{var}(\varepsilon_2) \end{pmatrix} (B^{-1})^T$$

或

$$\begin{pmatrix} \sigma_1^2 & \sigma_{12} \\ \sigma_{21} & \sigma_2^2 \end{pmatrix} = \begin{pmatrix} 1 & b_{12} \\ b_{21} & 1 \end{pmatrix}^{-1} \begin{pmatrix} \text{var}(\varepsilon_1) & 0 \\ 0 & \text{var}(\varepsilon_2) \end{pmatrix} \left[ \begin{pmatrix} 1 & b_{12} \\ b_{21} & 1 \end{pmatrix}^{-1} \right]^T$$

因为两边逐元相同，则

$$\sigma_1^2 = \left(\frac{1}{1-b_{12}b_{21}}\right)^2 [\text{var}(\varepsilon_1) + b_{12}^2 \text{var}(\varepsilon_2)]$$

$$\sigma_{12}^2 = \left(\frac{1}{1-b_{12}b_{21}}\right)^2 [-b_{12}\text{var}(\varepsilon_2) - b_{21}\text{var}(\varepsilon_1)]$$

$$\sigma_{21}^2 = \left(\frac{1}{1-b_{12}b_{21}}\right)^2 [-b_{12}\text{var}(\varepsilon_2) - b_{21}\text{var}(\varepsilon_1)]$$

$$\sigma_2^2 = \left(\frac{1}{1-b_{12}b_{21}}\right)^2 [\text{var}(\varepsilon_2) + b_{21}^2 \text{var}(\varepsilon_1)]$$

因为 $\Sigma$ 的 4 个值是已知的，所以，应该有 4 个方程决定 4 个未知值 $b_{12}$、$b_{21}$、$\text{var}(\varepsilon_1)$ 和 $\text{var}(\varepsilon_2)$。但是，因系统的对称性，$\sigma_{21} = \sigma_{12}$，所以，仅有 3 个独立的方程决定 4 个未知量。将此方法扩展到 $n$ 阶 VAR 系统中，得到

$$\Sigma = B^{-1}\Sigma_\varepsilon(B^{-1})^T$$

式中，$\Sigma$、$B^{-1}$ 和 $\Sigma_\varepsilon$ 都为 $n \times n$ 矩阵。使用同样的逻辑，显示需要对 $B^{-1}$ 施加 $\frac{(n^2-n)}{2}$ 个额外的约束条件从而能够完全识别系统。在下一节中将讨论几个特殊例子。

## 5.11 结构性分解实例

为了阐述 Sims-Bernanke 分解过程，假设 $e_{1t}$ 和 $e_{2t}$ 有 5 个残差值，虽然只有 5 个样本的样本容量用于估计是不可接受的，但我们仍可以用简单的方法进行必要的计算。因此，假设 5 个误差值为

| $t$ | 1 | 2 | 3 | 4 | 5 |
|---|---|---|---|---|---|
| $e_{1t}$ | 1.0 | −0.5 | 0.0 | −1.0 | 0.5 |
| $e_{2t}$ | 0.5 | −1.0 | 0.0 | −0.5 | 1.0 |

因为$\{e_{1t}\}$和$\{e_{2t}\}$是回归残差，所以它们的和为零。很容易证明$\sigma_1^2 = 0.5$，$\sigma_{12} = \sigma_{21} = 0.4$，$\sigma_2^2 = 0.5$。因此，方差—协方差矩阵$\Sigma$为

$$\Sigma = \begin{pmatrix} 0.5 & 0.4 \\ 0.4 & 0.5 \end{pmatrix}$$

虽然$\varepsilon_{1t}$和$\varepsilon_{2t}$的协方差为零，但$\varepsilon_{1t}$和$\varepsilon_{2t}$的方差可能是未知的，如前部分一样，令$\Sigma_\varepsilon$表示这些结构冲击的方差—协方差矩阵

$$\Sigma_\varepsilon = \begin{pmatrix} \text{var}(\varepsilon_1) & 0 \\ 0 & \text{var}(\varepsilon_2) \end{pmatrix}$$

协方差项等于零的理由在于$\varepsilon_{1t}$和$\varepsilon_{2t}$被认为是纯结构性冲击，而且，每个冲击的方差不随时间变化。对于标记方法，可以去掉时间下标，例如，$\text{var}(\varepsilon_{1t}) = \text{var}(\varepsilon_{1t-1}) = \cdots = \text{var}(\varepsilon_1)$。预测误差方差—协方差矩阵(即$\Sigma$)与纯冲击的方差—协方差矩阵(即$\Sigma_\varepsilon$)之间的关系为$\Sigma_\varepsilon = B\Sigma B^T$。回想一下，$e_t$和$\varepsilon_t$分别是列向量$(e_{1t}, e_{2t})^T$和$(\varepsilon_{1t}, \varepsilon_{2t})^T$，因此

$$e_t e_t' = \begin{pmatrix} e_{1t}^2 & e_{1t}e_{2t} \\ e_{1t}e_{2t} & e_{2t}^2 \end{pmatrix}$$

所以

$$\Sigma = \frac{1}{T}\sum_{t=1}^T e_t e_t' \tag{5-53}$$

类似地，$\Sigma_\varepsilon$为

$$\Sigma_\varepsilon = \frac{1}{T}\sum_{t=1}^T \varepsilon_t \varepsilon_t' \tag{5-54}$$

为了将两个方差—协方差矩阵联系起来，注意$e_t$和$\varepsilon_t$之间的关系满足$\varepsilon_t = Be_t$，将这一关系式代入式(5-54)，因为乘积的转置等于转置的乘积[即$(Be_t)^T = e_t^T B^T$]，所以

$$\Sigma_\varepsilon = \frac{1}{T}\sum_{t=1}^T Be_t e_t' B'$$

因此，应用式(5-53)，得到

$$\Sigma_\varepsilon = B\Sigma B'$$

使用例中的特定数值，得到

$$\begin{pmatrix} \text{var}(\varepsilon_1) & 0 \\ 0 & \text{var}(\varepsilon_2) \end{pmatrix} = \begin{pmatrix} 1 & b_{12} \\ b_{21} & 1 \end{pmatrix} \begin{pmatrix} 0.5 & 0.4 \\ 0.4 & 0.5 \end{pmatrix} \begin{pmatrix} 1 & b_{21} \\ b_{12} & 1 \end{pmatrix}$$

因为方程左右两边相等，所以，必须是各元素对应相等。展开$B\Sigma B^T$所表示的乘法形式，得到

$$\text{var}(\varepsilon_1) = 0.5 + 0.8b_{12} + 0.5b_{12}^2 \tag{5-55}$$

$$0 = 0.5b_{21} + 0.4b_{21}b_{12} + 0.4 + 0.5b_{12} \tag{5-56}$$

$$0 = 0.5b_{21} + 0.4b_{12}b_{21} + 0.4 + 0.5b_{12} \tag{5-57}$$

$$\text{var}(\varepsilon_2) = 0.5b_{21}^2 + 0.8b_{21} + 0.5 \tag{5-58}$$

正如所看到的那样，式(5-56)和式(5-57)完全相同。要用三个方程解4个未知数$b_{12}$，$b_{21}$，

$\text{var}(\varepsilon_1)$ 和 $\text{var}(\varepsilon_2)$，正如在上一节中所讨论的，在双变量系统中，如果结构模型可识别，则需要附加一个约束条件。现在再次考察 Choleshi 分解，如果 $b_{12}=0$，则得到

$$\text{var}(\varepsilon_1) = 0.5$$
$$0 = 0.5b_{21} + 0.4 \qquad \text{所以}, b_{21} = -0.8$$
$$0 = 0.5b_{21} + 0.4 \qquad \text{所以}, \text{我们再次得到} b_{21} = -0.8$$
$$\text{var}(\varepsilon_2) = 0.5(b_{21})^2 + 0.8b_{21} + 0.5 \qquad \text{所以}, \text{var}(\varepsilon_2) = 0.5(0.64) - 0.64 + 0.5 = 0.18$$

使用该分解，根据 $\varepsilon_t = Be_t$，可重新获得每个 $\{\varepsilon_{1t}\}$ 和 $\{\varepsilon_{2t}\}$ 的值

$$\varepsilon_{1t} = e_{1t}$$

和

$$\varepsilon_{2t} = -0.8e_{1t} + e_{2t}$$

因此，可识别的结构性冲击为

| $t$ | 1 | 2 | 3 | 4 | 5 |
|---|---|---|---|---|---|
| $\varepsilon_{1t}$ | 1.0 | −0.5 | 0.0 | −1.0 | 0.5 |
| $\varepsilon_{2t}$ | −0.3 | −0.6 | 0.0 | 0.3 | 0.6 |

如果想多了解一些，可以证明一下 $\text{var}(\varepsilon_1) = \dfrac{\sum(\varepsilon_{1t})^2}{5} = 0.5$，$\text{var}(\varepsilon_2) = \dfrac{\sum(\varepsilon_{2t})^2}{5} = 0.18$ 以及 $\text{cov}(\varepsilon_{1t}, \varepsilon_{2t}) = \dfrac{\sum \varepsilon_{1t}\varepsilon_{2t}}{5} = 0$。或者，如果我们对 Choleshi 分解施加另一个约束条件令 $b_{21}=0$，则根据式(5-55)至(5-58)，得到

$$\text{var}(\varepsilon_1) = 0.5 + 0.8b_{12} + 0.5b_{12}^2$$
$$0 = 0.4 + 0.5b_{12} \qquad \text{所以}, b_{12} = -0.8$$
$$0 = 0.4 + 0.5b_{12} \qquad \text{所以}, \text{再次得到} b_{12} = -0.8$$
$$\text{var}(\varepsilon_2) = 0.5$$

因为 $b_{12} = -0.8$，所以 $\text{var}(\varepsilon_1) = 0.5 + 0.8(-0.8) + 0.5(0.64) = 0.18$

现在 $B$ 被识别为

$$B = \begin{pmatrix} 1 & -0.8 \\ 0 & 1 \end{pmatrix}$$

如果使用 $B$ 的识别值，则结构性新息为 $\varepsilon_{1t} = e_{1t} - 0.8e_{2t}$ 和 $\varepsilon_{2t} = e_{2t}$，因此，我们获得结构性新息为：

| $t$ | 1 | 2 | 3 | 4 | 5 |
|---|---|---|---|---|---|
| $\varepsilon_{1t}$ | 0.6 | 0.3 | 0.0 | −0.6 | −0.3 |
| $\varepsilon_{2t}$ | 0.5 | −1.0 | 0.0 | −0.5 | 1.0 |

在该例中，Choleshi 分解中所使用的次序非常重要。这并不奇怪，因为 $e_{1t}$ 和 $e_{2t}$ 之间的相关系数为 0.8。关键是次序对于获取方差分解结果和脉冲响应函数有密切关系。选择第一个次序（即令 $b_{12}=0$）强调了 $\varepsilon_{1t}$ 的冲击更为重要。假设的时间安排是 $\varepsilon_{1t}$ 对 $x_{1t}$ 和 $x_{2t}$ 有当期的影响，而 $\varepsilon_{2t}$ 的冲击要在滞后 1 期后才影响 $x_{1t}$。而且，由 $\varepsilon_{1t}$ 冲击引起的脉冲响应幅度会增加，

因为次序影响了 $\varepsilon_{1t}$ 中一个"典型的"(即一个标准离差)的冲击大小且减少 $\varepsilon_{2t}$ 的"典型的"冲击大小。

需要注意的是 Choleshi 分解只是识别约束的一种类型。3 个独立方程包含了 4 个未知量 $b_{12}$，$b_{21}$，$\text{var}(\varepsilon_{1t})$ 和 $\text{var}(\varepsilon_{2t})$ 的情况下，其他任何线性独立约束条件将有助于结构模型的识别，考查一些其他的方法。

(1) 一个系数约束条件。系数约束条件是模型动态的必要短期约束条件。最普遍的约束条件是像一个变量对另一变量无当期影响一样的零假设。然而，不像 Choleshi 分解，不需依赖三角公式。另一个常见的系数约束条件类型涉及设定单位系数。假设我们知道 1 个单位新息 $\varepsilon_{2t}$ 会对 $x_{1t}$ 产生 1 个单位的影响。因此，假设知道 $b_{12}=1$，通过使用另外 3 个独立方程，得到 $\text{var}(\varepsilon_{1t})=1.8$，$b_{21}=-1$，$\text{var}(\varepsilon_{2t})=0.2$。

因为 $\varepsilon_t = Be_t$，所以，得到

$$\begin{pmatrix} \varepsilon_{1t} \\ \varepsilon_{2t} \end{pmatrix} = \begin{pmatrix} 1 & 1 \\ -1 & 1 \end{pmatrix} \begin{pmatrix} e_{1t} \\ e_{2t} \end{pmatrix}$$

所以，$\varepsilon_{1t} = e_{1t} + e_{2t}$，$\varepsilon_{2t} = -e_{1t} + e_{2t}$。

如果我们使用 5 个假定的回归残差，则被分解的新息为：

| $t$ | 1 | 2 | 3 | 4 | 5 |
| --- | --- | --- | --- | --- | --- |
| $\varepsilon_{1t}$ | 1.5 | -1.5 | 0.0 | -1.5 | 1.5 |
| $\varepsilon_{2t}$ | -0.5 | -0.5 | 0.0 | 0.5 | 0.5 |

(2) 一个方差约束条件。除了一个特殊情况 $\text{var}(\varepsilon_{it})=1$ 外，方差约束约束条件通常不会施加到结构性 VAR 中，这是因为没有新息方差的理论根基。为了阐述分解情况，假设已知 $\text{var}(\varepsilon_{1t})=1.8$。当给定 $\Sigma_\varepsilon$ 与 $\Sigma$ 之间的关系时（即：$\Sigma_\varepsilon = B\Sigma B^T$），则包含在 $\Sigma_\varepsilon$ 中的对方差的约束将导致 $B$ 的系数有多个解。第一个方程产生两个可能解，分别为 $b_{12}=1$ 和 $b_{12}=-2.6$。如果我们没有理论上的理由丢弃两个根中的一个，那么这两个解都可以满足模型。如果 $b_{12}=1$，则其他解为 $b_{21}=-1$，$\text{var}(\varepsilon_{2t})=0.2$。如果 $b_{12}=-2.6$，则其他解为 $b_{21}=-\dfrac{5}{3}$ 且 $\text{var}(\varepsilon_{2t})=\dfrac{5}{9}$。

两个解都可被用于识别两个不同的序列 $\{\varepsilon_{1t}\}$ 和 $\{\varepsilon_{2t}\}$，且可用两个解对新息进行计算。即使有两个解，两个都满足于涉及 $\text{var}(\varepsilon_{1t})$ 的理论约束条件。Rigonon 和 Sack(2004) 阐述了如何使用波动性打破确定结构 VAR。

(3) 对称性约束条件。系数和方差的线性组合可用于识别。对称性约束条件在开放型经济模型中很适用，因为它们允许使不同国家有相等影响的冲击。补充手册中详细写道，Enders 和 Souki(2008) 用对称性约束条件确定三个国别冲击和一个全球冲击的 4 变量 VAR。对称性约束条件 $b_{12}=b_{21}$ 可用于识别。如果我们使用式(5-56)，则有两个解 $b_{12}=b_{21}=-0.5$，或 $b_{12}=b_{21}=-2.0$。对于第一个解，$\text{var}(\varepsilon_{1t})=0.225$，而对于第二个解，$\text{var}(\varepsilon_{1t})=0.9$。然而，对于第一个解

$$\begin{pmatrix} \varepsilon_{1t} \\ \varepsilon_{2t} \end{pmatrix} = \begin{pmatrix} 1 & -0.5 \\ -0.5 & 1 \end{pmatrix} \begin{pmatrix} e_{1t} \\ e_{2t} \end{pmatrix}$$

所以

| $t$ | 1 | 2 | 3 | 4 | 5 |
|---|---|---|---|---|---|
| $\varepsilon_{1t}$ | 0.75 | 0.0 | 0.0 | −0.75 | 0.0 |
| $\varepsilon_{2t}$ | 0.0 | −0.75 | 0.0 | 0.0 | 0.75 |

（4）符号约束。符号约束是新的研究领域。例如，假定已知在冲击后的前两个季度油价冲击不影响 GDP。相似地，假定已知财政冲击对通货膨胀有正面影响。Mountford 和 Uhlig（2008）展示了怎样运用符号约束进行识别。

## 5.12 过度识别系统

经济理论可能会提出多于 $\dfrac{(n^2-n)}{2}$ 的约束条件。如果那样的话，就需要修正上述方法。识别过度识别系统的步骤如下：

**第 1 步**：在 $B$ 或 $\mathrm{var}(\varepsilon_{it})$ 上的约束条件不会影响 VAR 系数的估计。因此，估计无约束的 VAR，$x_t = A_0 + A_1 x_{t-1} + \cdots + A_p x_{t-p} + e_t$。使用标准滞后长度检验和块因果关系检验可帮助确定 VAR 的形式。

**第 2 步**：获得无约束方差—协方差矩阵 $\Sigma$。这一矩阵的行列式是对模型拟合优度的度量。

**第 3 步**：约束 $B$ 和 $\Sigma_\varepsilon$ 会影响 $\Sigma$ 的估计值。选择恰当的约束条件，并且使关于 $B$ 和 $\Sigma_\varepsilon$ 的自由参数的似然函数最大化。这将产生对约束的方差—协方差矩阵的一个估计值。用 $\Sigma_R$ 表示第二个估计值。差值 $|\Sigma_R| - |\Sigma|$ 有自由度等于过度识别约束条件数的 $\chi^2$ 分布

想了解更多技术上的解释，注意，对数似然函数为

$$-\frac{T}{2}\ln|\Sigma| - \frac{1}{2}\sum_{t=1}^{T}(e_t' \Sigma^{-1} e_t)$$

用 OLS 在已获得的水平下确定 $e_t$（和 $e_t'$）的各个元素。令这些 OLS 估计的残差为 $\hat{e}$。现在，应用 $\Sigma_\varepsilon = B\Sigma B'$，所以，对数似然函数可写为

$$-\frac{T}{2}\ln|B^{-1}\Sigma_\varepsilon (B')^{-1}| - \frac{1}{2}\sum_{t=1}^{T}(\hat{e}_t' B' \Sigma_\varepsilon^{-1} B \hat{e}_t)$$

现在，选择对 $B$ 和 $\Sigma_\varepsilon$ 的约束，使得关于这两个矩阵其余自由元素的似然函数最大化。$B$ 和 $\Sigma_\varepsilon$ 的估计结果暗含 $\Sigma$ 的值，标记为 $\Sigma_R$。许多常用的软件包可用矩扩展方法来构造这种类型的估计。

**第 4 步**：如果约束条件没有约束力，则 $\Sigma$ 和 $\Sigma_R$ 将是相等的。令 $R$ 为过度识别的约束条件数目，即 $R$ 为超过 $\dfrac{(n^2-n)}{2}$ 的约束条件数。因此，$\chi^2$ 的检验统计量为

$$\chi^2 = |\Sigma_R| - |\Sigma|$$

它拥有 $R$ 个自由度，可用于检验约束系统。如果计算得到的 $\chi^2$ 值超过了 $\chi^2$ 分布表中的临界值，则可拒绝约束条件。现在考虑两组过度识别的约束条件，满足 $R_2$ 的约束条件数大于 $R_1$ 的约束条件数。实际上，如果 $R_2 \geq R_1 \geq \dfrac{(n^2-n)}{2}$，则额外的 $R_2 - R_1$ 个约束条件的显著性可以用下式进行检验。

$$\chi^2 = |\Sigma_{R2}| - |\Sigma_{R1}| \quad \text{自由度为 } R_2 - R_1$$

类似地,在一个过度识别系统中,可获得单个参数的 $t$ 统计量,Sims 提出警告,计算的标准差可能不十分准确。Waggoner 和 Zha(1997)指出这类结构性分解的一个问题,因为 $c_{ij(0)}$ 符号的约束,他们认为标准化对统计推论有重大的影响。

**两个实例**

在 2011 年 12 月所谓的大萧条中,世界银行食物价格指数是 2000 年的将近三倍高。Enders 和 Holt(2013)找到食物指数增长的因素,特别是粮食价格的增长。为此,使用简单 VAR 模型度量实际能源价格、汇率、利率和粮食价格。思考:

$$\begin{pmatrix} pe_t \\ ex_t \\ r_t \\ pg_t \end{pmatrix} = \begin{pmatrix} a_{10} \\ a_{20} \\ a_{30} \\ a_{40} \end{pmatrix} + \begin{pmatrix} A_{11}(L) & A_{12}(L) & A_{13}(L) & A_{14}(L) \\ A_{21}(L) & A_{22}(L) & A_{23}(L) & A_{24}(L) \\ A_{31}(L) & A_{32}(L) & A_{33}(L) & A_{34}(L) \\ A_{41}(L) & A_{42}(L) & A_{43}(L) & A_{44}(L) \end{pmatrix} \begin{pmatrix} pe_{t-1} \\ ex_{t-1} \\ r_{t-1} \\ pg_{t-1} \end{pmatrix} + \begin{pmatrix} e_{1t} \\ e_{2t} \\ e_{3t} \\ e_{4t} \end{pmatrix}$$

式中,$pe_t$ 为世界银行能源价格因素的对数;$ex_t$ = 美元的实际贸易加权价格,$r_t$ = 通胀调整过的 3 月期国库券利率,$pg_t$ = 世界银行粮食相对价格因素的对数。粮食和能源的价格随生产商价格因素缩小,$a_{i0}$ 为截距,$A_{ij}(L)$ 是滞后因子为 $L$ 的多项式,$e_{ij}$ 是回归残差。估计运行期为 1974 年 1 月到 2011 年 12 月。可以使用数据库 ENDERS_HOLT.XLS。

估计 VAR 的第一步是考虑适当的滞后长度。这个选择很困难,因为不同的滞后期长度的选择导致很不同的最优滞后期长度。例如,SBC 选择滞后 2 期,从特殊到一般的方法选择滞后 11 期。我们不追求 2 期滞后,因为我们认为短滞后期忽略了一些重要动态。特别是,粮食价格完全响应两个月内变动的能源、汇率、利率是不合理的。这里,我们可以用 7 期滞后,因为其结果与 11 期滞后十分相似。

4 变量 VAR 模型的准确识别要求 6 个约束。然而,想确定宏观经济的 3 个变量作为一个整体是否因果相通。特别是要想检验下述有九个约束的提前检验系是否与数据一致:

$$\begin{pmatrix} e_{1t} \\ e_{2t} \\ e_{3t} \\ e_{4t} \end{pmatrix} = \begin{pmatrix} g_{11} & 0 & 0 & 0 \\ 0 & g_{22} & 0 & 0 \\ 0 & 0 & g_{33} & 0 \\ g_{41} & g_{42} & g_{43} & g_{44} \end{pmatrix} \begin{pmatrix} \varepsilon_{1t} \\ \varepsilon_{2t} \\ \varepsilon_{3t} \\ \varepsilon_{4t} \end{pmatrix}$$

实施九个约束导致 $\chi^2$ 值为 13.53;自由度为 3(因为有三个提前确认的约束),$p$ 值为 0.003。像这样,我们不应该将能源价格、汇率、利率的冲击视作结构冲击。因为 $e_{2t}$ 和 $e_{3t}$ 的相关度很高,似乎拒绝 $g_{23}$ 和/或 $g_{32}$ 为 0。试使用 8 个约束确定:

$$\begin{pmatrix} e_{1t} \\ e_{2t} \\ e_{3t} \\ e_{4t} \end{pmatrix} = \begin{pmatrix} g_{11} & 0 & 0 & 0 \\ 0 & g_{22} & g_{23} & 0 \\ 0 & 0 & g_{33} & 0 \\ g_{41} & g_{42} & g_{43} & g_{44} \end{pmatrix} \begin{pmatrix} \varepsilon_{1t} \\ \varepsilon_{2t} \\ \varepsilon_{3t} \\ \varepsilon_{4t} \end{pmatrix}$$

实行 8 个约束导致 $\chi^2$ 值为 4.57;自由度为 2(因为有两个提前确认的约束),约束条件未绑定(显著性水平为 0.102)。像这样,实际粮食价格被所有变量同时影响,实际汇率被利率的冲击同时影响。实际能源价格和利率的新变化是由于它们自己的纯净冲击。

确定计划的美似乎是似是而非的，我们不需要担心特别约束的实施，就像在 Choleski 分解中一样。一个标准差的粮食价格的脉冲响应对实际能量价格、利率、汇率的正面冲击如图 5-9 所示。注意，响应被粮食价格冲击的标准差分为标准化（即被 $\mathrm{var}(\varepsilon_{4t})$ 划分）。开始时，能源价格冲击（图中实线）未影响粮食价格。然而，粮食价格迅速增长；经过 6 个月，冲击导致粮食价格涨到接近 40%。也要注意美元的升值，使美国粮食对外国人来说更贵，导致国内粮食价格下降。至少有两个利率上升导致粮食价格下降的原因。利率冲击限制需求并粮食储存上升。当需求下降、粮食储存减少，期望粮食价格下降。最近期由高能源价格和低利率描述。除此之外，直到金融危机结束，美元才不增长。所有三个因素解释了实际粮食价格的增长。

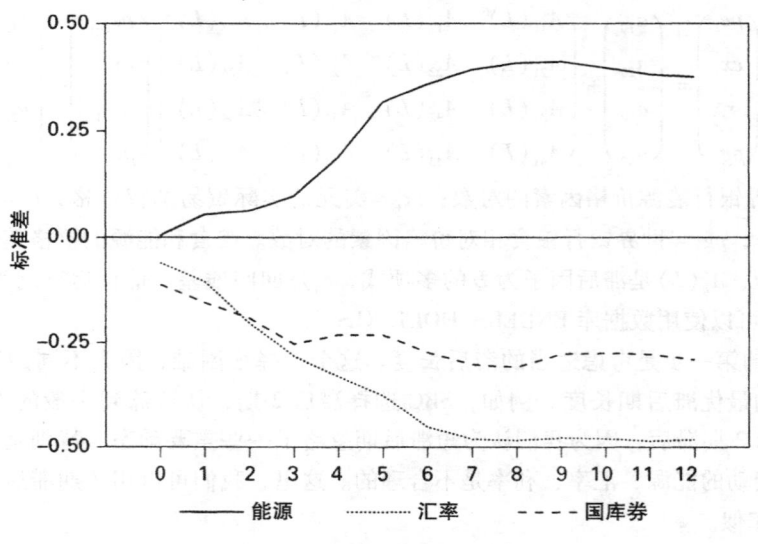

图 5-9　粮食对三种冲击的响应

### Sims 模型

为了进行另外的论证，Sims(1986) 用了一个 6 变量 VAR，其数据为 1948 年第 1 季度至 1979 年第 3 季度的季度数据。模型中包含的变量有真实 GNP($y$)、真实的工业固定资产投资($i$)、GNP 平减指数($p$)、用 M1 度量的货币供给量($m$)、失业率($u$)和国债利率($r$)。在这个 VAR 模型中，包含常数项，并且每个变量都有 4 个滞后项。Sims 使用次序为 $y \to i \to p \to m \to u \to r$ 的 Choleshi 分解，共获得 36 个脉冲响应函数，有些脉冲响应函数具有合理的解释。然而，真实变量对货币供给冲击的响应看起来是没有根据的。脉冲响应表明货币供给量的冲击对价格、产出或利率根本没有影响。考察一个标准的货币需求函数，很难解释为什么公众会想要持有扩张的货币供给量。Sims 提出了另一种 Choleski 分解，即与货币市场均衡相一致。Sims 对 $\boldsymbol{B}$ 矩阵的约束为

$$\begin{pmatrix} 1 & b_{11} & 0 & 0 & 0 & 0 \\ b_{21} & 1 & b_{23} & b_{24} & 0 & 0 \\ b_{31} & 0 & 1 & 0 & 0 & b_{36} \\ b_{41} & 0 & b_{43} & 1 & 0 & b_{46} \\ b_{51} & 0 & b_{53} & b_{54} & 1 & b_{56} \\ 0 & 0 & 0 & 0 & 0 & 1 \end{pmatrix} \begin{pmatrix} r_t \\ m_t \\ y_t \\ p_t \\ u_t \\ i_t \end{pmatrix} = \begin{pmatrix} \varepsilon_{rt} \\ \varepsilon_{mt} \\ \varepsilon_{yt} \\ \varepsilon_{pt} \\ \varepsilon_{ut} \\ \varepsilon_{it} \end{pmatrix}$$

注意，对于 $b_{ij}$ 有 17 个零约束条件，系统是过度识别的。因为若要 6 变量的系统为恰好识别，则只需要 $\frac{6^2-6}{2}=15$ 个约束条件。施加这些约束条件，Sims 识别了如下 6 种在当期新息中的关系

$$r_t = 71.20m_t + \varepsilon_{rt} \tag{5-59}$$
$$m_t = 0.283y_t + 0.224p_t - 0.0081r_t + \varepsilon_{mt} \tag{5-60}$$
$$y_t = -0.00135r_t + 0.132i_t + \varepsilon_{yt} \tag{5-61}$$
$$p_t = -0.0010r_t + 0.045y_t - 0.00364i_t + \varepsilon_{pt} \tag{5-62}$$
$$u_t = -0.116r_t - 20.1y_t - 1.48i_t - 8.98p_t + \varepsilon_{ut} \tag{5-63}$$
$$i_t = \varepsilon_{it} \tag{5-64}$$

Sims 将式(5-59)和式(5-60)分别看作是货币供给和需求函数。在式(5-59)中，货币供给是随着利率的提高而增加。式(5-60)中，货币的需求与收入、物价水平正相关，与利率负相关。式(5-64)中的投资新息是完全自主变动的。此外，Sims 认为没有理由以任何特殊的方式约束其他方程。为了简化，他为 GNP、物价水平和失业率选择了一个 Choleshi 型的块结构，脉冲响应函数似乎与货币供给冲击影响价格、收入和利率的观点相一致。

## 5.13 Blanchard 和 Quah 分解

Blanchard 和 Quah(1989)提出了获得结构性 VAR 的另一种方法。他们重新考察了 Beveridge 和 Nelson(1981)关于将真实 GNP 分为暂时和永久成分的分解方法。针对这个问题，他们构造了一个宏观经济模型，认为真实 GNP 受到需求和供给两方面的影响。根据自然利率假设，需求不会对真实 GNP 产生长期影响。而在供给方面，生产率冲击假设认为生产率能对产出产生永久的影响。在单变量模型中，不存在唯一的方法将一个变量分解为暂时和永久两种成分。但是，用双变量 VAR，Blanchard 和 Quah 展示了如何分解真实 GNP 且获得两个纯冲击。

举一个普通的例子，假设我们对如何把一个 $I(1)$ 序列（称之为 $\{y_t\}$）分解为暂时和永久两个成分感兴趣。假设存在第二个变量 $\{z_t\}$，这个变量同样受到相同的两个冲击的影响。假定 $\{z_t\}$ 平稳，如果忽略截距项，则序列 $\{y_t\}$ 和 $\{z_t\}$ 的双变量移动平均（BMA）模型为

$$\Delta y_t = \sum_{k=0}^{\infty} c_{11}(k)\varepsilon_{1t-k} + \sum_{k=0}^{\infty} c_{12}(k)\varepsilon_{2t-k} \tag{5-65}$$

$$z_t = \sum_{k=0}^{\infty} c_{21}(k)\varepsilon_{1t-k} + \sum_{k=0}^{\infty} c_{22}(k)\varepsilon_{2t-k} \tag{5-66}$$

紧凑形式为

$$\begin{pmatrix} \Delta y_t \\ z_t \end{pmatrix} = \begin{pmatrix} C_{11}(L) & C_{12}(L) \\ C_{21}(L) & C_{22}(L) \end{pmatrix} \begin{pmatrix} \varepsilon_{1t} \\ \varepsilon_{2t} \end{pmatrix}$$

式中，$\varepsilon_{1t}$ 和 $\varepsilon_{2t}$ 是独立的白噪声干扰项，两者都有恒定的方差；$C_{ij}(L)$ 是滞后算子为 $L$ 的多项式，用 $C_{ij}(K)$ 表示 $C_{ij}(L)$ 的各个系数。例如，$C_{21}(L)$ 的第三个系数为 $C_{21}(3)$。为了方便，删除了方差—协方差项的时间下标，并且使冲击标准化，即：$\text{var}(\varepsilon_1)=1$，$\text{var}(\varepsilon_2)=1$。如果我们将 $\Sigma_\varepsilon$ 称为新息的方差—协方差矩阵，则有

$$\Sigma_\varepsilon = \begin{pmatrix} \mathrm{var}(\varepsilon_1) & \mathrm{cov}(\varepsilon_1, \varepsilon_2) \\ \mathrm{cov}(\varepsilon_1, \varepsilon_2) & \mathrm{var}(\varepsilon_2) \end{pmatrix} = \begin{pmatrix} 1 & 0 \\ 0 & 1 \end{pmatrix}$$

Blanchard 和 Quah(BQ)的方法中,至少有一个变量必须是非平稳的,这是因为 $I(1)$ 变量没有永久成分,但是,应用这种方法,必须使两个变量处于平稳形式。因为 $\{y_t\}$ 是 $I(1)$,式(5-65)使用了序列的 1 阶差分。注意式(5-66)暗示序列 $\{z_t\}$ 是 $I(0)$。如果在研究中发现 $\{z_t\}$ 也是 $I(1)$,则对它进行 1 阶差分。

为了与 Sims-Bernanke 的步骤进行比较,Blanchard 和 Quah 并没有将 $\{\varepsilon_{1t}\}$ 与 $\{\varepsilon_{2t}\}$ 冲击与序列 $\{y_t\}$ 和 $\{z_t\}$ 直接联系起来。与之不同,他们将序列 $\{y_t\}$ 和 $\{z_t\}$ 看作是内生变量,而 $\{\varepsilon_{1t}\}$ 与 $\{\varepsilon_{2t}\}$ 则代表被经济理论家所称的外生变量。在他们的例子中,$y_t$ 是真实 GNP 的对数,$z_t$ 为失业率,$\varepsilon_{1t}$ 是总需求冲击,$\varepsilon_{2t}$ 是总供给冲击。例子中,$C_{11}(L)$ 的系数代表总需求冲击对真实 GNP 时间路径变化的脉冲响应。

将 $\{y_t\}$ 分解成为它的永久成分和平稳成分的关键在于假设其中一个冲击对 $\{y_t\}$ 只有暂时性的影响,这就是暂时性和永久性之间的二分法,允许我们从估计出 VAR 中得到结构性新息的完全识别。例如,Blanchard 和 Quah 假设总需求冲击对真实 GNP 没有长期影响,在长期中,如果真实 GNP 不受需求冲击的影响,则 $\varepsilon_{1t}$ 对 $\Delta y_t$ 序列的累积值必须等于零。因此,在式(5-65)中,系数 $C_{11}(k)$ 必为

$$\sum_{k=0}^{\infty} c_{11}(k) \varepsilon_{1t-k} = 0$$

因为对 $\{\varepsilon_{1t}\}$ 的任何可能值都成立,则必有

$$\sum_{k=0}^{\infty} c_{11}(k) = 0 \tag{5-67}$$

因为无法观测到需求冲击和供给冲击,所以问题在于根据 VAR 的估计值获取它们的信息。假设变量是平稳的,于是,我们知道 VAR 的表达为

$$\begin{pmatrix} \Delta y_t \\ z_t \end{pmatrix} = \begin{pmatrix} A_{11}(L) & A_{12}(L) \\ A_{21}(L) & A_{22}(L) \end{pmatrix} \begin{pmatrix} \Delta y_{t-1} \\ z_{t-1} \end{pmatrix} + \begin{pmatrix} e_{1t} \\ e_{2t} \end{pmatrix} \tag{5-68}$$

紧凑形式为

$$x_t = A(L) x_{t-1} + e_t$$

式中 $x_t$ ——列向量 $(\Delta y_t, z_t)^T$;

$e_t$ ——列向量 $(e_{1t}, e_{2t})^T$;

$A(L)$ ——$(2 \times 2)$ 矩阵,其元素为多项式 $A_{ij}(L)$,用 $a_{ij}(k)$ 表示 $A_{ij}(L)$ 的系数。

持批评观点的人认为 VAR 的残差是新息 $\varepsilon_{1t}$ 和 $\varepsilon_{2t}$ 的合成函数,比如,$e_{1t}$ 是 $y_t$ 的提前 1 步预测误差,即 $e_{1t} = \Delta y_t - E_{t-1} \Delta y_t$。根据 BMA,提前 1 步预测误差为 $c_{11}(0) \varepsilon_{1t} + c_{12}(0) \varepsilon_{2t}$。因为两种表示法等同,所以有

$$e_{1t} = c_{11}(0) \varepsilon_{1t} + c_{12}(0) \varepsilon_{2t} \tag{5-69}$$

类似地,因为 $e_{2t}$ 是 $z_t$ 的提前 1 步预测误差,所以有

$$e_{2t} = c_{21}(0) \varepsilon_{1t} + c_{22}(0) \varepsilon_{2t} \tag{5-70}$$

或将式(5-69)和式(5-70)结合起来,我们得到

$$\begin{pmatrix} e_{1t} \\ e_{2t} \end{pmatrix} = \begin{pmatrix} c_{11}(0) & c_{12}(0) \\ c_{21}(0) & c_{22}(0) \end{pmatrix} \begin{pmatrix} \varepsilon_{1t} \\ \varepsilon_{2t} \end{pmatrix}$$

如果 $c_{11}(0)$,$c_{12}(0)$,$c_{21}(0)$ 和 $c_{22}(0)$ 已知,则可能根据回归残差 $e_{1t}$ 和 $e_{2t}$ 重新获得 $\varepsilon_{1t}$ 和 $\varepsilon_{2t}$。Blanchard 和 Quah 证明了式(5-68)与 BMA 模型之间的关系,式(5-67)的长期约束条件提供的 4 个约束条件可用于识别这 4 个系数。VAR 的残差可用于构造 $\text{var}(e_1)$,$\text{var}(e_2)$ 和 $\text{cov}(e_1,e_2)$ 的估计值。因此,有如下 4 个约束条件。

## 约束条件 1

考虑式(5-69),仅 $E\varepsilon_{1t}\varepsilon_{2t}=0$,标准化 $\text{var}(\varepsilon_1)=\text{var}(\varepsilon_2)=1$ 意味着 $e_1$ 的方差为

$$\text{var}(e_1) = c_{11}(0)^2 + c_{12}(0)^2 \tag{5-71}$$

## 约束条件 2

类似地,如果我们使用式(5-70),与 $c_{21}(0)$ 和 $c_{22}(0)$ 相关的 $e_{2t}$ 的方差为

$$\text{var}(e_2) = c_{21}(0)^2 + c_{22}(0)^2 \tag{5-72}$$

## 约束条件 3

$e_{1t}$ 和 $e_{2t}$ 的乘积为

$$e_{1t}e_{2t} = [c_{11}(0)\varepsilon_{1t} + c_{12}(0)\varepsilon_{2t}][c_{21}(0)\varepsilon_{1t} + c_{22}(0)\varepsilon_{2t}]$$

如果取期望值,则 VAR 残差的协方差为

$$Ee_{1t}e_{2t} = c_{11}(0)c_{21}(0) + c_{12}(0)c_{22}(0) \tag{5-73}$$

因此,方程(5-71)、(5-72)和式(5-73)可被看作 4 个未知数 $c_{11}(0)$,$c_{12}(0)$,$c_{21}(0)$ 和 $c_{22}(0)$ 的 3 个方程,而第 4 个约束条件隐含在序列 $\{\varepsilon_{1t}\}$ 对 $\{y_t\}$ 没有长期影响的假设之中。问题是要把式(5-67)转换成它的 VAR 表达式。因为线性代数有些啰嗦,所以,将式(5-68)写为

$$x_t = A(L)Lx_t + e_t$$

因此

$$[1 - A(L)L]x_t = e_t$$

用 $[1 - A(L)L]^{-1}$ 左乘以方程,得到

$$x_t = [1 - A(L)L]^{-1}e_t \tag{5-74}$$

用表达式 $D$ 表示 $[1-A(L)L]$ 的行列式,不需花太多的时间就可以证明式(5-74)可以写为

$$\begin{pmatrix} \Delta y_t \\ z_t \end{pmatrix} = \frac{1}{D} \begin{pmatrix} 1 - A_{22}(L)L & A_{12}(L)L \\ A_{21}(L)L & 1 - A_{11}(L)L \end{pmatrix} \begin{pmatrix} e_{1t} \\ e_{2t} \end{pmatrix}$$

若使用 $A_{ij}(L)$ 的定义,则有

$$\begin{pmatrix} \Delta y_t \\ z_t \end{pmatrix} = \frac{1}{D} \begin{pmatrix} 1 - \sum a_{22}(k)L^{k+1} & \sum a_{12}(k)L^{k+1} \\ \sum a_{21}(k)L^{k+1} & 1 - \sum a_{11}(k)L^{k+1} \end{pmatrix} \begin{pmatrix} e_{1t} \\ e_{2t} \end{pmatrix}$$

其中,累加和中的 $k$ 值从 0 到无穷大。

因此,根据 $\{e_{1t}\}$ 和 $\{e_{2t}\}$ 的当期和滞后值,$\Delta y_t$ 的解为

$$\Delta y_t = \frac{1}{D}\left\{\left[1 - \sum_{k=0}^{\infty} a_{22}(k)L^{k+1}\right]e_{1t} + \sum_{k=0}^{\infty} a_{12}(k)L^{k+1}e_{2t}\right\} \tag{5-75}$$

现在,用式(5-69)和式(5-70)替代 $e_{1t}$ 和 $e_{2t}$。当进行了这些替换后,则序列 $\{\varepsilon_{1t}\}$ 对 $y_t$ 没有长

期影响的约束条件就为

$$\left[1 - \sum_{k=0}^{\infty} a_{22}(k) L^{k+1}\right] c_{11}(0) \varepsilon_{1t} + \sum_{k=0}^{\infty} a_{12}(k) L^{k+1} c_{21}(0) \varepsilon_{1t} = 0$$

### 约束条件 4

对于序列 $\{\varepsilon_{1t}\}$ 的所有可能值，如果

$$\left[1 - \sum_{k=0}^{\infty} a_{22}(k)\right] c_{11}(0) + \sum_{k=0}^{\infty} a_{12}(k) c_{21}(0) = 0$$

则 $\varepsilon_{1t}$ 冲击对 $\Delta y_t$ 序列（及 $y_t$）仅仅有暂时性影响。

因为有 4 个约束条件，所以存在 4 个方程可用于识别未知值 $c_{11}(0)$, $c_{12}(0)$, $c_{21}(0)$ 和 $c_{22}(0)$。进行归纳后，总结出处理方法中的步骤如下：

**第 1 步**：首先，预先测试这两个变量的时间趋势和单位根。如果 $\{y_t\}$ 没有单位根，则没有理由进行分解。恰当地变换这两个变量，便得到的序列都为 $I(0)$。进行滞后长度检验，以便找到合理的 VAR。VAR 的估计残差应通过规范的诊断检验。检验它是否为白噪声过程（当然，$e_{1t}$ 和 $e_{2t}$ 可以彼此相关）。

**第 2 步**：使用已估 VAR 的残差，计算方差 - 协方差矩阵，即计算 $\mathrm{var}(e_1)$, $\mathrm{var}(e_2)$ 和 $\mathrm{cov}(e_1, e_2)$ 同时求和，即计算

$$1 - \sum_{k=0}^{p} a_{22}(k) \quad \text{和} \quad \sum_{k=0}^{p} a_{12}(k)$$

式中，$p$ 为估计 VAR 时使用的滞后长度。

运用这些值，解如下的 4 个方程，求 $c_{11}(0)$, $c_{12}(0)$, $c_{21}(0)$ 和 $c_{22}(0)$ 的值

$$\mathrm{var}(e_1) = c_{11}(0)^2 + c_{12}(0)^2$$

$$\mathrm{var}(e_2) = c_{21}(0)^2 + c_{22}(0)^2$$

$$\mathrm{cov}(e_1, e_2) = c_{11}(0) c_{21}(0) + c_{12}(0) c_{22}(0)$$

$$0 = c_{11}(0)\left[1 - \sum a_{22}(k)\right] + c_{21}(0) \sum a_{12}(k)$$

当给定 $c_{ij}(0)$ 的 4 个值和 VAR 的残差后，可使用以下方程识别整个序列 $\{\varepsilon_{1t}\}$ 和 $\{\varepsilon_{2t}\}$。

$$e_{1t-i} = c_{11}(0) \varepsilon_{1t-i} + c_{12}(0) \varepsilon_{2t-i}$$

和

$$e_{2t-i} = c_{21}(0) \varepsilon_{1t-i} + c_{22}(0) \varepsilon_{2t-i}$$

**第 3 步**：正如在一个传统的 VAR 中，已识别的序列 $\{\varepsilon_{1t}\}$ 和 $\{\varepsilon_{2t}\}$ 可用于获得脉冲响应函数和方差分解。不同的是脉冲的解释更易懂。比如，Blanhard 和 Quah 获得了典型的供给冲击导致实际 GNP 对数变化的脉冲响应。而且，可以获得每个序列的历史分解。比如，令所有的序列 $\{\varepsilon_{1t}\}$ 冲击等于零，用实际的序列 $\{\varepsilon_{2t}\}$（即：使用 $\varepsilon_{2t}$ 的识别值）获取 $\{y_t\}$ 中的永久性变化

$$\Delta y_t = \sum_{k=0}^{\infty} c_{12}(k) \varepsilon_{2t-k}$$

### Blanchard 和 Quah 的结论

在他们的研究中，Blanchard 和 Quah (1989) 使用了真实 GNP 对数的 1 阶差分和失业率水平，发现失业率呈现一种明显的时间趋势，并且从 70 年代中期开始实际增长率有放慢的趋势。因为没有显

而易见的方法处理这些难题，所以，他们估计了4个不同的VAR。其中，有两个VAR包含了涉及产出增长率变化的虚拟变量，有两个VAR包括了失业率的确定性时间趋势。所使用的数据为1950年2月到1987年4月的GNP和失业率的季度数据。他们估计了有8个滞后项的VAR。

因为需求冲击的约束条件对真实GNP没有长期影响，Blanchard和Quah识别了两种类型的冲击。4个VAR的脉冲响应函数非常类似。

- 需求冲击导致产出和失业率的时间路径成隆起状。脉冲响应彼此映射。最初，产出增加，失业率降低。4个季度后影响达到了顶峰，此后又恢复到原来的水平。
- 供给冲击对产出有积累效果。供给冲击对产出有正的影响，同时，对失业率最初也有正的较小影响。这一最初的影响增大之后，失业率稳步降低，并且4个季度之后累积的变化为负。失业率仍低于最近5年的长期水平。

Blanchard和Quah发现了另一种处理产出下滑与失业率趋势对方差分解的影响。因为在此的目的是要阐明该方法，所以，仅考察方差分解，用一个与产出增长减缓和除去趋势的失业率相关的虚拟变量。

**归因于需求冲击的预测误差方差的百分比**

| 预测水平(季度) | 产出 | 失业率 |
|---|---|---|
| 1 | 99.0 | 51.9 |
| 4 | 97.9 | 80.2 |
| 12 | 67.6 | 86.2 |
| 40 | 39.3 | 85.6 |

在短期水平上，产出变化的绝大部分归因于需求新息。需求冲击在短期水平上几乎解释了所有GNP变动。因为需求冲击影响一定是暂时的，所以，该发现反驳了Beveridge和Nelson的结论。因为这些影响是暂时性的，所以，随着预测水平的增加，预测误差方差的比例平稳地下降，最终回复到零。结果是，在更长期的预测水平上，供给新息对GNP变动的贡献将增加。另外，在更长期的预期水平上，需求冲击通常占据了失业率所增加的那部分比例。

## 5.14 实例：分解实际汇率与名义汇率变动

按照Enders和Lee(1997)的方法，我们将实际和名义汇率的变动分解为由实际的和名义的因素所导致的成分。为了进一步阐述Blanchard和Quah的方法，这一节对这篇论文的部分内容进行介绍。以下报告的结果采用直到2008年第2季度的数据，数据存放在EXRATES.XLS文档中。这一研究的目的之一就是要解释购买力平价的离差。正如在第4章中，真实汇率($r_t$)被定义为

$$r_t = e_t + p_t^* - p_t$$

式中，$p_t^*$和$p_t$代表美国和英国批发物价指数的对数；$e_t$为加英镑兑美元的名义汇率的对数。

为了说明PPP的离差，我们假设有两种类型的冲击，实际冲击和名义冲击。理论指出实际冲击能导致实际汇率的永久性变化。但名义冲击仅能引起实际汇率暂时性的变动。比如，从长期看，如果英国使其名义货币供给量增加一倍，则英国的物价水平和实际汇率将提高一倍(即：$p_t$和$e_t$都增加1倍)。因此，从长期看，对于一个货币供给冲击，实际汇率仍保持不变。

在第1步中，我们对英镑兑美元的季度实际和名义汇率进行各种单位根检验。数据的样本区

间为 1973 年第 1 季度到 2013 年第 1 季度。与其他集中在后布雷顿森林体系时代的研究相一致，很明显，非平稳过程可以刻画实际和名义汇率的特征。如果使用从一般到特殊的方法，滞后期为 $\Delta r_t$ 的 DF 检验，将得到 $t$ 统计量为 $-0.063$ 的系数 $-2.59$。拒绝单位根的原假设是很重要的，如果序列 $\{r_t\}$ 是平稳的，则它就没有永久性的成分。找出名义汇率的单整阶数是较为棘手的。尽管很多研究者认为名义汇率应该遵循 $I(1)$ 过程，用 ADF 正式地检验这一断言是有必要的。还有，根据特殊到一般的方法并估计 $\Delta e_t$ 的 1 期滞后变化模型得到

$$\Delta e_t = 0.005 - 0.025 e_{t-1} + 0.345 \Delta e_{t-1}$$
$$(1.48) \quad (-1.76) \quad (4.59)$$

同样的，将序列 $\{r_t\}$ 和 $\{e_t\}$ 按照 $I(1)$ 过程对待是合理的。其 BMA 模型的形式为

$$\begin{pmatrix} \Delta r_t \\ \Delta e_t \end{pmatrix} = \begin{pmatrix} C_{11}(L) & C_{12}(L) \\ C_{21}(L) & C_{22}(L) \end{pmatrix} \begin{pmatrix} \varepsilon_{rt} \\ \varepsilon_{nt} \end{pmatrix}$$

式中，$\varepsilon_{rt}$ 和 $\varepsilon_{nt}$ 分别表示均值为零且彼此不相关的实际冲击和名义冲击。

名义冲击对实际汇率没有长期影响的约束条件等同于 $C_{12}(L)$ 中的系数之和为零。因此，如果 $C_{ij}(K)$ 是 $C_{ij}(L)$ 中的第 $k$ 个系数，则如同式(5-67)中，约束条件为

$$\sum_{k=0}^{\infty} c_{12}(k) = 0 \tag{5-76}$$

式(5-76)中的约束条件暗示 $\varepsilon_{nt}$ 对 $\Delta r_t$ 的积累影响为零。因而，$\varepsilon_{nt}$ 对 $r_t$ 的长期影响也为零。从另一方面看，名义冲击 $\varepsilon_{nt}$ 仅对实际汇率有短期影响。注意，关于实际冲击对实际汇率的影响或者实际或名义冲击对名义汇率的影响没有约束条件。

第 2 步中，我们分别取了几个滞后长度，估计了双变量 VAR 模型。似乎比检验表明拥有 3 个滞后期的 VAR 是合理的。例如，将滞后 3 期与滞后 1 期的模型进行比较，得到 $\ln(|\Sigma_3|) = -16.934$，$\ln(|\Sigma_1|) = -16.823$，滞后 3 期的模型的每个方程系数个数和为 7，可用观察值的个数为 157。使用该值，式(5-44)变为

$$(157 - 7) \times [-16.823 - (-16.934)] = 16.63$$

对比 16.63 与自由度为 8 的 $\chi^2$ 分布，会发现在 0.003 4 显著水平下约束条件是有约束力的。相比之下，滞后 3 期的模型就足够了。滞后 3 期的 AIC 和 SBC 分别为 $-2\,630.64$，$-2\,587.85$，而滞后 1 期的 AIC 和 SBC 的值为 $-2\,629.23$，$-2\,610.90$。同样地，AIC 选择滞后 3 期的模型，但 SBC 选择滞后 1 期的模型。

由于滞后长度选择方法给出了相矛盾的结果，所以，严谨的研究者将对两个滞后长度都进行分析。为使阐述更简洁，本文仅给出滞后 1 期的结果。读者可以用 EXRATES.XLS 的数据检验是否主要结果依赖于滞后长度。

运用标准 Choleski 分解的方差分解列在了下表第 2 和第 3 列。次序关系即名义汇率对实际汇率没有当期影响。第 4 列和第 5 列列出了运用 Blanchard-Quah 分解的方差分解结果。该表说明冲击 $\varepsilon_{rt}$ 解释了预测误差方差的百分数。

比较 Choleski 分解和 BQ 分解

| 水平 | Choleski | | Blanchard-Quah | |
| --- | --- | --- | --- | --- |
| | $\Delta r_t$ | $\Delta e_t$ | $\Delta r_t$ | $\Delta e_t$ |
| 1 季度 | 100.0 | 73.93 | 88.31 | 40.11 |
| 4 季度 | 94.69 | 73.16 | 83.36 | 42.26 |
| 8 季度 | 94.61 | 73.06 | 83.91 | 42.19 |

如果用 Choleski 分解，立刻很明显地显示出真实冲击解释了几乎所有预测水平下的真实汇率的预测误差方差。名义冲击解释了接近20%的名义汇率的预测误差方差。我们的解释是真实冲击是名义和实际汇率变动的原因。因此，我们可以期待它们展现出适当的联动性。运用 BQ 分解对真实汇率的影响效果较小。然而，供给冲击解释了绝大部分名义汇率预测误差方差。

图5-10 展示了两种类型冲击的实际和名义汇率的脉冲响应函数。为了更明晰，结果是根据由标准差衡量的汇率水平（而不是1阶差分）表示的。每个序列被它的标准差区分开，所以其值是标准化的。

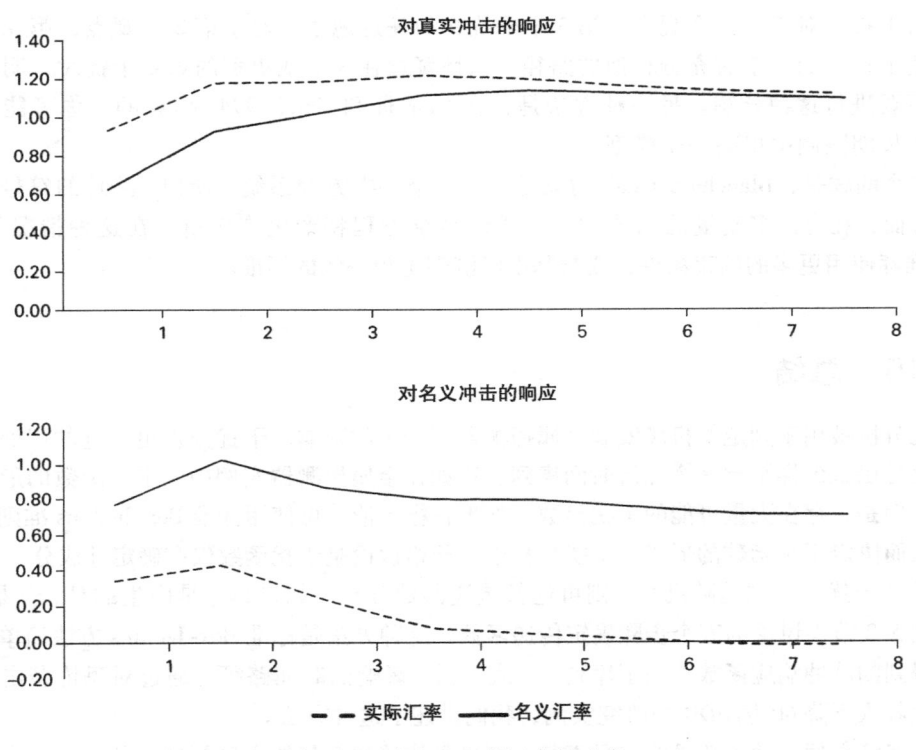

图 5-10 真实和名义汇率的响应

（1）考虑引起美国物品相对需求实际增长的实际冲击。"实际"冲击的影响导致实际和名义汇率立即提高。有趣的是美元实际值的跳跃幅度与名义值几乎相等，而且，这些变化都是永久的。实际和名义汇率大约7个季度后恢复到其新的长期水平。由于 $r_t$ 和 $e_t$ 的变动是可识别的，暗指价格比率 $p_t - p_t^*$ 对实际冲击仅有少许响应。

（2）在对名义冲击的响应中（如加拿大货币供应的相对增长），从长期水平看，实际汇率的变动几乎是立刻呈现的。仅有一个证据表明汇率超调——1期后名义利率从0.8上涨至1.0，又回落到新的长期水平。正如可识别的约束条件那样，对实际汇率的名义冲击影响需要是当期的。然而，即使是短期真实汇率对名义冲击的响应也非常小——最大变动仅为0.4标准误差。表明 $p_t - p_t^*$ 调整使得名义汇率的变化值减小。

## 方法的局限性

这种分解的问题在于存在很多类型的冲击。正如 Blanchard 和 Quah(1989) 所指出的那样，方法的局限性在于它最多仅能够识别与变量数一样多的不同类型冲击。在 3 个或更多结构冲击可能存在的情况下，Blanchard 和 Quah 提出了几个论点，有助于我们进行处理。假设存在几个对 $\{y_t\}$ 具有永久性影响的干扰项，但其中只有一个对 $\{y_t\}$ 有暂时的影响。相对于其他干扰而言，如果一种永久干扰方差的"随机性"增长很小，则分解方案是正确的。他们提出的第二个观点是：如果存在多个永久性干扰（或暂时性干扰），则当且仅当在联合方程中实际或名义汇率的分布滞后响应充分地相似，分解才有可能正确。对于"充分的相似"，Blanchard 和 Quah 的意思是系数可能不相同但同为一个纯量滞后分布。但是，两种观点实质上都揭示了只存在两种类型的干扰。对于第一个观点，第 3 个干扰必须任意地小。对于第 2 个观点，第 3 种干扰必须与其他干扰中的一个有充分相似的路径。当怀疑存在 3 个或更多的重要干扰时，明智的处理方法是不要进行这种分解。另一种方法是，在 Clarida 和 Gali(1994)提到的，你可能在 3 个变量的 3 个长期限制中提高一个模型。

第二个问题是，Blanchard-Quah 约束提出了一个二次方程系统，所以 $c_{ij}(0)$ 的符号是不可识别的。进而，在有许多变量的系统中，非线性系统方程将产生许多解。在这种情况下，Taylor(2003)推荐使用更多的约束条件，或与基本经济理论相一致的标准。

## 5.15 总结

干扰分析被用于判定在机场安装金属探测器所产生的影响。干扰分析更普遍的用处在于确定一个确定性函数怎样影响一个经济时间序列。正如在金属探测器实例中，干扰函数的形状通常是清楚的。但是，存在大量可能的干扰函数，如果含糊不清，可使用标准 Box-Jenkins 准则进行模型选择，从而决定干扰函数的形式。干扰分析中的严格假设是干扰函数仅有确定性成分。

如果"干扰"序列是随机的，则可进行传递函数分析。如果 $\{y_t\}$ 是内生的且 $\{z_t\}$ 是外生的，则使用在 5.2 节中讨论的五个步骤确定传递函数。这种方法是标准 Box-Jenkins 方法简单明了的修正。所得到的脉冲响应函数追踪了序列 $\{z_t\}$ 值对 $\{y_t\}$ 影响的时间路径。通过对恐怖袭击导致意大利旅游业收入下降 60 亿 SDR 的研究实例，我们讲述了这种方法。

对于经济数据，并不总是明确是否某一变量是依赖的而其他变量是独立的。在存在反馈的情况下，使用干扰和传递函数分析都是不合适的。相反，使用一个向量自回归可把所有变量作为内生变量来处理。在系统中，各个变量依赖其自身的过去值以及其他变量的过去值。并不需要对过度节俭模型特别关注，因为施加"不可信赖的识别约束条件"可能与经济理论不一致。Granger 因果关系检验、块外生性和滞后长度检验有助于选择一个更简练的模型。

用普通最小二乘法可得到 VAR 系数的有效估计值。VAR 分析的困难在于基本的结构性模型不能由估计的 VAR 得到。任意 Choleski 分解为结构性模型的识别提供了所必需的额外方程。对于系统中的各个变量，新息处理方法可用于确定：①归因于其他各个变量的预测误差方差的比例；②对各种新息的脉冲响应。通过检验西班牙恐怖事件与旅游业之间的关系，我们讨论了这一方法。

一个重要的发展就是将传统经济理论与 VAR 结合起来，结构性 VAR 将经济模型与变量的当期变动相联系。因此，它们可以进行经济模型参数和结构性冲击识别。Sims-Bernanke 方法可以识别（或过度识别）结构性新息。Blanchard 和 Quah 的方法对脉冲响应函数施加了长期约束条件，以便准确地识别结构性新息。这种方法的特别有用之处就在于提供了把经济时间序列分解为暂时性和永久性成分的唯一分解方法。

然而，正如在 Todd(1990)引人注目的论文中总结的，VAR 的结果也许不足以解释模型的详细变化。有时候增加的时间趋势、改变滞后长度、减少模型的变量或者改变数据的频率使其从月数据变为季度数据，都可以改变 VAR 的结果。近似地，用不同的貌似合理的方式估计变量(例如用一个短期利率而不是另一个)也许得出不同的脉冲响应或者方差分解。同样的，在估计 VAR 时需要小心。一些建议如下：

(1) 小心选择变量。使用能准确度量所关注现象的变量。并且，引入额外变量将很快的损失自由度。忽略重要的变量将不能正确的解释脉冲响应和方差分解。

(2) 应该对变量是否平稳、趋势平稳或者方差平稳做到心中有数。如果涉及非平稳变量，Granger 因果检验没有意义。除非变量含有一个确定趋势，否则没有必要包含一个时间趋势。此外，涉及非平稳变量的脉冲响应函数可能有较大的标准误差。

(3) 确保进行稳健性检验。例如 Todd(1990)对 Sims 的结果进行稳健性检验，运用了三种不同的方法估计货币供给和两种不同的利率序列。他还得到包含趋势和不含有趋势的结果。关键在于尝试多种合理的方式。对比几种不同的衡量可替代的方法(例如，拟合，脉冲响应和方差分解)。如果从可替代的估算中得出的结果差异很大，则要对任何结论都要保持一个理性的怀疑态度。

## 习题

1. 考察三种形式的干扰变量

   脉冲：$z_1 = 1$，其他 $z_i = 0$

   纯跳跃：$z_1 = z_2 = \cdots = 1$，其他 $z_i = 0$，当 $i > 10$

   延长的脉冲：$z_1 = 1$, $z_2 = 0.75$, $z_3 = 0.5$, $z_4 = 0.25$，其他 $z_i = 0$

   a. 证明如下各个序列 $y_t$ 如何响应三种类型的干扰。

   i. $y_t = 0.5 y_{t-1} + z_t + \varepsilon_t$
   ii. $y_t = -0.5 y_{t-1} + z_t + \varepsilon_t$
   iii. $y_t = 1.25 y_{t-1} - 0.5 y_{t-2} + z_t + \varepsilon_t$
   iv. $y_t = y_{t-1} + z_t + \varepsilon_t$
   v. $y_t = 0.75 y_{t-1} + 0.25 y_{t-2} + z_t + \varepsilon_t$

   b. 注意，iv 和 v 中的干扰模型有单位根。证明干扰变量 $z_1 = 1$, $z_2 = -1$，其他 $z_i = 0$，对这两个序列仅有暂时性影响。

   c. 证明如果 $z_i$ 的所有值之和为零，则干扰变量对单位根过程不会有永久性的影响。

   d. 讨论我们可能选择的那些似乎合理的模型，如果序列 $\{y_t\}$ 为

   i. 平稳且我们认为干扰有先增大而后减小的效果。
   ii. 非平稳且我们认为干扰对 $\{y_t\}$ 水平有永久性影响。
   iii. 非平稳且我们认为干扰对 $\{y_t\}$ 水平有暂时性影响。
   iv. 非平稳且我们认为干扰增加了 $\{y_t\}$ 的增长趋势。

2. 前克格勃将军 Sakharovsky 说过，"在今天的世界，核武器使军队武力过时了，恐怖活动应该变成我们主要的武器。"现在，很多分析认为，冷战结束后引起了恐怖主义大幅度降低。数据集 TERRORISM.XLS 包含 1970 年第 1 季度到 2010 年第 4 季度的不同类型的国际恐怖事件的季度数据。变量的精确定义在 Enders, Sandler 和 Gaibulloev (2011)中有讨论。如果查看图 5-1，会发现由于 1991 年第 4 季度的苏联解体，两种事件的数量都在 1990 早期开始减少。第二次下降是在 1997 年第 4 季度之后，美国国务

院将此次下降归因为外交和执法机关的措施使得恐怖分子更难以下手。

a. 构造序列 $\{y_t\}$，它代表跨国事件的季度数据。估计一个干扰模型的第一步是检验 $\{y_t\}$ 序列 1970 年第 1 季度到 1997 年第 4 季度的 AIC 和 PACF，试着识别设定的看似可信的模型。因为 1997 年第 4 季度之后的数据包含 52 个观测值，对 1998 年第 1 季度到 2010 年第 4 季度的 ACF 和 PACF 进行检验是合理的。对 $\{y_t\}$ 序列来说，哪个模型最合理？

b. Jennifer 创造了用虚拟变量 $z_t$ 来代表跨国恐怖主义事件的减少，特别地，她首先提出，在 1997 年第 4 季度后取 $z_t = 1$，在此之前（包括 1997 年第 4 季度）设定 $z_t = 0$。然后，她估计得出了两个模型

$$y_t = \underset{(26.37)}{29.09} - \underset{(-1.96)}{14.70 z_t} \text{ 和}$$

$$y_t = \underset{(4.15)}{9.10} + \underset{(4.39)}{0.323 y_{t-1}} + \underset{(5.15)}{0.374 y_{t-2}} - \underset{(-2.74)}{5.00 z_t}$$

推断并确定这两个模型哪个是较满意的。

c. 最不喜欢接受别人意见的 Justin，忽略了在整个样本区间估计传递函数和考察 ACF 和 PACF 的第 1 步。为什么 Justin 会得出序列 $y_t$ 非常稳定的结论？

d. Justin 认为 ARMA(1,1) 模型能充分地捕获 $\{y_t\}$ 序列明显的持续性。他得出的估计方程为

$$y_t = \underset{(9.68)}{30.77} + \underset{(16.20)}{0.87 y_{t-1}} - \underset{(-3.51)}{16.41 z_t} - \underset{(5.11)}{0.51 \varepsilon_{t-1}} + \varepsilon_t$$

关于 $z_t$ 对 $y_t$ 长期影响，Jennifer 和 Justin 得出的结论很不一致，其重要原因是什么？

e. 如果对 1991 年第 4 季度使用单虚拟变量，结果会发生什么变化？如果包含两个虚拟变量又会有什么影响？

3. 令序列 $\{z_i\}$ 的实际值为 $z_1 = 1$，其他 $z_i = 0$。

a. 应用方程(5-11)追踪序列 $\{z_t\}$ 对 $y_t$ 的时间路径产生的影响。

b. 应用方程(5-12)追踪序列 $\{z_t\}$ 对 $y_t$ 和 $\Delta y_t$ 的时间路径产生的影响。

c. 应用方程(5-13)追踪序列 $\{z_t\}$ 对 $y_t$ 和 $\Delta y_t$ 的时间路径产生的影响。

d. 假设序列 $\{z_t\}$ 服从白噪声过程，方差等于 1。

   i. 应用式(5-11)求 $\{z_t\}$ 与 $\{y_t\}$ 的互相关图。

   ii. 应用式(5-12)求 $\{z_t\}$ 与 $\{\Delta y_t\}$ 的互相关图。

   iii. 应用式(5-13)求 $\{z_t\}$ 与 $\{\Delta y_t\}$ 的互相关图。

4. 考察传递函数模型 $y_t = 0.5 y_{t-1} + z_t + \varepsilon_t$，式中，$z_t$ 为自回归过程 $z_t = 0.5 z_{t-1} + \varepsilon_{zt}$。

a. 求滤波后的序列 $\{y_t\}$ 与序列 $\{\varepsilon_{zt}\}$ 间的互相关系数。

b. 现假设 $y_t = 0.5 y_{t-1} + z_t + 0.5 z_{t-1} + \varepsilon_t$，并且 $z_t = 0.5 z_{t-1} + \varepsilon_{zt}$，求滤波后的序列 $\{y_t\}$ 与 $\varepsilon_{zt}$ 标准化互协方差。证明第 1 个和第 2 个互协方差成比例。证明互协方差以 0.5 的比例衰减。

5. 使用 ITALY.XLS 数据，假设 $p = n = 6$，估计形如式(5-9)的模型。

a. 证明限制条件 $a_6 = c_6 = 0$ 的 $F$ 值为 0.09，$prob$ 值为 0.91。在这种情况下，再次估计每个变量有 5 阶滞后期的模型，并证明拒绝原假设 $a_5 = c_5 = 0$ 是不可能的。同时证明限制 $c_0 = c_1 = c_2 = 0$ 的条件来削减模型是合理的。

b. 只使用 b 部分中 1972 年第 4 季度到 1988 年第 4 季度的数据估计限制模型。正如 AIC 和 SBC 显示的那样（AIC = −56.05，SBC = −38.66），我们会发现这个模型是不匹配的，式(5-15)也是这样。像拒绝式(5-15)那样证明削减后的模型表明恐怖主义促进了旅游业的发展。

c. 解释为什么这个方法不像文中所描述的那样理想。

6. 应用式(5-28)，求 $y_t$ 的恰当的 2 阶随机差分方程

$$\begin{pmatrix} y_t \\ z_t \end{pmatrix} = \begin{pmatrix} 0.8 & 0.2 \\ 0.2 & 0.8 \end{pmatrix} \begin{pmatrix} y_{t-1} \\ z_{t-1} \end{pmatrix} + \begin{pmatrix} e_{1t} \\ e_{2t} \end{pmatrix}$$

a. 确定序列 $\{y_t\}$ 是否平稳。

b. 讨论针对 1 个单位 $e_{1t}$ 冲击和 1 个单位 $e_{2t}$ 冲击，$y_t$ 的脉冲响应函数形状。

c. 假设：$e_{1t} = \varepsilon_{yt} + 0.5\varepsilon_{zt}$，$e_{2t} = \varepsilon_{zt}$。讨论 1 个单位 $\varepsilon_{yt}$ 冲击，$y_t$ 脉冲响应函数形状。

d. 假设：$e_{1t} = \varepsilon_{yt}$，$e_{2t} = 0.5\varepsilon_{zy} + \varepsilon_{zt}$，讨论 1 个单位 $\varepsilon_{yt}$ 冲击，$y_t$ 的脉冲响应函数形状，针对 1 单位 $\varepsilon_{zt}$ 冲击再次进行讨论。

e. 根据我们对问题 c 和问题 d 的答案，解释为什么在 Choleshi 分解中次序很重要。

f. 根据式(5-27)的标记方法，求 $A_1^2$ 和 $A_1^3$。是否 $A_1^n$ 接近于零(即零矩阵)？

7. 应用式(5-20)和式(5-21)的标记方法，假设 $a_{10} = 0$，$a_{20} = 0$，$a_{11} = 0.8$，$a_{12} = 0.2$，$a_{21} = 0.4$，$a_{22} = 0.1$。

a. 求 $y_t$ 的恰当的 2 阶随机差分方程。确定序列 $\{y_t\}$ 是否平稳。

b. 用这些新的 $a_{ij}$ 值回答习题 6 中的问题 b 至 f。

c. 如果 $a_{10} = 0.2$，$y_t$ 的解将如何变化？

8. 假设：VAR 的残差满足 $\text{var}(e_1) = 0.75$，$\text{var}(e_2) = 0.5$，$\text{cov}(e_{1t}, e_{2t}) = 0.25$

a. 将式(5-55)至(5-58)作为引导，证明该 VAR 是不可识别的结构性 VAR

b. 用 Choleski 分解，令 $b_{12} = 0$，求可识别的 $b_{21}$，$\text{var}(\varepsilon_1)$，$\text{var}(\varepsilon_2)$ 的值。

c. 用 Choleski 分解，令 $b_{21} = 0$，求可识别的 $b_{12}$，$\text{var}(\varepsilon_1)$，$\text{var}(\varepsilon_2)$ 的值。

d. 用 Sims-Bernanke 分解，令 $b_{12} = 0.5$，求可识别的 $b_{21}$，$\text{var}(\varepsilon_1)$，$\text{var}(\varepsilon_2)$ 的值。

e. 用 Sims-Bernanke 分解，令 $b_{21} = 0.5$，求可识别的 $b_{12}$，$\text{var}(\varepsilon_1)$，$\text{var}(\varepsilon_2)$ 值。

f. 假设第 1 组 $e_{1t}$ 的三个估计值为 1，0 和 -1，第 1 组 $e_{2t}$ 的三个估计值为 -1，0 和 1。用问题 b 至 e 中的各种分解，求出 $\varepsilon_{1t}$ 和 $\varepsilon_{1t}$ 的第 1 组的三个值。

9. 这个练习使用的数据来自文件 QUARTERLY. XLS，目的是为了估计工业产品水平、失业率和利率相互之间的动态关系。在第 2 章中，已经生成了代表 10 年期利率与国库券利率差异的利率差 $(s_t)$，现在生成工业产品指数($indprod$)的对数变化，即 $\Delta lip_t = \ln(indprod_t) - \ln(indprod_{t-1})$，失业率的季节性差异为 $\Delta ur_t = unemp_t - unemp_{t-1}$。

a. 用每个变量的滞后 9 期和一个常数项估计三变量 VAR，保存残差的值。解释为什么估计不能早于 1962 年第 3 季度进行。用变量 $\Delta lip_t$ 和 $\Delta ur_t$ 代替 $ip_t$ 和 $ur_t$ 的潜在优势是什么？

b. 证明 $\ln(|\Sigma_9|) = -14.68$ 以及(假设正态分布)似然方程的对数值是 622.32。用方程 $\text{AIC} = T\ln(|\Sigma|) + 2N$ 和 $\text{SBC} = T\ln(|\Sigma|) + N\ln(T)$ 计算多元 AIC 和 SBC 的值。用方程 $\text{AIC}^* = -\dfrac{2\ln(L)}{T} + \dfrac{2n}{T}$ 和 $\text{SBC}^* = -\dfrac{2\ln(L)}{T} + \dfrac{n\ln(T)}{T}$ 计算多元 AIC 和 SBC 的值。

c. 用每个变量的滞后 3 期估计模型并保存残差值。结果显示 AIC 选择了滞后 9 期的模型，而 SBC 选择了 3 期滞后模型。证明应用 $\text{AIC}^*$ 和 $\text{SBC}^*$ 得到了同样的模棱两可的滞后期的选择。为什么估计从 1962 年第 3 季度开始的 3 变量 VAR 非常重要？

d. 为滞后 9 期的原假设和滞后 3 期的备择假设构造似然比检验。系统中有多少约束条件？每个未约束方程有多少解释变量？如果回答正确，就会发现 54 个自由度的 $\chi^2$ 值为 98.10，显著性水平小于 0.001。因此，滞后 3 期的约束条件是有

约束力的。

e. 现在用滞后 12 期估计模型。你会发现似然比检验选择了滞后 9 期的模型,AIC 选择了滞后 3 期的模型,SBC 选择了滞后 1 期的模型。

10. 习题 9 显示,滞后 3 期的 VAR 对变量 $\Delta lip_t$、$\Delta ur_t$ 和 $s_t$ 是合理的。从 1961 年第 1 季度开始,估计 3 变量 VAR,并且次序是 $\Delta lip_t$ 先于 $\Delta ur_t$,$\Delta ur_t$ 先于 $s_t$。

   a. 确定 $s_t$ 是否是导致 $\Delta lip_t$ 的 Granger 原因,我们应该可以得出 $F$ 统计量为 2.44,相伴概率为 0.065。如何解释这一结果?

   b. 证明 $s_t$ 是导致 $\Delta unemp_t$ 的 Granger 原因。应该得出 $F$ 统计量为 5.93,相伴概率为 0.001。

   c. 得出 $e_{1t}$ 和 $e_{2t}$ 的相关系数是 $-0.72$,$e_{1t}$ 和 $e_{3t}$ 的相关系数是 $-0.11$,$e_{2t}$ 和 $e_{3t}$ 的相关系数是 0.10。请解释,为什么在 choleski 分解中获得脉冲响应的次序十分重要。

   d. 证明预测误差方差分解是:

| 时间跨度 | $\Delta lip_t$ 震动造成的比例(%) | | | $\Delta ur_t$ 震动造成的比例(%) | | | $s_t$ 震动造成的比例(%) | | |
|---|---|---|---|---|---|---|---|---|---|
| | $\Delta lip_t$ | $\Delta ur_t$ | $s_t$ | $\Delta lip_t$ | $\Delta ur_t$ | $s_t$ | $\Delta lip_t$ | $\Delta ur_t$ | $s_t$ |
| 1 | 100.00 | 51.27 | 1.13 | 0.00 | 48.73 | 0.08 | 0.00 | 0.00 | 98.79 |
| 4 | 96.18 | 64.64 | 9.44 | 1.47 | 32.79 | 0.99 | 2.35 | 2.58 | 89.58 |
| 8 | 90.83 | 57.13 | 19.99 | 2.38 | 29.24 | 0.97 | 6.78 | 13.66 | 79.04 |

   e. 现在使用 $lip_t$ 和 $ur_t$ 的等级估计模型。现在 5 阶的滞后期长度是不是恰当的?比较预测误差方差和以上数据。

   f. 从 $\Delta lip_t$、$\Delta ur_t$ 和 $s_t$ 模型中获得脉冲响应方程,指出对工业产品的正向冲击导致失业率下降持续 6 个季度,然后,$\Delta ur_t$ 会在回到 0 之前超过长期水平。

   g. 交换顺序并解释为什么结果取决于 $\Delta lip_t$ 是否超过 $\Delta ur_t$。

11. 使用 QUARTERLY.XLS 文件估计工业生产和通货膨胀率的需求变动的动态影响。用工业生产指数($indprod$)代表变化的对数,CPI 代表通货膨胀率,即 $\Delta lip_t = \ln(indprod_t) - \ln(indprod_{t-1})$,$inf_t = \log(cpi_t) - \log(cpi_{t-1})$

   a. 判断 $\Delta lip_t$ 和 $inf_t$ 是否平稳。

   b. 使用每个变量的 3 阶滞后期和一个常数估计两变量 VAR 模型并保留残差。要注意 3 阶滞后期是 SBC 和"从一般到特殊"的方法选择出来的,而 AIC 选择的是 5 个滞后期。

   c. 运行 Granger 因果检验。证明通货膨胀对工业生产的 Granger 因果检验的 $F$ 值是 4.82(显著水平 0.003),工业生产对通货膨胀的 Granger 因果检验的 $F$ 值是 5.1050(显著水平 0.002)。

   d. 现在使用 Choleski 分解可以得到,$\Delta lip_t$ 在因果上优先于 $inf_t$。方差分解如下

| 时间跨度 | $\Delta lip_t$ 冲击造成的比例(%) | | $inf_t$ 冲击造成的比例(%) | |
|---|---|---|---|---|
| | $\Delta lip_t$ | $inf_t$ | $\Delta lip_t$ | $inf_t$ |
| 1 | 100.00 | 1.69 | 0.00 | 98.31 |
| 4 | 97.47 | 11.21 | 2.53 | 88.79 |
| 8 | 91.05 | 15.31 | 8.96 | 84.69 |

   e. 证明工业生产上的正向冲击会导致通货膨胀的增加,通货膨胀的正向冲击会导致工业生产的下降。从标准总供给和标准总需求的角度看这个结果有意义吗?

   f. 现在使用 Blanchard-Quah 分解方法可以得出,总需求的冲击对工业生产没有长

期影响。证明脉冲响应的累计效应如图 5-11 所示。（注意响应是累计的，每个响应都被标准化了，例如两阶段的工业生产响应被表示为 $\Delta lip_t$ 和 $\Delta lip_t$ 的响应之和。此外，每个响应都被 $\Delta lip_t$ 方程的残差标准差分解了。）

g. 以下结论有没有经济意义？
  (i) 总供给冲击会增加产出，降低通货膨胀
  (ii) 总需求冲击会增加通货膨胀和短期产出
  (iii) 总需求冲击在长期对产出没有影响

12. Jennifer 使用产出（$y$）、货币（$m$）和通货膨胀（$i$）估计结构 VAR。假设我们认为变量间的同期的关系为

$$\begin{pmatrix} e_{yt} \\ e_{mt} \\ e_{it} \end{pmatrix} = \begin{pmatrix} 1 & 0 & 0 \\ g_{21} & 1 & g_{23} \\ 0 & 0 & 1 \end{pmatrix} \begin{pmatrix} \varepsilon_{yt} \\ \varepsilon_{mt} \\ \varepsilon_{it} \end{pmatrix}$$

式中，$e_{yt}$、$e_{mt}$ 和 $e_{it}$ 分别为 $y_t$、$m_t$ 和 $i_t$ 方程的回归残差，$\varepsilon_{yt}$、$\varepsilon_{mt}$ 和 $\varepsilon_{it}$ 分别为对 $y_t$、$m_t$ 和 $i_t$ 纯冲击（即结构性新息）。

a. 这套经济限制是否合理？
b. 解释为什么这个系统是过度识别的，以及过度识别的系统是如何被估计出来的。
c. 假设系统是过度识别的，讨论一个想要 Jennifer 检验的过度识别限制条件。这个检验如何进行？

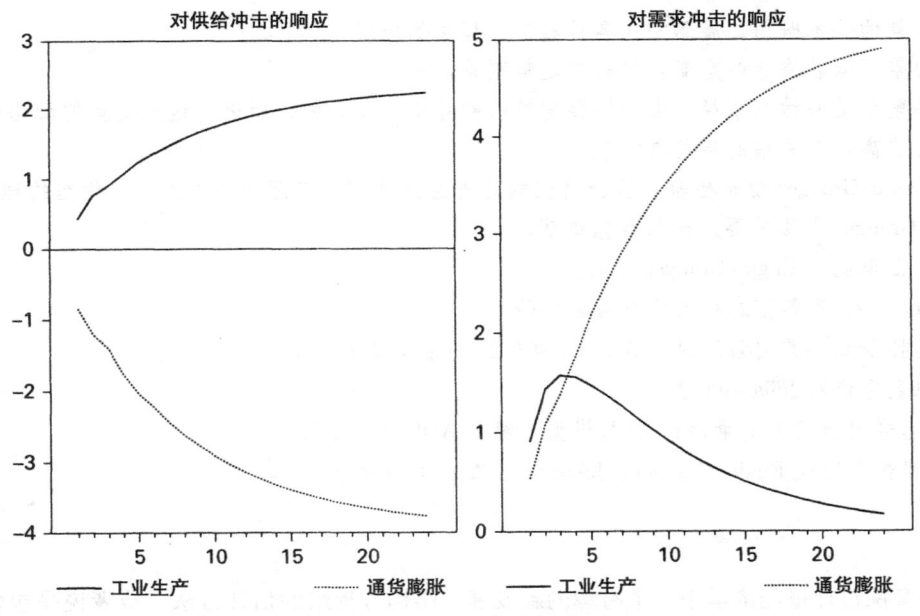

图 5-11 工业生产和通货膨胀的响应

# 第6章

# 协整与误差修正模型

## 本章学习目标

1. 介绍协整的基本概念,展示它在各种经济模型中的应用。
2. 介绍协整意味着将非静态变量的随机趋势联系起来。
3. 考察协整变量的动态路径。由于协整变量的趋势是相联系的,所以,这些变量的动态路径一定与现在偏离均衡关系的离差具有联系。
4. 阐述 Engle-Granger 协整检验。检验过程的计量经济学方法来源于齐次差分方程组的理论。
5. Engle-Granger 方法需要用模拟数据说明。
6. 用实际汇率说明 Engle-Granger 方法。
7. 阐述 Johansen 完整信息极大似然协整检验。
8. 介绍怎样限制协整向量。讨论含 $I(1)$ 和 $I(2)$ 变量模型的推论。
9. 用模拟数据说明 Johansen 检验。
10. 介绍怎样用非稳定变量估计 ADL 模型,研究 ADL 协整检验。
11. 用利率数据比较 Engle-Granger、Johansen、ADL 协整检验。

这一章探讨计量经济学中一个有趣的新发展:结构方程组的估计方法,或者说是包含非平稳变量的 VAR 的估计方法。在单变量模型中,我们已经看到通过差分可以消除随机趋势,并且形成的平稳序列可以用单变量 Box-Jenkins 方法进行估计。同时,传统的观点推广了这种做法,把用于回归分析的所有非平稳变量进行差分。然而,在多变量分析中,处理非平稳变量的恰当方法不是那么直截了当。在多变量情况下,单整变量的线性组合很可能是平稳的,这样的变量被称为**协整**(cointegrated)。许多经济模型必须具有这样的协整关系。

## 6.1 单整变量的线性组合

由于货币需求的研究激发了许多关于协整的研究,所以,我们从一个简单的货币需求模型的考察开始。货币需求理论认为,个人想要持有一定量的实际货币额,就要求名义货币持有量的需求应该与物价水平成比例。此外,当实际收入和与之相关的交易次数增加时,个人想增加货币的持有量。最后,利率是持有货币的机会成本,因此,货币需求应该与利率负相关。对于这个货币需求的计量经济学的规范方程,可以写成

$$m_t = \beta_0 + \beta_1 p_t + \beta_2 y_t + \beta_3 r_t + e_t \tag{6-1}$$

式中 $m_t$——货币需求;
 $p_t$——物价水平;
 $y_t$——实际收入;
 $r_t$——利率
 $e_t$——平稳干扰项;
 $\beta_i$——待估计参数。

并且,除了利率之外,所有变量都取对数值。

在货币市场处于均衡的假设下,研究者可以搜集有关货币供给(如果货币市场是出清的,则与货币需求相等)、物价水平、实际收入(可用实际 GDP 度量)以及适当的短期利率的时间序列数据。货币需求行为假设预期 $\beta_1 = 1$、$\beta_2 > 0$,并且 $\beta_3 < 0$。进行这样的研究,研究者一定会想到检验这些参数的限制条件。需要注意的是货币需求中不可解释的部分(即序列$\{e_t\}$)在理论上是不可缺少的。如果理论是有意义的,则货币需求的任意离差在本质上讲必定是暂时的。很显然,如果 $e_t$ 有一个随机趋势,则模型中的误差将被积累,导致不能消除偏离货币市场均衡的离差,因此,理论的一个关键假设是序列$\{e_t\}$平稳。

研究者面临的问题是实际 GDP、货币供给、物价水平以及利率都是非平稳的 $I(1)$ 变量。因此,每个变量可能是不带任何趋势的游走而回复到长期水平。而式(6-1)所示的理论断定这些非平稳变量的线性组合是平稳的。为了求出误差项,式(6-1)可改写成

$$e_t = m_t - \beta_0 - \beta_1 p_t - \beta_2 y_t - \beta_3 r_t \tag{6-2}$$

因为$\{e_t\}$必须是平稳的,所以,式(6-2)右边给出的单整变量的线性组合也必须是平稳的。因此,理论就要求这 4 个非平稳变量$\{m_t\}$、$\{p_t\}$、$\{y_t\}$与$\{r_t\}$的时间路径是相联系的。这个例子指出了在最近几年众多宏观计量经济学文献中占支配地位的重要理论:含有非平稳变量的均衡理论。这种理论要求存在非平稳变量的线性组合是平稳的。

货币需求函数正好是非平稳变量的组合变为平稳的一个例子。在任何均衡框架下,偏离均衡一定是暂时的。在下面,又列举了几个含有非平稳变量的线性组合变为平稳的主要经济模型。

(1) 消费函数理论。简单的持久收入假说理论认为维持生活的总消费($c_t$)是持久性消费($c_t^p$)和临时性消费($c_t^t$)之和。因为,持久性消费与持久性收入($y_t^p$)成比例,所以,我们令 $\beta$ 为比例常数,总消费函数为 $c_t = \beta y_t^p + c_t^t$。临时性消费必须是平稳变量,并且,总消费和持久性收入两者都被认为具有 $I(1)$ 变量的合理特征。同时,持久收入假说要求给定的两个变量的线性组合 $c_t - \beta y_t^p$ 是平稳的。

(2) 无偏期货比率假说。有效市场假说的一种形式断言,某种资产的期货(未来)价格等于该资产未来的现货市场价格的预期值。外汇市场有效的论点要求某一时期的汇率期货等于下一时期的现货汇率。假定 $f_t$ 表示 $t$ 期汇率期货的对数值,$s_t$ 表示 $t$ 期汇率的现货价格的对数值,则根据理论判定 $E_t s_{t+1} = f_t$。如果这种关系不成立,投机者就可以期望通过在外汇市场上的交易获得净收益。如果代理商的预期是合理的,则 $t+1$ 期的现货汇率的预测误差的条件均值等于0。也就是

说，$s_{t+1} - E_t s_{t+1} = \varepsilon_{t+1}$，其中，$E_t \varepsilon_{t+1} = 0$。组合两个等式，可以得到 $s_{t+1} = f_t + \varepsilon_{t+1}$。因为 $\{s_t\}$ 和 $\{f_t\}$ 都是 $I(1)$ 变量，所以，**无偏期货比率假说**（unbiased forward rate hypothesis）要求非平稳的现货汇率和期货汇率的线性组合是平稳的。

（3）商品市场仲裁与购买力平价理论。空间竞争理论指出：在短期，不同市场上的类似产品的价格可能有差异。但是，价格即使是非稳定的，套利者也将阻止不同价格之间的差异过大。类似于 Apple 计算机和个人电脑（PC）的价格都已经表现为持续下降。经济理论认为这些同时下降的趋势是由相互之间的相关性所引起的，因为这些类似产品之间的价格差异不能持续扩大。也正如我们在第 4 章所看到的，购买力平价理论把约束条件放在了非平稳变量物价水平和汇率的变化上。假定 $e_t$ 表示外汇价格的对数值，$p_t$ 和 $p_t^*$ 分别表示国内和国外物价水平的对数值，则长期的 PPP 要求线性组合 $e_t + p_t^* - p_t$ 是平稳的。

所有这些例子都描述了 Engle 和 Granger（1987）提出的协整的概念。现在，通过考察一组具有长期均衡关系

$$\beta_1 x_{1t} + \beta_2 x_{2t} + \cdots + \beta_n x_{nt} = 0$$

的经济变量，开始阐述他们的规范分析。

令 $\beta$ 和 $x_t$ 表示向量 $(\beta_1, \beta_2, \cdots, \beta_n)$ 和 $(x_{1t}, x_{2t}, \cdots, x_{nt})'$，即当 $\beta x_t = 0$ 时，系统是长期均衡的。否则相对于长期均衡的离差称为**均衡误差**（equilibrium error），用 $e_t$ 表示，因此

$$e_t = \beta x_t$$

如果均衡是有意义的，则均衡误差过程一定是平稳的。在某种意义下，均衡术语的用法是不恰当的，因为经济学家和计量经济学家以不同的方式使用这个术语。通常，经济学家用这个术语讨论期望值与实际值之间的等同关系。计量经济学将其作为非平稳变量间存在长期关系的参照信息。协整不要求长期均衡关系，由市场的力量或个人的行为规则产生。在 Engle 和 Granger 对均衡这个术语的使用中，他们认为均衡关系可以是相同趋势变量的因果关系、行为关系，或一个简单的诱导型关系。Engle 和 Granger（1987）提出了如下的协整定义：

如果

（1）向量 $x_t = (x_{1t}, x_{2t}, \cdots, x_{nt})'$ 的所有序列都是 $d$ 阶单整；

（2）存在一个向量 $\beta = (\beta_1, \beta_2, \cdots, \beta_n)$，使得线性组合 $\beta x_t = \beta_1 x_{1t} + \beta_2 x_{2t} + \cdots + \beta_n x_{nt}$ 是 $(d-b)$ 阶单整，其中，$b > 0$。

则向量 $x_t = (x_{1t}, x_{2t}, \cdots, x_{nt})'$ 是 $d$、$b$ 阶协整，记为 $x_t \sim CI(d, b)$，向量 $\beta$ 称为**协整向量**（cointegrating vector）。

在式（6-1）中，如果货币供给、物价水平、实际收入和利率都是 $I(1)$，并且线性组合 $e_t = m_t - \beta_0 - \beta_1 p_t - \beta_2 y_t - \beta_3 r_t$ 是平稳的，则变量间是 $(1,1)$ 阶协整。向量 $x_t$ 为 $(m_t, 1, p_t, y_t, r_t)'$，协整向量 $\beta$ 为 $(1, -\beta_0, -\beta_1, -\beta_2, -\beta_3)$。货币市场的长期均衡误差为 $e_t$。因为 $\{e_t\}$ 是平稳的，所以，这个离差在现实中是暂时的。

对于协整的定义，有四个重要方面需要注意。

（1）协整只涉及非平稳变量的线性组合。理论上而言，在一组非平稳变量中，极有可能存在非线性的长期均衡关系。不过，正如第 7 章所述，关于对非线性协整的检验，计量经济学的研究才刚刚开始。此外，也要注意协整向量不是唯一的。如果 $(\beta_1, \beta_2, \cdots, \beta_n)$ 是协整向量，则对于任意非零的 $\lambda$，$(\lambda \beta_1, \lambda \beta_2, \cdots, \lambda \beta_n)$ 也是协整向量。特别地，可以通过把其中的一个变量的系

数固定为单位1，标准化协整向量。为了标准化关于$x_{1t}$的协整向量，可简单的选择$\lambda = \frac{1}{\beta_1}$。

(2) 根据Engle和Granger的原始定义，协整只涉及阶数相同的单整变量。当然，这并不是指所有单整变量都是协整的。通常，一组$I(d)$变量并不是协整的，像这样缺乏协整关系就意味着在变量中不存在长期均衡关系，因此，它们可以任意地远离彼此。如果两个变量的单整阶数不同，则它们不可能是协整的，例如$x_{1t}$是$I(d_1)$，$x_{2t}$是$I(d_2)$，其中，$d_2 > d_1$，本章后面的习题6会让读者证明$x_{1t}$和$x_{2t}$的任意线性组合是$I(d_2)$。

尽管如此，在不同单整阶数的变量组中，发现存在长期均衡关系也是可能的。假设$x_{1t}$和$x_{2t}$都是$I(2)$，另外一个变量是$I(1)$，因此，在$x_{1t}$(或$x_{2t}$)与$x_{3t}$之间不可能有协整关系。然而，如果$x_{1t}$和$x_{2t}$是$CI(2,1)$，则存在一个线性组合$\beta_1 x_{1t} + \beta_2 x_{2t}$是$I(1)$。这个$x_{1t}$和$x_{2t}$的线性组合与$I(1)$变量可能是协整的。Lee和Granger(1990)用**多重协整**(multicointegration)这个术语来指代这种情况。

(3) 如果$x_t$有$n$个非平稳序列，则有$n-1$个线性独立的协整向量。很显然，如果$x_t$只包含两个变量，则最多只有一个独立的协整向量。协整向量的个数称为$x_t$的**协整秩**(cointegrating rank)。例如，假定货币主管当局制定政策的反馈机制是：当名义GDP增长过快时，减少货币的供给；当名义GDP增长过慢时，增加货币的供给。这种反馈机制可以表述为

$$\begin{aligned} m_t &= \gamma_0 - \gamma_1(y_t + p_t) + e_{1t} \\ &= \gamma_0 - \gamma_1 y_t - \gamma_1 p_t + e_{1t} \end{aligned} \quad (6\text{-}3)$$

式中，$\{e_{1t}\}$是货币供给反馈机制下的平稳误差项。

给定式(6-1)表示货币的需求函数，则对于货币供给、物价水平、实际收入以及利率，存在两个协整向量。令$\beta$是$2 \times 5$矩阵

$$\beta = \begin{pmatrix} 1 & -\beta_0 & -\beta_1 & -\beta_2 & -\beta_3 \\ 1 & -\gamma_0 & \gamma_1 & \gamma_1 & 0 \end{pmatrix}$$

$\beta x_t$的两个线性组合是平稳的，同时，$x_t$的协整向量的秩是2。在实际应用中，如果发现有多个协整向量，则不可能从诱导形式中识别出行为关系。

(4) 大多数协整的相关研究集中在每个变量只有一个单位根的情况，其原因是古典回归分析或时间序列分析的应用建立在变量是$I(0)$的条件下，而极少的经济变量是单整阶数大于1的变量。当明确这一点时，许多学者就用协整讨论$CI(1,1)$变量的情况。

工作表6-1演示了协整关系的一些重要性质。在第1种情形下，序列$\{y_t\}$和$\{z_t\}$都是带噪声的随机游走过程。虽然给出的20个观测值是逐渐减小的，但是扩展样本将会消除这种趋势。在两个事例中，两个序列都没有显示出回复到长期均衡水平的趋势，并且，对于任何一个序列，严格的DF检验都不能拒绝存在单位根的原假设。尽管每个序列是非平稳的，但是，可以看到它们的移动是一致的。事实上，第二幅(右边的)图所示的这两个序列的差$(y_t - z_t)$是平稳的。均衡误差项$e_t = (y_t - z_t)$的均值为零，方差为常数。

---

## 工作表6-1

### 协整系统的演示

**情形1**：序列$\{\mu_t\}$是随机游走过程，$\{\varepsilon_{yt}\}$和$\{\varepsilon_{zt}\}$是白噪声。所以，序列$\{y_t\}$和$\{z_t\}$都是带噪声的随机游走过程。虽然，序列$\{y_t\}$和$\{z_t\}$都是非平稳的，但是，这两个序列有相同的随机趋势。由

于线性组合$(y_t - z_t)$是平稳的,所以,它们是协整的。均衡误差项$(\varepsilon_{yt} - \varepsilon_{zt})$是$I(0)$过程。

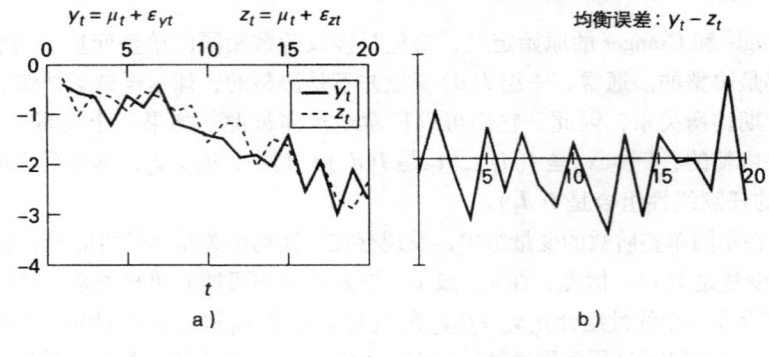

图 6-1

**情形2**:三个序列都是带噪声的随机游走过程。如其构造的那样,每两个变量之间不存在协整(见图6-2a)。然而,线性组合$(y_t + z_t - w_t)$是平稳的(见图6-2b),所以,三个变量是协整的,均衡误差项是$I(0)$过程。

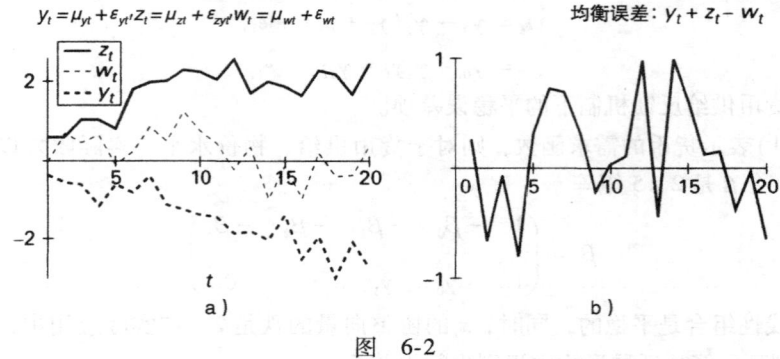

图 6-2

使用工作表6-1的的情形2这种的序列$\{y_t\}$和$\{z_t\}$绘制了散点图。因为两个序列在这个时间区间都是下降的,所以,两者之间存在正相关。图中展示了均衡回归直线。

第2种情形演示了三个带噪声的随机游走过程变量的协整性。与第1种情形一样,没有一个序列有回到长期均衡水平的趋势,并且,对于三个序列中的任何一个,严格的DF检验都不能拒绝存在单位根的原假设。对照前面的情形,没有两个序列的组合表现是协整的。每个序列好像远离其他的两个序列在游走,然而,正如第二幅(右边的)图所示,存在一个三变量的平稳的线性组合$e_t = y_t + z_t - w_t$。因此,可以认为,在系统中至少有一个变量的动态行为受到了其他变量值的约束。

图6-1用序列$\{y_t\}$和$\{z_t\}$相结合的散点图显示了第1种情形下的信息,20个点的各个点分别表示有序对$(y_1, z_1)$,$(y_2, z_2)$,$\cdots$,$(y_{20}, z_{20})$。

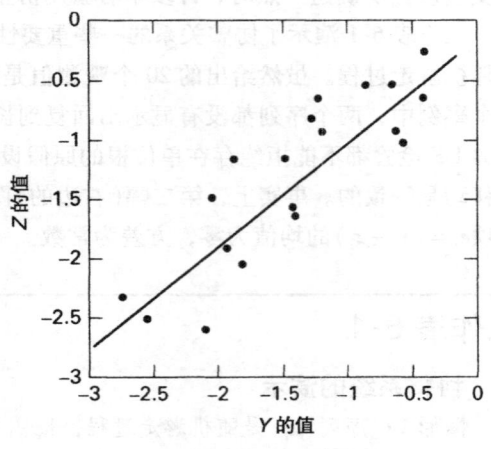

图6-3 协整变量的散点图

比较工作表6-1和图6-3,可以看到序列$\{y_t\}$较小的值对应于$\{z_t\}$序列较小的值,并且,一个序列在零附近的值也对应于另一个序列零附近的值。因为两个序列在整个时间段上一起移动,所以,在这两个变量之间存在一个正相关关系。在散点图中的最小二乘直线反映了它们具有很强的正相关关系。事实上,这条回归直线是序列间的"长期"均衡关系,而远离直线的离差是偏离均衡关系的平稳离差。

为了便于比较,工作表6-2的图6-4a给出了两个带噪声的随机游走过程的时间路径,这两个变量不存在协整,每一个都好像是以不靠近另一个的趋势在游走。图6-4b的散点图肯定了变量之间不存在长期均衡关系。$z_t$对$y_t$的回归直线的离差呈现了非常重要的信息。请看图6-4c,因为绘出的回归残差与时间成反比,所以,可以认为回归残差是非平稳的。

## 工作表 6-2

### 非协整变量

序列$\{y_t\}$和$\{z_t\}$都由独立的随机游走过程加白噪声过程构成的,这两个变量之间没有协整关系。如图6-4a所示,其中一个变量好像都没有与另一个变量在一起变动的趋势而独自游走。图6-4b是两个序列的散点图和回归直线$z_t = \beta_0 + \beta_1 y_t$。然而,如图6-4c所示,因为回归残差是非平稳的,所以,这条回归直线是伪回归。

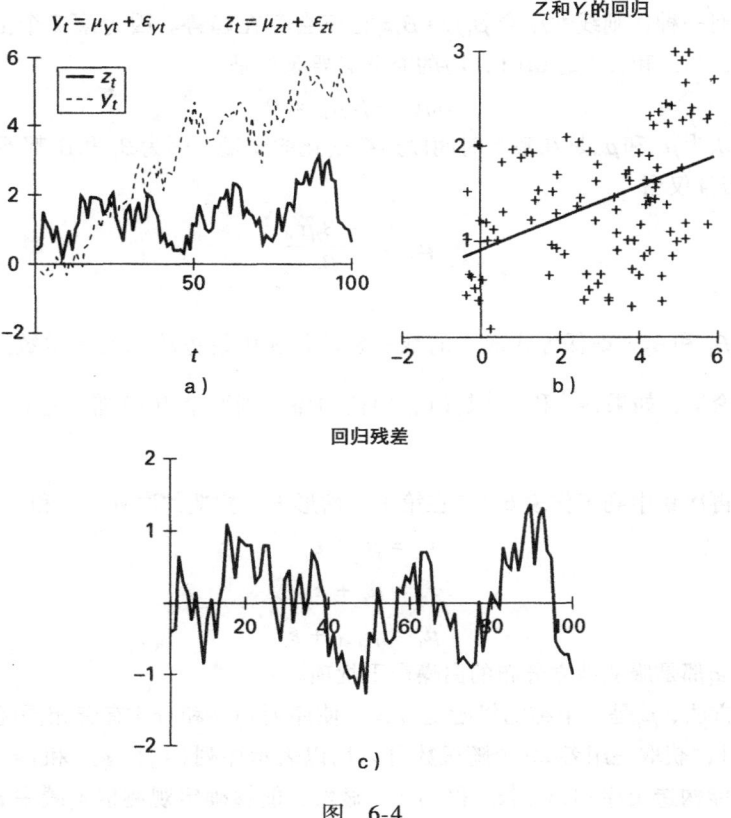

图 6-4

## 6.2 协整与共同趋势

Stock 和 Watson(1988)所提出的关于协整变量具有共同随机趋势的观测方法为理解协整关系提供了有效途径。

为了便于解释，我们回到向量 $x_t$ 只包含两个变量的情形，即 $x_t = (y_t, z_t)'$。在此，忽略周期和季节因素，我们可以把每个变量写成一个随机游走加一个无规则(不必要是白噪声)成分，即

$$y_t = \mu_{yt} + e_{yt} \tag{6-4}$$

$$z_t = \mu_{zt} + e_{zt} \tag{6-5}$$

式中　$\mu_{it}$——随机游走过程，表示第 $i$ 个变量的随机趋势；

$e_{it}$——第 $i$ 个变量的平稳(无规则)成分。

如果 $\{y_t\}$ 和 $\{z_t\}$ 是(1, 1)阶协整的，即为 $CI(1, 1)$，则对于平稳的线性组合 $\beta_1 y_t + \beta_2 z_t$，$\beta_1$ 和 $\beta_2$ 一定不为零。让我们考察 $\beta_1 y_t + \beta_2 z_t$ 的和

$$\begin{aligned}\beta_1 y_t + \beta_2 z_t &= \beta_1(\mu_{yt} + e_{yt}) + \beta_2(\mu_{zt} + e_{zt}) \\ &= (\beta_1 \mu_{yt} + \beta_2 \mu_{zt}) + (\beta_1 e_{yt} + \beta_2 e_{zt})\end{aligned} \tag{6-6}$$

因为 $\beta_1 y_t + \beta_2 z_t$ 是平稳的，所以，$\beta_1 \mu_{yt} + \beta_2 \mu_{zt}$ 必然等于零。从根本上讲，如果在式(6-6)中的两种趋势出现任何一种，则线性组合 $\beta_1 y_t + \beta_2 z_t$ 也将会存在趋势。因为第二个括号中的线性组合是平稳的，所以，$\{y_t\}$ 和 $\{z_t\}$ 是 $CI(1, 1)$ 的充分必要条件是

$$\beta_1 \mu_{yt} + \beta_2 \mu_{zt} = 0 \tag{6-7}$$

显然，可以认为 $\mu_{yt}$ 和 $\mu_{zt}$ 是在整个时间段连续变化的变量。因为 $\beta_1$ 和 $\beta_2$ 都不能等于零，所以，对于所有的 $t$，当且仅当

$$\mu_{yt} = \frac{-\beta_2 \mu_{zt}}{\beta_1}$$

式(6-7)才成立。

对于非零值 $\beta_1$ 和 $\beta_2$，确保等式成立的唯一条件是随机趋势的比为一常数。因此，比例值为 $\frac{-\beta_2}{\beta_1}$。最终的结论是，如果 $\{y_t\}$ 和 $\{z_t\}$ 是(1, 1)阶协整，则两个 $I(1)$ 随机过程 $\{y_t\}$ 和 $\{z_t\}$ 一定有同样的随机趋势。

请把注意力再次集中到工作表6-1。在第1种情形下，构造的序列 $\{y_t\}$ 和 $\{z_t\}$ 分别为

$$y_t = \mu_t + \varepsilon_{yt}$$
$$z_t = \mu_t + \varepsilon_{zt}$$
$$\mu_t = \mu_{t-1} + \varepsilon_t$$

式中，$\varepsilon_{yt}$、$\varepsilon_{zt}$ 和 $\varepsilon_t$ 都是服从独立分布的白噪声干扰项。

根据其构造方法，$\mu_t$ 是一个纯随机游走过程，使序列 $\{y_t\}$ 和 $\{z_t\}$ 有着相同随机趋势。$\mu_0$ 的值初始值为0，并且，获取三组各20个随机数可以用以表示序列 $\{\varepsilon_{yt}\}\{\varepsilon_{zt}\}$ 和 $\{\varepsilon_t\}$。用这些观测值和初始值 $\mu_0$，就能构造出序列 $\{y_t\}\{z_t\}$ 和 $\{\mu_t\}$。显然，能够确定观测值 $y_t$ 减去 $z_t$ 后是一个平稳序列，即有

$$y_t - z_t = (\mu_t + \varepsilon_{yt}) - (\mu_t + \varepsilon_{zt}) = \varepsilon_{yt} - \varepsilon_{zt}$$

为了用 Engle 和 Granger 方法表述它，用 $\beta = (1, -1)$ 乘以向量 $x_t = (y_t, z_t)'$ 产生一个平稳序列 $\varepsilon_t = \varepsilon_{yt} - \varepsilon_{zt}$。的确，工作表 6-1 的情形 1 的图 b 所示的均衡误差都具有平稳过程的特征。Stock 和 Watson(1988) 的最初看法是协整向量的系数必定使线性组合中消除了趋势。两个变量的其他任意线性组合也含有趋势，所以，一个标准化后的比例值固定则协整向量唯一。因此，除非 $\dfrac{\beta_3}{\beta_4} = \dfrac{\beta_1}{\beta_2}$，否则 $\beta_3 y_t + \beta_4 z_t$ 就是非平稳的。

回想一下情形 2 所阐述过的 3 个加白噪声的随机游走过程之间的协整。每个过程都是 $I(1)$ 变量，并且，DF 单位根检验不能拒绝存在单位根的原假设。正如在工作表 6-1 的下部所看到的，没有两个序列的组合表现出协整关系，每个序列好像是游走的，与第一种情形相反，没有出现这单个的序列与别的序列保持紧密的关系。然而，通过构造 $w_t$ 中的趋势是 $y_t$ 和 $z_t$ 中的趋势之和，即

$$\mu_{wt} = \mu_{yt} + \mu_{zt}$$

在这里，向量 $x_t = (y_t, z_t, w_t)'$ 有协整向量 $(1, 1, -1)$，使得线性组合 $y_t + z_t - w_t$ 是平稳的。考察

$$y_t + z_t - w_t = (\mu_{yt} + \varepsilon_{yt}) + (\mu_{zt} + \varepsilon_{zt}) - (\mu_{wt} + \varepsilon_{wt}) = \varepsilon_{yt} + \varepsilon_{zt} - \varepsilon_{wt}$$

这个例子说明了一个普遍规律：当一个变量中的随机趋势能够表示成其他变量中的随机趋势的线性组合时，将会发生协整。在这种情况下，找到一个使线性组合 $\beta_1 y_t + \beta_2 z_t + \beta_3 w_t$ 不存在趋势的向量 $\beta$ 总是可能的。这种结果可以容易地推广到 $n$ 个变量的情形。考察向量

$$x_t = \mu_t + e_t \tag{6-8}$$

式中　$x_t$——向量 $(x_{1t}, x_{2t}, \cdots, x_{nt})'$；

　　　$\mu_t$——随机趋势向量 $(\mu_{1t}, \mu_{2t}, \cdots, \mu_{nt})'$；

　　　$e_t$——平稳成分的 $n \times 1$ 向量。

如果一个趋势能够表示为另外一些趋势的线性组合，则意味着存在一个向量 $\beta$，使得

$$\beta_1 \mu_{1t} + \beta_2 \mu_{2t} + \cdots + \beta_n \mu_{nt} = 0$$

在式(6-8)的两边左乘 $\beta$，得到

$$\beta x_t = \beta \mu_t + \beta e_t$$

因为，$\beta \mu_t = 0$，所以，$\beta x_t = \beta e_t$。因此，线性组合 $\beta x_t$ 是平稳的。在 6.8 节将指出这个结论可以推广到多个协整向量。

## 6.3　协整与误差修正模型

协整变量的重要特征是，它们的时间路径是通过相对于长期均衡的离差大小来影响的。毕竟，如果一个系统回复到长期均衡，则至少有一些变量的变化一定会对非均衡的大小做出响应。在更深入的讨论之前，需要对多元非平稳时间序列变量的时间路径有所了解。为了用一个易处理的方式进行，我们需要依赖矩阵的秩和特征根之间的关系，所需的数学运算在附录 6.1 中已经列出。

长期与短期利率之间的关系描述了变量间是如何对偏离长期均衡关系的差异进行调整的。例如，利率期限结构理论指出长期利率和短期利率之间存在长期均衡的关系，如果长期利率和短期利率之间的差距相对于长期均衡"大"，则短期利率相对于长期利率最终会上升。当然，有办法

消除缺口，即：①提高短期利率或（和）降低长期利率；②提高长期利率的同时，更大幅度地提高短期利率；③降低长期利率，但同时更小幅度地降低短期利率。如果模型没有完整的动态说明，就不可能确定哪种可能性会发生。但是，相对于长期均衡的离差必定能够影响短期动态特性。

上面所讨论的动态模型是一个**误差修正**（error correction）模型。在误差修正模型中，系统中变量的短期动态特性受到相对于均衡的离差的影响。如果假定两种利率都是 $I(1)$ 变量，那么就能够在利率期限结构中应用简单的误差修正模型

$$\Delta r_{St} = \alpha_S (r_{Lt-1} - \beta r_{St-1}) + \varepsilon_{St} \qquad \alpha_S > 0 \qquad (6\text{-}9)$$

$$\Delta r_{Lt} = -\alpha_L (r_{Lt-1} - \beta r_{St-1}) + \varepsilon_{Lt} \qquad \alpha_L > 0 \qquad (6\text{-}10)$$

式中，$\varepsilon_{St}$ 和 $\varepsilon_{Lt}$ 是白噪声干扰项，并且它们可以是相关的；$r_L$ 和 $r_S$ 分别为长期和短期利率；$\alpha_S$、$\alpha_L$、$\beta$ 是系数。

正如模型所设定的，短期利率和长期利率受到随机冲击（由 $\varepsilon_{St}$ 和 $\varepsilon_{Lt}$ 表示）和上一期相对于均衡的离差的影响而变化。当其他所有项都保持不变时，如果离差为正（$r_{Lt-1} - \beta r_{St-1} > 0$），则短期利率上升，而长期利率下降。当 $r_{Lt} = \beta r_{St}$ 时，达到了长期均衡。

在这里，我们可以看到误差修正模型和协整变量之间的关系。根据假定条件，$\Delta r_{St}$ 平稳，所以，式（6-9）的左边是 $I(0)$。对式（6-9）的直觉是，右边也必须是 $I(0)$。在给定 $\varepsilon_{St}$ 平稳时，线性组合 $r_{Lt-1} - \beta r_{St-1}$ 也必须平稳。因此，两种利率一定是协整的，其协整向量为 $(1, -\beta)$。当然，同样的思考方法可以应用于式（6-10）。需要注意的要点是，误差修正表达式要求两个变量是 $CI(1, 1)$ 阶协整。即使把每个利率的滞后变化量引入式（6-9）和式（6-10），形成更一般的模型，其结果也不会发生变化。既有

$$\Delta r_{St} = \alpha_{10} + \alpha_S (r_{Lt-1} - \beta r_{St-1}) + \sum \alpha_{11}(i) \Delta r_{St-i} + \sum \alpha_{12}(i) \Delta r_{Lt-i} + \varepsilon_{St} \qquad (6\text{-}11)$$

$$\Delta r_{Lt} = \alpha_{20} - \alpha_L (r_{Lt-1} - \beta r_{St-1}) + \sum \alpha_{21}(i) \Delta r_{St-i} + \sum \alpha_{22}(i) \Delta r_{Lt-i} + \varepsilon_{Lt} \qquad (6\text{-}12)$$

再次声明，由于 $\varepsilon_{St}$、$\varepsilon_{Lt}$ 以及所有引进的 $\Delta r_{St-i}$ 和 $\Delta r_{Lt-i}$ 都是平稳的，所以，利率的线性组合 $r_{Lt-1} - \beta r_{St-1}$ 也一定是平稳的。

式（6-11）和式（6-12）非常类似于前一章的 VAR 模型。两个变量的误差修正模型只是一个增加了误差修正项 $\alpha_S (r_{Lt-1} - \beta r_{St-1})$ 和 $-\alpha_L (r_{Lt-1} - \beta r_{St-1})$ 的双变量 1 阶差分 VAR 模型。注意，$\alpha_S$ 和 $\alpha_L$ 被称为**速度调整**（speed of adjustment）参数，较大的 $\alpha_S$ 意味着短期利率对前期的相对于长期均衡的离差的响应比较大。与此相反，非常小的 $\alpha_S$ 值，表明短期利率对上期的均衡误差几乎没有反应。对于没有受到长期利率影响的序列 $\{\Delta r_{St}\}$ 而言，$\alpha_S$ 和所有的系数 $\alpha_{12}(i)$ 一定等于零。因此，式（6-11）和式（6-12）的速度调整系数中至少有一个必须不为零。如果 $\alpha_S$ 和 $\alpha_L$ 都等于零，则不可能出现长期均衡，并且模型也不会是一个误差修正模型，或者说不会是协整的。

这个结论很容易地推广到 $n$ 个变量的模型。从形式上讲，如果向量 $x_t = (x_{1t}, x_{2t}, \cdots, x_{nt})'$ 能够表述为方程式

$$\Delta x_t = \pi_0 + \pi x_{t-1} + \pi_1 \Delta x_{t-1} + \pi_2 \Delta x_{t-2} + \cdots + \pi_p \Delta x_{t-p} + \varepsilon_t \qquad (6\text{-}13)$$

则 $n$ 维向量 $x_t$ 有一个误差修正表达式。

式中  $\pi_0$——由元素 $\pi_{i0}$ 组成的 $n \times 1$ 截距项向量；

$\pi_i$——由元素 $\pi_{jk}(i)$ 构成的 $n \times n$ 系数矩阵；

$\pi$——由元素 $\pi_{jk}$ 构成的 $n \times n$ 系数矩阵，且有一个或多个 $\pi_{jk} \neq 0$；

$\varepsilon_t$——由元素 $\varepsilon_{it}$ 组成的 $n \times 1$ 向量。

请注意，在干扰项中，$\varepsilon_{it}$ 与 $\varepsilon_{jt}$ 可以是相关的。

假定 $x_t$ 中所有的变量都是 $I(0)$。如果存在一个如式(6-13)所示的这些变量的误差修正表达式，则 $I(1)$ 变量的线性组合是平稳的情况一定存在。对式(6-13)求 $\pi x_{t-1}$，得到

$$\pi x_{t-1} = \Delta x_t - \pi_0 - \sum \pi_i \Delta x_{t-i} - \varepsilon_t$$

因为上式右边的每一项都平稳，所以，$\pi x_{t-1}$ 也一定平稳。由于 $\pi$ 只包含常数，所以，$\pi$ 的每一行是 $x_t$ 的一个协整向量。例如，第一行可以写成 $(\pi_{11} x_{1t-1} + \pi_{12} x_{2t-1} + \cdots + \pi_{1n} x_{nt-1})$。因为每个序列都是 $I(1)$，所以，$(\pi_{11}, \pi_{12}, \cdots, \pi_{1n})$ 一定是 $x_t$ 的一个协整向量。

式(6-13)的突出特征是含有矩阵 $\pi$。有两点需要重点注意：

(1) 如果 $\pi$ 中的所有元素为零，则式(6-13)就是传统意义上的 1 阶差分 VAR 模型。在这种情况下，不存在协整误差表达式，这是因为 $\Delta x_t$ 没有受到前期相对于长期均衡离差的影响。

(2) 如果 $\pi_{jk}$ 中的一个或多个元素不等于零，则 $\Delta x_t$ 受到了前期相对于长期均衡离差的影响。所以，如果 $x_t$ 有一个误差修正表达式，则按照 1 阶差分 VAR 模型估计 $x_t$ 是不妥当的。如果式(6-13)含有 $x_t$ 的误差修正表达式，则遗漏 $\pi x_{t-1}$ 将产生错误。

解释协整与误差修正之间关系的一种良好方法是研究简单 VAR 模型的性质。简单的 1 阶 VAR 模型为

$$y_t = a_{11} y_{t-1} + a_{12} z_{t-1} + \varepsilon_{yt} \tag{6-14}$$

$$z_t = a_{21} y_{t-1} + a_{22} z_{t-1} + \varepsilon_{zt} \tag{6-15}$$

式中，$\varepsilon_{yt}$ 和 $\varepsilon_{zt}$ 是白噪声干扰项，它们相互之间可以是相关的。为了简化起见，省略了常数项。使用滞后算子 $L$，式(6-14)和式(6-15)可以写为

$$(1 - a_{11} L) y_t - a_{12} L z_t = \varepsilon_{yt}, \quad -a_{21} L y_t + (1 - a_{22} L) z_t = \varepsilon_{zt}$$

接着是求解 $y_t$ 和 $z_t$。若把系统写成矩阵的形式，则有

$$\begin{pmatrix} (1 - a_{11} L) & -a_{21} L \\ -a_{12} L & (1 - a_{22} L) \end{pmatrix} \begin{pmatrix} y_t \\ z_t \end{pmatrix} = \begin{pmatrix} \varepsilon_{yt} \\ \varepsilon_{zt} \end{pmatrix}$$

使用 Cramer 法则或矩阵的逆，得到 $y_t$ 和 $z_t$ 的解为

$$y_t = \frac{(1 - a_{22} L) \varepsilon_{yt} + a_{12} L \varepsilon_{zt}}{(1 - a_{11} L)(1 - a_{22} L) - a_{12} a_{21} L^2} \tag{6-16}$$

$$z_t = \frac{a_{21} L \varepsilon_{yt} + (1 - a_{11} L) \varepsilon_{zt}}{(1 - a_{11} L)(1 - a_{22} L) - a_{12} a_{21} L^2} \tag{6-17}$$

至此，我们已经把由式(6-14)和式(6-15)所表述的双变量 1 阶系统转化成了两个在第 2 章讨论过的单变量 2 阶差分方程。请注意，这两个变量有相同的可逆特征方程：$(1 - a_{11} L)(1 - a_{22} L) - a_{12} a_{21} L^2$。令 $(1 - a_{11} L)(1 - a_{22} L) - a_{12} a_{21} L^2 = 0$，求解就可得到可逆特征方程的两个根。为了求解特征根(逆特征根的倒数)，定义 $\lambda = \dfrac{1}{L}$。于是，特征根方程可以写为

$$\lambda^2 - (a_{11} + a_{22}) \lambda + (a_{11} a_{22} - a_{12} a_{21}) = 0 \tag{6-18}$$

因为两个变量有相同的特征方程，所以，式(6-18)的特征根决定了两个变量的时间路径。$\{y_t\}$ 和 $\{z_t\}$ 的时间路径的解释概括如下。

(1) 如果两个特征根 ($\lambda_1$, $\lambda_2$) 在单位圆内，则对于 $\{y_t\}$ 和 $\{z_t\}$，式(6-16)和式(6-17)有稳定解。如果 $t$ 充分大，或者初始条件为通解等于零，则稳定条件确保了变量是平稳的。在这种情况下，因为每个变量都是平稳的，所以，这两个变量不可能是 $CI(1, 1)$ 阶协整。

(2) 如果两个特征根中有一个在单位圆外,则解是发散的。因为没有一个变量的差分是平稳的,所以,它们不可能是 $CI(1,1)$。用同样的方法,如果两个特征根在单位圆上,则每个变量的 2 阶差分是平稳的。由于每个变量是 $I(2)$,因此,它们不可能是 $CI(1,1)$。

(3) 正如从式(6-14)和式(6-15)中所看到的,如果 $a_{12}=a_{21}=0$,则解是没有意义的。对于单位根过程 $\{y_t\}$ 和 $\{z_t\}$,要求 $a_{11}=a_{22}=1$,所以,$\lambda_1=\lambda_2=1$,并且两个变量变成了没有长期均衡关系的形式。因此,在这种情况下,变量间不是协整的。

(4) 对于是 $CI(1,1)$ 的 $\{y_t\}$ 和 $\{z_t\}$,一个特征根必须等于 1,而另一个特征根的绝对值要小于 1。在这种情况下,每个变量将有相同的随机趋势,并且每个变量的 1 阶差分是平稳的。例如,如果 $\lambda_1=1$,则式(6-16)可写为

$$y_t = \frac{(1-a_{22}L)\varepsilon_{yt} + a_{12}L\varepsilon_{zt}}{(1-L)(1-\lambda_2 L)}$$

或乘以 $(1-L)$,得到 $(1-L)y_t = \Delta y_t = \dfrac{(1-a_{22}L)\varepsilon_{yt} + a_{12}L\varepsilon_{zt}}{1-\lambda_2 L}$

如果 $|\lambda_2|<1$,则它是平稳的。

因此,为了保证变量是 $CI(1,1)$,我们必须把一个特征根设为 1,而另一个特征根的绝对值小于 1。若两个特征根中较大者等于 1,则有

$$0.5(a_{11}+a_{22}) + 0.5\sqrt{(a_{11}^2+a_{22}^2) - 2a_{11}a_{22} + 4a_{12}a_{21}} = 1$$

所以,在一些说明之后,系数被看作满足

$$a_{11} = \frac{(1-a_{22}) - a_{12}a_{21}}{1-a_{22}} \tag{6-19}$$

现在考察第二个特征根。因为若变量是协整的,则 $a_{12}$ 与(或)$a_{21}$ 必须不为零,所以,若满足 $|\lambda_2|<1$,必须使

$$a_{22} > -1 \tag{6-20}$$

且

$$a_{12}a_{21} + (a_{22})^2 < 1 \tag{6-21}$$

如果要确保变量是 $(1,1)$ 阶协整,式(6-14)和式(6-15)必须受到式(6-19)、式(6-20)和式(6-21)给出的条件的约束。为了了解系数约束条件是如何影响解的,把式(6-14)和式(6-15)改写为

$$\begin{pmatrix} \Delta y_t \\ \Delta z_t \end{pmatrix} = \begin{pmatrix} a_{11}-1 & a_{12} \\ a_{21} & a_{22}-1 \end{pmatrix} \begin{pmatrix} y_{t-1} \\ z_{t-1} \end{pmatrix} + \begin{pmatrix} \varepsilon_{yt} \\ \varepsilon_{zt} \end{pmatrix} \tag{6-22}$$

由式(6-19)得出 $a_{11}-1 = \dfrac{-a_{12}a_{21}}{(1-a_{22})}$。所以,只须对式(6-22)稍做改动,就可重新写为

$$\Delta y_t = -\frac{a_{12}a_{21}}{1-a_{22}}y_{t-1} + a_{12}z_{t-1} + \varepsilon_{yt} \tag{6-23}$$

$$\Delta z_t = a_{21}y_{t-1} - (1-a_{22})z_{t-1} + \varepsilon_{zt} \tag{6-24}$$

式(6-23)和式(6-24)构成了误差修正模型。如果 $a_{12}$ 和 $a_{21}$ 都不为零,则可以相对于其中一个变量对协整向量进行标准化。相对于变量 $y_t$ 进行标准化,得到

$$\Delta y_t = \alpha_y(y_{t-1} - \beta z_{t-1}) + \varepsilon_{yt}$$

$$\Delta z_t = \alpha_z(y_{t-1} - \beta z_{t-1}) + \varepsilon_{zt}$$

式中，$\alpha_y = \dfrac{-a_{12}a_{21}}{1-a_{22}}$，$\beta = \dfrac{1-a_{22}}{a_{21}}$，$\alpha_z = a_{21}$。

我们已经看到，$y_t$ 和 $z_t$ 的变化受到了前期相对于长期均衡的离差 $y_{t-1} - \beta z_{t-1}$ 的影响。如果 $y_{t-1} = \beta z_{t-1}$，则 $y_t$ 和 $z_t$ 的变化都只受各自的冲击 $\varepsilon_{yt}$ 和 $\varepsilon_{zt}$ 的影响。此外，如果，$\alpha_y < 0$，并且，$\alpha_z > 0$，则随着相对于长期均衡的正向离差加大，$y_t$ 减小，$z_t$ 增大。我们能够很容易确认，式(6-20)和式(6-21)所给出的条件保证了 $\beta \ne 0$，并且至少有一个速度调整系数（即 $\alpha_y$ 与 $\alpha_z$）不等于零。现在，我们再次考察式(6-9)和式(6-10)，可以看到这个模型与本节开始提出的利率模型的例子具有完全相同的形式。

虽然，$a_{12}$ 和 $a_{21}$ 不能两个都等于零，但是，如果这两个系数其中一个为零，则发生了一个值得注意的特殊情况。例如，我们假定 $a_{12}=0$，则速度调整系数 $\alpha_y = 0$。在这种情况下，因为 $\Delta y_t = \varepsilon_{yt}$，所以，$y_t$ 只受到冲击 $\varepsilon_{yt}$ 的影响，而序列 $\{z_t\}$ 要进行修正以消除相对于长期均衡的离差。

为了突出这个简单模型的一些重要意义，我们总结归纳如下。

(1) 确保变量是 $CI(1,1)$ 的必要约束条件保证了误差修正模型的存在。在我们的讨论中，虽然变量 $\{y_t\}$ 和 $\{z_t\}$ 都是单位根过程，但是，线性组合 $y_t - \beta z_t$ 是平稳的。标准化后的协整向量为 $\left(1, \dfrac{-(1-a_{22})}{a_{21}}\right)$。变量有一个误差修正表达式，其调整系数分别为 $\alpha_y = \dfrac{-a_{12}a_{21}}{1-a_{22}}$ 和 $\alpha_z = a_{21}$。同时指出 $I(1)$ 变量的误差修正模型一定意味着协整。得出的这个结果例证了 **Granger 定理**（Granger representation theorem）所陈述的结论，即对于任意一组 $I(1)$ 变量，误差修正模型与协整是等价的。

(2) 协整要求对 VAR 模型的系数施加约束条件。重要的是要认识到协整系统是一般 VAR 模型的约束形式。令 $x_t = (y_t, z_t)'$，$\varepsilon_t = (\varepsilon_{yt}, \varepsilon_{zt})'$，则式(6-22)可以写成

$$\Delta x_t = \pi x_{t-1} + \varepsilon_t \tag{6-25}$$

显然，只用 1 阶差分估计协整变量的 VAR 模型是不恰当的。对不含 $\pi x_{t-1}$ 项的式(6-25)的估计将排除模型的误差修正部分。如果变量是协整的，则 $\pi$ 的行向量不是线性无关的，注意这一点也很重要。第 1 行的每个元素都乘以 $\dfrac{-(1-a_{22})}{a_{12}}$，其结果对应于第 2 行的各个元素。因此，$\pi$ 的行列式值等于零。$y_t$ 和 $z_t$ 具有式(6-23)和式(6-24)所给出的误差修正表达式。

上述两个变量的例子说明了 Johansen(1988) 与 Stock 和 Watson(1988) 的重要思想：可以根据 $\pi$ 的秩确定两个变量 $\{y_t\}$ 与 $\{z_t\}$ 是否存在协整。请比较行列式 $\pi$ 和式(6-18)给出的特征根方程，如果最大的特征根等于 1（假定 $\lambda_1 = 1$），则行列式 $\pi$ 的值等于零，且矩阵 $\pi$ 的秩为 1。如果 $\pi$ 的秩为 0，则必要条件是：$a_{11}=1$、$a_{22}=1$，并且 $a_{12}=a_{21}=0$。式(6-14)和式(6-15)所给出的 VAR 模型只不过是 $\Delta y_t = \varepsilon_{yt}$ 与 $\Delta z_t = \varepsilon_{zt}$。在这种情况下，序列 $\{y_t\}$ 与 $\{z_t\}$ 都是没有协整向量的单位根过程。最后，如果 $\pi$ 是满秩的，则两个特征根都不为 1，所以，序列 $\{y_t\}$ 与 $\{z_t\}$ 都是平稳的。

(3) 一般来讲，协整系统中的两个变量将长期均衡离差产生响应。然而，速度调整系数中有一个（不是两个）为零是可能的。例如，如果 $\alpha_y = 0$，则 $\{y_t\}$ 不受相对于长期均衡离差的影响，而 $\{z_t\}$ 要进行调整。在这种情形下，我们把 $\{y_t\}$ 称为**弱外生**（weakly exogenous）的。像这样的情况，也能够估计 $\{z_t\}$ 的计量经济模型并进行假设检验，牵涉不到 $y_t$ 的特定模型。在 6.10 节与附录 6.2，讨论了变量是弱外生时的协整系统的建模问题。

另外，有必要重新解释协整系统中的 Granger 因果关系检验问题。在一个协整系统中，如果滞后值 $\Delta y_{t-i}$ 没在 $\Delta z_t$ 的方程式中，并且 $z_t$ 没有受到相对于长期均衡的离差的影响，则 $\{y_t\}$ 不是引起 $\{z_t\}$ 的 Granger 原因。因此，$\{z_t\}$ 一定是弱外生的。如果式(6-24)中的 $a_{21}=0$，则 $\{z_t\}$ 是弱外生的，并且不是由 $\{y_t\}$ 引起的 Granger 原因。类似地，在式(6-11)和式(6-12)的协整系统中，如果所有的 $\alpha_{12}(i)=0$ 且 $\alpha_s=0$，则 $\{r_{Lt}\}$ 不是引起 $\{r_{st}\}$ 的 Granger 原因。

### n 变量的情况

$n$ 变量的情形几乎与双变量一样，没有改变。尽管在系统中加入了额外的变量，但协整、误差修正和矩阵 $\pi$ 的秩之间的相互关系是不变的。在 $n$ 变量情形下，关注点是可能存在多个协整向量。现在，我们考察式(6-25)的更一般形式

$$x_t = A_1 x_{t-1} + \varepsilon_t \tag{6-26}$$

式中　$x_t$——$n \times 1$ 向量 $(x_{1t}, x_{2t}, \cdots, x_{nt})'$；

　　　$\varepsilon_t$——$n \times 1$ 向量 $(\varepsilon_{1t}, \varepsilon_{2t}, \cdots, \varepsilon_{nt})'$；

　　　$A_1$——$n \times n$ 系数矩阵。

式(6-26)的两边减去 $x_{t-1}$，并且令 $I$ 为 $n \times n$ 单位矩阵。于是，得到

$$\Delta x_t = -(I - A_1)x_{t-1} + \varepsilon_t = \pi x_{t-1} + \varepsilon_t \tag{6-27}$$

式中，$\pi$ 是 $n \times n$ 矩阵 $-(I - A_1)$；$\pi_{ij}$ 表示 $\pi$ 的第 $i$ 行、第 $j$ 列的元素。我们可以看到，式(6-27)是式(6-13)中所有 $\pi_i = 0$ 的特殊情况。

再次强调，对于协整至关重要的是关注 $n \times n$ 矩阵 $\pi$ 的秩。如果这个矩阵的秩等于零，则 $\pi$ 的每个元素一定为零。在这种情况下，式(6-27)相当于 $n$ 个变量的 1 阶差分 VAR 模型

$$\Delta x_t = \varepsilon_t$$

在这里，因为每个 $\Delta x_{it} = \varepsilon_{it}$，所以，向量 $x_t$ 中的每个变量的 1 阶差分序列是 $I(0)$。由于每个 $x_{it} = x_{it-1} + \varepsilon_{it}$，所以，所有的序列 $\{x_{it}\}$ 是单位根过程，并且不存在变量的线性组合是平稳的情况。

另外一个极端情况是假设 $\pi$ 是满秩的。在这种情况下，通过 $n$ 个独立的方程

$$\pi_{11}x_{1t} + \pi_{12}x_{2t} + \pi_{13}x_{3t} + \cdots + \pi_{1n}x_{nt} = 0$$
$$\pi_{21}x_{1t} + \pi_{22}x_{2t} + \pi_{23}x_{3t} + \cdots + \pi_{2n}x_{nt} = 0$$
$$\vdots$$
$$\pi_{n1}x_{1t} + \pi_{n2}x_{2t} + \pi_{n3}x_{3t} + \cdots + \pi_{nn}x_{nt} = 0 \tag{6-28}$$

就可得到式(6-27)的长期解。

$n$ 个方程中的每一个方程都是对变量长期解的一个独立约束条件。在系统中的 $n$ 个变量面对 $n$ 个长期约束条件。在这种情况下，在向量 $x_t$ 中的 $n$ 个变量中的每一个都是平稳的，且长期均衡值由式(6-28)给出。因为所有变量都是平稳的，所以，变量间不是 $CI(1,1)$。

处于上面两种情况的中间情形下，$\pi$ 的秩等于 $r$，且 $r < n$，存在 $r$ 个协整向量。因为有 $r$ 个独立方程和 $n$ 个变量，所以，系统中有 $n-r$ 个随机趋势。如果 $r=1$，则有一个协整向量，这个协整向量由矩阵 $\pi$ 的任意一行给出。每个序列 $\{\Delta x_{it}\}$ 可以写成误差修正形式，例如，我们可以把 $\Delta x_{1t}$ 写成

$$\Delta x_{1t} \pi_{11} x_{1t-1} + \pi_{12} x_{2t-1} + \cdots + \pi_{1n} x_{nt-1} + \varepsilon_{1t}$$

或令 $\alpha_1 = \pi_{11}$，$\beta_{1j} = \dfrac{\pi_{1j}}{\pi_{11}}$，相对于 $x_{1t-1}$ 进行标准化，得到

$$\Delta x_{1t} = \alpha_1(x_{1t-1} + \beta_{12}x_{2t-1} + \cdots + \beta_{1n}x_{nt-1}) + \varepsilon_{1t} \tag{6-29}$$

从长期看，$\{x_{it}\}$ 将满足关系式

$$x_{1t} + \beta_{12}x_{2t} + \cdots + \beta_{1n}x_{nt} = 0$$

因此，标准化的协整向量为 $(1, \beta_{12}, \beta_{13}, \cdots, \beta_{1n})$，速度调整系数为 $\alpha_1$。按照同样的方法，对于两个协整向量，变量的长期均衡值满足两个关系式

$$\pi_{11}x_{1t} + \pi_{12}x_{2t} + \cdots + \pi_{1n}x_{nt} = 0$$
$$\pi_{21}x_{1t} + \pi_{22}x_{2t} + \cdots + \pi_{2n}x_{nt} = 0$$

我们也可以对这两个关系式进行适当的标准化。

这里，存在协整检验的三种重要方法。Engle-Granger 方法是确定均衡关系的残差是否平稳的方法。Johansen(1988) 方法是确定 $\pi$ 的秩，误差修正方法检验速度调整系数。Engle-Granger 处理方法在接下来的三节中讨论，6.7~6.9 节解释 Johansen(1988) 的方法，并且运用了误差修正框架的协整会在 6.10 节中检验。

## 6.4 协整检验：Engle-Granger 检验方法

为了说明 Engle-Granger 协整检验方法的过程，我们从应用研究中经常遇到的问题类型开始。假设有两个变量 $y_t$ 和 $z_t$，它们都是 1 阶单整的，并且我们需要确定这两个变量之间是否存在一个长期均衡关系。Engle 和 Granger(1987) 指出：确定两个 $I(1)$ 变量是否为 $CI(1,1)$ 阶协整的过程需要 4 个步骤。

**第 1 步**：确认变量的单整阶数。根据定义，协整要求两个变量要具有相同的单整阶数。因此，在分析中，第 1 步预检每个变量，确定单整阶数。可以用第 4 章讨论过的 ADF 检验推断每个变量中的单位根数目。如果两个变量都平稳，就没有必要进行处理，这是因为标准的时间序列方法实用于平稳序列。如果变量的单整阶数不同，则在通常的学术意义下，可以认为它们之间不存在协整。然而，当一些变量是 $I(1)$ 而另一些变量是 $I(2)$ 时，我们也可能想确定变量间是否存在多协整。对于这种情况，将在 6.5 节讨论。

**第 2 步**：估计长期均衡关系。如果第 1 步结果指出 $\{y_t\}$ 和 $\{z_t\}$ 都是 $I(1)$ 变量，则接下来是用公式

$$y_t = \beta_0 + \beta_1 z_t + e_t \tag{6-30}$$

估计长期均衡关系。

如果变量间是协整的，则 OLS 回归得到一个协整系数 $\beta_0$ 和 $\beta_1$ 的超一致估计量。Stock(1987) 证明了 $\beta_0$ 和 $\beta_1$ 的 OLS 估计收敛速度要比模型中用平稳变量的 OLS 估计快。为了说明这一点，再次分析图 6-3 所示的散点图。可以看到共同趋势的效果要优于平稳成分的效果，两个变量好像是一前一后上升与下降。因此，正如图 6-3 中的回归直线所示，它们有很强的线性关系。

为了确定变量间是否真正存在协整，用 $\{\hat{e}_t\}$ 表示式 (6-30) 的残差序列。因此，$\{\hat{e}_t\}$ 是偏离长期均衡关系的离差估计值。如果这些离差估计值平稳，则序列 $\{y_t\}$ 和 $\{z_t\}$ 是 $(1,1)$ 阶协整。要是我们能够对这些离差估计值运用 DF 检验来确定它们的单整阶数，那将是很便利的。

考察残差的自回归模型

$$\Delta \hat{e}_t = a_1 \hat{e}_{t-1} + \varepsilon_t \tag{6-31}$$

因为$\{\hat{e}_t\}$序列是回归方程式的残差,所以,这里不需要包含截距项,只需关心式(6-31)中的参数$a_1$即可。如果我们不能拒绝原假设$a_1=0$,则断定序列含有一个单位根。由此,能够得出序列$\{y_t\}$和$\{z_t\}$不是协整的。更准确的用语虽然在学术上是正确的,但因为有三重否定,难以使用。如果拒绝原假设$|a_1|=0$是不可能的,则我们不能拒绝变量间不存在协整的假设。换句话说,拒绝原假设就意味着残差序列是平稳的。若得出序列$\{y_t\}$和$\{z_t\}$都是$I(1,1)$,并且残差序列是平稳的话,则我们能够断定时序列间是$I(1,1)$阶协整的。

在大多数应用研究中,仅仅用 DF 检验是不可能的。问题在于$\{\hat{e}_t\}$序列是由回归式产生的,研究者只知道误差的估计值,并不知道真实误差$e_t$。方程(6-30)的回归拟合方法是选择使得残差的平方和达到最小的$\beta_0$和$\beta_1$。因为是尽可能地让残差方差最小,所以,破坏了寻找式(6-31)的平稳误差过程的处理方法。因此,用于检验$a_1$的检验统计量一定要反映这个事实,只有当$\beta_0$和$\beta_1$已知,并且可用以构造真实序列$\{e_t\}$时,普通的 DF 检验才是合适的。在估计协整向量时,用补充手册的表 C 提供的临界值。这些临界值依赖于在分析中所使用的样本大小和变量个数。例如,为了检验样本长度为 100 的两个变量之间的协整,在 5% 的显著水平下,临界值为 -3.398。

如果式(6-31)的残差不是表现为白噪声过程,则可以用扩展形式的检验替代式(6-31)。假定诊断检测指出$\{\varepsilon_t\}$序列存在序列相关。在这种情况下,取代式(6-31),可估计自回归模型

$$\Delta \hat{e}_t = a_1 \hat{e}_{t-1} + \sum_{i=1}^{n} a_{i+1} \Delta \hat{e}_{t-i} + \varepsilon_t \qquad (6\text{-}32)$$

再次强调,如果我们拒绝原假设$a_1=0$,则能够断定残差序列平稳,变量间是协整的。

**第 3 步**:估计误差修正模型。如果变量是协整的(即不存在协整的原假设被拒绝),则相对于长期均衡的离差能够用来估计误差修正模型。如果$\{y_t\}$和$\{z_t\}$是$CI(1,1)$,则变量具有误差修正形

$$\Delta y_t = \alpha_1 + \alpha_y[y_{t-1} - \beta_1 z_{t-1}] + \sum_{i=1}^{} \alpha_{11}(i)\Delta y_{t-i} + \sum_{i=1}^{} \alpha_{12}(i)\Delta z_{t-i} + \varepsilon_{yt} \qquad (6\text{-}33)$$

$$\Delta z_t = \alpha_2 + \alpha_z[y_{t-1} - \beta_1 z_{t-1}] + \sum_{i=1}^{} \alpha_{21}(i)\Delta y_{t-i} + \sum_{i=1}^{} \alpha_{22}(i)\Delta z_{t-i} + \varepsilon_{zt} \qquad (6\text{-}34)$$

式中,$\beta_1$表示式(6-30)给出的协整向量系数;$\varepsilon_{yt}$和$\varepsilon_{zt}$是白噪声干扰项(互相之间可以是相关的);$\alpha_1$,$\alpha_2$,$\alpha_y$,$\alpha_z$,$\alpha_{11}(i)$,$\alpha_{12}(i)$,$\alpha_{21}(i)$,$\alpha_{22}(i)$都是系数。

Engle 和 Granger(1987)提出了一种回避联立方程式限制而直接估计式(6-33)和式(6-34)的灵活方法。$\hat{e}_{t-1}$是$(t-1)$期相对于长期均衡的离差。因此,可以用第 2 步获得的残差$\{\hat{e}_{t-1}\}$作为被估式(6-33)和式(6-34)中的表达式$y_{t-1}-\beta_1 z_{t-1}$。于是,采用偏离长期均衡关系的估计离差,误差修正模型就变为

$$\Delta y_t = \alpha_1 + \alpha_y \hat{e}_{t-1} + \sum_{i=1}^{} \alpha_{11}(i)\Delta y_{t-i} + \sum_{i=1}^{} \alpha_{12}(i)\Delta z_{t-i} + \varepsilon_{yt} \qquad (6\text{-}35)$$

$$\Delta z_t = \alpha_2 + \alpha_z \hat{e}_{t-1} + \sum_{i=1}^{} \alpha_{21}(i)\Delta y_{t-i} + \sum_{i=1}^{} \alpha_{22}(i)\Delta z_{t-i} + \varepsilon_{zt} \qquad (6\text{-}36)$$

除去误差修正项$\hat{e}_{t-1}$后,式(6-35)和式(6-36)就变成了 1 阶差分的 VAR 模型。这个模型能够用第 5 章讨论的同样方法进行估计。VAR 模型中所讨论的所有处理方法适用于由误差修正方程所表达的系统。特别是:

(1) OLS 是一个有效的估计策略。这是因为每个方程含有相同的解释变量。

(2) 因为式(6-35)和式(6-36)中所有项都是平稳的,即$\Delta y_t$与它的滞后变量、$\Delta z_t$与它的滞后变量以及$\hat{e}_{t-1}$都是$I(0)$。因此,用于传统 VAR 分析的检验统计量也适用于式(6-35)和式(6-36)。

例如，滞后长度可以用 $\chi^2$ 检验确定，所有 $\alpha_{jk}(i)=0$ 的约束限制能够通过 $F$ 检验进行检验。如果存在单一的协整向量，则与 $\alpha_y$ 或 $\alpha_z$ 有关的约束限制可用 $t$ 检验。

**第 4 步**：评价模型的适用性。以下几个步骤有助于我们确定已估计的误差修正模型是否适用。

(1) 通过确定误差修正式的残差是否近似于白噪声的诊断检验来进行评估模型的适用性。如果残差是相关的，则滞后长度可能太短。可以用使得残差不存在相关的新滞后长度重新估计模型。我们可能需要容许一些变量的滞后长度要比其它变量长些。如果是这样，可以通过似然无关回归(SUR)获得估计近似 VAR 更好效果。

(2) 速度调整系数 $\alpha_y$ 和 $\alpha_z$ 特别有价值。它们因系统的动态特性而具有重要含义。如 6.3 节所述，$\alpha_y$ 和 $\alpha_z$ 的值直接与系统误差的特征根相关。直接收敛的条件是 $\alpha_y$ 为负，$\alpha_z$ 为正。如果我们重点关注式(6-36)，则显然可以看出，对任意给定的 $\hat{e}_{t-1}$ 值，$\alpha_z$ 的值越大，对应的 $\Delta z_t$ 也越大。如果 $\alpha_z$ 等于零，则 $z_t$ 的变化不受 $(t-1)$ 期的偏离长期均衡的离差的影响。如果 $\alpha_z$ 等于零，并且所有的 $\alpha_{21}(i)=0$，则称 $\{\Delta y_t\}$ 不是引起 $\{\Delta z_t\}$ 的 Granger 原因。我们知道当变量是协整时，$\alpha_y$ 与(或) $\alpha_z$ 显著不为零。从根本上讲，如果 $\alpha_y$ 与 $\alpha_z$ 两个都为零，则不存在误差修正项，并且式(6-35)和式(6-36)只含有 1 阶差分的 VAR。然而，速度调整系数的绝对值一定不能太大。点估计应该意味着 $\Delta y_t$ 和 $\Delta z_t$ 趋于长期均衡关系。

如果所有变量中除了一个变量之外，其他变量都是弱外生的，则有必要用 6.10 节讲述的误差修正方法进行估计。

(3) 像传统的 VAR 分析一样，Lutkepohl 和 Reimers(1992)指出新息(即脉冲响应与方差分解分析)能够用于提取所有变量相互作用的相关信息。作为一个特例，如果 $y_t$ 对 $z_t$ 有同时性的影响，并且(或者) $z_t$ 对 $y_t$ 有同时性的影响，则两个新息 $\varepsilon_{yt}$ 与 $\varepsilon_{zt}$ 可能是同时相关的。在获得脉冲响应函数和方差分解时，像 Choleski 分解的有些方法必须对新息进行正交化处理。

脉冲响应函数形态和方差分解结果能够反映变量的动态响应是否与理论一致。因为式(6-35)和式(6-36)中的所有变量都是 $I(0)$，所以，$\Delta y_t$ 和 $\Delta z_t$ 的脉冲响应将收敛于零。如果得到的脉冲响应函数是非衰减的或发散的，就应该重新从每一步开始进行研究。

在结束本节之前，给出一些应该重视的劝告。尽管用 $t$ 统计量对协整向量进行显著性检验很有吸引力，但必须消除这种念头。这是因为系数只在一种特殊情况下才具有渐近的 $t$ 分布。假设 $\{y_t\}$ 和 $\{z_t\}$ 之间的协整关系是

$$y_t = \beta_0 + \beta_1 z_t + \varepsilon_{1t}$$
$$\Delta z_t = \varepsilon_{2t}$$

式中，$E\varepsilon_{1t}\varepsilon_{2t}=0$。

这个假定表示两个方程式中的残差是相互独立的白噪声分布。这组假设是合理的约束条件。在该约束条件下，两个方程式的残差序列不存在序列自相关，且互相关系数等于零。如果这些条件满足，就可以用 $t$ 检验和 $F$ 检验对 OLS 的估计量 $\beta_0$ 和 $\beta_1$ 进行检验。即使干扰项不服从正态分布，但渐近结果用 $t$ 检验和 $F$ 检验也是合适的。请一定注意：要进行这样的检验，序列不存在自相关和两个序列互不相关这两个条件一定要满足。如果 $E\varepsilon_{1t}\varepsilon_{2t}\neq 0$，则由于冲击项 $\varepsilon_{1t}$ 对 $z_t$ 生了影响，$z_t$ 就不再是外生的变量。因此，对参数 $\beta_1$ 的推断是不合适的，这是因为 $z_t$ 和 $y_t$ 是联合决定的。然而，正如在标准回归分析中，如果协整向量的残差是自相关的，则估计得到的系数是不准确的。Phillips 和 Hansen(1990)提出了针对这种情况的处理方法。这种处理方法的详细讨论在补充手册的附录 6.2 中进行。

## 6.5 协整检验：Engle-Granger 检验方法演示

图 6-5 给出了用于阐述 Engle-Granger 方法的 3 个模拟变量。观察图 6-5 可以看出每个变量都是非平稳的，并且从直观感觉，不存在任意一对是协整的证据。更加详细的信息如表 6-1 所示，每个序列由随机趋势成分和自回归无规则成分组成。

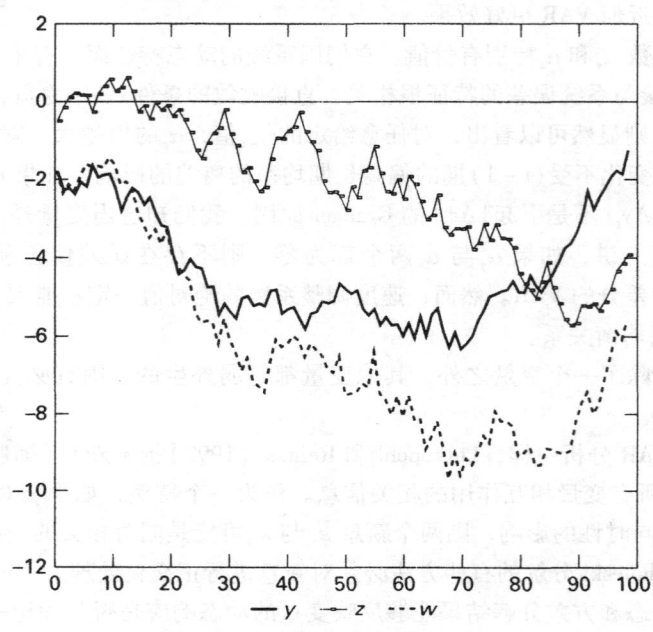

图 6-5　模拟的三个协整序列

表 6-1 的第 1 列包含了构造 $\{y_t\}$ 序列的式。首先，用 150 个白噪声观测值表示序列 $\{\varepsilon_t\}$。初始化 $\mu_{y0}=0$，通过式 $\mu_{yt}=\mu_{yt-1}+\varepsilon_{yt}$ 构造随机游走过程 $\{\mu_{yt}\}$ 的 150 个值（请看表 6-1 的第 1 个单元格）。另外白噪声过程的 150 个观测值表示序列 $\{\eta_t\}$。给定初始条件 $\delta_{y0}=0$，用这些观测值构造 $\delta_{yt}=0.5\delta_{yt-1}+\eta_{yt}$ 的序列 $\{\delta_{yt}\}$（请看表 6-1 的第 2 个单元格）。把这两个序列加在一起，形成一个有 150 个观测值的序列 $\{y_t\}$。为了保证得到随机性结果，在模拟研究中只使用最后 100 个观测值。因此，$\{y_t\}$ 是随机趋势和平稳成分（不规则）的和。

表 6-1　模拟序列

|  | $(y_t)$ | $(z_t)$ | $(w_t)$ |
| --- | --- | --- | --- |
| 趋势序列 | $\mu_{yt}=\mu_{yt-1}+\varepsilon_{yt}$ | $\mu_{zt}=\mu_{zt-1}+\varepsilon_{zt}$ | $\mu_{wt}=\mu_{yt}+\mu_{zt}$ |
| 纯粹的无规则 | $\delta_{yt}=0.5\delta_{yt-1}+\eta_{yt}$ | $\delta_{zt}=0.5\delta_{zt-1}+\eta_{zt}$ | $\delta_{wt}=0.5\delta_{wt-1}+\eta_{wt}$ |
| 序列 | $y_t=\mu_{yt}+\delta_{yt}$ | $z_t=\mu_{zt}+\delta_{zt}+0.5\delta_{yt}$ | $w_t=\mu_{wt}+\delta_{wt}+0.5\delta_{yt}+0.5\delta_{zt}$ |

用类似的方法构造序列 $\{z_t\}$，序列 $\{\varepsilon_{zt}\}$ 和 $\{\eta_{zt}\}$ 用两个不同的含有 150 个随机数的集合表示。趋势项 $\{\mu_{zt}\}$ 和自回归无规则项 $\{\delta_{zt}\}$ 根据表 6-1 的第 2 列所给出的表达式进行构造，可以将序列 $\{\delta_{zt}\}$ 想象成序列 $z_t$ 中的纯粹的无规则成分。为了引进序列 $\{y_t\}$ 和 $\{z_t\}$ 间的关系，$\{z_t\}$ 中的无规则成分被构造成 $\delta_{zt}+0.5\delta_{yt}$。在表 6-1 的第 3 列，我们能够看到 $\{w_t\}$ 的趋势成分是另外两个序列的趋

势之和。因此，这三个序列具有协整向量$(1, 1, -1)$。$\{w_t\}$中的无规则成分是纯新息$\delta_{wt}$与各为50%的新息$\delta_{yt}$和$\delta_{zt}$的和。

现在，我们假定不知道数据的生成过程。问题是 Engle-Granger 方法能否揭示过程的实质。使用文件 COINT6.XLS 中的数据继续进行。为了确定变量的单整阶数，第一步是预先检验变量。对于$\{y_t\}$，考察 ADF 检验的回归方程

$$\Delta y_t = \alpha_0 + \alpha_1 y_{t-1} + \sum_{i=1}^{n} \alpha_{i+1} \Delta y_{t-i} + \varepsilon_t$$

如果数据是季度数据，则自然应该采用滞后期为 4 的倍数(即 $n=4, 8, \cdots$)的 ADF 检验方程进行检验。每个序列的 DF 检验和滞后期为 4 的 ADF 检验结果如表 6-2 所示。

表 6-2 $\alpha_1$ 的估计值及其 $t$ 统计量

|  | 无滞后项 | 4 个滞后项 |
|---|---|---|
| $\Delta y_t$ | −0.020 | −0.027 |
|  | (−0.742) | (−1.047) |
| $\Delta z_t$ | −0.021 | −0.258 |
|  | (−0.992) | (−1.144) |
| $\Delta w_t$ | −0.035 | −0.037 |
|  | (−1.908) | (−1.936) |

在 5%的显著水平下，具有 100 个样本且包含常数的 DF 检验的临界值为 −2.89。因为所有 $t$ 统计量的绝对值都小于这个临界值的绝对值，所以，对于这些序列中的任意一个，我们不能拒绝存在单位根的原假设。当然，如果对关于单位根的存在性存在疑问，则可采用第 4 章所介绍的方法检验回归方程中漂移是否存在。如果不同的滞后长度产生不同的结果，我们需要检验最恰当的滞后长度。

采用模拟数据的好处在于能够回避这些潜在的难题而直接进入第 2 步。因为 3 个变量全部被假定为共同决定的，所以，能够用 $y_t$、$z_t$ 和 $w_t$ 作为解释变量对长期均衡回归方程进行估计。长期均衡关系的 3 个估计式(括号内的值为 $t$ 统计量)为

$$y_t = -0.048 - 0.927 z_t + 0.977 w_t + e_{yt}$$
$$(-0.58) \quad (-38.10) \quad (53.461)$$

$$z_t = 0.0590 - 1.011 y_t + 1.026 w_t + e_{zt}$$
$$(0.67) \quad (-38.10) \quad (65.32)$$

$$w_t = -0.085 + 0.990 y_t + 0.953 z_t + e_{wt}$$
$$(-1.01) \quad (53.46) \quad (65.32)$$

式中，$e_{yt}$、$e_{zt}$ 和 $e_{wt}$ 分别表示三个均衡回归方程的残差。

检验的目的是确定均衡回归方程的残差是否平稳。再次强调，在进行的检验中，不存在任意一个残差序列比其他两个残差序列更可取的预先假设。运用 3 个残差序列中的每个序列，根据式(6-31) [或式(6-32)]进行估计，表 6-3 给出了 $a_1$ 的估计值结果。

表 6-3 $a_1$ 的估计值及其 $t$ 统计量

|  | 无滞后项 | 4 个滞后项 |
|---|---|---|
| $\Delta e_{yt}$ | −0.443 | −0.595 |
|  | (−5.175) | (−4.074) |
| $\Delta e_{zt}$ | −0.452 | −0.593 |
|  | (−5.379) | (−4.226) |
| $\Delta e_{wt}$ | −0.455 | −0.607 |
|  | (−5.390) | (−4.225) |

从表 C 中，我们看到 $t$ 统计量的临界值为 −3.828。因此，应用三个均衡方程中的任何一个，我们能够得出结论，序列是 $(1, 1)$ 阶协整的，并且幸运的是，三个均衡回归方程得到了相同结果。有时结果会出现这样的情况，当用某一个变量作为标准化变量的变量间是协整的，而采用另一个变量作为标准化变量的变量间却不是协整的，对于这种情况，我们必须谨慎对待。在这种情况下，有可能是变量的子集是协整的。假设 $x_{1t}$，$x_{2t}$ 和 $x_{3t}$ 是 3 个 $I(1)$ 变量，并且 $x_{1t}$ 和 $x_{2t}$ 是协整的，

使得 $x_{1t} - \beta_2 x_{2t}$ 是平稳的。$x_{1t}$ 对另外两个变量的回归将得到平稳关系 $x_{1t} = \beta_2 x_{2t} + 0 x_{3t}$ 类似地，$x_{2t}$ 对另外两个变量的回归将得到平稳关系 $x_{2t} = \left(\dfrac{1}{\beta_2}\right) x_{1t} + 0 x_{3t}$。然而，$x_{3t}$ 对 $x_{1t}$ 和 $x_{2t}$ 回归将不会展现协整关系。不过，由于检验缺陷，可能导致完全相反的结果。如果发现结果既模糊不清又很复杂的话，可以尝试用其他的方法。

我们必须慎重地对待被估均衡回归方程的参数显著性检验。正如前面提到的，系数的估计量不服从渐近的 $t$ 分布，除非解释变量是独立的，并且误差项呈序列不相关。

第3步推导估计的误差修正模型。让我们考察给出的1阶差分系统，括号内的值为 $t$ 统计量。

$$\Delta y_t = 0.006 + 0.418 e_{wt-1} + 0.178 \Delta y_{t-1} + 0.313 \Delta z_{t-1} - 0.368 \Delta w_{t-1} + \varepsilon_{yt} \quad (6\text{-}37)$$
$$(0.19) \quad (2.79) \quad (1.08) \quad (1.94) \quad (-2.27)$$

$$\Delta z_t = -0.042 + 0.074 e_{wt-1} + 0.145 \Delta y_{t-1} + 0.262 \Delta z_{t-1} - 0.313 \Delta w_{t-1} + \varepsilon_{zt} \quad (6\text{-}38)$$
$$(-1.12) \quad (0.42) \quad (0.75) \quad (1.38) \quad (-1.63)$$

$$\Delta w_t = -0.040 - 0.069 e_{wt-1} + 0.156 \Delta y_{t-1} + 0.301 \Delta z_{t-1} - 0.420 \Delta w_{t-1} + \varepsilon_{wt} \quad (6\text{-}39)$$
$$(-0.90) \quad (-0.33) \quad (0.68) \quad (1.35) \quad (-1.87)$$

式中，$e_{wt-1} = w_{t-1} + 0.0852 - 0.9901 y_{t-1} - 0.9535 z_{t-1}$，所以，$e_{wt-1}$ 是将 $w_t$ 作为被解释变量的均衡关系离差的滞后值。

式(6-37)~式(6-39)包含了一个具有单个误差修正项 $e_{wt-1}$ 的1阶差分 VAR。请再次注意，因为在估计式中可能已经使用了相对于均衡关系的残差，所以，存在一个不明确的地方。速度调整系数的符号与长期均衡的收敛方向相一致。因为 $e_{wt-1}$ 中存在正偏差，所以，$y_t$ 与 $z_t$ 随着 $w_t$ 的减少而增加。然而，误差修正项仅仅在式(6-37)中是显著的。

最后，为了评价模型的妥当性，在最后一节讨论的诊断方法可用于式(6-37)~式(6-39)。使用的实际数据、滞后长度检验、残差的特性都需要考虑，此外，新息有助于确定模型是否充分。因为在这里我们知道真实的滞后长度，并且所给出的模拟数据与经济理论没有联系，所以，在这里也就无法进行这些检验。本章后的习题2将要求我们做此方面的检验。

### I(2) 变量的 Engle-Granger 检验过程

多重协整涉及这样一种情况：一个 $I(1)$ 变量和 $I(2)$ 变量的一个线性组合是零阶单整的。例如，假设 $x_{1t}$ 和 $x_{2t}$ 是 $I(2)$ 变量，$z_t$ 是 $I(1)$ 变量。$x_{1t}$ 和 $x_{2t}$ 的线性组合可能是 $I(1)$ 变量，并且这个组合与 $z_t$ 是协整的。因此，可能存在形式为

$$x_{1t} = \beta_2 x_{2t} + \alpha_1 z_t$$

的长期均衡关系。

然而，平稳关系

$$x_{1t} = \beta_2 x_{2t} + \gamma_1 \Delta x_{2t} + \alpha_1 z_t$$

给出了更为丰富的可能性。

这个表达式考虑了这样一种可能性，线性组合 $x_{1t} - \beta_2 x_{2t}$ 是 $I(1)$ 变量，并且与系统中另外的解释变量 $\Delta x_{2t}$ 和 $z_t$ 是协整的。为了确信我们明白了这个问题，请问问自己，是否 $\beta_2 = 0$ 是可能的。回答是明确的，即不可能。如果 $\beta_2 = 0$，则 $I(2)$ 变量 $x_{1t}$ 通过自身与 $I(1)$ 变量的线性组合后变量间不可能是协整的。

特别地，使用两步法检测多重协整是可行的。首先，在 $I(2)$ 变量中寻找协整关系，然后，用这个关系检测与其余 $I(1)$ 变量可能存在的协整关系。Engsted，Gonzalo 和 Haldrup(1997) 指出：仅

仅在第 1 步的协整向量已知时，这种方法才有效，否则，第 2 步与第 1 步产生的残差是混在一起的。在第 1 步的最一般形式中，我们可以估计方程

$$x_{1t} = \alpha_0 + \alpha_1 t + \alpha_2 t^2 + \beta_2 x_{2t} + \beta_3 x_{3t} + \gamma_1 \Delta x_{2t} + \gamma_2 \Delta x_{3t} + \alpha_1 z_t + e_t \qquad (6\text{-}40)$$

式中，$x_{1t}$，$x_{2t}$ 和 $x_{3t}$ 是 $I(2)$ 变量；$z_t$ 是由 $I(1)$ 变量构成的向量，并且确定性回归变量可包含二次方的时间趋势。

因此，在这个检验中，允许我们最多放入 2 个 $I(2)$ 变量和不受数目限制的 $I(1)$ 变量作为解释变量。如果 $\Delta^2 x_{1t}$ 带有漂移，则应该包含二次方时间趋势。因为关键的问题是关注序列 $\{e_t\}$ 的平稳性，所以，估计的回归方程为

$$\Delta \hat{e}_t = \rho \hat{e}_{t-1} + \sum_{i=1}^{p} \rho_i \hat{e}_{t-i} + v_t$$

式中，$\{\hat{e}_t\}$ 是来自式(6-40)的回归残差。

如果拒绝原假设 $\rho=0$，则能断定存在多重协整。除了样本大小外，原假设 $\rho=0$ 的 $t$ 统计量的临界值还依赖于作为解释变量的 $I(2)$ 变量的数目（$m_2 = 1$ 或 2）、$I(1)$ 变量的数目（$m_1 = 0$ 到 4）以及确定性回归变量的形式。其临界值如补充手册的表 D 所示。考察 Haldrup(1994)采用 1963 年第 1 季度至 1989 年第 2 季度的样本区间的数据，估计的英国的货币需求函数

$$m_t = \alpha_0 + 0.68 p_t + 1.57 y_t - 2.67 r_t - 2.55 \Delta p_t \qquad (6\text{-}41)$$

与

$$m_t = a_0 + a_1 t + 0.89 p_t + 2.39 y_t - 2.69 r_t - 3.25 \Delta p_t \qquad (6\text{-}42)$$

准备考察的变量为 $m_t$（以 M1 衡量）与 $p_t$（隐含的价格水平），它们都是 $I(2)$ 变量，还有 $y_t$（最终总支出）和 $r_t$（由利率差度量），它们都是 $I(1)$ 变量。需要说明的唯一变量是在货币需求函数中含有的 $\Delta p_t$。这个想法是考虑到了货币需求依赖于通货膨胀率（即物价水平对数值的变化），这是因为高通货膨胀将导致持有货币余额的欲望。因为总共有 105 个观测值，1 个 $I(2)$ 解释变量（所以，$m_2 = 1$），3 个 $I(1)$ 解释变量，所以，在 5% 的显著水平下，没有线性趋势和含有线性趋势的临界值分别为 $-4.56$ 和 $-4.91$。利用式(6-41)和式(6-42)给出的货币需求函数的残差，Haldrup 得到原假设 $\rho=0$ 的 $t$ 统计量分别为 $-2.35$ 和 $-2.66$。因此，可能得出结论，这两个回归方程是伪回归（即不可能拒绝没有多重协整的原假设）。

即使多重协整不成立，Haldrup 也继续通过各种不同的误差修正机制的评估方法进行了尝试。一个有意义的模型（括号内的值为标准差）是

$$\Delta^2 m_t = -0.04 \hat{e}_{t-1} + 平稳回归变量$$
$$(0.02)$$

式中，平稳回归变量既可以包含 $\Delta^2 m_t$ 的滞后值，也可以包含 $\Delta^2 p_t$、$\Delta y_t$、$\Delta p_t$ 和 $\Delta r_t$ 的现值和滞后值。点估计预期为 $\Delta^2 m_t$ 将减少，以响应相对于长期均衡关系的正离差。$t$ 统计量为 $\dfrac{-0.04}{0.02} = -2$ 表明在 5% 显著水平下恰好显著。

## 6.6 协整和购买力平价理论

为了用现实世界的实际数据说明 Engle-Granger 方法，我们重新考察购买力平价理论(PPP)。假设 $e_t$、$p_t^*$ 和 $p_t$ 分别表示外汇价格、外国物价水平和国内物价水平的对数值，则长期 PPP 必须使

$e_t + p_t^* - p_t$ 平稳。第 4 章的单位根检验结果指出定义为 $r_t = e_t + p_t^* - p_t$ 的实际汇率表现为非平稳。协整提供了一种用于检验购买力平价理论的又一种方法。如果 PPP 成立，则由两序列的和所形成的序列 $\{e_t + p_t^*\}$ 与 $\{p_t\}$ 序列是协整的，我们把 $f_t = e_t + p_t^*$ 称之为外国价格水平的美元价值。长期均衡 PPP 断定存在一个线性组合 $f_t = \beta_0 + \beta_1 p_t + \mu_t$ 使得 $\{\mu_t\}$ 是平稳的，并且协整向量使得 $\beta_1 = 1$。

正如在第 4 章所指出的，在 Enders(1988) 的研究中，采用了布雷顿森林(1960~1971) 和后期布雷顿森林(1973~1988) 时期的德国、日本、加拿大和美国的物价水平和汇率数据。首先，数据的预检测指出：在每个期间，美国的物价水平 $\{p_t\}$ 和外汇价格水平的美元值 $\{e_t + p_t^*\}$ 两者都含有单位根。由于具有不同的单整阶数，所以，就有可能立即得出长期 PPP 不能成立的结论。

下一步是通过 $f_t = e_t + p_{ft}$ 对 $p_t$ 的回归，估计长期均衡关系

$$f_t = \beta_0 + \beta_1 p_t + \mu_t \tag{6-43}$$

绝对 PPP 断言 $f_t = p_t$。所以，理论要求 $\beta_0 = 0$ 且 $\beta_1 = 1$。截距 $\beta_0$ 与相对 PPP 相一致，仅仅要求国内和外国的物价水平相互成比例。除非有充分的理由省略常数，在应用中，均衡回归方程中常常包含截距项。事实上，Engle 和 Granger(1987) 的初始蒙特卡洛模拟都包含了截距项。

表 6-4 给出了 $\beta_1$ 的估计值和对应的标准差。请注意，估计出的 6 个值中有 5 个是小于 1 的。尤其认真对待的是不要过分看重这些结果。因为 $(1 - \beta_1)$ 的值超过了 2 个或 3 个标准差，所以，简单地得出每个 $\beta_1$ 显著地不等于 1 是不恰当的。不要过分强调基于此类型的 $t$ 检验的假设不适用，因为在此并没有 $p_t$ 是外生变量而 $f_t$ 是被解释变量、或 $\{\mu_t\}$ 为白噪声的先验假设。

表 6-4 均衡回归

|  | 德国 | 日本 | 加拿大 |
|---|---|---|---|
| 1973~1986 |  |  |  |
| $\beta_1$ 的估计值 | 0.537 4 | 0.893 8 | 0.774 9 |
| 标准差 | (0.041 5) | (0.031 6) | (0.007 7) |
| 1960~1971 |  |  |  |
| $\beta_1$ 的估计值 | 0.666 0 | 0.736 1 | 1.080 9 |
| 标准差 | (0.026 2) | (0.015 4) | (0.020 0) |

用 $\{\hat{u}_t\}$ 表示各个回归方程的残差，用以检测单位根。单位根检验是直截了当的，因为回归方程的残差均值为零并且没有时间趋势。使用相对于长期均衡关系的残差，估计了下面的两个方程

$$\Delta \hat{u}_t = a_1 \hat{u}_{t-1} + \varepsilon_t \tag{6-44}$$

与

$$\Delta \hat{u}_t = a_1 \hat{u}_{t-1} + \sum_{i=1}^{a} a_{i+1} \Delta \hat{u}_{t-i} + \varepsilon_t \tag{6-45}$$

表 6-5 给出运用滞后长度为 4 的式(6-44)和式(6-45)中的 $a_1$ 的估计值和相应的标准差。其结果指出了我们不能拒绝原假设 $a_1 = 0$，即不能拒绝无协整的原假设。如果 $-2 < a_1 < 0$，则可以断定序列 $\{\hat{u}_t\}$ 没有单位根，序列 $\{f_t\}$ 和序列 $\{p_t\}$ 是协整的。也要注意使用 DF 给出的信赖区间是不正确的，DF 统计量是不恰当的，因为式(6-44)和式(6-45)所使用的残差不是实际误差。这些残差是误差项的估计值，它是通过对均衡回归方程的估计得到。如果我们知道每个时期实际误差的大小，则可采用 DF 表。

表6-5 残差的 DF 检验

|  | 德国 | 日本 | 加拿大 |
|---|---|---|---|
| 1973~1986 | | | |
| 无滞后项 | | | |
| $a_1$ 的估计值 | -0.022 5 | -0.015 1 | -0.100 1 |
| 标准差 | (0.016 9) | (0.023 6) | (0.036 0) |
| $a_1=0$ 的 $t$ 统计量 | -1.331 | -0.640 | -2.781 |
| 4 个滞后项 | | | |
| $a_1$ 的估计值 | -0.031 6 | -0.052 2 | -0.098 3 |
| 标准差 | (0.017 0) | (0.023 6) | (0.038 8) |
| $a_1=0$ 的 $t$ 统计量 | -1.859 | -2.212 | -2.533 |
| 1960~1971 | | | |
| 无滞后项 | | | |
| $a_1$ 的估计值 | -0.018 9 | -0.113 7 | -0.052 8 |
| 标准差 | (0.019 6) | (0.044 9) | (0.028 6) |
| $a_1=0$ 的 $t$ 统计量 | -0.966 | -2.535 | -1.846 |
| 4 个滞后项 | | | |
| $a_1$ 的估计值 | -0.029 4 | -0.182 1 | -0.050 9 |
| 标准差 | (0.019 8) | (0.053 0) | (0.030 6) |
| $a_1=0$ 的 $t$ 统计量 | -1.468 | -3.437 | -1.663 |

在原假设 $a_1=0$ 下，$t$ 统计量的临界值依赖于样本大小。比较表 6-5 给出的结果与表 C 的临界值，只有日本在固定汇率期间能够拒绝无协整的原假设。在 5% 显著水平下，具有两个变量和 100 个观测值的 $t$ 统计量的临界值为 -3.398。因此，在 5% 显著水平下，我们能够拒绝无协整的原假设（即我们认同变量是协整的备择假设），认为 PPP 成立。对于别的国家，在两个时期，我们不能拒绝无协整的原假设，且必定得到 PPP 不成立的结论。

第 3 步是接着进行误差修正模型估计。因为只有日元与美元具有协整关系，所以，只需要估计日本与美国之间的模型。最终得到 1960~1971 年期间的日元与美元价格水平的误差修正模型的估计方程为

$$\Delta f_t = \underset{(0.000\,44)}{0.001\,19} - \underset{(0.041\,84)}{0.105\,48}\,\hat{u}_{t-1} \tag{6-46}$$

$$\Delta p_t = \underset{(0.000\,33)}{0.001\,56} + \underset{(0.031\,75)}{0.011\,4}\,\hat{u}_{t-1} \tag{6-47}$$

式中，$\hat{u}_{t-1}$ 是长期均衡回归方程的滞后 1 期的残差，请注意，它是 $f_{t-1}-\beta_0-\beta_1 p_{t-1}$ 的估计值。括号内的值是标准差。

滞后长度检验（参照第 5 章讲述的关于滞后长度的 $\chi^2$ 和 $F$ 检验）指出，在误差修正模型中不需要包含滞后项 $\Delta f_{t-1}$ 或 $\Delta p_{t-1}$。请注意，式(6-46)和式(6-47)的点估计表现为直接收敛于长期均衡。例如，在 $t-1$ 期的相对于长期均衡的 1 个单位离差将导致日本的价格水平下降 0.105 48 个单位，美国的价格水平上升 0.011 14 个单位。在 $t$ 期两者的这些价格变化都排除了其在 $t-1$ 期相对于长期均衡正离差而变动。

注意两个速度调整系数之间的大小差异。从绝对值来看，日本的系数大约是美国的 10 倍。

与日本的物价水平相比较，美国的物价水平仅仅受到了 PPP 均衡离差的微弱影响。然而，对于美国而言，误差修正项的系数大约是标准差的 $\frac{1}{3}\left(\frac{0.01114}{0.03175}=0.3509\right)$，而对日本而言，误差修正项的系数大约是标准差的 $2.5\left(\frac{0.10548}{0.04184}=2.5210\right)$ 倍。因此，在 5% 显著水平下，我们可以得出日本的误差修正的速度调整系数显著不为零，而美国的则不显著。这个结果与美国相对于日本是一个大国的思想是一致的，美国的物价水平不受日本的影响而独立变化，经过汇率调整的日本物价水平却会受到发生在美国的事件的影响。

用文件 COINT_PPP.XLS 中的数据可以更新这个研究。这个文件中包含英国、日本和加拿大批发物价指数的季节数据，以及与美元之间的双边汇率，没有包括德国在内的原因是，德国的前期数据与近期数据不能兼容。这个文件中也同时包含了美国的批发物价水平数据。本章的习题 9 和习题 10 将引导读者练习这个过程。

## 6.7 特征根、秩与协整

尽管 Engle 和 Granger(1987) 的方法很容易实施，但它存在许多重要的缺陷。长期均衡回归方程的估计要求研究者把一个变量放在回归方程的左边，用其他变量作为解释变量。例如，两变量的情况下，用下面两个"均衡"回归方程中的任意一个的残差进行 Engle-Granger 的协整检验都是可行的。

$$y_t = \beta_{10} + \beta_{11}z_t + e_{1t} \tag{6-48}$$

或

$$z_t = \beta_{20} + \beta_{21}y_t + e_{2t} \tag{6-49}$$

当样本规模无限大时，渐近理论指出序列 $\{e_{1t}\}$ 的单位根检验等价于序列 $\{e_{2t}\}$ 的单位根检验。不幸的是，这个结果所引申的大样本特性对经济学中通常用到的样本规模可能显得不太适合。实践中，有可能发现一个回归方程表现出变量间是协整的，而颠倒顺序后的另一个回归方程表现出变量间却没有协整。因为对进行过标准化的变量无论如何选择，其协整检验结果应该是不变的，所以，这是这种处理方法的一个严重不足。即使用三个变量或更多的变量，这个问题也是存在的，因为任何一个变量都有可能被选择为方程的被解释变量。然而，我们已经知道在检验中，用三个或更多的变量可能存在多一个的协整向量。所以，这种方法无法对多重协整向量的个别估计进行系统的处理。

Engle-Granger 过程的另外一个缺陷是它依赖于两步法估计。第 1 步是生成一个残差序列 $\{\hat{e}_t\}$，第 2 步是用这些已经生成的残差估计回归方程 $\Delta\hat{e}_t = a_1\hat{e}_{t-1} + \cdots$。因此，系数 $a_1$ 是用来自另外一个回归方程的残差数据进行回归估计而得到的，将第 1 步中的所有误差都带入了第 2 步。幸运的是，为了回避这些问题，已经发展形成了几种处理方法。Johansen(1988)、Stock 和 Watson (1988) 的最大似然估计避开了两步估计法，能够估计和检验多重协整向量的情况。此外，这些检验允许研究者检验协整向量的约束形式以及速度调整系数。通常，我们通过检验施加在系数估计值大小上的约束条件来确定是否可以验证理论。

Johansen(1988) 的处理过程是建立在矩阵的秩和特征根之间的关系的基础之上的。补充手册中附录 6.1 回顾了这些概念的要点，如果想了解更多的细节，请参看此附录。直观地讲，Johansen 检验只不过是 DF 检验的多元变量的一般形式。在单变量的情况下，把$\{y_t\}$的平稳性看作为依赖于数值$(a_1-1)$是可能的，即

$$y_t = a_1 y_{t-1} + \varepsilon_t$$

或

$$\Delta y_t = (a_1 - 1) y_{t-1} + \varepsilon_t$$

如果$(a_1-1)=0$，则过程$\{y_t\}$有单位根，排除$\{y_t\}$是发散的情况，如果$(a_1-1)\neq 0$，则我们得到序列$\{y_t\}$平稳。DF 表提供了一个检验原假设$(a_1-1)=0$的恰当的统计量的临界值。现在，考察 $n$ 个变量的简单的一般化形式。与式(6-26)一样，令

$$x_t = A_1 x_{t-1} + \varepsilon_t$$

所以

$$\Delta x_t = A_1 x_{t-1} - x_{t-1} + \varepsilon_t = (A_1 - I) x_{t-1} + \varepsilon_t = \pi x_{t-1} + \varepsilon_t \tag{6-50}$$

式中，$x_t$ 与 $\varepsilon_t$ 是 $n\times 1$ 向量；$A_1$ 是 $n\times n$ 参数矩阵；$\pi$ 定义为$(A_1-I)$。

正如在式(6-27)情况下的讨论所指出的，$(A_1-I)$的秩等于协整向量的个数。对于单变量的情况可以用类推的方法，如果$(A_1-I)$的所有元素为零，则 $\text{rank}(\pi)=0$，那么，所有序列$\{x_{it}\}$都是单位根过程。因为不存在过程$\{x_{it}\}$的线性组合是平稳的情况，所以，变量间不是协整的。假定我们排除大于 1 的特征根，并且如果 $\text{rank}(\pi)=n$，则式(6-50)为差分方程的收敛系统，所以，所有的变量都是平稳的。

有几种扩展式(6-50)的方法。这个方程很容易修改为带有漂移项的形式。简单地令

$$\Delta x_t = A_0 + \pi x_{t-1} + \varepsilon_t \tag{6-51}$$

式中，$A_0$ 是 $n\times 1$ 常数向量$(a_{10}, a_{20}, \cdots\cdots, a_{n0})'$。

包含各个 $a_{0i}$ 的用意是考虑到在数据生成过程中存在线性时间趋势发生的可能性。如果变量展现出一个增加或减少的确定趋势，则应该包含漂移项。在其中，$\pi$ 的值可以被看作是进行去趋势操作后的数据中的协整关系的个数。从长期看，$\pi x_{t-1}=0$，所以，各个序列$\{\Delta x_{it}\}$都有一个 $a_{i0}$ 的预期值，集中所有在整个 $t$ 上的变化，得到一个确定的表达式 $a_{i0} t$。

图 6-6 描述了在数据生成过程中包含漂移的效果。生成的两个随机序列分别用$\{\varepsilon_{yt}\}$和$\{\varepsilon_{zt}\}$表示，其样本个数都为 100。设初始值 $y_0=z_0=0$，我们把序列$\{y_t\}$和$\{z_t\}$的 100 个样本构造为

$$\begin{pmatrix} \Delta y_t \\ \Delta z_t \end{pmatrix} = \begin{pmatrix} -0.2 & 0.2 \\ 0.2 & -0.2 \end{pmatrix} \begin{pmatrix} y_{t-1} \\ z_{t-1} \end{pmatrix} + \begin{pmatrix} \varepsilon_{yt} \\ \varepsilon_{zt} \end{pmatrix}$$

所以，协整关系为

$$-0.2 y_{t-1} + 0.2 z_{t-1} = 0$$

或

$$y_t = z_t$$

在图 6-6a 中，我们可以看到每个序列类似于随机游走过程，并且无论哪一个序列都没有偏离另一个序列很远。在图 6-6b 中加入了 $a_{10}=a_{20}=0.1$ 的漂移系数，现在的每个序列在每个时期都有增加 0.1 个单位的趋势。除了都具有的相同随机趋势外，两个序列也同时具有相同的确定时间趋势。两个序列有相同的趋势并不是因为 $a_{10}$ 与 $a_{20}$ 相等所造成的。由于 $y_t$ 和 $z_t$ 是协整的，所以，式(6-51)的通解要求两个序列有相同的线性趋势。为了证明这个事实，在图 6-6c 中，设 $a_{10}=0.1$，$a_{20}=0.4$，再次看到，序列有相同的随机趋势和确定趋势。此外，请注意提高 $a_{20}$ 和降低 $a_{10}$

将对确定趋势的斜率产生不明确的效果,这点将是非常重要的,通过恰当巧妙地对 $A_0$ 的元素的处理,就可以在没有确定的时间趋势的协整向量中包含常数。

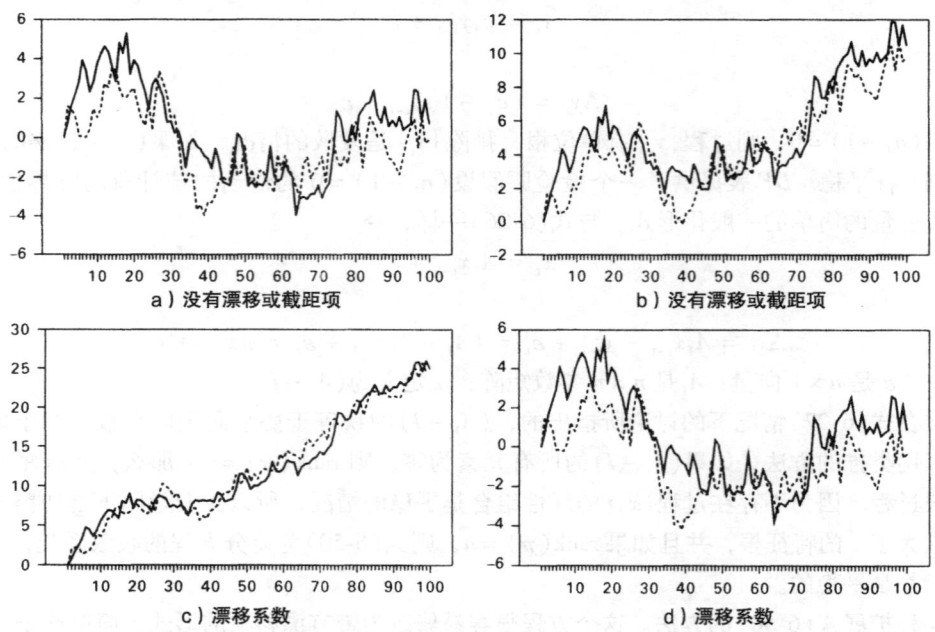

图 6-6  协整中的漂移和截距项

在协整关系中包含常数的一种方法是限定各个 $a_{i0}$ 的值。例如,如果 $\text{rank}(\pi)=1$,则 $\pi$ 的行的元素的数值仅仅表现为比例的不同。因此,用式(6-51)生成的每个序列 $\{\Delta x_{it}\}$ 可以写成

$$\Delta x_{1t} = \pi_{11}x_{1t-1} + \pi_{12}x_{2t-1} + \cdots + \pi_{1n}x_{nt-1} + a_{10} + \varepsilon_{1t}$$
$$\Delta x_{2t} = s_2(\pi_{11}x_{1t-1} + \pi_{12}x_{2t-1} + \cdots + \pi_{1n}x_{nt-1}) + a_{20} + \varepsilon_{2t}$$
$$\vdots$$
$$\Delta x_{nt} = s_n(\pi_{11}x_{1t-1} + \pi_{12}x_{2t-1} + \cdots + \pi_{1n}x_{nt-1}) + a_{n0} + \varepsilon_{nt}$$

式中,$s_i$ 是一个比例值,使得 $s_i\pi_{1j} = \pi_{ij}$。

如果 $a_{i0}$ 能够被限定为 $a_{i0} = s_i a_{10}$,则所有的序列 $\{\Delta x_{it}\}$ 可以写成在协整向量中包含常数的形式,即有

$$\Delta x_{1t} = (\pi_{11}x_{1t-1} + \pi_{12}x_{2t-1} + \cdots + \pi_{1n}x_{nt-1} + a_{10}) + \varepsilon_{1t}$$
$$\Delta x_{2t} = s_2(\pi_{11}x_{1t-1} + \pi_{12}x_{2t-1} + \cdots + \pi_{1n}x_{nt-1} + a_{10}) + \varepsilon_{2t}$$
$$\vdots$$
$$\Delta x_{nt} = s_n(\pi_{11}x_{1t-1} + \pi_{12}x_{2t-1} + \cdots + \pi_{1n}x_{nt-1} + a_{10}) + \varepsilon_{nt}$$

或用简单的矩阵形式写为

$$\Delta x_{1t} = \pi^* x_{t-1}^* + \varepsilon_t \tag{6-52}$$

式中,

$$x_t = (x_t, x_{2t}, \cdots, x_{nt})'$$
$$x_{t-1}^* = (x_{1t-1}, x_{2t-1}, \cdots, x_{nt-1}, 1)'$$

$$\pi^* = \begin{pmatrix} \pi_{11} & \pi_{12} & \cdots & \pi_{1n} & a_{10} \\ \pi_{21} & \pi_{22} & \cdots & \pi_{2n} & a_{20} \\ \cdot & \cdot & \cdots & \cdot & \cdot \\ \pi_{n1} & \pi_{n2} & \cdots & \pi_{nn} & a_{n0} \end{pmatrix}$$

式(6-52)的重要特征是从系统中消除了线性趋势。本质上，各个 $a_{i0}$ 是按照每个序列 $\{x_{it}\}$ 的一般解不包含时间趋势的方式进行了修正。当 $\pi_{11}x_{1t-1} + \pi_{12}x_{2t-1} + \cdots + \pi_{1n}x_{nt-1} + a_{10} = 0$ 时，由式(6-52)所表述的差分方程的解集是所有的 $\Delta x_{it}$ 预期值等于零。

为了区别式(6-51)和式(6-52)的差异，图6-6d 描绘了 $a_{10} = 0.1$ 和 $a_{20} = -0.1$ 的序列，可以看到没有一个序列包含确定趋势。事实上，对图6-6d 中所给出的数据，只要我们选择保证 $a_{10} = -a_{20}$ 的漂移项，趋势就会消失(本章的习题1会帮助我们证明这个结果)。

一些计量经济学家喜欢在协整向量中加入漂移项的同时也加入截距项。如果变量包含漂移项并且若经济理论认为协整向量包含截距项，则这样的处理是有道理的。但是，应该清楚地认识到，协整向量中的截距在漂移项存在的情况下并没有被识别。毕竟，协整向量中总是包含一部分无约束漂移。根据上述的例子，可以把系统写为

$$\Delta x_{1t} = (\pi_{11}x_{1t-1} + \pi_{12}x_{2t-1} + \cdots + \pi_{1n}x_{nt-1} + b_{10}) + b_{11} + \varepsilon_{1t}$$
$$\vdots$$
$$\Delta x_{nt} = s_n(\pi_{11}x_{1t-1} + \pi_{12}x_{2t-1} + \cdots + \pi_{1n}x_{nt-1} + b_{10}) + b_{n1} + \varepsilon_{nt}$$

式中，$b_{i1}$ 满足 $s_i b_{10} + b_{i1} = \alpha_{10}$。

上面所做的处理是把 $\alpha_{10}$ 分解成了两部分，其中部分放到了协整关系中。由于包含在协整向量中的漂移是任意的，因此，需要一些识别方法。例如，流行的软件 EViews 把属于协整向量的一部分漂移认为是形成误差修正项所需要的量，这个误差修正项的样本均值为零。然而，正如从图6-6 所看到的，协整关系以外的漂移对于描述变量增加(或减少)的持续趋势的效具而言是必需的。如果数据像图6-6b 或图6-6c，则多数研究者在向量中包含漂移项，否则，他们在协整向量中包含截距项，或把确定趋势的回归变量排除在外。如果对此无法确定，可以用下一节讨论的方法，检验漂移是否被恰当地限制。有些软件允许在模型中包含确定时间趋势，不过，尽量避免使用趋势项作为解释变量，除非在模型中有使用的充足理由。Johansen(1994)讨论了协整关系中确定性解释变量所起的作用。

与 ADF 检验一样，多变量模型也能够被扩展为高阶自回归过程。考察模型

$$x_t = A_1 x_{t-1} + A_2 x_{t-2} + \cdots + A_p x_{t-p} + \varepsilon_t \tag{6-53}$$

式中，$x_t$ 是 $n \times 1$ 向量 $(x_{1t}, x_{2t}, \cdots, x_{nt})'$；$\varepsilon_t$ 是服从独立同分布 $n$ 维向量，均值为零，方差矩阵为 $\Sigma_\varepsilon$。

只要在式(6-53)的右边先加一项 $A_p x_{t-p+1}$，然后再次减去它，就可以得到更有用的形式

$$x_t = A_1 x_{t-1} + A_2 x_{t-2} + A_3 x_{t-3} + \cdots + A_{p-2} x_{t-p+2} + (A_{p-1} + A_p)x_{t-p+1} - A_p \Delta x_{t-p+1} + \varepsilon_t$$

接下来，加一项并减一项 $(A_{p-1} + A_p)x_{t-p+2}$，得到

$$x_t = A_1 x_{t-1} + A_2 x_{t-2} + A_3 x_{t-3} + \cdots + (A_{p-1} + A_p)\Delta x_{t-p+2} - A_p \Delta x_{t-p+1} + \varepsilon_t$$

正如第4章所讨论的 ADF 检验，能够继续采用这种方式，最终可以得到

$$\Delta x_t = \pi x_{t-1} + \sum_{i=1}^{p-1} \pi_i \Delta x_{t-i} + \varepsilon_t \tag{6-54}$$

式中，$\pi = -\left(I - \sum_{i=1}^{p} A_i\right)$，$\pi_i = -\sum_{j=i+1}^{p} A_j$。

再次指出，式(6-54)的关键是矩阵 $\pi$ 的秩。$\pi$ 的秩等于独立的协整向量的个数。显然，如果 $\text{rank}(\pi) = 0$，则矩阵为零，式(6-54)是通常的 1 阶差分 VAR 模型。相反，如果 $1 < \text{rank}(\pi) = n$，则向量过程是平稳的。在中间的情形下，如果 $\text{rank}(\pi) = 1$，则存在一个协整向量，并且 $\pi x_{t-1}$ 是误差修正项。对于 $1 < \text{rank}(\pi) < n$ 的情形，则存在多个协整向量。

正如在附录 6.1 中所详细讨论的，可以通过检验 $\pi$ 的特征根的显著性以获得协整向量的个数。我们知道矩阵的秩等于它不为零的特征根的个数。假设我们得到了矩阵 $\pi$，并对 $n$ 个特征根按照 $\lambda_1 > \lambda_2 > \cdots > \lambda_n$ 的顺序进行了排序，如果 $x_t$ 中的变量不是协整的，则矩阵 $\pi$ 的秩等于零，并且所有的特征根都等于零。因此，当 $x_t$ 中的变量间不存在协整时，$\ln(1 - \lambda_i) = \ln(1) = 0$。类似地，如果矩阵 $\pi$ 的秩等于 1，则 $0 < \lambda_1 < 1$，而其他的 $\lambda_i = 0$，因此，第一个表达式 $\ln(1 - \lambda_1)$ 的值为负，剩余的都为零，即 $\ln(1 - \lambda_2) = \ln(1 - \lambda_3) = \cdots = \ln(1 - \lambda_n) = 0$。

在实践中，我们只能得到矩阵 $\pi$ 的估计值和它的特征根，因此，采用下面两种统计量

$$\lambda_{\text{trace}}(r) = -T \sum_{i=r+1}^{n} \ln(1 - \hat{\lambda}_i) \tag{6-55}$$

$$\lambda_{\max}(r, r+1) = -T \ln(1 - \hat{\lambda}_{r+1}) \tag{6-56}$$

能够进行与单位根相似的特征根个数的显著性检验。其中，$\hat{\lambda}_i$ 是从估计矩阵 $\pi$ 而得到的特征根的估计值(也称为特征值)；$T$ 是有效样本数。

当省略 $r$ 后，这些统计量简称为 $\lambda_{\text{trace}}$ 和 $\lambda_{\max}$。

第一个统计量用于检验原假设：不同协整向量的个数小于等于 $r$。与原假设对立的就为备择假设。从前面的讨论中可以明显看出，当所有的 $\lambda_i = 0$ 时，$\lambda_{\text{trace}}$ 等于零。如果估计出的特征根离零越远(越靠近 1)，则 $\ln(1 - \lambda_i)$ 为负且绝对值越大，于是 $\lambda_{\text{trace}}$ 统计量越大。第二个统计量用于检验原假设：协整向量个数等于 $r$。其备择假设是协整向量的个数等于 $r+1$。我们再次可以看出，如果估计出特征根越靠近零，则 $\lambda_{\max}$ 统计量将越小。

用 Monte Carlo 模拟方法可以得到 $\lambda_{\text{trace}}$ 和 $\lambda_{\max}$ 的临界值，其临界值在补充手册的表 E 中。这些统计量的使用依赖如下两点。

(1) 原假设下的非平稳成分的个数(即 $n - r$)；

(2) 向量 $A_0$ 的形式。如果没有漂移项，并且协整向量也不含有常数，则用表 E 的上面部分；如果包含漂移项 $A_0$，则用表 E 的中间部分；如果在协整向量中含有常数，则用表 E 的下面部分。

使用 1974 年第 1 季度至 1987 年第 3 季度的丹麦季度数据，Johansen 和 Juselius (1990) 取向量 $x_t$ 为

$$x_t = (m2_t, y_t, i_t^d, i_t^b)'$$

式中　$m_2$——$M_2$ 衡量的除去物价因素的实际货币供给的自然对数；

　　　$y$——实际收入的自然对数；

　　　$i^d$——存款利率，表示持有货币的直接收益；

　　　$i^b$——债券利率，表示持有货币的机会成本。

当在协整向量中包含常数项时(即在向量 $x_{t-1}$ 中又加入了一个常变量 $x_{t-1}$)，他们得出的结论是，根据式(6-54)得到的残差序列表现为序列不相关。估计出的矩阵 $\pi$ 的 4 个特征根如下表中的第 1 列所示。

|  | $\lambda_{\max}$<br>$-T\ln(1-\hat{\lambda}_{r+1})$ | $\lambda_{\text{trace}}$<br>$-T\sum\ln(1-\hat{\lambda}_i)$ |
|---|---|---|
| $\hat{\lambda}_1 = 0.4332$ | 30.09 | 49.14 |
| $\hat{\lambda}_2 = 0.1776$ | 10.36 | 19.05 |
| $\hat{\lambda}_3 = 0.1128$ | 6.34 | 8.69 |
| $\hat{\lambda}_4 = 0.0434$ | 2.35 | 2.35 |

表的第 2 列给出了 $\lambda_{\max}$ 统计量，其值为有效样本量（$T=53$）乘以 $\ln(1-\hat{\lambda}_{i+1})$。例如，$-53\ln(1-0.0434)=2.35$，$-53\ln(1-0.1128)=6.34$。最后一列是 $\lambda_{\text{trace}}$ 统计量，它是 $\lambda_{\max}$ 统计量的和，简单的算术就可得出：$8.69=2.35+6.34$；$19.05=2.35+6.34+10.36$。

为了检验原假设 $r=0$，其备择假设为 $r=1$、2、3 或 4，采用 $\lambda_{\text{trace}}$ 统计量。因为原假设为 $r=0$，且存在 4 个变量（即 $n=4$），所以，式(6-55)的和是从 1 到 4 进行累加。对 4 个值进行相加后，得到 $\lambda_{\text{trace}}=49.14$。由于 Johansen 和 Juselius(1990)在协整向量中加入了常数，因此，要在计算出的 49.14 与表 E 下面部分的临界值之间进行比较。因为 $n-r=4$，所以，在 10%、5% 和 1% 的显著水平下，$\lambda_{\text{trace}}$ 的临界值分别为 49.65、53.12 和 60.16。因此，在 10% 显著水平下，约束条件不具有限制作用，所以，用这种检验方法得出的结论是变量间不存在协整关系。

为了熟练地应用表 E，再假设想检验原假设 $r\leq1$，其备择假设为 $r=2$、3 或 4。在该原假设下，式(6-55)的和是从 2 到 4 进行累加，得到 $\lambda_{\text{trace}}=19.05$。因为 $n-r=3$，所以，在 10%、5% 和 1% 的显著水平下，$\lambda_{\text{trace}}$ 的临界值分别为 32.00、34.91 和 41.07，因此，约束条件 $r=0$ 或 $r=1$ 没有限制作用。

与 $\lambda_{\text{trace}}$ 统计量形成对比，$\lambda_{\max}$ 统计量具有特定的备择假设。为了检验原假设 $r=0$，其特定的备择假设为 $r=1$，应用式(6-55)计算得 $\lambda_{\max}(0,1)=-53\ln(1-0.4332)=30.09$，因为 $n-r=4$，所以，在 10%、5%、2.5% 和 1% 的显著水平下，$\lambda_{\max}$ 的临界值分别为 25.56、28.14、30.32 和 33.24。因此，在 5%（而不是 2.5%）的显著水平下，可以拒绝原假设 $r=0$，接受备择假设，断定只存在一个唯一的协整向量（即 $r=1$）。在继续阅读前，应该花些时间考察数据，确信在通常的显著水平下，相对于备择假设为 $r=2$，无法拒绝原假设 $r=1$。对于 $r=1$，应该得到 $\lambda_{\max}$ 统计量为 10.36，而 10% 显著水平下的临界值为 19.77，因此，不存在多于一个协整向量的明显证据。

这个例子解释了 $\lambda_{\text{trace}}$ 和 $\lambda_{\max}$ 统计量可能相互冲突的要点。$\lambda_{\max}$ 具有比较苛刻的备择假设，常常用来阻止协整向量数目的增加。

## 6.8 假设检验

在第 4 章讨论的 DF 检验中，正确地判明确定性回归变量很重要。在 Johansen 检验的处理过程中，也应用了类似的方法。正如在表 E 中所看到的，$\lambda_{\text{trace}}$ 和 $\lambda_{\max}$ 统计量临界值在没有确定回归变量时达到最小，而在协整向量包含截距时达到最大。谨慎地处理 $A_0$ 的形式，则可以检验向量的约束形式。

Johansen 处理方法的优点之一是考虑到了检验协整向量的约束形式。在货币需求研究中，我们想检验货币与物价水平、或收入规模以及货币需求的利率弹性之间的长期比例的约束条件。根据式(6-1)（即 $m_t = \beta_0 + \beta_1 p_t + \beta_2 y_t + \beta_3 r_t + e_t$），有意义的约束条件是 $\beta_1=1$、$\beta_2>0$，并且 $\beta_3<0$。

所有这些假设检验的关键是：如果存在 $r$ 个协整向量，则变量的线性组合只有 $r$ 个是平稳的，其余的线性组合都非平稳。因此，假定重新估计约束矩阵 $\pi$ 的参数的模型，如果约束条件不成立，则应该发现协整向量的数目没有减少。

为了检验与无约束漂移项 $A_0$ 相对立的协整向量中是否存在截距项，估计两种模型形式。用 $\hat{\lambda}_1$，$\hat{\lambda}_2$，$\cdots$，$\hat{\lambda}_n$ 表示无约束矩阵 $\pi$ 按序排列的特征根，用 $\hat{\lambda}_1^*$，$\hat{\lambda}_2^*$，$\cdots$，$\hat{\lambda}_n^*$ 表示协整向量中含有截距项时的特征根。假设无约束形式的模型有 $r$ 个非零特征根，于是渐近统计量

$$-T\sum_{i=r+1}^{n}\left[\ln(1-\hat{\lambda}_i^*)-\ln(1-\hat{\lambda}_i)\right] \tag{6-57}$$

服从自由度为 $(n-r)$ 的 $\chi^2$ 分布。

如果约束条件无限制作用，则检验的直观感觉是 $\ln(1-\hat{\lambda}_i^*)$ 与 $\ln(1-\hat{\lambda}_i)$ 应该是相等的。因此，较小的检验统计量值意味着允许在协整向量中包含截距项。无论如何，在协整向量中含有截距项时，得到的 $n$ 个变量的平稳线性组合的似然比要比没有截距时大。因此，较大的 $\hat{\lambda}_{r+1}^*$（对应于较大的 $-T\ln(1-\hat{\lambda}_{r+1}^*)$）就意味着假设虚假地扩大了协整向量的个数。因此，正如 Johansen (1991) 所证明的，如果检验统计量充分的大，就有可能拒绝协整向量中包含截距的原假设，得到在变量中存在线性趋势的结论。这个结论正好是图 6-6 中间部分所描绘的情形。

Johansen 和 Juselius(1990) 检验了他们估计的丹麦货币需求函数没有漂移的约束条件。因为在 $m2$、$y$、$i^d$ 与 $i^b$ 之间只发现唯一一个协整向量，因此，令 $n=4$，$r=1$，得到式(6-57)的 $\chi^2$ 统计量为 1.99。因为自由度为 3，所以，在通常的显著水平下不显著。于是，他们得出变量不存在线性时间趋势的结论，并发现协整向量中包含常数是恰当的。

为了检验协整向量的其他约束，Johansen 定义了两个矩阵 $\alpha$ 和 $\beta$，两者都是 $n\times r$ 矩阵。其中，$r$ 是 $\pi$ 的秩。$\alpha$ 和 $\beta$ 满足

$$\pi = \alpha\beta'$$

请注意，$\beta$ 是协整向量参数矩阵，$\alpha$ 是 VAR 模型中 $n$ 个方程中与每个协整向量相匹配的权重矩阵。在某种意义上，$\alpha$ 可以看作是速度调整系数矩阵。由于受到联立方程的限制，不可能直接用 OLS 对 $\alpha$ 和 $\beta$ 进行估计。然而，若采用最大似然估计法，则可以实现 4 个目标。①把式(6-54)作为误差修正模型进行估计；②确定 $\pi$ 的秩；③用最显著的 $r$ 个协整向量构造 $\beta'$；④选择满足 $\pi=\alpha\beta'$ 的 $\alpha$。本章后的习题 5 将要求我们找出几个这样的 $\alpha$ 和 $\beta'$ 矩阵。

在只有一个协整向量的情形下，很容易理解这个过程。假定 $\text{rank}(\pi)=1$，于是 $\pi$ 的每一行都是其他行的线性倍数。因此，式(6-54)的形式为

$$\Delta x_{1t} = \pi_{11}x_{1t-1} + \pi_{12}x_{2t-1} + \cdots + \pi_{1n}x_{nt-1} + \cdots + \varepsilon_{1t}$$
$$\Delta x_{2t} = s_2(\pi_{11}x_{1t-1} + \pi_{12}x_{2t-1} + \cdots + \pi_{1n}x_{nt-1}) + \cdots + \varepsilon_{2t}$$
$$\vdots$$
$$\Delta x_{nt} = s_n(\pi_{11}x_{1t-1} + \pi_{12}x_{2t-1} + \cdots + \pi_{1n}x_{nt-1}) + \cdots + \varepsilon_{nt}$$

式中，$s_i$ 是一个比例值，为了简化符号，在此没有写出 $\pi_i\Delta x_{t-i}$。

现定义：$\alpha_i = s_i\pi_{11}$，$\beta_i = \dfrac{\pi_{1i}}{\pi_{11}}$，于是，每个方程可以改写为

$$\Delta x_{it} = \alpha_i(x_{1t-1} + \beta_2 x_{2t-1} + \cdots + \beta_n x_{nt-1}) + \cdots + \varepsilon_{it}(i=1,\cdots,n)$$

或写成矩阵的形式

$$\Delta x_t = \sum_{i=1}^{p-1} \pi_i \Delta x_{t-i} + \alpha \beta' x_{t-1} + \varepsilon_t \tag{6-58}$$

式中，唯一的协整向量为 $\beta = (1, \beta_2, \beta_3, \cdots, \beta_n)'$，速度调整系数 $\alpha = (1, \alpha_2, \alpha_3, \cdots, \alpha_n)'$。

一旦确定了 $\alpha$ 和 $\beta'$，那么，只要能够牢记一个 $r$ 基本要点：若存在 $r$ 个协整向量，则只有 $r$ 组变量的线性组合是平稳的，就很容易检验 $\alpha$ 和 $\beta$ 的各个约束条件。因此，检验统计量包括了比较在原假设和备择假设下的协整向量的数目。再次令 $\hat{\lambda}_1, \hat{\lambda}_2, \cdots, \hat{\lambda}_n$ 和 $\hat{\lambda}_1^*, \hat{\lambda}_2^*, \cdots, \hat{\lambda}_n^*$ 分别为按序排列的无约束和约束模型的特征根。为了检验施加在 $\beta$ 上的约束条件，构造统计量

$$T \sum_{i=1}^{r} [\ln(1 - \hat{\lambda}_i^*) - \ln(1 - \hat{\lambda}_i)] \tag{6-59}$$

该统计量渐近于 $\chi^2$ 分布，自由度是施加在 $\beta$ 上的约束条件个数。相对于 $\hat{\lambda}_i(i \leq r)$，较小的 $\hat{\lambda}_i^*$ 值意味着较少的协整向量。因此，如果计算出的统计量大于 $\chi^2$ 分布表的临界值，则原假设的约束条件是有限制作用的。例如，Johansen 和 Juselius 检验了货币与收入之间的关系，他们估计得到的长期均衡关系为

$$m2_t = 1.03 y_t - 5.12 i_t^b + 4.22 i_t^d + 6.06$$

他们把收入的系数限定为 1，求得 $\hat{\lambda}_i^*$ 的限定值为：

|   | $\hat{\lambda}_i^*$ | $T \ln(1 - \hat{\lambda}_i^*)$ |
| --- | --- | --- |
| $i = 1$ | 0.433 | $-30.04$ |
| $i = 2$ | 0.172 | $-10.01$ |
| $i = 3$ | 0.044 | $-2.36$ |
| $i = 4$ | 0.006 | $-0.32$ |

给定无约束模型的 $r = 1$，$-T\ln(1 - \hat{\lambda}_1) = 30.09$ 时，式(6-59)的值就为 $-30.04 + 30.09 = 0.05$。因为只有一个约束条件施加于 $\beta$，因此，检验统计量是服从自由度为 1 的 $\chi^2$ 分布。从 $\chi^2$ 分布表看出，在 5% 的显著水平下是不显著的，所以，他们得出约束条件没有限制作用的结论。

用同样的方法可以检验 $\alpha$ 的约束条件。其过程是对 $\alpha$ 施加约束条件，用式(6-59)，比较有约束和无约束条件模型的最显著的 $r$ 个特征根。如果计算出的式(6-59)的值大于 $\chi^2$ 分布表中自由度为 $\alpha$ 的约束条件个数的相应值，则拒绝约束条件。例如，Johansen 和 Juselius(1990)检验只有货币需求(即 $m2_t$)响应长期均衡离差，检验的约束条件是 $\alpha_2 = \alpha_3 = \alpha_4 = 0$。当限定了 3 个 $\alpha_i = 0(i = 2, 3, 4)$ 时，他们发现在约束模型中的最大特征根满足 $T\ln(1 - \hat{\lambda}_1^*) = -23.42$。因为在无约束模型中，$T\ln(1 - \hat{\lambda}_1) = -30.09$，所以，式(6-59)的值为 $-23.42 - (-30.09) = 7.67$。在 5% 的显著水平下，自由度为 3 的 $\chi^2$ 统计量的临界值为 7.81。因而，我们不能拒绝约束条件没有限制作用的假设。

如果只存在单个协整向量，则 Engle-Granger 与 Johansen 的处理方法有相同的渐近分布。如果能够确定仅仅存在一个协整向量，通常依赖于误差修正模型检验 $\alpha$ 的约束条件。如果 $r = 1$，且检验 $\alpha$ 的单个值时，则通常的 $t$ 统计量渐近地等价于 Johansen 检验。

### 6.8.1 滞后期与因果关系检验

掌握滞后长度检验的最简单方法是考察以式(6-54)的形式所描述的系统

$$\Delta x_t = \pi x_{t-1} + \sum_{i=1}^{p-1} \pi_i \Delta x_{t-i} + \varepsilon_t$$

不管 $\pi$ 的秩如何，所有的 $\Delta x_{t-i}$ 都是平稳变量。因此，我们能够应用 Sims，Stock 和 Watson（1990）的第一准则，该准则说明具有经济意义的零均值平稳变量的系数能够用正态分布进行检验。因为滞后长度独立地依赖于 $\pi_i$ 的值，所以，$\chi^2$ 分布适用于检验滞后长度。与 VAR 模型一样，假定 $\Sigma_u$ 和 $\Sigma_r$ 分别表示无约束和约束系统的方差—协方差矩阵，同第 5 章所讲的情形一样，令 $c$ 表示包含解释变量最多的回归方程中的解释变量的数目，则检验统计量

$$(T-c)(\log|\Sigma_r| - \log|\Sigma_u|)$$

能够与自由度为系统中约束条件个数的 $\chi^2$ 分布进行比较。我们也能用多变量 AIC 或 BIC 信息准则确定滞后长度。如果要检验单个方程的滞后长度，则用 $F$ 检验是恰当的。

这个第一准则也指出，在协整系统中应用标准的 $F$ 检验是无法进行 Granger 因果关系检验的。首先，假设 $\text{rank}(\pi) = 0$，因此

$$\Delta x_t = \sum_{i=1}^{p-1} \pi_i \Delta x_{t-i} + \varepsilon_t$$

同样地，Granger 因果关系检验只适用于平稳变量。然而，这个方程正好是第 5 章所讨论的 VAR 模型中变量不是协整时的情形。因此，Granger 因果关系检验能够用标准 $F$ 检验进行构建。但是，如果变量是协整的，则 Granger 因果关系涉及 $\pi$ 的系数，由于这些系数乘以了非平稳变量，所以，用 $F$ 检验进行 Granger 因果关系检验是不妥当的。毕竟，如果 $\pi$ 的秩不等于 0，不可能像 $I(0)$ 变量集合那样写出检验的约束条件。外生性检验也被排除在外。如果 $w_t$ 与 $y_t$ 或 $z_t$ 是协整的，则我们不能用标准 $\chi^2$ 检验确定 $w_t$ 是否属于 $y_t$ 和 $z_t$ 的方程。

### 6.8.2 差分或不差分

我们已经扩展了在无约束 VAR 模型中是否可以对非平稳变量可以进行差分的处理。如果变量是协整的，则会因为差分而导致错误解释误差的问题。假定数据的生成过程由式（6-54）的协整系统所给出，而我们估计的是 1 阶差分 VAR 模型

$$\Delta x_t = \sum_{i=1}^{p-1} \pi_i \Delta x_{t-i} + \varepsilon_t$$

由于这个模型排除了包含在 $\pi x_{t-1}$ 中的变量的长期均衡关系，因此，系统的设定是错误的。当出现设定误差后，所有的系数估计量、$t$ 检验、$F$ 检验、联立方程约束条件检验、脉冲响应和方差分解都不能代表其真实过程。因此，当存在协整时，如果用 1 阶差分 VAR 模型进行估计的话，就是错误的，其原因是差分丢掉了协整关系的信息。

为什么不能简单地估计所有 VAR 模型？答案是：若 $I(1)$ 变量不是协整的，则用 1 阶差分更恰当。如果 $I(1)$ 变量不是协整的，而用原始数据估计 VAR 模型，则会导致三种结果。

（1）因为要估计多达 $n^2$ 个参数（每个方程中都含有每个变量的额外滞后 1 期变量），所以，检验缺乏效力。

（2）对于原始数据水平上的 VAR 模型，涉及 $I(1)$ 变量的 Granger 因果关系检验统计量不服从标准的 $F$ 分布，如果进行 1 阶差分，则可以使用标准 $F$ 分布检验 Granger 因果关系。

（3）当 VAR 有 $I(1)$ 变量时，长期预测水平的脉冲响应是其真实响应的不一致估计。因为脉冲响应不要求衰减，所以，在系数估计值中的任何不正确的信息都将会对脉冲响应有永久影响。

如果用 1 阶差分估计 VAR 模型，则脉冲响应衰减至零，所以，使得估计的响应是一致的。

因此，给我们的启示是：准确地确定 $I(1)$ 变量是否协整很重要。无论变量是否协整，都可以进行滞后长度检验。因此，推荐的方法是估计无约束 VAR 模型。大多数研究者一般开始用大约 $T^{\frac{1}{3}}$ 的滞后长度，如果怀疑存在大量的季节性因素，则可以加大滞后长度。例如，两个变量用季节数据都有 100 个观测值，即使 $T^{\frac{1}{3}}$ 近似等于 5，也应该需要一开始就使用 12 作为滞后长度，选择最优滞后长度，然后进行协整检验。如果变量不是协整的，则用 1 阶差分估计系统；如果变量是协整的，则可以用误差修正模型进行估计。因为误差修正项和所有 $\Delta x_{t-i}$ 都是平稳的，所以，可以用通常的检验方法对任意变量（排除在协整向量中出现的变量）进行推断。脉冲响应和方差分解将得到与实际值一致的估计。

### 6.8.3 多重协整向量的检验

当 $\pi$ 的秩大于 1 时，无法直接阐明协整向量。存在多个协整向量时，这些向量的线性组合也是一个协整向量。幸运的是，通过适当约束个别协整向量从而可以识别不同的行为关系常常是可行的，唯一的复杂性因素是要明确施加于系统的约束条件。注意，如果在 $n$ 变量系统中存在 $r$ 个协整关系，则对 $(n-r+1)$ 个变量构成的每个子集，存在一个协整向量。例如，若在三变量系统中存在两个协整向量，则每对变量（即 $n-r+1=2$ 个变量）有一个协整向量。为了进一步说明这一点，假设 $x_t = (x_{1t}, x_{2t}, x_{3t}, x_{4t})'$，并且在这四个变量中存在两个协整向量。若对 $x_{1t}$ 进行标准化，则可以把假设条件 $\beta' x_t = 0$ 写为

$$\begin{pmatrix} 1 & -\beta_{12} & -\beta_{13} & -\beta_{14} \\ 1 & -\beta_{22} & -\beta_{23} & -\beta_{24} \end{pmatrix} \begin{pmatrix} x_{1t} \\ x_{2t} \\ x_{3t} \\ x_{4t} \end{pmatrix} = \begin{pmatrix} 0 \\ 0 \end{pmatrix}$$

考察由协整向量参数构成的 $2 \times n$ 矩阵 $\boldsymbol{\beta}'$，从第 2 行中减去第 1 行的值，得到

$$\begin{pmatrix} 1 & -\beta_{12} & -\beta_{13} & -\beta_{14} \\ 0 & -\beta_{22}+\beta_{12} & -\beta_{23}+\beta_{13} & -\beta_{24}+\beta_{14} \end{pmatrix}$$

现在，对第 2 行的每个元素都除以 $(\beta_{12}-\beta_{22})$ 重新进行标准化，得到

$$\begin{pmatrix} 1 & -\beta_{12} & -\beta_{13} & -\beta_{14} \\ 0 & 1 & -\beta_{23}^* & -\beta_{24}^* \end{pmatrix}$$

式中，$-\beta_{23}^* = \dfrac{(\beta_{13}-\beta_{23})}{(\beta_{12}-\beta_{22})}$，$-\beta_{24}^* = \dfrac{(\beta_{14}-\beta_{24})}{(\beta_{12}-\beta_{22})}$。$x_{2t}$、$x_{3t}$ 和 $x_{4t}$ 是协整的，所以，$x_{2t} = \beta_{23}^* x_{3t} + \beta_{24}^* x_{4t}$。类似地，第 2 行乘以 $\beta_{12}$ 后，再与第 1 行相加，得到

$$\begin{pmatrix} 1 & 0 & -\beta_{13}^* & -\beta_{14}^* \\ 0 & 1 & -\beta_{23}^* & -\beta_{24}^* \end{pmatrix}$$

式中，$\beta_{1j}^* = \beta_{1j} + \beta_{12}\beta_{2j}^*$。

$x_{1t}$、$x_{3t}$ 和 $x_{4t}$ 是协整的，因此，$x_{1t} = \beta_{13}^* x_{3t} + \beta_{14}^* x_{4t}$。因为与变量的下标无关紧要，所以，可以得出由三个变量构成的子集都存在一个协整向量。更为一般的情况是，$\boldsymbol{\beta}'$ 是协整向量参数的 $r \times n$

矩阵，由 $n-r+1$ 个变量构成的每个子集都将是协整的。从前面的讨论中，我们应该清楚 $\boldsymbol{\beta}'$ 的标准行列运算不需要对协整向量施加限制，这样的运算仅仅导致出现另外的协整向量，而这个向量是原协整向量的线性组合。

**例1：排除方程中的变量。**当有多个协整向量时，由于没有限制协整向量空间，所以，无法检验任一特定 $\beta_{ij}=0$ 是否成立。在 $\boldsymbol{\beta}'$ 是 $r\times n$ 矩阵的一般情况下，一个可检验的排除约束条件即为要从协整向量中排除 $r$ 个或更多变量。因此，从协整向量中排除 $r$ 个变量只需要一个约束条件。如果只有一个自由度（因为只引入了一个约束条件）的 $\chi^2$ 统计量大于临界值，则拒绝这个变量集合包含一个协整关系的原假设。

**例2：排除联立方程中的变量。**接下来，假设想检验是否可从协整关系中排除变量 $x_{4t}$。约束条件 $\beta_{14}=\beta_{24}=0$ 即为在协整向量空间中只有一项限制。在 $\boldsymbol{\beta}'$ 是 $r\times n$ 矩阵的一般情况下，检验 $\beta_{1j}=\beta_{2j}=\cdots=\beta_{rj}=0$ 仍然只包含一项约束条件。应用简单的行列运算，就能够从 $r-1$ 个方程中排除 $x_{it}$。

**例3：条件限制。**以所有其他协整向量的值为条件，限制一个协整向量也是可以的。例如，想确定在对 $\beta_{12}$、$\beta_{13}$ 和 $\beta_{14}$ 标准化固定后，$(1, 0, \beta_{23}, \beta_{24})'$ 是否为协整向量。因此，固定 $\beta_{12}$、$\beta_{13}$ 和 $\beta_{14}$ 的值，确定能否从第二个向量中排除变量 $x_{2t}$。Cutler，Davis 和 Smith（1999）非常详细地讨论了识别问题。他们研究了由 7 个变量组成系统的 4 种行为关系，其模型为

$$m_t = d_0 + d_1 y_t + d_2 r_t + d_3 p_t + e_{1t}$$
$$c_t = a_0 + a_1 y_t + a_2 r_t + e_{2t}$$
$$i_t = b_0 + b_1 y_t + b_2 r_t + e_{3t}$$
$$im_t = g_0 + g_1 y_t + g_2 r_t + e_{4t}$$

式中　　$m_t$——名义货币持有量的对数；

　　　　$y_t$——实际收入的对数；

　　　　$r_t$——实际利率；

　　　　$c_t$——实际消费的对数；

　　　　$i_t$——实际投资的对数；

　　　　$p_t$——物价水平的对数；

　　　　$im_t$——实际进口的对数；

$e_{1t}$、$e_{2t}$、$e_{3t}$ 和 $e_{4t}$——平稳的误差项。

第一个方程是货币需求方程式，接下来的三个方程分别是消费函数、投资函数和进口函数。消费、投资和进口都被认为是收入和利率的函数。问题是确定含有 7 个变量的系统中的 4 个行为方程是否可识别。针对这个问题，他们获取了在样本区间的 $(7\times 7)$ 的矩阵 $\boldsymbol{\pi}$ 的估计值。在所考虑的每种情形下，至少存在 4 个协整向量。Cutler，Davis 和 Smith（1999）指出，在 1960 年第 2 季度至 1990 年第 4 季度的整个区间，在通常的显著水平下，不能拒绝约束条件（相伴概率值为 16%）。

### 6.8.4　存在 $I(2)$ 变量时的检验

应用 Johansen 方法检验多重协整也是可能的。考察 VAR 系统

$$\Delta^2 x_t = \pi x_{t-1} + \Gamma \Delta x_{t-1} + \sum_{i=1}^{p-2} \pi_i \Delta^2 x_{t-i} + \varepsilon_t \tag{6-60}$$

多重协整问题与 $\pi$ 和 $\Gamma$ 的秩有关。从理论上讲，有可能要考察系统中变量的所有可能出现的阶数。不过，为了有助于理解这个过程，我们从 3 个 $I(2)$ 变量组成的 3 变量系统开始进行解释。

3个变量分别为 $x_{1t}$，$x_{2t}$ 和 $x_{3t}$，它们之间是多重协整的，满足

$$\pi_{11}x_{1t} + \pi_{12}x_{2t} + \pi_{13}x_{3t} + \Gamma_{11}\Delta x_{1t} + \Gamma_{12}\Delta x_{2t} + \Gamma_{13}\Delta x_{3t} = 0$$

令 $r$ 表示 $\pi$ 的秩，$r_1$ 表示 $\Gamma$ 的秩，则式(6-60)满足 $r = r_1 = 1$。显然，若 $r = 0$，则由于不存在形成均衡关系的三个 $I(2)$ 变量的线性组合，使多重协整不成立。若 $r = 1$ 且 $r_1 = 0$，则均衡关系的形式为 $\pi_{11}x_{1t} + \pi_{12}x_{2t} + \pi_{13}x_{3t} = 0$。因此，$\Delta^2 x_t = \pi x_{t-1} + I(0)$ 变量使得 $\pi_{11}x_{1t} + \pi_{12}x_{2t} + \pi_{13}x_{3t}$ 一定是平稳的，换句话说，变量是 $CI(2,2)$。所有这些似乎直截了当，但当不得不估计 $\pi$ 和 $\Gamma$ 的秩时，问题就变得复杂多了。为了说明这一点，假定 $I(2)$ 变量是协整的，满足

$$\pi_{11}x_{1t} + \pi_{12}x_{2t} + \pi_{13}x_{3t} \sim I(1)$$

式中，$\sim I(d)$ 表示线性组合后所形成的变量是 $d$ 阶单整的，即 $d$ 为单整的阶数。

如果采用 1 阶差分，则有 $\pi_{11}\Delta x_{1t} + \pi_{12}\Delta x_{2t} + \pi_{13}\Delta x_{3t} \sim I(0)$。读者应该能够领会这个问题，对于 $\pi$ 中的任意协整向量，可以用变量的 1 阶差分估计相应的协整向量。然而，这两种关系的线性组合不是平稳的。考察由 $I(1)$ 关系减去 $I(0)$ 关系所得到的结果

$$\pi_{11}x_{1t} + \pi_{12}x_{2t} + \pi_{13}x_{3t} - \pi_{11}\Delta x_{1t} - \pi_{12}\Delta x_{2t} - \pi_{13}\Delta x_{3t} = \pi_{11}x_{1t-1} + \pi_{12}x_{2t-1} + \pi_{13}x_{3t-1}$$

因为 $\pi_{11}x_{1t-1} + \pi_{12}x_{2t-1} + \pi_{13}x_{3t-1}$ 是 $I(1)$ 变量，因此，操作所得到的只是改变了协整关系中变量的下标，它仍然是 $I(1)$ 变量。要点是有必要寻找与 $\pi$ 中协整向量的线性组合不同的 $\Gamma$ 中的协整向量。

如果我们采用由 Johansen(1995) 所考察的更一般情形，则可以令 $\text{rank}(\pi) = r$，$s$ 表示 $\Gamma$ 中协整向量的个数，这些协整向量与 $\pi$ 中的协整向量正交。在有些变量是 $I(2)$ 变量的 $n$ 变量系统中，可证明如下事实。

(1) 如果 $r = 0$，则在平稳变量间没有协整关系。

(2) $n$ 变量系统中，如果 $r + s = n - 1$，则存在唯一的多重协整向量。$n$ 个变量系统中，$I(2)$ 随机趋势个数为 $n - r - s$。

(3) 满足 $s < n - r$。由于 $I(2)$ 变量的分析是适合的，所以，$r$ 和 $s$ 的值一定是 $s + r < n$。如果 $s = n - r$，则 $x_t$ 不包含 $I(2)$ 变量。

具有 $I(2)$ 变量的 Johansen 协整检验实际上需要两步过程。第 1 步是估计式(6-60)所示的模型，用以确定 $\pi$ 的秩，以通常方法使用 $\lambda_{\text{trace}}$ 和 $\lambda_{\max}$ 统计量确定 $r$。第 2 步是确定已知 $r$ 条件下的 $s$ 值。假定原假设 $s = s_0$，考察统计量

$$Q_{r,s}^* = -T\sum_{i=s_0+1}^{n}\ln(1 - \hat{\lambda}_i) \tag{6-61}$$

因此，用与 $\lambda_{\text{trace}}$ 统计量相同的方式构造了 $Q_{r,s}^*$，原理差异是在 $r$ 已知时检验 $\Gamma$ 的秩，得到与 $\pi$ 中的协整向量正交的协整向量个数。因此，用于确定 $s$ 的临界值必须进行修改。已知 $r$ 时，若 $Q_{r,s}^*$ 的值大于由 Johansen 计算出的临界值，则拒绝原假设 $s = s_0$，接受备择假设 $s > s_0$。当 $r = 1$ 时，在 10%、5% 和 1% 显著水平下，临界值如下表所示：

| | $Q_{1,s}^*$ 临界值 | |
| --- | --- | --- |
| | $S = 0$ | $s = 1$ |
| 10% | 31.88 | 17.79 |
| 5% | 34.80 | 19.99 |
| 1% | 40.84 | 24.74 |

例如，令 $r=1$，并假定求得 $Q_{1,s}^*$ 为 35.00，因此，在 5% 显著水平下，我们能够拒绝原假设 $s=0$。

## 6.9 Johansen 协整检验方法

有效地阐述 Johansen 检验方法的手段是准确使用图 6-5 所示的数据。数据包含在文件 COINT6.XLS 中。虽然 Engle-Granger 方法得出的模拟数据是协整的，但两种方法的比较却很有意义。采用 Johansen 方法时需要以下 4 个步骤。

**第 1 步：** 好的习惯做法是预先检测所有需要评估其单整阶数的变量。对数据描图，看数据生成过程是否表现出线性时间趋势。在大多数情况下，会出现相同单整阶数的变量，还有一些情况下，可以检验多重协整。

检验结果对滞后长度相当敏感，因此，要十分谨慎。大多数通用处理方法是首先用不经过差分的数据估计向量自回归，然后运用与传统 VAR 模型一样的滞后长度检验方法。从认为有合理性的最大长度开始，检验滞后长度能否被缩短。例如，我们想检验滞后期 2 到滞后期 4 是否重要，可以估计下面两个 VAR 模型

$$x_t = A_0 + A_1 x_{t-1} + A_2 x_{t-2} + A_3 x_{t-3} + A_4 x_{t-4} + e_{1t}$$
$$x_t = A_0 + A_1 x_{t-1} + e_{2t}$$

式中 $x_t$——由变量构成的 $n \times 1$ 向量；
$A_0$——$n \times 1$ 截距项矩阵；
$A_i$——$n \times n$ 系数矩阵；
$e_{1t}$ 和 $e_{2t}$——$n \times 1$ 误差项向量。

估计第一个系统，该系统的每个方程中的各个变量的滞后期为 4，用 $\Sigma_4$ 表示残差的方差和协方差矩阵。接着估计滞后期仅为 1 的第二个系统，残差的方差和协方差矩阵用 $\Sigma_1$ 表示。即使是采用非平稳变量，也可以用 Sims(1980) 所倡导的似然比统计量进行滞后长度检验。似然比估计量为

$$(T - c)(\log|\Sigma_1| - \log|\Sigma_4|)$$

式中 $T$——样本个数；
$c$——无约束系统中参数的个数；
$\log|\Sigma_i|$——$\Sigma_i$ 的行列式的自然对数。

根据 Sims 的观点，采用 $\chi^2$ 分布进行检验，其自由度为系数的约束条件个数。因为每个 $A_i$ 有 $n^2$ 个系数，所以，约束条件 $A_2 = A_3 = A_4$ 需要 $3n^2$ 个约束项。也可以用扩展的多变量的 AIC 和 SBC 信息准则选择滞后长度 $p$。在现有模型中，你会发现一般到特殊的方法，如 AIC 会选择滞后 2 阶，而 SBC 选择滞后 1 阶。

**第 2 步：** 估计模型，确定 $\pi$ 的秩。许多时间序列统计软件带有估计模型的子程序。在这里，认为 OLS 不实用是有充分理由的，因为要把联立方程的约束条件施加到矩阵 $\pi$ 上。在大多数情况下，可以按照 3 种形式估计模型：①把 $A_0$ 的所有元素置为零；②有漂移；③协整向量中含有常数。

例如，我们可以采用图 6-5 所示的模拟数据，设 $x_t = (y_t, z_t, w_t)'$。如果假设不知道数据的生成过程，则我们可以在协整向量中包含常数项。正如我们在上一节所看到的，可以检验截距项

是否存在。滞后长度检验指出 $p=2$，因此，被估计的模型形式为

$$\Delta x_t = A_0 + \pi x_{t-1} + \pi_1 \Delta x_{t-1} + \varepsilon_t \tag{6-62}$$

式中，$A_0$ 是受限的，以便截距项可以出现在协整向量中。

正如上面所强调的，要仔细分析被估模型的残差特性。误差不是白噪声的任何实证结果都意味着滞后长度过短。图6-7 描绘的是 $y_t$ 相对于长期均衡关系的离差（$\mu_t = -0.01331 - y_t - 1.0350z_t + 1.0162w_t$）以及其中一个误差序列（即序列$\{\varepsilon_{yt}\}$ 等于式(6-62)中的方程式 $y_t$ 的残差）。两个序列都遵循它们各自的理论特性，长期均衡离差表现为平稳，序列$\{\varepsilon_{yt}\}$ 近似于白噪声过程。

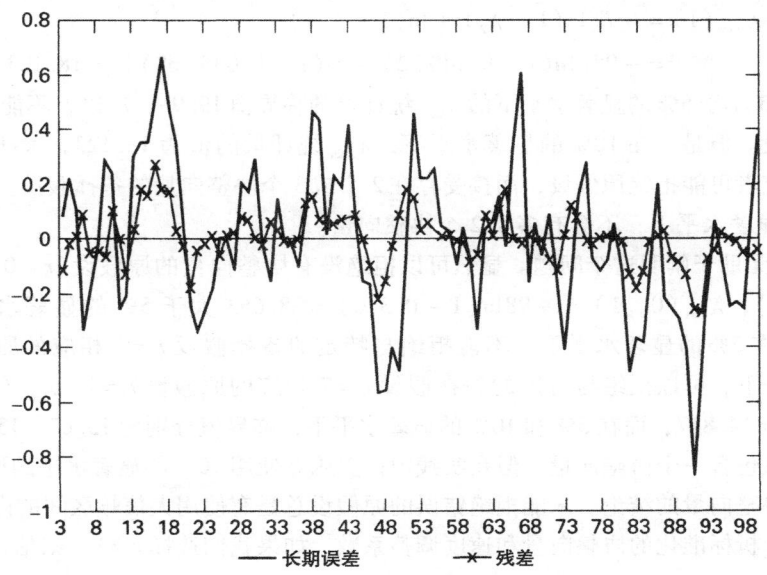

图6-7　长期和短期误差

式(6-62)中矩阵 $\pi$ 的特征根估计值为

$$\lambda_1 = 0.32600; \lambda_2 = 0.14032; \lambda_3 = 0.033168$$

因为 $T=98$（由于滞后期为2的缘故，100个样本损失了2个样本），所以，对应于表6-6的中间部分给出了不同 $r$ 值的 $\lambda_{\max}$ 和 $\lambda_{\text{trace}}$ 统计量。

表6-6　$\lambda_{\max}$ 和 $\lambda_{\text{trac}}$ 检验

| 原假设 | 备择假设 | | 5%临界值 | 10%临界值 |
|---|---|---|---|---|
| $\lambda_{\text{trac}}$ 检验 | | $\lambda_{\text{trac}}$ 值 | | |
| $r=0$ | $r>0$ | 56.786 | 34.91 | 32.00 |
| $r\leqslant 1$ | $r>1$ | 18.123 | 19.96 | 17.85 |
| $r\leqslant 2$ | $r>2$ | 3.306 | 9.24 | 7.52 |
| $\lambda_{\max}$ 检验 | | $\lambda_{\max}$ 值 | | |
| $r=0$ | $r=1$ | 38.663 | 22.00 | 19.77 |
| $r=1$ | $r=2$ | 14.817 | 15.67 | 13.75 |
| $r=2$ | $r=3$ | 3.306 | 9.24 | 7.52 |

考察变量不存在协整的情况（即 $\text{rank}(\pi)=0$）。由于取决于备择假设的不同，所以，有两种统计量可供选择。如果我们对变量不是协整的原假设（$r=0$）和至少存在一个协整向量的备择假设

($r>0$)感兴趣，则我们可以计算 $\lambda_{\text{trace}}(0)$ 统计量

$$\lambda_{\text{trace}}(0) = -T[\ln(1-\lambda_1) + \ln(1-\lambda_2) + \ln(1-\lambda_3)]$$
$$= -98[\ln(1-0.326) + \ln(1-0.14032) + \ln(1-0.033168)] = 56.786$$

因为 56.786 大于 5% 的显著水平下的 $\lambda_{\text{trac}}$ 统计量的临界值（在表 E 的下部分，临界值为 34.91），所以，可以拒绝无协整向量的原假设，接受存在 1 个或多重协整向量的备择假设。接着，我们用 $\lambda_{\text{trace}}(1)$ 统计量检验 $r \le 1$ 的原假设，而备择假设为存在 2 个或 3 个协整向量。在这种情况下，$\lambda_{\text{trace}}(1)$ 统计量为

$$\lambda_{\text{trace}}(1) = -T[\ln(1-\lambda_2) + \ln(1-\lambda_3)]$$
$$= -98[\ln(1-0.14032) + \ln(1-0.033168)] = 18.123$$

因为 18.123 小于 5% 的显著水平下的 $\lambda_{\text{trace}}$ 统计量的临界值 19.96，所以，不能拒绝在 5% 显著水平下的原假设。但是，在 10% 的显著水平下，$\lambda_{\text{trace}}$ 统计量的值为 18.123，大于临界值 17.85。因此，一些研究者可能拒绝原假设，而接受存在 2 个或 3 个协整向量的备择假设。$\lambda_{\text{trace}}(2)$ 统计量表明在 10% 的显著水平下，不会有多于 2 个协整向量。

$\lambda_{\max}$ 统计量无助于阐明这个问题。显然可以拒绝没有协整向量的原假设（$r=0$）和接受特定的备择假设（$r=1$），$\lambda_{\max}(0,1) = -98\ln(1-0.326) = 38.663$ 大于 5% 的显著水平下的临界值 22.00。注意，在 5% 的显著水平下，不能拒绝与特定的备择假设 $r=2$ 相应的原假设 $r=1$，而 10% 的显著水平下，可以拒绝与特定的备择假设 $r=2$ 相应的原假设 $r=1$。$\lambda_{\max}(1,2) = -98\ln(1-0.14032) = 14.817$，而在 5% 和 10% 的显著水平下，临界值分别为 15.67、13.75。即使实际数据生成过程只包含一个协整向量，但在实践中许多乐意使用 10% 的显著水平的研究者将错误地得出存在两个协整向量的结论。未能拒绝错误的原假设总是有使用大信赖区间的内在危险。

**第 3 步**：分析标准化的协整向量和速度调整系数。如果我们选择 $r=1$，则估计出的协整向量 ($\beta_0, \beta_1, \beta_2, \beta_3$) 为

$$\beta = (0.00553, 0.41532, 0.42988, -0.42207)$$

如果我们相对于 $\beta_1$ 进行标准化，则标准化后的协整向量和速度调整系数是

$$\beta = (-0.01331, -1.0000, -1.0350, 1.0612)$$
$$\alpha_y = 0.54627$$
$$\alpha_z = 0.16578$$
$$\alpha_w = 0.21895$$

请回想一下，数据的构造过程是建立在长期关系 $w_t = y_t + z_t$ 之上的。因此，标准化后的 $\beta$ 向量系数估计值接近于理论值 $(0, -1, -1, 1)$。考察下面的检验：

(1) $\beta_0 = 0$ 的检验要求在某个协整向量上有一个约束条件。因此，极大似然比检验服从 1 个自由度的 $\chi^2$ 分布。计算得到的统计量 $\chi^2 = 0.011234$ 在通常的显著水平下不显著。所以，我们不能拒绝 $\beta_0 = 0$ 的原假设。因此，可以用在协整向量中既没有漂移又没有截距的模型形式。为了澄清有关协整向量数的问题，重新估计从协整向量中排除常数的模型应该是明智的。

(2) 为标准化的协整向量施加 $\beta_2 = -1$ 且 $\beta_3 = 1$ 的约束条件，即要求在某个协整向量上施加两个约束条件。因此，极大似然比检验服从自由度为 2 的 $\chi^2$ 分布。计算得到的统计量 $\chi^2 = 0.55350$，在通常的显著水平下不显著。所以，我们不能拒绝 $\beta_2 = -1$ 且 $\beta_3 = 1$ 的原假设。

(3) 为了检验联合约束条件 $\beta = (0, -1, -1, 1)$，即需要 3 个约束条件，$\beta_0 = 0$，$\beta_2 = -1$

和 $\beta_3 = 1$，具有三个自由度的 $\chi^2$ 统计量的计算值为 $\chi^2 = 1.8128$，对应的显著水平是 0.612，因此，我们不能拒绝协整向量是 $(0, -1, -1, 1)$ 的原假设。

**第 4 步**：最后，建立在误差修正模型(式 6-62)基础上的新息的说明和因果关系检验有助于识别结构模型和确定已估模型是否可行。因为模拟数据没有经济含义，所以，新息的说明在此不再进行阐述。

## 6.10  误差修正和 ADL 检验

在 Engle-Granger 方法中，由 $z_t$ 对 $y_t$ 的回归或者由 $y_t$ 对 $z_t$ 的回归，估计长期均衡关系是可能的。在 Johansen 方法中，所有变量都是被同等对待的。因此，在想要明确说明一个"非独立"变量和一个集合的"独立"变量时，两种方法都是合适的。尤其是当变量联合决定，并且又不知如何解决相互依赖关系时，优势就更明显。例如，在检验购买力评价时，汇率和两个价格水平之间似乎相互有很强的影响。在其他情况下，选择一个非独立变量和一个集合的独立变量也许是清楚的。正如这节所讨论的，在协整模型中包含这些信息具有潜在的好处。首先就要清楚"外生"这个词的经济含义。从最简单的例子开始，假定 $y_t$ 和 $z_t$ 是 $C(1,1)$ 阶协整的，误差修正模型(ECM)表示为

$$\Delta y_t = \alpha_1(y_{t-1} - \beta z_{t-1}) + e_{1t} \tag{6-63}$$

$$\Delta z_t = \alpha_2(y_{t-1} - \beta z_{t-1}) + e_{2t} \tag{6-64}$$

请注意，式(6-63)和式(6-64)是诱导方程，而不是结构方程。为了考虑到误差项互相关的可能性，我们可以令误差项和结构冲击之间关系为

$$\begin{pmatrix} e_{1t} \\ e_{2t} \end{pmatrix} = \begin{pmatrix} c_{11} & c_{21} \\ c_{12} & c_{22} \end{pmatrix} \begin{pmatrix} \varepsilon_{yt} \\ \varepsilon_{zt} \end{pmatrix}$$

式中，$\varepsilon_{yt}$ 和 $\varepsilon_{zt}$ 是 $\Delta y_t$ 和 $\Delta z_t$ 中的结构新息；$c_{ij}$ 为系数。如同 5.10 节的结构 VAR 的论述，其结构冲击是不相关的，即 $E\varepsilon_{yt}\varepsilon_{zt} = 0$。即使 $E\varepsilon_{yt}\varepsilon_{zt} = 0$，但当 $c_{12}$ 和 $c_{21}$ 不为零时，$e_{1t}$ 和 $e_{2t}$ 一般是相关的。

现在假设 $c_{ij}$ 是未知的。然而使用 Choleski 分解来正交化两个误差项是可能的。

$$e_{1t} = \rho e_{2t} + v_t \tag{6-65}$$

式中，$\rho$ 是 $e_{1t}$ 对 $e_{2t}$ 的回归系数；$v_t$ 是 $e_{1t}$ 的新息，而与 $e_{2t}$ 是不相关的。如果我们把式(6-64)和式(6-65)代入式(6-63)，就会得到

$$\begin{aligned}
\Delta y_t &= \alpha_1(y_{t-1} - \beta z_{t-1}) + \rho e_{2t} + v_t \\
&= \alpha_1(y_{t-1} - \beta z_{t-1}) + \rho[\Delta z_t - \alpha_2(y_{t-1} - \beta z_{t-1})] + v_t \\
&= (\alpha_1 - \rho\alpha_2)(y_{t-1} - \beta z_{t-1}) + \rho\Delta z_t + v_t
\end{aligned}$$

现在，若令 $\alpha = \alpha_1 - \rho\alpha_2$，则上面的式子就可以写为

$$\Delta y_t = \alpha(y_{t-1} - \beta z_{t-1}) + \rho\Delta z_t + v_t \tag{6-66}$$

在一般情况下，因为式(6-66)包含了联合决定的变量 $\Delta y_t$ 和 $\Delta z_t$，所以，直接估计它是不合适的。一般问题在于，$\Delta z_t$ 与 $v_t$ 互相关，所以，会有同时性的问题。因此，OLS 不能用于揭示模型的有意义的参数估计。即使同时性问题没有了，还存在识别的问题，因为 $\alpha_1$ 和 $\alpha_2$ 不能从 $\alpha$ 的 OLS 估计中分别识别。然而，说明同时性和识别问题消失的条件以及 OLS 是一个有效估计和检验方案

是可能的。如下所示，两个条件是 $\alpha_2 = 0$（所以，$z_t$ 不会受到长期均衡关系偏离的影响）和 $c_{21} = 0$（所以，$z_t$ 不会对 $\varepsilon_{yt}$ 有响应），因此，必需的两个假设是，$z_t$ 是弱外生的，并且是引起 $y_t$ 的原因。

### 6.10.1 带有弱外生性的协整

根据 Engle，Hendry 和 Richard(1983)所说的，如果 $x_{it}$ 的边际分布对 $P$ 的推理无用的话，那么 $x_{it}$ 对参数集 $P$ 来说，就是弱外生变量了。在协整系统中，如果变量不受长期均衡离差的响应，则该变量是弱外生变量。因此，如果速度调整参数 $\alpha_i = 0$，则变量是弱外生的，在 Johansen 和 Juselius(1990)所用的例子中，可以说明实际收入是弱外生的。毕竟，在充分就业的情况下，长期货币需求和供给的分离，不会导致实际收入的变化。对于我们的目的而言，其实践意义在于一个弱外生变量不会遇到 VAR 模型中的不可避免的反馈形式。

为了便于解释，假定用 OLS 估计式(6-66)。可以使用两步法，例如在 Engle-Granger 过程中所采用的，对 $y_t$ 做关于 $z_t$ 回归得到 $\beta$ 的估计值，然后构建变量 $y_{t-1} - \beta z_{t-1}$。在这点上，文献更倾向于估计无约束方程

$$\Delta y_t = \beta_1 y_{t-1} + \beta_2 z_{t-1} + \beta_3 \Delta z_t + v_t \qquad (6\text{-}67)$$

式中，式(6-66)中参数的估计值满足 $\beta_1 = \alpha_1 - \rho\alpha_2$，$\beta_2 = (\alpha_1 - \rho\alpha_2)\beta$，$\beta_3 = \rho$。

由于式(6-67)中系数是无约束的，所以，我们把这种形式的模型称为**自回归分布滞后**（autoregressive distributed lag）**模型**，用以与式(6-66)的 ECM 形式进行区分。注意，$\alpha_2$ 的值在 $\beta_1$ 和 $\beta_2$ 的估计值中都出现了。然而，如果 $z_t$ 是弱外生的（例如 $\alpha_2 = 0$），则系数的估计值是：$\beta_1 = \alpha_1$，$\beta_2 = \alpha_1\beta$，$\beta_3 = \rho$。因为对式(6-67)应用 OLS 的估计等价于对式(6-68)采用 OLS 的估计，因此，我们就可以根据 $\beta_1$、$\beta_2$ 和 $\beta_3$ 的估计值得到 $\alpha_1$、$\beta$ 和 $\rho$ 的估计值。

$$\Delta y_t = \alpha_1 y_{t-1} + \alpha_1 \beta z_{t-1} + \rho \Delta z_t + v_t \qquad (6\text{-}68)$$

尽管弱外生性允许模型可识别，但仍然要检验式(6-68)的协整问题。因为 $\{y_t\}$ 和 $\{z_t\}$ 是 $I(1)$ 变量，所以，式(6-67)中的原假设 $\beta_1 = 0$ 以及 $\beta_2 = 0$ 对应的检验统计量是不标准的，需要统计列表。检验协整的一般方法就是运用 $t$ 统计量对式(6-67)中原假设 $\beta_1 = 0$ 进行检验。毕竟，如果 $\beta_1 = 0$，则不存在误差修正，所以，$y_t$ 和 $z_t$ 不是协整的。补充手册中的表 F 给出了 Ericsson 和 MacKinnon(2002)的结论，计算得出的是否存在 $\beta_1 < 0$ 的合理临界值。临界值依赖于模型中 $I(1)$ 回归项的数量（用 $k$ 表示）、调整的样本容量 $T^*$ 和确定性回归变量的形式。例如，若有 100 个观测值的调整样本容量，用含有截距项($d = 1$)和两个弱外生变量($k = 3$)估计一个模型，则表 F 指出：在 1%、5% 和 10% 的显著水平下，检验原假设 $\beta_1 = 0$ 的临界值分别为 $-4.181$，$-3.538$ 和 $-3.205$。

对比式(6-67)和式(6-63)，就会发现使用弱外生性的优势。由于这两个表达式是等价的，所以，$e_{1t}$ 是由 $\Delta z_t$ 和 $v_t$ 构成的。因为式(6-67)的方差比式(6-63)的小，所以，式(6-67)的系数估计要比式(6-63)的更加精确。第二个优点是要估计的这个模型的 $y_{t-1}$ 和 $z_{t-1}$ 的系数是无约束的。因此，$\Delta y_t$ 的短期动态不会受到长期均衡关系 $y_{t-1} = \beta z_{t-1}$ 的影响。在 Engle-Granger 和 Johansen 的方法中，被称为**共同因素约束**（common factor restriction）要求 $\Delta y_t$ 短期变化是一个偏离前期长期均衡离差的恒定比例。

### 6.10.2 协整向量的推导

假设认为弱外生性存在，并得出变量间是协整的结论（所以，$\alpha_1 < 0$，$\alpha_2 = 0$），就可以把式(6-64)和式(6-67)写成

$$\Delta y_t = \alpha_1(y_{t-1} - \beta z_{t-1}) + \rho \Delta z_t + v_t \qquad (6\text{-}69)$$

和

$$\Delta z_t = e_{2t} \qquad (6\text{-}70)$$

现在的问题变为了能否对式(6-69)中 $\alpha_1$ 和 $\beta$ 用标准 $t$ 检验和 $F$ 检验做出推论。答案是可以的！因为式(6-69)中所有的变量都是平稳的，所以，我们是在一个标准的 OLS 回归假设的框架下结构进行的。如果式(6-69)中出现回归变量依赖误差项 $v_t$ 的情况，就会存在一个同时性问题。很显然，作为 $I(0)$ 变量的 $y_{t-1} - \beta z_{t-1}$ 是上期事先确定的，所以，没有必要担心 $v_t$ 对误差修正项的影响。因此，关键是 $\Delta y_t$ 和 $\Delta z_t$ 之间是否存在同期关系。如果 $\Delta z_t$ 没有受到 $\Delta y_t$ 中新息的影响，那么，使用标准 $t$ 检验和 $F$ 检验对式(6-69)进行推论是合适的。

回忆一下式(6-65)中使用的正交化，$e_{1t} = \rho e_{2t} + v_t$，其中，$e_{2t}$ 和 $v_t$ 是不相关的。这与 Choleski 分解中，$\Delta z_t$ 对 $\Delta y_t$ 新息没有响应，而 $\Delta y_t$ 对 $\Delta z_t$ 中的新息有响应的情况是等价的。应该清楚，仅当 $c_{21} = 0$ 时，实际误差结构才有这种 Choleski 形式。换句话说，如果 $c_{21} = 0$，式(6-65)就与 $e_{1t} = \rho e_{2t} + \varepsilon_{yt}$ 和 $e_{2t} = \varepsilon_{zt}$ 等价。假设 $\Delta z_t = e_{2t}$ 独立于 $\varepsilon_{yt}$，所以 $\Delta y_t$ 对 $\Delta z_t$ 不存在反馈，由此，可以对式(6-68)和式(6-69)标准的检验方法进行推论。

因此，可以直接检验 $\alpha_1$ 的约束，原因在于它是 $I(0)$ 变量 $y_{t-1} - \beta z_{t-1}$ 的系数。于是，当给定 $\alpha_1 \neq 0$ 时，正确构造 $\alpha_1$ 置信区间的方法是使用标准 $t$ 分布。类似地，给定 $\beta \neq 0$，$\beta$ 可以看作 $I(0)$ 变量 $\dfrac{y_{t-1}}{\beta - \alpha_1 z_{t-1}}$ 的系数。对 $\beta$ 的推论也可以用 $t$ 分布。最后，注意 $\rho$ 是平稳变量 $\Delta z_t$ 的系数，因此，用 $t$ 分布构造置信区间是合适的。

可以把这些结果直接进行推广到一般形式。因为 $z_t$ 实际上可以是 $I(1)$ 变量的向量，所以能够对关于 $y_t$ 和一系列弱外生变量 $z_t$ 的式(6-67)进行估计。例如，有两个弱外生变量 $z_{1t}$ 和 $z_{2t}$ 时，误差修正模型就扩展成为

$$\Delta y_t = \alpha_1(y_{t-1} - \beta_1 z_{1t-1} - \beta_2 z_{2t-1}) + \beta_3 \Delta z_{1t} + \beta_4 \Delta z_{2t} + v_t$$

使得我们估计下面这种形式的模型

$$\Delta y_t = \alpha_1 y_{t-1} + b_1 z_{1t-1} + b_2 z_{2t-1} + \beta_3 \Delta z_{1t} + \beta_4 \Delta z_{2t} + v_t$$

式中，$b_1 = \dfrac{-\beta_1}{\alpha_1}$，$b_2 = \dfrac{-\beta_2}{\alpha_1}$。

为了检验协整，用 $t$ 统计量对原假设 $\alpha_1 = 0$ 进行检验。由于模型中有三个 $I(1)$ 变量，所以，可以从表 $F$ 中获得如 $k=3$ 的临界值。当然，如果我们从更高阶的过程开始，则应该引入额外的滞后项 $\Delta y_{t-i}$、$\Delta z_{1t-i}$ 和，$\Delta z_{2t-i}$。正如在双变量情况中，需要假设 $\Delta y_t$ 对 $\Delta z_{it}$ 没有同期的影响一样。

## 6.11 三种方法的比较

在本节中，运用在其他章节中已经分析过的三个月期的国债和十年期的利率，我们比较 Engle-Granger，Johansen 和 ADL 的协整检验方法。读者可以使用 QUARTERLY.XLS 的数据继续进行。虽然已经知道利率差是一个平稳变量，但本节的关键在于说明三种协整检验方法的使用。前面已经验证过不同期限的国债利率都是 $I(1)$ 过程，因此，在这里我们可以跳过预先检验单位根的初步准备步骤。为了专注讨论本节的重点，也给出了每种检验方法下的合理的滞后期数。在本章最后的习题中，要求大家进行去验证。

### 6.11.1 Engle – Granger 方法

假设每种国债利率都是一个单位根过程，首先从估计长期均衡关系开始，得到

$$r_{Lt} = 1.642 + 0.915 r_{St} \quad (6\text{-}71)$$
$$(13.23) \quad (43.15)$$

接下来，对由式(6-71)求得的残差通过估计形如式(6-32)的方程，检验残差的平稳性。如果尝试不同的滞后长度，就会发现滞后1期的变动量是合理的。考虑方程

$$\Delta \hat{e}_t = -0.155 \hat{e}_{t-1} + 0.201 \Delta \hat{e}_{t-1}$$
$$(-4.45) \quad (2.96)$$

在5%的显著水平下，当模型中含有两个变量和208个可用观测值时，在5%的显著水平下，表 C 中给出的临界值是 -3.368，1%的显著水平下是 -3.95。因此，我们可以拒绝没有协整关系的原假设。由于没有假设弱外生性，所以，也可以把 $r_{st}$ 当作被解释变量来进行分析。于是，把式(6-71)中变量调换位置，得到

$$r_{St} = 1.103 + 0.982 r_{Lt}$$
$$(-7.04) \quad (43.15)$$

在这种形式下，Engle-Granger 检验在寻找协整上更具有说服力，因为对残差回归，得到

$$\Delta \hat{e}_t = -0.172 \hat{e}_{t-1} + 0.219 \Delta \hat{e}_{t-1}$$
$$(-4.78) \quad (3.24)$$

注意，长期均衡关系的两个估计值非常不同。然而，不可能用这些协整向量进行推论，除非使用附录6.2讨论的方法。作为练习，读者可以重复三阶滞后规格的协整检验。

### 6.11.2 Johansen 方法

令 $x_t$ 表示向量 $[r_{Lt}, r_{St}]'$。如果用式(6-53)的形式估计非约束 VAR(即估计 VAR 模型：$x_t = A_0 + \sum A_i x_{t-i}$)，求得的合适的滞后长度是 $i=8$。在这个滞后长度下，就可以估计形如式(6-54)的模型。因为在所考察的期间内利率没有连续的上升或下降，所以，似乎有理由约束漂移项，因此，常量表现在协整关系中。矩阵 $\pi^*$ 的估计值满足

$$\pi^* x_{t-1}^* = \begin{pmatrix} -1.048 & 1.102 & 0.956 \\ -0.446 & 0.100 & 2.133 \end{pmatrix} \begin{pmatrix} r_{Lt} \\ r_{St} \\ 1 \end{pmatrix}$$

特征根是 $\lambda_1 = 0.1295$ 和 $\lambda_2 = 0.0136$，因此，$-T\ln(1-\lambda_1) = 29.13$，$-T\ln(1-\lambda_2) = 2.87$。原假设不存在协整，备择假设为有1个或2个协整向量。为了检验没有协整的原假设，因为 32.00(29.13+2.87=32.00)大于5%的显著水平的临界值19.96，所以，拒绝原假设，得出至少存在一个协整向量的结论。为了检验原假设为只有一个协整向量，其备择假设为存在两个协整向量，比较了样本统计量2.87与5%显著水平下的临界值9.24后，我们不能拒绝原假设。因此，我们可以得出只有一个协整向量的结论。

相对于 $r_L$ 对协整向量进行标准化，得到

$$r_{Lt} = 0.912 + 1.051 r_{St}$$
$$(2.56) \quad (17.88)$$

长期均衡关系的这个估计结果和用 Engle-Granger 协整检验得到的估计结果之间的最大区别在于，能够对协整向量的系数进行标准化进行推论。例如，$p$ 值为0.422时，长短期利率系数相等

的零假设的 $\chi^2$ 统计量的值是 0.643。因此，我们可以得出约束项是没有约束力的。长期来看，十年期的长期利率与三个月期的短期利率呈 1:1 变动。加入约束项后重新估计模型，就会得到

$$\Delta r_{Lt} = -0.098(r_{Lt-1} - 1.17 - r_{St-1}) + 0.185\Delta r_{Lt-1} + 0.002\Delta r_{St-1} \quad (6\text{-}72)$$
$$(-2.32) \quad\quad (-7.10) \quad\quad (1.88) \quad\quad (0.03)$$

$$\Delta r_{St} = 0.084(r_{Lt-1} - 1.17 - r_{St-1}) + 0.053\Delta r_{Lt-1} + 0.229\Delta r_{St-1} \quad (6\text{-}73)$$
$$(1.51) \quad\quad (-7.10) \quad\quad (0.41) \quad\quad (2.23)$$

如果你验证了截距的存在，你会发现协整向量中的常数项十分重要。重要的一点是误差修正项对应的 $t$ 统计量表明长期利率是通过偏离长期均衡关系的离差进行调整的，但短期利率则不是。换句话说，$r_{St}$ 是弱外生的。我们考察一下当偏离长期均衡关系的离差变动正的一个单位时的动态调整机制，从估计结果可以看出长期利率降低了 $-0.098$ 个单位，短期利率没有任何调整。因此，偏离长期均衡关系的离差是持久的。

## 6.11.3 误差修正/ADL 方法

与 Engle-Granger 和 Johansen 协整检验方法相比，使用误差修正检验需要假设变量中有一个是弱外生的。假设我们已经确定短期利率没有做任何调整来回复到长期均衡关系。当给定短期利率是弱外生时，我们就可以估计如下形式的方程

$$\Delta r_{Lt} = \beta_0 + \beta_1 r_{Lt-1} + \beta_2 r_{St-1} + \beta_3 \Delta r_{St} + A_1(L)\Delta r_{Lt-1} + A_2(L)\Delta r_{St-1} + v_t \quad (6\text{-}74)$$

除了包含一个截距项 $\beta_0$ 和两个利率的滞后变动量以获取调整过程的平稳动态特征外，式(6-74) 看似非常像式(6-72)。由于没有均衡地对待每个变量，所以，没有必要限制由多项式 $A_1(L)$ 与 $A_2(L)$ 表示的同样的滞后期。然而，对这种情形，每个变量滞后长度为 6 是恰当的。考虑估计出的方程

$$\Delta r_{Lt} = 0.113 - 0.171 r_{Lt-1} + 0.187 r_{St-1} + 0.612\Delta r_{St} + A_1(L)\Delta r_{Lt-1} + A_2(L)\Delta r_{St-1} + v_t \quad (6\text{-}75)$$
$$(1.52) \quad (-4.45) \quad\quad (4.80) \quad\quad (15.92)$$

关键点是注意原假设为 $\beta_1 = 0$ 的 $t$ 统计量是 $-4.45$。给定截距项($d = 1$)，两个 $I(1)$ 变量 ($k = 2$)，并从 1961 年第 4 季度开始估计(样本容量 $T = 205$)时，则调整后的样本容量 $T^a = 205 - (2 \times 2 - 1) - 1 = 201$。从表 F 可知，在 1%、5% 和 10% 的显著水平下，对应的临界值分别是 $-3.834$、$-3.231$ 和 $-2.916$。因此，可以拒绝没有协整的原假设，表明变量间是协整的。

我们可以重新对式(6-75)的参数进行处理，使其成为

$$\Delta r_{Lt} = -0.171(r_{Lt-1} - 1.09 r_{St-1} - 0.661) + 0.612\Delta r_{St} + A_1(L)\Delta r_{Lt-1} + A_2(L)\Delta r_{St-1} + v_t$$

在这个特殊案例中，三种方法都发现变量间是协整的。Engle-Granger 协整检验结果表明速度调整系数是 $-0.155$(或 $-0.172$)，但是没有指出哪个变量(或哪些变量)做了调整。对偏离长期均衡 1 个单位的响应，Johansen 协整检验指出长期利率调整了 $-0.098$ 个单位，而 ADL 方法指出长期利率调整了 $-0.171$ 个单位。Engle-Granger 协整检验方法不允许进行协整向量的推导，但是 Johansen 方法允许我们得出在长期两种利率呈现 1:1 变动的结论。

只要假设 $\beta_2 \neq 0$，就可以在长期均衡关系中对 $r_{St-1}$ 系数进行标准化处理。显然，我们可以重新对式(6-75)的参数进行处理，使其变为

$$\Delta r_{Lt} = -0.187(0.914 r_{Lt-1} - r_{St-1} - 0.604) + 0.612\Delta r_{St} + A_1(L)\Delta r_{Lt-1} + A_2(L)\Delta r_{St-1} + v_t$$

因此，$\beta_2$ 是平稳变量的系数，服从标准的 $t$ 分布。给出的 $\beta_2$ 的标准误差是 0.038，±1.96 的标准偏差带从 0.111 到 0.263。也可以对式(6-72)中 $\beta_1 = \beta_2$ 的原假设进行 $F$ 检验。之所以可以采用传统的 $F$ 检验，是因为每个系数都服从 $t$ 分布。在分子的自由度为 1 和分母的自由度为 189 时，$F$ 统计

量的值为 2.86，在 0.093 的显著水平下是显著的。如果重新估计满足 $\beta_1 = \beta_2$ 的模型，则会得到

$$\Delta r_{Lt} = -0.175(r_{Lt-1} - r_{St-1} - 2.01) + 0.604\Delta r_{St} + A_1(L)\Delta r_{Lt-1} + A_2(L)\Delta r_{St-1} + v_t$$

如果想分离出平稳的动态特征，则显然是要找到 $\Delta r_{St}$ 中 1 单位的冲击所产生的效果。如果 $\Delta r_{St} = 1$，则 $\Delta r_{Lt} = 0.604$。在 $t+1$ 时期，偏离长期均衡的离差为 $-0.396 (= 0.604 - 1)$，长期利率的变动量是 $(-0.396)(-0.175) = 0.069$。在随后的各个时期，长期利率按照偏离长期均衡的离差的 13% 上升。这一点上，可以通过估计形式是 $\Delta r_{St} = A_3(L)\Delta r_{Lt} + A_4(L)\Delta r_{St} + e_{2t}$ 的方程来解释新息。请注意，因为 $\Delta r_{St}$ 方程不包含误差修正项，所以，方程是 1 阶差分。也要注意，$\Delta r_{St}$ 是弱外生的，表明新息有因果次序，冲击 $v_t$ 没有对 $\Delta r_{St}$ 产生同期影响，但 $e_{2t}$ 对 $r_{Lt}$ 有直接影响。

## 6.12 总结

许多经济理论都暗含非平稳变量的线性组合一定是平稳的这一事实。例如，如果变量 $\{x_{1t}\}\{x_{2t}\}$ 和 $\{x_{3t}\}$ 是 $I(1)$ 变量，并且线性组合 $e_t = \beta_0 + \beta_1 x_{1t} + \beta_2 x_{2t} + \beta_3 x_{3t}$ 是平稳的，则把这些变量称为 $(1,1)$ 阶协整。向量 $(\beta_0, \beta_1, \beta_2, \beta_3)$ 称为协整向量。因为协整变量有相同的随机趋势，因此，不会漂移得太远。协整向量具有误差修正的表现形式，使得每个变量对"长期均衡"的离差都有响应。

检验协整的一种方法是分析偏离长期均衡关系的残差。如果残差存在单位根，则变量间不是 $(1,1)$ 阶协整的。在 $I(1)$ 变量中检验协整的另一种方法是估计 1 阶差分 VAR 模型，该模型包含变量的滞后值。Johansen 方法运用 $\lambda_{trace}$ 和 $\lambda_{max}$ 检验统计量来确定变量间是否是协整的和协整向量的数量。这些检验对包含在协整向量的确定性回归变量很敏感。协整向量和（或）速度调整系数的约束条件可以用 $\chi^2$ 统计量进行检验。我们应该知道在协整框架下确定性回归变量所起的作用。为了确定是否存在确定性趋势、协整向量之外的漂移项或协整向量中出现的常数，Johansen (1994) 提出了如何进行检验的方法。第三个检验协整的方法是估计误差修正模型。如果只有一个变量对偏离长期均衡的离差做出反应进行调整的话，则倾向于估计自回归分布滞后模型。用 OLS 估计模型，并进行协整向量系数的假设检验很直截了当。对于更复杂的情况，附录 6.2 讨论了 Phillips-Hansen (1990) 单方程结构建模的方法。

## 习题

1. 设式 (6-14) 和式 (6-15) 包含截距项，使得

$$y_t = a_{10} + a_{11}y_{t-1} + a_{12}z_{t-1} + \varepsilon_{yt}$$
$$z_t = a_{20} + a_{21}y_{t-1} + a_{22}z_{t-1} + \varepsilon_{zt}$$

    a. 证明 $y_t$ 的解为

$$y_t = [(1 - a_{22}L)\varepsilon_{yt} + (1 - a_{22})a_{10} + a_{12}L\varepsilon_{zt} + a_{12}a_{20}]/[(1 - a_{11}L)(1 - a_{22}L) - a_{12}a_{21}L^2]$$

    b. 求 $z_t$ 的解。

    c. 假定 $y_t$ 和 $z_t$ 是 $CI(1,1)$。应用式 (6-19)、式 (6-20) 和式 (6-21) 的条件，写出误差修正模型，将答案与式 (6-22) 和式 (6-23) 进行比较。证明误差修正模型包含截距项。

    d. 证明 $\{y_t\}$ 和 $\{z_t\}$ 具有相同的确定时间趋势（即证明时间趋势的斜率系数相等）。

    e. 满足趋势斜率系数等于零的条件是什么？证明这个条件是截距项包含在协整向量中。

    f. 修改式 (6-26) 使得每一个方程都有一个明确的截距。具体就是，让 $x_t = A_0 + A_1 x_{t-1} + \varepsilon_t$，并且 $A_0$ 是一个 $n \times 1$ 的向量。假设 $r(\pi) = 1$，那么式 (6-28) 中的结果

怎样影响现在的截距，式(6-29)中的误差修正结果又会受到什么影响？

2. 数据文件COINT6. PRN包含3个在6.5节和6.9节使用过的模拟序列。
   a. 运用该组数据重新获得6.5节的结果。
   b. 运用该组数据重新获得6.9节的结果。
   c. 观察表6-1，证明$y_t$和$z_t$是弱外生的，而$w_t$不是。
   d. 把$y_t$和$z_t$当作是弱外生的情况下，用数据比较ECM检验与Engle-Granger和Johansen检验。
   e. 使用数据比较ECM检验和Engle-Granger检验将，$y_t$和$z_t$视为弱外生。

3. 第4章习题9要大家用文件QUARTERLY. XLS包含的数据，估计回归方程
   $$INDPRO_t = \underset{(29.90)}{30.48} + \underset{(36.58)}{0.04} MINSA_t$$
   a. 用Engle-Granger检验证明这是一个伪回归。
   b. 观察$INDPRO_t$与$MINSA_t$的散点图。如何解释$R^2 = 0.99$以及货币供给的$t$统计量的值为36.58这个事实？
   c. 使用文件RGDP. XLS的数据，$ly_t$和$lc_t$分别代表实际GDP的自然对数值和消费的自然对数值。估计回归方程
   $$lc_t = \underset{(-51.78)}{-0.962} + \underset{(494.19)}{1.06} ly_t \quad R^2 = 0.999$$
   如果是用有四个滞后项的Engle-Granger检验，可以得到
   $$\Delta \hat{e}_t = -0.092 \hat{e}_{t-1} + \sum_{i=1}^{4} \beta_i \Delta \hat{e}_{t-i}$$
   $\hat{e}_{t-1}$的$t$统计量的值是$-3.48$。如何解释收入与消费之间的关系？

4. 标记为QUARTERLY. XLS文件包含美国3个月、5年和10年期的政府债券的利率，数据样本区间为1960年第1季度至2012年第4季度。变量分别标记为TBILL、R5和R10。
   a. 预检验变量，结果显示全部具有单位根过程。特别地，采用ADF单位根检验，其滞后长度选择方法是先从不包含滞后项开始，看在5%的显著水平下的$t$统计量是否显著，若不显著，滞后期加1，直到在这个显著水平下的$t$统计量显著为止。如果包含常数项(但无时间趋势)，则应该得到

   | 序列 | 滞后期 | $a_1$估计值 | $t$统计量 |
   |---|---|---|---|
   | TBILL | 7 | $-0.028$ | $-1.61$ |
   | R5 | 5 | $-0.013$ | $-1.03$ |
   | R10 | 7 | $-0.011$ | $-0.78$ |

   b. 用Engle-Granger方法估计协整关系。对残差进行ADF检验。若用TBILL作为"被解释变量"，则应该得到
   $$TBILL_t = \underset{(2.31)}{0.367} + \underset{(-13.44)}{2.7 R5_t} - \underset{(20.78)}{1.91 R10_t}$$
   式中，括号内的值为$t$统计量。
   对上述回归方程的残差进行Engle-Granger检验。解释为什么扩展形式检验(即ADF检验)中滞后期为8是恰当的。如果滞后期为8的话，则应该得到滞后1期残差(即$e_{t-1}$)的系数是$-0.276$，相对应的$t$统计量的值是$-4.08$。
   而在5%的显著水平下，临界值大约是$-3.76$，请问，依据这些结果，我们能得出变量是协整的结论吗？
   c. 用R10作为被解释变量重复过程b。若在扩展的Engle-Granger检验中(即$\Delta e_t = \alpha_1 e_{t-1} + \cdots$)，滞后期为3，则得到$\alpha_1 = -0.105$，$t$统计量的值为$-2.34$。
   用R10作为被解释变量，3个利率之间存在协整关系吗？
   d. 应用Johansen方法估计模型，使用7个滞后期，协整向量中含有截距项，则会得到如下结果：

   | 迹检验 | | | |
   |---|---|---|---|
   | 原假设 | 备择假设 | $\lambda_{trace}$ | 5%的临界值 |
   | $r = 0$ | $r \geq 1$ | 45.50 | 34.91 |
   | $r \leq 1$ | $r \geq 2$ | 7.67 | 19.96 |
   | $r \leq 2$ | $r = 3$ | 0.78 | 9.24 |

**最大特征值检验**

| 原假设 | 备择假设 | $\lambda_{max}$ | 5%的临界值 |
|---|---|---|---|
| $r=0$ | $r=1$ | 37.83 | 22.00 |
| $r=1$ | $r=2$ | 6.89 | 15.67 |
| $r=2$ | $r=3$ | 0.78 | 9.24 |

  i. 解释为什么 $\lambda_{trace}$ 检验强烈地支持恰好存在一个协整向量。
  ii. 从何种程度上讲,这个结果可用 $\lambda_{max}$ 检验强化?
     验证标准化协整向量是
     $$1.99TBILL_t + 0.879R5_t - 1.67R10_t + 0.820 = 0$$
     与 b 得到的结果进行比较。
  e. 思考个人利率对是否是协整的。特别是 $R5_t$ 是否与 $R10_t$ 协整?
  f. 为什么用6.10节讨论的误差修正(ADL)检验进行协整检验时要特别注意?

5. 在第4题中,我们用 Engle-Granger 方法发现了3种利率的长期均衡关系:
   $$TBILL_t = 0.367 - 1.91R5_t + 2.74R10_t$$
   a. 估计误差修正模型,每个变量使用2个滞后期,用 b 中得到的残差作为误差修正项,不包含单独的截距项,则得到的误差修正模型为
   $$\Delta TBILL_t = -0.062e_{t-1} + \cdots \quad 误差修正项系数对应的 t 统计量为 0.73$$
   $$\Delta R3_t = -0.161e_{t-1} + \cdots \quad 误差修正项系数对应的 t 统计量为 -2.94$$
   $$\Delta R10_t = -0.162e_{t-1} + \cdots \quad 误差修正项系数对应的 t 统计量为 -2.52$$
   式中,$e_{t-1}$ 是来自 b 中的估计残差的滞后值。
   i. 进行恰当的系统诊断,特别是确定3个残差序列是否为白噪声序列,滞后期足够长吗?
   ii. 讨论速度调整系数的特点,利率序列是弱外生的吗?相对于长期均衡离差的响应,预测3个利率会如何变化。
   b. 使用 Choleski 分解探究 $Tbill$ 利率与 $R5_t$ 是否有因果关系,以及 $R5_t$ 与 $R10_t$ 是否有因果关系。
   c. 运用和 b 相同的方法分解方差。写出对于每种利率的预测误差方差对于 $Tbill$ 利率的主要优势。

6. 假设 $\pi$ 为
   $$\pi = \begin{pmatrix} 0.6 & -0.5 & 0.2 \\ 0.3 & -0.25 & 0.1 \\ 1.2 & -1.0 & 0.4 \end{pmatrix}$$
   a. 证明 $\pi$ 的行列式等于零。
   b. 证明三个特征根中有两个特征根等于零,第三个为 0.75。
   c. 令 $\beta' = (3, -2.5, 1)$ 是相对于 $x_{3t}$ 标准化的单个协整向量。求满足 $\pi = \alpha\beta'$ 的 $3 \times 1$ 向量 $\alpha$。如果相对于 $x_{1t}$ 标准化 $\beta$,问向量 $\alpha$ 将如何变化?
   d. 说明如何检验约束条件 $\beta_1 + \beta_2 = 0$。现在假设估计 $\pi$ 为
   $$\pi = \begin{pmatrix} 0.8 & 0.4 & 0.0 \\ 0.2 & 0.1 & 0.0 \\ 0.75 & 0.25 & 0.5 \end{pmatrix}$$
   e. 证明三个特征根分别是 0.0、0.5、0.9。
   f. 假定 $\beta$ 满足
   $$\beta = \begin{pmatrix} 0.8 & 0.75 \\ 0.4 & 0.25 \\ 0.0 & 0.5 \end{pmatrix}$$
   求满足 $\pi = \alpha\beta'$ 的 $3 \times 2$ 矩阵 $\alpha$。

7. 假设 $x_{1t}$ 和 $x_{2t}$ 分别是1阶和2阶单整,证明 $x_{1t}$ 和 $x_{2t}$ 的任意线性组合都是2阶单整。面对如下的情形,请解答问题:
   a. 假定:$x_{1t}$ 和 $x_{2t}$ 都是随机游走过程,即有
   $$x_{1t} = x_{1t-1} + \varepsilon_{1t} \text{ 和 } x_{2t} = x_{2t-1} + \varepsilon_{2t}$$
   i. 给定初始条件值 $x_{10}$ 和 $x_{20}$,证明 $x_{1t}$ 和 $x_{2t}$ 解的形式分别为 $x_{1t} = x_{10} + \sum \varepsilon_{1t-i}$ 和 $x_{2t} = x_{20} + \sum \varepsilon_{2t-i}$。
   ii. 指出线性组合 $\beta_1 x_{1t} + \beta_2 x_{2t}$ 通常包含随机趋势。
   iii. 保证 $x_{1t}$ 和 $x_{2t}$ 是 $CI(1, 1)$ 需要什么假设条件?

b. 现在令 $x_{2t}$ 是 2 阶单整,特别地,令 $\Delta x_{2t} = \Delta x_{2t-1} + \varepsilon_{2t}$,给定初始条件值 $x_{20}$ 和 $x_{21}$,求 $x_{2t}$ 的解(可以允许 $\varepsilon_{1t}$ 和 $\varepsilon_{2t}$ 完全相关)。
  i. 存在只包含随机趋势的 $x_{1t}$ 和 $x_{2t}$ 的线性组合吗?
  ii. 存在不包含随机趋势的 $x_{1t}$ 和 $x_{2t}$ 的线性组合吗?
c. 给出下述命题的直观解释:如果 $x_{1t}$ 和 $x_{2t}$ 分别是 $d_1$ 阶和 $d_2$ 阶单整,其中,$d_2 > d_1$,则 $x_{1t}$ 和 $x_{2t}$ 的任意线性组合都是 $d_2$ 阶单整。

8. 编程手册第 6 章在文件 QUARTERLY. XLS 中使用变量 Tbill 和 Tblyr 来说明 Engle-Granger 和 Johansen 两种协整检验。
a. 检验滞后期为 7 的 Tbill($r_{St}$) 和 Tblyr($r_{Lt}$) 的 Dickey-Fuller 检验的 $t$ 值分别为 $-1.613\,04$ 和 $-1.393\,20$。
b. 将 Tbill 和 Tblyr 视为自变量,估计长期均衡关系。$r_{St}$ 为左手侧变量,可以发现 $r_{St} = -0.187 + 0.936 r_{Lt}$。
c. 以方程(6-32)的形式估计滞后期为 6 的长期均衡关系。$a_1$ 的估计值为 $-0.372$,$t$ 值为 $-4.78$。运用表 C 判定变量是否协整。在长期均衡关系中将 $r_{Lt}$ 作为左手侧变量会发生什么?
d. 估计误差修正模型,并获得脉冲响应函数。你的结果应与编程手册 6.1 节的相应内容相似。
e. 如果进行滞后期为 7 的 Johansen 检验,你应当发现特征值为 0.152 3 和 0.007 8。利用式(6-55)和式(6-56)计算 $\lambda_{max}$ 和 $\lambda_{trace}$ 的统计量。将你的结果运用到协整向量上。

9. 文件 COIN_ PPP. XLS 包含了英国、日本和加拿大的季度批发价格水平以及相应货币与美元的双边汇率。其中,也包含了美国的批发价格水平。每个序列的命名规律一目了然。例如,JAPANCPI 是日本价格水平,JAPANEX 是日本对美国的汇率。所有变量的样本区间都是 1974 年第 1 季度到 2013 年第 4 季度,并且以 1973 年 1 月为基期,取值为 100。只有美国价格指数是季度调整。
a. 每个变量都取对数并预测每个单位根。单位根的零假设被任何序列拒绝吗?如果你发现美国价格水平趋势平稳,你该怎么办?
b. 每个变量都取对数,估计日本和美国的长期均衡关系为
$$\log(japanex) = 9.97 - 0.104\log(japancpi)$$
$$(27.25) \quad (-0.98)$$
$$- 0.768\log(uscpi)$$
$$(-17.05)$$
  i. 点估计的系数斜率与长期 PPP 一致吗?
  ii. 通过 $t$ 值,你能解释日本的价格水平在 5% 的显著水平下不重要吗?
c. 用 $u_t$ 代表长期关系的残差。用这些残差进行 Engle-Granger 协整检验。如果使用三个滞后变化,将得到
$$\Delta u_t = -0.025 u_{t-1} + \sum_{i=1}^{11} a_1 \Delta u_{t-1} + \varepsilon_t$$
$u_{t-1}$ 的系数统计量的 $t$ 值是 $-3.44$。通过表 C 的 3 个变量和 457 个可用观察量,显著水平 5% 和 10% 下的临界值分别为 $-3.760$ 和 $-3.464$。解释长期 PPP 失败的原因。
d. 用加拿大和瑞士的数据重复 i 和 ii。如果你用长期平衡关系的残差可以发现
加拿大(10 滞后期)$\Delta u_t = -0.012 u_{t-1} + \sum a_1 \Delta u_{t-i} + \varepsilon_t$;$t$ 值为 $-1.89$
瑞士(10 滞后期)$\Delta u_t = -0.027 u_{t-1} + \sum a_1 \Delta u_{t-i} + \varepsilon_t$;$t$ 值为 $-3.02$
e. 尽管我们拒绝了日本和美国的长期 PPP,估计 $ljapanex_t$ 的误差修正模型。如果对于每个变量滞后期为 11,能得到:
$$\Delta ljapanex_t = -0.005 - 0.030\,\hat{e}_{t-1}$$
$$+ \sum \Delta \beta_1 ljapanex_{t-i}$$
$$+ \sum \Delta \beta_2 ljapancpi_{t-i}$$
$$+ \sum \Delta \beta_3 luscpi_{t-i}$$

式中，$\hat{e}_{t-1}$ 是均衡关系的残差，每个变量滞后期为 11。误差修正项的 $t$ 值为 -3.54。哪些变量可以认为是弱外生的？

f. 通过排序 $luscpi_t$、$ljapancpi_t$、$ljapanex_t$ 得到脉冲函数。在图 6-8 中可以发现，美国价格变动对汇率影响很小，但日本价格水平变动导致日元贬值。汇率对自身变动的响应及时且持久。

g. 协整检验对均衡回归的标准化是否敏感？

10. 第 9 题 d 中，我们对变量 $\log(canex)$、$\log(cancpi)$、$\log(uscpi)$ 进行了 PPP 的 Engle-Granger 程序检验。

a. 现在使用 Johansen 方法并用常数约束协整向量以获得：

| 秩 | $\lambda_i$ | $\lambda_{max}$ | $\lambda_{trace}$ |
| --- | --- | --- | --- |
| 1 | 0.053 5 | 25.647 | 35.987 |
| 2 | 0.013 8 | 6.460 | 10.339 |
| 3 | 0.008 3 | 3.879 | 3.879 |

用表 E 说明存在单整向量。

b. 思考估计的协整向量：

$-0.949\log(canex) - 6.484\log(cancpi) + 1.600\log(uscpi) + 31.653 = 0$

将汇率标准化。长期均衡关系与 PPP 是否一致？

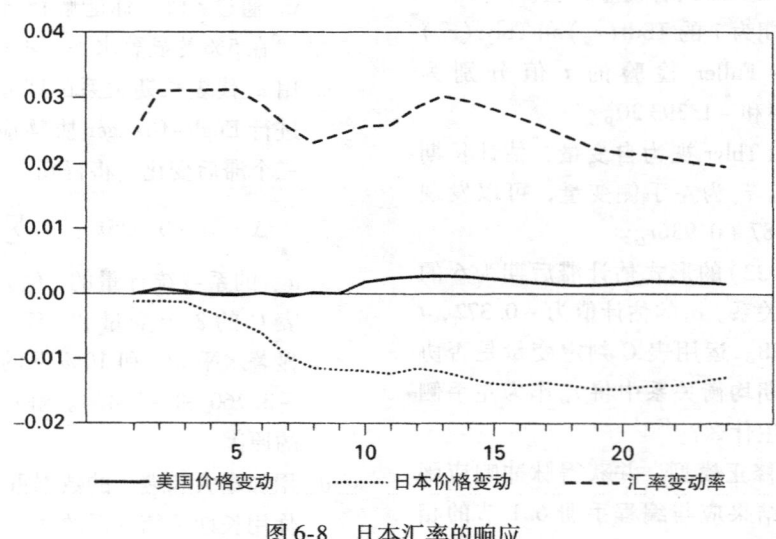

图 6-8 日本汇率的响应

# 第 7 章

# 非线性时间序列模型

## 本章学习目标

1. 介绍非线性模型,并与线性 ARMA 模型比较。指出非线性模型能够刻画许多经济变量的行为特征。
2. 介绍包括广义自回归和双线性模型在内的简单非线性模型。
3. 讨论若干能够检测是否存在非线性调整的检验方法。阐述存在未识别多余参数时检验的困难之处。
4. 阐述基本门限自回归模型。
5. 考虑几种门限自回归模型的存在性,并介绍门限回归模型。
6. 运用失业率、泰勒规则和生猪存栏量的例子说明门限模型的应用。
7. 阐述基础平滑转换自回归模型。介绍如何预测 STAR 模型。
8. 讨论人工神经网络和马尔科夫转换模型。
9. 使用模拟数据估计 LSTAR 模型,并讨论实际汇率的 ESTAR 估计。
10. 阐述怎样获得非线性模型的脉冲。用美国的 GDP 模型和跨国恐怖主义模型来描述脉冲。
11. 考察非线性模型单位根的检验问题。
12. 指出具有内生结构突变的模型与非线性模型有许多重要相似之处。考虑具有非线性突变的模型。

经济理论认为若干重要时间序列变量表现出非线性特征。工资水平呈现下降的刚性现象是许多宏观经济模型的重要特征。普遍认为,在经济循环中,某些关键宏观经济变量下降的速度要快于增长的速度。比如,产出和就业的下降要比上升迅速。因为标准 ARMA 模型依赖于线性差分方程,因此,新的动态模型定就需要捕获非线性行为。事实上,在这个时间序列计量经济学新领域的研究就呈现指数增长的发展趋势(它本身是一个非线性过程)。

## 7.1 线性与非线性调整

我们自驾车去新观光地长途旅行时,往往要带上交通地图册。虽然地球不是平直的,但地图册中的路线图却是一条近似于我们实际旅行路径的直线。不妨想象一下非线性交通地图册的不便，我们就会发现，对于众多旅行而言，这种直线近似是非常有用的。然而，对于其他类型的旅行而言，线性假设显然是不恰当的，比如说，美国宇航局(NASA)若用平面的地球地图设计火箭发射轨道，那一定会损失惨重。类似地，经济过程的线性假设只是经济变量实际时间路径的近似。然而，政策制定者如果忽略了失业的增加速度要比就业的增加速度更快的现实证据，做出的相关决策就有可能导致严重的后果。

门限自回归模型(TAR)是文献中已经用到的非线性模型例子之一。为了解释这个模型的作用，我们假定 $r_L$ 和 $r_{S_t}$ 是两种类似金融工具的长期利率和短期利率。假定定义为 $s_t = r_{L_t} - r_{S_t}$ 的利率差要与长期均衡值 $\bar{s}$ 相一致。动态调整机制的简单 AR(1) 表达式可以是

$$s_t = a_0 + a_1 s_{t-1} + \varepsilon_t \qquad 0 < a_1 < 1$$

为了便于分析，把 $\bar{s}$ 定义为长期均衡值 $\dfrac{a_0}{1-a_1}$，于是调整过程可以写为

$$s_t = \bar{s} + a_1(s_{t-1} - \bar{s}) + \varepsilon_t$$

如果 $s_t = \bar{s}$，则称系统处于长期均衡水平。在其他情况下，当期相对于长期均衡离差的 $a_1$% 带入下一期。事实上，存在利率差表现为非线性调整形态的依据，利率差相对于长期均衡值较低的周期(即 $s_{t-1} - \bar{s} < 0$) 远比 $s_{t-1} - \bar{s} > 0$ 的周期持久。这些不同程度的持续性可以构造为

$$s_t = \begin{cases} \bar{s} + a_1(s_{t-1} - \bar{s}) + \varepsilon_{1t} & s_{t-1} > \bar{s} \\ \bar{s} + a_2(s_{t-1} - \bar{s}) + \varepsilon_{2t} & s_{t-1} \leq \bar{s} \end{cases} \tag{7-1}$$

式中，$\varepsilon_{1t}$ 和 $\varepsilon_{2t}$ 为白噪声过程。

在式(7-1)中，当 $s_{t-1}$ 超过门限值 $\bar{s}$ 时，差额是 AR(1) 过程 $s_t = \bar{s} + a_1(s_{t-1} - \bar{s}) + \varepsilon_{1t}$；而当 $s_{t-1}$ 低于阈值 $\bar{s}$ 时，利率差是 AR(1) 过程 $s_t = \bar{s} + a_2(s_{t-1} - \bar{s}) + \varepsilon_{2t}$。只要 $|a_2| > |a_1|$，$s_{t-1} < \bar{s}$ 的周期就比其他周期更持久。

为了更好地解释线性与非线性调整之间的区别，考察 1 阶自回归 AR(1) 模型的齐次部分

$$y_t = a_1 y_{t-1}$$

假定 $-1 < a_1 < 1$，于是，我们知道长期均值满足 $E y_t = 0$。调整过程的特点是任一期相对于长期均衡离差的 $a_1$% 要持续带入下一期。例如，如果 $a_1 = 0.5$，初始条件为 $y_{t-1} = 1.0$，则立即得到 $E_{t-1} y_t = 0.5$ 以及 $E_{t-1} y_{t+1} = 0.25$。令 $\{y_t^*\}$ 表示由假设初始条件为 $y_{t-1} = 1$ 而生成的特定序列 $\{1, 0.50, 0.25, 0.125, \cdots\}$。根据考察 $y_{t-1}$ 的各个选择值，就能够说明调整过程的线性特征。如果初始条件是 $y_{t-1} = 2$，则新生成的序列的值是原序列的两倍。事实上，若 $y_{t-1}$ 的初始值乘以任意 $\lambda$ 值，其结果是新序列为 $\{\lambda y_{t-1}^*\}$。图 7-1a 所示的**相位图**(phase diagram)表示了该调整过程的线性特征。实线 AOB 的斜率为 $a_1$，因此，对于任意 $y_{t-1}$，通过直线 AOB 把 $y_{t-1}$ 映射到 $y_t$ 轴可以获得序列的下一个值。因为斜率为常数，所以，$y_{t-1}$ 的任意比例乘数都将导致 $y_t$ 具有相对称的值。如图所示，如果 $y_{t-1} = 1$，则 $y_t$ 的预期值为 $y_t = a_1$；当 $y_{t-1} = 2$ 时，$y_t$ 的预期值为 $y_t = 2a_1$。

同时，请注意调整是以原点对称的。如果 $y_{t-1} = -1$，则 $E_{t-1} y_t = -0.5$，$E_{t-1} y_{t+1} = -0.25$，等等。因此，对于线性模型，$y_{t-1}$ 的初始值乘以 $-1$，则新序列为 $\{-y_{t-1}^*\}$。

现在假设相位图是沿着 A'OB 的折线进行调整。于是，$y_{t-1} > 0$ 时，$y_t = a_1 y_{t-1}$，而 $y_{t-1} \leq 0$ 时，$y_t = a_2 y_{t-1}$。再次看出，当 $y_{t-1} = 1$ 时，序列的下一个值 $y_t = a_1$，可是，当 $y_{t-1} = -1$ 时，序列的下一个值 $y_t = -a_2$，很显然，当 $a_2 > a_1$ 时，从 $y_{t-1}$ 的负数开始接近于 0 要比从正数开始缓慢得多。因此，调整过程不是线性的，这是由于选择 $\lambda y_{t-1}$ 不一定得到序列 $\{\lambda y_{t-1}^*\}$。这个正好

是式(7-5)所表示的调整类型，当 $a_2 > a_1$，并且 $\bar{s} = 0$ 时，序列 $\{s_t\}$ 与图 7-1a A'OB 所示的相位图完全一致。

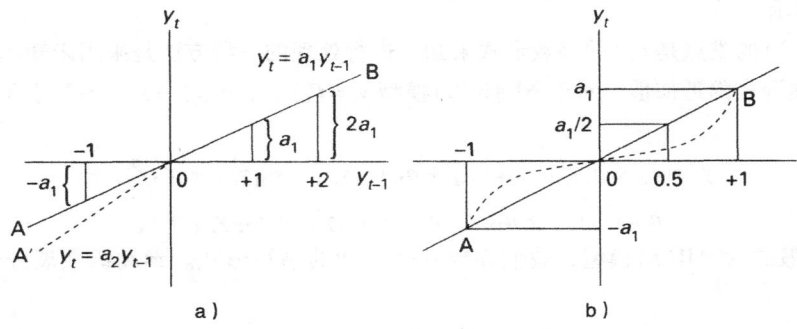

图 7-1 两个非线性调整路径

描述地球引力过程需要不同类型的非线性模型。由基础物理知识可知，当物体从空间向地球降落时，物体在空间的运动速度将逐渐加快。我们可以把地球定位在原点，同时，假设空间中的物体要落向地球。若 $y_t$ 表示 $t$ 时刻物体到地球的距离，则地球引力可以表示为图 7-1b 所示的经过 AOB 的曲线。如图所示，若我们假设 $y_{t-1} = 1$，则 $y_t = a_1$。稍做修改，若 $y_{t-1} = 0.5$，则 $y_t$ 的值一定小于 $\dfrac{a_1}{2}$。因为选择 $\lambda y_{t-1}$ 得不到序列 $\{\lambda y_{t-1}^*\}$ 的结果，所以，调整过程不是线性的，经过 AOB 的直线 $y_t = a_1 y_{t-1}$ 捕获不到调整过程的这种特征。

请花些时间，想象一下其他类型的非线性调整过程。例如，运输费用可以阻止亚拉巴马州和密西西比州棉花价格之间细微的套利。相反，大的价格差几乎很快被消除。我们可以思考一下其他事例，关键是一旦决定抛开线性领域，就会面临许多潜在的非线性类型。确定最恰当的非线性形式特别重要。毕竟，简单地从整体来看，采用一个不正确的非线性表达式所带来的问题要比忽视非线性特征严重得多。因为选择恰当的非线性模型可能是困难的，因此，不必惊奇现在还有许多重要领域有待研究。不管如何，在应用时间序列分析研究中，已经证明有些特定形式的非线性模型特别具有价值。接下来，我们从很简单的非线性模型开始讨论。

## 7.2 ARMA 模型的简单扩展

最简单的非线性自回归模型（NLAR）是 1 阶非线性自回归模型

$$y_t = f(y_{t-1}) + \varepsilon_t$$

用 NLAR(1) 表示。在这个模型中，最大滞后期为 1。我们可以用较有趣的方式重新参数化这个模型，使它变为

$$y_t = a_1(y_{t-1}) \times y_{t-1} + \varepsilon_t \tag{7-2}$$

式中，$a_1(y_{t-1}) \times y_{t-1} \equiv f(y_{t-1})$。

除了自回归系数 $a_1$ 是 $y_{t-1}$ 的函数外，式(7-2)看起来非常像 AR(1) 模型。若我们不知道 $f()$ 的具体函数形式，则变量的非线性特征和时变参数之间的区分不是非常清晰。因此，对于统计检验而言，寻找部分回归变量不超过 1 次幂的模型与参数随时间的变化而变化的模型之间的差异也并非易事。

更一般地，$p$ 阶非线性自回归模型为

$$y_t = f(y_{t-1}, y_{t-2}, \cdots, y_{t-p}) + \varepsilon_t \tag{7-3}$$

用 NLAR($p$) 表示。

估计式(7-3)的难点是 $f(\ )$ 的函数形式未知。进行处理的一种方法是采用未知函数形式的泰勒(Taylor)级数展开式的近似值。对于 NLAR(2) 模型 $y_t = f(y_{t-1}, y_{t-2}) + \varepsilon_t$，不高于 3 阶的泰勒级数展开式为

$$y_t = a_0 + a_1 y_{t-1} + a_2 y_{t-2} + a_{12} y_{t-1} y_{t-2} + a_{11} y_{t-1}^2 + a_{22} y_{t-2}^2 + a_{112} y_{t-1}^2 y_{t-2} + a_{122} y_{t-1} y_{t-2}^2 + a_{111} y_{t-1}^3 + a_{222} y_{t-2}^3 + \varepsilon_t$$

对于更一般的 NLAR($p$) 模型，我们需要一个简洁的书写形式。泰勒级数展开式的一种简单书写方法是

$$y_t = a_0 + \sum_{i=1}^{p} a_i y_{t-i} + \sum_{i=1}^{p} \sum_{j=1}^{p} \sum_{k=1}^{r} \sum_{l=1}^{s} a_{ijkl} y_{t-i}^k y_{t-j}^l + \varepsilon_t \tag{7-4}$$

式中，$p$ 为过程的阶数；$r$ 和 $s$ 是大于等于 1 的整数。为了避开过多的参数，通常限定 $r$ 与 $s$ 之和小于等于 4。

### 7.2.1 GAR 模型

我们把式(7-4)称为广义自回归(GAR)模型。GAR 模型通过引入滞后值 $y_{t-i}$ 的不同幂次方和 $y_{t-i}$ 与 $y_{t-j}$ 幂次方的乘积扩展了标准的 AR 模型。与泰勒级数一样，GAR 模型能够仿真各种各样的函数形式，只是要求所有的函数是不同的。此外，模型的估计较简单：可以简单地把变量 $y_{t-j}^l$ 和它们的相互乘积作为新变量，用 OLS 进行估计。因为线性模型嵌套在 GAR 模型中，因此，可以对非线性特征直接进行检验。如果不能拒绝所有的 $\alpha_{ijkl} = 0$ 的原假设，则可以得出这个过程是线性的。这种方法的缺陷是它产生的模型似乎参数过多。当滞后期大于 2 时，这种现象尤为突出。我们可以用传统的 $t$ 检验和 $F$ 检验来减少待估参数的个数。然而，由于解释变量间可能高度相关，因此，这样做显得相当棘手。例如，$y_{t-1}^2$ 与 $y_{t-1}^4$ 明显相关。因此，通常的实际做法是选择用 AIC 和 SBC 来减少待估参数的个数。

### 7.2.2 双线性模型

正像一个简练的 ARMA 模型能够非常近似于高阶 AR($p$) 过程一样，可以考虑在非线性模型中使用移动平均项。考察简单的双线性(BL)模型

$$y_t = \alpha_0 + \alpha_1 y_{t-1} + \beta_1 \varepsilon_{t-1} + c_1 \varepsilon_{t-1} y_{t-1} + \varepsilon_t$$

其目的是用移动平均、自回归和移动平均的相互作用来近似替代高阶 GAR 模型。因此，双线性模型是 ARMA 模型的自然扩展，它只是在 ARMA 模型中加入了表现非线性特征的 $y_{t-i}$ 与 $\varepsilon_{t-j}$ 的乘积项。双线性模型 BL($p, q, r, s$) 的更一般形式是

$$y_t = \alpha_0 + \sum_{i=1}^{p} \alpha_i y_{t-i} + \varepsilon_t + \sum_{i=1}^{q} \beta_i \varepsilon_{t-i} + \sum_{i=1}^{r} \sum_{j=1}^{s} c_{ij} y_{t-i} \varepsilon_{t-j} \tag{7-5}$$

注意线性 ARMA($p, q$) 模型是式(7-5)的嵌套形式。若所有的 $c_{ij} = 0$，则模型(7-5)等价于 ARMA($p, q$) 模型。与 GAR 模型一样，可以把双线性模型看作是具有随机参数的模型。为了理解这一点，考察 BL 模型

$$y_t = \alpha_0 + \alpha_1 y_{t-1} + c_1 \varepsilon_{t-1} y_{t-1} + \varepsilon_t$$

即

$$y_t = \alpha_0 + (\alpha_1 + c_1\varepsilon_{t-1})y_{t-1} + \varepsilon_t \tag{7-6}$$

除了自回归系数是 $\alpha_1 + c_1\varepsilon_{t-1}$ 外，式(7-5)看起来像一个自回归模型。从某种意义上讲，自回归系数是期望值等于 $\alpha_1$ 的随机变量。如果 $c_1$ 为正，则自回归系数随 $\varepsilon_{t-1}$ 的增加而变大。这样的话，正的 $\varepsilon_{t-1}$ 冲击就要比负的冲击持久。

现在，面临着一个难题。因为我们不能直接生成变量 $y_{t-i}c_{t-j}$，所以，也就无法用 OLS 估计式(7-5)或者式(7-6)。问题是：当我们拥有单个时间序列 $\{y_t\}$ 时，如何把这个序列作为双线性过程进行估计？标准的估计方法是最大似然估计法。许多标准的计量经济学软件允许我们用第 2 章附录 2.1 讨论的关于 MA 过程估计的较简单的一般化方法进行估计。

### 7.2.3 实例分析

Rothman(1998)估计了若干个美国失业率的非线性模型，对样本区间内的拟合与样本区间外的预测效果进行了比较。针对这个目的，他对失业率的对数值进行去除趋势后，用1948 年第 1 季度至1979 年第 4 季度的数据，估计得出了如下三个模型

$$\text{AR} \quad u_t = 1.563 u_{t-1} - 0.670 u_{t-2} + \varepsilon_t$$
$$\qquad\qquad (22.46) \quad (-10.06)$$

$$\text{GAR} \quad u_t = 1.500 u_{t-1} - 0.553 u_{t-2} - 0.745 u_{t-2}^3 + \varepsilon_t \quad \text{方差比} = 0.965$$
$$\qquad\qquad (23.60) \quad (-6.72) \quad (-2.33)$$

$$\text{BL} \quad u_t = 1.910 u_{t-1} - 0.690 u_{t-2} - 0.585 u_{t-1}\varepsilon_{t-3} + \varepsilon_t \quad \text{方差比} = 0.936$$
$$\qquad\qquad (24.11) \quad (-10.55) \quad (-2.08)$$

式中，$u_t$ 是去除趋势后失业率的对数值；方差比为被估计模型的残差方差与 AR 模型的残差方差之比。

AIC 用于选择普通 ARMA(p, q) 模型的最适当的 p 和 q。选择了 AR(2) 是线性 ARMA 模型的最佳拟合模型。采用在 GAR 模型中搜索设定模型，并在设定模型中用 AIC 选择拟合最佳的模型。简单地说，对于给定的两个滞后长度，估计由式(7-4)给定的模型，保留使 AIC 最小的模型。请注意，只有滞后 2 期的失业率的 3 次方被认为是重要的。因为 AR(2) 作为特例，被包含在 GAR 模型中，所以，GAR 模型有较小的残差方差并不奇怪。正如 Rothman 所指出的，把估计出的 GAR 模型写成下面的模型更直观，并且有说服力。

$$u_t = 1.500 u_{t-1} - [0.553 + 0.745 u_{t-2}^2] u_{t-2} + \varepsilon_t$$

在这种形式下，可以把 GAR 模型看作 AR(2) 过程，它的滞后 2 期的系数是 $-[0.553 + 0.745 u_{t-2}^2]$。因此，失业率的较大的离差(即 $u_{t-2}^2$ 很大)相较于较小的离差，具有更低的自回归持久性。因此，当失业率远离它的趋势值时，调整的速度更快。因此，调整速度与地球引力相反。作为练习，读者应该描绘一下这个调整过程的相位图，并对照图 7-1b 比较答案。

在 3 个模型中，BL 模型的残差方差最小。取不同的 r 和 s，对式(7-5)所示的一般 BL 模型进行了估计。再次用 AIC 选择在已估模型中拟合度最优的模型。请注意，即便是线性模型只有两个滞后期(即允许 r 和 s 大于方程的线性部分的阶数)，但估计出的双线性模型使用了交叉乘积 $u_{t-1}\varepsilon_{t-3}$。Rothman 指出：$u_{t-1}$ 和 $\varepsilon_{t-3}$ 正相关。因为 $u_{t-1}\varepsilon_{t-3}$ 的系数为负，所以，意味着对失业率的较大冲击调整速度要快于较小冲击。当 $u_{t-1}$ 和 $\varepsilon_{t-3}$ 趋于同向运动时，$u_{t-1}\varepsilon_{t-3}$ 越大，持续程度就越小。

## 7.3 非线性检验

在开始阐述其他类型的非线性模型之前,讨论几个标准的检验非线性存在性的方法是重要的。检验非线性的存在可以避免我们过度拟合数据。本节将介绍确认数据是否是非线性以及有助于确认非线性形式的若干方法,这些方法也已经成熟。首先声明,事实上,没有哪一个检验能够完全讲清楚恰当的非线性形式,更严密地讲,检验只能表明具有非线性特征。

### 7.3.1 ACF 与 McLeod-Li 检验

在估计 ARMA 模型过程中,自回归函数能够有助于我们选择合适的 $p$ 和 $q$,并且,残差的 ACF 是一个重要的诊断工具。不幸的是,线性模型中用到的 ACF 对于非线性模型可能是具有误导性的,原因在于自相关系数度量的是 $y_t$ 与 $y_{t-i}$ 之间的线性相关程度。因此,ACF 有可能检测不出数据存在重要的非线性关系。考察下面的例子

$$y_t = \varepsilon_{t-1}^2 + \varepsilon_t \tag{7-7}$$

式中,$\{\varepsilon_t\}$ 是服从正态分布的白噪声过程。

因为 $y_{t-1}$ 是 $\varepsilon_{t-1}$ 的函数,所以,$y_t$ 的值依赖于 $y_{t-1}$ 的值。运用一点代数学就可以知道自相关系数等于零。为了导出这个结果,我们令 $\mathrm{var}(\varepsilon_t) = \mathrm{var}(\varepsilon_{t-i}) = \sigma^2$。如果对式(7-7)取条件期望值,有 $E y_t = E y_{t-1} = \sigma^2$。因此,自相关系数是

$$\begin{aligned}\rho_i &= E(y_t - \sigma^2)(y_{t-i} - \sigma^2) \\ &= E(\varepsilon_{t-1}^2 + \varepsilon_t - \sigma^2)(\varepsilon_{t-1-i}^2 + \varepsilon_{t-i} - \sigma^2) \\ &= E(\varepsilon_{t-1}^2 \varepsilon_{t-1-i}^2 + \varepsilon_{t-1}^2 \varepsilon_{t-i} - \varepsilon_{t-1}^2 \sigma^2 + \varepsilon_t \varepsilon_{t-1-i}^2 \\ &\quad + \varepsilon_t \varepsilon_{t-i} - \varepsilon_t \sigma^2 - \sigma^2 \varepsilon_{t-1-i}^2 - \sigma^2 \varepsilon_{t-i} + \sigma^2 \sigma^2)\end{aligned}$$

请注意,因为 $E(\varepsilon_{t-i}^2 \varepsilon_{t-j}^2) = \sigma^2 \sigma^2$,$E(\varepsilon_t \varepsilon_{t-1}^2) = 0$ 以及 $E(\varepsilon_t \sigma^2) = 0$,所以

$$\rho_i = \sigma^2 \sigma^2 + E\varepsilon_{t-1}^2 \varepsilon_{t-i} - \sigma^2 \sigma^2 - \sigma^2 \sigma^2 + \sigma^2 \sigma^2 = E\varepsilon_{t-1}^2 \varepsilon_{t-i}$$

显然,当 $i \neq 1$ 时,所有的 $E\varepsilon_{t-1}^2 \varepsilon_{t-i} = 0$。此外,如果 $\varepsilon_t$ 为正态分布,则 3 阶矩 $E\varepsilon_t^3 = E\varepsilon_{t-1}^3 = 0$。因此,所有的 $\rho_i = 0 (i \neq 0)$。现在假设我们获得了 $\{y_t\}$ 的样本 ACF,但不知道数据是根据式(7-7)生成的。基于样本自相关系数较小的观测事实,我们可能会得出序列是白噪声的错误结论。但愿你不是第一个掉入混淆具有统计独立性的缺乏自相关陷阱的人。尽管自相关系数是零,但很明显 $y_t$ 依赖于 $y_{t-1}$。

因为我们感兴趣的是数据的非线性关系,因此,有意义的诊断工具是分析序列的 2 次方或 3 次方的 ACF。例如,$y_t^2$(或来自于被估计方程的残差平方)的 ACF 可能会揭示非线性形态。为了说明这个问题,Granger 和 Teräsvirta(1993)指出:来自于**混沌**(chaos)的 AFC 有可能预示着白噪声,但序列的平方值的 ACF 可能较大。如果一个非发散的序列是由确定性差分方程生成的,这个序列不收敛于恒定的数,或不收敛于往复的循环,则这个序列是混沌的。考察下面的混沌过程

$$y_t = 4 y_{t-1}(1 - y_{t-1}) \quad \text{当 } 0 < y_1 < 1 \tag{7-8}$$

式(7-8)中,$y_t$ 与序列本身水平和 $y_{t-1}$ 的平方有关。但是,$y_t$ 的所有自相关系数都较小,而 $\{y_t^2\}$ 的 ACF 较大。为了利用我们所使用的软件包,假设 $y_1 = 0.7$,$\{y_t\}$ 的其余 99 个值用式(7-8)生成。虽然序列是完美可预测的,但是我们发现前 6 个自相关系数是

| $\rho_1$ | $\rho_2$ | $\rho_3$ | $\rho_4$ | $\rho_5$ | $\rho_6$ |
|---|---|---|---|---|---|
| $-0.074$ | $-0.072$ | $0.008$ | $0.032$ | $-0.016$ | $-0.030$ |

所有相关系数小于相对于 0 的 1 个标准差。然而，$y_t^2$ 与 $y_{t-1}^2$ 之间的相关系数为 $-0.281$，$y_t^3$ 与 $y_{t-1}^3$ 之间的相关系数为 $-0.386$，在 100 个观测值中，这两个相关系数高度显著。例子的关键点是，对于数据中任何被忽视的非线性特征，可以用序列的 2 次方（或 3 次方）的 ACF 检测出来。为了稍加公式化，McLeod-Li(1983) 检验探索了确定线性方程的残差平方是否存在显著自相关。为了进行这一检验，用最优拟合的线性模型估计序列，得到残差为 $\hat{e}_t$，如同(3.2 节讨论的) ARCH 误差规范检验一样，形成残差平方的自相关系数。假设 $\rho_i$ 表示残差平方 $\hat{e}_t^2$ 与 $\hat{e}_{t-1}^2$ 之间的样本相关系数，运用 Ljung-Box 统计量确定残差平方是否呈现序列相关。因此，得到统计量

$$Q = T(T+2)\frac{\sum_{i=1}^{n}\rho_i^2}{(T-i)}$$

如果 $\{\hat{e}_t^2\}$ 序列不相关，则 $Q$ 是渐近服从自由度为 $n$ 的 $\chi^2$ 分布，拒绝原假设等价于接受模型是非线性的假设。此外，我们也可以估计回归方程

$$\hat{e}_t^2 = \alpha_0 + \alpha_1\hat{e}_{t-1}^2 + \cdots + \alpha_n\hat{e}_{t-n}^2 + \nu_t$$

如果不存在非线性特征，则 $\alpha_1$ 到 $\alpha_n$ 都为零。由于有 $T$ 个残差样本，如果不存在非线性特征，则检验统计量 $TR^2$ 收敛于自由度为 $n$ 的 $\chi^2$ 分布。在小样本下，我们可以用 $F$ 检验对原假设 $\alpha_1 = \alpha_2 = \cdots = \alpha_n = 0$ 进行检验。如果够机敏的话，可能还记得寻找 ARCH 类型的误差这个检验，这个检验证实 McLeod-Li(1983) 检验是对 ARCH 误差精确的拉格朗日乘数(LM)检验。但是，不管怎样，对寻找不同形式的非线性特征，这个检验具有很好的效果。请注意，这个检验无法给出非线性特征的实际形式，拒绝线性的原假设并没有告诉我们数据中最大的非线性特征形式。

### 7.3.2 RESET 检验

回归误差设定检验(RESET)也提出了原假设为线性的检验方法，其备择假设为非线性特征。如果线性模型的残差独立，则它们不会与估计方程中的解释变量相关，或者不会与拟合值相关。因此，残差对这些值的回归应该在统计上不显著。为了进行 RESET 检验，可按下列步骤进行。

**第 1 步**：估计最优拟合线性模型，令 $\{e_t\}$ 表示回归模型的残差序列，$\hat{y}_t$ 表示拟合值。

**第 2 步**：选择 $H$ 值（通常为 3 或 4），估计回归方程

$$e_t = \delta z_t + \sum_{h=2}^{H}\alpha_h\hat{y}_t^h \qquad \text{当 } H \geq 2$$

式中，$z_t$ 为向量，它包含了在第 1 步的估计模型中的变量。例如，如果我们估计的是 ARMA($p$, $q$) 模型，则 $z_t$ 将包含常数，$y_{t-1}$ 到 $y_{t-p}$ 和 $\varepsilon_{t-1}$ 到 $\varepsilon_{t-q}$。请注意，检验也适用于回归模型，因此，$z_t$ 也可以包含外生解释变量。

如果模型的确是线性的，则这个回归的解释能力几乎没有，所以，样本统计量 $F$ 很小。因此，如果对于原假设 $\alpha_2 = \cdots = \alpha_H$ 的样本统计量 $F$ 大于 $F$ 分布的临界值，则可以拒绝线性假设。由于 RESET 易于实现，不需要大量的参数估计值，所以，对检验某些类型的非线性具有很好的效果。

### 7.3.3 其他的合成检验

合成检验（也被称为"小棕色箱"）是没有特定备择假设的基于残差的检验。Ljung-Box $Q$ 统计

量是针对这类全方位检验的很好例子。类似地,倍受青睐的 Brock,Dechert,Scheinkman 和 LeBarron(1996)检验,也称 BDS 检验,是一个针对序列不相关的合成检验。从直观上讲,这个检验分析了不同残差对之间的距离。令 $d$ 表示给定的距离,$\varepsilon_t$ 和 $\varepsilon_{t-1}$ 表示序列 $\{\varepsilon_t\}$ 的两个观测值,如果 $\{\varepsilon_t\}$ 的所有值都是独立的,则对于所有的 $i$ 与 $j$,任意残差对 $\{\varepsilon_i, \varepsilon_j\}$ 之间的距离小于 $d$ 的概率都应该是一样的。除了在检验非线性方面广受欢迎外,BDS 检验也能够检验序列相关性、参数不稳定性、被忽略的非线性、结构变化和其他非特定的问题。因此,拒绝不相关的原假设有助于认识问题的本质。需要留意的是,BDS 检验不具有特别好的小样本特性,除非我们改善临界值。

McLeod-Li 检验、RESET 检验和其他合成检验的共同点是,都有非常普遍的备择假设。因此,检验有助于确定非线性模型是否合理。虽然这些检验在确定模型是否为非线性方面是有用的,但并不是说在确定非线性特征方面也起作用。正如 Clements 和 Hendry(1998,pp. 168-69)所提醒的,"当模型在实际应用中,参数变化表现为许多假象,可以导致显著的预测误差。"他们也认为,难以判断是否由于非恒定参数问题的存在而导致模型设定错误。它们有特定的原假设和特定的备择假设,因而,考察拉格郎日乘数检验是很有好处的。

### 7.3.4 拉格郎日乘数检验

拉格郎日乘数(LM)检验能够用于检验特定的非线性类型。因此,LM 检验能够有助于我们选择应用于非线性估计的合适的函数形式。为了便于分析,我们假设 $\{\varepsilon_t\}$ 的方差恒定,即,$\mathrm{var}(\varepsilon_t) = \sigma^2$,令 $f(\ )$ 表示非线性函数形式,$\alpha$ 表示 $f(\ )$ 的参数。在这些条件下,LM 检验可以通过下面的步骤进行处理。

**第 1 步**:估计模型的线性部分,获取残差 $\{e_t\}$。

**第 2 步**:求在原假设为线性的条件下计算的偏导数 $\partial f(\ )/\partial \alpha$。特别值得一提的是,这些偏导数将是第 1 步出现的回归变量的非线性函数。估计 $e_t$ 关于这些偏导数进行回归的辅助回归方程。

**第 3 步**:$TR^2$ 服从自由度为第 2 步的辅助回归方程中回归变量个数的 $\chi^2$ 分布,如果得到的 $TR^2$ 值大于 $\chi^2$ 分布的临界值,则拒绝线性的原假设,接受备择假设。对于小样本,$F$ 统计量符合评价标准。

这个方法的优越性在于,不需要估计非线性模型本身。更为重要的是,若干 LM 检验的应用能够帮助我们选择非线性模型的形式。例如,LM 检验可能存在拒绝 GAR 模型而接受 BL 模型的情况。不幸的是,这并不是一个典型的情况。换言之,两个 LM 检验好像都接受 GAR 模型和 BL 模型。不过,比较两个检验统计量的伴随概率值是有所帮助的。考察下列两个例子。

### 7.3.5 两个例子

**例 1**:假设我们想确定 $\{y_t\}$ 是否具有特定的 GAR 形式

$$y_t = \alpha_0 + \alpha_1 y_{t-1} + \alpha_2 y_{t-2} + \alpha_3 y_{t-1} y_{t-2} + \varepsilon_t \tag{7-9}$$

当然,直接估计式(7-9),获得原假设 $\alpha_3 = 0$ 的 $t$ 统计量直截了当。但是,本节的目的是解释 LM 检验的正确使用方法。针对这个目标,估计序列的 AR(2)过程,得到残差序列 $\{e_t\}$。接着,我们需要求非线性函数形式的偏导数。显然,有

$$\frac{\partial y_t}{\partial \alpha_0} = 1; \quad \frac{\partial y_t}{\partial \alpha_1} = y_{t-1}; \quad \frac{\partial y_t}{\partial \alpha_2} = y_{t-2} \quad \text{和} \quad \frac{\partial y_t}{\partial \alpha_3} = y_{t-1} y_{t-2}$$

因此，第 2 步是进行 $e_t$ 关于对常数（所有元素为 1 的向量）、$y_{t-1}$、$y_{t-2}$ 和 $y_{t-1}y_{t-2}$ 的回归。因此，辅助回归方程为

$$e_t = \alpha_0 + \alpha_1 y_{t-1} + \alpha_2 y_{t-2} + \alpha_3 y_{t-1}y_{t-2} + v_t \tag{7-10}$$

获取 $TR^2$ 的样本统计值，如果这个值超过了自由度为 4 的 $\chi^2$ 分布的临界值，则拒绝线性的原假设，接受 GAR 模型的备择假设。此外，我们可以运用联合假设 $\alpha_0 = \alpha_1 = \alpha_2 = \alpha_3 = 0$ 的 $F$ 检验。

**例 2**：类似的方法可以用于确定 $\{y_t\}$ 是否具有 BL 形式

$$y_t = \alpha_0 + \alpha_1 y_{t-1} + \alpha_2 y_{t-2} + \alpha_3 \varepsilon_{t-1} y_{t-2} + \varepsilon_t$$

再次估计序列的 AR(2) 过程，得到残差序列 $\{e_t\}$。求得的偏导数为

$$\frac{\partial y_t}{\partial \alpha_0} = 1; \quad \frac{\partial y_t}{\partial \alpha_1} = y_{t-1}; \quad \frac{\partial y_t}{\partial \alpha_2} = y_{t-2} \quad 和 \quad \frac{\partial y_t}{\partial \alpha_3} = \varepsilon_{t-1} y_{t-2}$$

因此，辅助回归式为

$$e_t = \alpha_0 + \alpha_1 y_{t-1} + \alpha_2 y_{t-2} + \alpha_3 \varepsilon_{t-1} y_{t-2} + v_t \tag{7-11}$$

因为 $\{\varepsilon_{t-1}\}$ 的真实值不可观测，所以，用被估计的残差生成方程（7-11）中的 $\varepsilon_{t-1} y_{t-2}$。如果 $TR^2$ 的样本值超过了自由度为 4 的 $\chi^2$ 分布的临界值，则拒绝线性的原假设，接受 BL 模型的备择假设。此外，我们可以运用联合假设 $\alpha_0 = \alpha_1 = \alpha_2 = \alpha_3 = 0$ 的 $F$ 检验。

注意，式（7-10）和式（7-11）非常相似。因为 $\varepsilon_{t-1}$ 与 $y_{t-1}$ 高度相关，所以，两个方程的 $TR^2$ 值相当相近。因此，两个检验的结果应该非常相似。如果式（7-10）指出 GAR 模型是恰当的，则式（7-11）应该指出 BL 模型也是恰当的。但是，进行两个检验是有益的。如果两个都接受线性的原假设，则有理由确信 AR(2) 模型是恰当的，如果都拒绝原假设，某种程度上你也有理由确信非线性模型是恰当的。不过，如果两个检验的 $p$ 值没有很大差异，则检验不会对哪种非线性模型形式是最恰当的提供更多的信息。

### 7.3.6 未识别多余参数的推断

你可能会认为估计一个非线性模型并加入一些可允许你检验模型是否线性的参数十分适当。然而，非线性模型的推断往往很难，因为无法说明什么是"未识别多余参数问题"或"戴维斯问题"。这个问题在当原假设为真而模型中存在不可识别的参数时出现。该问题的难点是运用 $t$ 检验、$F$ 检验、$\chi^2$ 检验统计量进行推断并不合适。为了更好地理解这一问题，考察一下 3 个例子。

**例 1**：考察非线性模型 $y_t = \alpha_0 + \alpha_1 x_t^{\alpha_2} + \varepsilon_t$。假设用非线性最小二乘法（NLLS）估计模型，并想在 $\alpha_2 = 0$ 时进行检验。很清楚，在 $\alpha_2 = 0$ 的原假设条件下，由于模型退化为 $y_t = \alpha_0 + \alpha_1 + \varepsilon_t$，$\alpha_0$ 和 $\alpha_1$ 的值无法识别。例如，若和为 5，$\alpha_1$ 和 $\alpha_2$ 的值满足 $\alpha_1 = 5 - \alpha_0$。然而，在 $\alpha_2 = 0$ 的原假设条件下，$\alpha_0$ 和 $\alpha_1$ 的值不可识别。相似的情况发生在 $\alpha_1 = 0$ 的检验中。在 $\alpha_1 = 0$ 的原假设条件下，$\alpha_2$ 的任意值都是完满的。本质上，当 $\alpha_1 = 0$ 时，可能性函数是不变的 $\alpha_2$ 值。注意，因为尽管 $\alpha_0 = 0$ 时 $\alpha_1$ 和 $\alpha_2$ 的值可识别，在 $\alpha_0 = 0$ 的原假设条件下并不涉及戴维斯问题。

**例 2**：思考含内源性阶的模型 $y_t = \alpha_0 + \alpha_1 y_{t-1} + \alpha_2 D_t + \varepsilon_t$。式中，$D_t$ 为虚拟变量，当 $t \geq t^*$ 时 $D_t = 1$，否则 $D_t = 0$。阶日期 $t^*$ 未知，$t^*$ 的值需要通过模型中的其他变量估计。在 $\alpha_2 = 0$ 的原假设条件下，$t^*$ 是未识别的多余参数。在未阶的原假设条件下，$t^*$ 不可识别。显而易见，当 $\alpha_2 = 0$ 时 $t^*$ 可取任意值。

**例 3**：考虑非线性模型 $y_t = \alpha_0 + \dfrac{\alpha_1}{1 + \exp(-\gamma y_{t-1})} + \varepsilon_t$。若 $\gamma$ 已知，通过变量 $[1 + \exp$

$(-\gamma y_{t-1})]$估计模型是可行的，并可以正确检验原假设 $\alpha_1 = 0$。然而，若 $\gamma$ 未知，线性原假设条件下存在未识别的多余参数。若 $\gamma = 0$，$y_t$ 序列是恒加噪声：如 $y_t = \alpha_0 + \frac{\alpha_1}{2} + \varepsilon_t$。因此，$\alpha_0$ 和 $\alpha_1$ 的任何值都适合，只要它们满足 $\alpha_0 + \frac{\alpha_1}{2}$，你不能仅通过检验原假设 $\alpha_1 = 0$ 来进行线性检验。如果 $\alpha_1 = 0$，模型变为 $y_t = \alpha_0 + \varepsilon_t$，$\gamma$ 的值不相关，无法识别。

更常规化，思考参数为 $\alpha_1$ 和 $\alpha_2$ 的对数似然函数的两参数模型：

$$l(\alpha_1, \alpha_2)$$

在标准情况下，使 $l$ 最大化的 $\alpha_1$ 和 $\alpha_2$ 导致无限制参数估计。使 $l(\alpha_1, \alpha_2)$ 取最大值。注意，下标 $\alpha$ 表示在备择假设条件下 $l_\alpha(\alpha_1, \alpha_2)$ 是最大值。现在假设我们使 $\alpha_1 = \bar{\alpha}_1$ 且 $\alpha_2$ 使 $l$ 最大。下标 $n$ 表示在原假设 $\alpha_1 = \bar{\alpha}_1$ 条件下 $l_n(\alpha_1, \alpha_2)$ 是最大值。现在我们用 $r$ 进行似然比检验：

$$r = 2[l_\alpha(\alpha_1, \alpha_2) - l_n(\bar{\alpha}_1, \alpha_2)]$$

若原假设为真，$\alpha_1$ 的估计值应该为 $\bar{\alpha}_1$，$\alpha_2$ 的估计值在原假设和备择假设条件下都相同。因此，$l(\alpha_1, \alpha_2)$ 应等于 $l_n(\bar{\alpha}_1, \alpha_2)$，$r$ 应为 0。给定常规条件，$r$ 大致为自由度为 1 的 $\chi^2$ 分布。

现在假设在原假设条件下 $\alpha_2$ 不可识别。也就是说，对于所有 $\alpha_2$ 值 $\frac{\partial l_n}{\partial \alpha_2} = 0$。本质上，在原假设条件下 $\alpha_2$ 未影响似然函数，$r$ 值变为：

$$r = 2[l_\alpha(\alpha_1, \alpha_2) - l_n(\bar{\alpha}_1)]$$

现在，尽管原假设为真，我们也没有理由相信 $l_n(\bar{\alpha}_1)$。尽管 $\alpha_1$ 是无误估计，$\alpha_1 = \bar{\alpha}_1$，$l_\alpha(\alpha_1, \alpha_2)$ 与 $l_n(\bar{\alpha}_1)$ 的区别也取决于 $\alpha_2$ 的值。总而言之，$\gamma$ 的期望值不为 0，$\gamma$ 没有自由度为 1 的标准 $\chi^2$ 分布。实际上，$\gamma$ 是非标准分布，取决于 $\alpha_2$ 未知值。因为 $\gamma$ 的分布未知，用标准方式推断参数 $\alpha_1$ 是不可能的。

为了避免这一问题，Davies(1987)提出使用**上确界**(supremum)检验。因为 $\gamma$ 的分布取决于 $\alpha_2$，使用 $\alpha_2$ 的值确定临界值的方法使拒绝原假设十分困难。如果你能使用这些临界值拒绝原假设，你能拒绝零而不管 $\alpha_2$ 的确切参数值。当然，当你有较大的临界值时这是一个很方便的方法——因此，上确界检验的作用相对较低。实际上，算出这些临界值并不难。毕竟，使 $l_\alpha(\alpha_1, \alpha_2) - l_n(\bar{\alpha}_1)$ 尽可能大的 $\alpha_2$ 的值最合适的那个。因此，得到上确界检验临界值的方法需要进行蒙特卡洛方法：

（1）在原假设条件下生成 $\{y_t\}$ 序列。（如果用线性模型中的实际回归残差生成序列 $\{y_t\}$，则可以得出相应的临界值。）

（2）估计最适合的非线性模型。

（3）得到方程系数为 0 的原假设的 $t$ 值($F$ 统计量或 $\chi^2$ 统计量)。

（4）多次重复上述过程得到相关检验值的分布。对于给定的 $p$ 值——如 5% 的双边检验——$t$ 值可与 0.025 和 97.5% 的 $t$ 值比较。

可以替代步骤 2 是，你可以在估计线性原假设条件下的模型时使用 $LM$ 检验。使用模型的剩余部分进行之前部分讨论的 LM 检验的类型。多次重复这个过程，得到相关检验量。

在继续之前，进行另一个小检验，考虑式(7-4)和式(7-5)中是否存在未识别的多余参数。答案是式(7-4)和式(7-5)不包含未识别多余参数。就算式(7-1)中所有的 $\alpha_{ijkl}$ 或式(7-5)中所有的 $c_{ij}$ 等于 0，模型中的剩余参数都是可识别的。

## 7.4 门限自回归(TAR)模型

**状态转换模型**(regime switching model)认为$\{y_t\}$的行为依赖于系统状态。经济不景气时,失业率好像是急速上升,然后,逐步缓慢地降低到它的长期水平。然而,在经济扩张期,失业率并不是急速下降。因此,失业率的动态调整依赖于经济是否处于经济扩张期或衰退期。当经济从扩张状态向紧缩状态变化时,似乎改变了失业率的动态调整过程。在其他情况下,状态转换应该依赖于关键变量的大小,改变政策制定者行为的选举结果或者是完全无法观测的因素。正如我们所期望的,对于这类状态转换的研究,已经提出了若干状态转换模型。

在讲述状态转换模型之前,我们应该清楚大多数状态转换模型很难估计。尽管许多软件允许我们通过选择菜单估计线性模型,但对非线性模型则无法处理。一般情况下,如果要估计状态转换模型,我们需要使用统计软件包,这种件包带有自身的程序设计语言。可以用 OLS 估计 Tong(1983,1990)提出的一种门限自回归模型(TAR)。其他具有门限的模型考虑到状态的逐渐改变,平滑过渡自回归(STAR)模型可以用非线性最小二乘估计或最大似然法估计。而对于其他非线性模型,例如,人工神经网络和马尔可夫转换模型,则需要更精密复杂的方法。因此,教材中的讨论集中于门限模型。与本书配套的编程手册中有若干非线性估计的例子。

### 7.4.1 基本门限模型

图7-1a 表示了一个简单的 TAR 模型。回顾一下自回归的持续程度的大小,在 $y_{t-1}>0$ 时为 $a_1$,而在 $y_{t-1}\leq0$ 时为 $a_2$。正如在式(7-1)中,如果包含干扰项,则序列$\{y_t\}$的行为可以表示为

$$y_t = \begin{cases} a_1 y_{t-1} + \varepsilon_{1t} & y_{t-1} > 0 \\ a_2 y_{t-1} + \varepsilon_{2t} & y_{t-1} \leq 0 \end{cases} \quad (7\text{-}12)$$

我们可以把 $y_{t-1}=0$ 看作是门限。在门限的一边,序列$\{y_t\}$呈现为一种自回归过程,而在门限的另一边,又表现为不同的自回归过程。虽然序列$\{y_t\}$在每种状态下都是线性的,但状态转换意味着整个序列$\{y_t\}$是非线性的。状态转换的根源在于受到了$\{\varepsilon_{1t}\}$或$\{\varepsilon_{2t}\}$的冲击。例如,当 $y_{t-1}>0$时,序列的后续值将以速率 $a_1$ 衰减并趋于零。可是,一个负 $\varepsilon_{1t}$ 的冲击可能会引起 $y_t$ 下降到门限以下的范围内。在这种负状态下,过程的行为就由 $y_t = a_2 y_{t-1} + \varepsilon_{2t}$ 支配。正像我们所推断的,$\{\varepsilon_{1t}\}$的方差越大,就越可能产生从正状态到负状态的转换。

TAR 模型的另一种变形是假设两个误差项的方差一样,也就是说,$\text{var}(\varepsilon_{1t}) = \text{var}(\varepsilon_{2t})$。在这种情况下,意味着 $\varepsilon_{1t} = \varepsilon_{2t} = \varepsilon_t$,于是,式(7-12)可以写为

$$y_t = a_1 I_t y_{t-1} + a_2(1 - I_t) y_{t-1} + \varepsilon_t \quad (7\text{-}13)$$

式中,当 $y_{t-1}>0$ 时,$I_t=1$;当 $y_{t-1}\leq0$ 时,$I_t=0$。

在式(7-13)中,$I_t$ 是一个指示器函数,或是一个虚拟变量。如果 $y_{t-1}$ 在门限之上,则 $I_t$ 取值为1,否则,取值为零。当 $y_{t-1}>0$ 时,$I_t=1$ 且 $(1-I_t)=0$,因此,式(7-13)等价于 $a_1 y_{t-1}+\varepsilon_t$。当 $y_{t-1}\leq0$ 时,$I_t=0$ 且 $(1-I_t)=1$,因此,式(7-13)等价于 $a_2 y_{t-1}+\varepsilon_t$。图7-2给出了AR、GAR、BL和TAR模型的直观比较。为了模拟序列$\{\varepsilon_t\}$,生成了一组服从正态分布的含有200个随机数的序列。初始值 $y_1$ 等于 $\varepsilon_1$,接下来,依据方程

$$y_t = 0.7 y_{t-1} + \varepsilon_t$$

生成了序列 $\{y_t\}$ 的其余的 199 个值。

图 7-2a 描绘的是模拟 AR(1) 过程的时间路径。请注意序列围绕均值零上下波动。尽管单独地、直观地识别可能性不大，但自回归衰减程度一直是相同的。平均而言，$y_t$ 当期值的 70% 将带入下一期。接下来，用相同的随机数生成 GAR 过程

$$y_t = 0.7y_{t-1} - 0.06y_{t-1}^2 + \varepsilon_t$$

或

$$y_t = [0.7 - 0.06y_{t-1}]y_{t-1} + \varepsilon_t$$

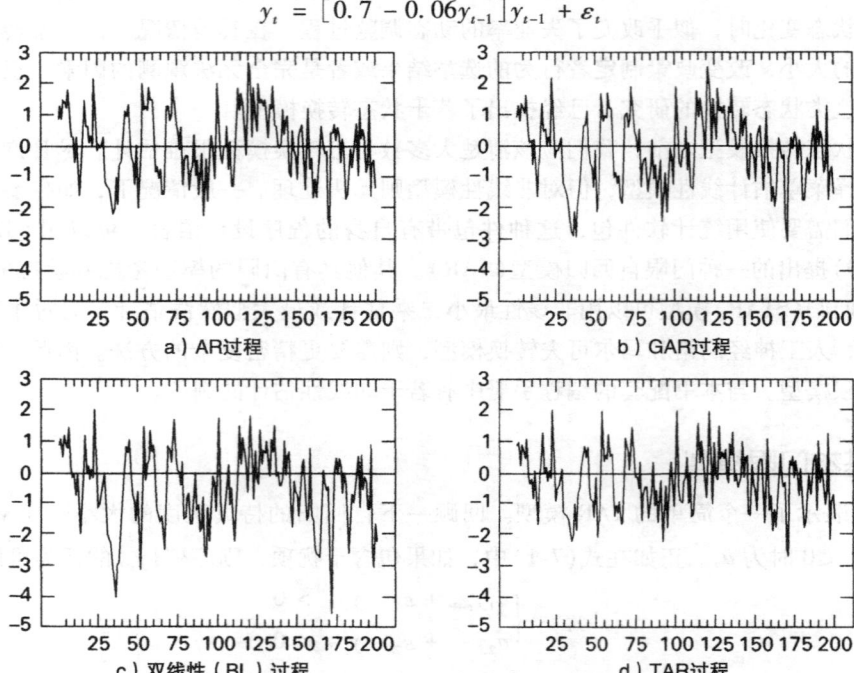

图 7-2 线性和非线性过程的比较

这个特定的 GAR 过程的特点是，它表现为具有随机系数的 AR(1) 过程。$y_{t-1}$ 的值越大，自回归系数越小。当 $y_{t-1}$ 为 -2、0 和 2 时，自回归持续度分别为 0.82、0.7 和 0.58。模拟的 GAR 过程的负值远比正值持久稳固，这种情形可以从图 7-2b 看出。比较图 7-2a 和图 7-2b，并请注意两个序列第 35 期和第 85 期周围的值，很显然，GAR 序列返回到均值远比 AR 序列慢。

用相同的随机数构造图 7-2c 所示的 BL 序列。初始值设定为 $y_1 = \varepsilon_1$ 后，按照方程

$$y_t = 0.7y_{t-1} - 0.3y_{t-1}\varepsilon_{t-1} + \varepsilon_t$$

或

$$y_t = [0.7 - 0.3\varepsilon_{t-1}]y_{t-1} + \varepsilon_t$$

生成序列的剩余值。

在 BL 模型中，持续程度依赖于 $\varepsilon_{t-1}$ 的值，$\varepsilon_{t-1}$ 越大，持续程度越小。事实上，在 $\varepsilon_{t-1} < -1$ 的时期内，序列好像表现为一个发散过程（因为 $0.7 - 0.3\varepsilon_{t-1} > 1$）。在图 7-2c 中，如果我们分析围绕第 55 期和 165 期这段时间区间的话，就会发现，在 BL 过程中，序列 $y_t$ 变动极其剧烈。尽管如此，由于 $\varepsilon_t$ 的后续值更有可能超过 -1，因此，BL 过程不会继续衰减。

图 7-2d 描述了 TAR 过程

$$y_t = 0.3I_t y_{t-1} + 0.7(1-I_t)y_{t-1} + \varepsilon_t$$

的时间路径。这里,当 $y_{t-1} > 0$ 时,$I_t = 1$,否则,$I_t = 0$。

当 $y_{t-1} \leq 0$ 时,TAR 过程表现为像图 7-2a 所示的 AR(1) 过程。因此,图 7-2a 和图 7-2d 的下面部分几乎相同。然而,对于 TAR 过程,当 $y_{t-1} > 0$ 时,$y_t$ 的当期值只有 30% 带入了下一期。因此,与图 7-2a 所示的 AR(1) 过程相反,只要 $y_{t-1} > 0$,TAR 过程就表现为很强的均值回复特征。

### 7.4.2 门限模型的估计

对于式(7-13)的门限模型可以运用简单的 OLS 进行估计。首先,构造虚拟变量 $I_t$,当 $y_{t-1} > 0$ 时,$I_t = 1$;当 $y_{t-1} \leq 0$ 时,$I_t = 0$。然后,构造两个变量 $y_{t-1}^+$ 和 $y_{t-1}^-$,其中,$y_{t-1}^+ = I_t y_{t-1}$ 和 $y_{t-1}^- = (1-I_t)y_{t-1}$。最后,用 OLS 估计回归方程 $y_t = a_1 y_{t-1}^+ + a_2 y_{t-1}^- + \varepsilon_t$。这是直接一般化的模型,每一个状态都是高阶自回归过程。例如,式(7-13)更一般形式是

$$y_t = I_t \left[ \alpha_{10} + \sum_{i=1}^{p} \alpha_{1i} y_{t-i} \right] + (1-I_t) \left[ \alpha_{20} + \sum_{i=1}^{r} \alpha_{2i} y_{t-i} \right] + \varepsilon_t \qquad (7\text{-}14)$$

这里,当 $y_{t-1} > \tau$ 时,$I_t = 1$;当 $y_{t-1} \leq \tau$ 时,$I_t = 0$。

在式(7-14)中,两个状态分别由 $y_{t-1}$ 定义,当 $y_{t-1} > \tau$ 时,$I_t = 1$,且 $(1-I_t) = 0$,因此,式(7-14)等价于 $\alpha_{10} + \alpha_{11} y_{t-1} + \cdots + \alpha_{1p} y_{t-p} + \varepsilon_t$。当 $y_{t-1} \leq \tau$ 时,$I_t = 0$,且 $(1-I_t) = 1$,因此,式(7-14)等价于 $\alpha_{20} + \alpha_{21} y_{t-1} + \cdots + \alpha_{2r} y_{t-r} + \varepsilon_t$。与图 7-1 和图 7-2 描述的 TAR 不同,门限值 $\tau$ 可以不为零。此外,图 7-1a 所示的相位图是 TAR 模型的一种特殊形式,是可持续的。式(7-14)允许相位图是不连续的,在门限值处出现两个分割。如果 $\tau$ 是已知的,就可以直接估计 TAR 模型。通过 $y_{t-1}$ 是否高于或者低于门限值构造虚拟变量 $I_t$,构建 $I_t y_{t-i}$ 和 $(1-I_t)y_{t-i}$。然后,可以用 OLS 估计方程。用一个具体的例子,假设时间序列的前 7 个观测值如下。

| $t$ | 1 | 2 | 3 | 4 | 5 | 6 | 7 |
| --- | --- | --- | --- | --- | --- | --- | --- |
| $y_t$ | 0.5 | 0.3 | −0.2 | 0.0 | −0.5 | 0.4 | 0.6 |
| $y_{t-1}$ | NA | 0.5 | 0.3 | −0.2 | 0.0 | −0.5 | 0.4 |

如果我们知道门限 $\tau$ 为零,可以证明指示函数 $I_t$ 和 $I_t y_{t-1}$,$I_t y_{t-2}$,$(1-I_t)y_{t-1}$,$(1-I_t)y_{t-2}$ 的值如表 7-1 所示。

表 7-1  一个状态发展方差的 TAR 模型

| $t$ | 1 | 2 | 3 | 4 | 5 | 6 | 7 |
| --- | --- | --- | --- | --- | --- | --- | --- |
| $y_t$ | 0.5 | 0.3 | −0.2 | 0.0 | −0.5 | 0.4 | 0.6 |
| $y_{t-1}$ | NA | 0.5 | 0.3 | −0.2 | 0.0 | −0.5 | 0.4 |
| $y_{t-2}$ | NA | NA | 0.5 | 0.3 | −0.2 | 0.0 | −0.5 |
| $I_t$ | NA | 1 | 1 | 0.0 | 0.0 | 0.0 | 1 |
| $I_t y_{t-1}$ | NA | 0.5 | 0.3 | 0.0 | 0.0 | 0.0 | 1 |
| $(1-I_t)y_{t-1}$ | NA | 0.0 | 0.0 | −0.2 | 0.0 | −0.5 | 0 |
| $I_t y_{t-2}$ | NA | NA | 0.5 | 0.0 | 0.0 | 0.0 | −0.5 |
| $(1-I_t)y_{t-2}$ | NA | NA | 0.0 | 0.3 | −0.3 | 0.0 | 0.0 |

为了估计每种状态下滞后 2 期的模型,我们要估计回归方程的 6 个 $\alpha_{ij}$ 的值。

$$y_t = \alpha_{10} I_t + \alpha_{11} I_t y_{t-1} + \alpha_{12} I_t y_{t-2} + \alpha_{20}(1+I_t) + \alpha_{21}(1+I_t)y_{t-1} + \alpha_{22}(1-I_t)y_{t-2} + \varepsilon_t$$

因此，当 $y_{t-1} > 0$ 时，$I_t = 1$，且 $(1 - I_t) = 0$，所以

$$y_t = \alpha_{10} + \alpha_{11} y_{t-1} + \alpha_{12} y_{t-2} + \varepsilon_t$$

类似地，当 $y_{t-1} \leq 0$ 时，$I_t = 0$，且 $(1 - I_t) = 1$，所以

$$y_t = \alpha_{20} + \alpha_{21} y_{t-1} + \alpha_{22} y_{t-2} + \varepsilon_t$$

如果允许误差的方差项随着状态的不同而改变，估计就会更难一些。式(7-14)更一般的形式是两状态的 TAR 模型

$$y_t = \begin{cases} \alpha_{10} + \alpha_{11} y_{t-1} + \cdots + \alpha_{1p} y_{t-p} + \varepsilon_{1t} & y_{t-1} > \tau \\ \alpha_{20} + \alpha_{21} y_{t-1} + \cdots + \alpha_{2r} y_{t-r} + \varepsilon_{2t} & y_{t-1} \leq \tau \end{cases} \tag{7-15}$$

如果已知 $\tau$，依据 $y_{t-1}$ 的值是否在门限之上或之下，分离观测值。然后，可以用最小二乘法 OLS 分别估计式(7-15)的每段，对应的滞后长度 $p$ 和 $r$ 是根据确定 AR 模型的方法而得到的。因此，我们可以用 $t$ 检验对单个系数进行检验，用 $F$ 检验对一组系数进行联合检验，或用 AIC 和（或）SBC。

例如，如果我们知道门限 $\tau$ 为零时，则可以按照 $y_{t-1}$ 的值是否大于或小于零，把观测值排序为两组。因为 $y_{t-1} = 0$ 的值包含在 $y_{t-1} < 0$ 的值中，所以两个状态应该为：

| 正 | | 负 | |
|---|---|---|---|
| $y_t$ | $y_{t-1}$ | $y_t$ | $y_{t-1}$ |
| 0.3 | 0.5 | 0.0 | -0.2 |
| -0.2 | 0.3 | -0.5 | 0.0 |
| 0.6 | 0.4 | 0.4 | -0.5 |

对于每种状态，可以估计这两个可分离的 AR(1) 过程。对每对 $(y_t, y_{t-1})$，第一个回归方程用 $(0.3, 0.5)$、$(-0.2, 0.3)$ 和 $(0.6, 0.4)$，第二个回归方程用 $(0.0, -0.2)$、$(-0.5, 0.0)$ 和 $(0.4, -0.5)$。对于每种状态，估计 AR(2) 模型仅仅增加了一些复杂性。对于 AR(2)，第一个回归方程应用 $(y_t, y_{t-1}, y_{t-2})$ 的值是 $(-0.2, 0.3, 0.5)$ 和 $(0.6, 0.4, -0.5)$，第二个回归方程用 $(0.0, -0.2, 0.3)$、$(-0.5, 0.0, -0.2)$ 和 $(0.4, -0.5, 0.0)$。

无论我们是否限定残差方差相等，在门限正确的条件下，OLS 都给出了截距和斜率系数的一致估计。

### 7.4.3 门限未知的模型

大多数情况下，门限值是未知的，并且必须与 TAR 模型的其他参数一同进行估计。很幸运，Chan(1993)提出了如何获得门限 $\tau$ 的超一致估计量的方法。为了更好地说明方法的基本思想，考察图7-3所示的 TAR 序列。如果门限有重要意义，则序列一定穿梭于门限。若用4作为门限估计 TAR 模型，则丝毫没有一点价值，原因在于序列不会穿过4这个门限。因此，$\tau$ 一定处于序列的最大值和最小值之间。在应用中，为了确保在门限两边有适当数量的观测值，一种做法是，从检索中排除了最高和最低部分各15%的值。如果在一种状态下的观测值数量很少，例如，一种状态只有20个观测值，则得出的估计值是十分不准确的。如果我们有很大数目的观测值，则可能想只排除作为潜在门限的最高和最低部分各10%的值。

在我们的例子中，$\tau$ 应该在包含中间70%观测值的带形中，带形中的每个数据点都有可能是门限。因此，试试 $\tau = y_1$（即带中的第一个观测值），估计式(7-14)或式(7-15)。正如我们在图中

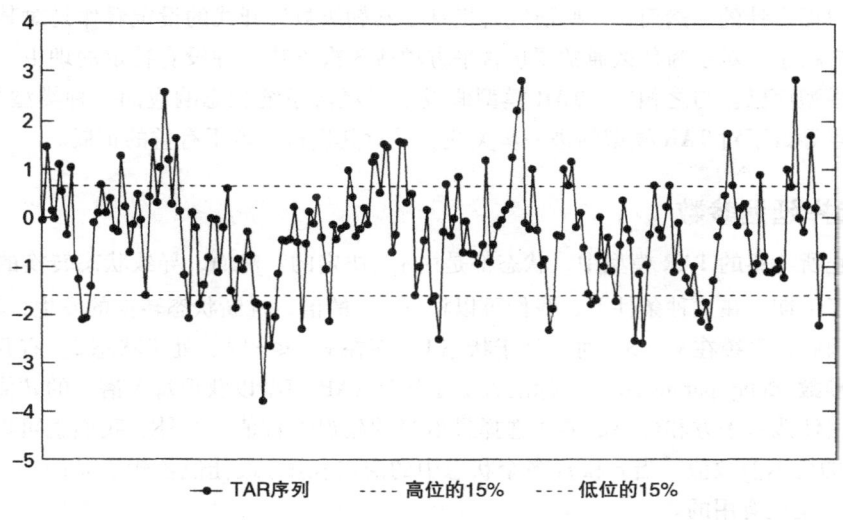

图 7-3 门限的估计

所看到的，$y_2$ 在带形之外，因此，不需要用 $\tau = y_2$ 进行估计。接下来，用 $\tau = y_3$ 和 $\tau = y_4$ 估计 TAR 模型，这是因为这两个值都在带形中。对带形中的每个观测值继续这样的过程，直至结束。在 200 个观测值中，应该大约有 141 个要估计的 TAR 模型。残差平方和最小的回归方程含具有门限的一致估计。

现在，我们应该明白为什么需要借助含有程序设计语言的软件包。正如在程序设计语言中所描述的，为了替代一次性完成估计 141 个方程，我们可以在 DO-END 循环语句或 FOR-NEXT 循环语句中嵌入估计式。

Rothman(1998) 绘出的美国失业率的 TAR 估计值展现了一个有意义的结果。他根据式 (7-15) 估计的两状态的模型为

$$u_t = 0.052\ 9 + 1.349 u_{t-1} - 0.665 u_{t-2} + \varepsilon_{1t} \qquad u_{t-1} \geqslant 0.062$$
$$\quad (3.46)\quad\ (16.03)\quad\ (-9.37)$$

$$u_t = 1.646 u_{t-1} - 0.733 u_{t-2} + \varepsilon_{2t} \qquad u_{t-1} < 0.062$$
$$\quad (14.27)\quad (-6.37)$$

存在由 $u_{t-1} = 0.062$ 划分的高失业率和低失业率两种状态。Rothman 发现：因为失业率增加的冲击不会迅速地衰减到零，所以，失业在高失业率状态要比在低失业率状态更持久。TAR 模型的残差方差与 7.2 节的实例分析中的 AR(2) 模型的残差方差之比为 0.942，与该实例分析做比较，正如残差平方和所度量的，TAR 模型拟合优度要比 AR(2) 和 GAR 模型好，但不如 BL 模型。请注意，AR(2)、GAR、BL 和 TAR 包含的参数个数分别为 2、3、3 和 6（请记住，$\tau$ 是 TAR 模型的待估参数）。因此，如果用 AIC 选择最合适的模型，则出现不同的形态。BL 模型的 AIC 值最小，然后，依次为 AR、GAR 和 TAR 模型。基于 AIC 的值，大多数应用计量经济学家放弃了 TAR 模型而选择 BL 模型。

## 7.5 TAR 的扩展形式

请注意，TAR 模型与 GAR 模型和 BL 模型相比，有许多不同之处。后两个模型是为非线性函

数形式未知时而设计的。然而，一些研究者把基于泰勒级数展开式的设定看作是对某种目的的近似假设。在分析中，对于为什么通常要包含平方项或 3 次方项，并没有特定的理由，无非是为了更好地拟合模型而已。与之相比，TAR 模型假设了对经济系统状态响应的一种类型的调整机制。因而，这一点导致了对 TAR 模型的进一步关注，并对其进行了若干有益的扩展。

### 7.5.1 选择延迟参数

现在为止所考察的 TAR 模型中，状态都是由 $y_{t-1}$ 决定的。然而，导致状态转换的调整过程的时间也许大于 1 期。在这种条件下，我们可以根据 $y_{t-d}$ 的值，推断状态转换的发生，其中，$d=1$，$2, 3, \cdots$，因此，系统在 $y_{t-d} > \tau$ 时，处于状态 1，而在 $y_{t-d} \leq \tau$ 时，处于状态 2。有几种方法适用于选择**延迟参数**（delay parameter）$d$。标准方法是估计 TAR 模型以获得每个潜在的 $d$ 值。其中的一种方法是，用使残差平方和最小的方法选择最恰当的延迟参数值。此外，我们也可以选择使 AIC 或 SBC 最小的延迟参数值。当 $p$ 和 $r$（各个状态中的滞后长度）最佳值依赖于 $d$ 的选择时，用 AIC 或 SBC 的方法是最有用的。

### 7.5.2 多种状态

在某些情况下，有理由认为存在两种以上的状态。例如，如果假设冲击不随着状态而改变，在 7.1 节讨论的关于利率差的 TAR 模型，这个模型为

$$s_t = \begin{cases} \bar{s} + a_1(s_{t-1} - \bar{s}) + \varepsilon_t & s_{t-1} > \bar{s} \\ \bar{s} + a_2(s_{t-1} - \bar{s}) + \varepsilon_t & s_{t-1} \leq \bar{s} \end{cases}$$

现在，假定存在阻止利率差完全调整到 $\bar{s}$ 的交易成本 $c$。如果 $s_{t-1}$ 与 $\bar{s}$ 之间的缺口小于进行交易的成本，则在两个有价证券之间进行转换不可能获利。因此，可以存在一个中间区域，在这个区域内利率差可以波动。在这个带形区域中，不存在经济上的激励驱使投资者进行使利率差与 $\bar{s}$ 相等的任何投资行动。而在这个区域外，对投资者而言，存在很强的刺激促使其采取驱动利率差趋向于 $\bar{s}$ 的任何行动。构造这种行为的简单方法是用 **Band–TAR 模型**（Band-TAR model）

$$s_t = \bar{s} + a_1(s_{t-1} - \bar{s}) + \varepsilon_t \quad s_{t-1} > \bar{s} + c$$
$$s_t = s_{t-1} + \varepsilon_t \quad \bar{s} - c < s_{t-1} < \bar{s} + c$$
$$s_t = \bar{s} + a_2(s_{t-1} - \bar{s}) + \varepsilon_t \quad s_{t-1} \leq \bar{s} - c$$

对于这个表达式，不存在均值回复的倾向，除非 $s_{t-1}$ 在长期均衡利率差加减交易成本的中间区域之外。因此，在中间区域，利率差行为是随机游走的。Balke 和 Fomby（1997）应用带门限过程的区域估计利率构造模型。

在更一般的多状态模型中，可以用不同的自回归过程描述各种状态。如在下一节将要学到，若干图形技术可以用于寻找多门限的存在。

### 7.5.3 更多关于估计门限的方法

在 7.4 节的讨论中，给出了 Chan（1993）寻找门限一致估计方法的大致轮廓。然而，一些图形技术也可以帮助对估计进行微调。一般的观点认为，我们可以把任意 TRA 模型的残差平方和看作是估计式中门限的函数，即 $SSR = SSR(\tau)$，越靠近门限真实值 $\tau$，残差平方和应该越小。因此，$SSR$ 应该在门限处于真实值时达到最小。此外，若存在几个门限则残差平方和将有几个局部最小

值。为了应用这种方法,给出如下步骤:

**第 1 步**:对门限变量从低到高进行排序(即,排序 $y_{t-d}$)。令 $y^i$ 是排序后的序列的第 $i$ 个值,因此,在 $T$ 个观测值的样本中,$y^1$ 是 $y_{t-d}$ 的最小值,$y^T$ 是最大值。

**第 2 步**:依次将 $\{y^i\}$ 值作为门限,估计形为式(7-14)或(7-15)的 TAR 模型,保存每个相对应模型的残差平方和。因为我们需要保持门限两边各 15% 的观测值,因此,只能用 $y^i$ 的中间的 70%。例如,当有 200 个观测值时,要估计门限从 $\tau = y^{30}$ 到 $\tau = y^{170}$ 的 141 个模型。当完成这项工作后,就有 141 个残差平方和的值。

**第 3 步**:绘制残差平方和连续值的图。如果 $ssr_{30}$ 是 $\tau = y^{30}$ 的残差平方和,$SSR_{170}$ 是 $\tau = y^{170}$ 的残差平方和,就能画出 $SSR_{30}$ 到 $SSR_{170}$ 的图形。

如果没有门限行为,残差平方和与潜在门限就没有明确的关系。然而,如果只有一个门限,则在第 3 步画出的图形中应该只存在一个凹点。例如,如果在 $SSR_{132}$ 存在凹点,则 $y^{132}$ 是门限的一致估计。从本质上讲,$\tau = y^{132}$ 是 TAR 模型的最佳拟合。如果存在两个凹点,则有两个潜在的门限。为了再进一步地做些详细解释,假设如图 7-3 所示的生成 200 个值的模型。

$$y_t = 0.3 I_t y_{t-1} + 0.7(1 - I_t) y_{t-1} + \varepsilon_t$$

这里,当 $y_{t-1} > 0$ 时,$I_t = 1$,否则,$I_t = 0$。

图 7-4 是对原数值从低到高排序后重新绘制的图。正如图 7-4 中所看到的,在 70% 范围内的第一个值($y^{30}$)是 -1.623,因此,TAR 模型的第一个估计用 $\tau = -1.623$。第二估计用下一个排序值作为门限,第二个值发生在 -1.601,因此,第二个估计用 $\tau = -1.601$。继续这样的过程,使我们逐渐接近门限的真实值零。像这样,TAR 模型的拟合应该连续对应从门限值 -1.623 到 $\tau = 0$ 的移动。但是,一旦越过实际门限,用大于零的 $\tau$ 值,则残差平方和应该开始增加。因此,残差平方和的结构应该在 $\tau = 0$ 时达到最小。如果我们分析图 7-4,就可以看到 $\tau = 0$ 对应于 $y^{132}$。可以运用文件 SIM_TAR.XLS 的数据重新获得这些结果,文件中的第 2 列和第 3 列包含经过排序的模拟序列的 200 个值。

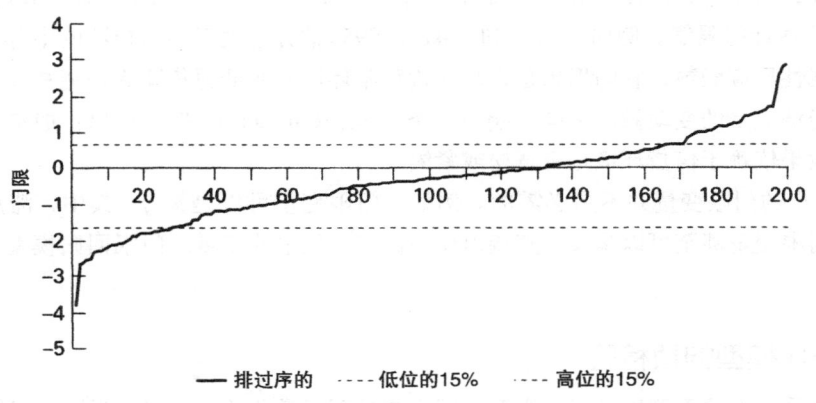

图 7-4 排过序的门限值

如果实际模型包含两个门限,会发生什么情况呢?特别地,我们假设一个门限在 -1,而另外一个在零。如我们在图 7-4 看到的,$y^{55} = -1$,$y^{132} = 0$。现在,考察如图 7-5 所示的残差平方和的理想状况。当我们从 $y^{30}$ 开始面向 $y^{55}$ 估计 TAR 模型时,残差平方和下降。而当用大于 -1 的门限值时,残差平方和开始增加,直到我们逼近第二个门限。在我们的例子中,当向第二个门限值

0 逼近时，残差平方和又开始下降。在排序后的第 132 个观测值处的凹点表示第二个门限 $\tau=0$。为了估计双门限模型，许多研究者会简单地使用如图 7-5 所示的凹点值。实际情况是，某种程度上存在主观倾向，因为凹点也许不是如图所示的那么明显。会出现的情况是，对某位研究者是一个凹点，但也许对另一位研究者而言却是一个细微的下降。

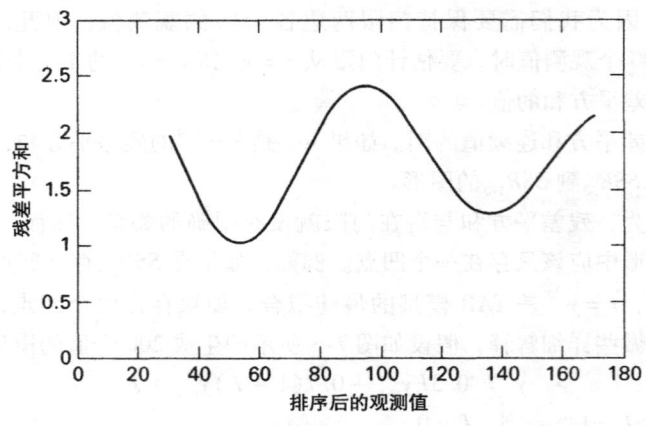

图 7-5　残差平方和的值

### 7.5.4　门限回归模型

在传统回归分析中，应用一个门限也已经很流行。考察表达式

$$y_t = a_0 + (a_1 + b_1 I_t)x_t + \varepsilon_t$$

这里，当 $y_{t-d} > \tau$ 时，$I_t = 1$，否则，$I_t = 0$。

这里，当 $y_{t-d} \leq \tau$ 时，$x_t$ 对 $y_t$ 的效果是 $a_1$。然而，当 $a_1$ 和 $b_1$ 是为正时的 $x_t$ 变化对 $y_t$ 的影响效果更大，所以，当 $y_{t-d} > \tau$ 时 $x_t$ 对 $y_t$ 的效果大于 $y_{t-d} \leq \tau$。因此，可以用 7.5 节讨论过的 Chan(1993) 的方法估计门限值。例如，Shen 和 Hakes(1995) 估计了关于中国台湾的中部地区对通货膨胀程度的非线性反应函数，它的思想是在高通货膨胀环境与在低通货膨胀环境相比较之下，台湾当局将会对经济变量的变动做出不同的响应。类似地，Galbraith(1996) 指出：加拿大和美国的货币对产出的效果依赖于信贷环境是否宽松或紧缩。

由 $y_{t-d}$ 给出的门限变量并不是必需的。例如，门限变量可以是 $x_{t-d}$，其中，滞后参数是任何非负正数。门限变量甚至可以是没有直接出现在回归方程中的变量。门限回归模型的两个例子在 7.6 节中呈现。

### 7.5.5　TAR 模型的预检验

拉格朗日乘数检验不能用于门限模型，因为它是不可微分的。例如，假设我们估计的 TAR 模型为

$$y_t = I_t(\alpha_{10} + \alpha_{11})y_{t-1} + (1 - I_t)(\alpha_{20} + \alpha_{21}y_{t-1}) + \varepsilon_t \tag{7-16}$$

这里，当 $y_{t-1} > \tau$ 时，$I_t = 1$，当 $y_{t-1} \leq \tau$，$I_t = 0$。

微分方程 $\dfrac{\partial y_t}{\partial \alpha_{11}}$ 在 $\tau$ 是不连续的，这是因为，当 $y_{t-1} > \tau$ 时，$\dfrac{\partial y_t}{\partial \alpha_{11}} = y_{t-1}$，而当 $y_{t-1} \leq \tau$ 时，

$\frac{\partial y_t}{\partial \alpha_{11}} = 0$。然而，如果门限值是已知的，则直接对门限表现行为进行合理的检验。在原假设为线性的条件下，式(7-16)为 AR(1)过程

$$y_t = \alpha_{10} + \alpha_{11} y_{t-1} + \varepsilon_{2t}$$

因此，可以估计式(7-16)，用标准的 $F$ 检验确定是否 $\alpha_{10} = \alpha_{20}$，$\alpha_{11} = \alpha_{22}$。但是，如果门限是未知的，则可以使用另外一种方法，因为我们已经找到了用于估计 $\alpha_{10}$、$\alpha_{11}$、$\alpha_{20}$ 和 $\alpha_{22}$ 的所有 $\tau$ 的值。需要考虑的是，估计 $\tau$ 的值让两个状态尽量不同。因此，$F$ 的样本值将尽可能地大。

为使点方式不同，在线性的原假设下，还有一个未识别的多余参数。在原假设条件下模型是线性的，$\tau$ 的估计将承担任何值，即为未识别的多余参数。

许多文献，包括 Davies(1987) 和 Andrews and Ploberger(1994) 考察运用检验中统计的最大值检验过程的分布。这种运用分布的检验称为**最小上界检验**(supremum tests)。Hansen(1997) 提出了运用自助检验获得恰当的临界值。找遍 $\tau$ 的所有值，从而找到最优拟合的 TAR 模型。令 $SSR_u$ 表示估计门限模型的非约束残差平方和。类似地，$SSR_r$ 表示从约束模型是线性的回归方程中获得的残差平方和。如果我们有 $T$ 个有效观测值，则传统的 $F$ 统计量可以构建为

$$F = \frac{\dfrac{SSR_r - SSR_u}{n}}{\dfrac{SSR_u}{(T - 2n)}}$$

式中，$n$ 是线性模型估计中参数的个数。我们的例子中，$n = 1$。

但是，这个样本的 $F$ 统计量不能直接与在 $F$ 统计表中得到的临界值进行比较。相反，运用 Hansen(1997) 提出的自助检验，我们需要获取 $T$ 个具有正态分布且均值为零、方差为 1 的随机数。令 $e_t$ 表示这一组随机数，我们可将 $e_t$ 作为被解释量。做 $e_t$ 关于 $y_{t-1}$ 的实际值的回归，以便获得 $SSR_r$ 的估计值，我们把这个估计值称作 $SSR_r^*$，类似地，针对每个潜在 $\tau$ 值，做 $e_t$ 关于 $I_t y_{t-1}$ 和 $(1 - I_t) y_{t-1}$ 的回归，并利用回归方程找出最优拟合方程。从这一回归方程中得到的残差平方和称为 $SSR_u^*$。使用这两个平方和构造统计量

$$F^* = \frac{\dfrac{SSR_r^* - SSR_u^*}{n}}{\dfrac{SSR_u^*}{T - 2n}}$$

重复这一过程几千次，以获得 $F^*$ 的分布。如果从我们的样本中获得的 $F$ 值超过了 $F^*$ 值的 95%，则在 5% 的显著水平下，可以拒绝模型为线性的假设。

这种方法可以推广到检验门限回归和由式(7-14)给出的高阶过程。通过估计模型(7-14)获得 $SSR_u$，估计所有约束 $\alpha_{1i} = \alpha_{2i}$ 的线性模型的值获得 $SSR_r$。通过做 $e_t$ 关于线性模型中的所有回归变量的回归，以便获得 $SSR_r^*$；通过做 $e_t$ 关于式(7-14)中的所有回归变量的回归，获得 $SSR_u^*$。在重复了这样的过程几千次后，我们可以获得很好的近似 $F^*$ 分布。很多软件包都可以进行这样的检验。一个更详细的检验过程例子将会马上呈现。

## 7.5.6 TAR 模型和内生突变

如果我们足够细心，就会发现，事实上，门限模型与一个具有结构性突变的模型是等价的。它们之间的差别仅仅是，在结构变化的模型中是把时间作为一个门限变量。在第 2 章(观察

图 2-10 和文件 Y_ BREAKS. XLS），我们已经分析了模拟序列，当 $1 \leqslant t \leqslant 100$ 时，序列表现为 $y_t = 1 + 0.5 y_{t-1} + \varepsilon_t$，而当 $101 \leqslant t \leqslant 150$ 时，$y_t = 2.5 + 0.65 y_{t-1} + \varepsilon_t$。若我们将变化数据作为已知的，可以构造虚拟变量 $D_t$ 和 $D_t y_{t-1}$，并估计得到方程

$$y_t = 1.6015 + 0.2545 y_{t-1} - 0.2244 D_t + 0.5433 D_t y_{t-1}$$
$$(7.22) \quad (2.76) \quad (-0.39) \quad (4.47)$$

这里，如果 $t < 101$，则 $D_t = 1$，否则 $D_t = 0$。由于 $D_t y_{t-1}$ 的系数是高度显著的，所以，可以证明序列存在一个结构突变。当然，具有变化序列的模型与以下门限形式是相等的

$$y_t = (1.3771 + 0.7977 y_{t-1}) I_t + (1 - I_t)(1.6015 + 0.2545 y_{t-1})$$
$$(2.60) \quad (10.10) \quad (7.22) \quad (2.72)$$

这里，如果 $t < 101$，则 $I_t = 1$，否则 $I_t = 0$。

如果将数据突变点假设为未知的，则可以阐明最小上界检验的用法。事实证明 $t = 100$ 时，得到具有最小残差平方和的模型。使用这个值作为门限，残差平方和是 138.63。若在原假设为线性条件下估计模型，得到

$$y_t = 0.4442 + 0.8822 y_{t-1}$$
$$(2.64) \quad (22.76)$$

残差平方和是 195.18。因为有 149 个有效观测值和门限模型的两个额外系数，所以，得到样本的 $F$ 统计值为

$$F = \frac{\dfrac{195.18 - 138.63}{2}}{\dfrac{138.63}{149 - 4}} = 29.57$$

接下来，构造一组服从标准差的为 1 的正态分布的 150 个随机数据。用它代表 $e_t$ 序列。对于在区间 $22 < t < 128$ 中的每个 $t$，构造指示函数 $I_t$，并估计如下形式的门限回归模型

$$e_t = I_t (\alpha_{10} + \alpha_{11} y_{t-1}) + (1 - I_t)(\alpha_{20} + \alpha_{21} y_{t-1}) + \varepsilon_t$$

使用这个回归，对原假设 $\alpha_{20} = \alpha_{21} = 0$ 构造样本的 $F$ 统计量（构造 $F^*$）。重复这种过程上千次，以获得 $F^*$ 的分布。将获得的分布与 $F = 29.75$ 进行比较。如果使用文件 Y_ BREAKS. XLS 中的数据进行这种过程，那么，构造的 $F^*$ 值有接近 95% 的概率小于 3.15。因此，很明显，应拒绝模型为线性的原假设。

从例子中可以得出一个更普遍的观点。Carrasco(2002)指出，如果数据真的是从门限过程获得的，通常的结构突变（使用虚拟变量的那些）检验基本是无效的。她的观点是 TAR 模型中多重状态变化无法通过虚拟变量充分地捕获。然而，使用将 $y_{t-d}$ 作为门限变量的门限过程检验，具有发现门限行为和结构变化的效果。即使在 $t$ 时期只有一个单结构变化，使用 $y_{t-d}$ 作为门限变量将模拟这种类型的表现。毕竟，如果在 $t$ 点序列值突然上升，那么，$y_{t-d}$ 的值在 $t$ 之前应该下降，而在 $t$ 之后应该上升。因此，她建议用门限模型作为参数非稳定性的一般检验方法。

## 7.6 三个门限模型

或许，理解门限模型本质的最好方法是看几个特殊例子。这一节阐述了一个门限自回归模型的估计和两个门限回归模型的估计。

## 7.6.1 失业率

除了 Rothman(1998)的研究外，还有许多文章指出美国的失业率呈现非线性形式。可以使用文件 UNRATE.XLS 的数据进行这种估计过程。图 7-6 显示了美国的失业率在 1960 年 1 月到 2013 年 6 月的月度比率值。在 1982 年 11 月，这个比率高达 10.8%，尽管在 1970 年、1973 年、1991 年、2001 年和 2008 年也有急剧的增长。642 个数值的平均值是 6.10%，标准差是 1.61%。在一些试验过后，可以确信差分序列是合理的，并得到估计方程

$$\Delta u_t = 0.0005 + 0.058\Delta u_{t-1} + 0.228\Delta u_{t-2} + 0.188\Delta u_{t-3} + 0.140\Delta u_{t-4} - 0.128\Delta u_{t-12} \quad (7\text{-}17)$$
$$\quad (0.09) \quad\;\; (1.48) \quad\quad\; (5.88) \quad\quad\; (4.87) \quad\quad\; (3.59) \quad\quad\; (-3.58)$$

式中，SSR = 14.883；AIC = 1 710.45；SBC = 1 737.12。

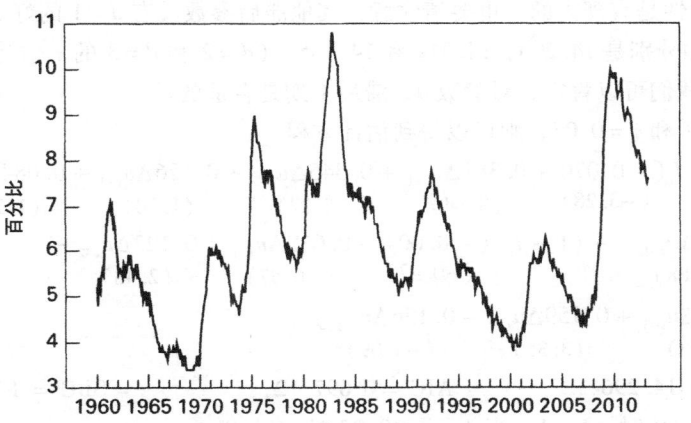

图 7-6 美国失业率

前 12 个自相关系数是

| $\rho_1$ | $\rho_2$ | $\rho_3$ | $\rho_4$ | $\rho_5$ | $\rho_6$ | $\rho_7$ | $\rho_8$ | $\rho_9$ | $\rho_{10}$ | $\rho_{11}$ | $\rho_{12}$ |
|---|---|---|---|---|---|---|---|---|---|---|---|
| -0.01 | -0.02 | -0.02 | -0.01 | 0.04 | 0.04 | -0.01 | 0.03 | 0.02 | 0.00 | 0.07 | -0.02 |

由于 $\Delta u_{t-1}$ 的截距和系数不显著，一般我们会去掉这两项重新估计模型。

RESET 检验没有支持非线性。用 $e_t$ 代表式(7-17)中的回归残差。如果用残差做关于拟合值次幂与其他滞后变量的回归，将得到估计方程

$$e_t = -0.006 + 1.59\Delta\hat{u}_t^2 + 10.36\Delta\hat{u}_t^3 - 33.941\Delta\hat{u}_t^4 + \sum_i \alpha i \Delta u_{t-i} \quad i = 1,2,3,4,12$$
$$\quad (-0.64) \quad\; (1.15) \quad\quad (0.88) \quad\quad\; (-1.05)$$

$\Delta\hat{u}_t^2$，$\Delta\hat{u}_t^3$ 和 $\Delta\hat{u}_t^4$ 系数都等于零的联合约束条件的 $F$ 统计量的值为 1.42。当分子有 3 个自由度，分母有 620 个自由度时，伴随概率是 0.234。因此，RESET 没有察觉非线性表现的存在。注意，RESET 有个非常普遍的备择假设；因此，它不具有识别非线性类型的能力。

然而，其他的诊断性检验指出线性方程的一个潜在问题。McLeod-Li(1983)检验的结果为

$$e_t^2 = 0.018 + 0.143 e_{t-1}^2 + 0.096 e_{t-2}^2$$
$$\quad (8.68) \quad (3.59) \quad\quad (2.40)$$

$e_{t-1}^2$ 和 $e_{t-2}^2$ 系数同时为零的联合约束条件的 $F$ 统计量的值为 10.95；这个统计量是高度显著

的，拒绝了系数同时为零的原假设。同样有趣的是其他检验的变量也指出了存在非线性。考虑回归方程

$$e_t = -0.0078 + 0.3298 e_{t-1}^2 \quad (7\text{-}18)$$
$$(-1.11) \quad (2.30)$$

式(7-18)指出前期的较大误差(无论是正或负)与当期一个正误差联系在一起。因为在一个线性模型中，调整是对称的，所以，残差不应该与滞后的残差平方相关。于是，也得到美国的失业率是非线性的。

如果设定 $d=1$，并估计形式如式(7-14)的模型，可以得出使残差平方和最小的门限值是 $\tau = 0.070$。图 7-7 显示的是考虑到每个门限值的残差平方和。从图的散点图中，可以看到 $\tau = 0.070$ 的 $ssr(\tau)$ 的单峰凹点。尽管在散点图的 $\tau = 0.025$ 附近存在第二个凹点，但相当小。因此，忽略存在多重门限的可能性是有理由的。也要请注意，其他滞后参数没有 $d=1$ 的好。例如，$d=1$，2 和 $d=3$ 的残差平方和分别是 14.296，14.319 和 14.385。($d=2$ 和 $d=3$ 的 $\tau$ 估计值分别是 0.022 和 $-0.029$。)因此，我们可以肯定，对参数 $d$，滞后 1 期是合适的。

如果设定 $d=1$ 和 $\tau = 0.07$，则可以得到估计方程

$$\Delta u_t = I_t(-0.070 + 0.381 \Delta u_{t-1} + 0.345 \Delta u_{t-2} + 0.126 \Delta u_{t-3} + 0.084 \Delta u_{t-4} -$$
$$(-3.28) \quad (3.84) \quad (5.22) \quad (1.90) \quad (1.25)$$
$$0.148 \Delta u_{t-12}) + (1 - I_t)(-0.004 - 0.039 \Delta u_{t-1} + 0.122 \Delta u_{t-2} +$$
$$(-2.08) \quad (-0.47) \quad (-0.57) \quad (2.48)$$
$$0.179 \Delta u_{t-3} + 0.159 \Delta u_{t-4} - 0.126 \Delta u_{t-12})$$
$$(3.73) \quad (3.35) \quad (-3.09)$$

$$\text{SSR} = 14.296, \quad \text{AIC} = 1697.12, \quad \text{SBC} = 1750.45$$

式中，当 $\Delta u_{t-1} > 0.07$ 时，$I_t = 1$；当 $\Delta u_{t-1} \leq 0.07$ 时，$I_t = 0$。

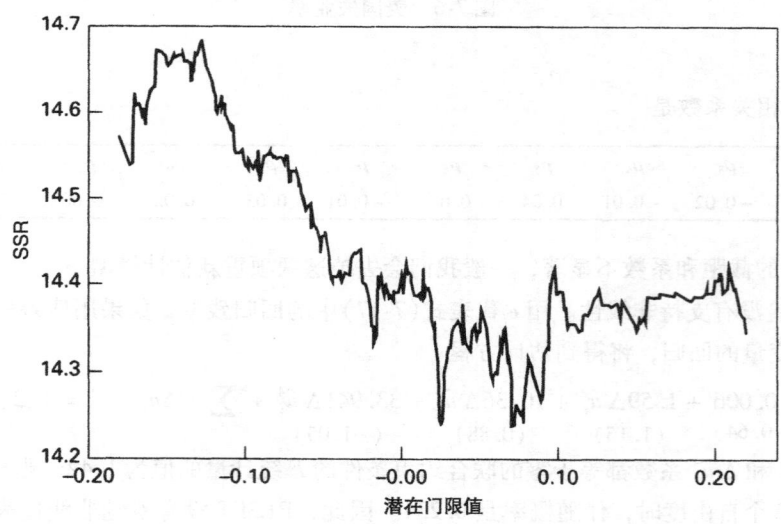

图 7-7　SSR 和潜在门限值

注意，在式(7-17)中，AIC 选择了门限模型，而 SBC 选择了线性模型。然而，门限模型包含了一些相对于其他的标准差较小的参数。很明显，对门限表现的检验是有意义的。在最后，我们可以构造原假设为模型是线性的样本的 $F$ 统计量为

$$F = \frac{\frac{14.883 - 14.296}{6}}{\frac{14.296}{629 - 12}} = 4.22$$

由于必须估计门限值,所以,把 4.22 与标准 $F$ 统计量的临界值做比较是不合适的。如果使用 Hansen(1997)的自助方法,可以得到 $F$ 统计量 4.22 在 0.002 5 的显著水平下是显著的,所以,得出的结论是存在门限。因为需要寻找 $\tau$,所以,难以直接求出门限模型中的系数。$t$ 统计量只不过是系数真实显著水平的近似值。问题在于,多个 $\Delta u_{t-i}$ 系数乘以 $I_t$ 或者 $(1 - I_t)$,并且这些值依赖于 $\tau$ 的估计值。然而,两个模型选择的临界值都指出,可以剔除负截距 $I_t \Delta u_{t-4}$ 和 $(1 - I_t) \Delta u_{t-2}$ 来简化模型。同时,也请注意,因为 $I_t \Delta u_{t-12}$ 和 $(1 - I_t) \Delta u_{t-12}$ 的系数都是可识别的,因此,模型中包含 $\Delta u_{t-12}$ 是有意义的。通过这种方式简化模型,得到:

$$\Delta u_t = I_1(-0.069 + 0.387 \Delta u_{t-1} + 0.376 \Delta u_{t-2} + 0.130 \Delta u_{t-3}) +$$
$$\quad\quad (-3.19) \quad\quad (3.88) \quad\quad\quad (6.22) \quad\quad\quad (1.99)$$
$$(1 - I_1)(0.155 \Delta u_{t-2} + 0.188 \Delta u_{t-3}) - 0.124 \Delta u_{t-12}$$
$$\quad\quad\quad (3.21) \quad\quad\quad (3.97) \quad\quad\quad (-3.49)$$

AIC = 1 700.38, SBC = 1 731.49。

点估计得出的结论是,当 $\Delta u_{t-1} > \tau$ 时,它要比 $\Delta u_{t-1} \leq \tau$ 时更持久。这个结果清楚地指出:美国的失业率从上升状态向下降状态的调整时间要比低失业率转向高失业率更持久。我们可以验证这些结果作为练习。你也许会发现使用 0.025 左右的阈值估计序列很有趣。

### 7.6.2 非对称货币政策

很多专注于研究美联储动态的文献都是以 Taylor(1993)介绍的反馈法则为基础的。被称为 Taylor 法则的形式是

$$i_t = \gamma_0 + \pi_t + \alpha_1(\pi_t - \pi^*) + \beta y_t + \gamma_1 i_{t-1} + \varepsilon_t$$

或者,设定 $\alpha_0 = \gamma_0 - \alpha \pi^*$,$\alpha = 1 + \alpha_1$,我们可以把模型重新写为

$$i_t = \alpha_0 + \alpha \pi_t + \beta y_t + \gamma_1 i_{t-1} + \varepsilon_t$$

式中,$i_t$ 是正常的联邦基金利率;$\pi_t$ 是与去年同季度相比的通货膨胀率;$\pi^*$ 是目标通货膨胀率;$y_t$ 表示产出缺口,用实际 GDP 偏离它的趋势的离差的百分比度量;系数 $\alpha_1$、$\beta$、$\gamma_0$ 和 $\gamma_1$ 都为正。

法则背后的直观感觉是美联储希望保持一个目标通货膨胀率,并且在它的趋势附近稳定实际 GDP。由于高利率会抑制消费,所以,Taylor 法则指出美联储在通货膨胀率高于目标水平和产出缺口为正时会提高利率 $i_t$。利率的滞后值给系统造成了一些惯性,代表了美联储缓和利率随时间变化的愿望。

文件 TAYLOR.XLS 包含了估计在下面将要解释 Taylor 法则所需要的变量。特别地,利率($i_t$)是联邦基金利率月度值的季度平均。同比通货膨胀率($\pi_t$)定义为

$$\pi_t = 100 \times (\ln p_t - \ln p_{t-4})$$

式中,$p_t$ 是经过链式加权后的 GDP 平减指数。

为了说明 GDP 的数据通常受制于经常更新的事实,可行的方法是,使用在费城的联邦储备银行网站(http://research.stlouisfed.org/fred2)的 GDP 变量的实时值。要注意的是,美联储采用 GDP 当时的现价。修正值只是在重要延期后才有效。产出缺口运用第 4 章介绍的 Hodrick-Prescott(HP)滤波方法,为真实产出数据去除趋势后的数据。特别地,从 $t$ 为 1963 年第 2 季度于始,从 1947

年第 1 季度开始，一直到 $t$ 为止，实时产出序列采用的是 HP 滤波方法。经过滤的序列代表了实际 GDP 的趋势值。令 $y_t^f$ 代表滤过序列的观测值。$t$ 时期的产出缺口（$y_t$）定义为 $t$ 时期的真实产出与 $y_t^f$ 之差的百分比，即为 $\dfrac{y_t - y_t^f}{y_t}$。然后，我们对从 1963 年第 2 季度开始的每个 $t$ 时期，重复这个过程。目的并不是要确定长远发展的实际产出方式，而是想获得美联储使用货币政策来影响产出水平，所感受到的压力的合理衡量方式。

在实际运用中，包含若干个连续的样本期来估计 Taylor 法则是常见的。而这些不同的样本期通常意味着美联储决策法则发生了变化，如 1979 年第 4 季度、1983 年第 1 季度（沃尔克反通货膨胀的结束），1987 年 8 月（艾伦·格林斯潘接任美联储主席）和 2006 年 2 月（本·伯南克接任美联储主席）。考察样本区间为 1979 年第 4 季度到 2007 年第 3 季度的估计模型

$$i_t = -0.269 + 0.464\pi_t + 0.345y_t + 0.810i_{t-1}$$
$$\quad (-1.47) \quad (6.05) \quad (5.16) \quad (21.83)$$
$$\text{AIC} = 500.75 \qquad \text{SBC} = 511.63$$

由于通货膨胀和产出缺口的系数都为正，并且，在通常的显著水平下，系数都是显著的。所以，估计出的模型是合理的。滞后利率（$\gamma_1 = 0.810$）的系数表明存在利率平滑。在长期，因为 $\dfrac{0.464}{(1 - 0.810)} = 2.44$，所以说，利率 $i_t$ 非常显著地响应了通货膨胀 $\pi_t$ 的变化。因此，当通货膨胀率上升（下降）时，实际利率也随之提高（降低）。

许多研究者对 Taylor 法则的线性形式产生了疑问，并且认为把美联储对 $\pi_t$ 和 $y_t$ 的反应构建为一个非线性过程更好。例如，似乎美联储更倾向于通货膨胀低于目标值而不是高于目标值。此外，美联储有可能更偏好正的产出缺口而不是负的。

关键的问题在于，当通货膨胀很高，而产出很低时，利率变化应该更剧烈。因此，使用通货膨胀或者产出缺口作为门限变量，把 Taylor 法则作为一个门限回归进行估计似乎很自然。由于我们不知道滞后因子，所以，可以估计四个门限回归方程，把 $\pi_{t-1}$、$\pi_{t-2}$、$y_{t-1}$ 和 $y_{t-2}$ 作为门限变量。对每个回归方程，为了获得 $\tau$ 的一致估计，可以通过删除所有潜在门限数量的 15%，然后在剩余的门限中，运用格点搜寻方法。对这四个方程估计的门限值、残差平方和（SSR）、AIC 和 SBC 是

|  | $\tau$ | SSR | AIC | BIC |
| --- | --- | --- | --- | --- |
| $\pi_{t-1}$ | 3.527 | 50.8 | 455.93 | 477.67 |
| $\pi_{t-2}$ | 3.527 | 50.42 | 455.08 | 476.83 |
| $y_{t-1}$ | -1.183 | 63.97 | 481.75 | 503.49 |
| $y_{t-2}$ | -1.565 | 53.41 | 461.53 | 483.28 |

请注意，所有的门限回归的拟合度都要比线性模型更好。此外，如果观察自助检验样本的 $F$ 统计量，就会发现所有的都是高度显著的。因为 $\pi_{t-2}$ 提供了最佳拟合，所以，我们可以使用它作为门限变量。因此，估计出的 Taylor 法则的明显回归方程

在 $\pi_{t-2} \geq 3.527$ 时，为

$$i_t = 1.383 + 1.055\pi_t + 0.472y_t + 0.374i_{t-1}$$
$$\quad (3.02) \quad (10.56) \quad (6.25) \quad (5.75)$$

而在 $\pi_{t-2} < 3.527$ 时，为

$$i_t = -0.440 + 0.227\pi_t + 0.305y_t + 0.967i_{t-1}$$
$$\quad (-1.39) \quad (1.88) \quad (3.85) \quad (24.98)$$

请注意，$\pi_t$和$y_t$的系数在高通货膨胀状态下比低通货膨胀状态都要大。此外，利率平滑系数在低通货膨胀时较高，而在低通货膨胀时较低。从本质上讲，美联储的货币政策在高通货膨胀状态下要比在低通货膨胀状态下更积极。也要请留意，Taylor法则的线性变量似乎"平均"了美联储穿越了高和低通货膨胀状态的响应。

### 7.6.3 多重门限的生猪存栏数调整

Boetel，Hoffman，Liu(2007)估计了一个包含三个状态的很有意义的模型。所研究的问题是，面对市场条件变化，生猪供应商并不是总是调节生猪的存栏数。然而，有时候，一个非常小的市场条件变化都会导致生猪存栏数的大的调整。他们的模型是预期猪肉价格变化有一个"正常"范围，并且在这个范围内的价格变化将导致很少的投资响应。根据我们在本书中的目的，包含主要变量的被估计出的模型是

$$K_t - K_{t-1} = \underset{(3.30)}{4\,569} + \underset{(5.59)}{6\,360 I_{1t}} + \underset{(5.20)}{6\,352 I_{2t}} + \underset{(1.84)}{452 p_{Ht-1}} - \underset{(-3.66)}{2\,684 p_{Ft-1}} + \cdots + \varepsilon_t$$

式中，$K_t$是第$t$期的生猪的存栏规模；$p_{Ht-1}$表示第$t+1$期的猪肉产出价格；$p_{Ft-1}$为第$t+1$期的饲料价格。指示函数是，当$p_{Ht-1} > \tau_{\text{high}} = 1.118\,5$时，$I_{1t} = 1$；当$p_{Ht-1} < \tau_{\text{low}} = 1.110\,5$时，$I_{2t} = -1$。被解释变量的滞后值反映的是，投资决策与其实现时刻之间因为存在一期滞后而产生的存栏变动量。

生猪存栏变动量$(K_t - K_{t-1})$与猪肉价格正相关，与饲料价格负相关。模型的一个应用特征是指示函数乘以截距项而不是乘以变量$p_{Ft-1}$。Boetel，Hoffman，Liu(2007)认为，允许所有的变量对$(K_t - K_{t-1})$具有非对称影响将导致以损失自由度为代价，估计大量的参数。

需要注意的是，三个状态通过相对于两个门限值的$p_{Ht-1}$值进行划分。当$p_{Ht-1}$在$\tau_{\text{high}}$和$\tau_{\text{low}}$之间时，$I_{1t} = I_{2t} = 0$，所以，截距项是4 569。相反，当$p_{Ht-1} > \tau_{\text{high}}$时$I_{1t} = 1$，$I_{2t} = 0$，所以，截距项是10 929。当$p_{Ht-1} < \tau_{\text{low}}$时，$I_{1t} = 0$，$I_{2t} = -1$，所以，截距项是-1 791。因此，存在一个高度的、迟钝的、投资减少的状态，它的表现依赖于$p_{Ht-1}$的值。由此，得出斜率系数452衡量了价格变化对净投资的所有影响效果是不正确的。因为截距项变化与价格一致，所以，当$p_{Ht-1}$的值跨过一个门限时，投资变化就加强了。也要注意，在$\tau_{\text{high}}$和$\tau_{\text{low}}$之间的价格变化对投资仅有较小的影响。

Boetel，Hoffman，Liu(2007)使用相对于前文描述的一个不同的方法，来估计出现在模型中的双门限值。首先，应用搜寻法找到使残差平方和最小的单门限值。令$\tau_1$代表这个门限值。下一步，维持$\tau_1$的值，假设估计第二个门限值，$\tau_2$进一步减小残差平方和。尽管Hansen(1999)指出，第二个门限估计是有效的，由于第一个是在不存在第二个门限的前提下估计的，从而不是有效的。最后，固定$\tau_2$的值，重新估计$\tau_1$的门限值，以得到最小的残差平方和。一个替代的方法是使用7.5节讨论过的图解法。

## 7.7 平滑转换模型

对于有些过程，似乎没有理由假设门限是显而易见的。换句话说，调整的速度可能是图7-1b所示的非线性过程类型。平滑转换自回归(STAR)模型认为自回归参数缓慢地变化。考察特殊的NLAR模型

$$y_t = \alpha_0 + \alpha_1 y_{t-1} + \beta_1 y_{t-1} f(y_{t-1}) + \varepsilon_t$$

如果 $f(\ )$ 是平滑连续函数,则自回归系数 $\alpha_1+\beta_1$ 将沿着 $y_{t-1}$ 的值平滑地变化。有两种特别有用的 STAR 模型,考虑了自回归衰减的可变速度。Logistic-STAR(称为 LSTAR)模型推广了标准的自回归模型,使得自回归系数为对数函数

$$y_t = \alpha_0 + \alpha_1 y_{t-1} + \cdots + \alpha_p y_{t-p} + \theta[\beta_0 + \beta_1 y_{t-1} + \cdots + \beta_p y_{t-p}] + \varepsilon_t \tag{7-19}$$

式中, $\theta = [1 + \exp(-\gamma(y_{t-1}-c))]^{-1}$。 (7-20)

我们称 $\gamma$ 为平滑参数。若取极限,则当 $\gamma \to 0$ 或 $\gamma \to \infty$ 时,$\theta$ 为常数,因此,LSTAR 模型就变为 AR($p$) 模型。对于处于中间的 $\gamma$,自回归系数衰减的程度依赖于 $y_{t-1}$ 的值。当 $y_{t-1} \to -\infty$ 时,$\theta \to 0$,使得 $y_t$ 的过程表现为 $y_t = \alpha_0 + \alpha_1 y_{t-1} + \cdots + \alpha_p y_{t-p} + \varepsilon_t$。类似地,当 $y_{t-1} \to +\infty$ 时,$\theta \to 1$,使得 $y_t$ 的过程表现为 $y_t = (\alpha_0 + \beta_0) + (\alpha_1 + \beta_1) y_{t-1} + \cdots + \varepsilon_t$。因此,当 $y_{t-1}$ 变化时,截距和自回归系数在这两个极值之间平滑地变化。

指数平滑转换模型(ESTAR)采用式(7-19)形式,但用下式取代了式(7-20)。

$$\theta = 1 - \exp[-\gamma(y_{t-1}-c)^2] \quad \gamma > 0$$

请注意,$\theta$ 包含了平方项,ESTAR 模型系数是对称于 $y_{t-1} = c$。当 $y_{t-1}$ 趋于 $c$ 时,$\theta$ 趋于 0,于是,$y_t$ 表现为 $y_t = \alpha_0 + \alpha_1 y_{t-1} + \cdots + \alpha_p y_{t-p} + \varepsilon_t$。而当 $y_{t-1}$ 远离 $c$ 趋于无穷大时,$\theta$ 趋于 1,因而,$y_t$ 表现形式为 $y_t = (\alpha_0 + \beta_0) + (\alpha_1 + \beta_1) y_{t-1} + \cdots + \varepsilon_t$。已经证明 ESTAR 模型对序列转换点周围的各个时期(即 $y_{t-1}^2$ 出现极值的时期)是有用的,在这些时期比其他时期更具有不同程度的自回归衰减。请注意,ESTAR 模型相对于 $y_{t-1} = c$ 对称,所以,它可以近似于如图 7-1 所示的重力加速度。还要请注意,当 $\gamma$ 趋于 0 或 $\infty$ 时,$\theta$ 为常数,因而,ESTAR 模型就变成了 AR($p$) 模型,否则,就表现为非线性模型。

通过观察图 7-8,我们可以发现 LSTAR 和 ESTAR 模型的区别。图 7-8 的顶部描述的是 $c=0$ 时,$\gamma=1$ 和 2 所对应的 $\theta$ 值。在这里,$\theta$ 是 ESTAR 模型中的等式,即 $\theta = [1 + \exp(-\gamma(y_{t-1}-c))]^{-1}$。由于 $y_{t-1}$ 的范围是 $-5$ 到 5,所以,$\theta$ 的范围是 0 到 1。请注意,$\gamma$ 更大,转换的 S 型越急剧。因此,对于较大的 $\gamma$ 值,调整是非常急剧的,在这种情况下,LSTAR 模型就如同 TAR 模型。图 7-8 的底部也是在 $c=0$ 时,$\gamma=1$ 和 2 分别对应的 $\theta$ 值,但采用的是 LSTAR 模型中的等式,即 $\theta = 1 - \exp[-\gamma(y_{t-1}-c)^2]$,可以看到转换函数随着 $\gamma$ 值的增加 U 型变得更陡峭。

Michael, Nobay 和 Peel(1997)研究了交易成本在国际贸易中所起重要作用的课题。交易成本包括外汇购买或期货保值、关税费用、进口特许费和运输费。正如在 Band-TAR 模型中所描述的,相对于 PPP 的小偏差不可能通过商品套利交易过程得到修正。大的差异被期望是均值回复的,这样,调整的速度是差异大小的增函数。他们的观点是,非常大的差异消除很快,而不大不小的差异消除较慢。

这种类型的行为可以用 ESTAR 过程捕获。他们考察 ESTAR 过程的特殊形式的模型为

$$\Delta y_t = \alpha_0 + a_1 y_{t-1} + \sum_{i=1}^{p-1} \alpha_i \Delta y_{t-i} + [1 - \exp(-\gamma(y_{t-d}-c)^2)](\beta_0 + b_1 y_{t-1} + \sum_{i=1}^{p-1} \beta_i \Delta y_{t-i}) + \varepsilon_t$$

式中,$y_t$ 是实际汇率。

当 $y_{t-d} = c$ 时,调整过程为

$$\Delta y_t = \alpha_0 + a_1 y_{t-1} + \sum_{i=1}^{p-1} \alpha_i \Delta y_{t-i} + \varepsilon_t$$

当 $y_{t-d} \to \pm \infty$ 时,调整过程为

$$\Delta y_t = (\alpha_0 + \beta_0) + (a_1 + b_1) y_{t-1} + \sum_{i=1}^{p-1} (\alpha_i + \beta_i) \Delta y_{t-i} + \varepsilon_t$$

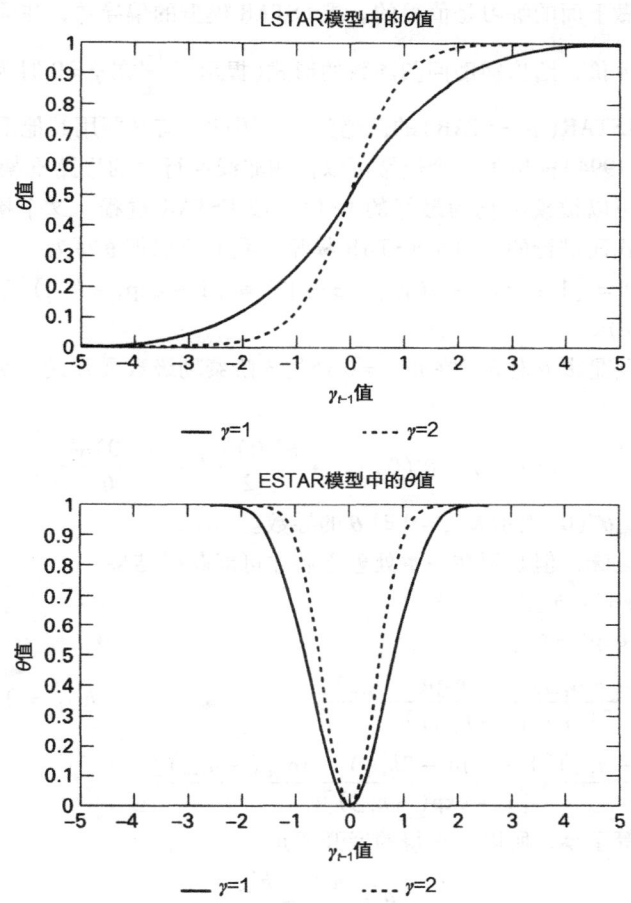

图 7-8 在 LSTAR 和 ESTAR 模型中的 $\theta$ 值比较

交易成本特性暗含着 $a_1$ 可以非常小(或为0)。从根本上讲，当 $y_{t-d} \approx c$ 时，几乎不存在刺激进行市场套利。但是，因为较大的离差都是均值回复的，所以，$b_1$ 应该是负的。他们采用了美国1921 年 1 月到 1925 年 5 月间的月度实际汇率数据，估计得到的模型为(括号内的值为 $t$ 统计量)

$$\Delta y_t = 0.40\Delta y_{t-1} + [1 - \exp(-532.4(y_{t-1} - 0.038)^2)](-y_{t-1} + 0.59\Delta y_{t-2} + 0.57\Delta y_{t-4} - 0.017)$$
$$\quad\;\;(3.37)\qquad\qquad\quad (2.44)\qquad\quad (7.21)\qquad\qquad\quad (3.90)\qquad\;\;(2.89)\qquad (5.17)$$

点估计结果表明，实际汇率在 0.038 附近，因为 $a_1 = 0$，所以，不存在均值回复的倾向。然而，当 $(y_{t-1} - 0.038)^2$ 非常大时，调整系数的速度相当迅速。因此，实际汇率的调整与交易成本的存在是一致的。

## STAR 模型预检验

直接运用 LM 检验确定是 ESTAR 模型还是 ESTAR 模型是不合适的。考察 LSTAR 模型

$$y_t = \alpha_0 + \alpha_1 y_{t-1} + (\beta_0 + \beta_1 y_{t-1})[1 + \exp(-\gamma(y_{t-d} - c))]^{-1} + \varepsilon_t$$

对于 LSTAR 模型，模型为线性的原假设等价于 $\gamma = 0$。我们应该发现与使用 LM 检验相关的问题，如果 $\gamma = 0$，则 $\beta_0$、$\beta_1$ 和 $c$ 的值毫无用处。显然，若 $\gamma = 0$，$\beta_1$ 为 $-0.5$ 或者 1，并没有什么不同。问题的关键是模型在线性的原假设下，$\beta_0$、$\beta_1$ 和 $c$ 的值是不确定的。因此，不可能进行 LM

检验。用少许时间做做下面的练习是值得的。求 LSTAR 模型的偏导数，在原假设 $\gamma = 0$ 的条件下，对其中的每一个进行评价，给出辅助回归函数的形式（提示：$\dfrac{\partial y_t}{\partial c}$ 在 $\gamma = 0$ 时为 0）。

因为 LM 检验对 LSTAR（和 ESTAR）的调整欠佳，因此，有必要用其他手段检测平滑转换模型的存在性。Teräsvirta(1994) 提出了一个通常可以检测非线性行为的思路框架。甚至，这种方法可以用于确定序列是否可以被模型化为最好的 LSTAR 或 ESTAR 过程。这个检验是基于普通 STAR 模型的泰勒级数展开式而进行的。对于 LSTAR 模型，我们可以把 $\theta$ 写为

$$\theta = [1 + \exp(-\gamma(y_{t-d} - c))]^{-1} \equiv [1 + \exp(-h_{t-d})]^{-1}$$

所以，$h_{t-d} = \gamma(y_{t-d} - c)$。

现在，基本的思路是求 $\theta$ 对 $h_{t-d}$ 在 $h_{t-d} = 0$ 处的 3 阶泰勒级数展开式。回忆 $\theta$ 的泰勒级数展开形式：

$$\theta \cong \theta(0) + \theta'(0)h_{t-d} + \frac{\theta''(0)h_{t-d}^2}{2} + \frac{\theta'''(0)h_{t-d}^3}{6}$$

式中，$\theta'(0)$，$\theta''(0)$，$\theta'''(0)$ 表示 $h_{t-d} = 0$ 时 $\theta$ 的导数。

尽管求导数有些乏味，但必须在一番处理之后才可能获得结果。

$$\frac{\partial \theta}{\partial h_{t-d}} = \frac{\exp(-h_{t-d})}{[1 + \exp(-h_{t-d})]^2}$$

$$\frac{\partial^2 \theta}{\partial h_{t-d}^2} = \frac{-\exp(-h_{t-d})[1 - \exp(-h_{t-d})]}{[1 + \exp(-h_{t-d})]^3}$$

$$\frac{\partial^3 \theta}{\partial h_{t-d}^3} = \frac{\exp(-h_{t-d})[1 + \exp(-2h_{t-d}) - 4\exp(-h_{t-d})]}{[1 + \exp(-h_{t-d})]^4}$$

$h_{t-d} = 0$ 时的值 $\begin{cases} \dfrac{1}{4} \\ 0 \\ -\dfrac{1}{8} \end{cases}$

由于第 2 项导数等于零，所以，求得的展开式是

$$\theta = \frac{h_{t-d}}{4} - \frac{h_{t-d}^3}{48}$$

于是，我们可以把 LSTAR 模型的近似式写为

$$y_t = \alpha_0 + \alpha_1 y_{t-1} + \cdots + \alpha_p y_{t-p} + (\beta_0 + \beta_1 y_{t-1} + \cdots + \beta_p y_{t-p})\left(\frac{h_{t-d}}{4} + \frac{h_{t-d}^3}{48}\right) + \varepsilon_t$$

因为 $h_{t-d}$ 依赖于 $y_{t-d}$，[i.e. $h_{t-d} = \gamma(y_{t-d} - c)$]，所以，可以把 LSTAR 模型近似为这种形式：

$$y_t = a_0 + a_1 y_{t-1} + \cdots + a_p y_{t-p} + \cdots a_{11} y_{t-1} y_{t-d} + \cdots +$$
$$a_{1p} y_{t-p} y_{t-d} + a_{21} y_{t-1} y_{t-d}^2 + \cdots + a_{2p} y_{t-p} y_{t-d}^2 +$$
$$a_{31} y_{t-1} y_{t-d}^3 + \cdots + a_{3p} y_{t-p} y_{t-d}^3 + \varepsilon_t$$

于是，我们形成了解释变量与 $y_{t-d}$ 的幂（$y_{t-d}^0$，$y_{t-d}^1$，$y_{t-d}^2$，$y_{t-d}^3$）的乘积。接下来，我们可以通过如下的辅助回归方程估计 LSTAR 行为的存在性。

$$e_t = a_0 + a_1 y_{t-1} + \cdots + a_p y_{t-p} + a_{11} y_{t-1} y_{t-d} + \cdots +$$
$$a_{1p} y_{t-p} y_{t-d} + a_{21} y_{t-1} y_{t-d}^2 + \cdots + a_{2p} y_{t-p} y_{t-d}^2 +$$
$$a_{31} y_{t-1} y_{t-d}^3 + \cdots + a_{3p} y_{t-p} y_{t-d}^3 + \varepsilon_t \tag{7-21}$$

对线性的检验等价于检验所有非线性项为零的联合约束条件（也就是检验 $\alpha_{11} = \cdots = \alpha_{1p} = \alpha_{21} = \cdots = \alpha_{2p} = \alpha_{31} = \cdots = \alpha_{3p} = 0$）。我们可以用分子的自由度为 $3p$ 的标准 $F$ 检验对其进行检验。如果我们不能确定滞后项，则建议对所有看似合理的 $d$ 进行检验，使相伴概率最小（证明最优拟

合的 $d$ 值)的 $d$ 值就是 $d$ 的最佳估计值。

由于已经掌握了处理流程,因此,对 ESTAR 模型详尽地重新处理就轻而易举了。令 $\theta$ 为

$$\theta = 1 - \exp(-h_{t-d}^2)$$

则 $h_{t-d} \equiv \gamma^{\frac{1}{2}}(y_{t-d} - c)$。偏导数为

| | 等式 | $h_{t-d}=0$ 时的值 |
|---|---|---|
| $\frac{\partial \theta}{\partial h_{t-d}}$ | $2h_{t-d}\exp(-h_{t-d}^2)$ | 0 |
| $\frac{\partial^2 \theta}{\partial h_{t-d}^2}$ | $2\exp(-h_{t-d}^2) - 4h_{t-d}^2\exp(-h_{t-d}^2)$ | 2 |
| $\frac{\partial^3 \theta}{\partial h_{t-d}^3}$ | $-12h_{t-d}\exp(-h_{t-d}^2) + 8h_{t-d}^3\exp(-h_{t-d}^2)$ | 0 |

与 LSTAR 模型不同,ESTAR 模型的展开式只包含 2 次项 $\theta = h_{t-d}^2$,于是,我们可以写出不含 $h_{t-d}$ 和 $h_{t-d}^3$ 的 ESTAR 模型展开式。因此,泰勒级数近似式是

$$y_t = \alpha_0 + \alpha_1 y_{t-1} + \cdots + \alpha_p y_{t-p} + (\beta_0 + \beta_1 y_{t-1} + \cdots + \beta_p y_{t-p})(\pi_2 h_{t-d}^2) + \varepsilon_t$$
$$= \alpha_0 + \alpha_1 y_{t-1} + \cdots + \alpha_p y_{t-p} + \alpha_{11} y_{t-1} y_{t-d} + \cdots + \alpha_{1p} y_{t-p} y_{t-d} +$$
$$\alpha_{21} y_{t-1} y_{t-d}^2 + \cdots + \alpha_{2p} y_{t-1} y_{t-d}^2 + \varepsilon_t$$

Teräsvirta(1994)的主要见解是,ESTAR 模型的辅助方程嵌套于 LSTAR 模型的辅助方程。如果 ESTAR 模型是合适的,则所有含有 3 次方表达式 $y_{t-d}^3$ 的项从式(7-21)中排除应该是可行的。因此,检验过程按照下面的步骤进行。

**第 1 步**:估计线性部分的 AR($p$),确定 $p$,求出残差 $\{e_t\}$。

**第 2 步**:估计辅助方程(7-21),通过比较 $TR^2$ 和 $\chi^2$ 分布的临界值检验回归的显著性。如果 $TR^2$ 的值大于 $\chi^2$ 分布的临界值,则拒绝线性的原假设,接受平滑转换模型的备择假设。(另外,我们也可以用 $F$ 检验进行检验。)

**第 3 步**:如果我们接受备择假设(即,如果模型是非线性的),则可以用 $F$ 检验对约束条件 $\alpha_{31} = \alpha_{32} \cdots = \alpha_{3n} = 0$ 进行检验。如果我们拒绝 $\alpha_{31} = \alpha_{32} \cdots = \alpha_{3n} = 0$,则认为模型为 LSTAR 模型。如果不能拒绝这个约束条件,则得出模型为 ESTAR 模型。

有时第 3 步中 ESTAR 与 LSTAR 模型的概述不清楚。在这种环境下,Lin 与 Teräsvirta(1994)推出了如下程序。为压缩符号,写出式(7-21)给出的辅助方程:

$$e_t = \alpha_0 + A(L)y_{t-1} + (\beta_0 + B(L)y_{t-1})[\pi_1 h_{t-d} + \pi_2 h_{t-d}^2 + \pi_3 h_{t-d}^3] + \varepsilon_t$$

式中,$[\pi_1 h_{t-d} + \pi_2 h_{t-d}^2 + \pi_3 h_{t-d}^3]$ 为泰勒展开式。

考虑以下假设:$H_0$:$(\beta_0 + B(L)y_{t-1})[\pi_1 h_{t-d} + \pi_2 h_{t-d}^2 + \pi_3 h_{t-d}^3]$ 的系数全为 0

$H_1$:$(\beta_0 + B(L)y_{t-1})\pi_3 h_{t-d}^3$ 的系数全为 0

$H_2$:$(\beta_0 + B(L)y_{t-1})\pi_2 h_{t-d}^2$ 的系数全为 0,$(\beta_0 + B(L)y_{t-1})\pi_3 h_{t-d}^3$ 的系数全为 0

$H_3$:$(\beta_0 + B(L)y_{t-1})\pi_1 h_{t-d}$ 的系数全为 0,$(\beta_0 + B(L)y_{t-1})[\pi_2 h_{t-d}^2 + \pi_3 h_{t-d}^3]$ 的系数全为 0

如上,如果不能拒绝 $H_0$,可简单认为模型线性。然而,如果拒绝 $H_0$,得到 $H_1$,$H_2$,$H_3$ 的 $p$ 值。因为是 LSTAR 过程而不是 ESTAR 过程时 $\pi_2$ 为 0,如果 $H_2$ 有最小的 $p$ 值,则说明这是 ESTAR 过程。是 ESTAR 过程则 $\pi_1$ 和 $\pi_3$ 为 0。如果 $H_1$ 或 $H_3$ 有最小 $p$ 值,说明是 LSTAR 过程。

## 7.8 其他状态转换模型

人工神经网络和马尔可夫转换模型展示了在其他文献中出现的状态转移模型。尽管它们不能直接用 OLS 进行估计，但是对其性质的研究是有意义的。

### 7.8.1 人工神经网络

人工神经网络（ANN）适用于未知函数形式的非线性过程。简单的 ANN 模型为

$$y_t = a_0 + a_1 y_{t-1} + \sum_{i=1}^{n} \alpha_i f_i(y_{t-1}) + \varepsilon_t \tag{7-22}$$

式中，函数 $f_i(y_{t-1})$ 是一个累计分布，或者是一个如式（7-20）的逻辑函数。对存在逻辑函数的情况，我们可以将模型写作

$$y_t = a_0 + a_1 y_{t-1} + \sum_{i=1}^{n} \alpha_i [1 + \exp(-\gamma_i(y_{t-1} - c_i))]^{-1} + \varepsilon_t$$

虽然 ANN 模型非常类似于 LSTAR 模型，但有一些重要的不同之处。第一，ANN 模型只认可截距是时变的，自回归系数 $a_1$ 是常数，因此，序列水平在整个时间区间内变化。第二，ANN 模型用了 $n$ 个不同的逻辑函数（称为**接点**（nodes））。Kuan 和 White（1994）指出：对于充分大的 $n$，这类模型近似于 1 阶非线性模型。因此，ANN 模型对估计未知函数形式的非线性模型特别有效。

虽然模型对数据拟合得特别好，但因模型没有清楚的经济解释而存在显而易见的困难。因为可以把 ANN 扩展到高阶回归过程，所以，它含有特别多的参数，因此，存在过度拟合数据的危险。如果我们让 $n$ 充分大（即使用许多接点），则将不知不觉地拟合数据的噪声成分。当目的是为了预测序列的后续值时，随着 $n$ 增大，判定系数 $R^2$ 趋于 1 的这一结果并不会令人高兴。许多研究者会运用 SBC 选择 $n$ 的值。

请注意，参数并不是为了 $n > 1$ 而特定的。因为存在许多局部性的最小值，因此，数字最优化方法对寻找使残差平方和达到最小的参数值有困难。为了回避这个问题，存在若干种用来估计参数值的方法。就我们的目的而言，这些方法并不需要详细阐述，但探讨 White（1989）所倡导的"递归学习"法却很有意义。假定我们用数据集的前 $t$ 个观测值寻找参数的非线性最小二乘估计。令 $\hat{\theta}_t$ 表示用这 $t$ 个观测值的已估参数向量，$\hat{y}_{t+1}$ 表示 $y_{t+1}$ 的预期值，$\hat{\theta}_t$ 作为差分方程

$$\hat{\theta}_{t+1} = \hat{\theta}_t + \eta_t(y_{t+1} - \hat{y}_{t+1})$$

的初始条件。式中，$\eta_t$ 一般取式（7-22）关于以已估 $\theta_t$ 的点估计值为参数的偏导数向量的倍数，直到所有参数估计值收敛，才能得到 $\hat{\theta}_{t+1}$ 的连续值。

我们可以沿着 White（1989）的思路，解释 ANN 模仿混沌的原理。如果一个序列 $\{y_t\}$ 是由确定性差分方程生成的，使得这个序列不发散，或不收敛于常数，或不趋向一个往复循环，则称这个序列是混沌的。因此，即使序列是完全确定的，它也可以表现为游走的形式。特别地，令 $y_1 = y_2 = 0.5$，并根据方程

$$y_t = 1 - 1.4 y_{t-1}^2 + 0.3 y_{t-2}$$

生成了序列 $\{y_t\}$ 的另外 98 个值。序列的实际值和拟合值如图 7-9 所示。虽然刚好用了两个接点估计序列，但 ANN 的拟合相当理想。这个例子说明在函数形式完全未知的情况下，ANN 可以捕获高度非线性的过程。

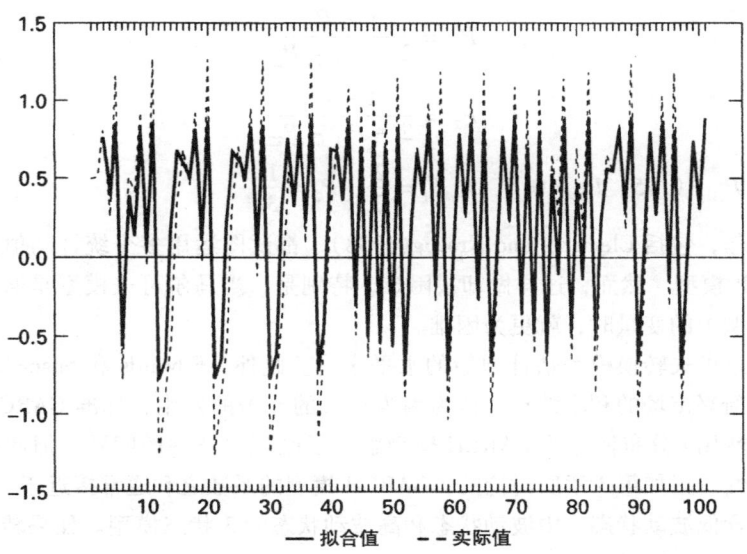

图 7-9 混沌的 ANN 拟合

### 7.8.2 马尔可夫转换模型

基本的门限模型认为状态转换依赖于可观测变量的大小。如果 $y_{t-d}$ 超过了某个门限值，则系统处于状态 1，否则，系统处于状态 2。虽然在 STAR 模型和 ANN 模型中，状态转换更具渐进性，但调整过程依赖于系统的现在状态。相反，由 Hamilton(1989) 扩展的马尔可夫(Markov) 转换模型假定状态转换是外生的。举一个简单例子，假设存在两个状态(或者全部的许多状态)，$y_t$ 的自回归过程是状态依赖的。特别地，假定

$$y_t = \alpha_{10} + \alpha_1 y_{t-1} + \varepsilon_{1t} \quad \text{当系统处于状态 1}$$
$$y_t = \alpha_{20} + \alpha_2 y_{t-1} + \varepsilon_{2t} \quad \text{当系统处于状态 2}$$

在这一点上，模型看起来非常类似式(7-15)的 TAR 模型，在 TAR 模型中，回归系数在状态 1 为 $\alpha_1$，在状态 2 为 $\alpha_2$。然而，与 TAR 模型截然不同的是，它存在一个固定的状态转换概率。若用 $P_{11}$ 表示系统处于状态 1 的概率，则 $(1-P_{11})$ 就表示系统从状态 1 转换到状态 2 的概率。类似地，若 $P_{22}$ 表示系统处于状态 2 的概率，则 $(1-P_{22})$ 就表示系统从状态 2 转换到状态 1 的概率。因此，转换过程实际上是 1 阶马尔可夫过程。在此，不必解释状态发生变化的原因，也不必解释这种变化的时间路径。马尔可夫转换模型有几个重要的特性。

(1) 因为转换概率($P_{11}$ 和 $P_{22}$)未知，所以，这两个概率值需要与两个自回归过程的系数一起进行估计。正如在 TAR 模型中，如果一个状态极少出现，则该状态的系数的估计将会不准确。

(2) 总体的持续程度依赖于自回归系数和转换概率。例如，如果 $\alpha_1 > \alpha_2$，并且 $P_{11}$ 较大，则过程趋于处于具有较大的自回归持续性的状态，然而，如果 $P_{22}$ 很小，则系统存在从状态 2 转换到状态 1 的倾向。

(3) 概率 $P_{11}$、$(1-P_{11})$、$P_{22}$ 和 $(1-P_{22})$ 都是条件概率。例如，如果系统在状态 2，则 $(1-P_{22})$ 是系统转换到状态 1 的条件概率。计算系统在状态 1($P_1$) 和在状态 2($P_2$) 的无条件概率也是有意义的。本章末的习题 3 要求读者证明

$$P_1 = \frac{1 - P_{22}}{2 - P_{11} - P_{22}}$$

$$P_2 = \frac{1 - P_{11}}{2 - P_{11} - P_{22}}$$

因此，如果 $P_{11}=0.75$，$P_{22}=0.5$，则 $P_1 = \frac{2}{3}$，$P_2 = \frac{1}{3}$。

（4）许多著作，包括 Clements and Krolzig(1988)，都试图运用多个统计均值来区分马尔可夫转换模型和 STAR 模型。然而，这样做却很困难，特别是，当马尔可夫模型是通过修改的允许转换概率依赖于模型中的变量时，就更为困难。

通常，用马尔可夫转换模型估计原始的水平序列。此外，Edwards 和 Susmel(2000)应用状态转换模型研究了新兴市场的利率波动，认为因为较大的冲击的发生，标准 GARCH 模型对新兴市场并不适用。虽然用 $t$ 分布估计的 GARCH 模型解决了肥尾收益率的问题，但此类模型将会预测过多的波动持久性。正如第 3 章所讨论的，GARCH 模型的系数之和通常接近于 1。作为另一种选择，考察一个包含低波动状态、中波动状态和高波动状态的 3 状态模型。如果转换出高波动状态的概率较大的话，则高波动不会非常稳固持久。

Edwards 和 Susmel 使用阿根廷、巴西、智利和墨西哥利率的周利率数据，开始对均值模型用 AR(1) 模型进行估计，对方差用 GARCH(1,1) 模型进行估计。在这里，考察巴西的情况（括号内的值为标准差）。运用 1994 年 4 月 18 日开始到 1999 年 4 月 16 日为止的观测数据，对巴西的方程估计结果为

$$\Delta r_t = -0.0133 - 0.217 \Delta r_{t-1} + \varepsilon_t$$
$$\quad\quad\quad (0.04) \quad\quad (0.10)$$

$$h_t = 0.058 + 1.321 \varepsilon_{t-1}^2 + 0.395 h_{t-1}$$
$$\quad (0.03) \quad (0.25) \quad\quad (0.05)$$

式中，$r_t$ 为巴西的短期利率；$h_t$ 为条件方差；因为 $r_t$ 是一个单位根过程，所以，均值模型是 1 阶差分形式。

尽管系数在 5% 的水平下是显著的，但模型存在干扰特性。注意，方程中 $h_t$ 的系数之和大于 1，因此，模型表明波动是发散的。作为备选方法，Edwards 和 Susmel 又考察了波动转换 ARCH（SWARCH）模型。这个模型的基本表达式是

$$\frac{h_t}{\gamma_s} = \alpha_0 + \sum_{i=1}^{q} \alpha_i \left( \frac{\varepsilon_{t-i}^2}{\gamma_s} \right)$$

式中，$s=1$、2 或 3 分别代表当前的状态（即，低、中或高）。注意，$\gamma_s$ 的 1 个值一定等于 1。此外，当 $\gamma_1=1$，其他 $\gamma_s$ 的值是状态 $s$ 相对于状态 1 的条件方差比。巴西的 SWARCH 模型的估计结果为

$$\Delta r_t = -0.087 + 0.016 \Delta r_{t-1} + \varepsilon_t$$
$$\quad\quad\quad (0.03) \quad\quad (0.05)$$

$$\frac{h_t}{\gamma_s} = 0.131 + 0.068 \varepsilon_{t-1}^2/\gamma_s$$
$$\quad\quad (0.03) \quad\quad (0.10)$$

和

$$\gamma_1 = 1, \quad \gamma_2 = 4.815, \quad \gamma_3 = 128.51$$

明显地，高波动状态的波动性是低波动状态的 128 倍。然而，从高波动状态转换到其他状态的概率较大，因此，处于高波动状态是短暂的。

## 7.9 平滑转换自回归(STAR)模型的估计

这一节将阐述一些在状态转换模型的估计中使用的技巧,我们的目的是演示一些可以运用于实践工作的观点。

### 7.9.1 LSTAR 模型

为了阐述 LSTAR 模型的估计过程,我们依据式(7-23)

$$y_t = 1 + 0.9y_{t-1} + \frac{-3 - 1.7y_{t-1}}{1 + \exp(-10(y_{t-1} - 5))} + \varepsilon_t \tag{7-23}$$

生成了序列的 250 个观测值。如果将式(7-23)和式(7-20)进行比较,就会发现平滑参数 $\gamma = 10$,并且 $\theta = \frac{1}{1 + \exp(-10(y_{t-1} - 5))}$,当 $y_{t-1} \to -\infty$ 时,$y_t$ 表现为 $y_t = 1 - 0.9y_{t-1} + \varepsilon_t$。当 $y_{t-1} \to +\infty$ 时,$y_t$ 表现为 $y_t = -2 - 0.8y_{t-1} + \varepsilon_t$。请注意,在接近 $y_{t-1} = 0$ 时,$\theta$ 的值也近似等于零。250 个观测值如图 7-10 所示,这些数据包含在文件 LSTAR.XLS 中。模拟序列的样本均值为 0.62,标准离差为 3.43,前 6 个自相关系数为

| $\rho_1$ | $\rho_2$ | $\rho_3$ | $\rho_4$ | $\rho_5$ | $\rho_6$ |
|---|---|---|---|---|---|
| 0.552 | 0.270 | 0.067 | -0.039 | -0.136 | -0.161 |

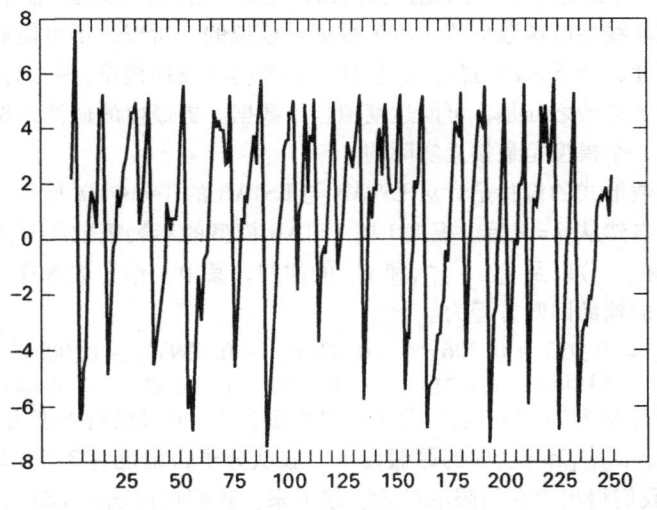

图 7-10 模拟的 LSTAR 过程

前几个自相关系数似乎呈现几何衰减,并且,它的滞后 5 和 6 的相伴概率值接近 5% $\left(\frac{2}{250^{\frac{1}{2}}} = 0.1265\right)$。如果我们不知道实际的数据生成过程,就有可能试图将序列作为一个线性的 AR(1) 过程进行估计。实际上,估计的线性模型的确看似非常合理,考察

$$y_t = \underset{(1.50)}{0.278} + \underset{(10.42)}{0.552} y_{t-1} + e_t \tag{7-24}$$

并且,
$$\text{AIC} = 1\,901.19, \quad \text{SBC} = 1\,908.22.$$

残差的自相关系数显示残差中不存在线性关系。残差的前12个自相关系数为

| $\rho_1$ | $\rho_2$ | $\rho_3$ | $\rho_4$ | $\rho_5$ | $\rho_6$ | $\rho_7$ | $\rho_8$ | $\rho_9$ | $\rho_{10}$ | $\rho_{11}$ | $\rho_{12}$ |
|---|---|---|---|---|---|---|---|---|---|---|---|
| 0.03 | 0.01 | −0.06 | −0.02 | −0.1 | −0.04 | −0.11 | −0.09 | −0.07 | −0.00 | −0.05 | −0.06 |

Ljung-Box 的 $Q$ 统计量显示滞后项为 4、8 和 12 的相伴概率值分别为 0.900、0.347 和 0.471。因为在通常的显著水平下，残差的自相关系数不显著，所以，我们可能会得出真实的数据生成过程是一个 AR(1) 的结论。但是，一组非线性诊断检验的结果揭示了不同的结论。首先，注意残差平方值的相关系数同样得出线性模型是充分的。残差平方值的自相关系数为

| $\rho_1$ | $\rho_2$ | $\rho_3$ | $\rho_4$ | $\rho_5$ | $\rho_6$ | $\rho_7$ | $\rho_8$ | $\rho_9$ | $\rho_{10}$ | $\rho_{11}$ | $\rho_{12}$ |
|---|---|---|---|---|---|---|---|---|---|---|---|
| 0.03 | −0.04 | −0.07 | −0.10 | −0.09 | −0.10 | −0.08 | −0.07 | 0.14 | 0.00 | −0.02 | −0.05 |

与之相比，RESET 检验显示存在非线性关系。令 $e_t$ 和 $\hat{y}_t$ 分别为从线性模型中得到的残差和拟合值。假设最佳的拟合模型是 AR(1)，如果我们使用式(7-24)中的残差，则得到

$$e_t = \underset{(4.24)}{0.932} + \underset{(9.04)}{0.710 y_{t-1}} + \underset{(0.64)}{0.058\, \hat{y}_t^2} - \underset{(-9.39)}{0.157\, \hat{y}_t^3} - \underset{(-4.84)}{0.058\, \hat{y}_t^4}$$

请注意，大多数的系数在统计意义上是显著的。但是，因为回归变量的多重共线性很严重，所以，我们不应该只依赖 $t$ 统计量。例如，$\hat{y}_t^2$ 的那些较大值与 $\hat{y}_t^4$ 的较大值是相关的。问题是，是否 $\hat{y}_t$ 的值作为一组值有解释能力。原假设 $\alpha_1 = \alpha_2 = \alpha_3 = 0$ 的 $F$ 统计量等于 95.60。因为在分子中有 3 个自由度(我们施加了 3 个约束条件)，而在分母中有 244 个自由度(250 个观测值减去 5 个估计系数，还有一个观测值由于存在 $y_{t-1}$ 而损失掉了)，所以，我们可以在任何通常的显著水平下(1% 的临界值为 3.86)拒绝原假设。因此，我们得出结论，序列的形式存在某种非线性特点。

更困难的是确定非线性的函数形式，因为数据是模拟的，所以，不可能利用经济理论提出非线性可能的形式。因此，接下来的方法是，估计一系列的非线性模型，并选择拟合优度最佳的模型。不过，这一步骤的危险之处是，可能过度拟合了数据。更谨慎的做法是构建一系列的拉格朗日乘数检验来判断哪一个模型是最接近实际的。

可以用于选择函数形式的检验是针对 LSTAR 与 ESTAR 的 Teräsvirta 检验，假设我们不知道延迟参数 $d$ 的值，则很自然从 $d = 1$ 始。根据 1 阶 LSTAR 模型的泰勒级数展开式，我们做残差关于回归变量(即常数项和 $y_{t-1}$)以及 $y_{t-1}$、$y_{t-1}^2$ 和 $y_{t-1}^3$ 的回归，其中，作为被解释变量的残差是从线性模型得到的。估计出的辅助回归方程为

$$e_t = \underset{(4.35)}{0.933} + \underset{(9.21)}{0.706 y_{t-1}} - \underset{(-0.987)}{0.027 y_{t-1}^2} - \underset{(-11.52)}{0.039 y_{t-1}^3} - \underset{(-4.84)}{0.003 y_{t-1}^4}$$

整个方程的 $F$ 统计量为 71.70，它的分子的自由度为 4，分母的自由度为 244。回归值是十分显著的。在不存在 $y_{t-1}^2$、$y_{t-1}^3$ 和 $y_{t-1}^4$ 项的原假设下，服从分子自由度为 3，分母自由度为 244 的 $F$ 统计量值为 95.60，我们得出存在门限的结论。接下来，我们可以确定 LSTAR 模型最合理，还是 ESTAR 模型最合理。根据已估计 $y_{t-1}^4$ 的系数的 $t$ 统计量，就不能在实际方程中排除这一项。因此，我们可以排除 ESTAR 模型，而选择 LSTAR 模型。滞后期有可能为 2，即使 $y_{t-2}$ 没有在模型中直接出现。为了决定 $y_{t-1}$ 或 $y_{t-2}$ 是否为最恰当的门限变量，用 $d = 2$，我们可以估计出辅助回归方程

$$e_t = 0.738 + 0.047 y_{t-1} - 0.158 y_{t-1} y_{t-2} - 0.005 y_{t-1} y_{t-2}^2 + 0.003 y_{t-1} y_{t-2}^3$$

这一回归方程的 $F$ 统计量为 5.73。因为相较于 $d = 2$，$d = 1$ 能得到一个更好的拟合，所以，可以认为 $y_{t-1}$ 是最恰当的门限变量。因此，根据非线性模型

$$y_t = \alpha_0 + \alpha_1 y_{t-1} + \frac{(\beta_0 + \beta_1 y_{t-1})}{(1 + \exp(-\gamma(y_{t-1} - c)))} + \varepsilon_t$$

进行估计是合理的。

因为系数是乘积形式,所以,不能使用普通最小二乘法(OLS)以获得系数的最小二乘估计量。取而代之的是,可以用标准的非线性最小二乘法(NLLS)获得参数的估计值。考虑 NLLS 估计出的模型

$$y_t = \underset{(14.43)}{0.941} + \underset{(45.15)}{0.923 y_{t-1}} + (\underset{(-2.07)}{-5.86} - \underset{(-2.45)}{1.18 y_{t-1}})/(1 + \exp(-\underset{(6.77)}{11.21}(y_{t-1} - \underset{(312.33)}{5.01}))) + \varepsilon_t$$

$$\text{AIC} = 1\,365.22 \quad \text{SBC} = 1\,386.33 \tag{7-25}$$

除了系数 $\beta_0$ 外,所有参数的点估计都非常接近于它们的真实值。并且,AIC 和 SBC 都显示 LSTAR 模型要优于其他线性模型。请注意,对 $t$ 统计量必须十分谨慎,因为存在多个方面原因。首先,非线性最小二乘估计没有限定估计参数服从正态分布。其次,估计都是使用数值方法构建的。最后,系数的方程是非线性的,它们的大小是相互影响的。估计出的模型考虑到了这些告诫,并捕获了式(7-23)的本质特征。

在许多情况下,用数值方法估计 STAR 模型的参数的同时,找寻 $\gamma$ 和 $c$ 是困难的。正确的初始猜测对数值方法的应用是非常重要的。如果存在问题,Haggan 和 Ozaki(1981)的一种常见的修正方法是,运用搜寻法估计 $\gamma$ 的值。把 $\gamma$ 的值固定在最小的可能值,用 NLLS 估计所有剩下的参数。逐渐增加 $\gamma$ 的值,再估计模型。一直进行这个过程,直到获得 $\gamma$ 的合理值为止。用 $\gamma$ 的值获得最优的拟合。注意,如果 $\gamma$ 很大,则在 $y_{t-d}=c$ 附近的转换是剧烈的。所以,实际上,LSTAR 模型像 TAR 模型。如果 $\gamma$ 的值很大,并且收敛到一个解是个问题,那么,估计 TAR 模型就要比估计 LSTAR 模型更容易。Teräsvirta(1994)注意到重新调节 $\theta$ 表达式,可以有助于找出数值解决方法。他发现,在 LSTAR 模型中,用 $\exp[-\gamma(y_{t-d}-c)]$ 除以 $\{y_t\}$ 序列的标准差进行标准化是有用的。而 ESTAR 模型,用 $\exp[-\gamma(y_{t-d}-c)^2]$ 除以 $\{y_t\}$ 序列的方差进行标准化。按照这种方法,门限值 $c$ 以标准化后的标准差作为单位进行度量,所以,可以容易地给出初始猜测(比如,$c=1$ 个标准差)的一个合理值。本章末的习题 5 给出了一个例子。本书的编程手册第 3 章对该问题进行了广泛讨论。

## 7.9.2 真实汇率的 ESTAR 过程估计

正如前面所示的那样,Michael,Nobay 和 Peel(1997)提出交易费用会使得真实汇率的表现如同 ESTAR 过程。对我们而言,汇率序列为 1791 年至 1992 年期间的英镑兑美元的真实汇率的年度观测值。第一个问题是决定汇率是否平稳,毕竟,如果汇率是单位根过程,则 PPP 理论不成立。因此,他们使用了 ADF 检验判断序列是否含有单位根。由于年度数据的使用,导致滞后期很短。如果我们忽略截距项,则汇率的估计方程为

$$\Delta y_t = \underset{(-3.62)}{-0.12 y_{t-1}} + \underset{(1.75)}{0.12 \Delta y_{t-1}} + \varepsilon_t \tag{7-26}$$

$t$ 统计量为 -3.62,它的绝对值超过了 Dickey-Fuller 表中列出的临界值,这样,就可以拒绝真实汇率中存在单位根的原假设。点估计值为 -0.12 的这个结果清楚地显示,真实汇率的调整过程的速度是缓慢的。预计当期相对于 PPP 的差异的大约 88% 要持续到下一年。然而,这一线性模型使得调整的速度是一个常量。(一些关于单位根的问题和非线性特征将在 7.11 节详细讨论。)

在给出序列平稳的情况下,接下来的一个问题就是,判断是否通过 Teräsvirta 的四步法得出真实汇率是以 ESTAR 过程调整的。考虑到滞后项的长度,看起来最能够接受的参数滞后值 $d$ 为 1。

然而，作者遵照标准的步骤选择了可以最优拟合辅助方程的 d 的值。正如所假设的，d = 1 要比 d = 2 和 d = 3 等其他备选值能够更好地拟合数据。辅助回归方程与式(7-21)有同样的形式。在英镑兑美元的汇率的辅助回归方程中，所有的 $\alpha_{ij} = 0$ 的原假设的 F 统计量的相伴概率值为 0.076。因此，在英镑兑美元的汇率中存在非线性特征的说服力较微弱。

假设存在门限调整，紧跟着的问题就是针对 LSTAR 与 ESTAR 调整过程的检验。对于原假设为 $\alpha_{3i} = 0$ 的 F 检验的 p 值为 0.522，这样，就可以拒绝存在 LSTAR 调整的原假设。请注意，对于 LSTAR 和 ESTAR 模型而言，非线性调整的辅助回归方程都带有系数。如果是 ESTAR 调整过程，则许多系数是不必要的。因此，作者对所有的 $\alpha_{3i} = 0$ 值进行了约束，并检验剩余的系数是否都为零。这一检验的 F 统计量的相伴概率值为 0.028，因此，这个检验的有效性有所提高，结果显示真实汇率存在非线性的 ESTAR 调整过程，而不是线性的调整过程。

## 7.10　一般化的脉冲响应及其预测

这一节将描述已经估计出的两个不同门限模型，每个模型都用于强调一般方法的一个不同方面。首先，讨论 Potter(1995)提出的美国 GNP 的 TAR 模型。Potter 的研究的有趣特点是其根据 TAR 模型计算脉冲响应。其次，我们研究 Enders 和 Sandler(2005)提出的对国际恐怖主义所导致的伤亡数字的预测函数。

### 7.10.1　GNP 增长的非线性估计

Potter(1995)指出，美国 GNP 增长的非线性模型比线性模型要好得多。开始，他估计了如下的 AR(5)模型，样本数据为美国在 1947 年 1 季度至 1990 年 4 季度期间的真实国民生产总值(GNP)的季度数据的对数值。估计得到的 AR(5)模型为

$$y_t = \begin{array}{cccccc} 0.540 & + 0.330 y_{t-1} & + 0.193 y_{t-2} & - 0.105 y_{t-3} & - 0.092 y_{t-4} & - 0.024 y_{t-5} + \varepsilon_t \\ (4.42) & (4.23) & (2.35) & (-1.27) & (-1.12) & (-0.308) \end{array}$$

$$AIC^* = 8.00$$

式中，$y_t = 100 \times [\log(GNP_t) - \log(GNP_{t-1})]$。

Potter 同样估计了两状态 TAR 模型，允许在改变状态时，方差存在差异。他提出，先验检验产生一个延迟因子 2(即，d = 2)和一个为零的门限。在排除门限回归方程的不显著系数后，Potter 得出的 TAR 模型为(当 $y_{t-2} > 0$ 时)

$$y_t = \begin{array}{cccc} 0.517 & + 0.299 y_{t-1} & + 0.189 y_{t-2} & - 1.143 y_{t-5} + \varepsilon_{1t} \\ (3.21) & (3.74) & (1.77) & (-16.57) \end{array}$$

而当 $y_{t-2} \leq 0$ 时，

$$y_t = \begin{array}{cccc} -0.808 & + 0.516 y_{t-1} & - 0.946 y_{t-2} & - 0.352 y_{t-5} + \varepsilon_{2t} \\ (-1.91) & (2.79) & (-2.68) & (-1.63) \end{array}$$

AR(5)项的存在是难以解释的，因为数据已经经过了季节调整，并且没有特别的理由来支持第 5 个滞后项(而不是滞后项 3 或 4)影响了 GNP 同期值的这一假设。但是，Potter 指出，在 5% 的显著水平下，AR(3)和 AR(4)的系数是显著为零的。在紧缩状态下($y_{t-2} \leq 0$)，有 37 个观测值，而在扩张状态下($y_{t-2} > 0$)，有 133 个观测值。$\varepsilon_{1t}$ 的估计方差为 0.763，而 $\varepsilon_{2t}$ 的估计方差为 1.50。因此，在紧缩状态下的冲击程度较大，在紧缩状态中，AR(2)项的较大的负的系数值有非常深刻

的经济涵义。当 $y_{t-2}<0$ 时，因为 $-0.946$ 与 $y_{t-2}$ 的乘积(即，$-0.946y_{t-2}$)为正，所以，在紧缩状态下，产出具有强烈的反转趋势。

**递归预测** 通过组合 TAR 模型的两个部分的残差平方和，就可以构造出 AIC。TAR 模型的 AIC* 的这个值(= -4.89)与线性模型的相比，很显然，是选择 TAR 模型，而不是线性模型。为了比较样本区间外的预测效果，将进行如下的步骤。首先，从 1947 年第 1 季度至 1960 年第 1 季度的样本区间开始，估计线性模型和 TAR 模型，并得到各自的提前 1 步预测。然后，样本区间扩展一个季度，并用新的样本区间的数据，再次估计线性模型和 TAR 模型。用这两个扩展后的模型获得提前 1 步预测。重复这一过程，直到样本的末尾，从而产生两组提前 1 步预测值的序列。对于线性模型，产出增长的预测值与实际值的相关系数为 0.23，而对于 TAR 模型，相关系数为 0.35。因此，用 TAR 模型进行预测的效果要优于线性模型。

## 7.10.2 脉冲响应

在线性模型中，脉冲响应不依赖于历史，并且冲击的大小不会改变响应的时间路径。例如，在线性模型 AR(1)：$y_t = \rho y_{t-1} + \varepsilon_t$ 中，脉冲响应函数为

$$y_t = \sum_{i=0}^{\infty} \rho^i \varepsilon_{t-i}$$

因此，对 $y_t$ 的 1 个单位冲击的影响为 1，冲击对 $y_{t+1}$ 的影响预期为 $\rho$ (即 $\frac{\partial y_{t+1}}{\partial \varepsilon_t} = \frac{\partial y_t}{\partial \varepsilon_{t-1}} = \rho$)，冲击对 $y_{t+2}$ 的影响预期为 $\rho^2$，等等。而且，2 个单位的冲击的影响简单地等于 1 个单位冲击的影响的两倍，并且 1 个负的冲击影响简单地等于其正的冲击影响的相反数。但是，对非线性模型的脉冲响应函数的解释就没有这么直接，原因在于脉冲响应是依赖于历史的。一个 $\varepsilon_t$ 冲击对系统的时间路径的影响程度取决于现在的和随后的冲击大小。很明显，冲击的符号很重要。举个简单的事例，在 $\tau = 0$ 的 TAR 模型中，1 单位正的冲击的脉冲响应与一个负的冲击的脉冲响应有不同的时间路径。而且，冲击的大小也很重要，如果处在紧缩状态，一个小的正的冲击比一个大的冲击更能产生不同的时间路径，因为一个小的冲击不太可能导致状态的变化。因此，为了计算脉冲响应，有必要详细说明系统的历史和冲击的大小。而且，一个 $\varepsilon_t$ 冲击对 $y_{t+10}$ 的影响取决于发生在时期 $(t+1)$ 至 $(t+9)$ 的冲击的大小。有几种方法可以处理这一问题。Potter 考虑了冲击有 4 种不同的大小：-2%、-1%、1% 和 2%。而且，他考虑了几个不同的历史时期

- 在 1983 年第 3、第 1 季度和 1984 年第 1 季度这三个季度中，真实 GNP 的年增长率分别高达 7.1%、8.2% 和 8.2%。这样，即使 -2% 的冲击仍不能使 GNP 脱离正的状态。因此，这种响应非常类似于从一个线性模型中获得的响应。因为没有状态转换，因此，1% 和 2% 的冲击彼此间呈倍数关系。对这一特殊历史的 4 个脉冲响应如图 7-11a 所示。
- 1970 年第 2 季度的情况有很大不同，因为经济经历了一个轻微的低迷时期。对于 1969 年第 4 季度、1970 年第 1、2 季度，用年增长率衡量的 GNP 增长率分别为 -1.9%、-0.46% 和 0.91%。因此，在负增长时期，正的冲击促使 GNP 的增长率经过了零的门限。图 7-11b 展示了不对称的响应。假设在紧缩状态下，有个 AR(2) 的系数接近于 -1.0。负的冲击没有正的冲击那样持久稳定。因此，我们可以看到，从 1970 年第 3 季度开始的 GNP 增长的预测有个相当快的反转，同时，也请注意，-1% 和 -2% 的冲击产生的影响彼此之间不成比例。

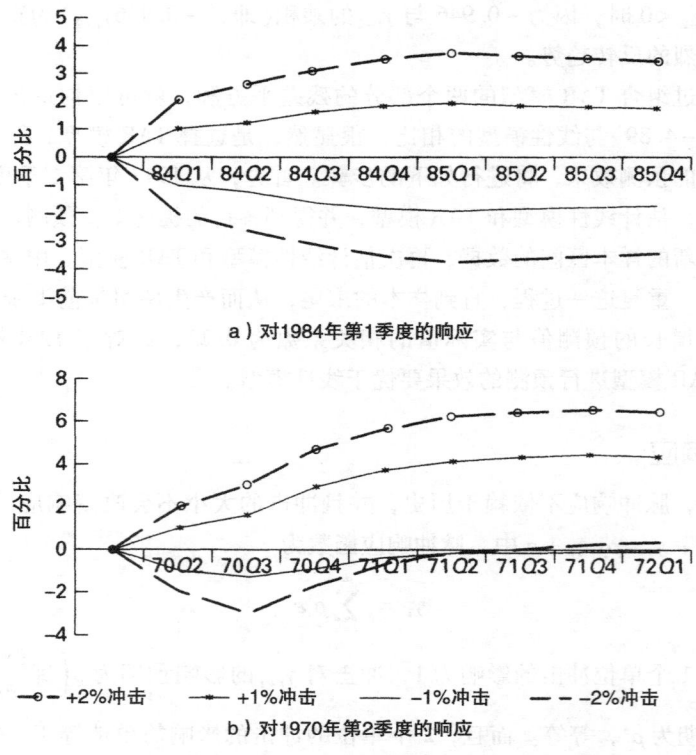

a) 对1984年第1季度的响应

b) 对1970年第2季度的响应

──○── +2%冲击　──*── +1%冲击　──── −1%冲击　── ── −2%冲击

图 7-11　基于两个历史的脉冲响应

请注意，在假设随后的冲击全为零的情况下，这些脉冲响应函数描绘出了不同大小的 $\varepsilon_t$ 产生的影响（$t=1984$ 年第 1 季度和 1970 年第 2 季度）。使用以下讨论的方法，有可能概括出涉及任何确定性冲击的影响的脉冲响应函数。主要的是非线性模型的脉冲依赖于标志、振动的大小、初始状态和系统的历史。因为之后的振动不为零，追踪一次振动的影响很困难。为了回顾这一问题，Koop，Pesaran 和 Potter（1996）提出了广义脉冲函数。思考简单的 TAR 模型 $y_t = I_t 0.9 y_{t-1} + (1-I_t) 0.1 y_{t-1} + \varepsilon_t$，其中 $\tau \geqslant 0$ 时 $I_t = 1$，其余情况为 0。为追踪 1 单位冲击对 $\varepsilon_t$ 的影响，假设初始值为 $y_0 = 0$。如表 7-2 第 2、3 列所示，第一个值为 $y_1 = 1$，因为没有任何更迭，随后的值在 $y_t = 0.9 y_{t-1}$ 时衰退。然而，这个时间路径是错误的。因为它忽略了状态切换的可能性。

表 7-2 的第 4、5 列表明了模型残差的结果。令 $\varepsilon_1 = 1$，若 $\varepsilon_2 = -1$，$\varepsilon_3 = 0$，$\varepsilon_4 = 1$，第 5 列说明了 $y_t$ 的结果：$y_2 = -0.100$，$y_3 = -0.010$，$y_4 = 0.999$。从表中可以看出，$\varepsilon_2$、$\varepsilon_3$、$\varepsilon_4$ 意味着因为状态切换，衰退并不是几何的。

表 7-2　脉冲响应

| 时间 | $\varepsilon_t$ | $y_t$ | $\varepsilon_t$ | $y_t$ | $\varepsilon_t$ | $y_t^a$ | $d_t = y_t - y_t^a$ |
| --- | --- | --- | --- | --- | --- | --- | --- |
| 0 |  | 0.000 |  | 0.000 |  | 0.000 |  |
| 1 | 1 | 1.000 | 1 | 1.000 | 0 | 0.000 | 1.000 |
| 2 | 0 | 0.900 | −1 | −0.100 | −1 | −1.000 | 0.090 |
| 3 | 0 | 0.810 | 0 | −0.010 | 0 | −0.010 | 0.000 |
| 4 | 0 | 0.729 | 1 | 0.999 | 1 | 0.990 | 0.009 |

如第 6 列所示，假设 $\varepsilon_1 = 0$ 但 $\varepsilon_2$、$\varepsilon_3$、$\varepsilon_4$ 不变，可得到 $y_t$ 临界值，命名为 $y_t^a$，则 $y_1^a = 0.00$，$y_2^a = -1.000$，$y_3^a = -0.010$，$y_4^a = -0.990$。这两个数列的区别，$d_t$ 在表格的最后一列。这个区别反映了 1 单位振动对 $y_t$ 序列造成的影响。

当然，$d_t$ 的不同取值使 $\varepsilon_2$、$\varepsilon_3$、$\varepsilon_4$ 不同。然而，重复蒙特卡洛复制的过程还是有可能的。$d_t$ 序列的样本均值产生了一个特殊时间和特定振动大小的广义脉冲函数。图 7-12 中的实线展示了 2 000 个 $\{\varepsilon_t\}$ 从变量单位化的正态分布中取值反映的平均脉冲响应。虚线展示了 $y_t = y_{t-1}$ 导致的几何衰退。我们可以清楚地看到，脉冲响应的衰退比 $y_t = 0.9 y_{t-1}$ 导致的虚线更迅速。这是因为广义脉冲响应遵循状态变换。

为替代给定振动大小和特定时间的条件，Koop，Pesaran 和 Potter(1996)方法遵循所有大小振动和时间的均值。例如，图 7-12b 中采用 $\varepsilon_1 = 4$ 取代 $\varepsilon_1 = 1$。注意，脉冲响应函数十分接近几何衰退。这是因为 $\varepsilon_1$ 的最大初始值减小了转换为负状态的可能性。尽管没有表现出来，你也应当进行一个小检测，并考虑当振动变为 -1 和 -4 时图 7-12a 和 b 如何表现。答案显而易见，序列将从负的状态开始。它们都衰退得很快，但并不如 $y_t = 0.1 y_{t-1}$ 时快，因为振动将序列转化为负。根据不同时间划分响应也是可以的。通常的方法是将所有时期的响应取均值，这就得到了典型的振动的响应。

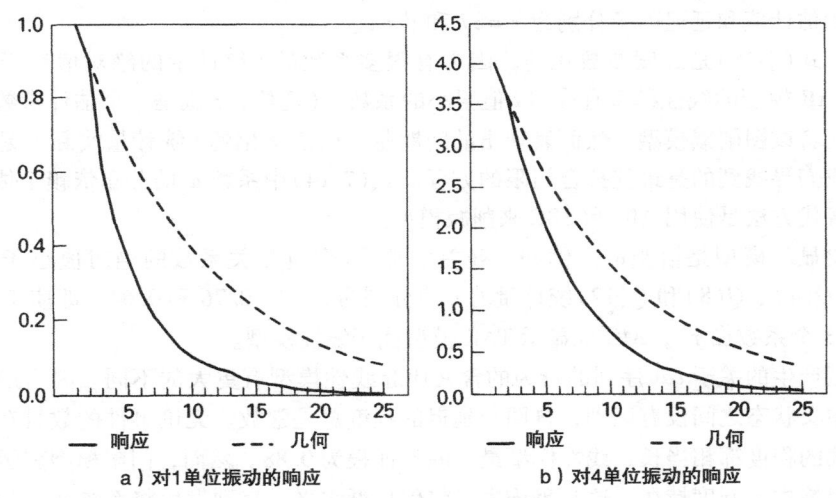

a) 对1单位振动的响应　　b) 对4单位振动的响应

图 7-12　TAR 模型的脉冲响应

### 7.10.3　有伤亡的恐怖事件

捕获恐怖活动特征的一种现实方法就是使用一个两状态 *TAR* 模型，在相对平静的状态中，恐怖分子可以补充和积聚资源，招募新成员，筹集资金并策划未来的袭击。恐怖活动会保持在一个较低的水平上，直到发生一件足以将系统转换到恐怖主义活跃的状态中的事件。因为每次恐怖袭击要利用稀缺资源，所以，当一个冲击提升了恐怖活动的水平之后，预计恐怖主义活跃状态并不能呈现高度的持续性。另一方面，对于冲击，恐怖活动较少的平静状态表现出较高的持续性。为了度量跨越两种状态的不同的持续性，Enders 和 Sandler(2002)获得了关于包括从 1968 年第 1 季度至 2000 年第 4 季度的一人或多人伤亡事件的数量的季度数据，可以在文件 TERROR_TYPES.XLS 中获得相应数据。我们首先运用线性 AR(3) 自回归过程估计了有伤亡的事件数量（*cas*），得到估计方程为

$$cas_t = \underset{(2.83)}{5.91} + \underset{(2.98)}{0.261 cas_{t-1}} + \underset{(3.59)}{0.310 cas_{t-2}} + \underset{(2.40)}{0.209 cas_{t-3}} + \varepsilon_t \tag{7-27}$$

$$AIC = 1\,205.72$$

式中，$cas$ 表示有伤亡的事件数。

模型表现合理，因为它满足标准的诊断检验，在通常的显著水平下，所有的 $t$ 统计量都是显著的不为零，并且自回归系数的点估计具有平稳性。在 5% 的显著水平下，DF 检验的结果允许我们拒绝存在单位根的原假设。而且，Ljung-Box 的 $Q$ 统计量显示残差序列不相关，例如，滞后 4 期、8 期和 12 期的 $Q$ 统计量的相伴概率分别为 0.98、0.52 和 0.72。

相关系数只是线性关系的度量标准，它并不能识别数据中的非线性关系。如果你用 $H=3$ 执行 RESET，你会发现检验的 $p$ 值为 0.049。然而，当滞后期为 3，$\tau=37$ 和 $d=1$ 时，Hansen 的门限测试量的 $p$ 值为 0.011。式(7-14)形式最接近的 TAR 模型为：

$$cas_t = (\underset{(-0.35)}{-5.38} + \underset{(2.25)}{0.715 cas_{t-1}} + \underset{(1.04)}{0.2046 cas_{t-2}} - \underset{(-0.54)}{0.094 cas_{t-3}})I_t +$$

$$(\underset{(0.64)}{1.46} + \underset{(4.18)}{0.534 cas_{t-1}} + \underset{(2.76)}{0.258 cas_{t-2}} + \underset{(2.55)}{0.239 cas_{t-3}})(1 - I_t) + \varepsilon_t \tag{7-28}$$

式中，门限的估计值和延迟因子分别为 $\tau=37$ 和 $d=1$。

很明显，式(7-28)是过度参数化的，因为有很多系数的 $t$ 统计量的绝对值小于 1.96。尽管 AIC 选择和 TAR 模型的线性模型有许多 $t$ 值很小的系数。(记住，$\tau$ 也是一个估计参数。)在这一点上，许多研究者试图削减模型。然而表现出的问题是，已表格化的 $t$ 统计量实际上是真实分布的近似值，而我们寻找到的是最佳拟合门限的方程。式(7-14)中系数 $a_{ij}$ 的分布依赖于估计门限的准确度。一种替代方法是使用 AIC 和 SBC 来削减模型。

诊断检验显示模型是恰当的。例如，残差的前 12 个自相关系数的绝对值小于 0.14，并且 Ljung-Box 的 $Q(4)$、$Q(8)$ 和 $Q(12)$ 统计量的 $p$ 值分别为 0.98、0.76 和 0.64。即使 TAR 模型包含 9 个参数(即 8 个系数加 $\tau$)，AIC 也显示 TAR 模型优于线性模型。

门限模型产生的关于 $cas_t$ 序列的行为的含义比起线性模型有更大的不同。因为线性特殊性使得高低恐怖主义状态之间没有区别，自回归延迟的程度总是常数。无论事件的数目在均值之上还是之下，持续的程度都相当长，线性模型最大的特征根为 0.88。然而，门限模型表示高恐怖主义制度不如低恐怖主义制度持久。这与恐怖主义将保持低水平，直到发生将系统转变为高恐怖主义制度的事件的预设相同。

也许理解系统这一特征的更好方法是考虑预测函数。正如 Koop，Pesaran 和 Potter(1996)所分析的那样，从一个非线性模型得到的预测值和脉冲响应都依赖于它的状态。按照式(7-28)来讲，当 $y_{t-2}>37$ 时的一个正的冲击的持续性要比当 $y_{t-2}$ 的值远低于门限时的相同大小的冲击的持续性要弱。因此，我们感兴趣的是比较两个状态下的长期和短期预测(而不是概括出脉冲响应函数)，我们使用了 Koop，Pesaran 和 Potter 方法的一个修订。

对于含有 3 个滞后项的模型，我们为 $y_t$、$y_{t-1}$ 和 $y_{t-2}$ 选择了一个特殊的历史时期。例如，在 1985 年最后三个季度里，恐怖主义处于活跃状态，伤亡事件数目分别为 33、50 和 40 件。因此，为了根据 1985 年第 4 季度的观测值预测后来的事件数目。我们令 $y_{t-2} = y_{1985Q2} = 33$，$y_{t-1} = y_{1985Q3} = 50$ 和 $y_t = y_{1985Q4} = 40$。然后，我们从式(7-28)的残差中随机选取 25 个观测值。因为残差项可能不服从正态分布，所以，使用标准的自助法选择残差。特别地，在获取残差时，使用同一分布替代，这些残差分别为 $\varepsilon_{t+1}^*$，$\varepsilon_{t+2}^*$，…，$\varepsilon_{t+25}^*$。然后，我们通过将这些自助得到的残差代入式(7-26)，并恰当地设定代表活跃状态或低迷状态的恐怖主义状态的 $I_t$ 值，从而构造 $y^*_{t+1}$ 至 $y^*_{t+25}$。从本质上讲，$y^*_{t+1}$ 是 $cas_t$ 在 1986 年第 1 季度的一个可能观测值，$y^*_{t+2}$ 是 $cas_t$ 在 1986 年第 2 季度的一个可能观测值，等等。对于这一特殊的历史，我们将这一过程重复 1 000 次。在非常弱的条件下，大数定理保证了 $y^*_{t+1}$ 的 1 000 个值的样本均值收敛于用 $E_t y_{t+1}$ 表示的 $y_{t+1}$ 的条件均值。类似地，大数定理也保证了各个 $y^*_{t+i}(k)$ 的样本均值，$y^*_{t+i}(k)$ 是描绘 $k$ 的结果，收敛于真实条件的提前 $i$ 步预测，即

$$\lim_{N\to\infty}\left[\frac{\sum_{k=1}^{N} y^*_{t+i}(k)}{N}\right] = E_t y_{t+i}$$

基本要点在于，根据 1985 年第 4 季度的观测值，$y^*_{t+1}$ 至 $y^*_{t+25}$ 的样本均值产生的 $cas_t$ 序列的提前 1 步至提前 25 步条件预测。直观地，因为伤亡事件的数目超过了门限，$cas_t$ 的值应该很快从 40 向 31.1 这个引人注目的值（即长期均衡值）下降。然而，长期预测不需要等于引人注目的值，它可以通过观察如图 7-13a 所示的条件预测（实线所示）得到。虽然 $cas_t$ 事件的预测值向 31.1 下降，但有两个原因可以说明长期预测值会继续下降。因为在门限下的事件（平均来说）比在门限上的事

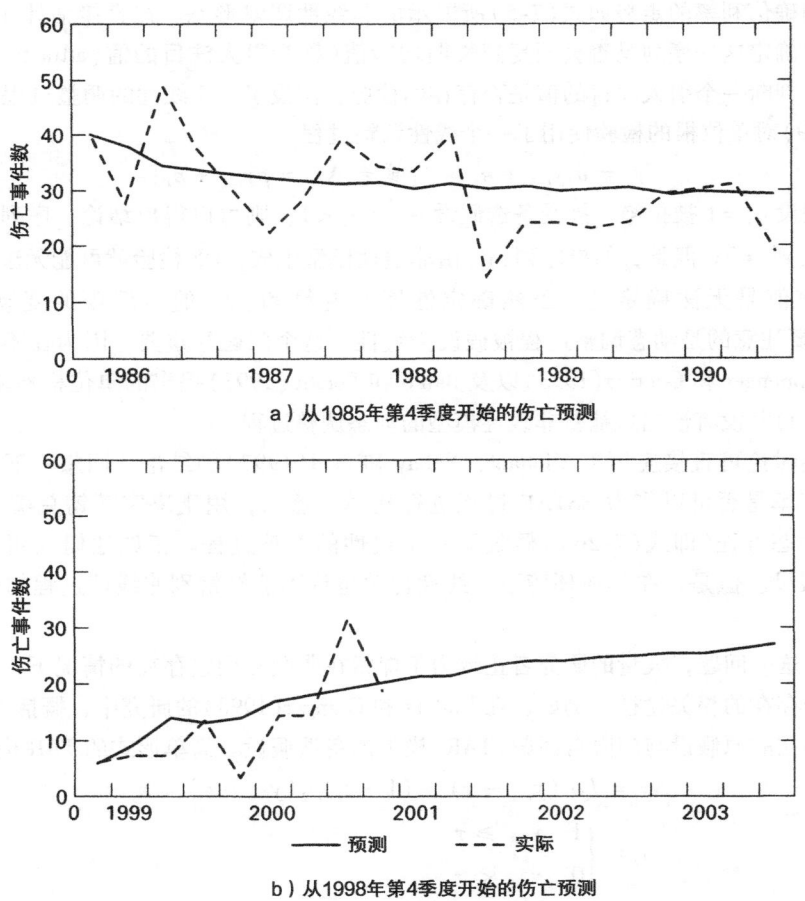

a）从1985年第4季度开始的伤亡预测

b）从1998年第4季度开始的伤亡预测

图 7-13 伤亡事件的非线性预测

件更具有持久性，所以，系统的均值小于引人注目的值。而且，预期涉及了一个向低迷的恐怖主义状态转换的可能性。正如图 7-13a 所示，长期预期值为每季度 28.5 起伤亡事件。当事件的数目很大时，会出现朝向门限迅速地减少的现象，因为恐怖组织不能持续在活跃的水平上使用稀缺资源发动袭击。预测值与实际的伤亡事件数(图中虚线所示)进行比较是有益的，在预测不是依次的提前 1 步预测的情况下，最靠近的拟合是显著的。图中描绘了从 1985 年第 4 季度的值开始的提前 1 步到提前 25 步预测。

相反，在 1998 年最后三个季度的恐怖事件数却很少，$y_{1988Q2}=5$、$y_{1988Q3}=15$ 和 $y_{1988Q4}=6$。正如图 7-13b 所示，在低迷的恐怖主义状态下，朝向引人注目的值 21.9，的反速度很慢。事实上，在以 1998 年第 4 季度为基期的条件下，预测值一直低于 21.9，直到 2001 年的第三个季度。预测值似乎能合理地追踪实际事件数，这些实际事件数是从事件发生直到数据的末尾，预测值最终收敛于图 7-13a 中的数值。无论如何，长期预测相对接近于活跃的恐怖主义状态下的引人注目的值(31.1)。

## 7.11 单位根与非线性

假设我们确信利率的走势如式(7-5)所展示的非线性调整形态。在直接估计 TAR 模型之前，我们可能想要确定这一序列是否会回复到长期均衡值(称为**引人注目的值**(attractor))。但是，之前所构建的、判断一个引人注目的值是否存在的检验，假设了一个线性的调整过程。例如，Dickey-Fuller(1979)对单位根的检验使用了一个线性调整过程

$$y_t = a_1 y_{t-1} + \varepsilon_t \quad [\text{或者} \ \Delta y_t = \rho y_{t-1} + \varepsilon_t] \tag{7-29}$$

如果原假设 $a_1=1$ 被拒绝，接受备选假设 $-1<a_1<1$，则可以得出结论，序列 $\{y_t\}$ 会衰减到引人注目的值 $y^*=0$。但是，如果序列 $\{y_t\}$ 由非线性模型生成，DF 检验就可能无法辨别引人注目的值，因为该值是无法确定的。虽然确定性回归变量和 $\{y_t\}$ 的滞后项的变动量可以扩展式(7-29)，但要注意的是动态调整过程被假设为线性。这个问题很重要，因为在不对称调整存在的情况下，Pippenger 和 Goering(1993)以及 Balke 和 Fomby(1997)提出的单位根检验有效性很低。毕竟，式(7-29)并没有恰当地捕获非线性模型的动态调整过程。

注意上述讨论可直接应用于 Michael，Nobay 和 Peel(1997)的结论。回想一下，他们的目的是确定真实汇率是否可以作为 ESTAR 过程进行建模，然而，用于决定英镑兑美元的真实汇率是否平稳的动态方程(即式(7-26))假设了一个线性的调整过程。正如他们证明的，可以拒绝单位根的原假设。但是，在其他环境下，线性检验也许不能够辨别非线性过程的引人注目的值是否存在。

为了避免这一问题，大量的研究者正致力于探索在非线性调整存在的情况下，如何检验引人注目的值是否存在的相关途径。例如，在 Enders 和 Granger(1998)的研究中，概括了 DF 方法，考虑了单位根存在的原假设与门限自回归(TAR)模型的备选假设。简单形式的 TAR 模型为

$$\Delta y_t = I_t \rho_1 (y_{t-1} - \tau) + (1-I_t)\rho_2(y_{t-1}-\tau) + \varepsilon_t \tag{7-30}$$

$$I_t = \begin{cases} 1 & y_{t-1} \geq \tau \\ 0 & y_{t-1} < \tau \end{cases} \tag{7-31}$$

正如图 7-14 中的相位图所示，其 $y_{t-1}=\tau$，$\Delta y_t=0$。但是，如果序列的滞后值大于 $\tau$，则 $\Delta y_t$

等于 $\rho_1(y_{t-1}-\tau)$。如果序列的滞后值小于 $\tau$，则 $\Delta y_t$ 等于 $\rho_2(y_{t-1}-\tau)$。因为当 $y_{t-1}=\tau$ 时，$\Delta y_t$ 的预期值为零，所以，引人注目的值是 $\tau$。因此，如果 $y_{t-1}=a$，则 $\Delta y_t$ 的值等于间距 ab。

如果我们使用式(7-30)和(7-31)给出的特例，则有可能对引人注目的值进行检验，即使调整过程是非线性的。请注意，如果 $\rho_1=\rho_2=0$，则过程是随机游走的。序列 $\{y_t\}$ 平稳的充分条件为 $-2<(\rho_1,\rho_2)<0$。同样要注意，当出现 $\rho_1=\rho_2$ 的特殊情况时，可采用 DF 检验。如果拒绝 $\rho_1=\rho_2=0$ 的原假设，则可认为序列 $\{y_t\}$ 存在一个引人注目的值。但是，在 DF 检验中，不可能使用传统的 $F$ 统计量检验原假设 $\rho_1=\rho_2=0$。相反，对于检验原假设 $\rho_1=\rho_2=0$ 的 $F$ 统计量在补充手册的表 G 中列出了。

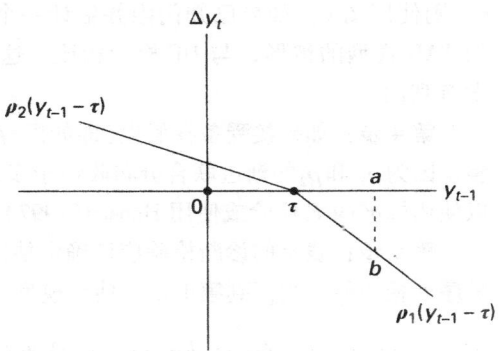

图 7-14　TAR 模型的相位图

如果拒绝了非平稳的原假设，则可以检验对称与不对称调整。特别地，如果拒绝了原假设（因此，序列有引人注目的值），则我们可以使用标准的 $F$ 分布构建对称调整（即 $\rho_1=\rho_2$）的检验。如果门限未知（但使用本章 7.5 节讨论过的 Chan 的方法的估计是一致的），则在推断时，我们同样可以使用标准的 $F$ 检验。但是，Hansen 指出，由于单个 $\rho_1$ 和 $\rho_2$ 的 OLS 估计存在小样本特征，从而夸大了标准差，并且 OLS 估计的收敛性比较差。为了避免这一问题，我们可以使用在 7.5 节末尾所描述的 Hansen(1997)的自助检验方法。

对于基本的 TAR 模型的一个备择方案是动量门限自回归(M-TAR)模型，因为非线性的实际特征可能是未知的，并且调整有可能取决于 $y_{t-1}$ 的变化(即 $\Delta y_{t-1}$)，而不是 $y_{t-1}$ 值本身。在这种情况下，模型连同指示器函数变成式(7-30)

$$I_t=\begin{cases}1 & \Delta y_{t-1}>0\\ 0 & \Delta y_{t-1}\leqslant 0\end{cases} \quad (7\text{-}32)$$

在 Enders 和 Granger(1998)以及 Caner 和 Hansen(1998)的研究中所使用的基本模型中的这个变量，就是让一个变量表现出自回归衰减的不同程度值，自回归衰减取决于变量自身是否增加或减少。当这种形式的调整表现为序列在一个方向比在另一方向展现更大的动量时，这一设定就是极其相关的。作为结果的模型被称为动量门限自回归(M-TAR)模型。使用 M-TAR 规范的原假设 $\rho_1=\rho_2=0$ 的 $F$ 统计量被称为 $\Phi_M$。通常没有关于是否使用 TAR 或 M-TAR 模型的假定，建议通过一种模型筛选标准，如 AIC 或 SBC，选择调整机制式(7-31)或(7-32)。

根据以下步骤构建检验。

**第 1 步**：如果知道 $\tau$ 的值(例如 $\tau=0$)，则估计式(7-30)。否则，使用 Chan 的方法，对每个潜在的门限，使用式(7-31)设定指示器函数。针对每个潜在的门限值估计式(7-30)，并从具有最小残差平方和的回归方程中选择 $\tau$ 的值。

**第 2 步**：如果不确定关于调整过程的特征，则使用 M-TAR 模型重复第 1 步。对于每个潜在的门限值 $\tau$，使用式(7-32)设定指示器函数。选择 $\tau$ 的值，使其达到最优拟合的要求。使用 AIC 或 SBC 选择 TAR 或 M-TAR 模型的形式。

**第 3 步**：使用从第 1 步或第 2 步中得到的模型，计算原假设 $\rho_1=\rho_2=0$ 的 $F$ 统计量。对于 TAR 模型，将这一样本统计量与表 G 中恰当的临界值进行比较。临界值取决于样本规模($T$)和是否带有变动量的滞后项。如果对于 TAR 模型估计 $\tau$，则使用图 a，如果对于 M-TAR 模型估计 $\tau$，则使用图 b。如果已知门限并估计一个 M-TAR 模型，则使用图 c。对于一个具有已知门限的 TAR 模型的情形，与 DF 检验相比，这个检验的有效性似乎较低。因此，这一情形的临界值没有列出。

**第 4 步**：如果接受备择假设（即如果存在引人注目的值），则有可能要检验对称与不对称调整，因为 $\rho_1$ 和 $\rho_2$ 的渐进联合分布收敛于多元正态分布。这样，调整是对称的（即原假设 $\rho_1 = \rho_2$）可以使用标准的 $F$ 检验或使用 Hansen(1997) 的方法进行近似检验。

**第 5 步**：残差的诊断检验应该确定估计的序列 $\{\varepsilon_t\}$ 的特征是否接近于白噪声过程。如果残差是序列相关的，则回到第 1 步，估计模型

$$\Delta y_t = I_t \rho_1 (y_{t-1} - \tau) + (1 - I_t)\rho_2 (y_{t-1} - \tau) + \sum_{i=1}^{P} \alpha_i \Delta y_{t-i} + \varepsilon_t \tag{7-33}$$

在这种模型的形式下，有可能使用残差的诊断检验和(或)各种模型选择准则来决定滞后项的长度。从原理上讲，滞后长度的变化有可能呈现不对称性。但是，在文献中还没有对这种特殊的扩展进行探讨。

## 一个实例

Enders 和 Granger 使用了 1958 年第 1 季度至 1994 年第 1 季度的 10 年期美国政府债券的收益率$(r_{Lt})$和联邦基金利率$(r_{St})$的季度数据。我们可以在文件 GRANGER. XLS 中找到需要的研究数据。问题是确定如何对两个利率之间的关系进行建模。首先，以 $s_t = r_{Lt} - r_{St}$ 的方式形成利率差序列。在进行一系列的尝试之后，用于 DF 检验的最恰当的方程是

$$\Delta s_t = 0.120 - 0.156 s_{t-1} + 0.162 \Delta s_{t-1} + \varepsilon_t$$
$$(1.52) \quad (-3.56) \quad (1.94)$$

$$\text{AIC} = 669.79 \qquad \text{SBC} = 678.68$$

$s_{t-1}$ 的系数的 $t$ 统计量为 $-3.56$，因此，可以非常确信地拒绝单位根的原假设。因为本节的要点是阐述门限调整的检验，我们可以假设 DF 检验的结果是不明确的。然而，诊断检验揭示方程是不恰当的。例如，$H = 3$ 和 $H = 4$ 的 RESET 检验的相伴概率分别为 0.0016 和 0.00009。因此，有充分证据证明存在被忽视的非线性关系。

下一步，根据式(7-30)和(7-31)的形式估计 TAR 模型。构成最优拟合的 $\tau$ 值为 $-0.27$，所以，估计出的利率差的 TAR 模型最终形式为

$$\Delta s_t = -0.066 I_t (s_{t-1} + 0.27) - 0.286(1 - I_t)(s_{t-1} + 0.27) + 0.172 \Delta s_{t-1} + \varepsilon_t$$
$$(-1.59) \qquad\qquad (-3.67) \qquad\qquad (2.07)$$

$$\text{AIC} = 669.12 \qquad \text{SBC} = 680.97$$

对于第 2 步，我们可用式(7-32)代替(7-31)从而估计一个 M-TAR 模型。产生最优拟合的 $\tau$ 的值为 1.64，估计出的利率差的 M-TAR 模型的最终形式为

$$\Delta s_t = -0.299 I_t (s_{t-1} - 1.64) - 0.007(1 - I_t)(s_{t-1} - 1.64) + 0.016 \Delta s_{t-1} + \varepsilon_t$$
$$(-4.75) \qquad\qquad (-0.145) \qquad\qquad (1.183)$$

$$\text{AIC} = 662.55 \qquad \text{SBC} = 674.40$$

请注意，即使有两个系数在统计上不显著，但 AIC 和 SBC 仍然选择了 M-TAR 模型。我们也许想尝试并估计不包括这两个无关紧要的系数的模型。原假设 $\rho_1 = \rho_2 = 0$ 的 $F$ 统计量为 11.44，如果我们将该值与 $\Phi_M$ 的临界值进行比较，则可以拒绝没有引人注目的值的原假设。这样，我们可

以检验调整是对称还是不对称的。原假设 $\rho_1 = \rho_2$ 的 $F$ 统计量为 12.24，$p$ 值为 0.0006。因此，可以认为，M-TAR 模型最好地捕获了利率扩展的调整过程。点估计显示利率差的均衡值为 1.64。当利率差扩大时（即当 $\Delta s_{t-1} > 0$），调整速度相当之快。但是，当利率差缩小时（所以，长期利率相对于联邦基金利率下降了），-0.007 的调整可以被认为几乎是不存在的。这与线性模型相反，线性模型暗示无论利率差是扩大还是缩小，调整速度都为 -0.158。而且，因为线性形式的截距项的 $t$ 统计量为 1.52，所以，表明利率差的长期均衡值为零。

**非线性误差修正**

如果我们用样本数据序列进行尝试，则会发现 $r_{Lt}$ 和 $r_{St}$ 都是 $I(1)$ 过程，因为两个 $I(1)$ 变量的线性组合是平稳的，所以，Granger 表述定理显示存在误差修正模型。但是，没有要求动态调整机制必须是线性的。相反，误差修正模型是 M-TAR 形式似乎是合理的，方程为

$$\Delta r_{Lt} = -0.03 I_t (s_{t-1} - 1.64) - 0.07(1 - I_t)(s_{t-1} - 1.64) + A_{11}(L) \Delta r_{Lt-1} + A_{12}(L) r_{St-1} + \varepsilon_{1t}$$
$$\quad\quad (-0.766) \quad\quad\quad (-2.11) \quad\quad\quad F_{11} = 0.087 \quad F_{12} = 0.521$$

$$\Delta r_{St} = 0.21 I_t (s_{t-1} - 1.64) - 0.04(1 - I_t)(s_{t-1} - 1.64) + A_{21}(L) \Delta r_{Lt-1} + A_{22}(L) r_{St-1} + \varepsilon_{2t}$$
$$\quad\quad (2.67) \quad\quad\quad\quad (-0.67) \quad\quad\quad F_{21} = 0.001 \quad F_{22} = 0.844$$

式中，括号内的数值为 $t$ 统计量。每个方程中都使用了各个变量的两个滞后项。$F_{ij}$ 为多项式 $A_{ij}(L)$ 中的所有系数等于零的 $p$ 值，$I_t$ 为式(7-32)给出的 M-TAR 的指示器。

$t$ 统计量显示了一个朝向长期均衡的有趣的调整过程。利率差趋势的扩大将伴随着联邦基金利率的变化，而缩小则伴随着 10 年期债券利率的变化。当利率差扩大时（即如果 $\Delta s_{t-1} > 0$），我们预期联邦基金利率将扩大 $y_{t-1}$ 与长期值 1.64 之差的 21%。当利率差缩小时，长期利率将缩小差额的 7%。

线性误差修正模型展示了一个不同的情形。如果我们使用第 6 章中所使用的线性误差修正模型，则可以得到

$$\Delta r_{Lt} = -0.114 \hat{e}_{t-1} + A_{11}(L) \Delta r_{Lt-1} + A_{12}(L) r_{St-1} + \varepsilon_{1t}$$
$$\quad\quad (-3.30) \quad\quad F_{11} = 0.062 \quad F_{12} = 0.288$$

$$\Delta r_{St} = -0.002 \hat{e}_{t-1} + A_{21}(L) \Delta r_{Lt-1} + A_{22}(L) r_{St-1} + \varepsilon_{2t}$$
$$\quad\quad (-0.04) \quad\quad F_{21} = 0.000 \quad F_{22} = 0.333$$

式中，$\hat{e}_{t-1}$ 为 $r_{Lt}$ 对一个常数项和 $r_{St}$ 回归得到的残差。因此，$\hat{e}_{t-1}$ 的估计值是根据 Engle-Granger 方法获得的相对于长期均衡关系的离差。

与门限模型相比，线性模型显示只有 10 年期债券利率对相对于长期均衡的差额存在响应。

## 7.12 更多内源性结构阶

普遍来说，存在阶的模型无须考虑是非线性的。然而，阶与非线性模型都涉及在原假设条件下未识别多余参数的问题——所谓 Davis 问题。为了解决这个问题，回忆 2.12 节讨论过的直接执行的潜在阶数日期已知的 Chow 检验。例如，在式(7-34)中，虚拟变量 $D_t$ 代表发生在 $t^*$ 时期截距项的结构变化。在式(7-35)中，阶影响截距和所有自相关系数。

$$y_t = \alpha_0 + \sum_{i=1}^{p} \alpha_i y_{t-i} + \gamma_0 D_t + \varepsilon_t \tag{7-34}$$

$$y_t = \alpha_0 + \sum_{i=1}^{p}\alpha_i y_{t-i} + \left(\gamma_0 + \sum_{i=1}^{p}\gamma_i y_{t-1}\right)D_t + \varepsilon_t \qquad (7\text{-}35)$$

式中，$D_t$ 是表明阶发生在 $t^*$ 时期的 Heaviside 指示。

方程(7-34)是假定阶只影响截距的部分阶模型而式(7-35)是所有参数都可以变化的纯阶模型。结构变化的检验在式(7-34)中可用 $t$ 检验，在式(7-34)中可用 $F$ 检验。

当阶日期未知时情况更加复杂。典型的是，研究员以式(7-34)或式(7-35)的形式估计所有可能阶时间的回归并选择最适合的一个。因为最适回归产生 $t^*$ 的一致估计，这个方法是合理的。然而，用 $t$ 检验(或 $F$ 检验)检验结构阶的存在并不合适。因为最适回归是从众多回归中选出来的，检验统计量的构建并不标准化，此外，在无结构变化的原假设中 $t^*$ 未识别。

Andrews(1993)与 Andrews 和 Ploeberger(1994)发现能用来估计发生在未知时间的结构阶的检验。回忆单阶模型是时间作为门限变量的门限模型。因此，我们可以用网格搜索最适阶日期的方法估计式(7-34)或式(7-35)。因为最适回归的选择进行了上确界检验，这个检验可行。在门限模型中，修正日期使序列的每一部分都有足够大的样本进行正确估计是必要的。惯例是取梯度 $\varepsilon = 0.15$ 使每个状态至少包含15%的样本。在无阶的原假设下，Andrews(1993)检验的构建依赖于阶参数和梯度的大小。若取15%为梯度，阶参数为1，2，3，渐进 $\chi^2$ 临界值为 8.85，11.79，14.15。然而，在实际工作中，一般会对门限模型采用 Hansen(1997)的引导测试。毕竟，单阶模型是时间作为门限变量的门限模型。若你注意的话，你会发现7.5节分析的文件 Y_ BREAK. XLS 中的检验十分精确。注意，Andrews(1993)检验不要求误差项 $\varepsilon_t$ 的方差在每期相同；因此你也可以用下面这种方法进行门限阶检验。

$$y_t = \begin{cases} \alpha_0 + \sum_{i=1}^{p}\alpha_i y_{t-i} + \varepsilon_{1t} & t > t^* \\ \gamma_0 + \sum_{i=1}^{p}\gamma_i y_{t-i} + \varepsilon_{2t} & t \leq t \end{cases}$$

Bai 和 Perron(1998)利用下面的多结构阶概括了 Andrews(1993)检验。考虑下述 $k$ 阶自相关：

$$y_t = \alpha_0 + \sum_{i=1}^{p}\alpha_i y_{t-i} + (\gamma_1 D_{1t} + \gamma_2 D_{2t} + \cdots + \gamma_k D_{kt}) + \varepsilon_t \qquad (7\text{-}36)$$

$$y_t = \alpha_0 + \sum_{i=1}^{p}\alpha_i y_{t-i} + \sum_{j=1}^{k}D_{jt}\left(\gamma_{0j} + \sum_{i=1}^{p}\gamma_{ij}y_{t-i}\right) + \varepsilon_t \qquad (7\text{-}37)$$

在式(7-36)的部分阶数模型中，阶数局限于截距，而式(7-37)是纯阶模型。阶数检验中，Bai 和 Perron(2003)提出使用梯度值 $\varepsilon = 0.15$ 并设定阶数最大为 $k = 5$。此外，指定阶型最小值作为两阶间的最小样本数也很必要。一般制定至少为1或2年。仅持续几期的序列巨大改变更像是代表离群值而非结构变化。应当指出，式(7-36)和式(7-37)要求回归错误的异质性。当然，若$\{\varepsilon_t\}$的方差在阶存在中变化，这个假定可能存在问题。

Bai 和 Perron(2003)提出的能为每个可能阶日期组合有效估计式(7-36)或式(7-37)的算法。有两种不同的选择阶数的方法。第一，他们发现了无结构变化的原假设和 $k$ 阶的备择假设的上确界检验。本质上来说，他们的算法被用来估计每个可能的阶数组合的模型并选择最适合的阶数日期的组合。无阶否则 $k$ 阶的原假设的 $F$ 统计量不标准。然而，被称为 $\sup F(k; q)$ 统计量的临界值被 Bai 和 Perron(1998)算出。为提醒人们注意临界值依赖于阶数 $k$ 和阶参数 $q$ 设计了这个符号。若无阶的原假设被拒绝，应用 SBC 等模型选择标准选择阶数。AIC 未被提到，因为它选择太多阶了。对于 $q = 1$、2、3，其阶数为1、2、5的95%的临界值为：

| $q$ | $k=1$ | $k=2$ | $k=5$ | UDmax |
|---|---|---|---|---|
| 1 | 9.63 | 8.78 | 6.69 | 10.17 |
| 2 | 12.89 | 11.60 | 9.12 | 13.27 |
| 3 | 15.37 | 13.84 | 11.15 | 16.82 |

对于 $\text{Sup}F(k;q)$ 你需要指定 $k$ 值。然而，似乎检验无阶否则多阶的原假设很合理。若 $\text{Sup}F(k;q)$ 统计量的最大值超过 UDmax 统计量，可以认为多阶并用 SBC 选择阶数。

选择阶数的第二个方法是进行顺序检验。从零阶或 1 阶的原假设开始。若无阶的原假设被拒绝，进行 1 阶或 2 阶的检验，以此类推。重复该过程直到无法拒绝加阶的原假设。该方法是顺序检验给定的 $l+1$ 和 $l$ 阶的。在每个阶段，所谓的 $F(l+1 \mid l)$ 检验量由不加阶或加 1 阶的原假设的最大 $F$ 值算出。对于 $q=1$，2，3，95% 的 $l=0$、1、2、5 的临界值分别为：

| $q$ | $l=0$ | $l=1$ | $l=2$ | $l=4$ |
|---|---|---|---|---|
| 1 | 9.63 | 11.14 | 12.16 | 13.45 |
| 2 | 12.89 | 14.50 | 15.42 | 16.61 |
| 3 | 15.37 | 17.15 | 17.97 | 19.23 |

序列高度持久或阶数趋向于抵消时顺序方法作用不大。因此，如果 $l=0$ 否则 $l=1$ 的检验不能拒绝，使用 UDmax 检验。接下来，如果无阶的原假设被拒绝，假定至少存在 1 阶并使用顺序方法选择增加阶数。

## 7.12.1 两个实例

**例 1**：回忆（见 2.12 节和 7.5 节）文件 Y_BREAK.XLS 中为在 $t=101$ 时阶构建的 150 个样本。假设你并不知道序列如何构建并应用 1 阶的 Andrews 检验（也叫 Andrews-Quandt 检验）。跟着系数和方差的可能的阶。如果你用 0.15 的梯度，你会发现：

| | 检验统计量 | p 值 | 阶时间 |
|---|---|---|---|
| 常数 | 28.18 | 0.000 | 100 |
| $y_{t-1}$ | 42.47 | 0.000 | 100 |
| 所有系数 | 42.58 | 0.000 | 100 |
| 剩余变量 | 2.81 | 0.595 | |

1 阶的截距值、自相关系数、所有的系数分别为 28.18、42.57、43.58。它们都十分显著。因此，我们可以拒绝截距、自相关系数所有系数不变的原假设。注意，我们不能拒绝残差方差不变的原假设。此外，估计的阶日期正确。

现在假设我们考虑可能存在不止 1 阶并进行 Bai-Perron 检测。再次使用 0.15 梯度，假定阶最小值为 8，并使用 5 阶的最大值。思考使用单阶规范的输出：

| 阶 | $\text{Sup}F(k;2)$ | $F(l+1 \mid l)$ | SBC |
|---|---|---|---|
| 0 | | | 0.337 |
| 1 | 29.57 | 29.57 | 0.062 |
| 2 | 16.40 | 2.59 | 0.094 |
| 3 | 12.51 | 3.56 | 0.112 |
| 4 | 10.13 | 2.29 | 0.146 |
| 5 | 9.16 | 3.71 | 0.161 |

给定两个阶参数，如果我们使用 $\text{Sup}F(5;2)$ 检验，得到的值 9.16 超过了 95% 的临界值 9.12。因此，我们可以拒绝没有阶而反对 5 阶的原假设。然而，$\text{Sup}F(k;2)$ 的值从 29.57 减至 16.40，最后降至 9.16。如果我们检验没有阶而反对 2 阶的原假设，值 16.10 超过 95% 的临界值 11.60。这说明一点，用两个系数估计 5 阶的模型需要 12 个在试验中相应损失的参数。UDmax 检验定义阶数的存在。最大的 $\text{Sup}F(k;2)$ 统计量出现在一阶中为 29.57。如果我们将它与 95% UDmax 的临界值 13.57 比较，我们可以拒绝无阶原假设，认为这里存在阶数。注意，SBC 正确地选择了一阶模型。

如果我们用顺序方法替代，$F(1\,|\,0) = 29.57$，远超临界值 12.89，所以我们可以拒绝无阶的原假设并接受 1 阶的替代。现在我们考虑是否存在第 2 阶。$F(2\,|\,1) = 2.59$，未超过临界值 14.40，所以我们不能拒绝原假设，认为只有在 $t = 100$ 时的 1 阶。

**例 2**：考虑图 5-1b 中的传统恐怖主义序列。如果你打开文件 TERRORISM. XLS 并仔细检查序列，你会发现序列的均值在 1991 年苏联解体时达到顶点并在 1997 年下落。存在许多可能显著或不显著的其他可能的阶时间。如果你试一试，你应当发现下述传统序列的 AR(2) 模型：

$$\text{trans}_t = \underset{(3.06)}{4.91} + \underset{(5.29)}{0.381\text{trans}_{t-1}} + \underset{(5.84)}{0.42\text{trans}_{t-2}}$$

然而，若序列中存在阶，模型非指定。尽管式(7-37)是最普遍的模型，单纯阶模型要求 18 个参数的估计。因此，许多研究员估计部分阶模型并限制阶仅影响截距。如果你估计式(7-36)形式的方程并采用 5 阶的最大值，每阶至少两年，可以发现：

| 阶 | $\text{Sup}F(k;1)$ | $F(l+1\,|\,l)$ | SBC |
| --- | --- | --- | --- |
| 0 |  |  | 4.519 |
| 1 | 8.34 | 8.34 | 4.499 |
| 2 | 10.76 | 21.53 | 4.454 |
| 3 | 10.57 | 31.72 | 4.429 |
| 4 | 9.76 | 39.04 | 4.420 |
| 5 | 8.92 | 44.59 | 4.422 |

5 阶的 95% 的临界值的阶系数是 6.69。因为 $\text{Sup}F(5;1) = 8.92$，我们可以拒绝没有阶的原假设。这个结果支持 UDmaxs 检验。$k = 2$ 是 $\text{Sup}F(k;1)$ 取得最大值。因为 10.76 超过了 95% 的临界值 10.17，我们可以认为序列中存在阶。如果你注意到上表的最后一列，你可以看出来 SBC 选择了 4 个阶的模型。

作为替代，我们可以使用顺序方法。无阶的零假设的值为 8.34。因为 $\sup F(l+1\,|\,l)$ 检验的 95% 的临界值为 9.63，我们不能拒绝原假设并认为不存在阶。然而，当时间持久或阶抵消时，重置检验可能会出现问题。因此，我们依靠 UDmax 检验说明至少存在 1 阶。为了考虑是否存在第 2 阶，注意 $F(2\,|\,1) = 21.53$。因为这个值超过了 11.14，我们拒绝只有一阶的原假设，接受两次的阶的假设。重复该过程，顺序方法说明共有 5 阶。

在继续之前，注意大多数软件包重新参数化式(7-36)为：

$$y_t = \sum_{i=1}^{p} \alpha_i y_{t-i} + (\gamma_0 D_0 + \gamma_1 D_{1t} + \gamma_2 D_{2t} + \cdots + \gamma_k D_{kt}) + \varepsilon_t$$

则当 $t \leq t_1^*$ 时截距为 $\gamma_0$，当 $t_1^* > t \leq t_2^*$ 时截距为 $\gamma_1$，以此类推，当 $t > t_k^*$ 时截距为 $\gamma_k$。现在，如果我们使用 4 阶来估计部分阶模型，有：

$$\text{trans}_t = 10.28D_0 + 18.92D_1 + 35.29D_2 + 16.04D_3 + 8.64D_4 + 0.150\text{trans}_{t-1} + 0.248\text{trans}_{t-2}$$
$$(4.45)\quad (6.76)\quad (6.05)\quad (6.50)\quad (5.00)\quad (1.88)\quad (3.42)$$

| 阶点 | 降低 95% | 提升 95% |
| --- | --- | --- |
| 1975Q3 | 1970Q4 | 1979Q1 |
| 1992Q3 | 1992Q1 | 1994Q1 |
| 1994Q3 | 1994Q2 | 1995Q1 |
| 1997Q4 | 1996Q2 | 1999Q3 |

第 1 阶点为 1975Q3，则在 $t \leqslant 1975Q3$ 时截距为 10.28。注意，95% 的置信截距表示阶应跟 1970Q4 一样早或 1979Q1 一样晚的时间出现。给定的置信截距太宽泛，我们可以推测阶时间并不好估计。下一阶发生在 1992Q3，从 1975Q3 开始到 1992Q3 截距从 10.28 增至 18.92。注意置信截距很窄。第 3 阶发生在 1994Q3：阶间的长度正好等于 8 阶的最小值。如果你看图 5-1 你会发现 1992Q4~1994Q3 时间段存在恐怖主义序列的一个顶点。1994Q3 后截距从 16.04 开始下落，1997Q4 后再次下落。

### 7.12.2 非线性阶

不像虚拟变量一样，结构阶可能是连续的。当你使用虚拟变量时，在 $t^*$ 时间隐含充分表现自己的假设。然而，利率变量的完整影响的改变的效果可能需要一段时间。尽管缘由价格振动很明显，它大概依然需要一些时间反映总输出和就业的影响。此外，有些改变会逐渐发生。毫无疑问，电脑改变了很多经济活动的进行方式。然而，并不存在电脑革命开始的具体时间。相反，电脑软硬件改善产生的技术变化是在一段时间内逐渐发生的。重点是，阶和它们的影响不需要发生在一个特定的时间点。因此，许多研究院研究连续阶的模型。考虑式(7-19)和式(7-20)中简单的 LSTAR 模型：

$$y_t = \alpha_0 + \alpha_1 y_{t-1} + \cdots + \alpha_p y_{t-p} + \theta[\beta_0 + \beta_1 y_{t-1} + \cdots + \beta_p y_{t-p}] + \varepsilon_t$$

式中，$\theta = [1 + \exp(-\gamma(t - t^*))]^{-1}$ (7-38)

在式(7-38)中过渡变量是时间 $t$，中心参数是 $t^*$，过程为 $y_t = \alpha_0 + \alpha_1 y_{t-1} + \cdots + \alpha_p y_{t-p} + \varepsilon_t$，且当 $t$ 远大于 $t^*$ 时过程为 $(\alpha_0 + \beta_0) + (\alpha_1 + \beta_1) y_{t-1} + \cdots + \varepsilon_t$。因此，作为时间程序，$\theta$ 的值从 0 统一，序列的系数连续发展而非明显阶。

### 7.12.3 Logistic 阶的估计

图 7-15 中虚线表示的 250 个序列样本由以下模型得出：

$$y_t = 1 + \frac{3}{1 + \exp(-0.075 \times (t - 100))} + 0.5 y_{t-1} + \varepsilon_t \quad (7-39)$$

则过渡变量为 $t$，中心参数为 100。序列在文件 LSTARBREAK.XLS 中。

注意，阶只影响自相关参数为 0.5 时的截距项。如图 7-15 所示，当 $t$ 远小于 100 时序列在 2 左右波动，当 $t$ 很大时序列在 8 左右波动。尽管中心为 100，连续阶意味着序列开始展示 $t = 75$ 左右的增长并在 $t = 125$ 左右结束。如果你用 4 阶的最大值的 Bai-Perron 程序估计序列，你需要得到四阶。Bai-Perron 方法的问题是可能只存在一次明显的阶。如图 7-15 实线所示，这个方法需要构建阶跃函数来近似一次连续的阶。考虑用阶间 8 个样本的最小跨度估计的模型：

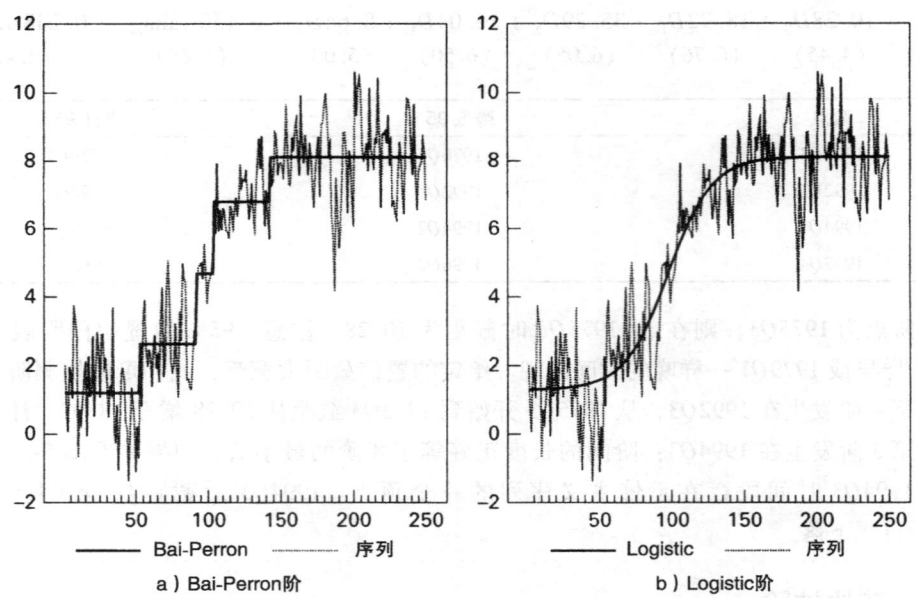

a) Bai-Perron阶　　　　　　b) Logistic阶

图 7-15　模拟 LSTAR 阶

$$y_t = \underset{(4.43)}{0.71} + \underset{(7.54)}{1.67D_{1t}} + \underset{(7.57)}{2.96D_{2t}} + \underset{(9.920)}{4.19D_{3t}} + \underset{(10.52)}{4.99D_{4t}} + \underset{(6.70)}{0.38y_{t-1}}$$

式中，$t \leq 52$ 时 $D_{1t}=0$，$t \leq 91$ 时 $D_{2t}=0$，$t \leq 103$ 时 $D_{3t}=0$，$t \leq 142$ 时 $D_{4t}=0$，其余情况 $D_{it}=1$。

为了使用 Teräsvirta（1994）LSTAR 阶预测，使用 7.7 节讨论过的相同方法，令 $\theta = [1 + \exp(-\gamma \times (t - \gamma(t - t^*)))]^{-1} = [1 + \exp(-h_t)]^{-1}$。下一步是计算 $h_t = 0$ 处 $\theta$ 的三阶泰勒展开式。根据式(7-21)，我们知道展开式有如下形式：

$$\theta \cong 0.25h_t - \frac{h_t^3}{48}$$

在这里，$h_t = \gamma(t - t^*)$，则模型可转化为：

$$y_t = \alpha_0 + \alpha_1 t + \alpha_2 t^2 + \alpha_3 t^3 + 0.5y_{t-1} + \varepsilon_t \tag{7-40}$$

你可以估计式(7-40)并检验限制 $\alpha_1 = \alpha_2 = \alpha_3 = 0$ 或运行检验的 LM 版本。Logistic 阶的检验的 LM 版本涉及到 $y_t$ 在常数上的回归和 $y_{t-1}$ 并保存残差。时间为门限变量，估计涉及在常数上的残差 $\hat{e}_t$、$y_{t-1}$、$t$、$t^2$、$t^3$ 的回归的辅助方程：

$$\hat{e} = \underset{(0.15)}{0.04} - \underset{(-7.22)}{0.39y_{t-1}} - \underset{(-0.50)}{4.9 \times 10^{-3}t} + \underset{(3.33)}{3.38 \times 10^{-4}t^2} - \underset{(-3.98)}{1.06 \times 10^{-6}t^3}$$

$t$、$t^2$、$t^3$ 的系数都为零的原假设的 $F$ 检验值为 24.61。自由度为 3 时，在任何常见水平都显著。下面，如果你采用非线性最小二乘法估计式(7-39)形式的模型能得到：

$$y_t = \underset{(3.98)}{0.72} + \underset{(7.49)}{0.43y_{t-1}} + \underset{(8.65)}{3.88}/[1 + \underset{(5.15)}{\exp(-0.065(t - \underset{(28.79)}{97.48}))}]$$

点估计都很合理，你可以检验残差表明没有序列相关的表现。图7-15 中的实线表示时间变化截距的最佳路径。估计的附加情况可参考编程手册 3.8 节。González 和 Teräsvirta（2008）给出了一个有关构建连续转换的季节序列模型的完美例子。

## 7.13 总结

有许多重要的经济变量呈现出非线性的行为。困难在于恰当地捕获非线性的形式。一旦放弃了线性的架构，就必须要致力于解决具体的问题。正如在本章中所叙述的，许多模型是以非线性形式存在的，而且没有明确的方法确定哪种非线性形式是最好的。这个问题十分重要，因为使用不正确的非线性形式可能会比忽略非线性导致更严重的后果。而且，线性模型可以总是被看作非线性过程的局部近似。有一些针对估计非线性过程的建议。最重要的是使用一种特殊到一般化的建模策略。特别地要指出几点。

(1) 开始时，应当先对数据描图。对数据的视觉观察，有助于我们辨别非线性的特征。而且，一个外部的或结构性突变都是从具有恒定系数的标准线性模型开始的。如果我们观察到数据的这些特征，可以节约大量的建模时间。

(2) 尽可能使用最优的线性模型拟合感兴趣的序列。例如，我们可以使用 Box-Jenkins 方法用 ARMA 过程拟合 $\{y_t\}$。用它估计出的系数是最优的，并且残差应该显示出没有序列自相关性。

(3) 有许多用于辨别非线性行为的检验方法。采用 McLeod-Li 的 RESET 检验和各种拉格朗日乘数检验，可以辨别非线性行为。拉格朗日乘数检验有一个明确的非线性模型作为其备择假设。然而，即使一系列这样的检验同样不能够揭示非线性的准确特征。

(4) 如果辨别出存在非线性的特征，我们就不得不确定非线性的恰当形式。对基于理论的、调整过程的模型是没有替代形式的。例如，如果我们的模型中揭示出价格的上升比下降更容易，门限模型的某种形式就可能是最恰当的。

(5) 估计的非线性模型应当比线性形式的模型更好地拟合数据，并且所有的系数在统计上都应该是显著的。在许多事例中，我们将寻找大量看似合理的形式。因此，单个的 $t$ 统计量和 $F$ 统计量有可能会误导我们。毕竟，我们正在找关于最优拟合形式的 $t$ 统计量。如果我们查找了 10 个不同的模型设定形式，平均来说，应该发现其中一个在 10% 的水平下是显著的。因为过度拟合显然是可能发生的，许多研究者使用简洁的 SBC 作为拟合模型的衡量标准。而且，传统的 $t$ 检验和 $F$ 检验在一些非线性设定中可能是不恰当的。Hansen(1997)考虑了 TAR 模型中的推论问题。

(6) 普通的脉冲响应函数可以帮助我们辨别非线性模型是否合理。实用的诊断检验是使用 Granger-Newbold 或 Diebold-Mariano 检验(见第 2 章)来检查各个模型的样本区间外的预测效果。

在这一章中讨论的非线性模型是用于估计序列 $\{y_t\}$ 的。但是，也有可能将非线性模型应用到条件方差的方程中。例如，在第 3 章中讨论的 TARCH 模型就是将非线性模型运用到条件方差的方程的例子。Hamilton 和 Susmel(1994)提出了如何将 Markov 的转换模型应用到时间序列的条件方差中。Higgens 和 Bera(1992)提出了一种非线性 ARCH(NARCH)模型，它可以设置一种针对条件方差模型的"不变替代弹性"函数形式。

此外，大量的研究文献对在非线性情况下的单位根和协整问题给予越来越多的关注。例如，Granger，Inoue 和 Morin(1997)提出了一些关于非线性误差修正模型的问题；Enders 和 Siklos (2001)扩展了在 7.11 节中讨论的 TAR 单位根检验，其中涉及了一个协整系统。Tsay(1998)提出了一种可以用于辨别门限协整的检验，他利用当期和远期价格阐述了这种检验的合理运用；Caner 和 Hansen(2001)提出了最大似然法用于检验门限单位根，而 Hansen 和 Seo(2002)将其扩展到对协整系统的分析。Kapetanios，Shin 和 Snell(2003)提出一种简单的方法用于检验单位根与 ES-

TAR 模型的备择假设。另一种考虑非线性模型的方法属于谱分析的范畴。Granger 和 Joyeux (1980)提出了关于一个序列有可能是多阶数整合而不是整数的导论。这一非线性过程可能具有均值回复的特点，也可近似地表现为单位根过程。

在原假设下，当截止日期未知，许多非线性测试和结构测试都需要设定未知的冗余参数。例如，一些相关的统计检验分布是非标准形式的。Andrews(1993)实验、Bai 和 Perron(1998)实验可以测试结构中断模型，当截止日期未知时。

## 习题

1. 假定 $p_A$ 和 $p_M$ 分别表示亚拉巴马州和密西西比州的棉花价格，则价格差，或称离差为 $p_A - p_M$。对每部分，用简单的叙述，给出捕获给定动态调整机制的非线性模型。
   a. 较大的价格差(用绝对值)与较小的价格差相比较，较大的价格差能够被快速地消除。
   b. 正价格差比负价格差消失得更快些。
   c. 亚拉巴马州与密西西比州间的一担棉花运输成本为 10 美分。因此，小于 10 美分的价格差将不会因套利交易被消除。然而，超过 10 美分的任意价差的 50% 将会在一期内消除。
   d. 是 $p_A$ 对价格差有响应，而不是 $p_M$。

2. 画出如下过程的相位图。
   a. GAR 模型：$y_t = 1.5y_{t-1} - 0.5y_{t-1}^3 + \varepsilon_t$。
   b. TAR 模型：当 $y_{t-1} > 2$ 时，$y_t = 1 + 0.5y_{t-1} + \varepsilon_t$；当 $y_{t-1} \leq 2$ 时，$y_t = 0.5 + 0.75y_{t-1} + \varepsilon_t$。
   c. TAR 模型：当 $y_{t-1} > 0$ 时，$y_t = 1 + 0.5y_{t-1} + \varepsilon_t$；当 $y_{t-1} \leq 0$ 时，$y_t = -1 + 0.5y_{t-1} + \varepsilon_t$。请注意，这个模型在门限 0 处不连续。证明：$y_{t-1} = +2$ 和 $y_{t-1} = -2$ 都是在模型假设前提下的稳定均衡值。
   d. TAR 模型：当 $y_{t-1} > 0$ 时，$y_t = -1 + 0.5y_{t-1} + \varepsilon_t$；当 $y_{t-1} \leq 0$ 时，$y_t = 1 + 0.5y_{t-1} + \varepsilon_t$。证明：在模型假设前提下，不存在稳定均衡值。
   e. LSTAR 模型：
   $$y_t = 0.75y_{t-1} + \frac{0.25y_{t-1}}{[1 + \exp(-y_{t-1})]} + \varepsilon_t$$
   f. ESTAR 模型：
   $$y_t = 0.75y_{t-1} + \frac{0.25y_{t-1}}{[1 - \exp(-y_{t-1}^2)]} + \varepsilon_t$$

3. 在马尔可夫转换模型中，令 $p_1$ 表示系统处于状态 1 的无条件概率，$p_2$ 表示系统处于状态 2 的无条件概率。如在本书中，令 $p_{ii}$ 表示系统停留在状态 $i(i = 1, 2)$ 的概率。证明：
$$p_1 = \frac{(1 - p_{22})}{(2 - p_{11} - p_{22})}$$
$$p_2 = \frac{(1 - p_{11})}{(2 - p_{11} - p_{22})}$$

4. 在文件 LSTAR.XLS 中，包含了在 7.9 节所使用序列的 250 个观测值。
   a. 验证式(7-25)是这个过程的最佳拟合线性模型。
   b. 用 $H = 3$ 进行 RESET 检验。这个结果如何与 $H = 4$ 的结果进行比较？
   c. 如果你的软件包能够进行 BDS 检验，那么，请用这种检验确定式(7-25)的残差是否为白噪声。
   d. 对 LSTAR 调整和 ESTAR 调整进行 LM 检验。
   e. 如果作为 GAR 过程进行估计，则应该得出估计方程为
   $$y_t = \underset{(8.97)}{2.03} + \underset{(6.97)}{0.389y_{t-1}} +$$
   $$\underset{(3.48)}{0.201y_{t-2}} - \underset{(-10.57)}{0.147y_{t-1}^2} + \varepsilon_t$$

所有的 $t$ 统计量都表明系数估计非常好。所有的残差自相关系数的绝对值都小于 0.1。

如何确定 GAR 模型或 LSTAR 模型哪个更可取？

5. 在 GRANGER.XLS 的文件中，包含了在 7.11 节用于估计 TAR 模型与 M-TAR 模型的利率序列数据。

   a. 估计 7.11 节的 TAR 模型与 M-TAR 模型。
   b. 估计剔除两个不显著系数的 M-TAR 模型。
   c. 计算剔除不显著系数的 TAR 模型与 M-TAR 模型的 AIC 和 SBC。按照计算结果，确信已经考虑了对门限的估计，从而对两个模型的选择标准进行调整。
   d. 计算线性误差修正模型的多变量 AIC。这个结果如何与非线性误差修正模型的多变量 AIC 进行比较？

6. 考察线形过程 $y_t = 0.75 y_{t-1} + \varepsilon_t$。假定 $y_t = 1$，求 $E_t y_{t+1}$、$E_t y_{t+2}$ 和 $E_t y_{t+3}$。

   a. 考察 GAR 过程 $y_t = 0.75 y_{t-1} - 0.25 y_{t-1}^2 + \varepsilon_t$。假定 $y_t = 1$，求 $E_t y_{t+1}$。能求出 $E_t y_{t+2}$ 和 $E_t y_{t+3}$ 吗？[提示：$(E_t y_{t+1})^2 \neq E_t(y_{t+1}^2)$]。
   b. 用 a 的结果，解释为什么用非线性模型很难进行提前多步预测。

7. 文件 SIM_TAR.XLS 包含了用于构造图 7-3 的 200 个观测值。

   a. 证明：估计序列作为 $y_t = -0.162 + 0.529 y_{t-1} + \varepsilon_t$ 是合理的。
   b. 验证 RESET 检验没有指出任何的非线性特征。特别地，证明：RESET 检验（使用拟合值的 2、3 和 4 次幂）会得到 $F = 1.421$。
   c. 用每个潜在门限值的残差平方和绘图。门限最可能是哪个值？
   d. 估计模型 $y_t = (0.057 + 0.260 y_{t-1}) I_t + (-0.464 + 0.402 y_{t-1})(1 - I_t)$，其中，如果 $y_{t-1} > -0.4012$，则 $I_t = 1$，否则 $I_t$ 为零。
   e. 证明：如果消除截距项，模型的效果可以提升。

8. 编程手册的第 3 章包含了对 ESTAR 模型和 LSTAR 模型编程的适当方法的讨论。如果还没有阅读的话，请从 Estima（Estima.com），www.time-series.net 和 Wiley 主页下载手册。

   a. 3.7 节中我们要用名为 QUARTERLY.XLS 的数据集中的 $\pi_t = 400 \times [\log(ppi_t / ppi_{t-1})]$ 的年化通货膨胀率。证明 AR(4) 模型是对通货膨胀率的合理线性估计。
   b. 对 ESTAR/LSTAR 调整进行 Teräsvirta (1994) 检验。证明 $d = 2$ 时产生最佳拟合。该检验是线性模型、ESTAR 模型还是 LSTAR 模型？
   c. 说明为什么 2008 年第四季度通货膨胀的戏剧性变化使非线性估计变得困难。证明将 2008 年之前的数据用于 Teräsvirta (1994) 检验表明调整是线性的。

9. 编程手册的第 5 章包含了对 TAR 模型编程的适当方法的讨论。如果没有阅读的话，就请从 Wiley 主页下载手册。用文件名为 QUARTERLY.XLS 的数据构造实际资金供应的对数变化：$gm2_t = \log(m2_t) - \log(m2_{t-1})$。

   a. 用 AR($\|1, 3\|$) 过程估计 $gm2_t$。证明该模型有良好的诊断性能。解释为什么简易表示对于估计非线性模型非常重要。
   b. 假设相比高于门限，低于门限时 $gm2_t$ 表现得更为持久。说明为什么 $gm2_t$ 的样本均值是实际门限模型的有偏估计。
   c. 使用 Chan 方法找到门限的一致估计。如果你使用 1 或 2 的延迟因素，可以发现 $\tau = 0.02392$ 或 $\tau = 0.01660$。说明为什么 $d = 2$ 时的模型比 $d = 1$ 时的模型优越。

10. 编程手册的 3.6 节展示了如何模拟 LSTAR 过程：

$$y_t = 1 + 3\theta + 0.5 y_{t-1} + \varepsilon_t \text{ 其中 } \theta$$

$$= \frac{1}{[1 + \exp(-0.075(t - 100))]}$$

    a. 说明截距项如何随时间演变。在什么情况下 $y_t$ 过程会产生结构阶？

    b. 运用 Teräsvirta(1994) 检验证明 $y_t$ 序列充当 logistic 过程。

    c. 运用 LSTAR 过程并运用 $t$ 充当门限变量的门限过程估计 $y_t$ 序列。如何比较两个模型？

11. 在 OIL.XLS 的文件中，包含了衡量 1987 年 5 月 15 日到 2013 年 11 月 1 日间的原油现货价格的变量 SPOT。在 3.4 节我们发现变量 $\rho_t = 100[\log(spot_t) - \log(spot_{t-1})]$，并发现将 $\rho_t$ 构建为 MA($\|1, 3\|$) 过程是合理的。然而，另一个合理模型是自回归形式：$\rho_t = 0.095 + 0.172\rho_{t-1} + 0.084\rho_{t-3}$。问题是考虑 $\{\rho_t\}$ 序列是否包含阶或非线性。

    a. 图 2-10 表明了 CUSUM 的图像和 AR($\|1, 3\|$) 的递归参数估计。可以发现不存在参数不稳定的证据。

    b. 为结构阶进行 Andrews 和 Ploeberger (1994) 检验。你应当发现简易估计的截止日期为 1991 年 6 月 21 日。注意，这个日期非常接近削减 15% 的下边界。此外，单边的 $p$ 值为 0.073，所以我们不能拒绝无结构变化的原假设。

    c. 进行 Bai 和 Perron (1998) 检验。削减 15%，阶最多为 5，最小阶尺寸为 8 周。3 种断开参数和 5 个潜在阶的简易 $F$ 值为 9.81。这小于给出的临界值 11.15，应接受无阶的原假设。注意，SBC 选择了 5 个阶。

    d. 为了检验假设，用 $\rho_{t-1}$ 作为门限变量对 $\{\rho_t\}$ 序列进行门限估计。如果运用 Hansen(1997) 检验，可以发现 $\tau = 1.70$，$p$ 值接近 0.008。因此我们可以拒绝原假设，认为原油变动可视为门限过程。估计模型为：$\rho_t = I_t[1.56 - 0.079\rho_{t-1} + 0.072\rho_{t-3}] + (1 - I_t)[-0.191 + 0.131\rho_{t-1} + 0.087\rho_{t-3}] + \varepsilon_t$
式中，当 $\rho_{t-1} \geq \tau$ 时 $I_t = 1$。

    e. 证明将模型削减为 $\rho_t = 1.24I_t + (1 - I_t)[0.159\rho_{t-1} + 0.0876\rho_{t-3}] + \varepsilon_t$。说明当 $\rho_t$ 高（低）于门限时模型的变化。

    f. 用 $\rho_{t-2}$ 作为门限变量会发生什么？

# 推荐阅读

| | 中文书名 | 原作者 | 中文书号 | 定价 |
|---|---|---|---|---|
| 1 | 货币金融学(美国商学院版,原书第5版) | 弗雷德里克 S. 米什金<br>哥伦比亚大学 | 978-7-111-65608-1 | 119.00 |
| 2 | 货币金融学(英文版·美国商学院版,原书第5版) | 弗雷德里克 S. 米什金<br>哥伦比亚大学 | 978-7-111-69244-7 | 119.00 |
| 3 | 《货币金融学》学习指导及习题集 | 弗雷德里克 S. 米什金<br>哥伦比亚大学 | 978-7-111-44311-7 | 45.00 |
| 4 | 投资学(原书第10版) | 滋维·博迪<br>波士顿大学 | 978-7-111-56323-0 | 129.00 |
| 5 | 投资学(英文版·原书第10版) | 滋维·博迪<br>波士顿大学 | 978-7-111-58160-4 | 149.00 |
| 6 | 投资学(原书第10版)习题集 | 滋维·博迪<br>波士顿大学 | 978-7-111-60620-8 | 69.00 |
| 7 | 投资学(原书第9版·精要版) | 滋维·博迪<br>波士顿大学 | 978-7-111-48772-2 | 55.00 |
| 8 | 投资学(原书第9版·精要版·英文版) | 滋维·博迪<br>波士顿大学 | 978-7-111-48760-9 | 75.00 |
| 9 | 公司金融(原书第12版·基础篇) | 理查德 A. 布雷利<br>伦敦商学院 | 978-7-111-57059-2 | 79.00 |
| 10 | 公司金融(原书第12版·基础篇·英文版) | 理查德 A. 布雷利<br>伦敦商学院 | 978-7-111-58124-6 | 79.00 |
| 11 | 公司金融(原书第12版·进阶篇) | 理查德 A. 布雷利<br>伦敦商学院 | 978-7-111-57058-5 | 79.00 |
| 12 | 公司金融(原书第12版·进阶篇·英文版) | 理查德 A. 布雷利<br>伦敦商学院 | 978-7-111-58053-9 | 79.00 |
| 13 | 《公司金融(原书第12版)》学习指导及习题解析 | 理查德 A. 布雷利<br>伦敦商学院 | 978-7-111-62558-2 | 79.00 |
| 14 | 国际金融(原书第5版) | 迈克尔 H.莫菲特<br>雷鸟国际管理商学院 | 978-7-111-66424-6 | 89.00 |
| 15 | 国际金融(英文版·原书第5版) | 迈克尔 H.莫菲特<br>雷鸟国际管理商学院 | 978-7-111-67041-4 | 89.00 |
| 16 | 期权、期货及其他衍生产品(原书第11版) | 约翰·赫尔<br>多伦多大学 | 978-7-111-71644-0 | 199.00 |
| 17 | 期权、期货及其他衍生产品(英文版·原书第10版) | 约翰·赫尔<br>多伦多大学 | 978-7-111-70875-9 | 169.00 |
| 18 | 金融市场与金融机构(原书第9版) | 弗雷德里克 S. 米什金<br>哥伦比亚大学 | 978-7-111-66713-1 | 119.00 |

# 推荐阅读

|  | 中文书名 | 原作者 | 中文书号 | 定价 |
| --- | --- | --- | --- | --- |
| 1 | 金融市场与机构（原书第6版） | 安东尼·桑德斯<br>纽约大学 | 978-7-111-57420-0 | 119.00 |
| 2 | 金融市场与机构（原书第6版·英文版） | 安东尼·桑德斯<br>纽约大学 | 978-7-111-59409-3 | 119.00 |
| 3 | 商业银行管理（第9版） | 彼得 S.罗斯<br>得克萨斯A&M大学 | 978-7-111-43750-5 | 85.00 |
| 4 | 商业银行管理（第9版·中国版） | 彼得 S.罗斯<br>得克萨斯A&M大学<br>戴国强<br>上海财经大学 | 978-7-111-54085-4 | 69.00 |
| 5 | 投资银行、对冲基金和私募股权投资（原书第3版） | 戴维·斯托厄尔<br>西北大学凯洛格商学院 | 978-7-111-62106-5 | 129.00 |
| 6 | 收购、兼并和重组：过程、工具、案例与解决方案（原书第7版） | 唐纳德·德帕姆菲利斯<br>洛杉矶洛约拉马利蒙特大学 | 978-7-111-50771-0 | 99.00 |
| 7 | 风险管理与金融机构（原书第5版） | 约翰·赫尔<br>多伦多大学 | 978-7-111-67127-5 | 99.00 |
| 8 | 现代投资组合理论与投资分析（原书第9版） | 埃德温 J.埃尔顿<br>纽约大学 | 978-7-111-56612-0 | 129.00 |
| 9 | 债券市场：分析与策略（原书第8版） | 弗兰克·法博齐<br>耶鲁大学 | 978-7-111-55502-5 | 129.00 |
| 10 | 固定收益证券（第3版） | 布鲁斯·塔克曼<br>纽约大学 | 978-7-111-44457-2 | 79.00 |
| 11 | 固定收益证券 | 彼得罗·韦罗内西<br>芝加哥大学 | 978-7-111-62508-7 | 159.00 |
| 12 | 财务报表分析与证券估值（第5版·英文版） | 斯蒂芬H.佩因曼<br>哥伦比亚大学 | 978-7-111-52486-1 | 99.00 |
| 13 | 财务报表分析与证券估值（第5版） | 斯蒂芬 H.佩因曼<br>哥伦比亚大学 | 978-7-111-55288-8 | 129.00 |
| 14 | 金融计量：金融市场统计分析（第4版） | 于尔根·弗兰克<br>凯撒斯劳滕工业大学 | 978-7-111-54938-3 | 75.00 |
| 15 | 金融计量经济学基础：工具，概念和资产管理应用 | 弗兰克·J.法博齐<br>耶鲁大学 | 978-7-111-63458-4 | 79.00 |
| 16 | 行为金融：心理、决策和市场 | 露西 F.阿科特<br>肯尼索州立大学 | 978-7-111-39995-7 | 59.00 |
| 17 | 行为公司金融（第2版） | 赫什·舍夫林<br>加州圣塔克拉大学 | 978-7-111-62011-2 | 79.00 |
| 18 | 行为公司金融（第2版·英文版） | 赫什·舍夫林<br>加州圣塔克拉大学 | 978-7-111-62572-8 | 79.00 |
| 19 | 财务分析：以Excel为分析工具（原书第8版） | 蒂莫西 R.梅斯<br>丹佛大都会州立学院 | 978-7-111-67254-8 | 79.00 |
| 20 | 金融经济学 | 弗兰克J.法博齐<br>耶鲁大学 | 978-7-111-50557-0 | 99.00 |